BEITRÄGE ZUR ÖKUMENISCHEN THEOLOGIE 14

MÜNCHENER UNIVERSITÄTSSCHRIFTEN
FACHBEREICH KATHOLISCHE THEOLOGIE

BEITRÄGE ZUR ÖKUMENISCHEN THEOLOGIE
HERAUSGEGEBEN VON HEINRICH FRIES

BAND 14

1977

MÜNCHEN · PADERBORN · WIEN
VERLAG FERDINAND SCHÖNINGH

HERMANN WOHLGSCHAFT

Hoffnung angesichts des Todes

Das Todesproblem bei Karl Barth
und in der zeitgenössischen Theologie des deutschen Sprachraums

1977

MÜNCHEN · PADERBORN · WIEN
VERLAG FERDINAND SCHÖNINGH

Alle Rechte, auch die des auszugsweisen Nachdrucks, der fotomechanischen Wiedergabe und der Übersetzung, vorbehalten. Dies betrifft auch die Vervielfältigung und Übertragung einzelner Textabschnitte, Zeichnungen oder Bilder durch alle Verfahren, wie Speicherung und Übertragung auf Papier, Transparente, Filme, Bänder, Platten und andere Medien, soweit es nicht §§ 53 und 54 URG ausdrücklich gestatten.

© 1977 by Ferdinand Schöningh at Paderborn. Printed in Germany. Gesamtherstellung: Ferdinand Schöningh, Paderborn 1977.

ISBN 3-506-70764-7

MEINEM VATER
† 10. 7. 1974
IN DANKBARKEIT

Vorwort

Über „Sterben" und „Tod" wird wieder gesprochen. Humanwissenschaft und Theologie haben sich — besonders in den letzten 10 Jahren — intensiv mit diesem Thema befaßt. Reflexionen und Ergebnisse der neueren (evangelischen und katholischen) Theologie zur Frage des Todes, der Auferstehung der Toten und des ewigen Lebens will diese Arbeit vermitteln.

Die Studie ist — im wesentlichen — in den Jahren 1971—73 entstanden. 1974 und später erschienene Literatur konnte nur sporadisch berücksichtigt werden. Im Herbst 1974 lag die Untersuchung dem Fachbereich Katholische Theologie der Ludwig-Maximilians-Universität München vor. Für die Verleihung des Doktorgrades schulde ich geziemenden Dank. Besonders danke ich meinem verehrten Lehrer, Herrn Prof. Dr. Heinrich Fries. Er hat diese Arbeit begleitet mit Rat, Kritik und Ermutigung; ihm verdanke ich auch ihre Aufnahme in die Reihe „Beiträge zur ökumenischen Theologie". Ebenso danke ich Herrn Prof. Dr. Josef Finkenzeller für das Korreferat. Aufrichtiger Dank gilt ferner dem Bischöflichen Ordinariat Augsburg und der Senatskommission für die Münchner Universitätsschriften, die einen Druckkostenzuschuß gewährt haben.

Mein besonderer Dank gilt auch meiner Mutter und Sr. M. Virginie Fröber O. S. F. für die sorgfältige Herstellung des Manuskripts, ebenso meiner Schwester Sigrid, Frau Eva Riedel und Herrn Assistenten Dr. Peter Neuner vom ökumenischen Institut der Universität München für das Mitlesen der Korrekturen.

Augsburg, im Mai 1976   Hermann Wohlgschaft

Inhaltsverzeichnis

Vorwort 7
Verzeichnis der Abkürzungen 16
Verzeichnis der verwendeten Literatur 17
Einleitung 33

1. Zum Thema: Hoffnung angesichts des Todes 33
2. Thematische Abgrenzung, Zielsetzung und Aufbau der Arbeit . . . 39
   a) Fragestellung und Zielsetzung 40
   b) Der Aufbau 42

ERSTER ABSCHNITT:
DAS TODESPROBLEM BEI KARL BARTH
Zur Methode 45

I. Zum eschatologischen Entwurf des frühen Barth 45
   Vorbemerkung 45
   1. Die Anfänge der Theologie Karl Barths 46
   2. Barths Dialektik von „Identität" und „Widerspruch" und ihr philosophischer Hintergrund 48
      a) Der Einfluß idealistischer Denkmodelle auf Barths Eschatologie . 49
      b) Die Überwindung des Todes als Grund für die Weltverantwortung des Menschen 51
   3. Barths Dialektik von Zeit und Ewigkeit, von Ende (Eschatologie) und Anfang (Protologie) 53
   4. „Auferstehung der Toten" als Paradox des Glaubens: der „alte" und der „neue" Mensch 55
      a) Der negative Aspekt: die Dis-kontinuität des „alten" und des „neuen" Menschen 56

      b) Der positive Aspekt: die Kontinuität des „alten" und des „neuen" Menschen 57
   5. Vom „Römerbrief" zur „Kirchlichen Dogmatik": Barths Selbst-Korrektur an der früheren Eschatologie 59
      a) Besinnung auf die „Menschlichkeit" Gottes: die christologische Konzentration 61
      b) Die Wende zur Analogie: analogia fidei und analogia entis . . 62
      c) Zeit und Ewigkeit: „Geschichtslosigkeit" als Merkmal der Barth'schen Theologie 63

II. Das Todesproblem in der „Kirchlichen Dogmatik" 65

Vorbemerkung 65

   1. Gott und das „Nichtige" 66
      a) Der Begriff des „Nichtigen" in Barths Dogmatik 67
      b) Das Problem des „Nichtigen": die Theodizeefrage 68
      c) Die Überwindung des „Nichtigen" 69
      d) Gottes universaler Heilswille: Sünde und Tod als das von Gott her „Unmögliche" 71
   2. Die Sünde des Menschen und seine Verurteilung zum Tod . . . 73
      a) Der physische Tod: ein natürliches Phänomen 73
      b) Der „zweite" Tod: die Trennung von Gott als sündige Tat des Geschöpfs 75
      c) Der vorborgene Trost: Gottes Langmut 76
   3. Barths Rechtfertigungslehre in ihrer Bedeutung für das Verständnis von Tod und Neuem Leben 77
   4. Barths Ablehnung des philosophischen Unsterblichkeitsgedankens . 82
      a) Unsterblichkeit als Eigenschaft Gottes, nicht des Menschen . . 82
      b) Die Unteilbarkeit des Menschen in Seele und Leib 84
      c) Der „Geist" als unzerstörbares Lebensprinzip im Geschöpf . . 85
   5. Barths theologische Deutung des Todes 86
      a) Die in Jesu Sühnetod begründete Hoffnung des Menschen . . 87
      b) Der Tod als wirkliche Grenze des Menschen: „Gott ist unser Jenseits" 90
      c) Die Identität des Menschen vor und „nach" seinem Tode . . 92
      d) Der Tod als Entscheidung? 95
      e) Die Aktivität Gottes und die Passivität des Menschen im Tode . 98
   6. Das Schicksal der Toten bis zur Wiederkunft Christi: „Es fehlt die Vollendung der Bruderschaft" 99

ZWEITER ABSCHNITT:

BESTÄTIGUNG UND KRITIK DER AUSSAGEN BARTHS IN DER EVANGELISCHEN THEOLOGIE

Zur Methode 104

I. Die existentiale Interpretation des Todes bei Rudolf Bultmann: Kritik an Barths dogmatischem „Objektivismus" 105

Vorbemerkung 105

1. Christliche Deutung des Todes im Rahmen der ontologischen Daseinsanalyse Martin Heideggers 107
   a) Die Anfrage Gerhardt Kuhlmanns 107
   b) Bultmanns Präzisierung 108
   c) Überwindung des Todes in der Liebe: ungläubige und gläubige Interpretation der Existenz 110

2. Die Zukunft als Strukturmoment des Augenblicks 113

3. Tod und Leben in Bultmanns exegetischer Theologie 117
   a) Gesetz — Sünde — Tod 118
   b) Die christologische Begründung der Hoffnung und der Unsterblichkeitsgedanke 121
   c) Die Freiheit vom Tode in der Übernahme des Kreuzes . . . 123
   d) Die Unanschaulichkeit des künftigen Lebens 127
   e) Die Kontinuität des alten und des neuen Subjekts 129
   f) Zusammenfassung: Die Entscheidung zwischen Heil und Verderben 130

II. Die Interpretation des Todes als „Ganz-Tod" bei Werner Elert: Kritik an Barths Verständnis von „Evangelium und Gesetz" . . . 131

Vorbemerkung 131

1. Die totale Sündigkeit des Menschen 132
2. Der Existenzverlust im Tode (die Theorie vom „Ganztod") . . 134

III. Die universalistische (kosmologische) Interpretation des Todes bei Paul Tillich: Kritik an Barths „Offenbarungspositivismus" 137

Vorbemerkung 137

1. Die Essentifikation des Menschen im Tode 138
   a) Die theo-logische Voraussetzung 139

      b) Die graduell differenzierte Vollendung des Daseins . . . 140
      c) Die universale Partizipation 142
   2. Die eschatologischen Symbole 143
      a) Unsterblichkeit der Seele und Auferstehung des Leibes: Symbole der Einheit von Diesseits und Jenseits 143
      b) Fegfeuer, Hölle und Himmel: Symbole der Essentifikation . . 145

IV. *Die Interpretation des Todes als menschliche „Tat" bei Dietrich Bonhoeffer: Kritik an der „Entmündigung" des menschlichen Tuns durch Barth* 148

   Vorbemerkung 148
   1. Der Tod als Grenzsituation des Lebens 149
   2. Der „innere" Tod als Werk der endlichen Freiheit 154

V. *Die eschatologische Interpretation des Todes in der „Theologie der Hoffnung": Kritik an Barths Deutung von Zeit und Geschichte* . . 161

   Vorbemerkung 161
   1. Jürgen Moltmanns Hoffnung „gegen" den Tod 162
      a) Jesus Christus als Antizipation des kommenden Gottes . . . 163
      b) Verleugnung oder Überwindung des Todes? Das Leben aus dem Tode als creatio ex nihilo 168
      c) Der Sieg des „Geistes" über den Tod: Auferstehung als Zukunft und Gegenwart 172
      d) Entscheidungsfreiheit des Menschen? 175
   2. Die anthropologisch begründete Hoffnung bei Wolfhart Pannenberg 177
      a) Der Ansatz bei der Grundbefindlichkeit des Menschen . . . 178
      b) Das Todesproblem in der Spannung von Zeit und Ewigkeit . 182

VI. *Die a-theistische Interpretation des Todes bei Dorothee Sölle: Kritik am Gottesgedanken überhaupt* 186

   Vorbemerkung 186
   1. Der Platzhalter Gottes unter der Bedingung der Ohnmacht . . 187
   2. „Postmortale Existenz" — ein mythologischer Rest? 190

VII. *Zusammenfassung* 194

   1. Übereinstimmung mit Barth in der Deutung des Todes 194

   2. Differenzen mit Barth in der Deutung des Todes 196

DRITTER ABSCHNITT:

BARTHS DEUTUNG DES TODES IM SPIEGEL KATHOLISCHER THEOLOGIE, INSBESONDERE DER THEOLOGIE KARL RAHNERS

Zu Methode und Zielsetzung 202

  I. *Die Offenbarungsbegriffe Rahners und Barths in ihrer Bedeutung für das Todesproblem* 204

    Vorbemerkung 204

    1. Die transzendentale Verwiesenheit des Menschen auf Gott . . . 205

    2. Die Dynamik der Freiheit: die Selbsttranszendenz der Welt (und des Individuums) in die Zukunft Gottes hinein 212

 II. *Der Tod als Folge der Sünde* 218

    Vorbemerkung 218

    1. Der Tod als Schuld und als geschöpfliches Phänomen 218

      a) Adams Freiheit vom Tode 219

      b) Das naturale Wesen des Todes 220

      c) Der Tod als Ausdruck persönlicher Schuld 222

    2. Die Erlösung vom Tode: die Rechtfertigung des Sünders in Christus 225

III. *Der Tod Jesu als „Einstiftung" eines neuen Existentials in den Seinsgrund* 228

    Vorbemerkung 228

    1. Der Sühnopfergedanke: die Versöhnung des Menschen mit Gott (v. Balthasar) 229

    2. Jesu Abstieg ins Totenreich als bleibende Bestimmung der Welt (Rahner) 233

IV. *Die neue Möglichkeit: der Tod als Mit-sterben mit Christus* . . . 239

    Vorbemerkung 239

    1. Die Gegenwart des Todes in der Mitte des Lebens 240

    2. Einübung in den Tod in der Annahme des Kreuzes 242

    3. Der Stellvertretungscharakter des Todes 246

V. *Die Vollendung des Menschen im Tod* 250

    Vorbemerkung 250

    1. Der Tod als Ende des „Pilgerstandes" 251

    2. Der Tod als Ereignis, das den ganzen Menschen betrifft . . . 257

        a) Die Leiblichkeit als Grundbestimmung des Mit-seins . . . 258

        b) Die Problematik einer Trennung von Seele und Leib . . . 262

        c) Der im Tod frei werdende „allkosmische" Daseinsbezug . . 265

    3. Der Tod als Entscheidung zum Heil oder Unheil: die Endgültigkeit personaler Entscheidungen 271

    4. Der Tod — wird er „getan" oder „erlitten"? 279

    5. Das Leben der Toten: nicht in unserer, sondern in Gottes Welt . . 286

VI. *Das Fazit der bisherigen Untersuchungen* 291

    1. Übereinstimmung mit Barth in der Deutung des Todes angesichts außerchristlicher Resignation vor dem Leben 291

    2. Fragen und Einwände zu Barths Deutung von Tod und Vollendung 295

VIERTER ABSCHNITT:

HOFFNUNG ANGESICHTS DES TODES. RESÜMIERENDE UND ERGÄNZENDE ÜBERLEGUNGEN

Zur Methode 302

    I. *Die Hoffnung wider den Tod: als Existential unseres Menschseins und als Inhalt des Glaubens* 302

        Vorbemerkung 302

1. Der Mensch im Widerspruch zwischen (faktischer) Endlichkeit und (ersehnter) Unendlichkeit 304
2. Die Antwort des Glaubens auf die (Todes-) Frage des Daseins . . 310

II. *Unsterblichkeit der Seele oder Auferstehung der Toten?* 316
Vorbemerkung 316
1. Der Stand der theologischen Diskussion 316
2. Der Schriftbefund (Überblick) 319
3. Zur Auseinandersetzung um den Begriff der „Unsterblichkeit" . . 322

III. *Der Sieg über den Tod: Liebe als die den Tod überwindende Kraft* . 328
Vorbemerkung 328
1. Eros und Agape — die Gestalten der Liebe 330
   a) Anthropologisch-phänomenologische Bestimmungen der Liebe . 332
   b) Eros und Agape in ihrer gegenseitigen Durchdringung . . . 336
   c) Eros-Agape in ihrer Offenheit zu Gott und den Menschen . . 339
2. Stärker als der Tod ist die Liebe 343

Ausblick: „Ewiges Leben" — Was heißt das? 348

Personenverzeichnis 356

Verzeichnis der Abkürzungen

Abkürzungen, die dem *Lexikon für Theologie und Kirche*, Bd. 1 (^{2}1957) u. Bd. 6 (^{2}1961), entnommen sind, erscheinen hier nicht.

K. BARTH, AdT = ders., *Die Auferstehung der Toten. Eine akademische Vorlesung über I. Kor. 15*, Zollikon-Zürich ^{4}1953.
— BF = ders., *Biblische Fragen, Einsichten und Ausblicke*, in: J. MOLTMANN (Hrsg.), *Anfänge der dialektischen Theologie*, Teil 1, München ^{2}1966, 49—76.
— KD = ders., *Kirchliche Dogmatik*, Zollikon-Zürich 1932—1967.
— KER = ders., *Kurze Erklärung des Römerbriefes*, Hamburg ^{2}1972.
— R II = ders., *Der Römerbrief*, 8. Abdruck der neuen Bearbeitung, Zollikon-Zürich 1947.
H. W. BARTSCH, KM I—V = ders. (Hrsg.), *Kerygma und Mythos I—V*, Hamburg-Bergstedt 1948 ff.
D. BONHOEFFER, E = ders., *Ethik*, zusammengestellt und hrsg. v. E. BETHGE, München 1949.
— GS II—IV = ders., *Gesammelte Schriften II—IV*, hrsg. v. E. BETHGE, München 1965 f.
— WE = ders., *Widerstand und Ergebung. Briefe und Aufzeichnungen aus der Haft*, hrsg. v. E. BETHGE, München ^{13}1966.
R. BULTMANN, EJ = ders., *Das Evangelium des Johannes*, Göttingen ^{17}1962.
— GE = ders., *Geschichte und Eschatologie*, Tübingen ^{2}1964.
— GV I—IV = ders., *Glauben und Verstehen I—IV*, Tübingen 1933—1965.
— MP = ders., *Marburger Predigten*, Tübingen 1956.
— ThNT = ders., *Theologie des Neuen Testaments*, Tübingen ^{5}1965.
J. MOLTMANN, ThH = ders., *Theologie der Hoffnung. Untersuchungen zur Begründung und zu den Konsequenzen einer christlichen Eschatologie*, München ^{8}1969.
— UZ = ders., *Umkehr zur Zukunft*, München 1970.
K. RAHNER, ThT = ders., *Zur Theologie des Todes. Mit einem Exkurs über das Martyrium* (Quaestiones Disputatae 2), Freiburg ^{5}1965.
— *Schriften I—XII* = ders., *Schriften zur Theologie I—XII*, Einsiedeln-Zürich-Köln ^{7}1964 ff.
DS = *Enchiridion Symbolorum*, hrsg. v. H. DENZINGER — A. SCHÖNMETZER, Barcelona u. a. ^{33}1965.
HThG I/II = *Handbuch theologischer Grundbegriffe I/II* (hrsg. v. H. FRIES), München 1962/63.
Kleines Theologisches Wörterbuch = K. RAHNER — H. VORGRIMLER, *Kleines Theologisches Wörterbuch*, Freiburg-Basel-Wien 1965.
LThK = *Lexikon für Theologie und Kirche*, 10 Bände, Freiburg ^{2}1957—1965.

Literaturverzeichnis

I. Schriften Karl Barths

BARTH, K., *Der Römerbrief*, 8. Abdruck der neuen Bearbeitung, Zollikon-Zürich 1947 (abgekürzt: R II).
— *Die Auferstehung der Toten. Eine akademische Vorlesung über I. Kor. 15*, Zollikon-Zürich ⁴1953 (abgekürzt: AdT).
— *Die christliche Dogmatik im Entwurf*. 1. Band: *Die Lehre vom Worte Gottes. Prolegomena zur christlichen Dogmatik*, München 1927.
— *Kirchliche Dogmatik I/1 — IV/4* (13 Bände), Zollikon-Zürich 1932—1967 (abgekürzt: KD).
— *Mann und Frau*, München-Hamburg ²1967 = KD III/4, 127—269.
— *Der Christ in der Gesellschaft*, in: J. MOLTMANN (Hrsg.), *Anfänge der dialektischen Theologie*, Teil 1, München ²1966, 3—37.
— *Biblische Fragen, Einsichten und Ausblicke*, in: J. MOLTMANN (Hrsg.), *Anfänge der dialektischen Theologie*, Teil 1, München ²1966, 49—76 (abgekürzt: BF).
— *Das Wort Gottes und die Theologie. Gesammelte Vorträge*, München 1924.
— *Von der Paradoxie des „positiven Paradoxes". Antworten und Fragen an Paul Tillich*, in: P. TILLICH, *Gesammelte Werke VII*, Stuttgart 1962, 226—239.
— *Credo. Die Hauptprobleme der Dogmatik, dargestellt im Anschluß an das Apostolische Glaubensbekenntnis*, München 1935.
— *Evangelium und Gesetz* (Theologische Existenz 32), München 1935.
— *Dogmatik im Grundriß*, Zollikon-Zürich 1947.
— *Parergon. Karl Barth über sich selbst*, in: Evangelische Theologie 8 (1948/49) 268—282.
— *Rechtfertigung und Recht* (Theologische Studien 1), Zollikon-Zürich ³1948.
— *Rudolf Bultmann. Ein Versuch, ihn zu verstehen* (Theologische Studien 34), Zollikon-Zürich 1952.
— *Christus und Adam nach Röm 5. Ein Beitrag zur Frage nach dem Menschen und der Menschheit* (Theologische Studien 35), Zollikon-Zürich 1952.
— *Die Menschlichkeit Gottes* (Theologische Studien 48), Zollikon-Zürich 1956.
— *Kurze Erklärung des Römerbriefes*, Hamburg ²1972 (abgekürzt: KER).
— *Der Götze wackelt. Zeitkritische Aufsätze, Reden und Briefe von 1930—1960* (hrsg. v. K. KUPISCH), Berlin ²1963.
— *Einführung in die evangelische Theologie*, Zürich 1962.
— *Nachwort zu: Schleiermacher-Auswahl* (besorgt v. H. BOLLI), München-Hamburg 1968, 290—312.
— *Unsterblichkeit*, in: K. KUPISCH (Hrsg.), *Quellen zur Geschichte des deutschen Protestantismus von 1945 bis zur Gegenwart*, 2. Teil, Hamburg 1971, 131—136.

II. Sonstige Literatur

ADLER, G. (Hrsg.), *Christlich — was heißt das?*, Düsseldorf 1972.
ADORNO, TH. W., *Minima moralia. Reflexionen aus dem beschädigten Leben*, Frankfurt 1964.
AHLBRECHT, A., *Tod und Unsterblichkeit in der evangelischen Theologie der Gegenwart*, Paderborn 1964.

ALTHAUS, P., *Die letzten Dinge. Entwurf einer christlichen Eschatologie,* Gütersloh ³1926.
— *Unsterblichkeit und ewiges Leben bei Luther. Zur Auseinandersetzung mit Carl Stange,* Gütersloh 1930.
— *Die christliche Wahrheit II,* Gütersloh 1948.
— *Der Mensch und sein Tod. Zu H. Thielickes „Tod und Leben",* in: Universitas 3 (1948) 385—394.
— *Die Theologie Martin Luthers,* Gütersloh ³1963.
— *Auferstehung,* VI. Dogm., in: RGG 1 (³1957) 696—698.
— *Ewiges Leben,* IV. Dogm., in: RGG 2 (³1958) 805—809.
— *Tod,* IV. Dogm., in: RGG 6 (³1962) 914—919.
— *Wiederbringung Aller,* II. Dogm., in: RGG 6 (³1962) 1694—1696.
AMÉRY, J., *Über das Altern. Revolte und Resignation,* Stuttgart 1968.
ANSOHN, A., *Die Wahrheit am Krankenbett. Grundfragen einer ärztlichen Sterbehilfe,* Salzburg-München 1969.
AUER, J., *Erbsünde,* II. im dogmat. Verständnis, in: LThK 3 (²1959) 967—972.
AUGSTEIN, R., *Jesus Menschensohn,* München-Gütersloh-Wien 1972.
AUGUSTINUS, A., *Bekenntnisse* (übersetzt v. H. Endrös), München 1963.
BAADER, F. v., *Sätze aus der erotischen Philosophie,* neu hrsg. v. G. K. KALTENBRUNNER, Frankfurt 1966.
BALLY, G., *Todeserwartung, Sterben und Trauer heute,* in: H. J. SCHULTZ (Hrsg.), *Was weiß man von der Seele?,* Gütersloh 1972, 96—108.
BALTHASAR, H. U. v., *Karl Barth. Darstellung und Deutung seiner Theologie,* Köln ²1962.
— *Das Weizenkorn. Aphorismen,* Einsiedeln ²1953.
— *Der Tod im heutigen Denken,* in: Anima 11 (1956) 292—299.
— *Eschatologie,* in: J. FEINER — J. TRÜTSCH — F. BÖCKLE (Hrsg.), *Fragen der Theologie heute,* Einsiedeln ³1960, 403—421.
— *Cordula oder der Ernstfall,* Einsiedeln 1966.
— *Mysterium Paschale,* in: J. FEINER — M. LÖHRER (Hrsg.), *Mysterium Salutis. Grundriß heilsgeschichtlicher Dogmatik III/2,* Einsiedeln-Zürich-Köln 1969, 133—326; sep. ersch.: ders., *Theologie der Drei Tage,* Einsiedeln-Zürich-Köln 1969.
— *v. Balthasar antwortet Boros,* in: Orientierung 34 (1970) 38—39.
— *Gekreuzigt für uns,* in: *Diskussion über Hans Küngs „Christ sein",* Mainz 1976, 83—94.
BARTSCH, H. W. (Hrsg.), *Kerygma und Mythos I—V* (abgekürzt: KM I—V), Hamburg-Bergstedt 1948 ff.
BASTIAN, H. D., *Theologie der Frage. Ideen zur Grundlegung einer theologischen Didaktik und zur Kommunikation der Kirche in der Gegenwart,* München 1969.
BEAUVOIR, S. DE, *Der Lauf der Dinge. Memoiren III,* Reinbek 1970.
BENDER, H. (Hrsg.), *Mein Gedicht ist mein Messer,* München 1961.
BENZ, E., *Die Todesvorstellungen der großen Religionen,* in: J. SCHLEMMER (Hrsg.), *Was ist der Tod?,* München 1969, 147—163.
BERGER, H. H. — SCHOONENBERG, P. — BERGER, W. J., *Leben nach dem Tode?,* Köln 1972.
BERGER, P. L., *Auf den Spuren der Engel. Die moderne Gesellschaft und die Wiederentdeckung der Transzendenz,* Frankfurt/M. 1970.
BERLINGER, R., *Das Nichts und der Tod,* Frankfurt/M. ²1972.
BERNANOS, G., *Die begnadete Angst,* Berlin-Darmstadt-Wien 1961.
BERNHART, J., *Erinnerungen* (hrsg. und eingeleitet v. M. RÖSSLER), Köln 1972.
BINSWANGER, L., *Grundformen und Erkenntnis menschlichen Daseins,* München ³1962.
BLEISTEIN, R., *Kurzformel des Glaubens. Texte.* Würzburg 1971.
— *Der Tod als Thema,* in: Stimmen der Zeit 191 (1973) 710—713.
BLOCH, E., *Geist der Utopie,* bearbeitete Neuauflage der zweiten Fassung von 1923, Frankfurt/M. 1964.
— *Das Prinzip Hoffnung,* Frankfurt/M. 1959.

BLOCHING, K. H., *Tod. Projekte zur theologischen Erwachsenenbildung* Bd. 2, Mainz 1973.
— *Das Sterben im Spiegel heutiger Literatur,* in: Concilium 10 (1974) 240—244.
BONHOEFFER, D., *Nachfolge,* München ⁹1967.
— *Ethik,* zusammengestellt und hrsg. v. E. BETHGE, München 1949 (abgekürzt: E).
— *Widerstand und Ergebung. Briefe und Aufzeichnungen aus der Haft,* hrsg. v. E. BETHGE, München ¹³1966 (abgekürzt: WE).
— *Gesammelte Schriften II—IV,* hrsg. v. E. BETHGE, München ²1965—1966 (abgekürzt: GS).
— *Treue zur Welt. Meditationen,* ausgewählt und eingeführt v. O. DUDZUS, München 1971.
BORNKAMM, G., *Am dritten Tage wieder auferstanden von den Toten,* in: G. REIN (Hrsg.), *Das Glaubensbekenntnis,* Stuttgart ²1968, 36—40.
BOROS, L., *Mysterium Mortis. Der Mensch in der letzten Entscheidung,* Olten-Freiburg ⁴1964.
— *Der anwesende Gott,* Olten-Freiburg 1964.
— *Erlöstes Dasein. Theologische Betrachtungen,* Mainz ³1965.
— *Wir sind Zukunft,* Mainz 1969.
— *Unerfreuliches und Erfreuliches in der Kirche,* in: Orientierung 33 (1969) 244—248.
— *Hat das Leben einen Sinn?,* in: Concilium 6 (1970) 674—678.
— *Menschliches Scheitern als christliches Gebet,* in: Orientierung 36 (1972) 253—257.
— *Denken in der Begegnung,* Olten-Freiburg 1973.
BOTTERWECK, G. J., *Auferstehung des Fleisches,* II. Altes Testament, in: LThK 1 (²1957) 1042—1045.
BOUILLARD, H., *Barth, Karl,* in: LThK 2 (²1958) 5—8.
— *Dialektische Theologie,* in: LThK 3 (²1959) 334—339.
BOWERS, M. K. — JACKSON, E. N. — KNIGHT, J. A. — LESHAN, L., *Wie können wir Sterbenden beistehen?,* München-Mainz 1971.
BRECHT, B., *Geschichten vom Herrn Keuner,* in: ders., *Gesammelte Werke XII,* Frankfurt 1967, 375—415.
BROD, M., *Von der Unsterblichkeit der Seele,* Stuttgart 1969.
BROSSEDER, J., *Ökumenische Theologie,* in: K. RAHNER (Hrsg.), *Herders Theologisches Taschenlexikon* 5 (1973) 254—260.
BROWARZIK, H., *Glauben und Denken. Dogmatische Forschung zwischen der Transzendentaltheologie Karl Rahners und der Offenbarungstheologie Karl Barths,* Berlin 1970.
BRUNNER, E., *Eros und Liebe,* Berlin 1937.
— *Das Ewige als Zukunft und Gegenwart,* München-Hamburg 1965.
BUBER, M., *Werke III. Schriften zum Chassidismus,* München-Heidelberg 1963.
BULTMANN, R., *Glauben und Verstehen I—IV,* Tübingen 1933—1965 (abgekürzt: GV I—IV).
— *Karl Barths „Römerbrief" in zweiter Auflage,* in: J. MOLTMANN (Hrsg.), *Anfänge der dialektischen Theologie,* Teil 1, München ²1966, 119—142.
— *Jesus,* München-Hamburg 1964.
— *Die Geschichtlichkeit des Daseins und der Glaube. Antwort an G. Kuhlmann,* in: G. NOLLER (Hrsg.), *Heidegger und die Theologie,* München 1967, 72—94.
— *Das Evangelium des Johannes,* Göttingen ¹⁷1962 (abgekürzt: EJ).
— *Theologie des Neuen Testaments,* Tübingen ⁵1965 (abgekürzt: ThNT).
— *Die christliche Hoffnung und das Problem der Entmythologisierung,* Rundfunkvortrag und Diskussion mit G. BORNKAMM und F. K. SCHUMANN, Stuttgart 1954.
— *Marburger Predigten,* Tübingen 1956 (abgekürzt: MP).
— *Das Urchristentum im Rahmen der antiken Religionen,* Hamburg ³1965.
— *Geschichte und Eschatologie,* Tübingen ²1964 (abgekürzt: GE).
— *Jesus Christus und die Mythologie. Das Neue Testament im Licht der Bibelkritik,* Hamburg 1964.

— *Neues Testament und Mythologie*, in: H. W. BARTSCH (Hrsg.), *Kerygma und Mythos I*, Bergstedt ⁵1967, 15—48.
— ζωή, in: ThWNT 2 (1935) 833—877.
— θάνατος, in: ThWNT 3 (1938) 7—25.
BURI, F., *Entmythologisierung oder Entkerygmatisierung der Theologie*, in: H. W. BARTSCH (Hrsg.), *Kerygma und Mythos II*, Bergstedt ²1965, 85—101.
BURI, F. — LOCHMAN, J. — OTT, H., *Dogmatik im Dialog*. Bd. 1: *Die Kirche und die Letzten Dinge*, Gütersloh 1973.
BUSCH, E., *Karl Barths Lebenslauf. Nach seinen Briefen und autobiographischen Texten*, München 1975.
CAMPENHAUSEN, H. v., *Tod, Unsterblichkeit und Auferstehung*, in: Pro Veritate (hrsg. v. E. SCHLINK u. H. VOLK), Münster-Kassel 1963, 295—311.
CAMPENHAUSEN, H. v. — SCHAEFER, H., *Der Auferstehungsglaube und die moderne Naturwissenschaft*, in: J. SCHLEMMER (Hrsg.), *Was ist der Tod?*, München 1969, 179—192.
CAMUS, A., *Der Mensch in der Revolte. Essays*, Neubearbeitete Ausgabe, Reinbek 1969.
CARDENAL, E., *Das Buch von der Liebe. Lateinamerikanische Psalmen*, Hamburg 1972.
CARUSO, I., *Die Trennung der Liebenden. Eine Phänomenologie des Todes*, Bern-Stuttgart 1968.
CASPER, B., *Heilserwartung und Sinnverlust in der heutigen Gesellschaft* (Vortrag bei einer Tagung der Katholischen Akademie Augsburg, autorisiertes Skriptum), Augsburg 1972.
CHORON, J., *Der Tod im abendländischen Denken*, Stuttgart 1967.
CLAUDEL, P., *Der seidene Schuh oder Das Schlimmste trifft nicht immer zu*, Salzburg 1939.
CONRAD-MARTIUS, H., *Die Geistseele des Menschen*, München 1960.
CONZELMANN, H., *Auferstehung*, V. Im NT, in: RGG 1 (³1957) 695—696.
— *Theologie als Schriftauslegung. Aufsätze zum Neuen Testament*, München 1974.
CORETH, E., *Metaphysik*, Innsbruck-Wien-München ²1964.
CORNU, D., *Karl Barth und die Politik. Widerspruch und Freiheit*, Wuppertal 1969.
COX, H., *Stirb nicht im Warteraum der Zukunft*, Stuttgart-Berlin 1968.
CROUZEL, H., *Patripassianismus*, in: LThK 8 (²1963) 180—181.
CULLMANN, O., *Christus und die Zeit. Die urchristliche Zeit- und Geschichtsauffassung*, Zürich ²1948.
— *Unsterblichkeit der Seele oder Auferstehung der Toten? Antwort des Neuen Testaments*, Stuttgart-Berlin 1964.
DAECKE, S., *Der Mythos vom Tode Gottes. Ein kritischer Überblick*, Hamburg 1969.
DARLAPP, A., *Geschichtlichkeit*, in: LThK 4 (²1960) 780—783.
DEMSKE, J. M., *Sein, Mensch und Tod. Das Todesproblem bei Martin Heidegger*, Freiburg-München 1963.
DIETERICH, A., *Nekyia. Beiträge zur Erklärung der neuentdeckten Petrusapokalypse*, Leipzig 1893.
DIRSCHAUER, K., *Der totgeschwiegene Tod. Theologische Aspekte der kirchlichen Bestattung*, Bremen 1973.
DOSTOJEWSKI, F. M., *Die Brüder Karamasoff*, München o. J. (Goldmann-Taschenbuch Nr. 478/81).
DUBARLE, A. M., *Die Erwartung einer Unsterblichkeit im Alten Testament und im Judentum*, in: Concilium 6 (1970) 685—691.
EBELING, G., *Die „nicht-religiöse Interpretation biblischer Begriffe"*, in: ders., *Wort und Glaube*, Tübingen ³1967, 90—160.
— *Ewiges Leben*, in: G. REIN (Hrsg.), *Das Glaubensbekenntnis*, Stuttgart ²1968, 67—71.
ELERT, W., *Der christliche Glaube*, Berlin ²1941.
— *Das christliche Ethos*, Tübingen 1949.
ENGELS, F., *Dialektik der Natur*, in: K. MARX — F. ENGELS, *Werke* Bd. 20, Berlin 1968, 307—620.

Evangelischer Erwachsenenkatechismus. Kursbuch des Glaubens (hrsg. v. W. JENTSCH u. a.), Gütersloh 1975.

FALLER, A., *Biologisches von Sterben und Tod*, in: Anima 11 (1956) 260 ff.

FEINER, J. — LÖHRER, M. (Hrsg.), *Mysterium Salutis. Grundriß heilsgeschichtlicher Dogmatik Bd. I—III/2*, Einsiedeln-Zürich-Köln 1965/69.

FEINER, J. — VISCHER, L. (Hrsg.)., *Neues Glaubensbuch. Der gemeinsame christliche Glaube*, Freiburg-Basel-Wien-Zürich [10]1974.

FERBER, CH. v., *Soziologische Aspekte des Todes. Ein Versuch über einige Beziehungen der Soziologie zur philosophischen Anthropologie*, in: Zeitschrift für evangelische Ethik 6 (1963) 338—360.

FINK, E., *Metaphysik und Tod*, Stuttgart 1969.

FINKENZELLER, J., *Die Auferstehung Christi und unsere Hoffnung*, in: A. PAUS (Hrsg.), *Die Frage nach Jesus*, Graz-Wien-Köln 1973, 181—270.

— *Was kommt nach dem Tod?*, München 1976.

FISCHER, J. A., *Studien zum Todesgedanken in der Alten Kirche*, München 1954.

FRANK, G. K., *Himmel und Hölle. Ängste, Zweifel, Hoffnungen*, Stuttgart 1970.

— *Zeitgenosse Tod*, Stuttgart 1971.

FREUD, A., *Das Ich und die Abwehrmechanismen*, München [7]o. J.

FRIES, H., *Bultmann, Barth und die katholische Theologie*, Stuttgart 1955.

— *Tod und Leben*, in: H. FRIES — R. MÜLLER-ERB, *Von Tod und Leben*, Stuttgart 1956, 37—76.

— *Das Anliegen Bultmanns im Lichte der katholischen Theologie*, in: H. W. BARTSCH (Hrsg.), *Kerygma und Mythos V*, Bergstedt [2]1966, 29—43.

— *Theologie*, in: HThG II, München 1963, 641—654.

— *Die Offenbarung*, in: J. FEINER — M. LÖHRER (Hrsg.), *Mysterium Salutis I*, Einsiedeln-Zürich-Köln 1965, 159—238.

— *Glaube und Hoffnung*, in: ders., *Herausgeforderter Glaube*, München 1968, 103—131.

— *Was heißt glauben? H. Fries antwortet Eberhard Simons* (Theologisches Interview Nr. 5), Düsseldorf 1969.

— *Abschied von Gott? Eine Herausforderung — ein Theologe antwortet*, Freiburg 1971 = H. FRIES — R. STÄHLIN, *Gott ist tot? Eine Herausforderung — zwei Theologen antworten*, München 1968, 9—113.

— *Das mißverständliche Wort*, in: K. RAHNER (Hrsg.), *Zum Problem Unfehlbarkeit. Antwort auf die Anfrage von H. Küng*, Freiburg-Basel-Wien 1971, 216—232.

— *Von der Partnerschaft Gottes. Wir sind nicht allein*, Freiburg 1975.

— *Und das ewige Leben*, in: W. SANDFUCHS (Hrsg.), *Ich glaube*, Würzburg 1975, 167—179.

FRIES, H. — EMRICH, E., *Über Gott und die Welt. Ein Interview über Glaubensprobleme der Gegenwart*, München 1970.

FRISCH, M., *Tagebuch 1966—1971*, Frankfurt/M. 1972.

FUCHS, E., *Hermeneutik*, Bad Cannstatt [3]1963.

— *Zum hermeneutischen Problem in der Theologie. Gesammelte Aufsätze I*, Tübingen 1959.

— *Zur Frage nach dem historischen Jesus. Gesammelte Aufsätze II*, Tübingen 1960.

— *Glaube und Erfahrung. Gesammelte Aufsätze III*, Tübingen 1965.

— *Theologie und Metaphysik. Zu der theologischen Bedeutung der Philosophie Heideggers und Grisebachs*, in: G. NOLLER (Hrsg.), *Heidegger und die Theologie*, München 1967, 136—146.

FUCHS, W., *Todesbilder in der modernen Gesellschaft*, Frankfurt/M. 1969.

— *Die These von der Verdrängung des Todes*, in: Frankfurter Hefte 26 (1971) 177—184.

FÜRST, W., *Karl Barth*, in: H. VORGRIMLER — R. V. GUCHT (Hrsg.), *Bilanz der Theologie im 20. Jahrhundert. Bahnbrechende Theologen*, Freiburg 1970, 29—41.

GARAUDY, R., *Die Alternative*, Wien 1973.

GEBSATTEL, V. E. v., *Prolegomena einer medizinischen Anthropologie. Ausgewählte Aufsätze*, Berlin-Göttingen-Heidelberg 1954.
GEENSE, A., *Auferstehung und Offenbarung. Über den Ort der Frage nach der Auferstehung Jesu Christi in der heutigen deutschen evangelischen Theologie*, Göttingen 1971.
GIRARDI, G., *Der Marxismus zum Problem des Todes*, in: Concilium 10 (1974) 297—300.
Glaubensverkündigung für Erwachsene. Deutsche Ausgabe des *Holländischen Katechismus*, Nimwegen-Utrecht 1968.
GNILKA, J., *Die biblische Jenseitserwartung: Unsterblichkeitshoffnung — Auferstehungsglaube?*, in: Bibel und Leben 5 (1964) 103—116.
— *Die Auferstehung des Leibes in der modernen exegetischen Diskussion*, in: Concilium 6 (1970) 732—738.
GÖRRES, I. F., *Die „kleine" Therese. Das Senfkorn von Lisieux*, Freiburg-Basel-Wien 1964.
GOETHE, J. W. v., *Hermann und Dorothea*, in: E. BEUTLER (Hrsg.), Gedenkausgabe Bd. 3, Zürich 1948, 163—243.
— *Egmont*, in: E. BEUTLER (Hrsg.), Gedenkausgabe Bd. 6, Zürich 1954, 9—101.
— *Wilhelm Meisters Lehrjahre*, in: E. BEUTLER (Hrsg.), Gedenkausgabe Bd. 7, Zürich 1948, 9—653.
— *Gespräche mit Eckermann*, in: E. BEUTLER (Hrsg.), Gedenkausgabe Bd. 24, Zürich 1948, 11—778.
GOGARTEN, F., *Zwischen den Zeiten*, in: Christliche Welt 34 (1920) 374—378.
— *Die Verkündigung Jesu Christi*, Heidelberg 1948.
GOLLWITZER, H., *Krummes Holz — aufrechter Gang. Zur Frage nach dem Sinn des Lebens*, München ³1971.
— *Die Zukunft des toten Christus. Johannes 21, 1—14*, in: H. NITSCHKE (Hrsg.), *Auferstehung heute gesagt*, Gütersloh ⁴1972, 32—43.
— (Hrsg.), *Karl Barth, Kirchliche Dogmatik*, München-Hamburg 1965.
GOLLWITZER, H. — WEISCHEDEL, W., *Denken und Glauben. Ein Streitgespräch*, Stuttgart ²1965.
GRABNER-HAIDER, A., *Auferstehung und Verherrlichung. Biblische Beobachtungen*, in: Concilium 5 (1969) 29—35.
GRESHAKE, G., *Auferstehung der Toten. Ein Beitrag zur gegenwärtigen theologischen Diskussion über die Zukunft der Geschichte*, Essen 1969.
— *Bemühungen um eine Theologie des Sterbens*, in: Concilium 10 (1974) 270—278.
— *Stärker als der Tod*, Mainz 1976.
GRESHAKE, G. — LOHFINK, G., *Naherwartung — Auferstehung — Unsterblichkeit. Untersuchungen zur christlichen Eschatologie* (Quaestiones Disputatae 71), Freiburg 1975.
GRILLMEIER, A., *Die Wirkung des Heilshandelns Gottes in Christus*, in: J. FEINER — M. LÖHRER (Hrsg.), *Mysterium Salutis III/2*, Einsiedeln-Zürich-Köln 1969, 327—392.
GROM, B. — SCHMIDT, J., *Auf der Suche nach dem Sinn des Lebens*, Freiburg 1975.
GRUNOW, R., *Dietrich Bonhoeffer*, in: H. J. SCHULTZ (Hrsg.), *Tendenzen der Theologie im 20. Jahrhundert*, Stuttgart-Olten 1966, 536—542.
GUARDINI, R., *Die letzten Dinge*, Würzburg 1940.
— *Landschaft der Ewigkeit*, München 1958.
GUTWENGER, E., *Auferstehung und Auferstehungsleib Jesu*, in: ZKTh 91 (1969) 216—220.
HABERMAS, J., *Legitimationsprobleme im Spätkapitalismus*, Frankfurt/M. 1973.
HAHN, A., *Einstellungen zum Tod und ihre soziale Bedingtheit. Eine soziologische Untersuchung* (Soziologische Gegenwartsfragen, Neue Folge), Stuttgart 1968.
HAMPE, J. C., *Sterben ist doch ganz anders. Erfahrungen mit dem eigenen Tod*, Stuttgart ²1975.
HARNACK, A. v., *Das Wesen des Christentums*, München-Hamburg 1964.
HARTMANN, N., *Ethik*, Berlin ³1949.
HASENHÜTTL, G., *Der Glaubensvollzug. Eine Begegnung mit Rudolf Bultmann aus katholischem Glaubensverständnis* (Koinonia 1), Essen 1963.

Haug, H., *Offenbarungstheologie und philosophische Daseinsanalyse bei Rudolf Bultmann*, in: ZThK 55 (1958) 201—253.
Hedinger, U., *Der Freiheitsbegriff in der Kirchlichen Dogmatik Karl Barths*, Zürich-Stuttgart 1962.
— *Glaube und Hoffnung bei E. Fuchs und J. Moltmann*, in: Evg. Theologie 27 (1967) 36—51.
Heidegger, M., *Sein und Zeit*, Tübingen ⁶1949.
Heijden, B. v. d., *Karl Rahner. Darstellung und Kritik seiner Grundpositionen*, Einsiedeln 1973.
Hemingway, E., *Eine Naturgeschichte der Toten*, in: ders., *Sämtliche Erzählungen*, Reinbek 1966, 363—371.
Hemmerle, K., *Der Begriff des Heils. Fundamentaltheologische Erwägungen*, in: Communio 1 (1972) 210—230.
Hengstenberg, H. E., *Der Leib und die letzten Dinge*, Regensburg 1955.
Hirsch, E., *Das Wesen des reformatorischen Christentums*, Berlin 1963.
Hölderlin, F., *Hyperion oder der Eremit in Griechenland*, in: ders., *Sämtliche Werke* (hrsg. v. P. Stapf), Berlin-Darmstadt-Wien 1967, 419—557.
Hoffmann, P., *Die Toten in Christus. Eine religionsgeschichtliche und exegetische Untersuchung zur paulinischen Eschatologie*, Münster 1966.
— *Unsterblichkeit*, II. Biblisch, in: HThG II, München 1963, 733—740.
Hofmeier, J., *Vom gewußten zum gelebten Tod. Ein Literaturbericht*, in: Stimmen der Zeit 186 (1970) 338—352.
— *Die heutige Erfahrung des Sterbens*, in: Concilium 10 (1974) 235—240.
Hommel, G., *Und dieser Gott soll Liebe sein? Eigenwillige Gedanken zu offenen Fragen*, Stuttgart 1972.
Horkheimer, M., *Die Sehnsucht nach dem ganz Anderen. Ein Interview mit Kommentar von Helmut Gumnior*, Hamburg 1970.
Horkheimer, M. — Adorno, Th. W., *Dialektik der Aufklärung. Philosophische Fragmente*, Frankfurt/M. 1969.
Horst, U., *Auferstehung der Toten*, in: W. Sandfuchs (Hrsg.), *Ich glaube*, Würzburg 1975, 155—165.
Hunzinger, C. H., *Die Hoffnung angesichts des Todes im Wandel der paulinischen Aussagen*, in: *Leben angesichts des Todes* (Thielicke-Festschrift), Tübingen 1968, 69—88.
Huonder, Qu., *Das Unsterblichkeitsproblem in der abendländischen Philosophie*, Stuttgart 1970.
Iersel, B. v., *Auferstehung Jesu. Information oder Interpretation?*, in: Concilium 6 (1970) 696—702.
Illies, J., *Wissenschaft als Heilserwartung. Der Mensch zwischen Furcht und Hoffnung*, Hamburg 1969.
Jaspers, K., *Philosophie II*, Berlin-Göttingen-Heidelberg ³1956.
— *Unsterblichkeit*, in: N. M. Luyten — A. Portmann — K. Jaspers — K. Barth, *Unsterblichkeit*, Vier Rundfunkreden, Basel ²1966, 31—41.
Jaspert, B. (Hrsg.), *Karl Barth — Rudolf Bultmann. Briefwechsel 1922—1966*, Zürich 1971.
Jeremias, J., ᾅδης, in: ThWNT 1 (1933) 146—150.
— γέεννα, in: ThWNT 1 (1933) 655—656.
— παράδεισος, in: ThWNT 5 (1954) 763—771.
Joergens, W., *Der Tod als die unwesensgemäße Trennung zwischen Leib und Seele bei Hedwig Conrad-Martius*, in: Münchener Theologische Zeitschrift 11 (1960) 106—122.
Jüngel, E., *Gottes Sein ist im Werden. Verantwortliche Rede vom Sein Gottes bei K. Barth. Eine Paraphrase*, Tübingen 1965.
— *Tod* (Themen der Theologie 8), Stuttgart 1971.

— *Die tödliche Blamage. Lukas 24, 1—6*, in: H. NITSCHKE (Hrsg.), *Auferstehung heute gesagt*, Gütersloh ⁴1972, 69—74.
JUNG, C. G., *Die Beziehungen zwischen dem Ich und dem Unbewußten*, in: ders., *Gesammelte Werke VII*, Zürich-Stuttgart 1964, 131—264.
— u. a., *Der Mensch und seine Symbole*, Olten 1968.
KÄSEMANN, E., *Exegetische Versuche und Besinnungen I*, Göttingen ⁴1965.
— *Der Ruf der Freiheit*, Tübingen ⁴1968.
KASPER, W., *Politische Utopie und christliche Hoffnung*, in: Frankfurter Hefte 24 (1969) 563—572.
— *Einführung in den Glauben*, Mainz 1972.
— *Jesus und der Glaube*, in: W. KASPER — J. MOLTMANN, *Jesus ja — Kirche nein?*, Zürich-Einsiedeln-Köln 1973 (Theologische Meditationen 32), 9—35.
— *Jesus der Christus*, Mainz ⁴1975.
KASSING, A., *Auferstanden für uns*, Mainz 1969.
KERN, W., *Übel*, in: LThK 10 (²1965) 431—435.
KERSTIENS, F., *Die Hoffnungsstruktur des Glaubens*, Mainz 1969.
KESSLER, H., *Die theologische Bedeutung des Todes Jesu. Eine traditionsgeschichtliche Untersuchung*, Düsseldorf ²1971.
— *Erlösung als Befreiung*, Düsseldorf 1972.
KIERKEGAARD, S., *Die Wiederholung. Ein Versuch in der experimentierenden Psychologie*, in: ders., *Werke II* (hrsg. v. E. GRASSI), Reinbek 1961, 7—83.
— *Die Krise und eine Krise im Leben einer Schauspielerin*, in: ders., *Werke II* (hrsg. v. E. GRASSI), Reinbek 1961, 85—134.
— *Philosophische Brocken* = ders., *Werke V* (hrsg. v. E. GRASSI), Reinbek 1964.
KILIAN, R., *Ich bringe Leben in euch. Propheten sprechen uns an. Biblische Situationen heute*, Stuttgart 1975.
KLAPPERT, B. (Hrsg.), *Diskussion um Kreuz und Auferstehung*, Wuppertal 1967.
KÖBERLE, A., *Der Tod in protestantischer Sicht*, in: W. BITTER (Hrsg.), *Alter und Tod — annehmen oder verdrängen?*, Stuttgart 1974.
KREMER, J., *Das älteste Zeugnis von der Auferstehung Christi* (Stuttgarter Bibelstudien 17), Stuttgart ²1967.
— *... denn sie werden leben. Sechs Kapitel über Tod, Auferstehung, Neues Leben*, Stuttgart 1972.
KÜBLER-ROSS, E., *Interviews mit Sterbenden*, Stuttgart-Berlin ⁵1972.
KÜNG, H., *Rechtfertigung. Die Lehre Karl Barths und eine katholische Besinnung*, Einsiedeln ⁴1957.
— *Gott und das Leid* (Theologische Meditationen 18), Einsiedeln ⁴1971.
— *Christ sein*, München ²1974.
— *Christozentrik*, in: LThK 2 (²1958) 1169—1174.
KÜNNETH, W., *Theologie der Auferstehung*, München ⁵1968.
KUHLMANN, G., *Zum theologischen Problem der Existenz. Fragen an Rudolf Bultmann*, in: G. NOLLER (Hrsg.), *Heidegger und die Theologie*, München 1967, 33—58.
— *Krisis der Theologie?*, in: ZThK 12 NF (1931) 124—146.
KUPISCH, K., *Karl Barth in Selbstzeugnissen und Bilddokumenten*, Reinbek 1971.
— (Hrsg.), *Quellen zur Geschichte des deutschen Protestantismus von 1945 bis zur Gegenwart*, 2. Teil, Hamburg 1971.
KUSS, O., *Der Brief an die Hebräer* (RNT 8), Regensburg ²1966.
LÄPPLE, A., *Vom Geheimnis des Todes*, Donauwörth 1963.
LANG, F., πύρ, in: ThWNT 6 (1959) 942—946.
LEEUW, G. V. D., *Unsterblichkeit und Auferstehung*, München 1956.
LEHMANN, K., *Karl Rahner*, in: H. VORGRIMLER — R. V. GUCHT (Hrsg.), *Bilanz der Theologie im 20. Jahrhundert. Bahnbrechende Theologen*, Freiburg 1970, 143—181.

LENGSFELD, P., *Adam und Christus. Die Adam-Christus-Typologie im Neuen Testament und ihre dogmatische Verwendung bei M. J. Scheeben und K. Barth,* Essen 1965.
LEPP, I., *Der Tod und seine Geheimnisse,* Würzburg 1967.
LERSCH, PH., *Aufbau der Person,* München ⁹1964.
LEUENBERGER, R., *Der Tod. Schicksal und Aufgabe,* Zürich ²1973.
LEWIS, C. S., *The four loves,* London 1960.
LIETZMANN, H., *An die Römer* (Handbuch zum Neuen Testament), Tübingen ⁴1933.
LILJE, H., *In memoriam,* in: F. HÜBNER (Hrsg.), *Gedenkschrift für D. Werner Elert,* Berlin 1955.
LOEWITH, K., *Die Freiheit zum Tode,* in: J. SCHLEMMER (Hrsg.), *Was ist der Tod?,* München 1969, 165—178.
LOHFF, W., *Theologische Erwägungen zum Problem des Todes,* in: *Leben angesichts des Todes* (THIELICKE-Festschrift), Tübingen 1968, 157—170.
LOHFINK, G., *Was kommt nach dem Tod?,* in: G. GRESHAKE — G. LOHFINK, *Naherwartung — Auferstehung — Unsterblichkeit,* Freiburg 1975, 133—148.
LOHFINK, N., *Technik und Tod nach Kohelet,* in: H. SCHLIER u.a. (Hrsg.), *Strukturen christlicher Existenz,* Würzburg 1968, 27—35.
LOOSEN, J., *Apokatastasis,* II. im dogm. Sprachgebrauch, in: LThK 1 (²1957) 709—712.
LOTZ, J. B., *Tod als Vollendung. Von der Kunst und Gnade des Sterbens,* Frankfurt/M. 1976.
LUBAC, H. DE, *Der Glaube des Teilhard de Chardin,* Wien 1968.
LUTHER, M., *Von der Freiheit eines Christenmenschen,* in: WA 7, 12—38.
— *Enarratio Psalmi XC,* in: WA 40 III, 484—594.
— *Vorlesungen über 1. Mose* (hier 26, 24 f.), in: WA 43.
MAINBERGER, G., *Das unterscheidend Christliche. Luzerner Predigten,* Luzern 1968.
— *Jesus starb — umsonst. Sätze, die wir noch glauben können,* Freiburg 1970.
MANN, TH., *Der Zauberberg,* Berlin-Darmstadt-Wien 1967.
MARCEL, G., *Geheimnis des Seins,* Wien 1952.
— *Sein und Haben,* Paderborn 1954.
— *Gegenwart und Unsterblichkeit,* Frankfurt/M. 1961.
MARCUSE, H., *Vernunft und Revolution. Hegel und die Entstehung der Gesellschaftstheorie* (Soziologische Texte 13), Neuwied-Berlin ²1962.
— *Der eindimensionale Mensch. Studien zur Ideologie der fortgeschrittenen Industriegesellschaft,* Neuwied-Berlin 1970.
MARLÉ, R., *Dietrich Bonhoeffer. Zeuge Jesu Christi unter seinen Brüdern,* Düsseldorf 1969.
MARSCH, W. D., *Hoffen worauf? Auseinandersetzung mit Ernst Bloch,* Hamburg 1963.
— (Hrsg.), *Diskussion über die „Theologie der Hoffnung",* München 1967.
MARXSEN, W., *Die Auferstehung Jesu von Nazareth,* Gütersloh 1968.
MEHL, R., *Der letzte Feind,* Zürich 1954.
METZ, J. B., *Gott vor uns,* in: S. UNSELD (Hrsg.), *Ernst Bloch zu ehren,* Frankfurt/M. 1965, 227—241.
— *Zur Theologie der Welt,* Mainz-München 1968.
— *Freiheit* (theol.), in: HThG I, München 1962, 403—414.
— *Konkupiszenz,* in: HThG I, München 1962, 843—851.
— *Leiblichkeit,* in: HThG II, München 1963, 30—37.
— *Leib,* in: LThK 6 (²1961) 902—905.
— in: G. SZCZESNY (Hrsg.), *Die Antwort der Religionen,* Reinbek 1971, 95—96.
— *Ostern als Erfahrung,* in: F. KAMPHAUS — J. B. METZ — E. ZENGER, *Gott der Lebenden und der Toten,* Mainz 1976, 19—28.
METZGER, A., *Freiheit und Tod,* Freiburg ²1972.
MEVES, C. — ILLIES, J., *Lieben — was ist das? Ein Grenzgespräch zwischen Biologie und Psychologie,* Freiburg-Basel-Wien ⁵1973.

MEZGER, M., *Die Freiheit des Auferstandenen. Römer 14, 7—9*, in: H. NITSCHKE (Hrsg.), *Auferstehung heute gesagt*, Gütersloh ⁴1972, 113—117.
— *Der unbekannte Tod*, in: H. NITSCHKE (Hrsg.), *Wir wissen, daß wir sterben müssen*, Gütersloh 1975, 153—157.
MICHEL, O., *Zur Lehre vom Todesschlaf*, in: ZNW (NF 1936) 285—290.
— *Der Brief an die Römer*, Göttingen ⁴1966.
MOLTMANN, J., *Die Wirklichkeit der Welt und Gottes konkretes Gebot nach Dietrich Bonhoeffer*, in: *Mündige Welt III*, München 1960, 42—67.
— *Theologie der Hoffnung. Untersuchungen zur Begründung und zu den Konsequenzen einer christlichen Eschatologie*, München ⁸1969 (abgekürzt: ThH).
— *Die Kategorie Novum in der christlichen Theologie*, in: S. UNSELD (Hrsg.), *Ernst Bloch zu ehren*, Frankfurt/M. 1965, 243—263.
— *Antwort auf die Kritik der Theologie der Hoffnung*, in: W. D. MARSCH (Hrsg.), *Diskussion über die „Theologie der Hoffnung"*, München 1967, 201—238.
— *Niedergefahren zur Hölle*, in: G. REIN (Hrsg.), *Das Glaubensbekenntnis*, Stuttgart ²1968, 32—35.
— *Perspektiven der Theologie. Gesammelte Aufsätze*, München-Mainz 1968.
— *Die Zukunft als neues Paradigma der Transzendenz*, in: Internationale Dialog Zeitschrift 2 (1969) 2—13.
— *Umkehr zur Zukunft*, München 1970 (abgekürzt: UZ).
— *Mensch* (Themen der Theologie 11), Stuttgart 1971.
— *Der gekreuzigte Gott. Das Kreuz Christi als Grund und Kritik christlicher Theologie*, München ²1973.
— *Jesus und die Kirche*, in: W. KASPER — J. MOLTMANN, *Jesus ja — Kirche nein?*, Zürich-Einsiedeln-Köln 1973 (Theologische Meditationen 32), 37—63.
— *Prädestination, IV. Im evg. Verständnis*, in: LThK 8 (²1963) 670—762.
— (Hrsg.), *Anfänge der dialektischen Theologie*, Teil 1 (Theologische Bücherei. Neudrucke und Berichte aus dem 20. Jahrhundert, Bd. 17), München ²1966.
MONDEN, L., *Sünde, Freiheit und Gewissen*, Salzburg 1968.
MORDSTEIN, F., *Ist der Marxismus ein Humanismus?*, Stuttgart-Berlin-Köln-Mainz 1969.
MÜHLEN, H., *Gnadenlehre*, in: H. VORGRIMLER — V. GUCHT (Hrsg.), *Bilanz der Theologie im 20. Jahrhundert III*, Freiburg 1970, 148—192.
MÜLLER, M., *Die Existenzphilosophie im geistigen Leben der Gegenwart*, Heidelberg ³1964.
MULDERS, J., *Charakter*, in: LThK 2 (²1958) 1020—1024.
MUSSNER, F., *Tod und Auferstehung. Fastenpredigten über Römerbrieftexte*, Regensburg 1967.
— *Jesu Lehre über das kommende Leben nach den Synoptikern*, in: Concilium 6 (1970) 692—695.
NIETZSCHE, F., *Menschliches, Allzumenschliches. Ein Buch für freie Geister*, Erster Band, München 1960.
NIGG, W., *Matthias Claudius*, in: ders., *Der verborgene Glanz oder die paradoxe Lobpreisung*, Olten-Freiburg 1971.
NITSCHKE, H. (Hrsg.), *Auferstehung heute gesagt. Osterpredigten der Gegenwart*, Gütersloh ⁴1972.
— (Hrsg.), *Wir wissen, daß wir sterben müssen*, Gütersloh 1975.
NOEL, M., *Erfahrungen mit Gott. Eine Auswahl aus den Notes Intimes*, Mainz 1973.
NOLLER, G. (Hrsg.), *Heidegger und die Theologie* (Theologische Bücherei. Neudrucke und Berichte aus dem 20. Jahrhundert, Bd. 38), München 1967.
NYGREN, A., *Eros und Agape. Gestaltwandlungen der christlichen Liebe*, Zwei Bände, Gütersloh 1930/1937.
OEPKE, A., ἀπώλεια, in: ThWNT 1 (1933) 395—396.
— γυνή, in: ThWNT 1 (1933) 776—790.

ORMEA, F., *Marxisten angesichts des Todes,* in: Internationale Dialog Zeitschrift 3 (1970) 98—114.
ORTEGA Y GASSET, J., *Betrachtungen über die Liebe. Gesammelte Werke IV,* Stuttgart 1956.
OTT, H., *Eschatologie. Versuch eines dogmatischen Grundrisses* (Theologische Studien 53), Zollikon 1958.
OTTO, R., *Das Heilige,* München ³¹1963.
PANNENBERG, W., *Was ist der Mensch? Die Anthropologie der Gegenwart im Lichte der Theologie,* Göttingen ²1964.
— *Der Gott der Hoffnung,* in: S. UNSELD (Hrsg.), *Ernst Bloch zu ehren,* Frankfurt/M. 1965, 209—225.
— *Grundzüge der Christologie,* Gütersloh ²1966.
— *Grundfragen systematischer Theologie. Gesammelte Aufsätze,* Göttingen 1967.
— *Reden von Gott angesichts atheistischer Kritik,* in: Evg. Kommentare 2 (1969) 442—446.
— *Das Glaubensbekenntnis. Ausgelegt und verantwortet vor den Fragen der Gegenwart,* Hamburg 1972.
— *Gegenwart Gottes. Predigten,* München 1973.
— *Dialektische Theologie,* in RGG 2 (³1958) 168—174.
PAUS, A. (Hrsg.), *Grenzerfahrung Tod* (hrsg. im Auftrag des Direktoriums der Salzburger Hochschulwochen), Graz-Wien-Köln 1976.
PEPERZAK, A. TH., *Der heutige Mensch und die Heilsfrage. Eine philosophische Einführung,* Freiburg 1972.
PESCH, O. H., *Die Theologie der Rechtfertigung bei Martin Luther und Thomas v. Aquin,* Mainz 1967.
— *Kleines katholisches Glaubensbuch,* Mainz 1974.
PESCH, R., *Zur Theologie des Todes,* in: Bibel und Leben 10 (1969) 9—16.
— *Zweierlei Glaube oder: Holland und Rom,* Stuttgart 1970.
— *Dokument der Verwirrung,* in: R. PESCH — G. STACHEL (Hrsg.), *Augstein's Jesus. Eine Dokumentation,* Zürich-Einsiedeln-Köln 1972, 9—22.
PHILIPP, W., *Teufel,* IV. Dogm., in: RGG 6 (³1962) 710—712.
PIEPER, J., *Hoffnung und Geschichte. Fünf Salzburger Vorlesungen,* München 1967.
— *Tod und Unsterblichkeit,* München 1968.
— *Über die Liebe,* München 1972.
PLATON, *Phaidon* (übersetzt v. H. M. Endres), München 1962.
PRENTER, R., *Dietrich Bonhoeffer und Karl Barths Offenbarungspositivismus,* in: *Mündige Welt III,* München 1960, 11—41.
PRICE, H. H., *Wie sieht das Jenseits aus?,* in: A. TOYNBEE (Hrsg.), *Vor der Linie,* Frankfurt/M. 1970, 358—366.
PRZYWARA, E., *Analogia fidei,* in: LThK 1 (²1957) 473—476.
RAD, G. v., *Das erste Buch Mose. Genesis* (ATD 2/4), Göttingen ⁸1967.
RAHNER, K., *Hörer des Wortes. Zur Grundlegung einer Religionsphilosophie,* Neu bearbeitet von J. B. METZ, München ³1963.
— *Geist in Welt. Zur Metaphysik der endlichen Erkenntnis bei Thomas von Aquin,* Neu bearbeitet von J. B. METZ, München ³1964.
— *Schriften zur Theologie II—XII,* Einsiedeln-Zürich-Köln ⁷1964—1975.
— *Zur Theologie des Todes. Mit einem Exkurs über das Martyrium* (Quaestiones Disputatae 2), Freiburg ⁵1965.
— *Maria, Mutter des Herrn,* Freiburg ⁵1965.
— *Biblische Predigten,* Freiburg 1965.
— *Alltägliche Dinge* (Theologische Meditationen 5), Einsiedeln ⁸1969.
— *Vom Gottgeheimnis der Ehe,* in: ders., *Glaube, der die Erde liebt,* Freiburg-Basel-Wien ³1967, 125—128.

— *„Gedenke, Mensch, daß du Staub bist ..."*, in: ders., *Gnade als Freiheit. Kleine theologische Beiträge*, Freiburg 1968, 187—190.
— *Passion des Menschensohnes*, in: ders., *Gnade als Freiheit*, Freiburg 1968, 191—198.
— *Zur Lage der Theologie. Probleme nach dem Konzil. Karl Rahner antwortet Eberhard Simons* (Das theologische Interview 1), Düsseldorf 1969.
— *Ein „Jahr des Glaubens" und sein Sinn*, in: ders., *Kritisches Wort. Aktuelle Probleme in Kirche und Welt*, Freiburg 1970, 75—76.
— *Tod und Unsterblichkeit*, in: ders., *Kritisches Wort*, Freiburg 1970, 182—193.
— *Mariä Himmelfahrt*, in: ders., *Chancen des Glaubens. Fragmente einer modernen Spiritualität*, Freiburg 1971, 58—62.
— *Alltagstugenden*, in: ders., *Chancen des Glaubens*, Freiburg 1971, 125—138.
— *Wer bist du eigentlich — Jesus?*, in: Geist und Leben 44 (1971) 404—408 = ders., *Schriften zur Theologie X*, 209—214.
— *Bietet die Kirche letzte Gewißheiten?*, in: K. Rahner — O. Semmelroth (Hrsg.), *Theologische Akademie IX*, Frankfurt 1972, 108—127 = ders., *Schriften zur Theologie X*, 286—304.
— *Strukturwandel der Kirche als Chance und Aufgabe*, Freiburg 1972.
— *Grundlinien einer systematischen Christologie*, in: K. Rahner — W. Thüsing, *Christologie — systematisch und exegetisch* (Quaestiones Disputatae 55), Freiburg 1972, 17—78.
— *Auferstehung Christi*, IV. Zur Theologie, in: LThK 1 (²1957) 1038—1041.
— *Sünde*, V. Dogm., in: LThK 9 (²1964) 1177—1181.
— *Teufel*, III. System., in: LThK 10 (²1965) 4.
— *Tod*, IV. Theologisch, in: LThK 10 (²1965) 221—226.
— *Tod Jesu*, in: LThK 10 (²1965) 231—232.
— *Erbsünde*, in: K. Rahner — A. Darlapp (Hrsg.), *Sacramentum Mundi I*, Freiburg 1967, 1104—1117.
— *Tod*, in: K. Rahner — A. Darlapp (Hrsg.), *Sacramentum Mundi IV*, Freiburg 1969, 920—927.
Rahner, K. — Rahner, H., *Worte ins Schweigen — Gebete der Einkehr*, Freiburg-Basel-Wien 1973.
Rahner, K. — Vorgrimler, H., *Kleines Konzilskompendium*, Freiburg-Basel-Wien 1966.
Rast, J., *Reinhold Schneider*, in: H. J. Schultz (Hrsg.), *Tendenzen der Theologie im 20. Jahrhundert*, Stuttgart-Olten 1966, 505—512.
Ratzinger, J., *Einführung in das Christentum. Vorlesungen über das Apostolische Glaubensbekenntnis*, München 1968.
— *Glaube und Zukunft*, München 1970.
— *Jenseits des Todes*, in: Communio 1 (1972) 231—244.
— *Dogma und Verkündigung*, München-Freiburg 1973.
— *Auferstehung des Fleisches*, VI. Dogmengesch., VII. System., in: LThK 1 (²1957) 1048—1052.
— *Himmel*, III. System., in: LThK 5 (²1960) 355—358.
— *Hölle*, V. System., in: LThK 5 (²1960) 448—449.
— *Stellvertretung*, in: HThG II, München 1963, 566—575.
— *Auferstehung*, in: K. Rahner — A. Darlapp (Hrsg.), *Sacramentum Mundi I*, Freiburg 1967, 397—402.
Redaktionsartikel *Der Treffer aus dem Absoluten. Informationen zu einer Theologie des Todes*, in: Evg. Kommentare 2 (1969) 623—630.
Reidinger, O., *Gottes Tod und Hegels Auferstehung. Antwort an D. Sölle*, Berlin 1969.
Rein, G. (Hrsg.), *Das Glaubensbekenntnis. Aspekte für ein neues Verständnis*, Stuttgart ²1968.
Ried, G., *Weltliteratur unserer Zeit*, München 1961.
Rilke, R. M., *Gesammelte Werke II*, Leipzig 1930.

Rinser, L., *Abenteuer der Tugend*, Roman, Frankfurt/M. 1969.
— *Leiden — Sterben — Auferstehen*, Würzburg 1975.
Rolfes, H., *Der Sinn des Lebens im marxistischen Denken. Eine kritische Darstellung mit einem Vorwort von J. B. Metz*, Düsseldorf 1971.
Saint-Exupéry, A. de, *Der kleine Prinz*, Düsseldorf 1973 (Neuauflage).
Sandfuchs, W. (Hrsg.), *Ich glaube. Vierzehn Betrachtungen zum Apostolischen Glaubensbekenntnis*, Würzburg 1975.
Sartre, J. P., *Das Sein und das Nichts*, Hamburg 1962.
— *Die Wörter*, Darmstadt 1967.
Sauter, G., *Zukunft und Verheißung. Das Problem der Zukunft in der gegenwärtigen theologischen und philosophischen Diskussion*, Zürich-Stuttgart 1965.
— *Die Zeit des Todes. Ein Kapitel Eschatologie und Anthropologie*, in: Evg. Theologie 25 (1965) 623—643.
Schaefer, H., *Der natürliche Tod*, in: J. Schlemmer (Hrsg.), *Was ist der Tod?*, München 1969, 9—23.
Schalom Ben-Chorin, *Augstein wider die ganze Theologie*, in: R. Pesch — G. Stachel (Hrsg.), *Augstein's Jesus. Eine Dokumentation*, Zürich-Einsiedeln-Köln 1972, 28—35.
Scheffczyk, L., *Wirklichkeit und Geheimnis der Sünde. Sünde — Erbsünde*, Augsburg 1970.
— *Auferstehung. Prinzip des christlichen Glaubens*, Einsiedeln 1976.
— *Erbschuld*, in: HThG I, München 1962, 293—303.
Scheler, M., *Tod und Fortleben*, in: *Schriften aus dem Nachlaß*, Bd. 1, Bern ²1957, 9—64.
Schelkle, K. H., *Schuld als Erbteil?* (Theologische Meditationen 20), Einsiedeln 1968.
Scherer, G., *Der Tod als Frage an die Freiheit*, Wolfsburgreihe, Essen 1971.
Schillebeeckx, E., *Einige hermeneutische Überlegungen zur Eschatologie*, in: Concilium 5 (1969) 18—25.
— *Jesus. Die Geschichte von einem Lebenden*, Freiburg-Basel-Wien ³1975.
Schlemmer, J. (Hrsg.), *Was ist der Tod? 11 Beiträge und eine Diskussion*, München 1969.
Schlette, H. R., *Leib und Seele in der Philosophie*, in H. J. Schultz (Hrsg.), *Was weiß man von der Seele?*, Gütersloh 1972, 160—169.
— *Geheimnis als Ärgernis*, in: Orientierung 37 (1973) 15—17.
— *Jenseits und Zukunft — Enttäuschungen und Korrekturen*, in: Orientierung 39 (1975) 41—46.
— *Teilhabe*, II. Problemgeschichtlich u. system., in: HThG II, München 1963, 634—641.
Schmaus, M., *Der Glaube der Kirche. Handbuch katholischer Dogmatik II*, München 1970.
Schmid, J., *Leib*, I. In der Schrift, in: LThK 6 (²1961) 899—902.
Schmidtchen, G., *Zwischen Kirche und Gesellschaft. Forschungsbericht über die Umfragen zur Gemeinsamen Synode der Bistümer in der Bundesrepublik Deutschland*, Freiburg 1972.
Schmithals, W., *Die Theologie Rudolf Bultmanns. Eine Einführung*, Tübingen ²1967.
Schnackenburg, R., *Eschatologie*, III. im Neuen Testament, in: LThK 3 (²1959) 1088 bis 1093.
Schneider, R., *Winter in Wien*, Freiburg ⁹1973.
Scholl, N., *Jesus — nur ein Mensch?*, München 1971.
— *Tod und Leben. Biblische Perspektiven*, München 1974.
Scholz, F., *Schuld — Sünde — Fehlhaltung*, Augsburg 1971.
Schoonenberg, P., *Theologie der Sünde*, Einsiedeln 1966.
— *Ich glaube an das ewige Leben*, in: Concilium 5 (1969) 43—49.
— *Und das Leben der zukünftigen Welt*, in: H. H. Berger — P. Schoonenberg — W. J. Berger, *Leben nach dem Tode?*, Köln 1972, 61—104.
Schubert, K., *Die Entwicklung der Auferstehungslehre von der nachexilischen bis zur frührabbinischen Zeit*, in: Biblische Zeitschrift 6 (NF 1962) 177—214.
Schütz, P., *Gesammelte Werke I—III*, Hamburg 1963—1966.

SCHULTZ, H. J. (Hrsg.), *Tendenzen der Theologie im 20. Jahrhundert*, Stuttgart-Olten 1966.
— (Hrsg.), *Was weiß man von der Seele? Erforschung und Erfahrung*, Gütersloh 1972.
SCHUNACK, G., *Das hermeneutische Problem des Todes. Im Horizont von Römer 5 untersucht*, Tübingen 1967.
SCHWEIZER, E., *Die Leiblichkeit des Menschen: Leben — Tod — Auferstehung*, in: Evg. Theologie 29 (1969) 40—55.
— σῶμα, in: ThWNT 7 (1964) 1024—1091.
SECKLER, M., *Hoffnungsversuche*, Freiburg 1972.
SEIGFRIED, A., *Das Neue Sein. Der Zentralbegriff der „ontologischen" Theologie Paul Tillichs in katholischer Sicht* (Beiträge zur ökumenischen Theologie 10), München 1974.
SEMMELROTH, O., *Der Tod — wird er erlitten oder getan? Die Lehre von den letzten Dingen als christliche Interpretation des Todes*, in: K. RAHNER — O. SEMMELROTH (Hrsg.), *Theologische Akademie IX*, Frankfurt/M. 1972, 9—26.
SIMONS, E., *Philosophie der Offenbarung. Auseinandersetzung mit Karl Rahner*, Stuttgart 1966.
SINNIGER, M., *... aber die Liebe bleibt. Zeugnis einer Ehe*, Freiburg-Basel-Wien 1975.
SMART, N., *Kritische Anmerkungen zum neueren christlichen Denken über den Tod*, in: A. TOYNBEE (Hrsg.), *Vor der Linie*, Frankfurt/M. 1970, 183—190.
— *Der Tod und der Rückgang des Glaubens in der westlichen Gesellschaft*, in: A. TOYNBEE (Hrsg.), *Vor der Linie*, Frankfurt/M. 1970, 191—200.
SÖHNGEN, G., *Analogia entis in analogia fidei*, in: Antwort (Festschrift für K. BARTH, hrsg. v. E. WOLF u. a.), Zollikon-Zürich 1956, 266—271.
SÖLLE, D., *Stellvertretung. Ein Kapitel Theologie nach dem „Tode Gottes"*, Stuttgart ³1966.
— *Atheistisch an Gott glauben. Beiträge zur Theologie*, Freiburg 1968.
— *Das Recht, ein anderer zu werden*, Neuwied-Berlin 1971.
— *Verzicht auf Jenseitshoffnung — Christentum als Solidarität mit den Unterdrückten*, in: G. ADLER (Hrsg.), *Christlich — was heißt das?*, Düsseldorf 1972, 52—61.
— *Leiden* (Themen der Theologie. Ergänzungsband), Stuttgart 1973.
SOLOWJEW, W., *Über den Sinn der Geschlechtsliebe*, Deutsche Gesamtausgabe der Werke VII (hrsg. v. W. SZYLKARSKI), München 1953.
SOLSCHENIZYN, A., *Krebsstation I/II*, Reinbek 1971.
SONNEMANS, H., *Hoffnung ohne Gott? In Konfrontation mit Ernst Bloch*, Freiburg-Basel-Wien 1973.
SPLETT, J., *Docta Spes. Zu Ernst Blochs Ontologie des Noch-Nicht-Seins*, in: Theologie und Philosophie 44 (1969) 383—394.
— *Gebet um Vergebung. Philosophische Anmerkungen zu einem kaum noch philosophischen Thema*, in: Orientierung 37 (1973) 52—55.
— *Unsterblichkeit*, in: K. RAHNER (Hrsg.), *Herders Theologisches Taschenlexikon 7* (1973) 397—400.
SPORKEN, P., *Menschlich sterben*, Düsseldorf 1972.
STADTLAND, T., *Eschatologie und Geschichte in der Theologie des jungen Karl Barth*, Neukirchen-Vluyn 1966.
STANGE, C., *Zur Auslegung der Aussagen Luthers über die Unsterblichkeit der Seele. Luther und das fünfte Laterankonzil*, in: ZSTh 6 (1928) 339—444.
— *Das Ende aller Dinge*, Gütersloh 1930.
STAUFFER, E., *Die Theologie des Neuen Testaments*, Gütersloh 1948.
STOCK, A., *Kurzformeln des Glaubens. Zur Unterscheidung des Christlichen bei Karl Rahner* (Theologische Meditationen 26), Einsiedeln 1971.
SUDBRACK, J., *Probleme, Prognosen einer kommenden Spiritualität*, Würzburg 1969.
SZCZESNY, G. (Hrsg.), *Die Antwort der Religionen. Eine Umfrage mit 31 Fragen von Gerhard Szczesny bei „Glaubensfachleuten" der großen Bekenntnisgemeinschaften*

Judentum, Katholizismus, Protestantismus, Islam, Hinduismus, Buddhismus, Reinbek 1971.

TEILHARD DE CHARDIN, P., *Der Mensch im Kosmos,* München 1965.
— *Briefe an L. Zanta,* Freiburg-Basel-Wien 1967.

THIELICKE, H., *Tod und Leben. Studien zur christlichen Anthropologie,* Tübingen ²1946.
— *Wer darf leben? Ethische Probleme der modernen Medizin,* München 1970.

TILLICH, P., *Der Mut zum Sein,* Stuttgart 1954.
— *Systematische Theologie II/III,* Stuttgart 1958/1966.
— *Auf der Grenze. Aus dem Lebenswerk Paul Tillichs,* Stuttgart 1962.
— *Das Wesen der religiösen Sprache,* in: ders., *Gesammelte Werke V,* Stuttgart 1964, 213—222.
— *Recht und Bedeutung religiöser Symbole,* in: ders., *Gesammelte Werke V,* Stuttgart 1964, 237—244.

TÖDT, H. E., *Aus einem Brief an Jürgen Moltmann,* in: W. D. MARSCH (Hrsg.), *Diskussion über die „Theologie der Hoffnung",* München 1967, 197—200.

TOPITSCH, E., *Zur Soziologie des Existentialismus. Kosmos — Existenz — Gesellschaft,* in: ders., *Sozialphilosophie zwischen Ideologie und Wissenschaft* (Soziologische Texte 10), Neuwied 1961, 97—117.

TOYNBEE, A., *Leben und Tod,* in: ders. (Hrsg.), *Vor der Linie. Der moderne Mensch und der Tod,* Frankfurt/M. 1970, 369—386.

TRAUB, H., *Karl Barth,* in: H. J. SCHULTZ (Hrsg.), *Tendenzen der Theologie im 20. Jahrhundert,* Stuttgart-Olten 1966, 264—269.

TRILLHAAS, W., *Dogmatik,* Berlin ²1967.

TROISFONTAINES, R., *Ich werde leben. Was erwartet uns nach dem Tode?,* Luzern 1966.

ULRICH, F., *Leben in der Einheit von Leben und Tod,* Frankfurt/M. 1973.

UNSELD, S. (Hrsg.), *Ernst Bloch zu ehren,* Frankfurt/M. 1965.

VOLK, H., *Der Tod in der Sicht des christlichen Glaubens,* Münster 1958.
— *Tod, II. Theologisch,* in: HThG II, München 1963, 670—679.

VOLZ, P., *Die Eschatologie der jüdischen Gemeinde im neutestamentlichen Zeitalter,* Tübingen ²1934.

VORGRIMLER, H., *Die Erbsünde in der katholischen Glaubenslehre,* in: R. SCHMID — E. RUCKSTUHL — H. VORGRIMLER, *Unheilslast und Erbschuld der Menschheit,* Luzern-München 1969, 115—144.

VORGRIMLER, H. — GUCHT, V. (Hrsg.), *Bilanz der Theologie im 20. Jahrhundert I—III,* Freiburg 1969/1970.

WACHINGER, L., *Der Glaubensbegriff Martin Bubers* (Beiträge zur ökumenischen Theologie 4), München 1970.

WAUGH, E., *Wiedersehen mit Brideshead,* Hamburg 1955.

WEBER, O., *Karl Barths Kirchliche Dogmatik. Ein einführender Bericht zu den Bänden I, 1 bis IV, 3, 2,* Neukirchen-Vluyn ⁵1963.

WEISMAYER, J. u. a. (Hrsg.), *Ist Adam an allem schuld? Erbsünde oder Sündenverflochtenheit?,* Innsbruck 1971.

WELTE, B., *Leiblichkeit als Hinweis auf das Heil in Christus,* in: ders., *Auf der Spur des Ewigen. Philosophische Abhandlungen über verschiedene Gegenstände der Religion und der Theologie,* Freiburg-Basel-Wien 1965, 83—112.
— *Im Spielfeld von Endlichkeit und Unendlichkeit. Gedanken zur Deutung des menschlichen Daseins,* Frankfurt/M. 1967.
— *Versuch zur Frage nach Gott,* in: J. RATZINGER (Hrsg.), *Die Frage nach Gott* (Quaestiones Disputatae 56), Freiburg-Basel-Wien ³1973, 11—26.
— *Dialektik der Liebe. Gedanken zur Phänomenologie der Liebe und zur christlichen Nächstenliebe im technologischen Zeitalter,* Frankfurt/M. 1973.

WESTERMANN, C., *Leib und Seele in der Bibel,* in: H. J. SCHULTZ (Hrsg.), *Was weiß man von der Seele?,* Gütersloh 1972, 170—179.

WHITE, S. E., *Das uneingeschränkte Weltall*, Zürich 1963.
WIEDERKEHR, D., *Perspektiven der Eschatologie*, Zürich-Einsiedeln-Köln 1974.
WIESENHÜTTER, E., *Blick nach drüben. Selbsterfahrungen im Sterben*, Hamburg 1974.
WILCKENS, U., *Auferstehung* (Themen der Theologie 4), Stuttgart 1970.
WIPLINGER, F., *Der personal verstandene Tod*, Freiburg-München 1970.
WITTGENSTEIN, L., *Tractatus logico-philosophicus* (*Schriften* Bd. 1), Frankfurt 1960.
WOLF, E., *Das Letzte und das Vorletzte*, in: *Mündige Welt IV*, München 1963, 17—32.
— in: G. SZCZESNY (Hrsg.), *Die Antwort der Religionen*, Reinbek 1971, 96—97.
WOLFF, H. W., *Menschliches. Vier Reden über das Herz, den Ruhetag, die Ehe und den Tod im Alten Testament*, München 1971.
WULF, F., *Liebe und Tod*, in: Geist und Leben 45 (1972) 1—6.
ZAHRNT, H., *Die Sache mit Gott. Die protestantische Theologie des 20. Jahrhunderts*, München 1966.
— *Gott kann nicht sterben. Wider die falschen Alternativen in Theologie und Gesellschaft*, München 1970.
— *Überlegungen zur Gotteserfahrung heute. Entwurf einer zeitgenössischen Erfahrungstheologie*, in: *Christliche Existenz und kirchliche Praxis heute* (hrsg. v. K. W. BARWITZ u. A. DERIS), Freiburg 1975, 9—24.

Einleitung

1. Zum Thema: Hoffnung angesichts des Todes

In einer Diskussion über heutige Verstehensmöglichkeiten von Tod und Auferstehung Jesu meinte ein Gesprächsteilnehmer — ein bekanntes Zitat nach Willi Marxsen („Die Sache Jesu geht weiter") vergröbernd[1] —, Jesus als individuelle *Person* sei im Tode geblieben, aber er habe ein *Programm* hinterlassen, das den Christen verpflichte und dessen Realisierung die Erde vermenschlichen würde. Auf die Frage eines Journalisten, ob er sich persönlich kein Fortleben nach dem Tode erhoffe, meinte der Sprecher: „Das interessiert mich nicht. Die Frage ist mir zu individualistisch gestellt."

So denken wohl viele[2]. Denn über ein Leben nach dem Tode zu sprechen, ist sicher nicht leicht. Keiner, der darüber nachdenkt, hat die eigene Todesgrenze überschritten, und wer einen anderen sterben sieht, wird vielleicht nichts Menschenwürdiges erleben. Im Gegenteil: der Tod ist oft häßlich, hat „eine Art rückwirkend entwertende Kraft" (Bloch)[3], und der Pessimismus des alttestamentlichen Predigers wird durch den Augenschein nicht immer widerlegt: „Wahrhaftig, es geht dem Menschen genau wie dem Vieh, dasselbe Los haben sie! Wie das Vieh verendet, so stirbt er auch. Ja, alles ist eitel" (Prd 3, 19).

Ernest Hemingway, den man einen „Diesseitsmystiker" und einen „Metaphysiker des Banalen" genannt hat[4], illustriert dieses Sterben ohne Würde in seiner *Naturgeschichte der Toten*: „Das erste, was einem an den Toten auffiel, war, daß sie wie Tiere sterben, wenn sie schlimm genug getroffen waren. Manche schnell an einer kleinen Wunde, von der man nicht denken würde, daß sie ein Kaninchen töten könne ... Andere starben wie Katzen; mit zertrümmertem Schädel und Eisen im Hirn liegen sie zwei Tage lang lebendig da wie Katzen, die mit einer Kugel im Hirn in den Kohlenkasten kriechen und nicht eher sterben, als bis man

---

[1] Zu Marxsens eigener — differenzierterer — Auffassung vgl. unten S. 189 Anm. 14.
[2] Bei einer von der Synode der Bistümer Deutschlands in Auftrag gegebenen Repräsentativbefragung fand allerdings die Frage, „ob es ein Leben nach dem Tod gibt, oder ob nach dem Tod alles aus ist", das relativ *größte Interesse*: 35% der Befragten hielten diese Frage für die wichtigste vor allen anderen Fragen desselben Interviews (vgl. G. SCHMIDTCHEN, *Zwischen Kirche und Gesellschaft*, Freiburg i. B. 1972, 182: Tabelle A 25).
[3] E. BLOCH, *Das Prinzip Hoffnung*, Frankfurt/M. 1959, 1299; ebd.: „Nicht nur die Leiche ist bleich, auch unser Streben sieht sich durch dieses sein Ende zu schlechter Letzt ausgeblutet und entwertet."
[4] G. RIED, *Weltliteratur unserer Zeit*, München 1961, 41 f.

ihnen den Kopf abschneidet. Möglicherweise sterben Katzen auch dann nicht; man sagt, sie haben neun Leben. Ich weiß nicht, aber die meisten Menschen sterben wie Tiere und nicht wie Menschen"[5].

Doch man darf sich nicht täuschen lassen. Hemingways Naturalismus verbirgt etwas anderes: Die „verlorene Generation" reflektiert zwar nicht übers Jenseits, aber auch ihr geht es um letzte Fragen des Lebens, um den Sinn des Daseins, um Abschied, Liebe und Tod. Hemingways Helden reden vom Wetter und meinen die Liebe; sie reden vom Fischen und meinen den Abschied; sie reden vom Jagen und meinen den Tod[6].

Was geschieht aber wirklich beim Sterben? Geht alles zu Ende? Fängt etwas Neues an? Gibt es eine Fortsetzung des Lebens, nur in anderer Weise als bisher? Oder entspringt der Jenseitsgedanke einem infantilen Trostbedürfnis, einem Willen zur Flucht aus der irdischen Verantwortung? Hat D. Bonhoeffer recht, wenn er die Lebenskraft des christlichen Glaubens aus den positiven, „starken" Seiten der Existenz ableitet, und weniger aus den negativen Erfahrungen des Scheiterns, des Leidens, der Krankheit, des Todes?

Die Gotteserfahrung „mitten im Leben" und an der Grenze des Scheiterns, die Treue zur Erde und die Hoffnung auf Auferstehung schließen sich nach Bonhoeffer[7] freilich nicht aus, sondern bedingen einander: „Nur wenn man das Leben und die Erde so liebt, daß mit ihr alles verloren und zu Ende zu sein scheint, darf man die Auferstehung der Toten und eine neue Welt glauben"[8]. Und umgekehrt: nur wer Zukunft hat, wer aus der Kraft der Auferstehung lebt, kann mit Gott auch diese Erde lieben[9] und ihre Wege zu Ende gehen.

Alles menschliche Handeln setzt Sinn und damit Zukunft voraus: ein — vielleicht unbewußtes — „Urvertrauen" in die verborgene, von den Handgreiflichkeiten des Daseins (jetzt noch) bedrohte und verdunkelte Sinnhaftigkeit des Existierens[10]. Dieses Vertrauen verlangt einen Grund, von dem es legitimiert wird. Dieser Grund ist nach christlichem Verständnis die Heils-Zusage Gottes in Christus.

Wenn im folgenden der *individuelle* Aspekt dieser Heils-Zusage betont wird, also die Hoffnung des je einzelnen, auch noch im Scheitern und gerade im Tod von der Liebe Gottes gehalten zu sein, die Zukunft ermöglicht, so heißt das nicht,

---

[5] E. HEMINGWAY, *Eine Naturgeschichte der Toten*, in: ders., *Sämtliche Erzählungen* (deutsch), Hamburg 1966, 363 ff., hier 366 f.

[6] So G. RIED a. a. O., 41. — Zur Darstellung des Themas „Tod" in der neueren Literatur vgl. K. H. BLOCHING, *Das Sterben im Spiegel heutiger Literatur*, in: Concilium 10 (1974) 240 ff.

[7] Vgl. unten S. 148 ff.

[8] D. BONHOEFFER, *Widerstand und Ergebung* (hrsg. v. E. BETHGE), München [13]1966, 112 f. — Zu den *Einwänden* gegen den Versuch, das Christentum als Stellungnahme zur Frage nach dem Sinn des Lebens auszulegen, vgl. H. GOLLWITZER, *Krummes Holz — aufrechter Gang. Zur Frage nach dem Sinn des Lebens*, München [3]1971, 27 ff.

[9] Vgl. K. RAHNER, *Glaube, der die Erde liebt*, Freiburg-Basel-Wien [3]1967.

[10] Zahlreiche Beispiele dafür bei P. L. BERGER, *Auf den Spuren der Engel. Die moderne Gesellschaft und die Wiederentdeckung der Transzendenz*, Frankfurt/M. 1970.

daß diese Hoffnung zu lösen wäre von der umfassenderen Verheißung einer „Neuen Erde". Karl Rahner nennt beide Aspekte — den individuellen und den universalen — meist in einem Zug[11], weil der Mensch Individuum und Gemeinschaftswesen zugleich ist. Die Eschatologie handelt von der Erfüllung des Menschen *als* eines weltbezogenen Wesens. Beide Gesichtspunkte — kosmische und individuelle Vollendung — meinen weder etwas Disparates (der Tod des einzelnen und das Ende der Weltzeit sind analoge Ereignisse, so daß, was vom einen gesagt wird, analog auch vom anderen gilt), noch fallen sie einfach zusammen, „so daß die eine oder die andere Aussagereihe, z. B. als zu mythologisch oder als zu philosophisch, zugunsten der anderen ausgeschieden werden könnte"[12].

Wenn die Frage nach der bleibenden Gültigkeit des je einmaligen Lebens als so entscheidend behauptet wird, daß mit ihrer Beantwortung der Sinn von Dasein überhaupt bejaht oder negiert wird, so soll damit keinem „Heilsindividualismus" das Wort geredet werden. Ein Christentum, dem es — nur — ums persönliche Fortleben nach dem Tode geht und nicht um die Zukunft der Welt, wird heute weithin abgelehnt. Eine Theologie, die nur aufs „Jenseits" verweist, ohne von der eschatologischen Qualität menschlicher Arbeit an der Gestalt dieser Erde zu sprechen, ist ebenso einseitig wie eine Theologie, die menschliche Zukunftsentwürfe mit dem Reich Gottes *identifiziert*. Ein Glaube, der das Dasein in seiner vollen Diesseitigkeit nicht ernst nimmt, wird von der atheistischen Religionskritik zu Recht kritisiert: als Flucht vor der Wirklichkeit, als Hindernis für den Fortschritt.

Die Theologie muß den einzelnen in seiner irdischen *Verantwortung* und — nicht weniger wichtig — in seinen *sozialen Bezügen* betrachten. Aber niemand „wird auf die Dauer dem Menschen verbieten können, sich wichtig zu nehmen ... Je gewichtiger und fordernder die Gesellschaft ihm erscheinen wird, um so mehr wird der einzelne an Bedeutung wachsen. Denn sonst würde die Gesellschaft selbst unweigerlich zur Herde von Bedeutungslosen werden. Die Würde der Gesellschaft ... mehrt, vermindert nicht die Würde und den radikalen Ernst, die der Einzelne sich und jedem Einzelnen schuldet. Auch von daher wird er in Zukunft mehr, nicht weniger seine Je-Einmaligkeit erfahren ... Und keine ökonomische Veränderung und kein gesellschaftliches System werden verhindern können, daß der Mensch die Grenze seines Todes wissend erfährt und dadurch sich als ganzer in Frage stellt"[13].

Die Frage, die — bewußt oder verdrängt — alle bewegt, ist die Frage nach dem Sinn ihres Lebens; diese Frage aber ist identisch mit der Frage nach dem Sinn ihres Todes. Deshalb haben Platon und Cicero die Philosophie als ein Nach-

---

[11] Z. B. K. RAHNER, *Theologische Prinzipien der Hermeneutik eschatologischer Aussagen*, in: ders., *Schriften zur Theologie IV*, Einsiedeln-Zürich-Köln ⁴1964, 401 ff.
[12] K. RAHNER, *Schriften IV*, 423. Zum Ganzen vgl. D. WIEDERKEHR, *Perspektiven der Eschatologie*, Zürich-Einsiedeln-Köln 1974 (dort weitere Literatur).
[13] K. RAHNER, *Schriften VI*, 85. — Vgl. die Vorlesungen der Salzburger Hochschulwochen 1975: A. PAUS (Hrsg.), *Grenzerfahrung Tod*, Graz-Wien-Köln 1976.

denken über den Tod bezeichnet[14] und betont L. Boros — in der Einleitung zu seinem Buch *Mysterium Mortis* —: „Wer den Tod kennt, kennt auch das Leben ... wer den Tod vergißt, vergißt auch das Leben"[15].

Dem Todesproblem kann unser Denken nicht ausweichen: Würde es die Frage des Todes umgehen oder verharmlosen, wäre das „ein Zeichen seiner Verflachung und Entkräftung", wie Gollwitzer betont[16].

Am Tod entscheidet sich der Sinn unseres Lebens. Würde der Mensch wie das Tier verenden, verlören Gegenwart und Zukunft für ihn ihr Gewicht, und kein noch so großer Erfolg der Biotechnik oder der Krebsforschung könnte darüber hinwegtäuschen. Die These, Not und Opfer der eigenen Existenz würden durch bessere Lebensbedingungen künftiger Generationen gerechtfertigt, trägt nicht. „Sind Sie sicher, daß Sie die Erhaltung des Menschengeschlechts, wenn Sie und alle Ihre Bekannten nicht mehr sind, wirklich interessiert?", beginnt der 1. Fragebogen in Max Frisch's neuem *Tagebuch*[17]. Zu Recht: denn ein Fortschritt, der den Heutigen nichts nützt, hilft den Späteren auch nicht: Wenn der Sieg des Todes als des äußersten Übels ein *endgültiger* Sieg ist, sind alle Teilsiege des Guten — Überwindung von Krieg, Hunger und Krankheit — „nicht als ernste Erfolge" (Solowjew) anzusehen[18].

Josef Pieper ist zuzustimmen, wenn er meint: „Laßt uns lieber schweigen von der Hoffnung, wenn keine besteht für den Blutzeugen"[19], d. h. für den *jetzt* lebenden Menschen, der für das Glück des künftigen leidet und stirbt. Bloße „Vertröstung" auf die Herrlichkeit späterer Zeiten ist Opium für die Heutigen. Der Protest Kierkegaards gegen eine Ideologie, die das Individuum zum Fraß für den Weltgeist entwürdigt[20], bleibt aktuell: „Staat und Gesellschaft, wie sehr auch jeder einzelne durch sie bestimmt sein mag, ... sind um der Individuen willen da, nicht umgekehrt", hat Max Horkheimer seine marxistischen Schüler belehrt[21];

---

[14] Platon, *Phaidon*, XXIX, München 1962, 123; M. T. Cicero, *Tusculanae Disputationes*, I, 75 (zit. nach J. Pieper, *Tod und Unsterblichkeit*, München 1968, 15).

[15] L. Boros, *Mysterium Mortis*, Olten-Freiburg ⁴1964, 7.

[16] H. Gollwitzer, *Krummes Holz — aufrechter Gang*, 285.

[17] M. Frisch, *Tagebuch 1966—1971*, Frankfurt/M. 1972, 9.

[18] So der russische Religionsphilosoph Wladimir Solowjew (zit. nach J. Schlemmer, Hrsg., *Was ist der Tod?*, München 1969, 159); vgl. J. B. Metz, *Ostern als Erfahrung*, in: F. Kamphaus — J. B. Metz — E. Zenger, *Gott der Lebenden und der Toten*, Mainz 1976, 19—28, hier 27.

[19] J. Pieper, *Hoffnung und Geschichte*, München 1967, 40; zit. nach H. Fries, *Herausgeforderter Glaube*, München 1968, 127.

[20] Vgl. etwa S. Kierkegaard, *Philosophische Brocken* (ders., *Werke V*, hrsg. v. E. Grassi, Reinbek 1964).

[21] M. Horkheimer, *Die Sehnsucht nach dem ganz Anderen. Ein Interview mit Kommentar von Helmut Gumnior*, Hamburg 1970, 40. — Vgl. W. Pannenberg, *Das Glaubensbekenntnis*, Hamburg 1972, 183 f.: „Die im Gegensatz zur Summe ihrer Individuen gedachte Menschheit ist nur eine grausame Abstraktion. Die in dieser Abstraktion liegende Negation der Individuen erweist sehr konkret ihre Inhumanität, wo solche Vorstellungen in politische Wirklichkeit umgesetzt werden ... Ohne ... Beteiligung aller Individuen kein Gottesreich, keine Vollendung der Menschheit. Dieser Maßstab ist geeignet und uner-

Marxisten wie Bloch und Garaudy haben den Tod des einzelnen als *das* entscheidende Problem wiederentdeckt![22]

Eine Hoffnung, die nicht *vom Tode erlöst*, ist keine Hoffnung[23]. Daraus folgt freilich nicht, daß es eine Ewigkeit geben *muß*, daß *tatsächlich* die menschliche Bestimmung im Tod nicht verfehlt, sondern end-gültig erreicht wird. Niemand kann das Faktum bestreiten: Es ist die Furcht, vielleicht auch der Wunsch oder einfach die unreflektierte Meinung von vielen, mit dem Tode sei „alles aus", die persönliche Identität werde im Widerfahrnis des Todes ganz und unwiderruflich zerstört[24]. Nicht jedem, der so denkt, kann man schlechte Moral unterstellen oder Verantwortungsscheu, die zu ihren Entscheidungen im letzten nicht stehen will. Mancher, der ein Fortleben, welcher Art auch immer, negiert, wird behaupten, nur *seine* Haltung sei dem Menschen und seiner Würde gemäß. Denn: nicht um irgendeiner Belohnung im „Jenseits" willen stellt er sich dem Leben mit seiner Aufgabe und seiner Plage, sondern in der illusionslosen Tapferkeit des Daseins, die nicht viele Worte macht, die dem Ende ruhig und ohne Protest entgegensieht. *Menschlich* handle nur der, der sich ohne Hoffnung auf Fortexistenz für den anderen einsetzt, aus Anstand, um der verpflichtenden Sache willen, in rückhaltloser Wahrhaftigkeit. „Ihr Christen seid eben unreife Kinder, die sich mit dem Ende nicht abfinden", wird der Illusionslose sagen, und man kann nicht wissen, welche Gesinnung sich hinter seiner Rede verbirgt.

Etwa der Optimismus des Erfolgreichen, dem die eigene Kraft zu seinem Glück genügt? Oder die Skepsis des Gewitzten, der die Brüchigkeit der menschlichen Existenz zu tief erfahren hat, als daß er einen bleibenden Bestand dieses Daseins zu glauben vermöchte? Oder ein Zynismus, der das Leben von Grund auf verneint? Oder — auch das wäre ja möglich — die Bescheidung dessen, der vor der

---

läßlich, um dem Mißbrauch der Idee einer vollendeten Menschheit für politische Zwecke zu steuern." — Vgl. H. R. SCHLETTE, *Jenseits und Zukunft — Enttäuschungen und Korrekturen*, in: Orientierung 39 (1975) 41—46.

[22] Vgl. u. a. E. BLOCH, *Das Prinzip Hoffnung*, Frankfurt/M. 1959, 1297 ff. („Hoffnungsbilder gegen den Tod"); R. GARAUDY, *Die Alternative*, Wien 1973, wo der Glaube an die Auferstehung Christi als *Protest gegen die Realität des Todes* begrüßt wird! — Vgl. auch A. SOLSCHENIZYN, *Krebsstation I*, Reinbek 1971, 126 f.: „... weshalb verbieten Sie einem Menschen das Wort, der über den Sinn des Lebens nachdenkt, der sich an der Schwelle des Todes befindet? ... Wenn wir *hier* nicht über den Tod sprechen, wo sollen wir es denn sonst tun?"

[23] H. SONNEMANS, *Hoffnung ohne Gott?*, Freiburg-Basel-Wien 1973, 152. — Vgl. G. SCHERER, *Der Tod als Frage an die Freiheit*, Essen 1971, bes. 53 ff.

[24] Nach G. BALLY, *Todeserwartung, Sterben und Trauer heute*, in: H. J. SCHULTZ (Hrsg.), *Was weiß man von der Seele?*, Gütersloh 1972, 96 ff., hier 107 f., fehlt heute vielen Menschen die Sehnsucht nach persönlichem Weiterleben: „M. Scheler hat gesagt, daß der Glaube an das persönliche Fortleben nach dem Tode sinke. Ich würde lieber sagen, daß die Voraussetzungen des Interesses daran verlorengehen ... Mir scheint, daß das steigende Interesse an den fernöstlichen Religionen, die im Gegensatz zum überlieferten christlichen Glauben nicht an ein persönliches Fortleben nach dem Tode glauben oder dies sogar als Unglück betrachten, ein Anzeichen neuen Suchens ist." — Vgl. unten S. 294 Anm. 20.

Vergeblichkeit seiner Hoffnung verstummt und sich dennoch annimmt: in der Armut und Endlichkeit seines Wesens? In einer letzten Treue vielleicht; in der Treue zur Gewissensforderung, die die Niederlage ebenso annimmt wie den geglückten Augenblick. Im „Ja" zum, wenn auch endlichen, Wert der menschlichen Treue; in der Liebe zum Mitmenschen, die den *unendlichen* Grund dieser Liebe faktisch (unreflex) *mitbejaht* und — vielleicht — gerade so sich zum ewigen Leben (dem Geschenk der Gnade) bereitet.

Auch wer keinen Trost mehr erfährt, wem alle Hoffnung genommen ist, kann der Auferstehung sehr nahe sein — auch dann, wenn er es selber nicht weiß und nicht (oder nicht mehr) zu hoffen vermag[25]. Die *mögliche Heilssituation* dessen, der ein Leben nach dem Tode bezweifelt[26], soll also nicht bestritten werden.

Wer an ein Fortleben nicht glaubt, muß weder böse noch geistig beschränkt sein. „Unsterblichkeit" ist keine *selbstverständliche Konsequenz* der menschlichen Größe, wie es Sokrates — in Platons *Phaidon* — behauptet[27] und wie es Goethe — an Eckermann (2. 5. 1824) — zum Ausdruck gebracht hat: „Mich läßt dieser Gedanke (sc. an den Tod) in völliger Ruhe, denn ich habe die feste Überzeugung, daß unser Geist ein Wesen ist ganz unzerstörbarer Natur"[28].

Der Tod trifft den *ganzen* Menschen, und was die „Beweise" für ein Weiterleben betrifft, sind wir zu größter Vorsicht gemahnt[29]. Das Menschsein als solches vermittelt noch keinen „Beweis" für das künftige Leben. Wohl aber vermittelt es — nach dem Zeugnis der Religionen[30] — eine *Hoffnung* des „non omnis

---

[25] Es sei auf R. Schneider, *Winter in Wien,* Freiburg ⁹1973, 79, verwiesen: „ ... meine Lebenskraft ist so sehr gesunken, daß sie über das Grab nicht hinauszugreifen, sich über den Tod hinweg nicht zu sehnen und zu fürchten vermag. Ich kann mir einen Gott nicht denken, der so unbarmherzig wäre, einen todmüden Schläfer unter seinen Füßen, einen Kranken, der endlich eingeschlafen ist, aufzuwecken. Kein Arzt, keine Pflegerin würde das tun, wieviel weniger Er!" — Dazu J. Rast, *Reinhold Schneider,* in: H. J. Schultz (Hrsg.), *Tendenzen der Theologie im 20. Jahrhundert,* Stuttgart-Olten 1966, 505 ff., hier 509: „Alle Hoffnung war ihm genommen, er betete um ewigen Schlaf unter dem Kreuz, ohne den Trost des Auferstandenen zu erwarten ... Die Gleichzeitigkeit mit Christi Verlassenheit hat sich in den Kartagen des Jahres 1958 an ihm erfüllt." — Zu Schneiders *Winter in Wien* vgl. auch H. Gollwitzer, *Krummes Holz,* 27 ff.

[26] Vgl. R. Schneider a. a. O., 261: „es gibt einen Unglauben, der in der Gnadenordnung steht. Es ist der Eingang in Jesu Christi kosmische und geschichtliche Verlassenheit, vielleicht sogar ein Anteil an ihr".

[27] Platon, *Phaidon,* LVI: „Tritt also der Tod den Menschen an, so stirbt, wie es scheint, das Sterbliche an ihm, das Unsterbliche aber und Unvergängliche zieht wohlbehalten ab, dem Tode aus dem Wege."

[28] J. W. v. Goethe, *Gespräche mit Eckermann,* in: E. Beutler (Hrsg.), Gedenkausgabe Bd. 24, Zürich 1948, 115 f.

[29] Vgl. aber J. Pieper, *Tod und Unsterblichkeit,* München 1968 (dazu unten S. 257 ff.). — Was die philosophischen Unsterblichkeitsargumente wirklich beweisen, ist — nach P. Schoonenberg, *Ich glaube an das ewige Leben,* in: Concilium 5 (1969) 43 ff. — der *Wunsch* des Menschen nach einem Weiterleben, damit aber auch die ontologische *Möglichkeit* dieses Lebens.

[30] Vgl. E. Benz, *Die Todesvorstellungen der großen Religionen,* in: J. Schlemmer (Hrsg.), *Was ist der Tod?,* 147—163.

moriar", eine Art „Vorwissen darum, daß der Tod nicht ein bloßer Naturvorgang ist, ein einfaches Aufhören, sondern ... die Probe unseres Lebens" (Bultmann)[31].

Daraus folgt, daß das Wort der Offenbarung, die konkret sagt, wie es mit dem Menschen steht, gehört und *verstanden* werden kann: aufgrund dieses vorgegebenen Wissens, daß wir *Person* sind mit Selbstbewußtsein, Freiheit und Verantwortung, geistige Wesen, die leiden und lieben können: „Die Offenbarung im Worte Gottes ruft, um überhaupt einen für die Botschaft des Evangeliums Offenen zu haben, ... im Menschen jenes *Selbstverständnis* zu *deutlicherem* ... Vollzug, das doch fast überall in der Menschheitsgeschichte anzutreffen ist, wenn der Mensch die Toten in irgendeiner Form weiterleben läßt"[32].

Offenbarung *entspricht* dem Menschen zutiefst, nicht weil Gott eine „Möglichkeit" des „rein natürlichen" Menschen wäre (den es so gar nicht gibt), sondern weil der Mensch — in seinem tiefsten Streben — auf den Schöpfer bezogen (Gn 1, 26 f.) ist[33]. Die „dem *tiefsten* menschlichen Streben angemessene" (Pannenberg)[34] Hoffnung aber ist die „Auferstehung der Toten", wie das Neue Testament sie verkündet: Weil Gott Jesus von Nazareth auferweckt hat, wird er auch uns nicht ins Nichts zurückfallen lassen (vgl. 1 Kor 15, 20 ff.). Das heißt: für den Menschen als je einmaligem, zur Gemeinschaft mit Gott bestimmtem Wesen bedeutet der Tod zwar das Ende der *Zeit,* das Ende des irdischen Lebens in seiner Vorläufigkeit und Unbestimmtheit; aber dieses Ende meint nicht die *Vernichtung,* sondern die *Vollendung* unserer Freiheitsgeschichte durch Gott[35].

2. Thematische Abgrenzung, Zielsetzung und Aufbau der Arbeit

Das Todesproblem hat viele Seiten. Im Blick auf zahlreiche neuere Bücher und Aufsätze zum Todesproblem[36] — aus medizinischer, soziologischer, psychologischer, philosophischer und theologischer Sicht — soll die hier versuchte — *theologische* — Fragestellung präzisiert und der Aufbau der vorliegenden Arbeit skizziert werden.

---

[31] R. BULTMANN, *Glauben und Verstehen I*, Tübingen 1933, 126.
[32] K. RAHNER, *Schriften IV*, 430 f. (Hervorhebung von mir); vgl. unten S. 209 ff.
[33] Der hier vorausgesetzte Offenbarungsbegriff (vgl. K. RAHNER, *Hörer des Wortes. Zur Grundlegung einer Religionsphilosophie*, München ²1963) impliziert nicht, daß Gott sich mitteilen *muß*: Gott könnte auch schweigen (vgl. H. FRIES, *Die Offenbarung*, in: J. FEINER — M. LÖHRER, Hrsg., *Mysterium Salutis I*, Einsiedeln-Zürich-Köln 1965, 159 ff., hier 165 ff.); daß er sich *wirklich* geoffenbart hat, sagt die Bibel!
[34] W. PANNENBERG, *Was ist der Mensch?*, Göttingen ²1964, 37 ff.; Hervorhebung von mir.
[35] Vgl. J. FEINER — L. VISCHER (Hrsg.), *Neues Glaubensbuch. Der gemeinsame christliche Glaube*, Freiburg-Basel- Wien-Zürich ¹⁰1974, 526 ff. („Vollendung"), bes. 542—544.
[36] Die wichtigsten Titel sind im Literaturverzeichnis genannt. Weitere Titel bei K. H. BLOCHING, *Tod. Projekte zur theologischen Erwachsenenbildung*, Bd. 2, Mainz 1973; K. DIRSCHAUER, *Der totgeschwiegene Tod. Theologische Aspekte der kirchlichen Bestattung*, Bremen 1973.

a) Fragestellung und Zielsetzung

1. *Medizinisch-biologische* Erörterungen über die Definition des Todes, über den Zeitpunkt seines Eintritts usw. bleiben außer Betracht[37], ebenso das *moral-* und *pastoral*theologische Thema der praktischen Sterbehilfe[38].

2. Die *soziologisch-psychologische* Frage nach den unterschiedlichen Verhaltensweisen und Einstellungen des Menschen zum Tode[39] wird nur mittelbar berührt[40]. Die verbreitete — und neuerdings wieder bestrittene — These von der Verdrängung („Tabuisierung") des Todes im modernen Bewußtsein bleibt hier offen[41].

3. Es wird nicht, jedenfalls nicht primär — wie in der *Philosophie*[42] —, der Tod selbst befragt: wie er das Leben begrenzt und zugleich ihm — als abgeschlossenem und zur Ganzheit gekommenem — das Maß gibt[43]. Keine Phänomenologie des Todes wird also geboten, es wird der *Glaube* an die Offenbarung in Christus (der die von der Philosophie beschriebenen Phänomene freilich nicht außer acht

---

[37] Zu diesen Fragen vgl. A. FALLER, *Biologisches von Sterben und Tod,* in: Anima 11 (1956) 260 ff.; H. MÜLLER-FAHLBUSCH, *Sterben und Tod aus ärztlicher Sicht,* in: K. H. BLOCHING a. a. O., 37 ff. (sowie die dort genannte Literatur); K. DIRSCHAUER a. a. O., 63 ff.; vgl. auch die medizinischen Beiträge in: J. SCHLEMMER (Hrsg.), *Was ist der Tod?,* München 1969; A. TOYNBEE (Hrsg.), *Vor der Linie. Der moderne Mensch und der Tod,* Frankfurt/M. 1970.

[38] Dazu u. a. A. ANSOHN, *Die Wahrheit am Krankenbett. Grundfragen einer ärztlichen Sterbehilfe,* Salzburg-München 1969; H. THIELICKE, *Wer darf leben?,* München 1970; M. K. BOWERS — E. N. JACKSON — J. A. KNIGHT — L. LESHAN, *Wie können wir Sterbenden beistehen?,* München-Mainz 1971; P. SPORKEN, *Darf die Medizin, was sie kann? Probleme der medizinischen Ethik,* Düsseldorf 1971; ders., *Menschlich sterben,* Düsseldorf 1972; E. KÜBLER-ROSS, *Interviews mit Sterbenden,* Stuttgart-Berlin ⁵1972; ferner sämtliche Beiträge in: Concilium 10 (1974) Heft 4.

[39] Vgl. z. B. A. HAHN, *Einstellungen zum Tod und ihre soziale Bedingtheit,* Stuttgart 1968; E. JÜNGEL, *Tod,* Stuttgart 1971, 46 ff.; K. H. BLOCHING a. a. O., 19 ff., wo verschiedene soziologische Analysen in ihrem Ergebnis referiert werden; J. HOFMEIER, *Die heutige Erfahrung des Sterbens,* in: Concilium 10 (1974) 235—240.

[40] Vgl. unten S. 242 ff. und S. 304 ff.

[41] Dazu bes. CHR. V. FERBER, *Soziologische Aspekte des Todes,* in: Zeitschrift für evg. Ethik 6 (1963) 338—360. — *Gegen* die These von der Tabuisierung des Todes W. FUCHS, *Todesbilder in der modernen Gesellschaft,* Frankfurt/M. 1969; ders., *Die These von der Verdrängung des Todes,* in: Frankfurter Hefte 26 (1971) 177—184; zur kritischen Auseinandersetzung mit Fuchs vgl. K. DIRSCHAUER a. a. O., 77 ff.

[42] Vgl. bes. M. HEIDEGGER, *Sein und Zeit,* Tübingen ⁶1949; K. JASPERS, *Philosophie II,* 220 ff. (Kap. „Tod"); J. P. SARTRE, *Das Sein und das Nichts,* Hamburg 1962 (referiert bei K. H. BLOCHING a. a. O., 58 ff.); E. FINK, *Metaphysik und Tod,* Stuttgart 1969; A. METZGER, *Freiheit und Tod,* Freiburg ²1972; R. BERLINGER, *Das Nichts und der Tod,* Frankfurt/M. ²1972.

[43] Vgl. A. METZGER a. a. O., 2: „Die Tatsache, daß im Tode das Ganze des Geschehens, das wir Leben nennen, als Abgeschlossenes und Definitives erscheint, macht ihn, das Abschließende, zur Maßeinheit, zum Definierenden des Lebens." — Vgl. dazu unten S. 90 ff. zu BARTH und S. 251 ff. zu RAHNER.

läßt)⁴⁴ befragt⁴⁵: Was sagt der Glaube, reflektiert in der *Theologie*, zum Tod als dem Ende des Lebens? Wie kann die Theologie den Tod als jene *Gesamt*wirklichkeit, als jenes Geheimnis, das den Menschen bestimmt, durchdringen (während die Einzelwissenschaften — nach V. E. v. Gebsattel — immer nur eine *Teil*ansicht des Todes zu bieten vermögen!) und ihn doch als Geheimnis stehenlassen?⁴⁶

4. Angesichts der Fülle des Stoffes — das Todesproblem hat in der Theologie stets eine wichtige Rolle gespielt — beschränkt sich die Untersuchung auf die deutschsprachige (evangelische und katholische) Theologie der *Gegenwart* in ihren wichtigsten systematischen Ansätzen. Als Ausgangspunkt der Darstellung wird die Neubesinnung auf die Grundlagen des Offenbarungsglaubens zu Beginn dieses Jahrhunderts durch K. BARTH gewählt. Denn Barth ist der „eigentliche Initiator" der neueren Theologie⁴⁷, sein Name steht „beherrschend am Anfang" der Theologiegeschichte unseres Jahrhunderts⁴⁸.

5. *In ständiger Auseinandersetzung mit Barth* — dessen Theologie noch in der Ablehnung (durch Bultmann, Tillich, Moltmann u. a.) wirksam bleibt — sollen verschiedene Theologien des Todes nach folgenden Kriterien beschrieben und analysiert werden: In welchen Punkten stimmen diese Theologien überein und worin unterscheiden sie sich? Wie kommt jene Hoffnung, über die die Christen Zeugnis und Rechenschaft ablegen sollen (vgl. 1 Petr 3, 15), in der heutigen Theologie zum Ausdruck? Stimmt es, daß die „moderne Theologie" „die wichtigste Sache vergessen oder wenigstens beiseite geschoben hat — den kirchlichen Beistand für die Sterbenden"⁴⁹? Ohne auf Fragen der Sterbe-*Pastoral* direkt einzugehen⁵⁰, soll geklärt werden, ob und wie die zeitgenössische Theologie den Glauben zur Sprache bringt, den eine solche Pastoral zur Voraussetzung hat.

---

⁴⁴ Daraus zu folgern, daß sich „der Theologe in keiner andern Situation (befinde) als jedermann sonst, der über den Tod nachdenkt" (R. LEUENBERGER, *Der Tod. Schicksal und Aufgabe*, Zürich ²1973, 73), geht mir aber zu weit: Gewiß nötigt der Glaube dem Menschen nichts auf, „was vernünftiger Einsicht und natürlicher Erfahrung *widerspricht*" (ebd., 74; Hervorhebung von mir); aber die Offenbarungszeugnisse sagen doch *mehr*, als Vernunft und Erfahrung schon wissen. — Vgl. unten S. 107 ff. zu BULTMANN u. S. 204 ff. zu RAHNER.
⁴⁵ So bestimmt R. PESCH, *Zur Theologie des Todes*, in: Bibel und Leben 10 (1969) 9 ff., den Unterschied von philosophischer und theologischer Fragestellung bezüglich des Todesproblems: Die Philosophie befragt — phänomenologisch — den Tod *selbst*; die Theologie befragt „den Glauben, den jeweils lebendigen Glauben der Menschen, sei es der gegenwärtigen oder auch vergangener Menschen".
⁴⁶ Dies ist nach Auffassung von V. E. v. GEBSATTEL, *Prolegomena einer medizinischen Anthropologie*, 1954 (zit. nach J. HOFMEIER, *Vom gewußten zum gelebten Tod*, in: Stimmen der Zeit 186 (1970) 338 ff., hier 338), die Aufgabe einer *Theologie* des Todes — im Unterschied zur einzelwissenschaftlichen Betrachtung des Todes.
⁴⁷ H. TRAUB, *Karl Barth*, in: H. J. SCHULTZ (Hrsg.), *Tendenzen der Theologie im 20. Jahrhundert*, 264 ff.
⁴⁸ H. ZAHRNT, *Die Sache mit Gott. Die protestantische Theologie im 20. Jahrhundert*, München 1966, 13.
⁴⁹ G. HOMMEL, *Und dieser Gott soll Liebe sein?*, Stuttgart 1972, 25.
⁵⁰ Vgl. die oben Anm. 38 genannte Literatur.

6. Von Ansgar Ahlbrechts Buch *Tod und Unsterblichkeit in der evangelischen Theologie der Gegenwart* (Paderborn 1964) ist diese Arbeit insofern abgegrenzt, als Theologen verschiedener Richtung zu Wort kommen (Ahlbrecht setzt sich vorwiegend mit Lutheranern wie C. Stange, P. Althaus, W. Elert, H. Thielicke u. a. auseinander; K. Barth, die Bultmann-Schule, P. Tillich, D. Bonhoeffer und andere Vertreter der neueren evangelischen Theologie werden nicht oder nur unzureichend berücksichtigt)[51]. Dazu kommt: das Gespräch mit diesen Autoren wird nicht — wie bei Ahlbrecht — kontroverstheologisch eingeengt auf den m. E. sekundären (z. T. terminologisch bedingten) Streit um die „Unsterblichkeit der Seele"[52].

7. Daß nach einer *ökumenischen Basis* der Hoffnung gefragt wird, versteht sich von selbst: Das Ökumenische ist ein Strukturelement und eine Grunddimension der Theologie als ganzer[53] und also auch der Theologie des Todes. Weil das Todesproblem fundamentale Bedeutung hat, weil der Tod die „Situation des radikalen Ernstfalles des Glaubens und der Treue" ist[54], fordert die christliche Antwort auf die Frage des Todes eine möglichst *breite* theologische Grundlage. Sollte es sich herausstellen, daß repräsentative evangelische und katholische Theologen auf die Herausforderung des Todes eine gemeinsame Antwort zu geben vermögen, so wäre die Einsicht, daß das Gemeinsame des christlichen Glaubens „der Proportion nach" größer und bedeutender ist als das Trennende[55], auch am „Testfall" (Zahrnt)[56] des Todesproblems verifiziert.

b) Der Aufbau

Aus den genannten Punkten ergibt sich der Aufbau der Untersuchung: Gefragt wird nach der Deutung des Todes in der Theologie des frühen und des späteren Barth. Diese Deutung wird mit anderen Ansätzen der heutigen Theologie, zunächst der evangelischen (u. a. Bultmann, Tillich, Bonhoeffer, Moltmann, Pannenberg, Sölle), dann der katholischen Theologie konfrontiert (wobei K. Rahner hervorzuheben ist, da er sich mit dem Todesproblem besonders befaßt hat). Einige Grundsatzfragen, die in den vorausgehenden Kapiteln angeschnitten, aber nicht genauer ausgeführt wurden, sollen abschließend zusammengefaßt und vertieft werden. Die Arbeit gliedert sich in vier Abschnitte: 1. Das Todesproblem bei Karl Barth, 2. Bestätigung und Kritik der Aussagen Barths in der evangelischen Theologie, 3. Barths Deutung des Todes im Spiegel katholischer Theologie, ins-

---

[51] Vgl. unten S. 85 f. und S. 116.
[52] Zur Frage „Unsterblichkeit der Seele oder Auferstehung der Toten?" vgl. unten S. 82 ff., 134 ff., 262 ff., 316 ff.
[53] J. BROSSEDER, *Ökumenische Theologie,* in: K. RAHNER (Hrsg.), *Herders Theologisches Taschenlexikon* 5 (1973) 254 ff.
[54] H. FRIES, *Was heißt glauben? H. Fries antwortet E. Simons,* Düsseldorf 1969, 56.
[55] J. BROSSEDER a. a. O., 260. — Vgl. H. FRIES, *Die Bedeutung der Konfessionen — heute,* in: J. FEINER — L. VISCHER, *Neues Glaubensbuch. Der gemeinsame christliche Glaube,* 545 ff. u. 643 ff.
[56] H. ZAHRNT, *Gott kann nicht sterben,* München 1970, 307.

besondere der Theologie Karl Rahners, 4. Hoffnung angesichts des Todes. Resümierende und ergänzende Überlegungen.

Was die Einzelheiten des methodischen Vorgehens betrifft, sei auf die *Vorbemerkungen* vor den vier Abschnitten und den (mit römischen Ziffern bezeichneten) Kapiteln verwiesen.

Erster Abschnitt

Das Todesproblem bei Karl Barth

Zur Methode

Die Begriffe „Tod", „Auferstehung", „Gericht" und „Ewigkeit" kommen schon beim frühen Barth — in der „dialektischen Theologie" — häufig vor. Eine *Theologie des Todes* im Sinne einer systematischen Darstellung des Todesproblems im Horizont der Offenbarung Gottes in Christus hat Barth aber erst in der *Kirchlichen Dogmatik* (KD III/2, 714—780) entwickelt. Da sich in den Frühschriften Barths — vor allem im *Römerbrief* der 2. Auflage (1921)[1] und in der *Auferstehung der Toten* (1924)[2] — zum Thema „Tod" nur allgemeine (für das Verständnis des Späteren allerdings wichtige) Andeutungen finden, können Einzelfragen — wie Tod als Folge der Sünde (Röm 6), „unsterbliche Seele" oder „Auferstehung" des ganzen Menschen, Tod als Entscheidung zum Heil oder Unheil, Schicksal der Toten bis zur Parusie Christi u. a. — erst im II. Kapitel dieses Abschnitts (II. Das Todesproblem in der Kirchlichen Dogmatik) entfaltet werden.

Um Barths Äußerungen über Tod und Vollendung des Menschen aus dem Kontext seiner Gesamttheologie heraus verständlich zu machen, sind die Grundzüge der Barth'schen Eschatologie zu skizzieren. Da sich wichtige Intentionen der „dialektischen Theologie" auch beim späteren Barth wiederfinden, wird die Eschatologie des frühen Barth als Ausgangspunkt der Darstellung gewählt (I. Zum eschatologischen Entwurf des frühen Barth). Im Anschluß daran wird versucht, die Aussagen der *Kirchlichen Dogmatik*[3] über den Tod zu erläutern (II. Das Todesproblem in der Kirchlichen Dogmatik).

I. Zum eschatologischen Entwurf des frühen Barth

Vorbemerkung

Philosophie- und theologiegeschichtliche *Hintergründe* der Ausgangsposition Barths werden, soweit sie das Todesproblem berühren, kurz dargestellt. Die für

---

[1] K. BARTH, *Der Römerbrief*, 8. Abdruck der neuen Bearbeitung, Zollikon-Zürich 1947.
[2] K. BARTH, *Die Auferstehung der Toten. Eine akademische Vorlesung über I. Kor. 15*, Zollikon-Zürich ⁴1953.
[3] K. BARTH, *Die Kirchliche Dogmatik* (13 Bände), Zollikon-Zürich 1932—1967.

Barths *Römerbrief* bezeichnende Tendenz, des Menschen Sündigkeit mit seiner Geschöpflichkeit zu identifizieren, und die damit zusammenhängende Dialektik von Protologie und Eschatologie, von „Identität" und „Widerspruch" (von Schöpfung und Schöpfer), ist ins Referat mit einzubeziehen; denn die „Auferstehung der Toten", wie Barth sie — in der Frühphase seines Denkens — interpretiert, steht im Kontext dieser Dialektik.

Die wichtigsten Quellen, die benützt werden, sind Barths Römerbrief-Kommentar in der neuen Bearbeitung (abgekürzt: R II), der — zentrale Thesen von R II vorwegnehmende — Vortrag *Biblische Fragen, Einsichten und Ausblicke* (abgekürzt: BF)[1], sowie die 1 Kor 15 — Vorlesung *Die Auferstehung der Toten* (abgekürzt: AdT), die die theologische *Neubesinnung* der *Kirchlichen Dogmatik* in mancher Hinsicht schon ankündigt.

1. Die Anfänge der Theologie Karl Barths

Was sollen wir predigen? Wie können wir als Menschen von Gott reden? Diese Frage war es, die den jungen Barth — damals Pfarrer in Safenwil — und seine Weggefährten E. Thurneysen, F. Gogarten, E. Brunner — sie alle noch im Pastorenamt — und R. Bultmann bedrängte. Diese Not des Predigens führte zu jener Wende, die die protestantische Theologie zu Beginn dieses Jahrhunderts bestimmt. Die Predigtfrage wurde zum eigentlichen Problem, das für Barth in der Aporie gipfelt, reden zu müssen von dem, wovon man nicht reden kann: „Wir sollen als Theologen von Gott reden. Wir sind aber Menschen und können als solche nicht von Gott reden ... Das ist unsere Bedrängnis. Alles andere ist daneben ein Kinderspiel"[2].

Barths Lösung ist die unbedingte Hinwendung zur biblischen Offenbarung — so wie er sie versteht — als der einzig legitimen Quelle des Redens von Gott. Radikale Neubesinnung auf das Evangelium von Gottes Wort in Jesus Christus, „das ich mir nicht selbst sagen kann", „das mir gesagt werden muß"[3]; dies war die Antwort der „dialektischen Theologie"[4] auf den Zusammenbruch der liberalen Theologie des ausgehenden 19. Jahrhunderts und des in Barths Augen gescheiterten „Kulturprotestantismus" Adolf v. Harnacks. Nach dem Bruch mit seinen liberalen Lehrern kann Theologie für Barth nichts anderes mehr sein als *theologia crucis*: Im Widerspruch zu aller Kultur- und Glorientheologie weist er auf die Hand Johannes des Täufers auf Grünewalds Altarbild, die „in fast unmöglicher

---

[1] K. BARTH, *Biblische Fragen, Einsichten und Ausblicke* (erstmals erschienen 1920), in: J. MOLTMANN (Hrsg.), *Anfänge der dialektischen Theologie I*, München ²1966, 49—76.

[2] K. BARTH, *Das Wort Gottes und die Theologie. Gesammelte Vorträge*, München 1924, 158.

[3] F. GOGARTEN, *Zwischen den Zeiten*, in: Christliche Welt 34 (1920) 374 ff.; zit. nach J. MOLTMANN (Hrsg.), *Anfänge der dialektischen Theologie I*, München ²1966, XIV.

[4] Auch „Theologie der Krisis" oder „Theologie des Wortes Gottes" genannt. — Vgl. W. PANNENBERG, *Dialektische Theologie*, in: RGG 2 (³1958) 168—174 (dort Lit.); H. BOUILLARD, *Dialektische Theologie*, in: LThK 3 (²1959) 334—339.

Weise" auf den gekreuzigten Christus zeigt. „Diese Hand ist's, die in der Bibel dokumentiert wird"[5].

Nicht der Mensch, so liest man in Barths *Römerbrief* (2. Auflage von 1921)[6], nicht der Mensch mit seinen Wünschen und Vorstellungen, seinem „religiösen Apriori", seinem „Organ" für das Göttliche, ist Maßstab der Theologie, sondern *Gottes Urteil über uns.* Dieses Urteil bedeutet für den Menschen (der *von sich aus* nichts von Gott wissen kann, der „tabula rasa" ist: ohne natürliches Aufnahmeorgan für göttliche Offenbarung) κρίσις und Gericht, σκάνδαλον des Kreuzes und — wie Bultmann verdeutlicht — „Durchstreichung" all seiner Sehnsüchte und Projektionen[7]! Gott hat gesprochen — „Deus dixit" — und sein Wort ist Wort vom *Kreuz;* aber als das richtende „Nein" auf der „Todeslinie" unserer Existenz erweist es sich als „Wunder" des Glaubens, als Gottes verborgenes, barmherziges, uns *lebendig* machendes „Ja"[8].

Gegen jede (philosophische oder religiöse) „Vermittlung" zwischen Schöpfer und Geschöpf geht es Barth um die Transzendenz des „ganz anderen" Gottes, über den der Mensch nicht verfügen kann[9]. Christlicher Kreuzes-Glaube hat, so Barth, keinen „Anknüpfungspunkt" in der menschlichen Vernunft, ist vielmehr reiner *Widerspruch,* ja *Aufhebung* unserer Geschöpfstruktur, ist Gottes unerwartete Tat an uns, die wir niemals begründen können, weil sie *uns* begründet. Gottes Gegenüber ist unüberbrückbarer Abstand[10], nicht bloß eine Phase im dialektischen Prozeß der „Versöhnung" (wie bei Hegel). Aufgabe von Predigt und Theologie (für Barth fast dasselbe!) kann folglich nicht die Bewußtmachung eines Gottes „in uns" sein, wie es Schleiermacher gelehrt hat, sondern allein die Verkündigung des in der Schrift geoffenbarten Wortes, das den Menschen trifft wie der Blitz — „senkrecht von oben", als donnerndes „Nein" und als aufrichtendes „Ja".

---

[5] K. BARTH, *Das Wort Gottes und die Theologie,* 79. — Zum Aufbruch der Jahre 1914 bis 21 vgl. E. THURNEYSEN, *Die Anfänge. Karl Barths Theologie der Frühzeit,* in: E. WOLF (Hrsg.), *Antwort* (Festschrift zu Barths 70. Geburtstag), Zürich 1956, 831—864. — Zum Ganzen vgl. H. ZAHRNT, *Die Sache mit Gott,* München 1966, 13—65.

[6] Zum folgenden vgl. K. BARTH, *Der Römerbrief,* 8. Abdruck der neuen Bearbeitung, Zollikon-Zürich 1947.

[7] R. BULTMANN, *Die liberale Theologie und die jüngste theologische Bewegung* (1924), in: ders., *Glauben und Verstehen I,* Tübingen [6]1966, 1—25, hier 2: „Der Gegenstand der Theologie ist Gott, und der Vorwurf gegen die liberale Theologie ist der, daß sie nicht von Gott, sondern von Menschen gehandelt hat." Denn Gott bedeutet, wie Bultmann — sehr im Gegensatz zu seinen späteren Schriften — betont, „die *radikale Verneinung und Aufhebung des Menschen*" (ebd.; Hervorhebung von mir).

[8] Vgl. etwa K. BARTH a. a. O., 99: Daß der Glaubende „der Krisis gewahr wird und sie als göttliche Krisis erkennt, daß er *in* dieser Krisis die Furcht des Herrn wählt, daß er das *Nein* Gottes, weil es das Nein *Gottes* ist, als *Ja* hört und versteht, das ist sein Glaube. Aber dieser sein Glaube ist selbst schon .. ein Wunder."

[9] Im Hintergrund steht die Religionskritik Feuerbachs und Nietzsches, die die Religion zur „Projektion" menschlicher Vorstellungen erklärten.

[10] Was KIERKEGAARD — gegen Hegels Vermittlungsphilosophie — den „unendlichen qualitativen Unterschied" von Zeit und Ewigkeit genannt hat, will Barth in seinem *Römerbrief* „möglichst beharrlich im Auge" behalten (R II, XIII).

Die Dialektik des im „Ja" enthaltenen „Nein" (der Mensch muß sterben) und des im „Nein" verborgenen „Ja" (Gott selber ist Mensch geworden und hat am Kreuz den Tod vernichtet) ist der eigentliche Ort der Barth'schen Eschatologie. Vor dem souverän handelnden, den Menschen negierenden, ihm absolut überlegenen Gott *vergeht* der Mensch in reiner Nichtigkeit. Aber gerade hier geschieht das *Wunder*, das „Paradox des Glaubens": „Minus mal Minus gleich Plus" (R II 118)! Wo der Mensch nichts vernimmt als nur noch Sinnlosigkeit und schweigende Leere, eben Gottes *Verurteilung*, da spricht Gott — aus reiner Barmherzigkeit — sein „Ja", und unser Tod wird zum Leben. Die „Unmöglichkeit" (sub specie hominis!) der Auferstehung wird möglich in Gott: Denn Gott ist die „Negation der Negation", der „Tod des Todes", das „Nicht-Sein unsres Nicht-Seins" und so das *lebendig* machende „Ja" aller Dinge (R II 118)[11].

Dieses „Ja" Gottes — als „Auferstehung der Toten" — ist kein „harmloses ‚eschatologisches' Kapitelchen am Ende der Dogmatik" (R II 484), sondern — für Barth — Grundthema der Theologie überhaupt, Chiffre für das dialektische Verhältnis von Gott und Geschöpf: Gottes negativem Richtspruch entspricht die Vernichtung im Tode; dem allumfassenden *Heils*-willen Gottes entspricht die „Auferstehung der Toten".

Hatten Albert Schweitzer[12] und Johannes Weiß[13] die Bedeutung der Eschatologie (als „Naherwartung") in der Verkündigung des historischen Jesus wiederentdeckt, so rückt nun Barth die Eschatologie vollends ins Zentrum der Theologie, ja erklärt beide — Christentum und Eschatologie — für im Wesen identisch: „Christentum, das nicht ganz und gar und restlos Eschatologie ist, hat mit *Christus* ganz und gar und restlos nichts zu tun." (R II 298)

2. Barths Dialektik von „Identität" und „Widerspruch" und ihr philosophischer Hintergrund

Wie konnte es zu solcher Offenbarungs- und Verkündigungstheologie kommen? Barth und seine Mitstreiter kamen doch selbst von der „modernen Theologie" her, von A. v. Harnack, W. Herrmann u. a., als deren überzeugte Anhänger sie anfangs auftraten[14]: Der neukantianische Vernunftbegriff, der religiöse Psychologismus und historische Relativismus der Marburger Schule galt dem Hilfsprediger Barth als Vorbild. Von der subjektivistischen Gefühlsreligion F. Schleiermachers (den er „immer und immer wieder" gelesen hat) war Barth sehr beeindruckt und

---

[11] W. Fürst, *Karl Barth*, in: *Bilanz der Theologie im 20. Jahrhundert. Bahnbrechende Theologen*, Freiburg 1970, 29 ff., schreibt deshalb, „daß es nie gestimmt hat, wenn die ... Karikatur: ‚Gott ist alles, der Mensch ist nichts' das Spezifische der Theologie Karl Barths kennzeichnen sollte." (29)

[12] A. Schweitzer, *Das Messianitäts- und Leidensgeheimnis*, Tübingen ³1956.

[13] J. Weiss, *Die Predigt Jesu vom Reiche Gottes* (hrsg. v. F. Hahn), Göttingen ³1964.

[14] Vgl. K. Barth, Nachwort zu: *Schleiermacher-Auswahl* (besorgt v. H. Bolli), München-Hamburg 1968, 290—312; K. Kupisch, *Karl Barth in Selbstzeugnissen und Bilddokumenten*, Reinbek 1971, bes. 7—28; zur Biographie Barths vgl. E. Busch, *Karl Barths Lebenslauf. Nach seinen Briefen und autobiographischen Texten*, München 1975.

trotz aller späteren Polemik wurde er nie „fertig" mit ihm[15]. Religiöser Subjektivismus, romantische Erlebnisfrömmigkeit, idealistische Harmonisierung zwischen Vernunft und Offenbarung, zwischen Mensch und Gott; dies war das Angriffsziel, zugleich aber der *Ausgangspunkt* der dialektischen Theologie.

Die Gründe für Barths und seiner Freunde „Bekehrung" sind bekannt. Das Studium Calvins hat gewiß nicht den Ausschlag gegeben[16]; bedeutsamer scheint das Erschrecken über die ehemaligen Lehrer, die den *Krieg* zur nationalen Sache erklärten: Dieser „Abfall" hat Barth der liberalen Theologie entfremdet und schrittweise zum Bruch geführt[17].

a) Der Einfluß idealistischer Denkmodelle auf Barths Eschatologie

Barths Auseinandersetzung mit der eigenen theologischen Herkunft besagt aber nicht, daß er diese (bzw. deren geistesgeschichtlichen Voraussetzungen) in jeder Hinsicht überwunden hätte. Eine „voraussetzungslose" Theologie im Sinne des „reinen" Evangeliums hat auch Barth nicht betrieben, ja ohne ein philosophisches „Vorverständnis" (mag es als solches reflektiert werden oder nicht) ist Theologie — als *menschliches* Reden von Gott — überhaupt undenkbar[18].

Tatsächlich bringt Barth — in der „dialektischen" Phase besonders massiv — einen nicht-theologischen Vorbegriff in die Theologie mit herein: Seine Eschatologie, sein Verständnis von Tod und Auferstehung, wird vom idealistischen Ansatz Hegels, von den Denkkategorien Platons, Kants, Kierkegaards und Schleier-

---

[15] „Es gab eine Zeit meiner jugendlichen Beschäftigung mit der Theologie, in der ich ... nicht höher zu schwören wußte als eben bei ... Schleiermacher." „Ich bin in der Tat bis auf diesen Tag nicht einfach fertig mit ihm. Auch nicht im Blick auf seine Sache." (K. BARTH, Nachwort zu: *Schleiermacher-Auswahl*, 290 u. 307).
[16] „Konfessionen' sind dazu da, daß man (nicht nur einmal, sondern immer aufs neue) durch sie hindurch gehe, nicht aber dazu, daß man zu ihnen zurückkehre ... Es tat der Kirche nie gut, sich eigenwillig auf *einen* Mann — ob er nun Thomas ... oder Luther oder Calvin hieß — und in seiner Schule auf *eine* Gestalt ihrer Lehre festzulegen. Und es tat ihr überhaupt nie gut, prinzipiell rückwärts statt vorwärts zu blicken" (K. BARTH, *Kirchliche Dogmatik III/4*, IX). — Zu Barths Bemühung um Kontinuität mit der Vätertheologie vgl. H. GOLLWITZER, Vorwort zu: *K. Barth, Kirchliche Dogmatik*, München-Hamburg 1965, 8 ff.
[17] Vgl. K. BARTH, *Schleiermacher* — Nachwort, 293. — Von großem Einfluß auf Barths weitere Entwicklung dürfte die Begegnung mit Chr. BLUMHARDT (1842—1919), dem großen Anreger der religiös-sozialen Bewegung, gewesen sein. Dessen biblischer Realismus und **seine Betonung der eschatologischen Reich-Gottes-Verkündigung Jesu** haben ihre Wirkung auf Barth nicht verfehlt.
[18] Vgl. unten S. 105 ff. zur späteren Auseinandersetzung zwischen BULTMANN und BARTH. — In einer kritischen Anmerkung zu Barths 1952 erschienenem Buch *R. Bultmann. Ein Versuch, ihn zu verstehen* fragt Bultmann nach den *unbedachten Voraussetzungen in Barths eigener Theologie*. Ohne Vorentscheidung könne auch Barth die Bibel nicht lesen: „Sie können doch so wenig wie irgendein Mensch ohne Voraussetzung und ohne Fragestellung an einen Text herangehen." (Zit. nach Herder-Korrespondenz 25 [1971] 181).

machers[19] sehr wohl geprägt. Barth „bleibt der Fragestellung der Theologie des 19. Jahrhunderts verhaftet. Er beantwortet sie zwar umgekehrt, er sagt genau das Gegenteil von dem, was Schleiermacher gesagt hat, aber er läßt sich doch die Fragestellung von seinem Gegner vorschreiben. Indem er nur auf sie reagiert, bleibt er in ihr gefangen."[20]

Die Neufassung seines Römerbrief-Kommentars begründete Barth u. a. mit der „besseren Belehrung über die eigentliche Orientierung der Gedanken Platos und Kants" (R II, VII). Die Bestreitung einer *Anknüpfungsmöglichkeit* des Glaubens (an Gott, an die Auferstehung der Toten) am *Denken* des menschlichen Subjekts wird von der Erkenntniskritik I. Kants beeinflußt; auch die Zeit-Ewigkeit-Dialektik im *Römerbrief* weist auf Kants Philosophie zurück[21] sowie auf Platons Ideenhimmel. Beide Auflagen des *Römerbrief* werden, wie H. U. v. Balthasar bemerkt hat, strukturiert durch platonische und rechtshegelianische Philosopheme[22].

Am deutlichsten zeigt sich dieser Einfluß in Barths Dialektik von „Identität" und „Widerspruch": Der qualitative Abstand zwischen Schöpfer und Geschöpf (und damit die „Unmöglichkeit" der Auferstehung) wird hier so unterstrichen, daß die *Geschöpf*natur des Menschen praktisch zusammenfällt mit seiner *Sündigkeit* (bzw. Todverfallenheit): „Die Sünde ist das spezifische Gewicht der menschlichen Natur *als solcher*" (R II 151)[23], und die Geschöpflichkeit *als solche* ist des Menschen Fessel (R II 12 f.)!

Wie soll man das verstehen? Barths Pathos von der ungeheuren Distanz zwischen der nichtigen Kreatur und dem „ganz anderen" Gott setzt, wie v. Balthasar zu bedenken gibt[24], eine *protologische Identität* von Schöpfer und Geschöpf voraus[25], eine Identität, die der Mensch verloren hat und an die er sich gelegentlich erinnert: das platonische ἀνάμνεσις-Motiv findet sich im *Römerbrief* wieder-

---

[19] Genaueres über Barths Verhältnis zu Platon, Kant, Kierkegaard und Hegel bei T. STADTLAND, *Eschatologie und Geschichte in der Theologie des jungen Karl Barth*, Neukirchen 1966, 58—75 (dort weitere Literatur).

[20] H. ZAHRNT a. a. O., 44 f.

[21] Vgl. Kants 1794 erschienene Schrift *Das Ende aller Dinge*; dazu J. MOLTMANN, *Theologie der Hoffnung*, München ⁸1969, 33 ff.

[22] Zum folgenden vgl. H. U. v. BALTHASAR, *Karl Barth*, Köln ²1962, 71 ff. u. 77 ff.; sowie G. GRESHAKE, *Auferstehung der Toten*, Essen 1969, 58. Greshake verweist ferner auf H. U. v. BALTHASAR, *Apokalypse der deutschen Seele III*, Salzburg-Leipzig 1939, 352—365.

[23] Hervorhebung von mir.

[24] H. U. v. BALTHASAR a. a. O.; ebenso H. FRIES, *Bultmann, Barth und die katholische Theologie*, Stuttgart 1955, 13; G. GRESHAKE a. a. O., 58.

[25] T. STADTLAND a. a. O., 69 ff., betont — gegen v. Balthasar —, Barth habe solche „Identitätsmystik" nicht beabsichtigt, nie habe er heimlich nach Gott greifen wollen; nur insoweit sei Barth Philosoph gewesen, „wie er es den Intentionen seiner Theologie entsprechend glaubte sein zu dürfen, nie jedoch darüber hinaus". Das sei unbestritten! v. Balthasars Kritik wird dadurch aber nicht entkräftet: er wollte *Hintergrundtendenzen* und — in ihrer Konsequenz — von Barth nicht reflektierte Philosopheme aufdecken, wobei er bewußt einige Sätze Barths aus dem Zusammenhang der paulinischen Theologie isoliert und ihre platonische (und hegelianische) Herkunft demonstriert. Daß v. Balthasars Kritik nicht verfehlt war, wird durch Barths spätere Selbstkorrektur (vgl. unten) übrigens bestätigt.

holt (z. B. R II 21, 188, 212, 224)[26]! R II 212 wird die verlorene Unmittelbarkeit des Menschen zu Gott beschworen und R II 233 heißt es: „Unwiderruflich vorbei ist nun der Augenblick der ewigen Schöpfung, ... in dem Gott als Gott und der Mensch als Mensch *nicht zwei, sondern eins* sind."[27]

Solche und ähnliche Sätze des *Römerbrief* wären nicht verständlich — es sei denn auf dem Hintergrund einer ursprünglichen *Identität* Gottes und des Menschen, die in radikale Entzweiung zerfielen. Woher diese Entzweiung eigentlich kommt, bleibt freilich dunkel[28]. Jedenfalls kann — nach Verlust der Einheit — die von Gott getrennte Schöpfung *als solche* nur noch Sünde sein, radikaler Widerspruch gegen Gott. Des Menschen Geschöpfnatur und seine Sündigkeit sind — so scheint es — dasselbe!

Überwunden wird die Entzweiung Gottes und der Schöpfung (bzw. die Folge dieser Entzweiung: der Tod) im Offenbarungsgeschehen, in der vom Menschen als Krisis erfahrenen Begegnung mit Gott: „Die Einheit des göttlichen Willens spaltet sich zur Zweiheit, um sich dann in der Überwindung dieser Zweiheit um so siegreicher als Einheit zu erweisen" (R II 168). Die göttliche Berührung, die „Auferstehung der Toten", stellt die ursprüngliche Einheit wieder her: „Die höchste Entfernung zwischen Gott und Mensch ist ihre wahre Einheit" (R II 88).

b) Die Überwindung des Todes als Grund für die Weltverantwortung des Menschen

Wenn Begegnung mit Gott als Rückkehr des Menschen in die protologische Einheit mit Gott begriffen wird, wie soll das Geschöpf dann nicht gänzlich verschlungen werden: wie der Tropfen vom Meer? Barth entgeht dieser Konsequenz, indem er nun doch eine gewisse Selbständigkeit des Menschen postuliert[29]: Gott bleibt dem Menschen gegenüber der Transzendente und somit *Verschiedene*. Der Schöpfer geht im Offenbarungsprozeß nicht auf, wie es die Spekulation Hegels voraussetzt, zu der Barth mit der Behauptung der bleibenden *Transzendenz* Gottes in entscheidenden Gegensatz tritt.

Die relative Selbständigkeit des Menschen und der Welt wird abgeleitet von Gottes bleibender Andersheit, aus Treue zur Offenbarung, in Spannung, ja im Widerspruch zur eben beschriebenen „Identitätsmystik". Diese Selbständigkeit der

---

[26] Zur Anamnesis-Lehre Platons bzw. des orphisch-pythagoreischen Hellenismus, für den *Protologie und Eschatologie identisch* sind (die Seelen kehren zurück zum göttlichen Ursprung, werden selbst wieder göttlich), vgl. A. DIETERICH, *Nekyia*, ³1963, 84 ff. („Orphisch-pythagoreische Hadesbücher").

[27] Hervorhebung von mir.

[28] Tut Gott etwas Böses, etwa im Schöpfungsakt? Oder steht hinter Barths Dialektik ein Dualismus, der an Zarathustra erinnert: Gut und Böse (bzw. Gott und die nichtige Schöpfung) als zwei göttliche Mächte, die — aus dem einen Urgrund des Seins hervorgegangen — im ewigen Kampfe stehen; am Ende siegt dann das Gute, so daß die ursprüngliche Einheit wiederhergestellt ist?

[29] Deutlicher wird die (relative) Selbständigkeit der Kreatur im späteren *Analogieprinzip* (vgl. unten) erreicht.

Schöpfung schränkt Barth denn auch sofort wieder ein, in der dialektischen Periode noch stärker als in der späteren Dogmatik: „Gottes Geschichte ist apriori Siegesgeschichte" und „das letzte Wort zur Sache (ist) schon gesprochen"[30]! Die menschliche Freiheit kann — so verstanden — nur noch Moment des sieghaften Offenbarungsprozesses sein, und die Zukunft, das Eschaton, nur noch die *Enthüllung* des immer schon Gegebenen, des göttlichen Willens in der Geschichte. H. U. v. Balthasar sieht hier — trotz gegenteiliger Polemik durch Barth — eine Verwandtschaft mit Hegel[31] und Greshake fragt kritisch: „Könnte nicht auch Barth die Worte Hegels wiederholen: ‚Der Kampf ist vorbei' ... es fehlt nur noch das ‚Wegziehen der Tischdecke', die ‚über dem schon gedeckten Tisch liegt'?"[32]

Barth selbst will solche Konsequenzen vermeiden: mit der Versicherung, daß durch Gottes Siegesgeschichte „der ganze Ernst der Lage nicht verwischt"[33] werde, daß unser Diesseits — wenngleich „ein *Provisorium*, eine Episode"[34] — „in das Licht letzten Ernstes" und „letzter Hoffnung" gerückt sei[35] und daß wir Menschen bei dieser Siegesgeschichte „keine unbeteiligten Zuschauer", sondern Vorkämpfer einer besseren Welt seien[36].

Ermöglicht werde dieser Kampf durch die Überwindung der Trennung von Gott und Welt bzw. der Folge dieser Trennung: des *Todes*[37]: „Wir glauben also *darum* an einen Sinn, der den einmal gewordenen Verhältnissen innewohnt, aber auch an Evolution und Revolution (!), an Reform und Erneuerung der Verhältnisse, ... weil wir noch ganz anderer Dinge warten, nämlich eines neuen Himmels und einer neuen Erde. Wir setzen *darum* unsere Kraft ein ..., weil wir des neuen Jerusalems ... gegenwärtig sind. Wir haben *darum* den Mut, in diesem Äon Schranken, Fesseln und Unvollkommenheiten zu ertragen, aber auch nicht zu ertragen, sondern zu zerbrechen, weil wir ... den neuen Äon meinen, in welchem der letzte Feind, der Tod, das Beschränkende schlechthin, aufgehoben wird."[38]

Beide Aspekte — Gottes unwiderrufliche *Zusage* an die Welt, die alle Geschichte als *Heils*geschichte qualifiziert, und die Bedeutung des menschlichen Tuns — läßt Barth also stehen. *Warum* unser Tun und Lassen — angesichts des Todes:

---

[30] K. BARTH, *Der Christ in der Gesellschaft* (1920), in: *Anfänge der dialektischen Theologie I*, 3—37, hier 18.
[31] H. U. v. BALTHASAR a. a. O., 218: „Ist der Zusammenschluß von Proton und Eschaton, die in dieser Identität zum eigentlichen Agens des ganzen dazwischenliegenden Prozesses werden ... nicht schließlich Geist vom Geiste Hegels?"
[32] G. GRESHAKE a. a. O., 89.
[33] K. BARTH, *Der Christ in der Gesellschaft*, 18.
[34] Ebd., 99.
[35] K. BARTH, *Die Auferstehung der Toten*, Zollikon-Zürich ⁴1953, 57.
[36] K. BARTH, *Der Christ in der Gesellschaft*, 18; vgl. ders., *Die Auferstehung der Toten*, 99: Die jetzige Welt ist eine Episode „des Übergangs und des Kampfes".
[37] Zum Zusammenhang von Sünde und Tod vgl. unten S. 73 ff.
[38] K. BARTH, *Der Christ in der Gesellschaft*, 35; vgl. dazu H. GOLLWITZER, *Krummes Holz — aufrechter Gang*, 294.

als ergriffene oder verpaßte Chance des Lebens — so ernst und gewichtig ist, wird freilich, wie wir sehen werden, nicht deutlich.

3. Barths Dialektik von Zeit und Ewigkeit, von Ende (Eschatologie) und Anfang (Protologie)

Den Ernst des irdischen Lebens und Sterbens, den Barth so betont, stellt er wieder in Frage durch eine Theorie, die den *Römerbrief*, die *Auferstehung der Toten*[39] und noch die *Kirchliche Dogmatik* (vgl. unten) bestimmt: durch die Theorie, daß in der Zeit immer nur geschieht, was in der Ewigkeit schon *ist*.

Zeit und Ewigkeit. Mit diesen Komponenten wird das in der Barth'schen Eschatologie entscheidende Begriffspaar genannt. Der Dialektik von „Identität" und „Widerspruch" entspricht die Dialektik von „Anfang" und „Ende", von Zeit und Ewigkeit: Nach Barth wird alle Geschichte vom Gegenüber der Ewigkeit Gottes und der Vergänglichkeit des Geschöpfes bestimmt. Dieses Gegenüber wird — im *Römerbrief* — als *zeitlos* gedacht, von einer zeitlich *bevorstehenden* Ewigkeit keine Rede.

In der Sicht des frühen Barth sind die „Letzten Dinge", das Eschaton, allen Zeiten der Geschichte gleich nah: „Von der *wirklichen* Endgeschichte wird zu *jeder* Zeit zu sagen sein: Das Ende ist nahe!"[40] Das Problem der „Parusieverzögerung" erledigt sich damit für Barth: Röm 13, 11—12, wo Paulus das *Näherkommen* des eschatologischen Heiles voraussetzt, kommentiert er ironisch: „Will das unnütze Gerede von der ‚ausgebliebenen' Parusie denn gar nicht aufhören? Wie soll denn ‚ausbleiben', was seinem Begriff nach überhaupt nicht ‚eintreten' kann? Denn *kein zeitliches Ereignis* ... ist das im Neuen Testament verkündigte Ende, sondern wirklich das *Ende*, so sehr das Ende, daß die neunzehnhundert Jahre ... *nichts* zu bedeuten haben, was seine Nähe oder Ferne betrifft, so sehr das Ende, daß schon Abraham diesen Tag sah" (R II 484)[41]. Das *letzte* Wort Gottes, das alle Unendlichkeit der Welt, der Zeit und des Menschen *begrenzt*, ist zugleich das *erste* Wort Gottes, das alle Geschichte (der Welt und des einzelnen) *begründet*: die „Geschichte des Endes" ist „zugleich und als solche" die „Geschichte des Anfangs" (AdT 60)!

---

[39] K. BARTH, *Die Auferstehung der Toten*, Zollikon-Zürich ⁴1953 (abgekürzt: AdT). — Eine Darstellung und Analyse dieser „programmatischen" Schrift des jüngeren Barth gibt A. GEENSE, *Auferstehung und Offenbarung*, Göttingen 1971, 13—30.

[40] K. BARTH, AdT 60. — Anders als A. AHLBRECHT, *Tod und Unsterblichkeit in der evangelischen Theologie der Gegenwart*, 89 f., sieht G. GRESHAKE a. a. O., 60, schon in Barths *Auferstehung der Toten* einen Neuansatz seiner Eschatologie im Sinne einer *futurisch* verstandenen Eschatologie. Greshake könnte sich auf verschiedene Aussagen in AdT beziehen (z. B. S. 98 ff. u. S. 127, wo vom *Warten*, von der *Verheißung* und vom „Noch nicht" der Erfüllung die Rede ist); AdT 57 ff., deckt sich jedoch *so* mit der Eschatologie von R II, daß T. STADTLAND a. a. O., 188, zu Recht bemerkt: „Wir gestehen an diesem Punkt unsere Unsicherheit darüber ein, ob die für die ‚Auferstehung der Toten' (1924) analysierte futurische Eschatologie wirklich eine *futurisch* war."

[41] Erste Hervorhebung von mir.

Von einer *zeitlichen Spannung* zwischen dem, was schon ist: als Gegenwart, und dem, was noch aussteht: als Zukunft (bzw. Leben nach dem Tod), keine Spur! Der Augenblick, da die Toten auferstehen, kommt in einem „unzeitlichen, ewigen Nu und Jetzt. Ist's Gestern, Morgen, Heute? Ist's Immer? Ist's Nimmer? Wir können auf das alles mit Ja und Nein antworten."[42]

Um das Gemeinte zu verstehen, ist genauer nach der Intention dieser Sätze zu fragen. Was will Barth sagen, wenn er den Einbruch der Gottesherrschaft — als „Auferstehung der Toten" — etwas zeitlos-Ungeschichtliches sein läßt? Was heißt hier „zeitlos" und was „ungeschichtlich"?

Gottes Herrschaft ist „zeitlos", das heißt: nicht die ins Unendliche verlängerte Zeit ist diese Herrschaft, kein zeitliches „Ding" neben andern, nicht bloße „Fortsetzung" eines innerweltlich Gegebenen. Zu der oben zitierten Stelle — Röm 13, 11 f. — heißt es in diesem Sinn weiter: „die ‚letzte' Stunde, deren Schlag hier verkündet wird, hat wahrhaftig nicht die Bedeutung, daß in ihr eine weitere Stunde, eine *darauf folgende (chronologische!) Zeit* als die Zeit der Erfüllung in Aussicht genommen wird" (R II 484)[43]. Das Leben, das *aus dem Tode* kommt, ist nicht mit uns geläufigen Kategorien zu fassen und einzuordnen; eschatologische Aussagen transzendieren die irdische Wirklichkeit *radikal:* „Von *letzten* Dingen würde nur reden, wer vom *Ende* aller Dinge reden würde, von ihrem Ende so schlechthin, so grundsätzlich verstanden, von einer Wirklichkeit so radikal überlegen allen Dingen, daß die Existenz aller Dinge ganz und gar in ihr, in ihr allein *begründet* wäre, also von ihrem Ende würde er reden, das in Wahrheit nichts anderes wäre, als ihr Anfang." (AdT 59)

Begriffe wie „zeitlos", „Ende der Zeit" u. a. umschreiben die alles — die Welt, die Zeit, den Menschen — begründende *Überlegenheit* des Heilshandelns Gottes (AdT 60)[44]: Nicht als kategoriales (räumlich-zeitliches) Geschehen sind die Eschata zu begreifen; in diesem Punkt stimmen *auch die Kritiker* Barths (Bultmann, Tillich, Moltmann u. a.) diesem zu[45] — mit wenigen Ausnahmen (wie z. B. Cullmann)[46]. Aber wo Barth das *Ende* der (allgemeinen und individuellen) Geschichte mit ihrem *Anfang* identifiziert (AdT 60), wo er Auferstehung und Parusie Christi *nicht unterscheidet* (BF 73), da wird — wie Barth später selbst

---

[42] K. Barth, *Biblische Fragen, Einsichten und Ausblicke*, 72 f. (im folgenden abgekürzt: BF).

[43] Hervorhebung von mir.

[44] Dementsprechend ist dann auch die Auferstehung Christi „kein geschichtliches Ereignis" (BF 73): kein kategoriales Datum wie der Tod des Sokrates oder die Schlacht von Austerlitz, sondern das alle Geschichte begründende Urdatum, „*das* Ereignis, das allein uns veranlassen kann, von einem wirklichen Geschehen in der Geschichte zu reden", das „Signal des Ungeschichtlichen", weil alle Geschichte transzendental Überragenden.

[45] Vgl. unten S. 103 ff. und S. 251 ff.

[46] O. Cullmann, *Christus und die Zeit*, Zürich ²1948, 54, versteht — anders als Barth und fast alle Theologen der Gegenwart (vgl. unten) — die Ewigkeit als *lineare Verlängerung* der Zeit und die Zeit als „begrenzten Ausschnitt der *gleichen* Linie": Gottes Ewigkeit kann und muß „also doch ‚naiv' als unendliche Zeitlichkeit bezeichnet werden." — Vgl. ebd., 31 ff. („Die Bedeutung der zeitlichen Terminologie im NT").

sagt — eine wesentlich menschliche Dimension: die Orientierung am Noch-nicht der aus-ständigen (nicht auf das Gesetz des Anfangs reduzierbaren, wirklich „neuen") Zukunft, mißachtet: als irrelevant für das Heilshandeln Gottes.

Nach den Aussagen der Schrift gibt es ein *künftiges* Heil im futurisch-zeitlichen Sinn[47]. Zwar reicht die Gottesherrschaft herein in die Gegenwart und qualifiziert diese entsprechend; aber wo man eschatologische Aussagen *so* aktualisiert, daß die (kosmische und individuelle) Zukunft verleugnet wird, „da mythologisiert man den Menschen, weil man an ihm die nüchtern redliche Zeit leugnet, die *auch* zu seinem Heil gehört"[48]. Barth selbst hat seine Eschatologie in dieser Hinsicht korrigiert: In der *Kirchlichen Dogmatik*[49] kritisiert er seinen früheren Entwurf, der ihn in ungewollte Nähe zu Bultmanns Anthropologie gebracht habe: er — Barth — habe die Überzeitlichkeit Gottes zu wenig durchdacht und „den Begriff der Ewigkeit in seiner biblischen Vollständigkeit noch nicht zu Gesicht bekommen." Gerade an Stellen wie Röm 13, 11 f. zeigte es sich — so Barth gegen Barth —, „daß ich nun wohl mit der Jenseitigkeit des Kommenden Reiches Gottes, aber gerade nicht mit seinem Kommen als solchem ganz Ernst zu machen mich getraute". Barth will jetzt, nach dieser Korrektur, den Eindruck vermeiden, als sei die Differenz zwischen der Gegenwart und der Parusie Christi eine Spannung, „die mit der Spannung zweier Zeitpunkte nichts zu tun habe", als seien Tod und Auferstehung keine zeitlich *bevorstehenden* Ereignisse.

4. „Auferstehung der Toten" als Paradox des Glaubens: der „alte" und der „neue" Mensch

Die individuelle Eschatologie des frühen Barth, seine Aussagen über Tod und Vollendung des einzelnen, sollen nun näher ins Blickfeld gerückt werden.

Eine terminologische und gedankliche Schwierigkeit liegt schon darin, daß der Begriff „Tod" in Barths *Römerbrief* in merkwürdiger Schwebe verbleibt: Ist der Tod — der Dialektik von Zeit und Ewigkeit entsprechend — nur Chiffre für die zeitlose (nicht an das biologische Sterben gebundene) Begegnung des Geschöpfes mit Gott? Oder meint der Tod als „die eine einzige Quelle unmittelbarer realer Offenbarung Gottes" (BF 65), die Christi Kreuz uns erschlossen hat, den *Zeitpunkt des Sterbens,* das Ende des irdischen Lebens? Immerhin: wenn alles, was

---

[47] Das NT beschreibt das ewige Leben als Zukunft und Gegenwart, als (schon) gegenwärtige *und* (noch) ausständige Wirklichkeit. Der *Zukunfts*aspekt wird besonders hervorgehoben von den Synoptikern (z. B. Mk 10, 30; Mt 25, 46) und von Paulus (z. B. Röm 6, 22), aber auch von Johannes (Jo 4, 36; 6, 27. — In der evangelischen Theologie haben z. B. O. CULLMANN a. a. O. und E. BRUNNER, *Das Ewige als Zukunft und Gegenwart*, München-Hamburg 1965 (vgl. ders., *Dogmatik III*, 379 ff.), die unaufhebbare Spannung von „schon erfüllt" und „noch nicht vollendet" zur Geltung gebracht. — Vgl. auch G. SAUTER, *Zukunft und Verheißung. Das Problem der Zukunft in der gegenwärtigen theologischen und philosophischen Diskussion*, Zürich 1965.
[48] K. RAHNER, *Theologische Prinzipien der Hermeneutik eschatologischer Aussagen*, in: ders., *Schriften IV*, 401 ff.
[49] Zum folgenden K. BARTH, *Kirchliche Dogmatik II/1*, 716.

in der Zeit ist (und der noch lebende Mensch ist auf jeden Fall „in der Zeit"), „die Grenze des Todes noch nicht erreicht" hat und erst noch sterben muß, um zum (wahren) Leben einzugehen (BF 72), dann dürfen wir annehmen, daß auch für den frühen Barth die existentielle *Vorwegnahme* des Todes in der Zeit (in der „Krisis" der Begegnung mit Gott) im Sterben *selbst* als dem „radikalsten Gleichnis" der Gewalt des Negativen (R II 272 f.), aber auch der „großen Antwort" auf „alle Fragen" des Menschen (AdT 57), ihren Höhepunkt erreicht.

Eine weitere Schwierigkeit liegt in der Behauptung einer Diskontinuität *und* Kontinuität des irdischen Menschen und des Auferstehungssubjektes durch Barth. Nach Barth ist unser Erkennen ein Stückwerk (1 Kor 13, 12) und unser Denken gebrochen. Ihren Gegenstand — Gott und sein Verhältnis zum Menschen — können Theologen nicht „in den Griff" bekommen. Das gilt im besonderen für das Todesproblem: Die *Diskontinuität* des sterblichen Subjekts des Menschen vor seinem Tode und des unverweslichen Subjekts des in Jesu Auferweckung begründeten neuen Lebens hat Barth — in R II und BF — so stark unterstrichen, daß eine *Identität* beider Subjekte ausgeschlossen erscheint. Dennoch setzen zahlreiche Stellen in R II und — mehr noch — in AdT eine *Kontinuität* dieser Subjekte voraus. Der Frage nach der Selbigkeit des erlösten Menschen mit seiner in der Zeit gewordenen Wirklichkeit kommt also schon im *Römerbrief* — nicht erst in der *Kirchlichen Dogmatik* — ein wichtiger Rang zu.

a) Der negative Aspekt: die Dis-kontinuität des „alten" und des „neuen" Menschen

Der Mensch als solcher (durch die Ursünde aus Gottes Nähe verbannt) ist nach Barth reine Todverfallenheit und Gottes Erbarmen in Christus ist das absolut Neue, das „Paradoxe" — als Realisierung *der* Möglichkeit, „die nicht in Betracht kommt" (BF 72). Auferstehung ist „unmöglich", sofern es von unserer psychischen Verfaßtheit, von unseren Erlebnissen und Erfahrungen her dafür keinen Hinweis gibt, keinen Vergleich, keine Analogie. Auferstehung aber aufgrund „forensischer, ursach- und bedingungsloser" Gerechterklärung durch Gott (vgl. Röm 3, 24) deutet Barth — zunächst — als „creatio ex nihilo" und nicht als neue Entfaltung im Rahmen einer *Entwicklung*, in der wir angeblich stehen (R II 78): Da gibt es „keine Übergänge, Vermischungen, Zwischenstufen", vielmehr „lauter Wendung". Was uns die Bibel über ein Leben jenseits des Todes sagt, ist psychologisch nicht anschaulich zu machen, weil es „das absolute Wunder" ist. Jeden Übergang, jede Entwicklung, jeden Aufstieg vom „alten" Menschen der Erde zum „neuen" Menschen des Himmels schließt Barth in dieser Deutung aus.

Röm 4, 17 b (Abrahams Glaube an Gott, der die Toten lebendig macht und das Nicht-Seiende ins Dasein ruft) wird dementsprechend kommentiert: Für Abraham gehe es nicht um eine „Überhöhung" seines Diesseits durch das Jenseits, „sondern um den letzten und einzigartigen, weil *übergangslosen* Kontrast des Lebens zum Tode, des Todes zum Leben" (R II 117)[50]. Für diesen Glauben — und Abraham

---

[50] Hervorhebung von mir.

gilt als *Urbild* des Glaubens — bedeute das jenseitige Leben eine Seinsweise, die „vom diesseitigen Leben und Sein aus nur Tod und Nicht-Sein heißen kann", so wie sich umgekehrt unsere diesseitige Existenz von dort aus gesehen als Nichtigkeit und Tod erweise. „Zwischen diesen beiden rein negativen Möglichkeiten" — freilich, wir hörten es schon: Minus mal Minus ist Plus! — bleibe allein der *Glaube*: der Glaube als „absolutes Paradox", als „Beziehung auf die Unmöglichkeit der Auferstehung". Der Leib — verstanden als die Totalität unseres Lebens: in all seinen denkbaren Verflechtungen und Möglichkeiten, als „Ich in dieser Welt"[51] — werde durch die Gottes-Erkenntnis als *sterblich schlechthin* qualifiziert (R II 272); jede Identität des in der Gottes-Begegnung getroffenen Subjekts werde „aufgehoben"[52].

Die Gotteserkenntnis als Beziehung des Geschöpfs zu seinem Ursprung bedeute nichts anderes, als „daß *alle* seine Prädikate aufgehoben sind, auch das seiner Identität mit sich selber! *Keine* Substanz, keine, auch keine allerletzte, allertiefste und allerfeinste Gegebenheit, die etwa der Gewalt dieses Negativen widerstehen könnte." (R II 272 f.) Der *ganze* Mensch wird durch den Tod, durch die „Gewalt des Negativen", getroffen. Der biologische Vorgang des Sterbens aber und alle dieses Sterben vorbereitenden und begleitenden „relativ negativen" Lebensakte sind Gleichnis, „*nur* Gleichnis" der in der Gotteserkenntnis begegnenden *Negation des Diesseitigen durch das Unendliche*[53], der Negation des menschlichen Subjekts durch seinen göttlichen Ursprung.

b) Der positive Aspekt: die Kontinuität des „alten" und des „neuen" Menschen

Diese Negation ist nicht weniger — aber auch nicht mehr — als *ein Aspekt* dessen, was im Tode geschieht. Auch der „anderen Versuchung" will Barth entgehen: der Versuchung, die „Ewigkeit mit einem großen Nihil zu verwechseln, aus der Endgeschichte eine Vernichtungsgeschichte zu machen." (AdT 61) Barth geht es, wie gesagt, um *jen*en „Nullpunkt", der vom Minus zum Plus führt (AdT 114); es geht ihm — primär — um die (geheimnisvolle)[54] *Identität* des Subjekts im Sünder und im Glaubenden (der der „Auferstehung" teilhaftig sein wird) — obwohl er diese Identität „gleichsam auf ein Minimum, auf den mathematischen Punkt der Wende einschrumpfen ließ", wie v. Balthasar einmal bemerkt[55].

---

[51] Vgl. bes. K. BARTH, R II 272; dazu unten S. 258 ff.
[52] Vgl. z. B. R II 484 (zu Röm 13, 11 f.), wo von der „Aufhebung" allen Inhalts der Zeit durch die „überhängende Wand Gottes" gesprochen wird. — Vgl. H. BOUILLARD, *Dialektische Theologie,* in: LThK 3 (²1959) 334 ff.: In der „Negativität" des *Römerbrief* „verneint Gott selbst den Menschen"; diese Negation „setzt *Distanz*. Eine ‚Todeslinie' scheidet Gott und den Menschen, Zeit und Ewigkeit".
[53] Aber auch das Unendliche, „sofern wir es uns als das Unanschauliche anschaulich machen, ... ist in *unserer* Anschauung keineswegs das Ewige" (R II 273)!
[54] Vgl. z. B. K. BARTH, AdT 125 ff.
[55] H. U. v. BALTHASAR a. a. O., 169.

Barths Erklärung zu Röm 6, 20 ff., jener Kernstelle der paulinischen Theologie der Sünde und des Todes, ist dafür bezeichnend: „Der Blitz, der unsre Existenz in Brand steckt, wird nicht säumen, auch unser Sein ... vielleicht unversehrt zu lassen, vielleicht zu schmelzen und zu läutern, vielleicht zu verkohlen, vielleicht in andere Substanzen umzusetzen, vielleicht ganz und gar (und doch nicht ganz! *non omnis moriar!*) zu verzehren und zu vernichten" (R II 209).

Dieses „doch nicht ganz" mitten im „ganz und gar" des verzehrenden Feuers ist die bleibende Selbigkeit des Subjekts, die durch Tod und Auferstehung besteht[56]. Im „alten" (sündigen) und im „neuen" (gerechtfertigten, auferstandenen) Menschen stehen sich — obwohl der „alte" in jedem seiner Teile ganz und gar Sünder ist — keine schlechthin *verschiedenen* Menschen gegenüber: Es ist „nicht so, als ob hier ‚zwei' Welten nebeneinander träten (wie auch der ‚alte' und der ‚neue' Mensch nicht ‚zwei' Menschen sind)" (R II 142).

Diese und ähnliche Sätze stehen natürlich in Spannung zur (früheren) Behauptung, daß sich Zeit und Ewigkeit wie Nicht-Sein und Sein verhielten. Barth hält fest an einem *beharrenden Subjekt* des durch den Tod gegangenen Menschen; lediglich von einem — freilich unanschaulichen — „Wechsel der Prädikate" spricht er, der sich vollziehe zwischen dem Gesätwerden in Verweslichkeit und dem Auferstehen in Unverweslichkeit (BF 75; vgl. 1 Kor 15, 35 ff.): Wie in der Natur dasselbe Wesen in verschiedener Erscheinung auftritt — etwa als Samen und Pflanze (1 Kor 15, 37 f.) —, ohne seine Identität zu verlieren, so sei es auch bei der Auferstehung; keine Schilderung der Auferstehung *selbst* seien zwar solche Vorgänge der Natur, wohl aber eine *Analogie*[57] der Auferstehung (AdT 111), ein „praeludium resurrectionis, ein Vorspiel der Auferstehung, wie Calvin treffend sagt." (AdT 110 f.)

Wer *ist* nun aber, so wäre zu fragen, das beharrende Subjekt? Bin's ich? Ist's ein anderer? Barth verstrickt sich in eine verwirrende und — wie R. Bultmann schon damals kritisierte[58] — widersprüchliche Dialektik von Ich und Nicht-Ich: Der „neue" Mensch ist *nicht* der, der ich bin (R II 142 f., 296); beharrendes, unsterbliches, unverwesliches Subjekt bin offenbar „Nicht-Ich" (R II 273); denn: ist das Subjekt „von oben" geboren, so kann „kein ‚von unten' an ihm übrig bleiben" (BF 75).

Andererseits erinnert Barth — auf denselben eben zitierten Seiten — an Gottes *Schöpfungs*werk und die darin begründete „Beziehung unseres *ganzen* Daseins auf Gott": Weil der Schöpfer (der Diesseits und Jenseits in sich vereinigt)[59] das, „was er erschaffen hat, auch erhalten will" (BF 75), muß *dieses* Verwesliche und *dieses*

---

[56] H. U. v. Balthasar a. a. O.
[57] Vgl. unten S. 62 f.
[58] In seiner Besprechung des *Römerbrief II* (in: *Anfänge der dialektischen Theologie I*, 119 ff., hier 130) fragt Bultmann, ob Barths Paradoxie nicht überspannt sei: „Was soll das Reden von meinem ‚Ich', das nie mein Ich ist? ... Ist diese behauptete Identität zwischen meinem anschaulichen und unanschaulichen Ich nicht in der Tat eine Spekulation...?" — Vgl. auch G. Greshake a. a. O., 58.
[59] K. Barth, R II 118.

Sterbliche anziehen die Unverweslichkeit und Unsterblichkeit (ebd.; vgl. 1 Kor 15, 53). So kann Barth — im Blick auf 1 Kor 15, dem „Kapitel vom Positivsten, was sich denken läßt"[60] — massiv formulieren: Auferstehung ist *leibliche* Auferstehung (AdT 67 ff.); alles, was da leibt und lebt, wartet auf seine Ewigkeit „und kein Härlein auf unserem Haupte, das da nicht mit möchte" (BF 75; ähnlich AdT 127)[61].

Barth unterscheidet (zunächst) das *anschauliche* Ich des Menschen (unsere erfahrbare psychische Realität mit ihren verweslichen Prädikaten) vom *unanschaulichen* Ich (unsere Wirklichkeit in den Augen Gottes), postuliert dann aber — schwer zu fassen nach der vorher behaupteten *Diskontinuität* zwischen verweslich-sündigem und unverweslich-gerechtfertigtem Subjekt — eine seinshafte *Identität* beider Ichs: Unser zeitliches Ich „*ist*, seiner anschaulichen Wirklichkeit ungeachtet, ‚von oben geboren', *in* seiner Zeitlichkeit seiner Ewigkeit wartend und also unanschaulich teilhaftig der ... *Neu*prädikation." (R II 273)

Barths Bestimmung der neuen Seinsweise, der „Auferstehung der Toten", als *Neuschöpfung* (z. B. AdT 112)[62] — „Qualiter? totaliter aliter!" (BF 73) — darf also nicht mißverstanden werden im Sinne eines Novum schlechthin; denn nicht aus dem Nichts wird hier Etwas, sondern aus dem Etwas wird ein Anderes (AdT 112); und nicht „ignoriert, nicht beseitigt, nicht ausgetilgt, nicht disqualifiziert wird die Wirklichkeit, sondern qualifiziert, erkannt in ihrem Sinn, zurückgegeben ihrer Bestimmung, indem sie von der Wahrheit angegriffen und aufgerollt wird" (BF 72).

„Auferstehung der Toten" ist für Barth nichts anderes als eine *Umschreibung für „Gott"* (AdT 11) — aber doch eine *„notwendige* Umschreibung und Konkretion" (ebd.): Denn mit Gott kommt der Mensch — in seinem Eigentlichsten, in seinem Persönlichsten — „wie zu seiner Pflicht, so zu seinem Recht" (BF 75), da — wie es im Evangelium heißt und wie Barth es hervorhebt — sein Leben *gewinnt*, wer es um Jesu willen „verliert" (Mt 10, 39).

5. Vom „Römerbrief" zur „Kirchlichen Dogmatik": Barths Selbst-Korrektur an der früheren Eschatologie

Bevor im nächsten Kapitel das Todesproblem in der *Kirchlichen Dogmatik* besprochen wird, soll — in aller Kürze — der theologische Neuansatz beschrieben werden, der sich in AdT — mit der Betonung der Kontinuität des „alten" und des „neuen" Menschen — schon ankündigt und der sich schrittweise durchsetzt bis zum Erscheinen der ersten Dogmatik-Bände.

---

[60] K. BARTH, AdT 57; ebd., 61: „Vom *Tod* und von den *Toten* handelt das Kapitel ... Aber von der *Auferstehung* der Toten soll die Rede sein."
[61] Vgl. unten S. 92 ff.
[62] Das künftige Leben wird von fast allen evangelischen Theologen der Gegenwart (ausgenommen z. B. Paul Tillich) als „Neuschöpfung" bezeichnet; vgl. unten S. 134 ff.

Barth versteht die Theologie als *theologia viatorum*, als unvollkommenes Stückwerk mit stets nur vorläufigen Ergebnissen, die — in ständiger Konfrontation mit der Offenbarungswahrheit — revidiert und ergänzt werden müssen[63]. Der Weg vom prophetischen Pathos des *Römerbrief* (1921) zur *Kirchlichen Dogmatik* (1932 bis 1967)[64] war gewiß nicht der einzig mögliche, auch nicht der konsequenteste: Während Bultmann, Gogarten und Brunner — vom fast gleichen Ausgangspunkt aus — andere Wege gingen, bringt Barth jetzt eine „deduktive", auf objektive Vollständigkeit bedachte Darstellung der biblischen Offenbarung — was ihm bekanntlich den Vorwurf des „Offenbarungs*positivismus*"[65] und der Neo-Orthodoxie eingebracht hat.

Barth durchschaut die frühere Erkenntnis in ihrer Begrenztheit und Relativität und, wenn nötig, korrigiert er sie — ohne die *Intention* dieser Aussagen zu verlassen: Gegen eine Tendenz, die Gottes Gottheit vergißt und den Schöpfer zum Korrelat der „Bewegtheit des Menschen" macht, müssen Begriffe wie „Einschlagstrichter", „senkrecht von oben", „totaliter aliter", „unendlicher qualitativer Unterschied" usw. zwar stehenbleiben; aber aus dem theologiegeschichtlichen Kontext genommen sind solche Formulierungen „doch ein bißchen arg unmenschlich", sind — nach Barths eigenem Urteil — nicht das letzte und nicht das ganze Wort[66]!

Die Frage, ob Barth einen wirklichen *Bruch* vollzogen habe mit der Theologie des *Römerbrief*, ist — mit Zahrnt[67] — zu verneinen: keimhaft waren die späteren Einsichten schon in den Anfängen enthalten; Barths Eifer für Gottes Gottheit ist geblieben und trotz aller Neubesinnung, trotz aller Korrekturen halten sich wesentliche Grundstrukturen des ursprünglichen Ansatzes durch[68]. Barths frühere und spätere Theologie bleiben *im Anliegen* identisch; aber Barth sieht eine „neue Aufgabe": Er hält es für dringlich, „alles vorher Gesagte *noch einmal ganz anders*,

---

[63] Theologie ist „gebrochenes Denken und Reden insofern, als es immer nur in einzelnen von verschiedenen Seiten auf den einen Gegenstand gerichteten Gedanken und Sätzen verlaufen, nicht aber ein System bilden und diesen Gegenstand erfassen, gewissermaßen ‚einfangen' kann" (KD III/3, 332). Mit dem Verzicht auf Systembildung will Barth aber keinem Irrationalismus huldigen; im Gegenteil: KD III/2, 502—513, preist er — im Anschluß an Anselm von Canterbury — den Menschen als Vernunftwesen, das *glaubend* nach *Einsicht* strebt („fides quaerens intellectum"); dazu H. GOLLWITZER (Hrsg.), *Karl Barth, Kirchliche Dogmatik*, 11 ff.

[64] Barth nennt seine Dogmatik „kirchlich", um zu verdeutlichen, daß Theologie „keine ‚freie', sondern eine an den Raum der Kirche gebundene, da und nur da mögliche und sinnvolle Wissenschaft" sei (KD I/1, VIII).

[65] H. ZAHRNT, *Die Sache mit Gott*, 112, kritisiert Barths „von Anfang an vorhandene gefährliche Neigung, zwischen der Offenbarung Gottes und dem Wort der Bibel nicht streng genug zu unterscheiden, sondern beide einfach gleichzusetzen". — Vgl. unten S. 148 ff. zur Kritik Bonhoeffers an Barth.

[66] Vgl. Barths Vortrag *Die Menschlichkeit Gottes* (1956), in: K. BARTH (Hrsg.), *Theologische Studien* 48 (1956); dazu H. ZAHRNT a. a. O., 104 ff.

[67] H. ZAHRNT a. a. O., 108.

[68] H. U. v. BALTHASAR, *Karl Barth*, 34: „Die Intuition des Anfangs hat sich durch alles hindurch gehalten, ... geklärt, gereinigt, bewährt."

nämlich jetzt als eine Theologie der Gnade Gottes in Jesus Christus durchzudenken und auszusprechen"[69].

Welche konkreten Korrekturen hat Barth vorgenommen? Darüber ist viel geschrieben worden[70]; die folgende Darstellung beschränkt sich deshalb auf die wichtigsten Züge, sofern sie für die Entfaltung des Todesproblems relevant sind: Hat Barth früher das vernichtende „Nein" Gottes über das sündige Geschöpf unterstrichen, so betont er jetzt — z. T. schon in der *Auferstehung der Toten* (1924) — das alle Schuld umgreifende „Ja" Gottes in Schöpfung und Erlösung, die relative *Selbständigkeit*, Freiheit und bleibende Identität des Geschöpfs auch durch den *Tod* hindurch.

a) Besinnung auf die „Menschlichkeit" Gottes: die christologische Konzentration

Von der Erkenntnis der *Göttlichkeit* Gottes geht Barth den entscheidenden Schritt weiter zur Erkenntnis der *Menschlichkeit* Gottes: „Wer Gott und was er in seiner Göttlichkeit ist, das erweist und offenbart er nicht im leeren Raum eines göttlichen Fürsichseins, sondern authentisch gerade darin, daß er als des Menschen (freilich schlechthin überlegener) *Partner* existiert, redet und handelt"[71]. Barths Vorliebe für *Mozart* bestimmt — mehr und mehr — auch seine Theologie: „Daß sie im Argen liegt, das weiß die Welt auch so — nicht aber, daß sie in den guten Händen Gottes von allen Seiten gehalten ist"[72].

Durch seine Beschäftigung mit Anselms *Cur Deus homo* vor allem[73] lernt Barth, sich „von den letzten Resten einer philosophischen bzw. anthropologischen Begründung und Erklärung der christlichen Lehre zu lösen", d. h. die — wie er sie jetzt beurteilt — *unchristliche* Dialektik von Zeit und Ewigkeit (von „Identität" und „Widerspruch") aufzugeben[74]. Der Begriff des „Wortes Gottes" füllt sich konkret durch den Namen Jesus Christus, und Gottes Gericht wird von der *Priorität der Gnade* her begriffen[75]: so daß jede — scheinbar demütige — Selbstverneinung des Menschen als (heimliche) Selbstbehauptung vor Gott erscheint.

---

[69] *How my mind has changed;* übersetzt als: *Parergon. Karl Barth über sich selbst,* in: Evg. Theologie 8 (1948/49) 268 ff., hier 272 (Hervorhebung von mir); vgl. H. ZAHRNT a. a. O., 108.
[70] Am aufschlußreichsten H. U. v. BALTHASAR a. a. O., sowie H. ZAHRNT a. a. O., 104 bis 154.
[71] K. BARTH, *Die Menschlichkeit Gottes,* 10.
[72] K. BARTH, *Einführung in die evangelische Theologie,* Zürich 1962, 8; zit. nach H. ZAHRNT a. a. O., 108.
[73] Vgl. K. KUPISCH a. a. O., 98; sowie H. TRAUB, *Karl Barth,* 264—269.
[74] K. BARTH, *Der Götze wackelt* (hrsg. v. K. KUPISCH), 185. — Zu Barths Christozentrik vgl. H. KÜNG, *Rechtfertigung. Die Lehre Karl Barths und eine katholische Besinnung,* Einsiedeln 1957, 277—288; sowie H. U. v. BALTHASAR a. a. O., 355 ff.
[75] Vgl. K. BARTH, KD IV/1, 83 ff. Daß es auch dem frühen Barth nicht um die Negation als solche ging, sondern um Gottes barmherziges „Ja", wurde schon gesagt. Vgl. dazu Barths Antwort an P. Tillich: *Von der Paradoxie des „positiven Paradoxes"* (1923), in: *Anfänge der dialektischen Theologie I,* 175 ff.

Barth denkt positiver vom Menschen als früher „und dies nicht trotz seiner christologischen Konzentration, sondern gerade *wegen* seiner christologischen Konzentration. Sie macht den Menschen nicht klein, sondern zeigt ihm erst seine wahre Größe"[76]. In der „christologischen Konzentration"[77] deutet Barth die Fülle der Wirklichkeit als Gnadenbund Gottes mit der versöhnten Menschheit. Die Lehre von der Rechtfertigung, von der Kirche und den letzten Dingen, aber auch die Schöpfungslehre gründen in der Christologie! Kol 1, 13 ff. entsprechend sieht Barth das Universum als von Anfang an hingeordnet und bezogen auf das Christusereignis. Die Erlösung in Christus als dem „Erstgeborenen aus den Toten" ist — vom ewigen Ratschluß Gottes her — der Schöpfung gegenüber *nicht das zweite, sondern das erste*: „Der Bund ist nicht nur ebenso alt wie die Schöpfung, er ist *älter als diese*"[78]; denn alles ist auf Christus hin erschaffen.

Die für das Verständnis der Eschatologie Karl Barths so wichtige Beziehung („Analogie") aller Wirklichkeit zu Christus ist im folgenden zu besprechen:

b) Die Wende zur Analogie: analogia fidei und analogia entis

„Das regnum naturae ist *auch* das Reich des Sohnes, nicht erst das regnum gratiae"[79]; die Schöpfungsordnung wird durch das Wort der Versöhnung nicht aufgehoben, sondern erneuert und bestätigt. Mit der Beziehung aller ursprünglichen („natürlichen") Ordnung auf Christus wird das Prinzip der Dialektik ersetzt durch die *Analogie zwischen Gott und Mensch*[80] und damit die Möglichkeit einer *Schöpfungsoffenbarung* gesichert.

Barth erreicht der *Sache* nach eine Art „Anknüpfungspunkt"[81] der Offenbarung in der menschlichen Natur: Dem Geschöpf wird die Fähigkeit zuerkannt, das Wort Gottes zu hören, anzunehmen und im Glauben zu verstehen. Freilich: die Möglichkeit solcher Aneignung gründet nach Barth nicht auf einer apriorischen, dem Menschen *angeborenen* Fähigkeit; sie ist Werk des Heiligen *Geistes,* vom Wort Gottes selbst mitgebracht und dem Menschen geschenkt[82]. Die geistgewirkte Hinwendung des Menschen zu Gott bewirkt eine *Ähnlichkeit* des Geschöpfs mit dem

---

[76] H. ZAHRNT a. a. O., 130.
[77] K. BARTH, *Parergon*, 272.
[78] K. BARTH, *Dogmatik im Grundriß*, Zollikon-Zürich 1947, 73 f.; vgl. KD III/1, 44 ff. (§ 41 „Schöpfung und Bund"), bes. S. 82.
[79] K. BARTH, *Die Christliche Dogmatik im Entwurf*, München 1927, 271; zum Ganzen vgl. H. U. v. BALTHASAR a. a. O., 93—181, bes. 95 ff. u. 116 ff.
[80] Schon in AdT (bes. 111 ff.) finden wir den Begriff der Analogie; die Lehre von der „analogia fidei" wird zunehmend entfaltet, bis sie zum eigentlichen Hauptthema aufrückt: KD II/1, 254, heißt es, der Analogiebegriff sei zwar belastet — durch die „natürliche Theologie" —, hier aber „tatsächlich unvermeidbar".
[81] Vgl. G. GRESHAKE a. a. O., 70 (Anm. 39). — Brunners „Anknüpfungspunkt", Althaus' „Uroffenbarung" und Bultmanns „Vorverständnis" hat Barth freilich immer abgelehnt. — Vgl. H. ZAHRNT a. a. O., 114.
[82] Vgl. z. B. KD I/1, 201; das Analogieprinzip ist im Kontext der *Trinitätslehre* zu sehen: Analogie als Lehre von der Beziehung der drei göttlichen Personen untereinander und zur Welt.

Schöpfer[83]: „*Im Glauben und Bekenntnis* wird das Wort Gottes menschlicher Gedanke und menschliches Wort, gewiß in unendlicher Unähnlichkeit und Inadäquatheit, aber nicht in menschlicher Fremdheit gegenüber seinem Urbild", sondern als dessen „wirkliches Abbild"[84].

Barth sieht die Nähe seiner analogia *fidei* (so der terminus technicus: in Anlehnung an Röm 12, 6) zur thomistischen analogia *entis* (I/1, 252 ff.)[85], gegen die er sich abgrenzt: Analogia fidei meine — im Unterschied zur Seinsanalogie — nicht ein *Sein*, welches das Geschöpf mit dem Schöpfer gemeinsam habe; vielmehr sei das menschliche *Tun*, die menschliche Entscheidung „im Glauben in aller Unähnlichkeit ähnlich der Entscheidung Gottes" (I/1, 252). Die Analogie wird *aktualistisch* verstanden[86]: als „Herstellung von oben", in unumkehrbarer Richtung, als Ergriffenwerden des Geschöpfes durch das Wort (I/1, 257).

Dennoch: Der Analogiebegriff führt zur — relativen — Selbständigkeit einer von Gott verschiedenen, aber *guten* Schöpfung. Die Geschöpflichkeit begründet noch keine Schuld (wie es im *Römerbrief* zumindest den Anschein hatte)[87]; weil die Schöpfung als solche gut ist, muß ihre Kreatürlichkeit nicht erdrückt werden, um der Offenbarung Platz zu machen. Gott regiert das Geschöpf in seiner Eigenart, „ohne die menschliche Freiheit ganz oder auch nur teilweise aufzuheben"[88]. Er bewahrt es in seiner *eigenen* Wirklichkeit, relativ und abhängig, „aber in seiner Relativität und Abhängigkeit *selbständig* ihm gegenüber"[89].

c) Zeit und Ewigkeit: „Geschichtslosigkeit" als Merkmal der Barth'schen Theologie

Wie verhalten sich die beiden Momente: Selbständigkeit und Abhängigkeit zueinander? Von Barths Neuorientierung bezüglich des Zeitbegriffs in der Eschatologie wurde schon gesprochen: Gottes Reich ist in einem zeitlichen Sinne im

---

[83] Die Beziehung zwischen Gott und Mensch kann weder Gleichheit noch absolute Ungleichheit sein. Die zwischen diesen Extremen liegende Mitte: Ähnlichkeit bei gleichzeitiger (größerer) Unähnlichkeit, nennt Barth — entsprechend der scholastischen Terminologie — „Analogie". — Vgl. dazu E. Przywara, *Analogia entis*; ders., *Analogia fidei*, in: LThK 1 (²1957) 470 ff. (dort Lit.).

[84] KD I/1, 254; Hervorhebung von mir.

[85] KD I/1, VIII f., wird sogar behauptet, die analogia entis (als „*die* Erfindung des Antichrist") sei der einzig ernsthafte Grund, warum man nicht römisch-katholisch werden könne. Zur Auseinandersetzung mit Barth vgl. E. Przywara a. a. O., bes. Sp. 473 f (zur Exegese von Röm 12, 6); ferner G. Söhngen, *Analogia entis in analogia fidei*, in: Antwort (Festschrift für K. Barth, hrsg. v. E. Wolf u. a.), Zollikon-Zürich 1956, 266—271.

[86] Es gibt keine Gottähnlichkeit im Sinne eines „religiösen Organs"; der „Anknüpfungspunkt" der Offenbarung wird von Gott erst geschaffen, indem er den Menschen *anspricht*. In gewisser Entsprechung zu Bultmann (vgl. unten) wird das aktuelle „Tun" Gottes gegen das habituelle „Sein" des Menschen ausgespielt. — Vgl. H. Mühlen, *Gnadenlehre*, in: H. Vorgrimler — R. V. Gucht (Hrsg.), *Bilanz der Theologie im 20. Jahrhundert III*, 148—192, hier 174 ff.

[87] Vgl. H. U. v. Balthasar a. a. O., 98; ähnlich P. Lengsfeld, *Adam und Christus*, Essen 1965, 213.

[88] K. Barth, *Credo*, München 1935, 33 f.

[89] KD III/3, 97 ff.; Hervorhebung von mir.

Kommen, wenn auch Gott durch die Zeit nicht bedingt wird, vielmehr selbst alle Zeiten bedingt. Die Ewigkeit steht in „positiver Beziehung" zur Zeit, und Gottes Über-zeitlichkeit darf durch keinen Beigeschmack von Zeitlosigkeit verdorben werden, wie Barth jetzt betont.

Worin besteht nun aber diese positive Beziehung? Barths Antwort: Die Zeit wird von der Ewigkeit treulich *begleitet* und die Zeit wiederum darf die Ewigkeit begleiten, durch die sie geschaffen ist und in der sie ihr Ziel hat. Die Zeit besitzt ihren Wandel, „weil über ihr die Ewigkeit geht, weil über ihrem Wandel die unveränderlichen Stunden der Ewigkeit schlagen, auf die der Stundenschlag unserer Uhren nur kindlich Echo und Antwort geben kann." Wie das Kind ruht die Zeit in den Mutterarmen der Ewigkeit, „nicht in selbständiger Wirklichkeit ihr gegenüber, sondern als ihr Geschöpf"[90].

Mit anderen Worten: „für uns" (AdT 99), *von uns aus gesehen* ist die Zukunft das Ausständige, sub specie aeterna aber doch wieder nur die Enthüllung des in der göttlichen Vorherbestimmung schon längst Realisierten[91]: Geschichte wird verstanden als von jeher beschlossener Ewigkeitsstoff, gleichsam als fertiges Drehbuch, dessen Bilder nur noch abrollen müssen vor den Augen des Menschen[92]: „Man muß verstehen, daß die *Ewigkeit zuerst* ist und dann die Zeit und darum die *Zukunft zuerst* und dann die Gegenwart" (I/1, 486 f.), oder wie Lietzmann schrieb: „alles steht längst fest und ist erledigt, auch wenn wir's noch nicht empfinden"[93].

Aber wie steht es dann mit der *Freiheit* des Menschen? Wird die im Analogieprinzip erreichte Selbständigkeit der Kreatur nicht wieder eingeschränkt?[94] Wird der „Triumph der Gnade" nicht übermächtig und das Geschöpf erdrückt und verschlungen? Wird das Tun des Menschen nicht bedeutungslos angesichts des Wirkens der Gnade?

---

[90] Vgl. KD I/1, 618 ff.; dazu die Kritik von O. CULLMANN, *Christus und die Zeit,* 54 u. 57, der auch hier noch einen Platonismus am Werke sieht.

[91] Vgl. G. GRESHAKE a. a. O., 88 ff., der die idealistischen Strukturen der Frühzeit auch in Barths Dogmatik — freilich abgeschwächt — noch nachwirken sieht. Greshake fragt, inwiefern die Entscheidungsfreiheit des Menschen noch ernstgenommen werde, ob der einzelne nicht doch überspielt werde, wenn der Offenbarungsprozeß sieghaft abläuft. Was ist, wenn der einzelne in diesen Prozeß *nicht* eintritt?

[92] Vgl. J. MOLTMANN, *Theologie der Hoffnung,* 49 f., wo eine *Revision des Offenbarungsverständnisses* durch Barth vermißt wird: Wenn Barth zugibt, daß sein Gottesverständnis zu überzeitlich war, kann dann „der Eindruck stehen bleiben, als meine ‚Selbstoffenbarung Gottes' die ‚reine Gegenwart Gottes', eine ‚ewige Gegenwart Gottes in der Zeit', eine ‚Gegenwart ohne Zukunft'?" (Vgl. KD I/2, 125 f.). — Ebd., 125, spricht Barth allerdings vom „kommenden Gott" und bezeichnet die *Ostergeschichten,* in denen Gottes reine Gegenwart bezeugt werde, als *Ausnahme;* dazu E. JÜNGEL, *Gottes Sein ist im Werden,* Tübingen ²1966, wo eine „interpretierende Paraphrase einiger Gedankengänge der Kirchlichen Dogmatik K. Barths" vorgelegt wird, wie es im Vorwort heißt.

[93] H. LIETZMANN, *An die Römer,* Tübingen ⁴1933, 87.

[94] Vgl. H. BOUILLARD, *Barth,* in: LThK 2 (²1958) 5—8: Die relative Autonomie der menschlichen Kreatur komme auch in der *Kirchlichen Dogmatik* „nicht hinreichend zur Geltung".

Barth will solche Folgerungen nicht ziehen, aber der kritische Punkt im Barth'schen Ansatz wird sicher berührt, wenn Zahrnt, v. Balthasar, Stadtland, Greshake u. a. in der *Geschichtslosigkeit* einen Schaden sehen, der „in Barths gesamter Theologie steckt"[95]. Denn über die Möglichkeit einer *Verweigerung* der Gnade — wie sie eine *offene* Geschichte Gottes mit der Freiheit des einzelnen und der Menschheit als ganzer voraussetzen würde — hüllt Barth sich in Schweigen[96], und v. Balthasar kann deshalb fragen, ob in Barths „Theologie des Geschehens und der Geschichte vielleicht doch nichts geschieht, weil alles in der Ewigkeit schon immer geschehen ist"[97].

II. Das Todesproblem in der „Kirchlichen Dogmatik"

Vorbemerkung

Die folgende Darstellung konzentriert sich auf die individuelle Eschatologie, wie sie in der *Kirchlichen Dogmatik* zur Sprache kommt.

Dieses Werk hatte Barth auf fünf Teile geplant, von denen der fünfte nicht mehr geschrieben wurde: Teil I („Die Lehre vom Wort Gottes", 2 Bände), Teil II („Die Lehre von Gott", 2 Bände), Teil III („Die Lehre von der Schöpfung", 4 Bände) und Teil IV („Die Lehre von der Versöhnung", 4 Bände).

Das Todesproblem wird im Abschnitt „Die endende Zeit" (KD III/2, 714—780) des Kapitels „Der Mensch in seiner Zeit" ausführlich behandelt. Aber auch in die übrigen Bände sind über Tod, Gericht und Auferstehung zahlreiche Ausführungen mit eingestreut, die — soweit sie neue Aspekte beitragen — berücksichtigt werden sollen[1].

Natürlich ist es problematisch, eine bestimmte Einzelfrage aus der Gesamttheologie Barths herauszulösen. Es wurde deshalb schon oben versucht, die theologische Mentalität des späteren Barth in ihren Grundzügen zu verdeutlichen und gegen die Frühzeit seines Denkens abzuheben. An das Todesproblem angrenzende Fragenkreise: insbesondere die Existenz des Bösen — als der *Ursache* des Todes — in der Welt, die Sündigkeit des Menschen, die Rechtfertigung des Sünders in Christus, werden — um Barths Intention gerecht zu werden — noch zu besprechen sein. Erst dann sind die Voraussetzungen gegeben, die theologische Deutung des Todesproblems durch Barth zu verstehen und zu würdigen.

Barths Theologie bleibt auch in der späteren Phase „dialektisch", d. h. der einzelne Satz sagt nie die ganze Wahrheit aus, er wird stets ergänzt und evtl. korrigiert durch spätere Sätze, die nicht selten — isoliert vom Kontext gelesen —

---

[95] H. Zahrnt a. a. O., 141.
[96] Vgl. unten S. 95 ff.
[97] H. U. v. Balthasar a. a. O., 380.
[1] Auch Barths spätere (1956) Erklärung des Römerbriefs (K. Barth, *Kurze Erklärung des Römerbriefes*, Hamburg ²1972; im folgenden abgekürzt: KER) wird in der Darstellung berücksichtigt.

früheren Aussagen widersprechen. Hinter die einzelnen Begriffe und Sätze ist also jeweils zurückzufragen nach dem gemeinten Sinn: Erst in der Zusammenschau verschiedener Teilaussagen kommen wir an das Gemeinte heran und oft muß ein mißverständlicher Satz von einem anderen — zentraleren — Satz her interpretiert werden.

Aber welcher Satz ist von welchem her zu interpretieren? Die Kriterien für die Richtungsbestimmung eines Gefälles von Aussagen innerhalb der *Kirchlichen Dogmatik* ergeben sich aus der *Christologie* (vgl. oben S. 61 ff.), aus der Lehre vom *Triumph der Gnade* über die Macht des Bösen und den Ungehorsam des Menschen und aus der *Rechtfertigungslehre* (vgl. unten): Daß jeder Mensch in Christus nicht bloß verbal („forensisch"), sondern *real* und jetzt schon wirksam mit Gott versöhnt und also von innen her *geheilt* ist, dies dürfte die zentrale Aussage der Barth'schen Dogmatik sein, die im folgenden zu bedenken ist. Denn von hier aus ist die Deutung des *Todesproblems* durch Barth zu verstehen.

1. Gott und das „Nichtige"

Das Stichwort „Tod" finden wir in Barths Dogmatik häufig in Verbindung mit einem anderen, in seinem Bedeutungsgehalt nicht ganz einfachen Begriff, nämlich dem „Nichts", dem „Nichtigen". Sterben heißt, „daß es wirklich und endgültig *nichts* ist mit uns Menschen" (KD III/2, 761). Im Tode, so lesen wir, gehen wir wieder dem Nicht-sein entgegen, denn was haben wir am Ende schon anderes zu erwarten als „die göttliche Unterschrift: *Nichtig!*"? Was kann unserem sündigen Leben entsprechen, was hat es verdient, was wird sein Ziel sein als eben das Nichts? — Freilich wird sofort wieder — noch auf derselben Seite — versichert: Der endgültige Rückfall ins Nichts könne nie und nimmer unser Schicksal sein (III/2, 724), weil Gott gegenüber dem „Nichtigen", das den Menschen verderben will, *von Ewigkeit her* Partei ergriffen habe (IV/2, 250). Der Tod selbst sei von Gott her ein „Nichts", ein ganz und gar „Unmögliches" (II/1, 621), weil ihn der Schöpfer, der aus dem Nicht-sein ins Sein ruft (Röm 4, 17), allmächtig verneint habe und immer wieder verneine.

Nun könnte man fragen, ob diese Antithetik von Gottes erhaltender Barmherzigkeit und grundsätzlicher Todverfallenheit des Menschen hinter die mit dem Analogieprinzip erreichte Güte der Schöpfung wieder zurückfällt in die alte Dialektik. Diese Frage, so nahe sie liegt, dürfen wir nicht vorschnell bejahen; denn Barth begründet die Todverfallenheit des Menschen nicht mehr mit *geschöpflicher* Nichtigkeit, sondern mit der wirksamen Gewalt eines Bösen, das von Gottes guter Schöpfung streng zu unterscheiden sei.

Das Todesproblem steht bei Barth in engem Zusammenhang mit dem Begriff des „Nichtigen", der in der Schöpfungslehre besprochen wird: § 50 („Gott und das Nichtige") in KD III/3, 327—425. Dieser für das Verständnis der Barth'schen Eschatologie wichtige Begriff ist zunächst zu klären[2].

---

[2] Vgl. zum folgenden O. WEBER, *Karl Barths Kirchliche Dogmatik*, Neukirchen-Vluyn, ⁵1963, 141 ff.

a) Der Begriff des „Nichtigen" in Barths Dogmatik

Es gibt, wie alle wissen, eine *Schattenseite* des Lebens³. Sie manifestiert sich in Naturkatastrophen, in Krankheit, Hungersnot, Schmerzen, Sterben, im Leiden jeder Art, das durch menschliche Schuld nicht immer bedingt sein muß. Wenn aber Barth vom „Nichtigen" spricht, dann meint er diese Dunkelseite der Schöpfung gerade *nicht*. Nur sie im Auge zu haben wäre eine Verharmlosung, eine Verkennung des *wirklichen* Übels. Solche Verharmlosung wirft Barth z. B. G. W. Leibniz vor, der sich „der Verwechslung des Nichtigen mit jenem innerweltlichen Gegensatz, mit jener Schattenseite der Schöpfung schuldig gemacht" habe (III/3, 362 ff.). Leibniz habe das Nichtige als bloße „Abwesenheit von Etwas"⁴ begriffen und es damit „domestiziert", ja sogar — als notwendigen Hintergrund des Guten — in etwas letztlich Positives uminterpretiert⁵.

Das innerweltliche Übel, die leiderfüllte Kehrseite unserer Existenz, ist nicht das „Nichtige" selbst, sondern dessen „Zeichen", Abbild, „Analogie"; es *erinnert* an die Bedrohung des Geschöpfs durch das wirkliche Übel, den wirklichen Tod, darf aber nicht mit diesem verwechselt werden. Der Bedrohung durch die *eigene* Schattenseite ist die Schöpfung — so Barth — nicht „verfallen", und zwar deshalb nicht, weil die *ganze* Kreatur mitsamt ihrem Leiden und Sterben Gottes *gute* Schöpfung ist. Unter Verweis auf *Mozart*, der von Gottes Schöpfungswerk mehr gewußt habe als alle Kirchenväter „samt unseren Reformatoren"⁶, wird Barth nicht müde, diese „in ihren *beiden* Aspekten und also auch in ihrem *negativen* Aspekt" gute Schöpfung zu preisen (III/3, 337).

Wenn also das Nichtige mit den Schattenseiten der Welt nicht identisch ist, andrerseits aber echte Realität besitzt (Barth spricht von der „Wirklichkeit" des Nichtigen!)⁷, was ist es dann? Die „einfache, aber sichere" Antwort „kann jetzt lauten: das Nichtige ist die ‚Wirklichkeit', um derentwillen (nämlich *im Gegensatz zu der*) Gott selbst in der Geschöpfwelt Geschöpf werden wollte ... Was Jesus Christus ans Kreuz gebracht hat und was er am Kreuz besiegt hat, *das* ist

---

³ Vgl. KD III/1, 426 ff.

⁴ Die klassische Formulierung bei AUGUSTINUS: non est ergo malum nisi privatio boni (*Contra adversarios legis* I, 5) meint, wie Barth betont, nicht nur die bloße *Abwesenheit* des Guten (wie bei Leibniz), sondern die *Anfechtung* des wahrhaft Seienden: corruptio boni! — Vgl. W. KERN, Übel, in: LThK 10 (²1965) 429—435, bes. 431 f.

⁵ Vgl. KD III/1, 449, wo Leibniz' Position — aus der Sicht Barths — dargestellt wird.

⁶ Mozart gehört in die Theologie, „speziell in die Lehre von der Schöpfung und dann wieder in die Eschatologie". In der Zeit, da man den lieben Gott wegen des Erdbebens von Lissabon in Anklagezustand versetzte, hatte Mozart „hinsichtlich des Theodizeeproblems den Frieden Gottes, der höher ist als alle lobende, tadelnde, kritische oder spekulative Vernunft." Mozart war „in dieser Sache reinen Herzens" (KD III/3, 337 f.).

⁷ „Seiend ist in einem bestimmten Sinn auch das Böse ... das Nicht-Seiende" (II/1, 670), freilich nicht im gleichen Sinne wie Gott und das Geschöpf: „Was eigentlich und wahrhaft *ist*, das kann ja nur Gott und sein Geschöpf sein" (III/3, 402). Seiend ist das Nichtige nur „dadurch, daß Gott darum weiß" (II/1, 623), aber immerhin: es ist mächtig genug, Gottes Schöpfung zu bedrohen und zu verneinen (KD II/1, 630).

das wirklich Nichtige". Dieser störenden Chaosmacht, die Gott nicht will, dieser „Negation der Gnade", diesem wirklichen Bösen — dem wirklichen *Tod,* der wirklichen *Hölle* — ist das Geschöpf immer schon verfallen. Die *Auseinandersetzung* aber mit diesem Nichtigen ist allein *Gottes* Sache: denn die Bedrohung der Schöpfung bedeutet nach Barth eine Anfechtung der göttlichen Sache selbst (III/3, 406 f.).

b) Das Problem des „Nichtigen": die Theodizeefrage

Das Nichtige ist die Gewalt des Bösen! Alles, was von Gott kommt, ist gut; das Böse kommt also nicht von Gott. Aber woher stammt es dann, wenn nicht von Gott als dem Ursprung alles dessen, was „ist"? Das „Problem des Nichtigen"[8] besteht darin, daß es offenbar ein Wirkendes gibt, das „*weder* vom Schöpfer *noch* vom Geschöpf her" erklärt werden kann und das doch nicht zu übersehen ist. Das „wirklich" Böse darf also nicht reduziert werden auf die Sünde des Menschen; sein Wesen realisiert sich in der feindlichen Gegenüberstellung zu Gott, freilich so, daß Gott souveräner Herr bleibt auch über dieses „dritte Wirkende". Als tatsächliche Bedrohung der Schöpfung bleibt das Nichtige — dennoch — „unter Gottes Verfügung"; andernfalls wäre die Wahrheit von Gottes Vorsehung und *Allmacht* gefährdet. Die Macht dieses Negativen darf aber nicht als „Möglichkeit" im Wesen Gottes *selbst* gedeutet werden: das Böse ist in keiner Weise abzuleiten aus dem göttlichen Willen; andernfalls wäre die Wahrheit von Gottes *Heiligkeit* gefährdet. Woher also das Böse, wenn Gott gut ist[9]? Wie kann unser Glaube der Allmacht Gottes ebenso gerecht werden wie seiner Heiligkeit? „In irgendeiner neutralen Mitte dürfte die Wahrheit nicht zu suchen sein", denn beide Aspekte: des Schöpfers Heiligkeit und Allmacht sind „von gleicher Dringlichkeit".

Barth sucht keine neue Antwort auf das Problem des Bösen. Theologie, wie er sie fordert, *berichtet* ja nur von Gottes Geschichte mit der Welt, so wie sie uns geoffenbart ist. Theologie „darf um keine Vollständigkeit und Geschlossenheit, sie darf nur darum besorgt sein, alles *recht* zu erzählen." Hier, in dieser schwierigen und noch von keiner Theologie (sofern sie nicht zum rationalen System wird) gelösten Frage, verweist Barth auf die „notwendige *Gebrochenheit* allen theologischen Denkens", auf den Bruch zwischen Schöpfer und Geschöpf, der auch unsere Erkenntnisstruktur als gebrochenes Denken und Reden bestimmt. Zwar müssen wir „auch hier wie überall in größter intellektueller Gewissenhaftigkeit" vorgehen; aber ein System darf es hier nicht geben: Gottes Heiligkeit *und* Allmacht sollen wir „schlicht und ohne Abschwächung gelten lassen". Die Macht des Nichtigen sollen wir „*Gott* gegenüber so gering wie möglich", aber „*uns* gegenüber nun doch so hoch wie möglich" einschätzen.

---

[8] Vgl. KD III/3, 327—344; diesem Abschnitt entstammen die folgenden Zitate.

[9] Ähnlich hat schon LACTANTIUS, *De ira Dei*, 13, das Theodizeeproblem (das Wort selbst geht auf Leibniz zurück) formuliert. — Vgl. W. KERN a. a. O.

c) Die Überwindung des „Nichtigen"

Weil das Nichtige uns gegenüber Macht hat, indem es das Weltgeschehen bedroht und tatsächlich verdirbt (III/3, 327), bedürfen wir der ständigen „Erhaltung" und Bewahrung vor der Übermacht dieses Bösen[10]. In immer neuen — phantasievollen und bildkräftigen — Redewendungen beschreibt Barth, wie Gott dem Nichtigen Einhalt gebietet, wie er das *Bestehen* des Geschöpfes will und *nicht seinen Untergang*, wie er die Menschen befreien will zum ewigen Leben in der Gemeinschaft mit ihm.

In Auslegung von Gn 1, 2 (III/1, 119 ff.) bezeichnet Barth die Chaosmacht als das „Nichts", als die bloße Potenz, an der schon der Schöpfergott „verachtend vorübergegangen" sei. Weil Gott es *nicht* geschaffen hat, hatte das Nichtige noch niemals Bestand. „Es ist von Haus aus jenes Vergangene, das Gott in der Schöpfung sofort hinter sich gelassen" hat (III/3, 417): als weichende Grenze, als fliehenden Schatten. Es hat keine Substanz, sondern nur seine Leere: „Wie sollte es nicht leer sein, da es nur unter Gottes Unwillen ist, was es ist?"

Aber warum existiert es dann? Dies bleibt Geheimnis: Nur das eine wissen wir — so Barth —, daß das Nichtige nicht Gottes Gnadenwerk (opus proprium) ist, sondern sein „fremdes" Werk (opus alienum), das nur die „Macht der Ohnmacht" hat und den „Sinn des Unsinns". Sünde, Tod und Teufel „befinden sich zwar als Prinzipien des Ungehorsams, des Übels, des Abfalls im Raume der göttlichen Schöpfung, der res *creaturae*. Sie gehören aber nicht zu diesen *res*. Sie sind nicht selbst von Gott geschaffen"[11].

Die Gewalt des Nichtigen wurde also — grundsätzlich — schon überwunden durch Gottes Schöpfungstat, welcher die Gnade vorausgeht[12]; eben deshalb: weil das Böse je schon gebändigt und besiegt ist durch Gottes Erhaltungswillen, nennt Barth es — ziemlich verwirrend — das „Nichtige"[13].

Was bedeuten dann aber das Leben, der Tod und die Auferstehung Jesu Christi? Wozu dieser Aufwand, wenn das Böse von Anfang an nur das Nichtige ist, ohne Substanz, nur fliehender Schatten? Barths Antwort: Zur Offenbarung der guten Schöpfung allein wäre die Inkarnation „nicht nötig gewesen" (III/3, 344); die Menschwerdung Gottes hänge vielmehr zusammen mit der Überwindung des Nichtigen. Barth unterscheidet — etwas künstlich — zwischen „grundsätzlicher"

---

[10] Vgl. KD III/3, 67—162 („Das göttliche Erhalten").

[11] KD II/1, 630. Daß die Gewalt des Dämonischen (der „Teufel") nicht von Gott geschaffen sei, wie Barth meint, bereitet erhebliche Denkschwierigkeiten (woher sollte sie kommen, wenn sie keine in sich selbst gründende Gegengottheit ist, was Barth — in Übereinstimmung mit der altkirchlichen Lehre — verneint: III/3, 330 f.) und widerspricht auch der altkirchlichen Auffassung: Das Konzil von Braga 561/63 (gegen den sog. Priscillianismus) lehrt, der Teufel sei eine Kreatur Gottes und nicht etwa — ungeschaffen — aus dem Chaos hervorgegangen (vgl. DS 457). — Vgl. K. RAHNER, *Teufel*, syst., in: LThK 10 (²1965) 4; W. PHILIPP, *Teufel*, dogm., in: RGG 6 (³1962) 710 ff.

[12] Vgl. oben S. 61 ff.

[13] A. AHLBRECHT, *Tod und Unsterblichkeit*, 118, tadelt deshalb Barths „fragwürdige Terminologie im Begriffsfeld des Wortes ‚Nichts'".

und „faktischer" Überwindung des Bösen und des Todes: Das göttliche Handeln in Christus wolle das von Ewigkeit her Verworfene und Verneinte nun auch *faktisch* aus dem Feld schlagen. In Jesus sei das Nichtige besiegt, so daß es Gott mit keinem Feind mehr zu tun habe, sondern „nur noch mit seinem Geschöpf" (III/3, 418).

In seinem eigenen Sohn habe sich Gott der Gewalt des Nichtigen gestellt und sie faktisch überwunden: in Jesu Tod und Auferweckung, aber auch schon durch seine irdische Wirksamkeit: Jesus vergibt die *Schuld*, die ja die konkrete Gestalt ist, in der das Nichtige wirkt (III/3, 347). In Jesu Wort und Tun bricht Gottes Herrschaft herein: an Gottes Stelle treibt er Dämonen aus; da müssen die bösen Geister weichen, die den Geist des Menschen verwirren und sein Leben verderben.

Freilich, das Böse gibt es noch heute! Barth muß deshalb, um dies zu erklären, eine weitere Unterscheidung einführen: „faktische" Erledigung des Übels durch Christus und „allgemeine Offenbarung" dieses Sieges, auf die wir noch zu *warten* haben: „Dann kommt das Ende, wenn Christus das Reich übergibt an den Vater, wenn er vernichten wird alle böse Herrschaft und Gewalt ... Als letzter Feind aber wird vernichtet der Tod" (1 Kor 15, 24 ff.).

In drei Phasen gleichsam wird das „Nichtige" überwunden — 1. Schöpfung als grundsätzliche Überwindung (schon im Blick auf Christus), 2. Christusoffenbarung als „faktische" Überwindung und 3. Wiederkunft des Herrn als universales „Offenbarwerden" dieser Überwindung —, und die Auseinandersetzung mit ihm ist, wie schon gesagt wurde, Gottes Sache allein! Wieder drängt sich die Frage nach der Rolle des *Menschen* auf: Hat uns Jesus nicht befreit von der Verstrickung des Bösen, damit wir — in seiner Nachfolge — den Kampf gegen das „Nichtige" fortsetzen?

Barth hat das immer bejaht: die Freude über die in Christus besiegte Gewalt des „wirklichen" Todes könne den Ernst nicht verdecken, der darin liegt, daß das Böse immer noch wirkt (III/3, 327 ff.). Daß die Auferstehungshoffnung keine Gleichgültigkeit gegenüber dem Verlauf der Weltdinge begründe, sondern — im Gegenteil — zu aktiver und verantwortlicher Arbeit an der Gestalt dieser Erde befreie (vgl. oben S. 52), steht für Barth außer Zweifel[14]. Was er aber vermissen läßt, ist die einleuchtende *Begründung* dieser Verantwortung des Menschen.

---

[14] Man denke an Barths Engagement im Kirchenkampf. Nach anfänglicher Zurückhaltung wurde die Scheidung von kirchlichem und politischem Bereich für Barth immer fraglicher. — Vgl. dazu H. GOLLWITZER (Hrsg.), *Karl Barth, Kirchliche Dogmatik*, 28 ff.; sowie D. CORNU, *Karl Barth und die Politik*, Wuppertal 1969. — Zu beachten wäre in diesem Zusammenhang Barths Kritik an der lutherischen „Zwei-Reiche-Lehre": auch das „Reich zur Linken" stehe unter Christi Herrschaft und eben daraus ergebe sich die *politische Relevanz des Evangeliums;* vgl. Barths Studie *Rechtfertigung und Recht* (Theologische Studien 1), Zollikon-Zürich ³1948; dazu H. ZAHRNT, *Die Sache mit Gott*, 225 ff.

d) Gottes universaler Heilswille: Sünde und Tod als das von Gott her „Unmögliche"

Barth kann diese Begründung nicht geben, weil er die irdische Wirklichkeit — trotz (oder wegen?) des Analogieprinzips — nur als „Schauplatz" der Herrlichkeit Gottes (Calvin!), als Abbild und Gleichnis der Ewigkeit versteht[15], wodurch die bleibende Eigenbedeutung der Kreatur — in ihrer Freiheit, Gottes Gnade anzunehmen oder zu verweigern — wenn nicht geleugnet, so doch verkürzt wird[16].

Aus Barths Theologie des „Nichtigen" ergibt sich die Deutung des menschlichen Todes als bloße Abschattung, als „Zeichen" des „wirklichen" Todes, dessen Gewalt schon immer gebändigt sei. Im *Römerbrief* erfuhr man, das Sterben sei „Gleichnis, *nur* Gleichnis" der Negation des Geschöpfes durch Gott (R II 273). Jetzt lesen wir, Gott habe die Kreatur aus dem fürchterlichsten Triumph des Nichtigen heraus errettet und der Tod — nunmehr „bloßes Zeichen des Gerichts"[17] — habe seinen tödlichen *Ernst* verloren. „Was ist der Tod, was kann er uns noch sein? Unsere Verdammnis, unser Verlorengehen an das Nichts bestimmt nicht!" (III/2, 747). Dem *wirklichen* Tod habe Christus seinen Stachel und allen Schrecken genommen, indem *Er* den Tod des Verdammten gestorben sei und so unser Schicksal getragen habe (III/3, 355)[18]. Nicht, daß der Ernst des Todes geleugnet würde, aber Jesu Sieg nehme diesem Ernst seine Absolutheit: „Wir werden diesen Kelch nicht zu trinken haben" (II/1, 472).

Sicher, von *uns* her, die wir Sterbliche sind, wäre der Tod radikal tödlich: „Wie sollte das Ende unseres Lebens, da es im Tode besteht, nicht zu fürchten sein?" (III/2, 761). Aber von *Gott* her ist der Tod „unmöglich": Sünde und Tod dürfen wir, so Barth, nicht als quasi göttliche Möglichkeiten betrachten; weil Gottes Heilswille *universal* sei, weil Gott seine Kreatur erhalten und nicht verderben wolle, deshalb seien Sünde, Tod und Hölle das von Gott her *Unmögliche* (II/1, 621). Während Barth im *Römerbrief* die Unmöglichkeit der *Auferstehung* betonte (ohne zu verschweigen, daß sie bei Gott eben doch möglich ist: als absolutes „Wunder", als „Paradox" des Glaubens), unterstreicht er jetzt die Unmöglichkeit des *Todes* (ohne zu verschweigen, daß er vom „natürlichen" Menschen her das Gewisseste wäre)!

Daß Gottesgeschichte apriori Siegesgeschichte sei, erklärte schon der frühe Barth (vgl. oben S. 52); in seiner späteren Erklärung des Römerbriefs (1956) bezeichnet

---

[15] Der Platonismus der Frühzeit ist eben noch immer lebendig! — Vgl. dazu O. CULLMANN, *Christus und die Zeit*, 54 ff.

[16] Immerhin formuliert Barth gegen den „Jesuitismus" als der „römisch-katholischen Gestalt des modernen Humanismus": „Was kann die Lehre von der Eigenständigkeit des freien Geschöpfs Gott gegenüber anderes sein als die theologische Form der menschlichen Feindschaft gegen Gottes Gnade als solche? Was also anderes als der theologische Vollzug einer Wiederholung des Sündenfalls?" (II/1, 661)

[17] Z. B. KD III/2, 724; aber auch an vielen anderen Stellen.

[18] Zur Bedeutung des *Todes Jesu* vgl. unten S. 87 ff. und S. 228 ff.

er den Frieden mit Gott als „so sicher", daß er „weder durch uns selbst noch durch andere" und „durch keine Macht im Himmel und auf Erden in Frage zu stellen" sei[19]. Barth redet „ungeschützt"[20], wenn er die (weitere) Sünde des auf Jesu Tod Getauften (Röm 6) als „in sich unmögliches Unternehmen" qualifiziert (KER 69) und wenn er die Sünde überhaupt (hier ohne Bezug zur Taufe) zur „ontologischen Unmöglichkeit des Menschseins" erklärt (III/2, 162); er redet ungeschützt, weil er im Grunde des Menschen Freiheit negiert, dem Reich Gottes zu entfliehen: Auch als Sünder habe der Mensch, so Barth, nicht aufgehört, Gottes Erwählter zu sein! Aus der Hand Gottes herauszufallen, „ist das, was ihm auch als Unrechttäter nicht gelingen kann" (IV/1, 602). Denn, so antwortet das Evangelium selbst seinen *Verächtern*[21], in Christus hat Gott *Alle* — die Gehorsamen und die Ungehorsamen, die die Gnade annehmen und die sie verweigern — dazu bestimmt, sein Erbarmen zu finden. Der Ungehorsam des Menschen vermag „Gott gegenüber kein ewiges Faktum zu schaffen" (KER 143), denn am Anfang steht *immer* der menschliche Ungehorsam und „zuletzt" sind doch *Alle* dem göttlichen Erbarmen unterworfen (KER 145).

Mit solchen Gedanken gerät Barth in sachliche Nähe zur Lehre des Origenes von der ἀποκατάστασις πάντων, von der Sünder und Gerechte umfassenden Gnadenwahl Gottes, von der Wiederherstellung der gesamten Schöpfung (einschließlich der Verdammten und der Dämonen) zum Zustand ewiger Versöhnung mit Gott. Freilich: verbal, aus Treue zur Offenbarung, lehnt Barth diese Lehre ab[22]: Die

---

[19] K. BARTH, *Kurze Erklärung des Römerbriefes*, 58.

[20] Vgl. H. ZAHRNT a. a. O., 128: „Aber immer, wenn die Theologen ‚ungeschützt' reden, sagen sie ihr Eigentliches!"

[21] Vgl. zum folgenden K. BARTH, KER, 143—146, wo Barth zwar vom Ungehorsam der Juden spricht (Röm 9—11), aber darüber hinaus die Glaubensverweigerung des Menschen überhaupt im Blick hat: „Es sind (V. 32) Jesus Christus gegenüber alle beieinander, verschlossen unter den Ungehorsam; unter einen natürlichen Ungehorsam die Heiden, unter einen unnatürlichen die Juden — alle von Gott in dasselbe verdiente Gefängnis verschlossen … Das ist die Erkenntnis, in der die heute Gehorsamen zu den heute Ungehorsamen hinüberblicken … sollen." (146)

[22] Barths Haltung zur „Allversöhnung" ist nicht eindeutig: in gewissem Widerspruch zu vielen anderen Stellen (wie den oben zitierten) warnt K. BARTH, KD III/3, 340 (vgl. O. WEBER a. a. O.), vor jeder Verharmlosung oder Entmythologisierung des Nichtigen. Er warnt davor, das Nichtige „einzuordnen", indem man etwa den Teufel als „letzten Kandidaten für eine bei Anlaß einer allgemeinen Apokatastasis auch ihm zukommende Seligkeit" betrachtet. Barth will an Gottes grenzenloser Güte festhalten *und* an seiner Freiheit, zu erwählen und zu verwerfen (Röm 9—11 entsprechend, wo Paulus dieselbe Schwierigkeit bedenkt, um dann seinen Hymnus über die Unergründlichkeit der Wege Gottes anzustimmen). — Zur dogmengeschichtlichen Bedeutung der Apokatastasis (das Wort geht zurück auf Apg 3, 21) und zur Haltung der neueren evg. Theologie in dieser Frage vgl. J. LOOSEN, *Apokatastasis*, in: LThK 1 (²1957) 709—711. — Nach P. ALTHAUS, *Die letzten Dinge*, Gütersloh ³1926, 194 ff.; ders., *Wiederbringung Aller*, dogm., in: RGG 6 (³1962) 1694 ff., und — in ähnlicher Weise — E. BRUNNER, *Das Ewige als Zukunft und Gegenwart*, München-Hamburg 1965, 198 ff., bezeugt die Schrift das Gericht mit doppeltem Ausgang (Erwählte und Verworfene) *und* die Apokatastasis. Diese Antinomie dürfe vom Theologen nicht aufgelöst werden.

„ontologische Unmöglichkeit" der Sünde und des Todes besage nicht, daß es tatsächlich keine Sünder gäbe und daß die wirkliche Sünde nicht den wirklichen Tod verdient hätte: Es kann ja sein — wenn wir Jesu zur *Entscheidung* rufendes Wort wirklich ernst nehmen (wie es Barth, wenigstens der Intention nach, tut) —, daß ein Mensch seine eigene „Unmöglichkeit" wählt, daß er sich loslöst von Gott, daß er *autonom* sein, daß er Ursprung und Ziel in sich selbst haben will (vgl. Gn 3, 5) und gerade so — in der Trennung vom lebendigen Gott — seiner tödlichen Nichtigkeit und Leere verfällt.

2. Die Sünde des Menschen und seine Verurteilung zum Tod

Wie interpretiert Barth — angesichts seiner Behauptung einer „Unmöglichkeit" der Sünde — das Verhältnis von Sünde und *Tod*? Wie versteht er die Lehre des Paulus vom Tod als „der Sünde Sold" (Röm 6, 23)? Der „apostolischen Pädagogik" entsprechend[23] nimmt Barth, bevor er die „Lichtseite" der göttlichen Offenbarung bespricht (die Rechtfertigung und Heiligung des Sünders), das „Schwerere" vorweg: die Offenbarung des göttlichen Zornes, die *Verurteilung* des Menschen aufgrund seiner Schuld, die den „ganzen Trost des Evangeliums (denn er ist auch hier zur Stelle) zunächst nicht als solchen kenntlich macht, sondern verbirgt".

a) Der physische Tod: ein natürliches Phänomen

Durch Adams Schuld (Gn3) kam der Tod in die Welt und mit Adams Bestrafung die Verurteilung aller; denn der Ungehorsam des einen bezeichnet die Übertretung der vielen (Röm 5, 12—21)[24]. Adams Fall ist — nach Barth — das Urbild des sündigen Menschen, der Wiederholung der Sünde und des Elends all derer, die wie Adam gesündigt haben (KER 61). Doch welches Elend ist gemeint, wenn Barth — mit Paulus — vom Lohn der Sünde spricht (Röm 6,23)? Etwa der physische Tod, das biologische Ende des irdischen Daseins? Diese Auffassung weist Barth (wie Althaus, E. Brunner u. a.)[25] zurück, weniger aus naturwissenschaft-

---

[23] Vgl. zum folgenden K. BARTH, KER 25.
[24] Eine „Erbsünde" im traditionellen Sinn kennt Barth freilich nicht: die „Erbsünde" sei eine contradictio in adiecto, das peccatum originale eine aktuell „sich ereignende, höchst willentliche, höchst verantwortliche Lebenstat eines jeden Menschen" (KD IV/1, 558); zit. nach L. SCHEFFCZYK, *Erbschuld*, in: HThG I, 293—303, hier 298.
[25] Vgl. P. ALTHAUS, *Tod*, dogm., in: RGG 6 (³1962) 914 ff., wo diese Theorie als nicht mehr vertretbar bezeichnet wird: Die Theologie „kann den leiblichen Tod als solchen, als biologisches Geschehen nicht etwa kausal von der Sünde ... herleiten und als strafenden Eingriff Gottes in die ursprüngliche Gestalt seiner Schöpfung begreifen. Sie kann nicht einen todfreien Urstand im Sinne des nicht endenden natürlichen Lebens ... lehren." — Ähnlich E. BRUNNER, *Das Ewige als Zukunft und Gegenwart*, 115 ff.; A. KÖBERLE, *Der Tod in protestantischer Sicht*, in: W. BITTER (Hrsg.), *Alter und Tod — annehmen oder verdrängen?*, Stuttgart 1974, 180—190, hier 185 f.

lichen Gründen als in der Konsequenz seiner Lehre vom „Nichtigen": Der biologische Tod, der täglich gestorben wird, sei ein *natürliches Phänomen*: er gehöre zur Schattenseite der Schöpfung, die mit dem *wirklichen* Tod nicht zu verwechseln sei (vgl. oben).

Nach Barth ist der physische Tod ein von der Sünde — zunächst — noch unabhängiger Vorgang, ein natürliches Moment der Schöpfung. Daß unser Sterben durch Christus erlöst werden *kann*, beruht „darauf, daß das Sterben des Menschen *an sich und als solches*[26] nach der Ordnung des Schöpfers zum Leben seines *Geschöpfs* gehört und also *notwendig* ist"; denn „das definitive Zusammensein des Menschen mit Gott als Sinn und Ziel des menschlichen Lebens erfordert es, daß es selber definit sei, eine Grenze habe" (III/2, 779)[27]. Daraus ist zu folgern, daß nicht die Begrenzung des irdischen Lebens als solche die Folge der Sünde ist, sondern unser konkretes, unser armseliges und verlassenes Sterben, das Barth als „klare Unnatur" apostrophiert (III/2, 772). Wenn Barth den Tod als „wahren und besten Freund", als „Schlüssel zu unserer wahren Glückseligkeit" (III/4, 676)[28] rühmt, den Tod also *bejaht* (vgl. AdT 112), und wenn er diesen Tod dann doch wieder beklagt „als eine der geschöpflichen Natur des menschlichen Seins *fremde* Bestimmung", als „des Menschen wirklichen *Feind*" (III/2, 764; vgl. AdT 100), dann muß — bei einiger Logik — im ersten Fall der Tod selbst (als Voraussetzung einer endgültigen Gemeinschaft des Menschen mit Gott) und im zweiten Fall das „Wie" des von der Sünde gezeichneten Sterbens gemeint sein[29].

Folge der Sünde ist nach Barth (ohne daß es — expressis verbis — entfaltet wird) die besondere *Weise* des in Adams Fall schon vorgezeichneten Sterbens: Das Wort vom Ende wäre, wie Gerhard von Rad bemerkt hat, „so ... niemals an den Menschen *vor* seiner Versündigung gerichtet worden"[30]. Denn der menschlich-*personale* Tod ist etwas anderes als die natürliche Vergänglichkeit der übrigen Kreatur. Weil der Mensch sein Unglück begreifen kann, weil er die Bedrohung seiner Hoffnung und Liebe mit Bewußtsein erfährt, ist *sein* Sterben ein grausamer, gewaltsamer, von Existenzangst begleiteter Zustoß und somit „un-natürlich". Mag

---

[26] Hervorhebung von mir.
[27] Vgl. E. JÜNGEL, *Tod*, 115 ff., wo — wie bei Barth — das schöpferische Verhältnis Gottes zum Menschen betont wird, das auch des Menschen *Ende* mit einschließe: „Ein Ende unterscheidet sich vom Abbruch theologisch dadurch, daß auf den Abbruch nichts folgt ... während auf das Ende Gott folgt, jenseits des Beendeten also nicht Nichts ist, sondern derselbe Gott, der zu Anfang war" (115). — Vgl. unten S. 90 ff.
[28] Barth bezieht sich hier — zustimmend — auf Mozarts Brief an seinen Vater vom 4. April 1787: „Da der Tod (genau zu nehmen) der wahre Endzweck unseres Lebens ist, so habe ich mich seit ein paar Jahren mit diesem wahren, besten Freunde des Menschen so bekannt gemacht, daß sein Bild nicht alleine nichts Schreckendes mehr für mich hat, sondern recht viel Beruhigendes und Tröstendes! — Und ich danke meinem Gott, daß er mir das Glück gegönnt hat, mir die Gelegenheit ... zu verschaffen, ihn als den Schlüssel zu unserer wahren Glückseligkeit kennen zu lernen."
[29] In ähnlicher Weise unterscheidet P. ALTHAUS, *Tod*, dogm., in: RGG 6 (³1962) 914 ff.
[30] G. v. RAD, *Das erste Buch Mose*, Göttingen ⁸1967, 77; vgl. unten S. 219 f.

die Vergänglichkeit der Schöpfung früher sein als die Sünde[31]; der Tod, wie *Menschen* ihn sterben, ist nicht früher.

b) Der „zweite" Tod: die Trennung von Gott als sündige Tat des Geschöpfs

Die schmerzhaft-schreckliche Form des menschlichen Sterbens ist Folge der Sünde. Mit seiner Rede von der Offenbarung des göttlichen Zornes meint Barth aber noch mehr: Der „wirkliche Tod", für den der physische Tod — einschließlich der qualifizierten Form des menschlichen Sterbens — immer nur Gleichnis sei, bestehe in der *Trennung des Sünders von Gott*. Diesen Tod, den Fluch-tod, habe *jeder* Mensch im Übermaße verdient. Sofern er tatsächlicher Sünder sei (nach Barth ist das jeder!), löse sich der Mensch von Gott — als dem lebendigen und lebenspendenden Ursprung seiner selbst — und strebe in die „notwendige" Folge der Sünde (KER 63): in sein eigenes Nichts hinein[32]: „Die Sünde gebiert, wenn sie vollbracht ist, den Tod" (Jak 1,15).

Erst das wirkliche Böse (das „Nichtige") bewirkt den Tod, genauer: den „zweiten" Tod (Apk 20, 14)[33], den Apk 20, 8 ff. als Feuersee beschreibt, in den der „Teufel" geworfen ist. Hier freilich liegt ein Problem: Wenn, wie Barth sagt, dieses „wirkliche Böse" in keiner Weise auf das Geschöpf, sondern auf ein „drittes Wirkendes" zurückgeht (vgl. oben), dann ist nach der Beziehung der *menschlichen* Schuld zu jener „wirklichen Sünde" zu fragen, die Barth das „Nichtige" nennt: So sehr der „Teufel" über den sündigen Menschen und seinen Tod eine Macht hat[34], so heterodox — im Sinne der altkirchlichen Lehrtradition, der sich Barth ja verpflichtet fühlt — wäre es, den Einfluß dämonischer Gewalten zu überschätzen[35]. Aus diesem Grund betont Barth (angesichts seiner Lehre vom

---

[31] Die ganze Schöpfung ist der Vergänglichkeit unterworfen (Röm 8) — nicht erst seit Adams Fall: Seit es Leben gibt, gibt es Tod, Hunger und Durst, Krankheit und Schmerz. P. ALTHAUS, *Die letzten Dinge*, Gütersloh ³1926, 194 ff., meint deshalb, die Schöpfung sei gewissermaßen im voraus auf den Menschen hingeordnet: „Die Sünde steht, ehe der erste Mensch sich verging, vor Gottes Blick". — Vgl. H. THIELICKE, *Tod und Leben*, 213 ff. (zum Problem des Todes im Kosmos).

[32] E. JÜNGEL a. a. O., der Barths Deutung des Todes zum Teil übernimmt, schreibt S. 112 f.: Die böse Tat des Menschen strebt weg vom lebendigen Gott in die „Verhältnislosigkeit": in die Zerstörung der Gottesbindung. Der Fluch dieser Tat ist der Tod, der die Nichtigkeit eines „verhältnislosen" Lebens offenbart. Dieser „Fluchtod" ist des Menschen *eigene* Tat: kein dem Wesen der Sünde gegenüber beliebiges, äußeres Eingreifen Gottes, sondern aus dem Wesen der Sünde *selbst* folgendes Ereignis. — Vgl. E. BRUNNER, *Das Ewige als Zukunft und Gegenwart*, 114: „Die Sündenschuld trennt von Gott" und der physische Tod „ist nur ... die volle Offenbarung dieses dem sündigen Leben inhärierenden Charakters, daß es dem Tode verfallen" ist.

[33] E. JÜNGEL a. a. O., 117 ff., macht auf die sprachlogische Schwierigkeit dieses (religionsgeschichtlich auch in der altägyptischen und mandäischen Literatur belegten) Ausdrucks aufmerksam.

[34] Schon Gn 3 verlegt das Böse hinter den Menschen zurück, sofern die Schlange (die freilich als *Geschöpf* und nicht als „drittes Wirkendes" zu verstehen ist) den Menschen verführt. Das IV. Laterankonzil (1215) lehrt: „Homo vero diaboli suggestioni peccavit" (DS 800), und auch das Tridentinum (1546) weiß von der Macht des Teufels über den Tod: „... ‚qui mortis' deinde ‚habuit imperium'" (DS 1511); ähnlich DS 1521, 1668.

[35] Vgl. die Entscheidung gegen Petrus Abaelard (DS 736); vgl. auch DS 1241, 3233.

„Nichtigen" ziemlich inkonsequent), die Sünde sei des Menschen eigene Tat[36], seine von ihm selbst vollzogene Entscheidung (KER 61), für die er volle Verantwortung trägt: „Gerade daß *ich* ein *wirklicher* Sünder bin, daß gerade *ich* für die Wirklichkeit des Nichtigen verantwortlich, weil sein Träger und Täter bin, das kann und werde ich mir nur daraufhin sagen, daß es mir von Gott gesagt ist" (III/3, 348).

Weil es „von Gott gesagt ist" (nicht weil es anthropologisch zu ermitteln wäre!)[37], hält Barth an der Verantwortung des Menschen für seine Sünde und für sein Todeslos fest. Wie das Verhältnis der kreatürlichen Schuld als des Menschen eigener Tat zum „Nichtigen" als einem transpersonalen „Dritten" (neben Schöpfer und Geschöpf) genauer gedacht werden soll — so daß man wirklich *frei* ist, das Böse zu tun oder zu lassen —, bleibt unscharf: Barth sagt nur dies, daß des Menschen Verfehlung die konkrete Gestalt sei, in der das Nichtige wirkt (III/3, 347), und um derentwillen Christus das Los der Sünde — den Tod — selbst getragen habe[38].

c) *Der verborgene Trost: Gottes Langmut*

Die Verurteilung des Menschen zum Tode, seine personal zu verantwortende Schuld, kann den Trost des Evangeliums wohl verbergen, nicht aber — das folgt aus Gottes Schöpfer-Verhältnis zur Welt — zerstören: Die Herrschaft des Lebens und die Herrschaft des Todes haben nicht denselben Charakter der Wirklichkeit; das Erste (Adams Verfehlung) wird durch das Zweite (Gottes Gnade in Christus) von jeher „aufgewogen und aufgehoben, überwunden, übertroffen, besiegt und aus dem Wege geräumt" (KER 63)[39]. Den Triumph der Gnade bezeugt auch die Sünde — so interpretiert Barth (a. a. O.) Röm 5, 20 („wo die Sünde sich mehrte, wurde noch größer die Gnade") —, und vom Leben zeugt auch der Tod. Durch des Menschen Übertretung kam es zum göttlichen Strafgericht, gewiß; doch dieses Gericht ist vorausweisendes Gleichnis — „so viel und nicht mehr" (KER 61) —, ist Vorbild eines Größeren: der Liebe Gottes in Christus.

Die Bibel kennt zwar viele und drastische Berichte vom Tode der Frevler[40]; aber warum lebt im Normalfall der Sünder noch weiter? Barths Antwort: Weil

---

[36] Vgl. oben Anm. 32.
[37] Vgl. unten S. 273 ff. zum Begriff der Freiheit.
[38] Vgl. unten S. 87 ff. — Genaueres zum Sündenbegriff Barths bei H. U. v. BALTHASAR, *Karl Barth*, 195 ff.
[39] Zum Ganzen vgl. K. BARTH, *Christus und Adam nach Röm 5. Ein Beitrag zur Frage nach dem Menschen und der Menschheit*, Zürich 1952; dazu P. LENGSFELD, *Adam und Christus. Die Adam-Christus-Typologie im NT und ihre dogmatische Verwendung bei M. J. Scheeben und K. Barth*, Essen 1965, bes. 187 ff.
[40] H. KÜNG, *Rechtfertigung*, 150 ff., zitiert die Schriftstellen, die vom *sofortigen* Sterben des Sünders berichten: z. B. Gn 38, 7 ff.; Lv 10, 1 f.; Nm 11, 33; 14, 37; 16, 31 f.; 1 Sam 2, 25; 4, 11; 2 Sam 6, 6 f.; 1 Kg 13, 26; 14, 12; 15, 29; bekannt ist auch die atl. Vorstellung von der Strafe eines vorzeitigen Todes: Ps 55, 24; 102, 24 f.; Is 38, 10; Jr 17, 11. — Auch das Neue Testament berichtet vom plötzlichen Tod als der Konsequenz des Vergehens: Apg 5, 1 ff.; 12, 23.

sich hinter Gottes Verurteilung ein größerer Trost verbirgt (KER 61 ff.), weil Gott nicht den Tod des Sünders will, sondern daß er sich bekehre und lebe (Ez 18, 21 ff.).

Barth betont es an vielen Stellen seiner Dogmatik: Immer wieder läßt Gott den Sündern eine Frist (vgl. Weish 11, 15 — 12, 27); Israels gesamte Geschichte kündet vom Vorübergang (Pascha) des Herrn, von Jahwe, der Israel schont und sich seiner erbarmt[41]. Auch wenn das Volk wegen seiner Sünden bestraft wird, bleibt es von Gottes Liebe getragen (Os 11)[42]; um Jesu willen, der Israel schon „in der Wüste getragen hat" (II/1, 472)[43], ist Jahwes Gericht *nur zeitliches* Gericht, nicht ewiger Tod, kein Sturz in das Nichts, wie es Israel verdient hätte.

In Christus ist die Sünde und in ihrem Gefolge der Tod schon besiegt: der Tod — auch der personal gestorbene, von Angst und Verzweiflung begleitete — wird nach Barth zum „natürlichen" Sterben[44] befreit, dem man gelassen, ja heiter, entgegensehen könne[45]. Zutiefst „unnatürlich" bleibe nur noch der „zweite" Tod: der Tod derer, die im Buche des Lebens nicht eingeschrieben sind (Apk 20, 14 f.), die die Gnadenfrist versäumt und sich nicht bekehrt haben von ihrer Schuld. Dieser „zweite" Tod, der bisher nicht wirken konnte (weil Gott ihn „verneint" hat), sei endgültig: aus ihm gebe es keine Rückkehr zum Leben (vgl. III/2, 777 ff.)[46].

3. Barths Rechtfertigungslehre in ihrer Bedeutung für das Verständnis von Tod und Neuem Leben

Barths Überlegungen zum Fluch-tod des Menschen verweisen auf jenes Ereignis, das den Menschen aus seiner „unmöglichen Stellung" Gott gegenüber herausholt und in die „allein mögliche Stellung" zu Gott bringt (KER 56): auf die „Lichtseite" des Evangeliums, auf die zentrale paulinische Lehre, mit der, wie Luther

---

[41] Vgl. H. Küng a. a. O.
[42] „Wie soll ich dich preisgeben, Ephraim? Wie dich dahingeben, Israel? Da kehrt sich mein Herz gegen mich, all mein Gemüt erglüht. Nicht vollstrecke ich meinen Zorn, nicht verderbe ich von neuem Ephraim" (Os 11, 8 f.).
[43] H. Küng a. a. O., 162, versucht diese Auffassung Barths in der Vätertheologie zu belegen: bei Ambrosius, Justin, Irenäus, Tertullian, Cyprian, Laktanz, Theophilus u. a. Küng verweist auf die Kontroverse zwischen Thomisten und Skotisten: diese lehrten den Primat Jesu in allen Dingen schon *vor* seiner Menschwerdung. — Vgl. H. Küng, *Christozentrik*, in: LThK 2 (²1958) 1169 ff.
[44] Dazu kritisch O. Cullmann, *Unsterblichkeit der Seele oder Auferstehung der Toten?*, 28 ff. u. 33 ff.: Im Blick auf Jesu Kreuzestod könne der Christ den Tod nie als Freund der Seele interpretieren, sondern immer nur als *Feind* Gottes und der Menschen, als etwas zutiefst Unnatürliches, Abnormes, Gottwidriges.
[45] Ähnlich H. Gollwitzer, *Krummes Holz — aufrechter Gang*, 283 ff., bes. 286 f. Anm. 18; vgl. unten S. 89.
[46] Zum Problem einer letzten Entscheidungsfreiheit des Individuums angesichts der göttlichen Gnade vgl. unten S. 95 ff.

sagt, die Kirche steht oder fällt: auf den Artikel von der *Rechtfertigung* des Sünders durch Gnade, ohne Gesetz (Röm 3, 21—31). Barths Auslegung der Rechtfertigungslehre, die für das Verständnis seiner Thesen über den Tod und das Leben „aus dem Tode" von großer Bedeutung ist, findet sich in KD IV/1, 573—718 (§ 61: „Des Menschen Rechtfertigung")[47].

Barth unterscheidet einen negativen und einen positiven Sinn des göttlichen Gerichts[48]: das Evangelium als *Verurteilung* des Menschen und das Evangelium als *Gerechtsprechung* des Glaubenden in Christus. Gegen den Sünder setzt Gott sein Recht durch — im Kreuzestod Jesu! —, um sich selbst treu zu bleiben (der negative Sinn)[49]; und dennoch zeigt Gott sich *dem Menschen* treu (Röm 3, 3 f.), weil dieser — trotz seines Abfalls — „von Ewigkeit her und also unveränderlich" Gottes Eigentum ist, sein „erwählter Bundesgenosse". Mit diesem positiven Sinn des Gerichts hat es die Rechtfertigungslehre zu tun.

Wie die meisten reformatorischen Theologen setzt Barth die Formel „iustus et peccator simul" voraus (IV/1, 576 ff.): der Mensch ist sündig und gerecht zugleich. Aber was heißt das im Kontext der Barth'schen Dogmatik? Schon KD II/1, 707, wird erläutert: „Luthers simul iustus et peccator kann und darf im Sinne Luthers selbst nicht dahin verstanden werden, daß die Ganzheit, in der wir Gerechte und Sünder sind, eine gleichmäßige, gleich ernste Bestimmung unserer Existenz bedeute, daß sie uns berechtige und auffordere, uns selbst im gleichen Sinn als Gerechte und als Sünder zu sehen". Die Vorstellung eines statischen Dualismus zweier verschiedener Qualitäten unseres Seins lehnt Barth also ab: der Mensch ist kein Zwitterwesen, womöglich noch in Entsprechung zum inneren Widerspruch in Gottes eigenem Wesen.

Rechtfertigung meint, wie Barth hervorhebt, keine bloße „Imputation" im Sinne eines fiktiven „als ob"; daß der Mensch bloß rein *verbal* („*forensisch*") durch Gottes Spruch für gerecht erklärt würde, in seinem eigentlichen *Sein* aber unverändert bliebe, diese Auffassung weist Barth zurück: Gottes Gnade ist „kein nominalistisches ‚Als ob' ", „kein schwaches Übersehen" der Sünde (IV/1, 577), sondern wirkliche Veränderung im Menschen *selbst*.

Was bedeutet „iustus et peccator simul" bei Barth? Sündig und gerecht sind wir in einem dynamischen *Nacheinander* und *Ineinander* (IV/1, 606): *nacheinander*, sofern es mit dem sündigen, dem alten Menschen, der den Tod und nichts als den Tod verdient hat, *vorbei* sein muß; denn Gott „vollbringt dort nicht nur ein bißchen Abbau und hier nicht nur ein bißchen Aufbau", er handelt nicht nur teilweise, sondern leistet „*ganze* Arbeit". Wie er den Sünder nicht nur halb verurteilt (sondern zum Tode), so rechtfertigt er auch den Glaubenden nicht nur „ein

---

[47] Vgl. zum folgenden O. WEBER a. a. O., 226—233.

[48] Zum hier vorausgesetzten Rechtsbegriff vgl. Barths Studie *Rechtfertigung und Recht* (Theol. Studien 1), Zollikon-Zürich ³1948.

[49] Im Hintergrund dieser Unterscheidung steht der — von Anselm her bekannte, von Barth jedoch modifizierte (vgl. unten S. 89 Anm. 105) — Gedanke, der beleidigte Gott (der freilich auch im Zorne noch liebt!) werde durch den Kreuzestod seines Sohnes versöhnt und nur so werde das Recht wiederhergestellt.

bißchen", sondern ganz und real. Worte wie „verschonen", „erhalten", „bewahren" sind hier — im Zusammenhang der Rechtfertigungslehre — „viel zu schwach", weil Gott Realitäten schafft und keine Fiktionen! Denn nicht bloß von einer Suspendierung der Strafe ist bei Paulus — so wie Barth ihn versteht — die Rede[50], nicht von einer bloßen Amnestie durch einen launischen Gott, der mit sich reden läßt, der sein Strafwort zurücknimmt (ohne daß sich im Wesen des Menschen etwas geändert hätte), sondern von einer wirklichen *Tilgung* der Schuld ist hier — bei Paulus (Röm 3) — die Rede. Die an Christus glauben, die Gottes Freispruch annehmen, *sind* gerecht und schuldlos und rein. Denn mit ihrer Ungerechtigkeit und Gottlosigkeit ist im Tode Christi „tatsächlich Schluß gemacht". (KER 46)[51] Das in der Rechtfertigung geschenkte Leben ist also auch in *Barths* Verständnis „weder bloß forensisch noch bloß eschatologisch, sondern real, innerlich und gegenwärtig" (v. Balthasar — in kritischer *Abgrenzung* zu Barth?)[52].

Ineinander sind wir sündig und gerecht, sofern die biblische Spannung von „schon erfüllt" und „noch nicht vollendet" auch hier ein Unterwegs begründet, eine *Zukunft* des Heils. Ineinander sind wir schuldig und gerecht, sofern wir konkret noch sündigen: obwohl wir in unserem Sein, in unserer Tiefe, von Gott schon geheilt sind[53] und jede Sünde „das in sich unmögliche Unternehmen" ist (KER 69)[54]. Barth spricht von „anhebender Rechtfertigung": gerechtfertigt bin ich schon und werde ich sein (vgl. Pss 32 u. 51; Röm 7)[55]; dabei hat freilich das Neue gegenüber dem Alten (der Sünde) den Vorrang: Der Mensch *ist* schon — in der Kraft Jesu —, der er sein wird.

Mit deutlicher Spitze gegen die *tridentinische* Lehre von der caritas infusa („... diffunditur in cordibus"; DS 1530 mit Bezug auf Röm 5, 5) betonen freilich

---

[50] Vgl. zum Ganzen K. Barth, KER 42—54.
[51] K. Barth, ebd., 45 f.: Die Glaubenden werden darum gerechtgesprochen, weil sie in Christus *erlöst* sind, weil sie von der Herrschaft der Sünde und von dem Fluch, der sie „laut des Gesetzes" treffen müßte, befreit sind: „wie Sklaven, für deren Befreiung bezahlt ist". Durch sein „Versöhnungsopfer" hat Christus „die ganze Auswirkung des Zornes Gottes auf sich genommen. Sie hat also in seinem Tode bereits ihren rechtmäßigen Lauf gehabt."
[52] H. U. v. Balthasar a. a. O., 386.
[53] Barth meint diejenige Vorläufigkeit und konkrete Sündigkeit des Christen, die das II. Vatikanische Konzil — in der Konstitution über die Kirche („Lumen Gentium") — den Gliedern der Kirche (und dieser selbst) zuschreibt: der Kirche, die — obwohl „heilig" — die Gestalt dieser Welt trägt (LG 48) und deshalb „stets der Reinigung bedarf, immerfort den Weg der Buße und Erneuerung geht" (LG 8).
[54] Vgl. oben S. 71 ff.
[55] Röm 7 versteht Barth nicht als „Erinnerung an *damals*", da wir noch Heiden waren, sondern als Beschreibung der dialektischen Situation des Christen. — Die Auslegung von Röm 7 war schon bei den Kirchenvätern umstritten. Die Reformatoren (Luther, Calvin, Melanchthon u. a.) und auch Barth deuten den Text — im Anschluß an Augustinus — als existentielle Erfahrung gerade des Christen, der sich konkret als Sünder kennt. — Die neuere Exegese versteht den Text — mehrheitlich — als rückblickende Aussage über den unerlösten Nichtchristen. — Genaueres bei O. Michel, *Der Brief an die Römer*, Göttingen ⁴1966, 181 f.

Barth und andere evangelische Theologen[56] das Sola-gratia-Prinzip: obwohl wir wirklich und *wirksam* gerechtfertigt und vom Tode erlöst seien, sei diese Gerechtigkeit (bzw. Freiheit vom Tode) „keine immanente Bestimmung unserer Existenz", sondern *fremde* Gerechtigkeit, „iustitia aliena". Mit „fremder" Gerechtigkeit meint aber Barth — das ergibt der Kontext — nichts anderes als das „extra nos" der Rechtfertigungsgnade: die (auch in der katholischen Theologie vorausgesetzte)[57] Barmherzigkeit *Gottes*, die aller menschlichen Initiative vorausgeht: als deren Grund und Bedingung[58].

Verurteilt zum Tode, kann sich der Mensch nicht selber erlösen: Bevor wir die in Christus erwirkte Gnade existentiell (subjektiv) verwirklichen[59] können — in der neuen Lebensführung, in Glaube und Liebe[60] —, hat Gott durch sein Handeln in und an Jesus die Situation des Menschen real (objektiv) verändert und so die neue Gerechtigkeit des Menschen überhaupt erst ermöglicht. Diese Gerechtigkeit ist ganz und ausschließlich diejenige Jesu Christi (insofern „iustitia aliena"), bleibt dann aber — als in Glaube und Liebe *angeeignete* (welche Aneignung auch wieder von Gottes Gnade getragen ist) — dem Menschen nicht äußerlich, sondern versetzt ihn „wirklich in einen anderen neuen Stand" (KER 64), verleiht ihm neues *Sein* und neues *Leben*: Weil es Werk Gottes selbst ist, wenn Menschen lieben, „weil dieses Lieben ohne sie (sc. die Menschen) und gegen sie[61], und damit für sie und damit dann auch echt und recht *mit* ihnen geschieht und so ihr *eigenes*, in ihre Herzen ausgegossenes Lieben ... ist", kann nichts den Menschen trennen von der Liebe Gottes (Röm 8, 35 ff.)[62] als dem Grund allen Lebens. Indem wir uns an Jesus halten, stehen wir vor Gott — wohlgemerkt:

---

[56] Z. B. H. THIELICKE, *Tod und Leben*, 106 ff.

[57] Vgl. zum Ganzen H. U. v. BALTHASAR, *Karl Barth,* 372 ff. („Gnade und Sünde"), sowie H. KÜNG, *Rechtfertigung*, Einsiedeln 1957; zum katholischen Sinn des „Simul iustus et peccator" vgl. ebd., 231—242. Barth selbst erklärt im Vorwort, er fühle sich richtig verstanden und könne auch die Interpretation der Rechtfertigungslehre annehmen, die Küng als die katholische vorträgt.

[58] Vgl. unten S. 225 ff. zu Rahners Verständnis der Rechtfertigungsgnade.

[59] Die Vorstellung einer „Bestätigung" der göttlichen Rechtfertigung durch das neue Leben der in Christus Geheiligten lehnt Barth freilich ab: „Nicht daß wir unsere Heiligung erst wahrzumachen hätten durch unseren Gehorsam, sagt Röm 6", wohl aber, daß wir die „schon feststehende Wahrheit" unserer Heiligung „zu respektieren" und „also zu gehorchen haben" (KER 65).

[60] Barths Unterscheidung von „Rechtfertigung" (welcher der Glaube zugeordnet wird) und „Heiligung" (welcher das Leben aus dem Glauben zugeordnet wird) braucht hier nicht explizert zu werden, weil sie das Todesproblem nicht unmittelbar berührt. Genaueres bei K. BARTH, KER 64 ff.

[61] Dazu unten S. 98 f.

[62] K. BARTH, KER 105 (Hervorhebung von mir). — Es ist also zumindest im Falle Barths nicht zutreffend, wenn H. R. SCHLETTE, *Teilhabe*, in: HThG II, 643 ff., hier 640, die Rechtfertigungslehre Luthers, Barths und E. Brunners so charakterisiert: „Jetzt sind wir gleichzeitig Sünder und Gerechtfertigte, wobei das Sünder-*sein* das ontologisch und existentiell Wirkliche darstellt, während die Rechtfertigung als reine Glaubens- und Hoffnungsteilhabe zu nehmen ist." Um wieviel differenzierter Barths Rechtfertigungslehre in Wirklichkeit ist, dürfte klar geworden sein.

schon *jetzt,* nicht erst in unbestimmter Zukunft — „schlechterdings so da, wie er, sein geliebter Sohn, vor ihm steht, sieht er uns in ihm und also in seinem eigenen Bilde an, kann er gar nichts an uns finden als seine eigene Gerechtigkeit." (KER 54)

Wenn also Barth — in seiner Lehre von der analogia fidei — die Gottähnlichkeit des Geschöpfs (und damit seine Hoffnung auf Überwindung des Todes) im aktuellen *Tun,* im Glauben und Bekennen, realisiert sieht und wenn er diese „aktualistische" Deutung gegen die analogia *entis* ins Feld führt (vgl. oben), so müßte er diese Antithetik von „Tun" und „Sein" jetzt eigentlich — von der Rechtfertigungslehre her — als *überwunden* erklären[63]: Nur im lebendig vollzogenen Glauben (nicht im Pochen auf irgendeinen Anspruch, den der Mensch von Gott einfordern könnte) sind wir gerechtfertigt; aber dieses aktuelle Tun (als Glaube und Liebe) ist wiederum nur möglich, weil wir schon gerechtfertigt *sind*: Darin besteht die Gnade, daß Christus uns wahrhaft heiligt, daß wir in einem neuen Leben wandeln „und daß eben dieses *Sein* nun auch die *Ordnung* ist, unter der wir stehen" (KER 65). Dem paulinischen Imperativ (Röm 6, 11—14)[64] korrespondiert, wie Barth unterstreicht (KER 64—73), der Indikativ (Röm 6, 1—8)[65], und beide interpretieren sich gegenseitig: weil wir gerechtfertigt *sind, sollen* wir auch entsprechend leben[66].

Die Bedeutung dieser Rechtfertigungslehre für Barths Verständnis von Tod und Leben liegt auf der Hand: Wer von Gott so angesehen ist wie sein eigener Sohn, ist für immer geborgen und von Gottes Liebe getragen. Des Menschen *Rettung* durch Gottes Rechtsentscheidung „besteht ja darin, daß der Mensch *leben,* und zwar ewig, unbedingt, jenseits aller Furcht und Macht des Todes leben darf" (KER 64)[67]. Der Tod liegt — seit unserer Rechtfertigung — *hinter* uns, deren Leben unter der Herrschaft der Sünde stand, jetzt aber unter der Herrschaft der Gnade steht. Wenn der Tod das Vergangene ist, dann kann die *Zukunft* des Glaubenden nur Jesu Erweckung von den Toten entsprechen!

Freilich — und auf diese Feststellung legt Barth alles Gewicht —, nicht *meine* (nicht meine „natürliche"), sondern *Gottes* Eigenschaft ist dieses Leben (1 Tim

---

[63] Dies fordert H. U. v. BALTHASAR a. a. O., 380, wenn er Barths Verständnis der Rechtfertigung grundsätzlich bejaht, aber seine „Umgehung oder höchstens zaghafte Benützung von ontischen Kategorien, wo es um die Gnade und die Rechtfertigung geht", tadelt.

[64] Barth verweist auf die Paulus Aufforderung: „Betrachtet euch als solche, die tot sind der Sünde, aber lebend für Gott in Christus Jesus!" (V. 11) „Nicht herrsche die Sünde in eurem sterblichen Leib, ... denn ihr *seid* unter Gnade!" (V. 12—14)

[65] Wir sind „zusammengewachsen mit der Gestalt seines Todes"; wir sind „gestorben" und somit „losgesprochen von der Herrschaft der Sünde". Wir *sind* also gerechtfertigt, d. h. vom Fluchtod, von der Trennung von Gott, endgültig befreit (vgl. E. JÜNGEL, *Tod,* 106 ff.) und wir *werden* ewig leben (Röm 6, 8).

[66] Dieselbe von Barth betonte Entsprechung finden wir bei Johannes: „Wer an mich glaubt, *hat* ewiges Leben" (Jo 3, 36; 5, 24); aber „*Bleibt* in meiner Liebe!" (Jo 15, 9).

[67] In ähnlicher Weise expliziert H. THIELICKE a. a. O., 193, die „strenge Analogie" des paulinischen und johanneischen Begriffs „Leben" zur Rechtfertigungslehre.

6, 16). Jede Hoffnung angesichts des Todes, die dies verdunkelt, wäre für Barth nicht mehr biblisch und nicht mehr christlich: Allein durch Christi Tod[68] und sofern wir uns in diesen Tod hineinnehmen lassen — durch eine neue Lebensführung —, sind wir gerettet. Nicht in uns selbst haben wir Bestand, sondern in Gott, der uns Leben schenkt durch den Sohn seiner Liebe: „Ich lebe, aber nicht mehr ich selbst, sondern Christus lebt in mir" (Gal 2, 20).

4. Barths Ablehnung des philosophischen Unsterblichkeitsgedankens

Daß wir kein anderes Leben zu erwarten haben als die Zukunft dessen, den der Kreuzestod nicht halten konnte, ist das Anliegen Barths, wenn er die philosophische Unsterblichkeitsspekulation als pseudochristlichen Angstgedanken zurückweist (III/4, 678)[69].

a) Unsterblichkeit als Eigenschaft Gottes, nicht des Menschen

Unsere Hoffnung angesichts des Todes gründet — so Barth — nicht in uns selbst (in unserer eigenen Großartigkeit, die den Gedanken ans Ende nicht ertragen will), nicht in einer immanenten Qualität des geschöpflichen Daseins, sondern in Gott, der alle endliche Wirklichkeit begründet als deren Ursprung und Ziel. Denn Gott allein ist die vollkommene Liebe (1 Jo 4, 16), die unsere begrenzte und von der sündigen Tendenz zur Selbstsucht immer schon bedrohte Liebe vor dem Verlöschen bewahrt und so uns das Leben gewährt[70].

Die Unsterblichkeitsideen der Philosophen[71] dagegen verkennen — so jedenfalls sieht es Barth und mit ihm fast die ganze protestantische Theologie der Gegenwart — diesen Zusammenhang[72] und dichten dem Menschen *natürliche Unsterblichkeit* an: als ob das Dasein in sich selbst schon dauerndes Leben hätte, als ob das Eigentliche des Menschen (die „Seele") vom Tod überhaupt nicht

---

[68] Vgl. unten S. 87 ff.

[69] Daß Barth (auch und erst recht der spätere Barth) von theologischen Anleihen bei der Philosophie nichts hält, wurde schon gesagt (vgl. oben S. 61).

[70] Vgl. unten S. 339 ff.

[71] Eine Darstellung des Todesproblems in der abendländischen Philosophie (von den Vorsokratikern bis zu Gabriel Marcel) bietet J. CHORON, *Der Tod im abendländischen Denken*, Stuttgart 1967. — QU. HUONDER, *Das Unsterblichkeitsproblem in der abendländischen Philosophie*, Stuttgart 1970, bringt eine knappe Darstellung der verschiedenen und doch wieder ähnlichen Überlebenstheorien bei den Vorsokratikern, Platon, Aristoteles, Plotin, Seneca, der Patristik, der Scholastik, Cusanus, Descartes, Spinoza, Leibniz, Kant, Herder, Fichte, Bolzano, Fechner, James, Driesch, Becher, Scheler, Bergson u. a.

[72] E. JÜNGEL, *Tod*, Stuttgart 1971 (ein Buch, das dem Barth'schen Ansatz übrigens näher stehen dürfte als jede andere zeitgenössische Darstellung des Todesproblems), erklärt kurz und bündig: „eine Unsterblichkeit der Seele gibt es nicht." (152) — Vgl. unten S. 134 ff. u. S. 316 ff.

betroffen würde, der Tod also auch keine echte Begrenzung unserer irdischen Existenz wäre[73]. Gegen Leibniz und Fichte[74], für die der Tod nur Übergang zur neuen Form der Entwicklung sei, in welcher das Lebewesen ungebrochen fortexistiere, lehnt es Barth ab, auf irgendeine Unsterblichkeit zu pochen: „Wir pochen überhaupt auf nichts, was uns zukäme ... Nur davon können wir — ohne alles Pochen! — nicht lassen", daß Gott „unser *Helfer* und *Erretter* und als solcher unsere Hoffnung ist. *Von ihm selber können wir allerdings nicht lassen*" (III/2, 743)[75].

In einem Lied von Paul Gerhardt findet Barth seine eigene Auffassung am besten ausgedrückt:

> Ich will gehn in Angst und Not,
> Ich will gehn bis in den Tod,
> Ich will gehn ins Grab hinein
> Und doch allzeit fröhlich sein;
> Wem der Stärkste bei will stehn,
> Wen der Höchste will erhöhn,
> Kann *nicht ganz* zugrunde gehn[76].

Von Gott können wir nicht lassen. Und weil wir dies nicht können, müssen wir selbst uns mitten im Tode „auch schon aus und über dem Tode sehen" (III/2, 744). Der Tod kann uns nichts anhaben, nicht weil wir — von uns aus — unsterblich wären, sondern weil Gott uns in Christus, in seiner Auferstehung, bewahrt[77]. Gewiß läßt er uns im Tode ernten, was wir im Leben gesät haben; wir werden aber „in *seine* und nicht in andere, nicht in fremde Hände fallen". Denn der Gott, der uns im Tode erwartet, ist der *gnädige* Gott, der für uns eintritt (III/2, 740 f.).

Gott allein ist die Quelle des Lebens (III/2, 418 ff.): Daß er den Menschen erschaffen *hat*, heißt nicht, daß er aufgehört hätte, ihn „in immer neuem Schöpfungsakt" zu begründen und zu erhalten. Aber er ist dazu nicht verpflichtet! Gerade im Tode des Menschen wird das sichtbar: „Er müßte und würde sofort vergehen ... wenn Gott aufhörte, auch für ihn dieser lebendige Gott zu sein."

---

[73] K. BARTH, *Unsterblichkeit*, in: K. KUPISCH, *Quellen zur Geschichte des deutschen Protestantismus von 1945 bis zur Gegenwart. 2. Teil*, Hamburg 1971, 131 ff., hier 131, definiert „Unsterblichkeit" so: Unsterblich ist ein Wesen, „das vom Tode nicht einmal berührt, geschweige denn ihm unterworfen ist". Ob der Mensch in *diesem* Sinn unsterblich ist, kann also — für einen der Bibel verpflichteten Theologen — keine Frage mehr sein. — Vgl. unten S. 90 ff.
[74] Barth beschreibt deren Unsterblichkeitslehre exemplarisch für viele ähnliche Theorien, um ihnen dann den Rücken zu kehren: Vgl. KD III/1, 449 f.; III/2, 119.
[75] Letzte Hervorhebung von mir.
[76] Zit. nach KD III/2, 745 (Hervorhebung von mir); vgl. R II, 209; dazu oben S. 58.
[77] Ähnlich E. JÜNGEL, *Die tödliche Blamage*, in: H. NITSCHKE (Hrsg.), *Auferstehung heute gesagt*, 69 ff., hier 72: „Auferstehung bedeutet, daß Gott in der Geschichte Jesu Christi das letzte Wort gesprochen hat und deshalb auch in unserer Geschichte das letzte Wort sprechen wird, und nun eben *ein gutes Wort*, ein bejahendes Wort, ein lebendigmachendes Wort. Zuerst lacht der Tod und seine Gesinnung im Menschen. Doch wer zuletzt lacht, lacht am besten." (Hervorhebung von mir)

Leben nach dem Tode ist also „keine geschöpfliche, dem materiellen oder geistigen Kosmos in irgendeiner physischen oder metaphysischen Tiefe innewohnende Möglichkeit", sondern Leben von Gott her und mit Gott (IV/3, 358)[78]: Suchet *mich*, so werdet ihr leben, spricht der Herr zu den Seinen (vgl. Am 5, 4).

b) Die Unteilbarkeit des Menschen in Seele und Leib

Noch aus anderen (anthropologischen) Gründen wird für Barth der traditionelle Unsterblichkeitsgedanke unhaltbar. Die isolierte Fortdauer einer vom Leib getrennten Seele widerspreche einer Grundeinsicht der biblischen (und auch der modernen) Anthropologie: der Einsicht in die Leib-Seele-Einheit des Menschen. Wo immer die Bibel vom sterblichen Menschen spricht — sei es vor oder nach seinem Tod —, meine sie den einen, ganzen Menschen, seine psychische Gesamtwirklichkeit, die vom Leib „wohl zu unterscheiden, aber gerade nicht zu trennen" sei[79].

Durchaus im herkömmlichen Sinn versteht zwar auch Barth — mindestens an einer Stelle der KD — den Tod als „unnatürliche Scheidung von Seele und Leib" (III/2, 444; „Entfremdung" heißt es ebd., 510)[80]; der Kontext läßt aber auch hier keinen Zweifel, daß dieser Tod den *ganzen* Menschen betrifft. Die leiblos gewordene Seele wird — eben wegen dieser unnatürlichen Leiblosigkeit — selbst „ohnmächtig", und der Tod ist folglich definitives Ende des einen und ganzen Menschen (wobei freilich „Ende" nicht Vernichtung bedeutet, sondern — im Gegenteil — Begegnung mit dem *Schöpfer*, wodurch unsere Zeit endgültig abgeschlossen und vor Gottes Ewigkeit gebracht wird)[81]. „Nicht eine leiblos werdende Seele trennt sich da von einem seelenlos werdenden Leibe, sondern der eine ganze Mensch ... steht jetzt an der Grenze, über die hinaus ihm keine Zeit und die zu überschreiten ihm kein Vermögen gegeben ist, kein leibliches, aber auch kein seelisches"[82].

---

[78] Vgl. K. BARTH, AdT 125: „Fleisch und Blut schafft es nicht, und das Sterben von Fleisch und Blut schafft es auch nicht, obwohl doch ... Paulus zweifellos gerade im Tod die Pforte zum wahren Leben gesehen hat. Wieder muß das *Wunder Gottes* hineintreten zwischen die ... Vergänglichkeit und die Unvergänglichkeit, damit jene diese ererbe." (Hervorhebung von mir)
[79] K. BARTH, Unsterblichkeit, 132 f. — Vgl. unten S. 257 ff.
[80] Der ganze § 46 (III/2, 391—524) ist überschrieben mit „Der Mensch als Seele und Leib".
[81] Vgl. unten S. 90 ff.; dazu E. JÜNGEL, *Tod*, 115, wo Barths Deutung des Todes in diesem wichtigen Punkt übernommen wird.
[82] K. BARTH, Unsterblichkeit, 133. — Qu. HUONDER a. a. O., kritisiert — in einem kurzen Anhang (145 ff.) — diese Auffassung als charakteristisch für den „Materialismus" der „modernen Theologie". Diese Kritik ist verfehlt, sofern sie die Aussage-Intention Barths überhaupt nicht beachtet, vielmehr beim Leser den (unzutreffenden) Eindruck erweckt, als leugne die „moderne Theologie" (außer Barth rechnet Huonder auch noch Thielicke und Pannenberg zu dieser) ein künftiges Leben nach dem Tode. — Vgl. unten.

c) Der „Geist" als unzerstörbares Lebensprinzip im Geschöpf

Barths Anliegen ist dies: Unser künftiges Leben gründet in *Gott,* und der Tod trifft wirklich den ganzen Menschen, nicht bloß den Körper. Um aber Mißverständnisse auszuschließen: Die biblische Auferweckungshoffnung im Sinne Barths meint keine „Ganztodtheorie"[83], wie sie etwa W. Elert vertritt (der den Menschen im Tode *vernichtet* sein läßt: bis ihn Gott am Ende der Zeit — in einer zweiten creatio „ex nihilo" — auferweckt)[84]. Nein: nach Barth ist die Auferweckung — als Gottes *Gabe* — schon *Gegenwart,* „zu uns gesprochenes, gültiges Wort, ... nicht einzuschränken, nicht abzuschwächen, nicht anzuzweifeln." (AdT 128)

Die lebenschenkende *Beziehung* Gottes zum Menschen bleibt nämlich im Tode erhalten. Barths Anthropologie kennt neben Seele und Leib noch ein drittes Prinzip: den *Geist*[85]. Der Geist Gottes als „Verhalten des Schöpfers seinem Geschöpf gegenüber" (III/2, 428) ist das eigentliche Lebensprinzip des Menschen, das, wenn das Subjekt stirbt, zu Gott wieder zurückkehrt (III/2, 437). Es gibt also doch ein Unzerstörbares im Menschen: Gottes Verhältnis zu ihm! Daß die Verstorbenen zu ihrer Zeit am Gottesbund „Anteil *hatten,* zu ihrer Zeit sein Wort *hörten,* zu ihrer Zeit der Gegenstand seines Handelns *waren* — das ist damit, daß sie nun dahin sind, *nicht* dahin. Gewiß: nur diese Beziehung zu Gott ist nicht dahin" (III/2, 754).

Nur die Beziehung zu Gott ist nicht dahin! Aufgrund dieser These Barths hält A. Ahlbrecht[86] diesem (und P. Althaus) entgegen: Wenn das geschöpfliche Subjekt *als solches nur endlich* und sterblich wäre, dann hätte Gottes lebenspendendes Verhalten keinen realen Bezugspunkt auf seiten des Menschen, dann läge ein Gottesverhältnis ohne menschlichen Beziehungsträger vor: ein — so Ahlbrecht — absurder Gedanke, der als Konsequenz der reformatorischen Rechtfertigungslehre (Gerechtigkeit als bloße „Imputation") anzusehen sei.

Dies trifft für Barth aber nicht zu, da dieser die bloße „Als ob" — Gerechtigkeit ja gerade ablehnt, wie oben erläutert wurde. Wenn wir Barths Rechtfertigungslehre ernst nehmen, können wir seine Aussagen über die bleibende Gottesbeziehung nur so interpretieren, daß wirklich der Mensch *selber* im Tode bewahrt bleibt: nicht in seiner irdischen Zeitlichkeit (diese ist mit dem Tode zu Ende)[87], sondern in seiner „Essenz"[88], in seiner Eigentlichkeit vor Gott. Diese Deutung ergibt sich

---

[83] Qu. Huonder a. a. O., wirft Barth, Thielicke und Pannenberg eine solche vor. — Zur Mißverständlichkeit des Begriffs „Ganztod" (wie er in der evangelischen Theologie manchmal vertreten wird) vgl. G. Schunack, *Das hermeneutische Problem des Todes,* Tübingen 1957, 13 ff.
[84] Vgl. unten S. 134 ff.
[85] Vgl. § 46, Abs. 2 (III/2, 414—439).
[86] A. Ahlbrecht a. a. O., 51 u. 118. Ahlbrecht verweist auf den Art. Geist, (B) Geist als Lebenskraft, in: H. Haag (Hrsg.), *Bibel-Lexikon,* Einsiedeln-Zürich-Köln 1951, 527 f.: der „Geist" werde im AT nicht nur als göttliches Verhalten verstanden, sondern als anthropologisches Datum, das häufig bedeutungsgleich sei mit „nefes".
[87] Vgl. unten S. 90 ff.
[88] Vgl. unten S. 140 ff. zu Tillich.

zwingend, wenn man bedenkt, daß nach Barth die *Analogie*, die Beziehung des Schöpfers zum Geschöpf, den Menschen überhaupt erst zur Person macht. In der Bergung dieser Beziehung wird wirklich der Mensch *selbst* geborgen und nicht bloß ein ihm äußerliches Etwas[89]. Den oben zitierten Satz (III/2, 754) setzt Barth denn auch folgerichtig fort: „Nur insofern sind *auch sie selbst*[90] für ihn und vor ihm nicht dahin. Aber insofern . . . sind sie wirklich *nicht* dahin! Insofern sind und bleiben *auch sie* Partner des Bundes."

Weil der Mensch der Partner des Bundes bleibt, wird sein Verlangen nach Dauer von Barth nicht verdächtigt als geschöpfliche Selbstsucht, sondern im Gegenteil bestätigt: als *im Wesen des Menschen begründet* (vgl. III/2, 675 f.). Der Mensch sei auf Gottes *Wort* hin angelegt: seinem Schöpfer gegenüber hat er zwar auf nichts zu pochen; aber wie, so fragt Barth, wenn er Gott an dessen *Wort* erinnern würde? Ist nicht Gottes Wort „der wahre Grund dessen, daß das menschliche Leben sich selbst für eine unergründliche und unerschöpfliche Wirklichkeit halten, . . . weshalb es nach Dauer verlangen muß" (III/2, 675)? Das nach Ewigkeit verlangende Menschenleben verlangt „nichts Ungebührliches", weil Ewigkeit in seiner Bestimmung, in seinem Personsein, in seiner Erschaffung durch Gott, schon begründet ist (III/2, 676)[91]. Denn nach Barth ist Gottes Leben dem Menschen *insofern* „immanent", als Gott „die Menschheit teilnehmen läßt" an der Geschichte seiner selbst, und dieses Teilnehmenlassen wiederum Gottes Teilnahme am Sein des Menschen impliziert. Wer das bestreitet, würde, so Barth, die Menschwerdung Gottes „doketisch" deuten (IV/1, 236).

Wenn wir den Gottesbezug, der im Tod nicht zerstört wird, der den Menschen als *Person* bewahrt, wenn wir diesen Bezug — in der traditionellen Sprachregelung: die „Seele" — nicht dualistisch als „Teil" des Menschen begreifen, sondern als ganzheitliches Prinzip der Personhaftigkeit vor Gott, dann würden wir dem Anliegen Barths, was sein Verständnis von Tod und Vollendung betrifft, *in der Sache* gerecht.

5. Barths theologische Deutung des Todes

Die Deutung des Todesproblems in der Barth'schen Dogmatik wurde von verschiedenen Seiten her erhellt. Die auffällige und auch für den späteren Barth noch charakteristische Dialektik von radikaler Todverfallenheit des Sünders

---

[89] Vgl. dazu G. GRESHAKE a. a. O., 76.
[90] Hervorhebung von mir.
[91] Auch A. AHLBRECHT a. a. O., 125 f., zitiert diese Stellen, scheint sie aber nicht recht gelten zu lassen: mit dem Argument, es handle sich um Ansätze, die sich dann doch nicht durchhalten könnten. Wir sehen aber nicht ein, weshalb wir Barth nicht beim Wort nehmen sollten: bei seiner Christologie, seinem Analogieprinzip, seiner Rechtfertigungslehre und also auch bei obigen Sätzen. — Zur Auseinandersetzung mit Ahlbrecht vgl. G. SCHUNACK a. a. O., 13 ff.: Schunack (S. 15 Anm. 52) sieht den Mangel bei Ahlbrecht darin, daß wichtige Vertreter der protestantischen Theologie — wie Barth und Bultmann — in ihrem theologischen Ansatz „fast völlig ignoriert werden".

(mit dem es „wirklich und endgültig nichts ist": III/2, 761; der im Tode „nicht mehr sein wird": III/2, 714) und *Aufhebung* des Todes durch Gottes universalen Versöhnungswillen (so daß der Tod nur noch „Zeichen" des Gerichtes bleibt) sahen wir in der fortschreitenden Überwindung des „Nichtigen" durch Jesus verankert. Mit Karl Barths Vorstellung eines weder im Schöpfer noch im Geschöpf begründeten Bösen ergab sich die Frage nach der unverwechselbar *menschlichen* Schuld, die unser gestörtes Verhältnis zu Gott und zu uns selbst offenbart und schließlich die Trennung von Gott bewirkt: der Sünde (der *persönlichen* Sünde!) Lohn ist der Tod (Röm 6, 23). Um diesen Satz zu präzisieren, unterschieden wir — mit Barth — den geschöpflichen Tod als der notwendigen Bedingung unserer Vollendung vom sündig *qualifizierten* Tod; dieser sündige Tod führt in die „Verhältnislosigkeit" (Jüngel) einer zerstörten Gottesbindung. Er quält die Sterbenden und macht sie den Überlebenden fremd (vgl. oben S. 73 ff.).

Das lebensspendende Verhältnis Gottes zu uns wird wiederhergestellt in der Rechtfertigung des Sünders (vgl. S. 77 ff.); *Tod und Leben sind jetzt in eine neue Beziehung gesetzt*: in der Bekehrung unserer Gesinnung (vgl. Röm 12, 1—2), im Sterben des „alten" Menschen, in der Hinwendung zu Gott und den Brüdern besitzen wir jetzt schon ewiges Leben (vgl. S. 80 ff.)[92]. Und wo es mit uns zu Ende geht — im Tod —, da ist es *Gott*, der auf uns wartet: der gnädige Gott, der für uns eintritt (III/2, 741).

Diese christologisch begründete Hoffnung soll im folgenden weiter entfaltet werden. Verschiedene Aussagen der *Kirchlichen Dogmatik* sollen das bisher Ausgeführte ergänzen und vertiefen.

a) Die in Jesu Sühnetod begründete Hoffnung des Menschen

„Christus kam, zwei Hauptprobleme zu lösen, das Böse und den Tod"[93]. Dieses Camus-Wort dürfte Barths Haltung zum Todesproblem treffend umschreiben: Seinem christozentrischen Ansatz entsprechend begreift er das sündige Sterben — sofern es wirklichen Tod, wirkliche Nichtung bedeutet — als im Sühnetod Jesu erlöst: so daß der Tod nur noch „Zeichen" des Gerichtes bleibt. Aber wie ist das möglich? Was ist das eigentlich Besondere am Tod und am Leben dieses Jesus von Nazareth? Was unterscheidet dessen Sterben vom Sterben der gewöhnlichen Menschen? Barths Antwort könnte man — in einem zunächst befremdlich klingenden Satz — so zusammenfassen: Die *menschliche* Existenz[94] ist *„zum Tode hin"*, die Existenz *Jesu* dagegen *„vom Tode her"*.

Barth will damit sagen: Das Dasein des Menschen — darin liegt seine tiefe „Problematik, Relativierung und Beschattung" — geht dem Tode entgegen; der

---

[92] Diese neue Beziehung drückt das Johannes-Evangelium so aus: „Wenn das Weizenkorn nicht in die Erde fällt und stirbt, bleibt es allein; wenn es aber stirbt, bringt es viele Frucht." (Jo 12, 24)
[93] A. CAMUS, *Der Mensch in der Revolte. Essays*, Reinbek 1969, 29; zit. nach H. GOLLWITZER, *Krummes Holz — aufrechter Gang*, 283.
[94] Barth meint die menschliche Existenz „an sich", also ohne Bezug auf Christus. — Dazu unten S. 204 ff.

Tod ist sein unausweichliches Schicksal, aus dem es keine Umkehr und kein rettendes Wunder gibt; der Tod „erniedrigt" auch die schönste und größte Vergangenheit, er zerstört das ganze Leben, das ihm voranging (IV/2, 328).

Diese „Erniedrigung" (Barth), diese „rückwirkende Entwertung" (Bloch)[95] des Lebens durch einen trostlosen Tod könnten die Memoiren Simone de Beauvoirs illustrieren: Die Weggefährtin Sartres, für die, wie sie sagt, der Tod nur das Ende bedeutet, erinnert sich an die Bücher, die sie gelesen, an die Orte, die sie besucht, an die Musik, die Malerei, die Kultur, die Menschen, an die sie sich gebunden hatte: „Nichts wird stattgefunden haben." Sie wirft einen Blick „auf dieses leichtgläubige junge Mädchen" und entdeckt „voller Bestürzung, wie sehr (sie) geprellt" wurde[96].

Diese Ausweglosigkeit im Blick auf das Ende unterscheidet die Existenz des *gefallenen* Menschen von der Existenz Jesu Christi: Das im Neuen Testament bezeugte Leben dieses einzigen Menschen, der keine Sünde hatte, „ist auch zum Tode hin, aber das problematisiert, das relativiert und beschattet dieses Leben nicht, im Gegenteil! Es ist zum Tode hin, um in seinem Tode seine vollkommene Gestalt anzunehmen. In diesem ist der Tod nicht Ende, sondern Ziel, Telos. Es hat Kraft und Bedeutung, indem es diesem Tode entgegenstrebt und also wirklich *von ihm her* ist" (IV/2, 328). Weil Jesus den Tod zwar erleiden, aber nicht von ihm gehalten werden konnte[97], „hatte er, dieser Mensch, das Alles, was man doch nur vor sich haben kann, *hinter* sich" (IV/2, 169 ff.).

Seit Jesu Tod[98] hat sich nun aber *auch an unserem Tod etwas geändert*: in seinem Kreuz sind auch wir — in doppelter (negativer und positiver) Weise — ans Ziel gelangt: Wie Jesus den sündigen „Adam", den „alten" Menschen des ersten Bereichs, sterbend ans Kreuz geschlagen und begraben hat[99], so hat er in seiner Auferweckung den neuen Menschen des zweiten Bereichs ans Licht und ins Leben gebracht (II/1, 706): Wenn wir nämlich starben mit Jesus, so glauben wir, daß wir auch leben werden mit ihm (Röm 6, 8). Unser Tod ist jetzt nicht mehr nur

---

[95] E. BLOCH, *Das Prinzip Hoffnung*, Frankfurt 1959, 1299.

[96] S. DE BEAUVOIR, *Der Lauf der Dinge. Memoiren III*, Reinbek 1970, 607 (letzter Satz der Memoiren); vgl. J. RATZINGER, *Glaube und Zukunft*, München 1970, 58 f.

[97] Die heutige Auferstehungsdiskussion können wir hier nicht besprechen. Für Barth jedenfalls sind folgende Gesichtspunkte entscheidend: a) Jesu Auferweckung ist ganz und ausschließlich als Tat *Gottes* zu verstehen; b) diese Tat Gottes bedeutet dem Kreuzesgeschehen gegenüber etwas *Neues,* indem sie dieses Kreuz als *zum Heil aller* geschehen proklamiert; c) die Auferweckung Jesu „steht mit seinem Tode in doppelter Weise in Zusammenhang: in der in den Ostertagen anhebenden ersten Parusie des auferstandenen Gekreuzigten ... und in seiner letzten Parusie, in der er (als derselbe ...) am Ende und als Ende aller Zeit und Geschichte offenbar werden wird" (IV/1, 367).

[98] Dieses „seit" ist nicht im zeitlichen Sinne zu verstehen; auch in diesem Zusammenhang ist zu bedenken, daß — von Barths theologischem Ansatz her — *schon die Schöpfung* unter dem Zeichen der Überwindung des Todes (bzw. des „Nichtigen") durch Christus steht.

[99] Nach Paulus ist der Getaufte schon gestorben, nämlich „mitgestorben" mit Christus (Röm 6; 2 Kor 5, 14 ff.; Gal 2, 20), und blickt deshalb auf seinen Tod (d. h. den Fluchtod der Trennung von Gott) bereits *zurück*; vgl. E. JÜNGEL, *Tod*, 107.

Ende, sondern zugleich der Anfang eines *neuen* Lebens, das unsere Vergangenheit „schlechterdings überbietet" (KER 68 f.). Auch wir sind jetzt nicht mehr „zum Tode hin", sondern — wie Jesus — „vom Tode her": Wir sind Kreaturen, die in ihrer gewordenen Zeit, ihrer Liebe, ihrer Hoffnung, ihrer Kunst, ihrer Kultur nicht „geprellt" werden (S. de Beauvoir), sondern in all diesen Dingen schon die Vorwegnahme künftigen Lebens erblicken[100].

Im auferstandenen Christus ist Gottes „Ja" zum Menschen erschienen (vgl. 2 Kor 1, 19). Jesu schuldfreier Tod begründet den neuen Anfang einer mit der Liebe Gottes versöhnten Welt; Jesu Tod begründet den Neuanfang des geänderten, gerechtfertigten, entsühnten, geheiligten, zum lebendigen Gott hin „gerichteten" Menschen. Den uns zugedachten (oder besser: von uns selbst erwirkten) Fluchtod brauchen wir nicht zu erleiden, weil dieser Eine unsere Schuld getragen hat[101] und immer noch trägt. In diesem einzigartigen Tod hat Gott schon sein „unerbittliches Nein" zum Menschen der Sünde gesprochen; da der gestorbene Christus aber vom Tode erstanden ist, erschließt sich auch uns — von diesem überwundenen Tod her — „Zukunft und Hoffnung". Mit seinem Tod ist dann auch der unsrige „verschlungen im Siege" (1 Kor 15, 54; vgl. IV/1, 386 ff.)[102] und unsere Trauer hat sich, sofern wir glauben, verwandelt in Freude, in befreites und befreiendes Lachen[103].

Doch wie ist das möglich? Wie dürfen wir lachen über den Tod, da wir selbst doch Sünder sind? Barth setzt einen Gedanken voraus, der in der christlichen Tradition zentrale Bedeutung hat: den in der Bibel seit Deutero-Jesaia (Is 53) bekannten Gedanken des stellvertretenden Sühne-Leidens[104]. Soll — der Gerechtigkeit Gottes entsprechend (die freilich insofern nicht „versöhnt" werden muß, als Gott auch im Zorne noch liebt)[105] — das Unrecht ein für allemal getilgt und der

---

[100] Ähnlich H. GOLLWITZER a. a. O., 293; vgl. unten S. 181 f.
[101] Vgl. 2 Kor 5, 21: „Der von keiner Sünde wußte, den ließ er für uns zur ‚Sünde' werden, damit wir zur Gerechtigkeit Gottes werden in ihm."
[102] Ganz ähnlich KD IV/1, 101, 279, 330 f., 392 u. a.
[103] Dem Geist und der Gesinnung Barths (vgl. z. B. K. BARTH, AdT, 127: Vom „Ja" Gottes her „muß des Todes *gespottet* werden") entspricht es, wenn E. JÜNGEL, *Die tödliche Blamage*, 71, so formuliert: Die in den biblischen Auferstehungsgeschichten (von Lk 24, 1 bis 6, ist die Rede) geschilderte Situation „ist nun einmal grotesk. Sie reizt zum Lachen: die einen, weil es für sie einfach lächerlich ist, daß ein Toter leben soll; die anderen, weil ihr Glaube begriffen hat, daß der Tod wenigstens für dieses eine Mal unsterblich blamiert ist. Und einmal *unsterblich* blamiert heißt für immer blamiert".
[104] Vgl. z. B. K. BARTH, KER 26: „Die Offenbarung des Zornes Gottes, des über den Menschen um seiner Sünde willen beschlossenen Todesurteils Gottes, ist der Akt, in welchem Gott (Kap. 8, 32) seines eigenen Sohnes nicht verschonte, sondern hat ihn für uns alle dahingegeben. Der Kreuzestod Jesu Christi ist die Offenbarung des Zornes Gottes vom Himmel her." — Vgl. unten S. 229 ff.
[105] K. BARTH, KER 56. — Daß es hier in erster Linie um „Satisfaktion" gehe — wie Anselm v. Canterbury meinte — weist Barth als unbiblischen Gedanken zurück. Worauf es Barth ankommt, ist dies: in Jesu Leiden und Tod hat Gott mit uns Sündern und damit mit der Sünde selbst (mit der Trennung des Geschöpfs von der Liebe Gottes) *Schluß* gemacht. Die uns treffende Anklage und Verurteilung ist in Jesu Person „durchgestrichen" (IV/1, 279).

Fluchtod für immer besiegt sein, dann kann diesen Tod nur Gott selbst für uns sterben (IV/1, 617). Nur Gottes Sohn kann für andere und für *alle* anderen sterben, weil Gott allein diejenige Liebe ist (1 Jo 4, 8 b)[106], die den endlichen Menschen in ihre eigene Fülle aufnehmen und so seinen Tod überwinden kann[107].

Unseren eigenen Tod — in seiner ganzen nicht umzudeutenden Schrecklichkeit — ist Jesus gestorben, unsere tiefste Verlassenheit hat er zu seiner eigenen gemacht (Mk 15, 34) und dadurch den Fluchtod besiegt[108]. Jesu Tod war nicht das notwendige, sondern das freiwillige Ende, „eine *fremde* Last, die gerade zu seinem Leben *nicht ursprünglich* gehörte". In Jesu grenzenloser Liebe offenbart sich die ganze Tragweite seines Sterbens: sein Tod bedeutet, daß alle anderen, für die er den Tod — als Gottes Gericht — auf sich genommen hat, vom Erleiden des Gerichtes *freigesprochen*[109] und endgültig erlöst sind (III/2, 763 ff.).

b) Der Tod als wirkliche Grenze des Menschen: „Gott ist unser Jenseits"

Daß wir in Christus aus dem Tode errettet sind, heißt nicht, daß der Tod nun aufgehört hätte, unser Dasein zu begrenzen (vgl. oben). Vielmehr bleibt der Tod unsere Grenze[110], sofern er uns auf den Inhalt und den Ertrag unseres Lebens festlegt. Wir werden dann unseren Ort bezogen oder verfehlt, unsere Gelegenheit ergriffen oder verpaßt haben. Für Korrekturen wird es zu spät sein: „Das geschriebene und gedruckte Buch ist dann nicht mehr in unseren Händen ... Gott liest es dann so, wie es endgültig vorliegt" (III/4, 676)[111].

„Vollendung" meint keine Verlängerung der immer so fortlaufenden Zeit, sondern definitives Leben mit Gott. Der Tod markiert jene Grenze, über die hinaus es eine (zeitliche) Fortsetzung nicht gibt[112]. Erst die *Begrenzung* verleiht

---

[106] 1 Kor 13, 8 („Die Liebe hört nie auf") meint, wie Barth betont, zunächst nicht die *humane* Liebe, sondern *Gottes* Liebe. Die menschliche Liebe sei keineswegs feuerfest, sie könnte jederzeit aufhören. „Nur indem die Liebe als Liebe Gottes ausgegossen wird in unsere Herzen, kann auch die Humanität als des Menschen Natur ... neuen Bestand bekommen. Indem sie an der Liebe teilnimmt, kann und wird auch sie nimmer aufhören." (III/2, 332 f.)

[107] Vgl. unten S. 339 ff.

[108] Vgl. E. JÜNGEL, *Die tödliche Blamage*, 72: In Jesu Tod hat Gott „alle tödliche Gesinnung auf Erden für immer blamiert, für immer verurteilt, für immer gerichtet". „Gott selbst hat sich der tödlichen Gesinnung entgegengestellt."

[109] Weil Gott sein die Sünde verdammendes Urteil in Jesus wirklich *vollzogen* hat, ist dieser Freispruch des Menschen, wie Barth betont, kein formal-juristischer Akt (im Sinne einer bloßen Amnestie), sondern Ausdruck der wahren *Gerechtigkeit* Gottes. — Vgl. oben.

[110] Vgl. zum Ganzen E. JÜNGEL, *Tod*, 148 ff. („Tod und Zeit — die Hoffnung des Glaubens"), wo eine der Auffassung Barths sehr ähnliche Position vertreten wird.

[111] Genaueres unten S. 95 ff.

[112] In diesem Punkt herrscht weitgehende Einigkeit in der zeitgenössischen Theologie (vgl. aber Cullmanns Einwand, oben S. 54 Anm. 46). Exemplarisch für viele ähnliche Äußerungen sei aus der Thielicke-Festschrift (Tübingen 1968) zitiert: „Auch in der Auferstehungshoffnung geht es zunächst um das kompromißlose Innewerden der absoluten Grenze des menschlichen Lebens, der zeitlichen Befristung." Eben *durch* diese Begrenzung

dem Dasein jene Einmaligkeit und unverwechselbare Ganzheit, die die menschliche Personalität begründet: Unter die Gesamtgestalt unseres Lebens zieht der Tod einen Schlußstrich, und der *Inhalt* dieses Lebens wird end-gültig. Mit Barths Worten: Die zeitliche Befristung schließt eine Fülle von Besonderheiten mit ein, die gerade *diesen* Menschen und keinen anderen bezeichnen: „Der zwischen *seiner* Geburt und *seinem* Tod *seine* einmalige Gelegenheit hat, ist eben damit in allen Teilen ... er, dieser Mensch" (III/4, 685 f.).

Zum Sein in seiner Zeit zwischen Geburt und Tod hat Gott den Menschen erschaffen[113]. Die Zeit *nach* ihm ist nicht mehr *seine* Zeit (in der er — durch neue Entscheidungen — seine Lebensgeschichte revidieren könnte); was ihm über den Tod hinaus noch bleibt, gehört ihm nicht, ist vielmehr „aufgehoben in der reinen Verheißung seines Seins — nicht in einer anderen Zeit, sondern in Gottes Ewigkeit". Diese Verheißung bezieht sich auf kein Weiter-laufen des Lebens in unendlicher Zeit, „sondern auf dieses sein (sc. des Menschen) begrenztes Leben in seiner Zeit, auf dessen *Verherrlichung* ... Er wird dann, wenn seine Zeit und alle Zeit vorbei sein wird ... eben *als der, der er jetzt in seiner Zeit ist,* bei dem ewigen Gott wohl aufgehoben sein" (III/4, 653)[114].

Das Verwesliche und Sterbliche des Menschen hat dann — in Selbigkeit mit dem, was es zwischen Geburt und Sterben war — die Unverweslichkeit Gottes angezogen (vgl. 1 Kor 15, 53), der das Leben in *Fülle* hat und dieses Leben selber *ist*. Des Menschen Diesseits werde dadurch, so Barth, nicht ausgelöscht, abgetan und vernichtet — „das wäre ja nur eben sein Tod, sein Nachher ohne Gott!" —, sondern aufgenommen in das Jenseits, welches Gott selber ist. Die diesseitige Existenz wird ihrem Vergangen-sein dadurch *entrissen,* daß Gott dem Menschen auch nach seinem Tode gegenwärtig bleibt. Der Mensch darf dann — als der, der er vor seinem Tode war — auch nach seinem Tode in der Kraft dieser Gegenwart „selbst gegenwärtig sein und bleiben und also ewig leben" (IV/3, 358 f.)[115].

---

macht der Tod die ganze Vielfalt unserer Entscheidungen „unwiderruflich, d. h. der Tod macht jede einzelne Entscheidung endgültig". (W. LOHFF, *Theologische Erwägungen zum Problem des Todes,* in: *Leben angesichts des Todes,* 1968, 161 ff.)

[113] Wenn es KD III/4, 653, heißt: „Der Mensch ist nur von seiner Geburt an und nur bis zu seinem Tode. Er hat am Sein der Schöpfung Gottes ... gerade nur in diesem Ausschnitt Anteil", dann ist dies allerdings *mißverständlich:* Wenn wir jenseits des Todes teilhaben am Leben Gottes (wie es Barth stets betont), dann kann man nicht gut behaupten, wir hätten nur bis zum Tode Anteil „am Sein der Schöpfung Gottes". Zumindest liegt hier eine sprachliche Ungenauigkeit vor; möglicherweise bleibt Barth — bei diesem Zitat — hinter seiner Rechtfertigungslehre zurück, der zufolge das Leben in Christus den Menschen in seinem *Sein* qualifiziert.

[114] Hervorhebung von mir.

[115] Barths Dialektik von *Annahme* der zeitlichen Begrenztheit und *Überwindung* dieser Begrenztheit durch Christus findet sich ähnlich bei H. GOLLWITZER, *Krummes Holz — aufrechter Gang,* 285 ff.: „Das Geschöpf ist nicht unendlich, nicht ewig im zeitlichen Sinne. Unser Unendlichkeitsverlangen ist Revolte gegen unsere Geschöpflichkeit, eine Weise unseres Sein-Wollens wie Gott ... Diese Revolte ist zugleich Protest gegen die Todesherrschaft, Einklagung unserer Bestimmung für das Leben. Sie ist also wahr und unwahr zugleich". Denn „die Frage nach einem postmortalen Dasein" ist in der christlichen

KD III/2, 770 f., findet Barths Lehre vom Tod — als Ende und Voll-endung — ihren wohl dichtesten Ausdruck: „Der Mensch als *solcher* hat also *kein* Jenseits, und er bedarf auch keines solchen; denn *Gott* ist sein Jenseits. Daß er, Gott, als des Menschen Schöpfer, Bundesgenosse, Richter und Retter sein schon in seinem Leben und endgültig, ausschließlich und total in seinem Tode treues Gegenüber war, ist und sein wird, das ist des Menschen Jenseits. Er, der Mensch als solcher aber ist diesseitig und also endend und sterbend und wird also einmal nur noch gewesen sein, wie er einmal noch nicht war. Daß er auch als dieser Gewesene nicht Nichts, sondern des ewigen Lebens Gottes teilhaftig sein werde, das ist die ihm in diesem Gegenüber mit Gott gegebene Verheißung, das ist seine Hoffnung und Zuversicht. Ihr Inhalt ist also nicht seine Befreiung von seiner Diesseitigkeit, von seinem Enden und Sterben, sondern *positiv*: die ihm von dem ewigen Gott her bevorstehende Verherrlichung gerade seines von Natur und von rechtswegen diesseitigen, endenden und sterbenden Seins"[116].

Auf diese Verherrlichung — des einzelnen und der Welt — hat Barth immer vertraut. Noch am Abend, bevor er verschied, am 10. Dezember 1968, meinte er zu Eduard Thurneysen: „Bleiben wir doch zuversichtlich auch in dunkelsten Augenblicken! Lassen wir die Hoffnung nicht sinken, die Hoffnung für alle Menschen, für die ganze Völkerwelt! Gott läßt uns nicht fallen, keinen einzigen von uns und uns alle miteinander nicht!"[117]

c) Die Identität des Menschen vor und „nach" seinem Tode

Aus dem Gesagten ergibt sich — wie schon in R II und AdT[118] — die Frage nach der Identität des Menschen vor und „nach"[119] seinem Tode: Ist die im Geheimnis Gottes voll-endete Person mit dem irdischen Subjekt identisch? Wird wirklich *derselbe* Mensch — als der, der er vor seinem Tode war — auch nach

---

Botschaft „auf- und ernstgenommen". — Etwas paradox (und mißverständlich) wird diese Spannung — Tod als Ende der Zeitlichkeit und Eingang in die Ewigkeit — in Leuenbergers (E. Jüngel und z. T. auch Barth nahestehendem) Buch: R. LEUENBERGER, *Der Tod. Schicksal und Aufgabe*, Zürich ²1973, 109 f., formuliert: Wie Jesus sollen wir der Liebe Gottes glauben, „die uns in das Leben gerufen und damit kundgetan hat, daß sie uns will. Dieselbe Liebe ist es aber auch, die will, daß unser Leben *endet*. Denn gerade das ist das Werk der Liebe, daß wir *nicht fortdauern* müssen ohne Ende, sondern in der *Preisgabe unser selbst* dem Geheimnis der Liebe begegnen, welcher wir uns verdanken und in dem wir unsere *Ewigkeit* haben." (Hervorhebung von mir)

[116] Ähnlich E. WOLF auf die Frage G. Szczesnys nach der Unsterblichkeit der menschlichen Person: „Mit dem Tode steht der eine ganze Mensch, der die Seele seines Leibes und der Leib seiner Seele ist, an der Grenze, die er nicht überschreiten kann, es sei denn, daß der eine unsterbliche Gott ihm als sein Jenseits und seine Zukunft begegnet, als Rettung und ihm zugesprochenes Leben." (Zit. aus: G. SZCZESNY, Hrsg., *Die Antwort der Religionen*, Reinbek 1971, 97)

[117] Zit. nach K. KUPISCH, *Karl Barth in Selbstzeugnissen und Bilddokumenten*, 135.

[118] Vgl. oben S. 57 ff.

[119] Die Anführungszeichen, weil — nach Barth — die Zeitlichkeit im Tode aufhört, unser Vorstellungsvermögen aber kaum abstrahieren kann von Raum und Zeit.

seinem Tode leben? Hat alles und jedes, was in unserem Leben einmal vorgekommen ist, dieselbe Tiefe, dieselbe Dichte, dieselbe Bedeutsamkeit? Hat jedes Wort, das wir einmal gesagt haben, dasselbe Gewicht? Heißt „Vollendung" nicht Läuterung, Verwesentlichung und damit Abfall vieler „Schlacken"? Meint „Vollendung" nicht „Transformation" und somit *Ungleichheit* des Subjekts im gegenwärtigen und im künftigen Äon?

Barth bestreitet das nicht: denn die „Rätselgestalt" des irdischen Menschen (vgl. 1 Kor 13, 9—12) mit seiner Problematik, Belastung und Komplikation soll aufgehoben und erlöst werden[120]. Bei aller Kontinuität des „inneren" (zu Christus bekehrten) Menschen mit dem Auferstehungssubjekt bleibt auch der Christ, solange er seinen irdischen Weg geht, immer dem Trend zu sündigem Abfall verhaftet; zwischen dem alten Menschen der Sünde und dem neuen Menschen der Gnade gibt es aber „keine Kontinuität, keine Harmonie, keinen Frieden. Die am *Kreuze* des Menschensohns geschehene Begrenzung der Sünde ... geschah in Ausfechtung eines ... unüberbrückbaren Gegensatzes" (IV/2, 448 f.).

Dies alles vorausgesetzt, hält Barth daran fest, daß wirklich dieser einmalige, unverwechselbare, vom Schöpfer beim Namen gerufene Einzelne in Gott sein Jenseits findet, das irdische und das Auferstehungssubjekt also identisch sind. Dies vertritt er besonders deutlich in KD III/2, 354 ff., einer für das Verständnis seiner Eschatologie sehr wichtigen Stelle: Die auch im Tode bleibende Selbigkeit der Person (wobei natürlich die *gerettete* Vergangenheit *mehr* ist als das bloße Fazit des irdischen Lebens)[121] wird bis in die geschlechtliche Differenzierung von Mann und Frau, ja gerade *in* dieser Differenzierung (weil sie zu den „conditiones individuantes" gehöre) betont.

Weil es den Menschen auszeichne, auf das personale Du des Mitmenschen verwiesen zu sein, sei die Begegnung von Mann und Frau die „Mitte der Humanität". Das gelte — auf diese Feststellung legt Barth großes Gewicht — auch eschatologisch. Gegen A. Oepke[122] und mit Augustinus[123] lehnt er es deshalb ab, daß das Auferstehungssubjekt nicht mehr Mann und Frau, sondern „etwas Drittes, Höheres und Besseres", also etwa ein Engel (Mk 12, 18—27 par), sei.

Der wirkliche Sinn dieser synoptischen Stelle sei folgender: Das Auferstehungssubjekt werde Gott unmittelbar — „von Angesicht zu Angesicht" — schauen (hier

---

[120] Vgl. z. B. K. BARTH, AdT 62: „*Nicht* zu verwechseln also das Leben, das wir Toten jetzt und hier leben, mit *diesem* Leben (sc. dem Auferstehungsleben), von dem wir immer nur sagen können, daß wir es noch nicht leben".

[121] Vgl. E. JÜNGEL, *Tod*, 152 f.: mit Barth (KD III/2, 770 f.) erklärt Jüngel, daß das gelebte Leben „gerettet und geehrt sein wird." So, wie wir waren, werden wir alle „versammelt" sein in Gott, der das Leben ist. „Um eine *museale* Versammlung kann es sich also nicht handeln. Gerettete Vergangenheit ist mehr als Vergangenheit. Gerettete Vergangenheit ist ... von Gott ... *verherrlichte* Vergangenheit." (Hervorhebung von mir) — Vgl. unten S. 348 ff.

[122] Vgl. A. OEPKE, γυνή, in: ThWNT 1 (1933) 785.

[123] A. AUGUSTINUS, *De civitate Dei*, XXII 17, distanziert sich von der Vorstellung, daß in der Auferstehung die geschlechtliche Differenzierung annulliert werde, und zieht die Ansicht derer vor, „qui utrumque sexum resurrecturum esse non dubitant."

und nur hier liege das tertium comparationis mit den Engeln), d. h. die ganze Problematik unserer irdischen Existenz mit ihren Belastungen, Mängeln und Fragwürdigkeiten werde erlöst sein. Zur „problematischen" Gestalt, die sicher fallen wird, gehöre auch das „Heiraten und Geheiratetwerden", also die institutionalisierte *Form* (in dieser Welt notwendig, aber eben doch ein „weltlich Ding") der Liebe zwischen Mann und Frau, nicht jedoch diese Liebe *selbst* (die mehr ist als ein „weltlich Ding"). Mit dem Tod würden all die notwendigen Sorgen vorbei sein: „So wird dann auch die Tatsache, daß jene Frau sukzessive sieben Männern angehört hat ... keinen Schatten auf ihr in der Auferstehung aufzudeckendes zeitliches Leben ... werfen können. Denn daß sie heiratete und geheiratet wurde, das wird dann mit viel anderem, was da auch vorgekommen ist, und schließlich mit dem Tod aller Beteiligten geschehen und vergangen sein."

Die *Gebrechen* der Natur werden in der Auferweckung beseitigt, nicht die Natur selbst[124]. Eben deshalb könne von einer Annullierung der Geschlechter im Jenseits keine Rede sein. Der Mensch würde aufhören, er selbst zu sein, „wenn ihm das verloren ginge, daß er Mann und Frau ist, wenn seine Menschlichkeit nicht mehr in dieser konkreten Mitmenschlichkeit, in dieser Verschiedenheit und Beziehung bestehen würde. Anders als so hat er in der Zeit nicht gelebt, anders als so kann er auch nicht ewig leben. Gerade das kann ihm nicht verloren gehen."

Um der Identität des Menschen willen vertritt Barth — ohne sie weiter auszumalen — die bleibende Verschiedenheit von Mann und Frau. Aus demselben Grunde betont er auch die *Leiblichkeit* des Auferstehungssubjekts: „Das Ende der Wege Gottes ist die Leiblichkeit", heißt es schon in der *Auferstehung der Toten*[125]. Weil Gott den ganzen Kosmos und den ganzen Menschen bejaht (AdT 69 f.; KD III/2, 368 ff.), behauptet Barth eine Auferstehung des Leibes, „desselben Leibes, den wir offenkundig sterben und vergehen sehen" (AdT 67).

Freilich: Fleisch und Blut können das Reich Gottes, und die φθορά kann die ἀφθαρσία nicht erben (1 Kor 15, 50; vgl. AdT 71)! Wenngleich 1 Kor 15, 35 ff. „,real' und nicht ,ideal' gemeint ist" (AdT 109)[126], kann Auferstehung des Fleisches *kein Naturprozeß* innerhalb unserer Erfahrungswelt sein; als *leibliche* Menschen sollen wir auferstehen, aber als — im Vergleich zur irdischen Gestalt — „*ganz anders* leibliche Menschen" (AdT 123)! Physikalischer Naturalismus: im Sinne einer Auferstehung der *Körper* kommt also gewiß nicht in Frage[127]. Denn

---

[124] So Barth im Anschluß an A. AUGUSTINUS a. a. O.
[125] AdT, 116. Barth greift ein bekanntes und oft zitiertes Wort von F. Chr. Oettinger auf. — Schon K. BARTH, BF 74, spricht von der „neuen Leiblichkeit" der Auferstehung, von der „Erlösung auch unseres Leibes".
[126] Vgl. AdT 124, wo Barth 1 Kor 15, 50 wieder *abschwächt:* „Man muß hinter σάρξ καὶ αἷμα, Fleisch und Blut in V. 50, in Gedanken ein ,an sich' einschalten oder ein ,jetzt und hier' oder ein ,in der Zeit' oder ,anschaulicherweise', dann wird alles klar."
[127] Ein „Naturprozeß, ... der Gegenstand von Anschauung und Experiment werden könnte, ist's nun eben gerade nicht, was hier geschildert ist." (AdT 109) — Literarische *Illustrationen* wie die „Mücke aus der Zeit Nebukadnezars", die Barth in die Auferstehung mit einbezieht (vgl. G. GRESHAKE a. a. O., 76), wird man also nicht pressen dürfen.

den Ausdruck „Leiblichkeit" meint Barth *theologisch*: als Chiffre für die Rettung der unverwechselbaren Person und darüber hinaus — weil unsere *sichtbare* und *greifbare* Wirklichkeit in Christus erlöst ist (wie Barth an vielen Stellen betont) — als Chiffre für die zur Ganzheit des Menschen gehörende Relation des Geistes zur Materie, ohne daß wir diese Beziehung konkret beschreiben oder gar definieren könnten[128].

d) Der Tod als Entscheidung?

Der *ganze* Mensch soll gerettet werden! Barths Theorie von der „Unmöglichkeit" des Todes und der Sünde (vgl. oben) impliziert eine Problematik, die noch genauer zu bedenken ist: Haben wir mit der Möglichkeit eines „doppelten Ausgangs"[129] unserer Freiheitsgeschichte zu rechnen, also mit der Möglichkeit von Heil *oder* Unheil? Oder wird die Gnade Gottes so übermächtig, daß der Mensch die letzte Barmherzigkeit des Schöpfers nicht mehr verweigern *kann*?

In den bisherigen Überlegungen wurde es schon angedeutet: wenn jeder aufgrund seiner personalen Einmaligkeit seinen je eigenen Tod stirbt, wenn im Tod unser Leben vor den Augen Gottes und vor aller Augen offenbar wird (III/2, 770 f.), dann ist dieses Sterben eine ernste Sache; ernst im Blick auf die Möglichkeit radikaler Selbstverschließung des Menschen, also endgültiger Ablehnung derjenigen Gnade Gottes in Christus, die unseren Fluchttod verhindert. Wenn wir — wie Barth — *Freiheit* voraussetzen[130], kann von einer Heils*sicherheit* des einzelnen keine Rede mehr sein; unter der Bedingung der Freiheit können wir — bis zum letzten Augenblick unseres Lebens — zwischen diesen zwei Möglichkeiten entscheiden: freie *Annahme* der Liebe Gottes im Mit-sterben mit Christus (Röm 6, 8) oder endgültige *Zurückweisung* dieser Liebe. Es könnte sein, daß jemand — zwar nicht in „Freiheit", sondern in „Sünde"[131] — Gottes Wort die Antwort verweigert, daß er sein „Herz" nicht geben will, daß er Gott (und damit sich selbst) im Leben und Sterben verfehlt.

---

[128] Zum Ganzen vgl. unten S. 265 ff.
[129] Vgl. P. ALTHAUS, *Die letzten Dinge*, 194 ff.
[130] Genaueres zum Freiheitsbegriff Barths bei U. HEDINGER, *Der Freiheitsbegriff in der Kirchlichen Dogmatik Karl Barths*, Zürich-Stuttgart 1962. — Daß Barth wirklich Freiheit voraussetzt, ist keine Frage: der Widerspruch zu Gott, damit der Widerspruch des Menschen zu sich selbst, ist *möglich* („wenn auch nur als die *unmögliche* Möglichkeit, nur als die Möglichkeit seiner Selbstaufhebung und so seines Verlorengehens"). Sofern das Geschöpf — im Widerspruch zu Gott und zum Sinn seiner eigenen Existenz — von dieser Möglichkeit Gebrauch macht (was es ja nicht etwa aufgrund seiner Geschöpflichkeit *muß*), wird es schuldig (II/1, 566). Das Geschöpf stürzt „nicht ohne seinen Willen", nicht nur durch satanische Verführung, sondern durch eigene Schuld. „Es bleibt bei der *Verantwortlichkeit* des Menschen" (II/2, 180; vgl. oben). Nicht recht klar wird aber, ob der Mensch auch frei bleibt gegenüber der *eschatologischen* Zuwendung Gottes in seinem Sohn, durch den das Geschöpf „von Ewigkeit her geliebt" ist. — Vgl. dazu H. U. v. BALTHASAR, *Karl Barth*, 248 ff.
[131] Auf die Eigenart der Barth'schen *Terminologie* muß nochmals verwiesen werden: Das Nein gegen Gott ist für Barth keine Möglichkeit der „Freiheit", sondern immer die

Barth weiß um die „Möglichkeit, seine eigene Unmöglichkeit zu wählen"[132]. Aber sein Lieblingsgedanke vom Triumph der Gnade in der Geschichte (der Welt und des einzelnen), der die Sünde immer schon „aus dem Wege geräumt" habe (KER 63), wirft — bei nicht wenigen Formulierungen[133] — die Frage auf, ob die Entscheidungsfreiheit des einzelnen bis zum Tode als der (unmittelbaren) Begegnung mit Gott wirklich offenbleibt. Da Barth die Freiheit des Menschen angesichts der größeren Freiheit Gottes *relativiert* (die Entscheidung des Menschen, sei es zum Heil oder Unheil, schaffe Gott gegenüber keine unwiderruflichen Fakten)[134], provoziert die von H. U. v. Balthasar bemerkte „christologische Engführung"[135] auch hier — bei der individuellen Eschatologie — die Frage nach der wirklichen *Selbständigkeit* und *Entscheidungsfreiheit* der Kreatur. Wir kennen zwar keinen Passus der Barth'schen Dogmatik, wo — wie bei H. Gollwitzer[136] — die Freiheit des Geschöpfs, dem Schöpfer endgültig zu entfliehen, *explizit und eindeutig* bestritten würde[137]. Wie schon bemerkt, lehnt Barth — im Blick auf die altkirchliche Lehre — die ἀποκατάστασις ab; es fällt aber auf, daß er die *negative* Möglichkeit des Todes (nicht des Todes des Menschen „an sich": ohne Gottes Zuwendung — davon redet er oft genug —, sondern des Todes des von der Gnade *erreichten* Menschen, der diese Gnade zurückweist) relativ wenig erwähnt. Offensichtlich interessiert ihn der Himmel viel mehr als die Hölle[138]!

Daß sich Spannungen und Inkonsequenzen auch beim späteren Barth noch finden, wurde schon gesagt. Neben Sätzen, die den Eindruck erwecken, als könne der Mensch — von sich aus — dem Schöpfer gegenüber *immer* nur schuldig werden[139],

---

„unmögliche Möglichkeit" der Sünde: „Die Lehre vom liberum arbitrium des sündigen Menschen ist ein Spottgebilde, das in alle Winde verwehen muß, wenn es von der Erkenntnis der Güte Gottes auch nur von Ferne berührt wird." (III/2, 248)

[132] Zum Begriff der „unmöglichen Möglichkeit" bei Barth vgl. U. Hedinger a. a. O., 159—167.

[133] Vgl. z. B. die häufige Rede vom Tod als „bloßem Zeichen des Gerichts", wobei es in merkwürdiger Schwebe bleibt, ob diese Entschärfung für *alle* gilt (im Sinne der „Apokatastasis") oder nur für die im *Frieden* Gottes Entschlafenen.

[134] Vgl. K. Barth, KER 143: „Gott bleibt den Ungehorsamen gegenüber frei, wie er auch den Gehorsamen gegenüber frei bleibt.

[135] Vgl. H. U. v. Balthasar, *Karl Barth,* 253 ff.: Das „Voraus der Schöpfung" vor der Soteriologie komme bei Barth nicht genügend zur Geltung. Der Schein einer Deduktion der Eigenbedeutung der Schöpfung aus der eschatologischen Letztbedeutung des Gnadenbundes werde nicht immer vermieden.

[136] Vgl. H. Gollwitzer, *Krummes Holz — aufrechter Gang,* 295 f., wo (Barth interpretierend?) die Möglichkeit einer ewigen Verwerfung des Sünders durch Gott negiert wird; vgl. unten S. 176 f. Anm. 79.

[137] Daß Barth diese Freiheit *implizit* leugnet, ist einer der Vorwürfe v. Balthasars (a. a. O., 257 f.): „Hat es sich doch gezeigt, daß Barth im Grund nicht glaubhaft machen kann, wie ein Mensch ungläubig sein kann ... Und so kann der Unglaube des Sünders in nichts anderem bestehen als in einem schon besiegten, schon als nichtig erwiesenen Aufruhr gegen die Wahrheit Gottes in ihm." — Vgl. unten S. 274 ff.

[138] Vgl. H. Zahrnt, *Die Sache mit Gott,* 107 f.

[139] Vgl. z. B. K. Barth, KER 30 f.: „Die im Evangelium verkündigte Verurteilung des Menschen erstreckt sich wirklich auf *alle* Menschen. Gottes Zorn ... auf sich selbst zu be-

und als hebe Gottes Gnade das Todesurteil *in jedem Fall* auf (so daß die Möglichkeit einer Verweigerung dieser Gnade nicht mehr besteht), finden wir Sätze, die eine freie *Stellungnahme* des Subjekts zu seinem Tod und somit die Möglichkeit eines doppelten Ausgangs — in Heil oder Unheil — der Lebensgeschichte voraussetzen[140].

Kurze Beispiele mögen dies belegen: In seiner *Entscheidung* der Gnade Gottes gegenüber steht und fällt der Mensch damit, daß er sie Gnade (unverdiente Wohltat Gottes) sein läßt oder *nicht* sein läßt (KER 34): „Es würde sich also darum handeln, Gottes Gnade in seinem Gericht als Gnade anzunehmen ... Wer dieses Werk täte, der würde Herrlichkeit, Ehre und Frieden tatsächlich erlangen (V. 10)"[141]. Wer dies aber *nicht* tun will, wer unbußfertig ist und keine Gnade begehrt (wie die Juden, die Paulus in Röm 2 tadelt), der „hat sich selbst schon gerichtet" (KER 35).

Analoges sagt Barth von der Annahme des Todes: Gerade um sein Leben zu retten, muß es der Christ — in einem letzten Verzicht auf alles „Besitztum" — aufgeben (Mt 10, 39). Diesen Verlust des irdischen Lebens wird er zwar selbst nicht herbeiführen, er wird ihm — passiv — zustoßen. Aber zu diesem Widerfahrnis wird er als Christ *„nicht Nein, sondern Ja sagen"* (IV/2, 681)[142].

Es gibt also zweierlei Grundweisen des Sterbens: die Weise des *ungehorsamen*, am eigenen Ich festhaltenden Todes, der „gänzlich unfruchtbar und hoffnungslos" ist und deshalb „weder Leuchtkraft haben noch Leben erzeugen kann" (II/2, 532); und die Weise des *gehorsamen*, die eigene Vergänglichkeit annehmenden und den Selbstbesitz lassenden Todes des nachadamitischen Menschen, dessen einzige „Garantie dem Tod gegenüber" darin besteht, „daß er sterben darf, um wenigstens sterbend den Willen Gottes ... ohne Widerstreben zu erfüllen, wenigstens im Tod in seiner Hand, wenigstens im Tod nicht verworfen zu sein, wenigstens im Tod in Gott seine Hoffnung zu haben" (III/1, 324)[143].

Dieser Tod, der dem Willen Gottes gehorcht, hat „Leuchtkraft": in der lassenden Annahme aller Verweigerungen des Daseins — und der Tod ist die letzte

---

ziehen, hat *jeder* Mensch allen Anlaß." Eine Differenzierung je nach größerer oder geringerer Schuld wird hier vermieden! An anderen Stellen (z. B. K. BARTH, Mann und Frau, 29) wird zwar nicht bestritten, daß es Situationen gibt, in denen der Mensch sich „als ein Weiser *oder* als ein Narr, als ein Könner *oder* als ein Stümper, als ein Frommer *oder* als ein Gottloser" erweist (Hervorhebung von mir). Es wird dann aber sofort wieder betont, daß wir — am göttlichen Gebot gemessen — „*alle* auf die Seite der Narren, der Stümper, der Gottlosen gehören" (ebd.).

[140] Vgl. oben S. 90.
[141] Von Röm 2 ist die Rede.
[142] Hervorhebung von mir. — H. U. v. BALTHASAR a. a. O., 257, läßt sich von solchen Sätzen nicht beeindrucken: „Wohl hat der Mensch die Macht zu einem Nein, aber zu keinem so kräftigen, daß es das Ja Gottes zum Menschen aufheben oder in Frage stellen könnte", bemerkt er kritisch zu Barth.
[143] E. WOLF a. a. O., spricht dementsprechend von der „Entscheidung zwischen ‚ewigem Tod' als der bleibenden Feindschaft wider Gott oder ‚ewigem Leben' als der Erwähltheit durch Gott".

große Verweigerung des Daseins — wird der Sterbende „gleichförmig" mit der Gestalt des Todes Jesu (Röm 6, 5)[144] und macht er sichtbar das Leben Jesu an unserem sterblichen Leib (2 Kor 4, 10 f.).

e) Die Aktivität Gottes und die Passivität des Menschen im Tode

Wenn Barth zweierlei Tode unterscheidet (den gehorsamen und den ungehorsamen Tod), so interpretiert er den Fluchtod des Sünders nicht nur als passives Widerfahrnis (als „Strafe"), sondern — mehr noch — als eigenes *Werk* des Menschen: In der endgültigen Auflehnung gegen den Versöhnungswillen des barmherzigen Gottes *verwirkt*[145] der Mensch sein Heil und vollzieht somit *selbst* die Trennung von Gott — in der „Tod-Sünde", könnte man sagen.

Darüber hinaus bliebe zu fragen, ob der Vollzug des Todes in der je einmaligen Personhaftigkeit des Menschen vor Gott nur in seinen *negativen* Aspekten — wie Auflehnung, Empörung, Verweigerung der Liebe Gottes — die Aktivität des Menschen voraussetzt, oder ob nicht auch der Tod in seinem *positiven* Aspekt — Vollendung in die göttliche Liebe hinein — Widerfahrnis und freie *Tat* des irdischen Daseins zugleich ist: in der Annahme[146] aller Trennungen und Loslösungen (welche Annahme oder Verweigerung schon während des zeitlichen Lebens antizipiert und eingeübt wird)[147] durch die Freiheit des Menschen.

Daß Barth diese Annahme fordert, haben wir gesehen; daß er hierin eine geschöpfliche „Beteiligung" an der Vollendung im Tode erblicken würde, dürfte — vom Ansatz seiner „supranaturalen" (Bonhoeffer)[148] Theologie her — zu bezweifeln sein: Barths Auffassung vom stellvertretenden Wirken Christi läßt — wo immer das *Heil* des Menschen auf dem Spiel steht — ein menschlich-personales „Mit-wirken" nicht zu: Alles, was Christus „für" uns getan hat, geschieht letztlich „ohne" und „gegen" uns, wie Barth zu betonen nicht müde wird (z. B. IV/1, 275). Christus ist an unsere Stelle getreten, um „ohne unsere Mitwirkung" und gerade so „gültig und kräftig" für uns zu handeln (IV/1, 252). Wir selbst sind „abgesetzt" (256), „von ihm verdrängt" (260), stehen „nicht mehr unter unsrer eigenen Verantwortlichkeit" (KER 70), wenn Christus für uns eintritt und uns das Leben erwirkt[149].

---

[144] Vgl. unten S. 239 ff.
[145] Vgl. E. JÜNGEL, *Tod*, 112: „*Verwirken* ist das richtige Wort, weil der Mensch ja in der Tat *am Werke* ist, wenn er sich diesen Tod zuzieht."
[146] Wir sollen unser Heil „wirken" (vgl. Phil 2, 12), indem wir Gottes Zukunft *annehmen* und insofern uns selbst in Gottes Ewigkeit „einbringen". In diesem Sinne versteht z. B. P. ALTHAUS, *Tod, dogm.,* in: RGG 6 (³1962) 914 ff., das Sterben als personale „Tat", wenngleich das passive Erleiden für Althaus (wie für Barth) der *primäre* Aspekt des Todes bleibt.
[147] Vgl. unten S. 242 ff.
[148] Vgl. unten S. 154 ff.
[149] Vgl. die kritische Besprechung bei D. SÖLLE, *Stellvertretung,* Stuttgart ³1966, 116—121.

Eberhard Jüngel darf man als Interpreten seines Lehrers Barth ansehen, wenn er eine Wirksamkeit des Menschen nur für den negativ qualifizierten *Fluchtod* supponiert: „... die göttliche Aktivität des *Beendens* schließt menschliche Beteiligung aus, weil hier jede menschliche Aktivität doch nur ein illegitimer Vorgriff wäre", weil „der Tod als das von Gott gewollte Lebensende den Menschen in eine letzte Passivität führt, die zu seinem Menschsein gehört, als dessen gute Grenze. Wir haben uns damit gegen eine in der Philosophie, aber auch in der katholischen Theologie eindrucksvoll vertretene Theorie ausgesprochen, die den Tod als letzte Entscheidung, als die das eigene Leben vollendende Tat des Menschen (Rahner), als ‚*die* Tat des Wollens schlechthin' (Boros) interpretiert. Diese Interpretation ist biblisch unhaltbar."[150]

Angesichts der von Barth vertretenen (und von Jüngel in ihrer Frontstellung präzisierten) Exklusivität des göttlichen Wirkens im Tode stellt sich die Frage nach der *Freiheit* des Menschen erneut. Denn vom Geschöpf her ist der Tod — in der Konsequenz des eben Gesagten — *immer* nur Ende und Zerstörung (vgl. oben); Voll-endung und Erfüllung wird er erst und allein durch Gottes Handeln in Christus.

6. Das Schicksal der Toten bis zur Wiederkunft Christi: „Es fehlt die Vollendung der Bruderschaft"

Es bleibt noch die Frage nach dem „Zwischenzustand" zwischen individuellem Tod und allgemeiner Auferstehung zu besprechen. Dieses Problem wird in Barths Dogmatik wohl aufgeworfen, aber nicht eindeutig beantwortet. Verbal lehnt Barth einen „Zwischenzustand" ab (weil sich platonisierende Vorstellungen mit diesem Ausdruck verbänden); wenn er aber die Spannung von „Erfüllung" und „Verheißung" auch und gerade am Todesproblem aufzeigt, erreicht er — der Sache nach — doch so etwas wie eine ausständige End-vollendung des (grundsätzlich) schon erlösten Verstorbenen, also einen „Zwischenzustand".

Barth verweist auf die Situation der frühchristlichen Gemeinden: als sich deren „Naherwartung" nicht erfüllte[151], als es in Saloniki und Korinth die ersten Todes-

---

[150] E. JÜNGEL a. a. O., 116 f. (wohl in Anlehnung an G. SCHUNACK, *Das hermeneutische Problem des Todes,* 275 ff.). — Ohne Zweifel spielt hier ein pejoratives Vorverständnis der kreatürlichen „Werke" herein, sehr im Gegensatz zu anderen Zeitgenossen — etwa D. Sölle (vgl. unten S. 186 ff.) —, die das Tun Gottes und die Werke des Menschen praktisch gleichsetzen. — Ob die von Jüngel kritisierte Interpretation des Todes als Erleiden *und* Tat des Menschen von der Schrift her „unhaltbar" ist (und ob sie Jüngels eigener Auffassung, daß der Tod in eine letzte Passivität führe, notwendig widerspricht), wird noch zu untersuchen sein. — Vgl. unten S. 154 ff. zu Bonhoeffer und S. 279 ff.
[151] Auf die Diskussion um die „Parusieverzögerung" und die Frage, ob die Urkirche eine solche als *Problem* gekannt hat, brauchen wir hier nicht einzugehen. Vgl. dazu E. GRÄSSER, *Das Problem der Parusieverzögerung ...,* Berlin 1957; dazu kritisch H. W. BARTSCH, *Zum Problem der Parusieverzögerung bei den Synoptikern,* in: EyTh 19 (1959) 116 ff.

fälle von Getauften gab und als auch Paulus mit seinem Ableben noch vor dem Kommen des Herrn rechnen mußte, da drängte sich den Christen die Frage auf nach dem Schicksal der im Vertrauen auf Jesu Wort Verstorbenen. Die vorläufige Antwort des Paulus war diese: bei der letzten Parusie Christi werden die Lebenden „verwandelt" und die „Entschlafenen" auferweckt, damit sie mit den Lebenden zusammen „entrückt" würden. Etwas später — im Philipperbrief — setzt Paulus ein „Mit-Christus-sein" der Toten (im Unterschied zum „In-Christus-sein" der Lebenden) voraus[152].

An diesen verschiedenen Antworten will sich Barth orientieren. Anders als im *Römerbrief* betont er jetzt, wie gesagt, die Weltvollendung als künftiges Datum[153], von dem „nichts zu erzählen ist", weil es „sich noch nicht ereignet hat" (vgl. III/2, 777 f.). Der biblischen Spannung von präsentischer Erfüllung und futurischer Verheißung sucht er gerecht zu werden mit der von Paulus übernommenen Unterscheidung zwischen „Entschlafen" (noch vor dem Ende der Zeit) und „Verwandlung" bei der letzten Parusie[154] des Herrn, die alle Weisen seiner Gegenwart überholt.

Das in den älteren Paulusbriefen (1 Thess und 1 Kor) belegte Wort „entschlafen" (κοιμᾶσθαι) sei freilich nicht so zu verstehen, als ob die Toten jetzt — lediglich — Schlafende wären; dies sei eine sachlich nicht zu begründende Über-Interpretation[155]. In Wirklichkeit gebe Paulus nur den äußeren Eindruck der

---

[152] Vgl. 1 Thess 4, 13—17; 1 Kor 15, 51 ff. und Phil 1, 23. Zur Exegese dieser Stellen, insbesondere zur Frage einer „Entwicklung" in der paulinischen Eschatologie vgl. P. HOFFMANN, *Der Christ zwischen Tod und Auferstehung nach der Auffassung des Paulus*, München 1959; dazu J. GNILKA, *Die biblische Jenseitserwartung*, in: Bibel und Leben 5 (1964) 103 ff. (Lit.); zum Ganzen vgl. unten S. 319 ff.

[153] Vgl. oben S. 55 u. 64.

[154] Zu den Ausdrücken „erste Parusie" (Ostern) und „letzte Parusie" vgl. KD IV/3, 1, 367 u. 381. — Daß Ostern nicht mit dem Ende der Zeit zusammengefallen ist, ist für Barth ein Problem, das er folgendermaßen löst: Jesus wollte der — mit Gott versöhnten — Kreatur Zeit verschaffen, an der Ernte, die der Versöhnung folgt, „nicht nur als Zuschauer, sondern aktiv teilzunehmen." (382 f.; vgl. oben S. 52) — Barth unterscheidet — KD IV/3, 2, 1061 ff. — zweierlei Ende der menschlichen Existenz: das normale Sterben und die unmittelbare „Entrückung" derer, die bei der letzten Parusie des Herrn noch leben. „Wir werden zwar nicht alle entschlafen, aber alle werden verwandelt werden" (1 Kor 15, 51). Es sei zu bedauern, daß auch die Christen es sich angewöhnt hätten, den Tod für den Normalfall, ja für die eiserne Regel zu halten. Ein derartiges „Monopol des Todes" (Barth spricht von der „Moral des Totentanzes") gebe es im NT gerade nicht. Der Tod sei hier nur *eine* Gestalt des Endes. Dem stehe eine „ganz andere" Gestalt gegenüber, nämlich die Entrückung, die — wie bei Christus — *unmittelbar* Vollendung, Ziel und Telos sei. Freilich falle von daher auch auf unser normales Sterben ein neues Licht: Kann, so fragt Barth, der Tod in diesem Licht etwas anderes sein als „ein *vorläufiger Ersatz*, eine *Maske* jenes ganz anderen Endes" (Hervorhebung von mir)? Ist die eschatologische Entrückung nicht der eigentliche Grund dafür, daß wir unserem Ende in Hoffnung entgegensehen können? — Daß die „Entrückung" etwas prinzipiell anderes sei als der Tod, scheint Paulus freilich nicht anzunehmen, wenn er sagt, daß die bei der Parusie Christi noch Lebenden den Entschlafenen nichts voraus hätten (1 Thess 4, 15).

[155] Die Theorie vom „Todesschlaf" vertritt heute noch O. CULLMANN, *Unsterblichkeit der Seele* . . ., Stuttgart-Berlin 1964, 15 f., 49 ff., 72 (Anm. 34 gegen Barth). Diese Theorie

Überlebenden wieder¹⁵⁶. Die neutestamentlichen Christen hätten über den Zustand des Menschen nach dem Tod nicht weiter reflektiert — etwa mit einer ausgeführten Lehre vom „Zwischenzustand" —, sondern sich einfach an das vom Frieden Gottes umgebene letzte Lebenssymptom (eben das „Entschlafen") gehalten. Im übrigen habe ihnen das Herrenwort: „Ich bin die Auferstehung und das Leben" (Jo 10, 25) genügt.

Dieses Wort genügt auch Barth. Es gebe „in Christo" Entschlafene (1 Thess 4, 13 ff.), die als solche, auch ohne daß sie schon „entrückt" wurden¹⁵⁷, nicht verloren seien (III/2, 777 ff.): Als Erstling der Entschlafenen (1 Kor 15, 20) habe Christus „auch ihrem (sc. der Verstorbenen) Tode die Macht schon genommen, das Leben und das *unvergängliche Wesen* auch für sie schon ans Licht gebracht"¹⁵⁸. Jesu Zusage an Martha: „Dein Bruder wird auferstehen" (Jo 11, 23) meine eben *mehr* als bloß die korrekte Lehrtradition, wie sie Martha nachbuchstabiert: „Ich weiß, er wird auferstehen bei der Auferweckung am Jüngsten Tage" (V. 24). Jesu Entgegnung enthält — neben dem futurischen „wer an mich glaubt, wird leben" — das präsentische „Ich *bin* das Leben". So werde Jesus zum Feind des Todes schlechthin (IV/2, 252): die Auferweckung sei zwar künftig, „und doch: insofern wir an Ihn glauben, können wir den Tod nicht mehr *vor* uns, sondern nur noch *hinter* uns sehen" (III/2, 756)¹⁵⁹.

Der einzelne wird im Tode — mit der Bergung seiner Beziehung zu Gott¹⁶⁰ — wirklich vollendet. Dennoch *fehlt* ihm noch etwas! In einem Gespräch hat es Barth einmal so formuliert: *es fehlt die Vollendung der „Bruderschaft"*, die sich erst am Ende der Zeit ganz erfülle¹⁶¹: Weil *alle* Menschen füreinander wichtig seien (nicht bloß im diesseitigen Leben!), weil es eine letzte Schicksalsverbunden-

---

wird aber — in exegetischer Hinsicht — zweifelhaft, wenn man bedenkt, daß der spätere Paulus (vor allem im Philipperbrief) dieses Bild nicht mehr gebraucht und es bei den Synoptikern und bei Johannes überhaupt nicht belegt ist. — Die Idee vom „Todesschlaf" hindert Cullmann übrigens nicht daran, für die Verstorbenen eine *größere Christusnähe* anzunehmen als für die Lebenden. Er beruft sich auf Phil 1, 23 und die umstrittene Stelle Lk 23, 43: Die Toten seien *bei Christus*, weil unser innerer Mensch schon von der Lebensmacht des Hl. Geistes ergriffen sei, dem der Tod nichts anhaben könne (59). Bis zur Überkleidung mit dem Geistleib (1 Kor 15, 44) läßt Cullmann die Toten in einem leiblosen „Zwischenzustand", den er ziemlich platonisch — ganz gegen seinen sonstigen Anti-Platonismus — als *Befreiung* begreift (58). Die hier vollzogene Trennung von geistiger und leiblicher Vollendung (mit der Cullmann der — traditionellen — katholischen Auffassung recht nahe kommt) wird freilich in anthropologischer Hinsicht problematisch (vgl. unten S. 262 ff.).

¹⁵⁶ Genaueres zur Exegese der paulinischen Rede vom „Entschlafen" bei O. MICHEL, *Zur Lehre vom Todesschlaf*, in: ZNW 35 (1936) 285—290; dazu J. GNILKA a. a. O., 113 ff.
¹⁵⁷ Niemand, „auch keine Maria", habe Aussicht, den übrigen Toten durch eine Sonderentrückung zuvorzukommen, meint Barth gegen das Assumpta-Dogma (1. 11. 1950) Papst Pius XII. — Dazu unten S. 268 f.
¹⁵⁸ Hervorhebung von mir.
¹⁵⁹ Vgl. oben S. 88 Anm. 99.
¹⁶⁰ Vgl. oben S. 85 f.
¹⁶¹ Zit. nach G. GRESHAKE a. a. O., 76.

heit und Abhängigkeit aller Menschen untereinander gebe, weil das Reich Gottes *universal* sei, werde die Zukunft des einzelnen erst dann sich erfüllen, wenn auch die Zukunft der Menschheit erfüllt ist. Diese Erfüllung bedeute das Ende der Dinge und zugleich ihren „Anfang"[162] in der Überkleidung mit ewigem Leben (2 Kor 5, 1 ff.). Dann werde jene „Entrückung" erfolgen, die es offenbart, daß Gottes Wille mit seiner Schöpfung ans Ziel gelangt ist (IV/3, 2, 1061 ff.).

Mehr könne man nicht wissen, denn noch wandeln wir im Glauben und nicht im Schauen (2 Kor 5, 7). Über den „Zwischenzustand" sagt Barth nicht mehr — aber auch nicht weniger — als daß die Toten „bei Christus" seien[163]: insofern schon vollendet und doch — in einer nicht näher beschreibbaren Defizienz — noch nicht ganz vollendet.

Barth will hier, so könnte man sagen, jenes „Geheimnis" gewahrt sehen, das Karl Rahner — von einem anderen Ansatz her (vgl. unten S. 204 ff.), aber in ähnlicher Intention — zum Auslegungsprinzip aller eschatologischen Aussagen erklärt: „Wir wissen nicht nur nicht genau, *wann* das Ende da ist; dieses ist nicht nur hinsichtlich des Zeitpunktes seines Eintritts ‚noch nicht ganz genau' geoffenbart. Der Voll-endung kommt vielmehr hinsichtlich *aller* ihrer Eigentümlichkeiten ein wesentlicher und ihr *als solcher* eigentümlicher Verborgenheitscharakter für uns zu."[164]

---

[162] Vgl. oben S. 53 f. — Barth gebraucht in diesem Zusammenhang das Wort „Wiederherstellung", um auszudrücken, daß die Schöpfung so sein werde, wie sie vom Schöpfer ursprünglich gemeint war.
[163] Von einer *Läuterung* (Purgatorium, „Fegefeuer") der Toten, wie sie die katholische Dogmatik kennt, sagt Barth aber nichts; vgl. unten S. 276 ff.
[164] K. Rahner, *Theologische Prinzipien der Hermeneutik eschatologischer Aussagen,* in: ders., *Schriften IV,* 401—428, hier 408.

Zweiter Abschnitt

Bestätigung und Kritik der Aussagen Barths in der evangelischen Theologie

Zur Methode

Um die Auseinandersetzung mit Barth (im dritten Abschnitt) auf eine breitere Grundlage zu stellen, sollen Barths Aussagen über Tod und Vollendung mit der zeitgenössischen Theologie konfrontiert werden. Inwiefern Barths Deutung des Todes durch andere evangelische Systematiker *bestätigt*, *ergänzt* oder *korrigiert* wird, ist im folgenden zu untersuchen: im Rückbezug auf die Barthsche Dogmatik soll die individuelle Eschatologie — in ihren wichtigsten systematischen Ansätzen — zur Sprache kommen.

Im Blick auf ihre kritische *Distanz* zum Verständnis des Todes bei Barth scheinen mir — innerhalb der evangelischen Theologie — folgende Tendenzen beachtenswert:

1. die *existentiale*[1] Interpretation des Todes (der Tod als „augenblickliche" Begegnung mit Gott — antizipiert in der täglichen Nachfolge Jesu), verbunden mit Kritik an Barths dogmatischem „Objektivismus";

2. die Interpretation des Todes als „*Ganz-tod*" (der Tod als totale Vernichtung des Menschen — bis zur Neuschöpfung am „Jüngsten Tag"), verbunden mit Kritik an Barths Verständnis von „Evangelium und Gesetz" (bzw. von der iustificatio impii);

3. die *universale* (kosmologische) Interpretation des Todes (der Tod als Partizipation des Individuums an der Tiefe des Seins), verbunden mit Kritik an Barths „Offenbarungspositivismus";

4. die Interpretation des Todes als menschliche „*Tat*" (der Tod als Zustoß von außen *und* als „Werk" der endlichen Freiheit), verbunden mit Kritik an der „Entmündigung" des menschlichen Tuns durch Barth;

5. die *eschatologische* Interpretation des Todes (der Tod als Übergabe des Menschen in die Zukunft des kommenden Gottes hinein), verbunden mit Kritik an Barths Geschichts- und Offenbarungsbegriff;

6. die *a-theistische* Interpretation des Todes (Negation eines „postmortalen" Daseins), verbunden mit Kritik am Gottesgedanken überhaupt.

Erst hier — in der sog. Theologie nach dem Tode Gottes — begegnet eine von Barth *fundamental* verschiedene Antwort auf die Frage des Todes!

Diese sechs — z. T. gegenläufigen — Antworten auf das Todesproblem werden am Beispiel ihrer repräsentativen Vertreter erläutert: (1) Rudolf Bultmann, (2) Werner Elert, (3) Paul Tillich, (4) Dietrich Bonhoeffer, (5) Jürgen Moltmann und Wolfhart Pannenberg, (6) Dorothee Sölle. Die *Reihenfolge* der genannten Autoren ist nicht willkürlich gesetzt: sie soll verdeutlichen, wie diese sich gegenseitig korrigieren, aber auch, wie sich die eine Position aus der anderen ergibt: als deren Konsequenz oder Antithese. Daß die „Theologie nach dem Tode Gottes"

---

[1] Dieses und die folgenden Attribute — die das Ergebnis dieses Abschnitts in etwa schon andeuten und inhaltlich im folgenden präzisiert werden sollen — sind nicht in einem alternativ-*determinierenden* Sinne zu verstehen (als ob sich diese Deutungen gegenseitig ausschlössen), sondern in einem *akzentuierenden* Sinne: verschiedene Aspekte von Tod und Vollendung werden — in einem theologischen „Pluralismus" — unterschiedlich betont.

mit ins Spiel gebracht wird, hat seinen Grund darin, daß sie, wie zu zeigen sein wird, die radikalste Konsequenz des Barth'schen Ansatzes ist.

Bei der Untersuchung einer speziellen Frage — hier des Todesproblems — kann es natürlich nicht darum gehen, die *Gesamt*theologien Barths, Bultmanns, Tillichs usw. in ihrer Relation zueinander zu erörtern; andrerseits ist es unumgänglich, die Problematik des Todes in ihrem gesamttheologischen Kontext zu besprechen (wie es bei Barth schon versucht wurde): Würde z. B. über Tillichs Vorverständnis vom göttlichen Sein oder Bonhoeffers Dialektik von „Letztem" und „Vorletztem" oder Moltmanns Auseinandersetzung mit Bloch usw. überhaupt nichts gesagt, dann wären die Aussagen über Tod und Vollendung — in ihrer jeweiligen Intention und Motivation — gar nicht verständlich.

Es wird versucht, über mit dem Todesproblem *mittelbar* zusammenhängende Fragen (wie Bultmanns Rezeption der Heidegger'schen Daseinsanalyse oder Pannenbergs Forderung nach einer ontologischen Begründung des Gottesgedankens) so viel — nicht mehr und nicht weniger — zu sagen, als es zur Herstellung eines Verständnishorizontes für das Todesproblem erforderlich ist.

I. Die existentiale Interpretation des Todes bei Rudolf Bultmann: Kritik an Barths dogmatischem „Objektivismus"

Vorbemerkung

Bultmanns Interpretation der neutestamentlichen Aussagen über Tod und Vollendung des Individuums setzt — wie seine ganze Theologie — die ontologische Daseinsanalyse Martin Heideggers voraus. Nicht bei Gottes ewigem Sein setzt Bultmanns Denken an, sondern beim Selbstverständnis des *Menschen,* bei der Entscheidungsstruktur menschlicher Existenz. Hier liegt die entscheidende Differenz zu Barth[1]: Während dieser die philosophischen „Eierschalen" der Dialektischen Theologie abwerfen und sich von der anthropologischen Begründung der christlichen Lehre radikaler lösen will als in den 20er Jahren[2], findet Bultmann die Grundstrukturen des menschlichen Daseins in der Philosophie des frühen Heidegger so gültig beschrieben, daß er die Existentialanalyse nicht nur selbst übernimmt, sondern deren Übernahme durch die Theologie — soll diese nicht nur Predigt, sondern begriffliche Klärung der gläubigen Existenz sein — zur Vor-

---

[1] Barth kritisiert Bultmann in einem Brief vom 29. 5. 1947 an Landesbischof Wurm, daß es „für neutestamentliche Sätze wie die von der Messianität und Gottessohnschaft, vom Versöhnungstod, von der Auferstehung und Wiederkunft Christi nur eine Auslegung geben (kann), laut derer sie als vorstellungsmäßige, durch die Phantasie des neutestamentlichen Zeitalters bedingte Objektivierungen dessen zu verstehen sind, was die dem Menschen durch Jesus Christus vermittelte Begegnung mit Gott für ihn, den Menschen, zu bedeuten hat." (Zit. nach B. JASPERT, Hrsg., *K. Barth-R. Bultmann. Briefwechsel 1922 bis 1966,* Zürich 1971, 289.)

[2] Vgl. oben S. 61.

aussetzung des rechten Verständnisses von Offenbarung erklärt[3]: Die Theologie als Wissenschaft von der glaubenden Interpretation des Daseins setzt einen bestimmten Sinn von Sein voraus, der vom Sein überhaupt „abkünftig" ist, „und die Philosophie wird die Instanz sein müssen, die über diese Abkünftigkeit befindet"[4].

Eine ausführliche Darstellung der Systematik Bultmanns ist hier nicht möglich[5]; es soll aber deutlich werden, wie Bultmanns Exegese der neutestamentlichen Theologie des Todes[6] vom systematischen Ansatz seiner Theologie bestimmt wird. Um dies zu verdeutlichen, wird mit einer knappen Besprechung der 1929/31 geführten Kontroverse um das Verhältnis von philosophischer Daseinsanalyse und theologischem Daseinsverständnis zwischen Bultmann und Gerhardt Kuhlmann[7]

---

[3] Dagegen Barth in einem Brief vom 12. 6. 1928 an Bultmann: „... Es ist ferner so, daß ich einen tiefen Abscheu in mich aufgenommen habe angesichts des Schauspiels, wie die Theologie es immer wieder vor allem der Philosophie ihrer Zeit recht machen wollte und daneben ihr eigenes Thema vernachlässigte." (Zit. nach B. JASPERT a. a. O., 84 f.) — Heidegger selbst scheint eher Barth Recht zu geben, wenn er die Theologen auffordert, sie sollten die Kategorien ihres Denkens und die Art ihrer Sprache nicht durch Anleihen bei der Philosophie beziehen: „Je eindeutiger sich die Theologie der Anwendung irgendeiner Philosophie und ihres Systems entschlägt, um so *philosophischer* ist sie in ihrer eigenbürtigen Wissenschaftlichkeit." (Aus einem Vortrag am 9. 3. 1927 über *Phänomenologie und Theologie*, veröffentlicht 1970, „Rudolf Bultmann in freundschaftlichem Gedenken an die Marburger Jahre" gewidmet; zit. nach: Herderkorrespondenz [1971] 180.)

[4] R. BULTMANN, *Die Geschichtlichkeit des Daseins und der Glaube. Antwort an G. Kuhlmann*, in: *Heidegger und die Theologie* (hrsg. v. G. NOLLER), München 1967, 72—94, hier 74 Anm. 3.

[5] Es sei verwiesen auf W. SCHMITHALS, *Die Theologie R. Bultmanns. Eine Einführung*, Tübingen ²1967; G. HASENHÜTTL, *Der Glaubensvollzug. Eine Begegnung mit R. Bultmann aus katholischem Glaubensverständnis*, Essen 1963 (Bultmann fühlt sich hier — wie er im Vorwort schreibt — besonders gut verstanden); H. FRIES, *Bultmann, Barth u. die katholische Theologie*, Stuttgart 1955; ders., *Das Anliegen Bultmanns im Lichte der katholischen Theologie*, in: Kerygma und Mythos V (hrsg. v. H. W. BARTSCH), Hamburg-Bergstedt ²1966, 29—43. — Zu den Begriffen „Existentiale Interpretation", „Entmythologisierung", „Hermeneutische Methode", „Subjekt-Objekt-Schema", „Vorverständnis", „Geschichtlichkeit", „Entscheidung" usw. vgl. außerdem H. ZAHRNT, *Die Sache mit Gott*, 260—325.

[6] Bultmann hat nirgendwo eine zusammenhängende Systematik des Todesproblems geschrieben; wir sind also auf seine Exegese der einschlägigen Stellen bei Paulus und Johannes (bes. auf seine verschiedenen Lexikon-Artikel, seine *Theologie des NT* und seinen Johannes-Kommentar) verwiesen; vgl. unten S. 117 ff.

[7] Zum Kreis des Jenaer Philosophen Eberhard Grisebach gehörender Theologe, dessen Kritik an Bultmann in wichtigen Punkten (nicht in allen!) der Position Barths entspricht. — Vgl. zum folgenden G. KUHLMANN, *Zum theologischen Problem der Existenz. Fragen an R. Bultmann* (1929), in: *Heidegger und die Theologie*, 33—58; den oben Anm. 4 genannten Aufsatz Bultmanns; G. KUHLMANN, *Krisis der Theologie?*, in: ZThK 12 (1931) 124—146; als indirekte Antwort auf die zweite Anfrage Kuhlmanns: R. BULTMANN, *Das Problem der „Natürlichen Theologie"*, in: ders., *Glauben und Verstehen I*, 294—312. Dazu auch E. FUCHS, *Theologie und Metaphysik. Zu der theologischen Bedeutung der Philosophie Heideggers und Grisebachs*, in: ZZ 11 (1933) 315—326; abgedruckt in: *Heidegger und die Theologie*, 136—146.

begonnen. Denn Bultmanns theologische Position (von der aus das Todesproblem anzugehen ist) profiliert sich in dieser Kontroverse besonders klar, gerade in Abgrenzung zu *Barth*[8] und dessen dogmatischem „Objektivismus"[9]; zum anderen illustriert hier Bultmann am Beispiel des *Todesproblems* die thematische Eigenständigkeit der Offenbarungstheologie gegenüber der philosophischen Daseinsanalyse.

Da Bultmanns theologische Interpretation der existential-analytischen Deutung des Todes eine *jenseitige Vollendung* des Lebens voraussetzt, ist im 2. Teil dieses Kapitels der Begriff „Zukunft" in Bultmanns Eschatologie zu besprechen, um dann — im 3. Teil — die Einzelaspekte des Todesproblems in Bultmanns Schriftexegese klären zu können. Bei all diesen Überlegungen wird sich zeigen, daß Bultmanns Deutung des Todes — trotz des anderen Ausgangspunktes — auch wichtige *Gemeinsamkeiten* mit der Deutung des Todes durch Barth aufweist.

1. Christliche Deutung des Todes im Rahmen der ontologischen Daseinsanalyse Martin Heideggers

Bultmann entwickelt seine eigene Theologie oft in Auseinandersetzung mit anderen Autoren, mit Barth, Brunner, Gogarten oder hier mit Kuhlmann. Es sollen zunächst die „Fragen" Kuhlmanns (seine Anfrage geht sehr schnell zum Angriff über) in aller gebotenen Kürze zusammengefaßt werden.

a) Die Anfrage Gerhardt Kuhlmanns

Kuhlmanns Anfrage zielt gegen Bultmanns Orientierung an der Heidegger'schen Ontologie. Seine Bedenken expliziert Kuhlmann an mehreren Beispielen, vor allem an Heideggers Interpretation des Lebens als „Sein zum Tode"[10]: Die sich in der „Sorge" zu einem Infinitum ausweitende Existenz verfehlt ihre „Eigentlichkeit"; erst wenn das Dasein als sorgendes „Aus-Sein auf ..." in sich selbst ein *Ende* entdecken könnte, würde es sich selbst gewinnen, nämlich als endliches, zeit-

---

[8] Barth bedauert in einem Brief v. 27. 5. 1931 an Bultmann (zit. nach B. JASPERT a. a. O., 118), „daß ich mich bei Ihnen schließlich einfach in dasselbe Diensthaus Ägyptens zurückversetzt fühle, das wir ... mit der Absage an Schleiermacher ... verlassen haben sollten. Ich habe jahrelang, wenn man mich nach meiner Meinung über Sie fragte, geantwortet, ich sehe bei Ihnen gewisse liberale Eierschalen, die ich aber nicht weiter ernst nehmen könne. Erst aus dem Kuhlmann-Aufsatz drängte sich mir die Einsicht auf, daß dem sehr anders sein müsse, als ich dachte, daß das neue Marburg dem alten nur zu verwandt sei".
[9] E. BRUNNER, *Das Ewige als Zukunft und Gegenwart*, II f., wirft Barth eine „einseitige Geltendmachung des Objektiven" vor, die dem Fragen des heutigen Menschen nicht mehr gerecht werde; Kierkegaards Erkenntnis: „Das Subjekt ist die Wahrheit", habe Barth übersehen. — Brunner tadelt aber auch Bultmanns „Subjektivismus", der der extreme Pendelausschlag nach der anderen Seite hin sei.
[10] Vgl. G. KUHLMANN, *Zum theologischen Problem der Existenz*, 40 f. — Die folgenden Seitenangaben in ( ) beziehen sich auf diesen Aufsatz bzw. auf Bultmanns Antwort (vgl. oben Anm. 4).

liches Sein. In die Entscheidung gestellt zwischen die beiden Möglichkeiten von „Eigentlichkeit" (freie Annahme der Endlichkeit) und „Uneigentlichkeit" (Verfallenheit an das „Man", welches den Tod nicht an sich herankommen läßt, ihn nicht übernimmt als zur Ganzheit des Daseins gehörende, ja diese Ganzheit konstituierende Wirklichkeit), wählt das Dasein dann seine *eigenste* Möglichkeit, wenn es sich als „Sein zum Tode" versteht, wenn es sich vom Tode auf das Jetzt zurückwerfen läßt, in die jeweilige Situation, in der es allem auf ihn Zu-kommenden (der „Zukunft") radikal geöffnet ist[11].

So biete Heidegger tatsächlich eine Möglichkeit an, die Existenz des Menschen als Entscheidung zu verstehen (42). Aber wie kann die so verstandene Existenz methodisch für die Theologie nutzbar gemacht werden? „Welche theologischen Inhalte involviert die von solchem System aus verstandene theologische Methode?" (43)

Kuhlmanns Angriff: Solche Theologie werde entweder zur Philosophie oder zur mythologischen Umschreibung von Philosophie. Denn Heideggers Existentialanalyse beanspruche, das Dasein vollständig zu erklären, wodurch die Theologie überflüssig werde: „Weil die Existentialanalyse den vollen ‚Horizont' des Daseins ständig im Blick hat, kann sie nicht dulden, daß eine Theologie eine neue Seinsmöglichkeit als eigenen Gegenstand entdeckt, d. h. sich ‚offenbaren' läßt" (52). Der Heidegger'sche Seinsbegriff ermögliche kein „Heraussein" aus dem „in der Welt sein"; „Eigentlichkeit" könne immer nur eine dem Dasein *von sich aus* offenstehende Existenzweise sein: „Dann erlöst mich aber gar nicht Gott in Jesus Christus, sondern das Dasein selbst im Ruf des Gewissens" (48, Anm. 6) und das Evangelium wird zur Aufklärung über die natürliche Existenz. Der philosophisch schon festgelegte Gegenstand könne dann nur noch mit geänderter Terminologie wiederholt werden: Bultmanns Offenbarungsbegriff mythologisiere also nur die schon im natürlichen Dasein entdeckte Dialektik von eigentlicher und uneigentlicher Existenz. Dagegen Kuhlmann: Das eigentliche Problem des Glaubens „beginnt erst dort, wo die Möglichkeit eines paradoxen ‚Was' der Offenbarung ernsthaft zugegeben wird". Dieses Offenbarungs*geschehen* „würde dann nicht das paradoxe Ereignis der Existenzerfassung meinen, sondern ... die wirkliche Begrenzung je meines Daseins durch ein fremdes." (58)

b) Bultmanns Präzisierung

Die Fragen Kuhlmanns beantwortet Bultmann mit der bekannten Unterscheidung von Sein und Seiendem[12]. Das Materialobjekt von Philosophie und Theo-

---

[11] Zu Heideggers Interpretation des Daseins als „Sein zum Tode" vgl. unten Anm. 22.
[12] Bultmann erläutert: „Wenn z. B. der Glaube behauptet, es sei *unmöglich,* daß der Mensch vor Gott gerecht werde durch seine Werke ..., so ist hier die Unmöglichkeit ontisch-existentiell gemeint; und die Rede von solcher *Unmöglichkeit* ist nur möglich und sinnvoll, wenn *ontologisch-existential* von der *Möglichkeit* der ‚Gerechtigkeit' geredet werden kann. Von einem Tier (obiges) zu sagen ..., ist offenbar sinnlos, weil Gerechtig-

logie falle in der Tat zusammen, nämlich im Dasein des Menschen; die Differenz liege in der Betrachtungsweise: die philosophische Daseinsanalyse habe es nicht — wie die Theologie — mit konkret vorkommenden Verhaltensweisen (dem ontisch-Seienden) zu tun, sondern mit den Bedingungen der Möglichkeit solcher Verhaltensweisen[13]. Daß der theologische Gegenstand — Glaube, Hoffnung, Liebe, Tod, Vollendung — von der ontologischen Daseinsanalyse aus angegangen werden muß, setze freilich voraus, daß auch das gläubige Dasein jedenfalls Dasein ist, daß Sünde und deren Vergebung, wenn sie vom Glaubenden ausgesagt werden, Phänomene innerhalb des Daseins sind („besser: sie sind es *auch*"): Offenbarung meine ja keine magische Verwandlung des Menschen; die „Welt" habe für den Christen zwar ontisch ein Ende (er soll nicht mehr sündigen, d. h. sich nicht mehr aus dem Vorhandenen verstehen, sondern aus Gott), nicht aber ontologisch (denn er bleibt den allgemeinen Existenzbedingungen unterworfen)[14].

Kuhlmanns Vorwurf, durch Bultmanns Methode werde die Offenbarung profanisiert, hatte sich gegen den Begriff des „Vorverständnisses" gerichtet: denn dieses „sagt ja nicht mehr, als was ich im profanen Selbst-Verständnis je schon wußte"[15]. Bultmann präzisiert: ein „Vorwissen darum, daß der Tod nicht ein bloßer Naturvorgang ist, ein einfaches Aufhören, sondern daß er die Probe unseres Lebens ist"[16], gibt es auch außerhalb der Offenbarung[17]. Dem analog kann der Ungläubige (oder „vorgläubige" Heide) ebenso genau sagen, was Offenbarung (im allgemeinen Sinne) ist, wie der Gläubige[18]; was der Glaubende aber

---

keit keine ontologische Möglichkeit für das Tier bedeutet." (*Heidegger und die Theologie*, 76).

[13] Die Philosophie reflektiert nicht darauf, „ob in einem konkreten Fall ein Liebesantrag angenommen oder abgewiesen wird. Nichtsdestoweniger wird die philosophische Daseinsanalyse die Bedingungen der Möglichkeit dafür aufweisen müssen, daß im Dasein so etwas wie ein Liebesantrag und seine Annahme oder Abweisung vorkommen kann." (Ebd., 73).

[14] Bultmann verweist in diesem Zusammenhang auf das Wort vom „simul peccator, simul iustus". Während für den späteren Barth dieses Wort die Erfahrung ausdrückt, daß auch der in Christus schon gerechtfertigte (in seinem *Sein* erlöste) Christ konkret immer noch sündigt (vgl. oben S. 77 ff.), steht bei Bultmann „peccator" für die allgemeinen Daseinsstrukturen, denen auch der Glaubende unterworfen ist. Weil *die Daseinsbedingungen als solche schon des Menschen tiefste Verfallenheit begründen*, wird jede Bewegung des Menschen zu einer Bewegung des gefallenen Menschen. Der Versuch einer *Selbst*befreiung wird so zur Ur-sünde des Menschen, denn Befreiung aus der Gefangenschaft der Sünde ist allein *Gottes Tat*; vgl. dazu H. Fries, in: Kerygma und Mythos V, 32 ff. und 38 ff.

[15] G. Kuhlmann a. a. O., 54.

[16] R. Bultmann, in: *Glauben und Verstehen I* (im folgenden abgekürzt: GV), 126.

[17] Vgl. R. Bultmann, θάνατος, in: ThWNT 3 (1938) 7—25, hier 10: In Platons *Phaidon* sei die echte philosophische Lebenshaltung ein μελετᾶν ἀποθνῄσκειν. So werde deutlich, inwiefern der Tod die *Probe des Lebens* sein kann: nicht sofern er als unverständliches Schicksal akzeptiert wird, sondern positiv: sofern der Gerechte im Tod seine *Erfüllung* findet, zu der er immer hinstrebte.

[18] Zum Ringen zwischen Bultmann, Barth und Brunner um einen „Anknüpfungspunkt" der Offenbarung am Menschen vgl. H. Mühlen, *Gnadenlehre*, 174 ff. — R. Bultmann,

„mehr" weiß, ist dies, daß er von der Offenbarung nun *wirklich* getroffen *ist,* daß ihm nun *wirklich* vergeben *ist,* daß sein Tod nun *wirklich* überwunden *ist,* daß sein konkretes Leben aus dem Offenbarung*sereignis* eine neue Qualität erhalten *hat* und er jetzt — mit den Augen des Glaubens — sein Leben *anders* sieht (83). Jede ontische Erfahrung — auch das Getroffen-werden von der Offenbarung — hat zwar die Bedingung ihrer Möglichkeit in der Struktur des Daseins; wird Offenbarung aber zum Ereignis (daß sie das geworden ist, kann und *darf* nicht mehr begründet[19] oder gar bewiesen werden; sonst würde der Glaube um sein wahres *Ärgernis*[20] gebracht), dann ist sie kein ursprünglicher Seinsmodus, keine dem Dasein von sich aus offenstehende Existenzweise (wie Kuhlmann behauptet), sondern „Begrenzung meines Daseins durch ein fremdes", Heilsereignis „extra me", das nun allerdings dem Glaubenden „auch eine endgültige ‚Aufklärung' über die profane Existenz (gibt) ..., die der Philosophie nicht sichtbar ist. Eine ‚Aufklärung' nämlich, die in der Tat die ‚profane' Existenz als ‚je immer schon begnadete' erscheinen läßt." (84)

c) Überwindung des Todes in der Liebe: ungläubige und gläubige Interpretation der Existenz

Um nicht im Programmatisch-Abstrakten zu verbleiben, erörtert Bultmann seine Grundthese von der thematischen Eigenständigkeit der Theologie trotz Übernahme der Daseinsanalyse an einem konkreten Problem: am *Todesproblem* — und zwar durch Gegenüberstellung des verschiedenen Verständnisses von Geschichtlichkeit bei Heidegger und Gogarten[21]. Nach Heidegger wählt, wie ge-

---

Anknüpfung und Widerspruch, in: GV II, 117—132, fragt — wie Brunner —, ob die christliche Verkündigung an irgendetwas am Nichtchristen „anknüpft" und antwortet ähnlich wie Barth (vgl. oben S. 63 Anm. 86): „Indem Gott zu uns spricht, schafft er auch selbst in uns das Organ, ihn zu hören", so daß man nicht von „Anknüpfung", sondern vom „Widerspruch" Gottes gegen uns sprechen muß (117 ff.): Gott macht den Menschen, den er lebendig machen will, vorher zunichte (Bultmanns und Barths gemeinsamer Ausgangspunkt!), und der „Anknüpfungspunkt" wird so *erst* geschaffen. Allerdings könnte der Mensch Gott gar nicht widersprechen (bzw. die Offenbarung annehmen oder ablehnen), wenn er nicht *unverlierbar* und *ständig* von der Frage nach seiner Eigentlichkeit bewegt wäre (120). Ähnlich: GV I, 294 ff., bes. 301 (auch der „Religiöse", dem die Offenbarung noch nicht begegnet ist, sei „von Gott umgetrieben"). Bultmann löst das hier gegebene Problem mit dem Begriff des Vorverständnisses, welchem also eine nicht unähnliche Funktion zukommt wie Barths Analogieprinzip.

[19] Bei dieser Weigerung Bultmanns setzt Kuhlmanns Kritik wieder ein: „Die Waffe, mit der Bultmann den gordischen Knoten ... durchhaut, ist der *Glaube* ... Aber was der Glaube nun eigentlich ist, das wird uns verschwiegen." (G. KUHLMANN, *Krisis der Theologie?,* 129) — Ähnlich H. ZAHRNT a. a. O., 323 f.

[20] Mit seinem Entmythologisierungsprogramm will Bultmann nicht das Ärgernis des Glaubens beseitigen, sondern — im Gegenteil — dieses Ärgernis erst richtig sichtbar machen: durch Beseitigung der vielen *Schein*ärgernisse, die das *wahre* Ärgernis verdunkeln.

[21] Auch hier entfaltet Bultmann seine Gedanken in Auseinandersetzung mit anderen Autoren: Bultmann will mit Gogarten „weiterfragen in die Richtung seines (sc. Gogar-

sagt, das Dasein seine eigenste Möglichkeit in der „Entschlossenheit", die dem Tod ins Auge schaut, die sich von der Grenze des Todes her auf das Jetzt zurückwerfen läßt: „Nur Seiendes, das ... frei für seinen Tod an ihm zerschellend auf sein faktisches Da sich zurückwerfen lassen kann, ... kann ... die eigene Geworfenheit übernehmen und *augenblicklich* sein für ‚seine Zeit' "[22].

Während für Heidegger die Entschlossenheit als solche die Geschichtlichkeit des Daseins konstituiert, ist nach Gogarten die *Liebe* die einzige konkrete Möglichkeit, in deren Ergreifen das Dasein erst wirklich geschichtlich wird. Denn für Gogarten wird das Dasein nicht durch den Tod begrenzt, sondern durch das dialogische „Du", welches als solches sichtbar wird, wenn ich dem anderen nicht mehr „gleichgültig" begegne, sondern in Liebe: Der andere „begrenzt" meine Ich-Bezogenheit durch seinen Anspruch an mich! Nicht die Entschlossenheit aus dem Sein zum Tode, sondern die Begegnung mit dem mich einfordernden Du begründet die *echte* Geschichtlichkeit.

Heideggers Entschlossenheit, wo sie sich ontisch darin realisiert, daß sich das Dasein, „an seinem Tode zerschellend, auf sein Da zurückwerfen läßt", wird in

---

tens) eigenen Fragens" (85); der Glaube an die Überwindung des Todes — wie er in diesem Aufsatz zum Ausdruck kommt — ist selbstverständlich *Bultmanns*, nicht nur Gogartens Überzeugung.

[22] M. HEIDEGGER, *Sein und Zeit*, Tübingen ⁶1949, 385. Heideggers Analyse des Daseins als „Sein zum Tode" (vgl. bes. ebd., S. 235—267) sei hier insoweit zusammengefaßt, als es dem besseren Verständnis der Theologie des Todes bei Bultmann dient: Heidegger beschreibt die menschliche Existenz als ein Sein-können. Das Dasein verliert seine Eigentlichkeit (sein „Eigenstes"), wenn es dem „Man" (der „Welt") verfällt: Die Verfallenheit an die banale Alltäglichkeit des „Man" verharmlost den Tod zum Todesfall, der eben vorkommt; das „Man" läuft nicht frei zum Tode vor als zu seiner eigenen Möglichkeit (es läßt „den Mut zur Angst vor dem Tode nicht aufkommen", 254). Mit dem Tod steht sich das Dasein selbst in seinem *eigensten* Seinkönnen bevor (250), weil hier kein anderer für es eintritt (240), weil jeder seinen Tod selbst zu übernehmen hat (250). Im Gegensatz zum Tier, das bloß verendet, *verhält sich* der Mensch zu seinem Ende: Er übernimmt sein Dasein als *endliches*, er läßt sich vom Tod auf den jeweiligen Augenblick zurückwerfen und öffnet sich gerade so der „Zukunft" als dem Zu-kommenden. Die menschliche Existenz ist *nie abgeschlossen*, der Tod ist der *zum Dasein gehörende „Aus-stand"*, der die Existenz an ihre Unabgeschlossenheit erinnert und so zur Ganzheit des Daseins gehört (nicht nur als *Ende* des Lebens, sondern als *im* Leben immer schon präsente Wirklichkeit). — Ist aber der Tod nicht auch die *Nichtung aller Möglichkeiten*, so daß alle „Vollendung der Endlichkeit" sinnlos wird? „Mit der Reife vollendet sich die Frucht. Ist denn aber der Tod, zu dem das Dasein gelangt, eine Vollendung in diesem Sinne? Das Dasein hat zwar mit seinem Tod seinen ‚Lauf vollendet'. Hat es damit auch notwendig seine spezifischen Möglichkeiten erschöpft? Werden sie ihm vielmehr nicht gerade genommen? Auch ‚unvollendetes Dasein' endet." (244) — Heidegger bemerkt aber ausdrücklich (und dies scheint Bultmanns Argumentation zu bestätigen): „Die ontologische Analyse des Seins zum Tode greift andererseits keiner existentiellen Stellungnahme zum Tode vor. Wenn der Tod als Ende des Daseins, d. h. des In-der-Welt-seins bestimmt wird, dann *fällt damit keine ontische Entscheidung darüber, ob ‚nach dem Tode' noch ein anderes, höheres oder niedrigeres Sein möglich ist*" (247; Hervorhebung von mir). — Vgl. J. M. DEMSKE, *Sein, Mensch und Tod. Das Todesproblem bei Martin Heidegger*, Freiburg-München 1963.

dieser Sicht als *"Entschlossenheit der Verzweiflung"* verstanden: Das Dasein entschließt sich zwar für seine Möglichkeit, bleibt aber, was es *je schon war*[23].

Die „Begrenzung durch den Tod (ist) nur für den eine solche, der nicht in der Liebe steht." (92) Daß für den Glauben der Tod seinen Grenzcharakter — Grenze hier als „Ende" verstanden — verloren hat, bedeutet aber keineswegs, daß die Theologie eine eigene Ontologie zur Voraussetzung hätte: Gogarten spricht nicht als Ontologe, sondern als Theologe, und sein Verständnis von Geschichtlichkeit setzt voraus, daß *echte* Geschichtlichkeit „sich ontisch nur ereignet unter einer bestimmten ontischen — ontologisch nicht mehr verständlich zu machenden — Bedingung" (89)[24].

Bultmann führt eine neue Dimension ein — die Liebe[25] —, von der die existentiale Analyse nichts wissen kann (93)[26]; so wird es verständlich, daß seine Aussage von der *Überwindung des Todes durch die Liebe* den Aussagen Barths über Gott als des Menschen Jenseits, über die Vollendung des Daseins als der Tat *Gottes*[27] und über den Tod als der wirklichen (aber versöhnten) Grenze des Menschen sachlich sehr nahe kommt[28]: Das Phänomen des Todes sei zwar ein ausgezeichnetes Phänomen, an dem sich die Begrenztheit des Daseins erweist; dieselbe Funktion, das Dasein zu begrenzen, könne aber auch ein anderes Phänomen übernehmen: die Liebe. Auch das gläubige Dasein werde im Tode begrenzt[29],

---

[23] Die entscheidende Differenz des biblischen Existenzverständnisses zur Philosophie ist — nach Bultmann — die: die Befreiung des Menschen von sich selbst zu sich selbst, zu seiner Eigentlichkeit, ist keine Möglichkeit des Daseins als solchen. Der ontologische Aufweis eigentlicher Existenz genügt nicht, um zur Eigentlichkeit zu gelangen. — Vgl. oben Anm. 14.

[24] Diese Bedingung ist für Gogarten wie für Bultmann Christus. Die Daseinsanalyse weise zwar die Möglichkeit eines begegnenden und auf den Hörer Anspruch erhebenden Wortes auf (vgl. oben Anm. 13); daß aber nur *ein* Wort — als angenommenes oder abgelehntes — das Dasein ontisch qualifiziere, und daß ein *jenseitiger Gott* sich in diesem Wort ausgesagt habe, ist für die Existentialanalyse „absurd"; das „ist nicht zu sehen, sondern nur zu glauben". (90) Hier bleibt Bultmann — auf seine Art — den Anfängen der dialektischen Theologie treu! Wegen dieses plötzlichen „Offenbarungspositivismus" verweist H. HAUG, *Offenbarungstheologie und philosophische Daseinsanalyse bei R. Bultmann*, in: ZThK 55 (1958) 201—253, Bultmann und seine orthodoxen Gegner in das „gleiche Spital" (253, Anm. 2): Bultmann sei „hoffnungslos in den Aporien seiner ‚dialektischen' Ausgangsposition steckengeblieben" (235). — Vgl. auch F. BURI, *Entmythologisierung oder Entkerygmatisierung der Theologie*, in: Kerygma und Mythos II, ²1965, 85 bis 101, der Bultmann Inkonsequenz und Halbheit und insofern einen „mythologischen Rest" vorwirft.

[25] Natürlich darf die Liebe nicht als *innerweltliches* Phänomen — genauer: sie ist „kein Charakter des Daseins als solchen", wohl aber „eine ontologische Möglichkeit des Daseins" — verstanden werden: Nur als von Gott schon zuvor Geliebter (vgl. 1 Jo 4, 10. 19) kann ich „das eigene faktische Da als Liebender übernehmen" (90). Dem entspricht bei Barth das oben S. 90 Anm. 106 Gesagte.

[26] Die Philosophie habe als solche „weder Anlaß noch Recht, von Liebe zu reden" (89).

[27] Vgl. oben S. 98 f., sowie Anm. 23.

[28] Vgl. oben S. 90 ff.

[29] Im oben S. 90 f. beschriebenen Sinne.

insofern sei die existentiale Analyse des Todes nicht „falsch". Aber für den Christen habe der Tod seine Macht verloren: er bedeute jetzt „ein Entweder-Oder im Sinne von Gericht und Gnade"[30]. „Die Theologie erkennt also die Zusammengehörigkeit von Tod und Offenbarung Gottes. Denn sie sieht einerseits, daß im Tode dem natürlichen Dasein Gott begegnet, und sie sieht andererseits, daß die Begegnung mit der Offenbarung nichts mehr und nichts weniger bedeutet, als Tod für den natürlichen Menschen[31], daß Liebe schlechthinnige Preisgabe des Ich ist und nur als solche den Tod ‚überwindet'." (93)[32]

Die Liebe kann die ontologische Struktur des Daseins in gleicher Weise erhellen wie der Tod: „So steht sich denn das Dasein mit der dem Du zu erweisenden Liebe in gleicher Weise wie mit dem Tode ‚selbst in seinem *eigensten* Sein-können bevor', und ‚so sich verstehend sind in ihm alle Bezüge' zum Tode ‚gelöst' (Sein und Zeit, S. 250)."

2. Die Zukunft als Strukturmoment des Augenblicks

Lächelnd sagte der Pfarrer: Des Todes rührendes Bild steht,
Nicht als Schrecken dem Weisen, und nicht als Ende dem Frommen.
Jenen drängt es ins Leben zurück, und lehrt ihn handeln,
Diesem stärkt es, zu künftigem Heil, im Trübsal die Hoffnung:
Beiden wird zum Leben der Tod . . .[33]

---

[30] Des Menschen Entscheidungsfreiheit gegenüber Gottes Anspruch wird von Bultmann stärker betont als von Barth; die „Freiheit der Wahl ist dem Glaubenden nicht abgenommen": Das gläubige Dasein steht in voller Verantwortung, es soll in Liebe wählen (90 f.); vgl. unten S. 130 f.

[31] Das ist die von Barth (vor allem vom frühen Barth) her bekannte Dialektik: Der „alte" Mensch der Sünde wird in der Begegnung mit Gottes Offenbarungswort vernichtet; der „neue" Mensch hat den Tod schon überwunden. Auch des frühen Barth Voraussetzung, daß die Geschöpflichkeit des Menschen als solche Sünde sei und durch Gottes Wort vernichtet werde, klingt in verschiedenen Formulierungen Bultmanns an, wird aber durch die Annahme eines „Vorverständnisses" — von dem in den frühesten Aufsätzen Bultmanns noch keine Rede ist — in gewisser Weise entschärft.

[32] Von Bultmanns Schüler Ernst Fuchs wird dieser Gedanke weiter ausgeführt: Der „nicht mehr erotischen, völlig selbstvergessenen Liebe" kann der Tod nichts mehr anhaben (E. FUCHS, *Ges. Aufsätze II,* Tübingen 1960, 372). „Damit ist keineswegs gesagt, daß die Liebenden leichter sterben als die andern", aber die Liebe siegt schon dadurch über den Tod, daß der Tod des Liebenden „selbst zum Wort der Liebe wird, zur klaren Stimme einer unverbrüchlichen Aussage. Der Tod kann die Liebe so wenig zum Schweigen bringen, daß er sogar zu ihrer Stimme und ihrem ‚Spiegel' werden muß" (ebd.; ähnlich ders., *Hermeneutik,* Bad Cannstatt ³1963, 108). Der Tod wird freilich nicht durch eine ethisch „erklärbare" Liebe überwunden — wer die Liebe „vom Ethischen her ‚erklärt', der versteht rein nichts" (*Hermeneutik,* 108) —, sondern durch Gottes Liebe zu uns, die *Zukunft* eröffnet: Wer das Wesen der Liebe verstanden hat, muß auch von *Zukunft* sprechen, weil diese das eigentliche *Ziel* der Liebe ist (*Ges. Aufsätze III,* 266).

[33] J. W. v. GOETHE, *Hermann und Dorothea* (aus dem 9. Gesang Orania), in: Gedenkausgabe Bd. 3 (hrsg. v. E. BEUTLER), Zürich 1948, 233.

Diese Goethe-Verse rühmen die Todesbejahung, wie wir sie — philosophisch reflektiert — aus Heideggers *Sein und Zeit* kennen: Den Weisen wirft der Tod ins Dasein zurück und erschließt ihm die Eigentlichkeit seiner Existenz. Aber auch dem Christen „wird zum Leben der Tod", denn die Hoffnung stärkt ihn „zu künftigem Heil". Beide Formen, den Tod zu übernehmen, schließen sich, wie deutlich wurde, für Bultmann nicht aus: sich *ohne Verzweiflung* ins Jetzt zurückwerfen lassen, das kann nur der, der eine Hoffnung hat, der — wie Paulus und Johannes — auf eine *künftige Vollendung* des jetzigen Lebens hinausblickt[34].

Aber wie paßt solcher Ausblick in eine kerygmatische Theologie, die — gegen Barth — das Hier und Jetzt der Glaubensentscheidung so stark betont, daß „Eschatologie" keine (im zeitlichen Sinne) letzten Dinge mehr meint[35], sondern die die Christusoffenbarung — mit der das Entscheidende schon geschehen *ist*[36] — aktualisierende Verkündigung? Wenn jedes Jetzt ein eschatologisches Jetzt ist[37], wenn die Erwartung des in der Zeit bevorstehenden Weltendes zum Mythos erklärt wird[38], welchen Sinn hat es dann, von „Zukunft" zu reden?

---

[34] Vgl. R. BULTMANN, *Geschichte und Eschatologie*, Tübingen ²1964 (im folgenden abgekürzt: GE), 56.

[35] Barths ursprüngliches Programm, wonach die Eschatologie kein Spezialgebiet der Dogmatik sei (R II 484), hält Bultmann konsequenter durch als Barth, der ja eine Eschatologie als letzten Teil seiner Dogmatik schreiben wollte. — R. BULTMANN, *Karl Barth, „Die Auferstehung der Toten"*, in: GV I, 38—64, kritisiert Barth: „Christus ist nicht der kosmische Grund einer künftigen Zuständlichkeit, sondern der geschichtliche Grund für unser gegenwärtiges Sein" (64). Nicht 1 Kor 15 mit seiner futurischen Auferstehungstheologie, mit seinen „mythologischen Elementen aus der jüdisch-gnostischen Apokalyptik", ist für Bultmann maßgeblich, sondern 1 Kor 13 gilt ihm als „eigentlicher Höhepunkt", weil dieses Kapitel von der Wirklichkeit des Auferstehungslebens in *unserem* zeitlichen Leben handle: das ewige Leben ist *jetzt schon* gegenwärtig in der ἀγάπη! — Genaueres zur Eschatologie Bultmanns bei W. SCHMITHALS, a. a. O., 306—329.

[36] GV I, 144 (1928) schreibt Bultmann (wie wenige Jahre vorher Barth): „... die Parusie *ist* schon gewesen!... Mag nun noch kommen, was da will, an kosmischen Katastrophen — das kann nichts anderes sein, als was alle Tage in der Welt passiert. Mag nun noch etwas kommen wie die Auferstehung aus den Gräbern ... das kann nichts anderes mehr sein als wie man jeden Morgen vom Schlafe erwacht. Das Entscheidende *ist* geschehen." (Ähnlich: GV II, 171; GV III, 53; *Theologie des NT*, 390 u. v. a.) Eine Modifizierung dieser rein perfektisch bzw. präsentisch (im Kerygma) verstandenen Eschatologie scheint aber doch vollzogen, wenn es GV III, 113 (ähnlich GE, 135) heißt: „... zu jedem geschichtlichen Phänomen gehört seine eigene Zukunft, in der es sich erst als das zeigt, was es ist; genauer: in der es sich *immer mehr* als das zeigt, was es ist. Denn endgültig wird es sich als das, was es ist, erst zeigen, *wenn die Geschichte ihr Ende erreicht hat.*" (Hervorhebung von mir) — J. MOLTMANN, *Perspektiven der Theologie. Ges. Aufsätze*, München-Mainz 1968, 83 f., würdigt diese u. a. Stellen als „tiefe Erkenntnis" des späteren Bultmann; F. KERSTIENS, *Die Hoffnungsstruktur des Glaubens*, Mainz 1969, 89—94, schränkt zwar den Stellenwert dieser Zitate im Gesamt der Bultmann'schen Theologie ein, sieht hier aber doch Anknüpfungspunkte zu Pannenberg, Moltmann und Sauter gegeben. Immerhin würden es solche Stellen verbieten, so Kerstiens, Bultmanns Eschatologie auf den schlichten Nenner zu bringen: Leugnung der Zukunft zugunsten der Gegenwartsentscheidung (gegen E. BRUNNER, *Das Ewige als Zukunft und Gegenwart*; vgl. unten Anm. 43).

[37] Vgl. z. B. R. BULTMANN, GE 161, 184.

[38] Vgl. R. BULTMANN, *Jesus*, München-Hamburg 1964, 41; vgl. aber unten Anm. 45.

Zukunft ist für Bultmann die stets neu zu treffende Entscheidung für oder gegen Gottes Anspruch (Heidegger umschreibe dies „vorgläubig" als „Unabgeschlossenheit" und „Ausständigkeit" der Existenz). In den Entscheidungen wird der Mensch erst er selbst, wird sein Dasein zu einem verfehlten oder erfüllten, und insofern „steht das Leben des Menschen immer vor ihm"[39]. Das Sein des Menschen ist seiner Verfügung entnommen, ihm jeweils aufgegeben als seine „Zukunft".

Es wurde oft gesagt, mit „Zukunft" und „Hoffnung" meine Bultmann seine Lieblingsidee von der Unverfügbarkeit der göttlichen Transzendenz[40]; in konformistischer Anpassung an die heutige Mentalität, in Sorge, dem modernen Menschen, der sich mit der Unwiderruflichkeit des Todes abgefunden hat, unverständlich zu werden, reduziere er die Auferstehungshoffnung auf die Gottesgemeinschaft im Glauben, über die hinaus nichts zu wünschen ist[41]; mit der Rede von „Zukunft" verneine er lediglich die Selbstgenügsamkeit des natürlichen Menschen, der sich selbst begründen will (aus der „Welt", aus dem „Verfügbar-Vorhandenen"), der an seiner Gegenwart festhält wie an einem sicheren Besitz[42]; aber die Zukunft als Dimension des zeitlichen „noch nicht" sei „ganz einfach ausgefallen"[43].

Wie jedoch zahlreiche Äußerungen — auch des *frühen* Bultmann[44] — belegen, bestreitet er nicht die Dimension des zeitlich noch Ausständigen als Wesensmerkmal (Existential) des Menschen[45]. Bultmanns Zukunftsbegriff schließt die *zeitliche*

---

[39] R. BULTMANN, GE 50; ähnlich GV IV, 66; KM VI/1, 21, u. a. Stellen; vgl. unten S. 123 ff.
[40] Vgl. F. KERSTIENS a. a. O. — Eine aufschlußreiche Untersuchung über die Bedeutung des Begriffs „Zukunft" in einer präsentisch verstandenen Eschatologie bringt U. HEDINGER, *Glaube und Hoffnung bei E. Fuchs und J. Moltmann*, in: Evg. Theologie 27 (1967) 36 bis 51. — Vgl. zum Ganzen J. KÖRNER, *Eschatologie und Geschichte. Eine Untersuchung des Begriffs des Eschatologischen in der Theologie R. Bultmanns*, 1957.
[41] So H. GOLLWITZER, *Krummes Holz — aufrechter Gang*, 288; vgl. aber ebd., 292 Anm. 23.
[42] „Die Gottesherrschaft ist echte Zukunft, weil sie nicht eine metaphysische Wesenheit, ein Zustand, sondern das künftige Handeln Gottes ist, das in keinem Sinn eine gegenwärtige *Gegebenheit* sein kann." (R. BULTMANN, *Jesus*, 38).
[43] So z. B. E. BRUNNER a. a. O., S. II: „Was bei Bultmann als Eschatologie übrigbleibt, ist nicht mehr Hoffnung auf ein Zukünftig-Ewiges, sondern lediglich ein neues Selbstverständnis des gegenwärtigen Menschen, das durch ‚letztliche Entscheidung' zustandekommt ... Die Dimension der Zukunft ist in dieser ‚Interpretation' aus dem neutestamentlichen Kerygma ganz einfach ausgefallen ... Die Theologie Bultmanns läuft also hinaus auf einen Glauben ohne Hoffnung." — Vgl. auch A. AHLBRECHT a. a. O., 63 u. 90 f., der Bultmann eine „Entzeitlichung der Eschatologie" vorwirft.
[44] R. BULTMANN, GV I, 56, zitiert als „richtigen Grundgedanken" *Barths* (AdT 99), daß der Sinn des Gottesreiches „in seinem Kern ein Hoffen und Erwarten dessen ist, was in aller Zeit erst kommend, erst verheißend ist".
[45] Für mythologisch erklärt Bultmann nicht die Erwartung eines jenseitigen „Noch nicht", sondern diejenige *Vorstellungsweise*, die das Handeln Gottes analog zum Handeln des Menschen begreift, diesem bloß an Kraft und Unberechenbarkeit überlegen (vgl. KM I, 22).

Komponente nicht aus, sondern ein[46]: Die Zeit des Menschen, der eschatologisch qualifizierte „Augenblick", ist kein bezugsloser Punkt (wie der Stundenschlag der Uhrzeit), sondern *gefüllte Zeit*[47]. Das heißt: im jeweiligen Jetzt der geschichtlichen Existenz, also auch und gerade im Tode (welcher *der* eschatologische Augenblick ist), sind Vergangenheit und Zukunft versammelt. *Vergangenheit* (Herkunft): Der Mensch kann seiner Identität nicht entfliehen; die früher schon vollzogenen Entscheidungen, all die Begegnungen, in denen sich das Dasein realisiert, werden in das Jetzt mit eingebracht (als Anamnese)[48]. *Zukunft*: Das „noch nicht" der Hoffnungen und Erwartungen ist Strukturmoment des Augenblicks (als Antizipation) und somit Existential des Menschen, das — ebenso wie die in der Gegenwart anwesende Vergangenheit — die Geschichtlichkeit des Menschen begründet. Dadurch, daß die Zukunft uns jetzt schon qualifiziert, wird sie als zeitliche Dimension nicht gestrichen; aus dem hic et nunc der Glaubensentscheidung darf nicht gefolgert werden, daß der Glaubende nichts mehr zu erwarten hätte[49]. Ohne ein „noch nicht" wäre ja auch die Gegenwart verloren: „Ein Grundmotiv der alten Hoffnung ist das Wissen des Menschen um das *Ungenügen des Hier und Jetzt*, das ihm die Erfüllung seines eigentlichen Lebens nie schenken kann. Es ist damit zugleich das Wissen darum, daß sein eigentliches Wesen die Welt transzendiert, in der er hier lebt ... das Wissen, daß ihm die Erfüllung seines Lebens nur eine diese Arbeits- und Schicksalwelt transzendierende Wirklichkeit schenken kann"[50]. Nicht in dem, was innerweltlich verwirklicht werden könnte, hat das Dasein seine Eigentlichkeit, sondern in dem, was es allein bei Gott ist; die menschliche Existenz ist *jenseitige* Existenz[51], und der Gott der Gegenwart ist immer der kommende

---

[46] Wenn Barth in der *Kirchlichen Dogmatik* „auch die nachzeitliche Ewigkeit, der wir entgegengehen, zur Geltung brachte" (A. AHLBRECHT a. a. O., 90 f.; vgl. oben S. 55), so liegt *hier* noch keine Differenz zu Bultmann vor (gegen Ahlbrecht): Die Ewigkeit nach der Zeit (nach dem Tode) bestreitet Bultmann nicht, sondern setzt sie voraus. Bultmann bestreitet nur dies, daß die innerweltlich-*diesseitige* Zukunft etwas Neues, d. h. die Christusoffenbarung Überholendes, bringen könne (vgl. z. B. R. BULTMANN, *Jesus Christus und die Mythologie,* Hamburg 1964, 33 f.).

[47] Vgl. die Analyse des eschatologischen Augenblicks bei G. HASENHÜTTL a. a. O., 278 ff. (Exkurs „Nimmt das ewige Leben ein Ende?").

[48] Vgl. z. B. R. BULTMANN, *Jesus Christus und die Mythologie,* 31. — Ein Zitat von KIERKEGAARD mag Bultmanns Intention verdeutlichen: „Wenn man die Kategorie der Erinnerung ... nicht hat, dann löst das ganze Leben sich in ein leeres und inhaltloses Lärmen auf." (*Die Wiederholung,* Hamburg 1961, 23).

[49] Der *Ungläubige* hat nichts zu erwarten: Er hält seine Arbeitswelt für das Eigentliche und damit den Tod für endgültig; denn *sein* Wesen ist es ja, „aus dem zu leben, was er bereits hat, aus dem, über das er verfügt; er lebt aus dem Vergangenen, und *sein* Griff nach der Zukunft ist von der Absicht geleitet, sich gegen die Zukunft zu sichern: was er erhofft, hofft er festhalten zu können. So verliert er seine Zukunft, indem er sie schon vorweg als Vergangenes qualifiziert." (W. SCHMITHALS a. a. O., 324).

[50] GV III, 88; Bultmann zitiert Franz WERFEL, daß „diese Welt nicht die Welt allein ist".

[51] GV II, 98; GV III, 79, heißt es pointiert: „Das, was wir hier und jetzt nie sind, gerade das ist unser eigentliches Sein."

Gott, dessen Gnade den Menschen von der (unerlösten) Bindung an seine Vergangenheit befreit und für die Zukunft öffnet (GV III, 90).

Daß der Tod das wahre Leben nicht beendet, sondern es in seiner Fülle erst offenbart, steht für Bultmann außer Zweifel[52]. Das Leben des Glaubenden erschöpft sich nicht in seiner irdischen Existenz[53]: Die christliche Eschatologie stimmt mit derjenigen Platons insofern überein, als beide nach dem Tod das Heil erwarten[54]; denn auch „im Tod ist der Mensch nicht aus der Hand Gottes entlassen, und er hat dem Tode entgegenzugehen als der Begegnung mit Gott, sei es zu seinem Heil, sei es zu seinem Verderben. Gott ist der kommende Gott; das gilt auch angesichts des Todes." (GV III, 164) Weil Gott uns ständig voraus ist, weil er, wohin der Mensch auch gehen mag, immer schon da ist, deshalb sollen und können wir uns „auch dem Tode, den die Zukunft jedem sicher bringen wird, nicht mehr angstvoll verschließen, sondern ihm unverzagt entgegensehen in der Gewißheit, ‚daß weder Tod noch Leben, weder Engel noch Fürstentümer noch Gewalten, weder Gegenwärtiges noch Zukünftiges ... uns scheiden kann von der Liebe Gottes' "[55].

3. Tod und Leben in Bultmanns exegetischer Theologie

Bultmanns Aussagen über den Tod sollten vom systematischen Ansatz seiner Theologie her beleuchtet werden. Im folgenden sollen die Einzelaspekte des Todesproblems zur Sprache kommen, wie sie Bultmann im Blick auf das Neue Testament exegetisch entfaltet. Daß wir auch den *Exegeten* Bultmann hören

---

[52] Trotz E. BRUNNER a. a. O. — G. GRESHAKE a. a. O., 120—125, stimmt G. HASENHÜTTL a. a. O. darin zu, daß Bultmanns Theologie eine Vollendung des Menschen nach dem Tode voraussetzt, will aber — gegen Hasenhüttl — erst in den *späteren* Schriften Bultmanns (vor allem in den *Marburger Predigten*) eindeutige Aussagen über die Hoffnung auf ein Leben nach dem Tode finden. Diese These scheint mir unbegründet: Auch der frühe Bultmann bestimmt den eschatologischen Augenblick als gefüllte Zeit, auch für den Bultmann der 20er Jahre begegnet im Tode Gott, dessen Liebe den Tod überwindet (vgl. oben); eine *Entwicklung* zu immer eindeutigeren Aussagen über ein künftiges Leben können wir in Bultmanns Schriften nicht feststellen. — Greshake zitiert aus einem Briefwechsel Bultmanns mit J. A. DVORACEK: „Einig sind wir ... darin, ‚daß das ewige Leben durch die Christusgegenwart und -zukunft eine konkret eschatologische Dimension (auch) über den Tod hinaus behält'. Und ich stimme zu, wenn Sie die Hoffnung charakterisieren als ‚reale Hoffnung auf endgültige Überwindung des Todes und Vollendung der geschenkten Gemeinschaft und der neuen Existenz aus Gnaden allein'. Das ist doch keine mythologische Spekulation ..." (veröffentlicht in der Prager Zeitschrift „Communio Viatorum", 1962, 57 ff.). Greshake verweist auf ein *Spiegel*-Gespräch Bultmanns mit W. HARENBERG (*Der Spiegel*, 1966, Nr. 31, 42 ff.): „Der christliche Glaube an die Auferstehung glaubt, daß der Tod nicht das Versinken in das Nichts ist, sondern daß Gott, der ständig der auf uns Zukommende ist, dieses auch in unserem Tode ist."
[53] Vgl. R. BULTMANN, *Das Evangelium des Johannes*, Göttingen [17]1962 (im folgenden abgekürzt: EJ), 399.
[54] R. BULTMANN, *Jesus Christus und die Mythologie*, 28.
[55] R. BULTMANN, *Marburger Predigten*, Tübingen 1956 (im folgenden abgekürzt: MP), 67.

müssen, versteht sich von selbst: Bultmann will ja Offenbarungstheologie betreiben, ist also grundsätzlich bereit, „sich da und dort einschleichende methodische Zuspitzungen am Text zu korrigieren", wie Ernst Fuchs[56] gegen die rein systematisch geübte Bultmann-Kritik Grisebachs[57] bemerkt.

Der Offenbarungsglaube schließt freilich — so Bultmann — nicht aus, sondern ein, daß der Exeget den Schrifttext *kritisch* befragt: Nicht jeder Satz des NT hat gleiches Gewicht[58], weil „kein Mensch — auch Paulus nicht — immer nur aus der Sache heraus redet. Es kommen auch andere Geister in ihm zu Worte als das *pneuma Christou*", nämlich vulgäre Vorstellungen, kulturbedingte Spekulationen usw. Deshalb muß vom Exegeten — und das ist ohne Sachkritik und theologisches „Vorverständnis"[59] nicht möglich — „gemessen werden, wieweit in allen Worten und Sätzen des Textes die Sache wirklich adäquaten Ausdruck gewonnen hat"[60].

Wir beginnen — analog der Darstellung des Todesproblems in Barths Dogmatik — mit der Frage nach dem Ursprung des Todes, fragen weiter nach der Überwindung des Todes in Kreuz und Auferweckung Jesu und fassen abschließend die Aussagen Bultmanns über den Gegenwarts- und Zukunftsaspekt des „neuen Lebens" zusammen. Exegetische Details können nicht besprochen werden; hier interessieren der Grundgedanke und die *Ergebnisse* der einzelexegetischen Untersuchungen Bultmanns.

a) Gesetz — Sünde — Tod[61]

Daß der menschliche Tod die Folge der Sünde sei und zwar der vom einzelnen personal zu verantwortenden Sünde[62], daran hält Bultmann ebenso fest wie

---

[56] Vgl. E. FUCHS, *Theologie und Metaphysik. Zu der theologischen Bedeutung der Philosophie Heideggers und Grisebachs*, in: *Heidegger und die Theologie*, 136—146, hier 137.

[57] Grisebachs Kritik steht im Hintergrund der Anfragen G. Kuhlmanns an Bultmann (vgl. oben).

[58] G. GRESHAKE a. a. O., 121 Anm. 19, wirft G. HASENHÜTTL a. a. O., 278 ff., vor, er zitiere unkritisch aus Bultmanns exegetischen Schriften; nicht alles, was Bultmann als Meinung des Paulus oder des Johannes beschreibt, sei seine eigene Auffassung. — Der jeweilige Kontext erhellt aber meist recht deutlich, ob und inwiefern sich Bultmann mit einem Schrifttext identifiziert.

[59] Vgl. oben S. 49 Anm. 18.

[60] R. BULTMANN, *K. Barths „Römerbrief" in 2. Auflage*, in: *Anfänge der dialektischen Theologie I*, 119 ff., hier 141 f. — Barth dagegen vermißt hier die „eigentliche Voraussetzung für das rechte Hören und Verstehen", wenn das Selbstverständnis des Menschen zum Maß dessen gemacht wird, was der Text sagen darf und was nicht. Vgl. K. BARTH, *R. Bultmann. Ein Versuch, ihn zu verstehen* (Theol. Studien 34), Zollikon-Zürich 1952, 49.

[61] Vgl. zum Ganzen G. BORNKAMM, *Sünde, Gesetz und Tod*, in: ders., *Gesammelte Aufsätze I*, München 1958, 51—69; sowie die diversen Römerbrief-Kommentare. — Eine eingehende Untersuchung des Zusammenhangs von Gesetz, Sünde und Tod bei Paulus bringt der (Bultmann nahestehende) Fuchs-Schüler Schunack: G. SCHUNACK, *Das hermeneutische Problem des Todes*, Tübingen 1967, bes. 101—233 („Der Zusammenhang von Gesetz, ἐγώ, Sünde und Tod").

[62] Für *jeden* ist der Tod die Strafe *seiner* Sünden; dies sei der Sinn des ἐφ' ᾧ πάντες ἥμαρτον (Röm 5, 12).

Barth[63]. Das „Woher" und „Warum" des Todes werde zwar auch im NT mythologisch[64] gedeutet, wenn es den Tod als dämonische Person beschreibt[65] oder den Teufel als Herrn des Todes bezeichnet (Hebr 2, 14); nicht-mythologisch sei aber die Intention dieser Stellen: daß der Tod dem Wesen Gottes widerspricht und daß folglich *Sünde und Tod zusammengehören.*

Bultmann betont die unvertretbare Verantwortung des Menschen, obwohl dieser schuldig werden *muß*: er muß schuldig werden aufgrund des *Gesetzes*[66]. Hier, im Verständnis des Gesetzes und damit in der Erklärung des letzten „Warum" des Todes, differieren die Auffassungen Barths und Bultmanns. Beide fragen hinter die konkrete Sünde des Menschen zurück nach der letzten Ursache der Schuld und des Todes: Barth sieht diese im Wirken des „Nichtigen", also einer „wirklich bösen" kosmischen Macht[67], die aber durch Gottes Heilswort in Jesus Christus von Ewigkeit her überwunden sei[68]. Das „Gesetz" begreift er dementsprechend nicht als Widerspruch zum Evangelium (wie in der Tradition Luthers üblich), sondern als auf das Evangelium hingeordnetes Gebot, wobei dem Evangelium die Priorität zukomme: Das Gesetz als Gottes Forderung *an* uns (Barth verweist auf Röm 2, 13: nicht die Hörer des Gesetzes, sondern die *Täter* des Gesetzes sind gerecht)[69] sei die „Form des Evangeliums", dessen Inhalt die Gnade sei: Gottes Tun *für uns* (KD II/2, 567)[70].

Anders Bultmann: er sieht im „Gesetz" den eigentlichen Grund der Sünde und des Todes. Die Unausweichlichkeit der Schuld, die aus eigener Kraft nicht aufhebbare Todesverstrickung des Menschen, resultiere aus dem Gesetz, welches die zweite Antwort des Paulus auf das „Woher" des Todes (die erste Antwort: die Sünde) sei: Paulus lehre den Strafcharakter des Todes und die Verantwortung des Menschen, „ohne doch die Befreiung vom Tode als menschliche Möglichkeit erscheinen zu lassen" (ThWNT 3, 16); er führe Sünde und Tod auf das Gesetz bzw. die σάρξ (als Folge des Gesetzes) zurück, welche das faktische Sein des Menschen bestimme: „Fleisch" sei der Mensch, sofern er sich aus dem Sichtbaren verstehe, aus dem innerweltlich Aufweisbaren, aus greifbaren Leistungen (vgl. Röm 2, 28 f.;

---

[63] Vgl. oben S. 75; zum folgenden vgl. R. BULTMANN, θάνατος, in: ThWNT 3 (1938) 13—25.
[64] Der Mythos soll bekanntlich existential interpretiert, das im Mythos enthaltene Selbstverständnis des Menschen soll herausgearbeitet werden, so daß der Glaube in seinem wahren Anspruchscharakter hervortreten kann.
[65] Das sei der Fall in 1 Kor 15, 26; Apk 6, 8; 20, 13 f.; vgl. R. BULTMANN, in: ThWNT 3 (1938) 14.
[66] Bultmann verweist auf Röm 7, 5 und 1 Kor 15, 56.
[67] Solche transpersonalen kosmischen Mächte weist Bultmann ins Reich der „gnostischen Spekulationen".
[68] Vgl. oben S. 66 ff.
[69] K. BARTH, KER 35.
[70] Vgl. auch K. BARTH, *Evangelium und Gesetz*, München ³1935. Schon die Reihenfolge der Titelbegriffe weist auf Barths von der lutherischen Tradition abweichende Auffassung.

2 Kor 4, 18). Diese Bestrebung, das Leben aus eigener Leistung zu verdienen[71], verstricke den Menschen noch mehr in Schuld und Verderben (Röm 7, 7—13)[72].

Das Gesetz wird von Bultmann praktisch gleichgesetzt mit den Existenzbedingungen des natürlichen Daseins[73]: Muß die Sünde erwachen? „Ja, denn dem Menschen begegnet das Gesetz"; das ζῆν ἐν σαρκί *muß* zum ζῆν κατὰ σάρκα werden![74] Freie Verantwortung läßt die schon vom frühen Barth her bekannte Tendenz, des Menschen Verderbtheit mit seiner Geschöpflichkeit zu identifizieren[75], nur durch die „ontologisch nicht aufweisbare ontische Bedingung"[76] der Christusoffenbarung zu, die das Dasein ergreifen oder ablehnen kann[77].

Aus der Freiheit der Wahl folgt der personale Charakter des Todes, den Bultmann dadurch unterstreicht, daß er — wie Barth — den Tod als innere Konsequenz des fleischlichen Trachtens beschreibt. Der Zusammenhang von Sünde und Tod sei nach Paulus kein äußerlich-zufälliger — im Sinne einer von außen über das Dasein verhängten Strafe —, sondern die notwendige Folge der Trennung vom Schöpfer, ohne den das Geschöpf nicht bestehen kann[78]. Das falsche Streben des Menschen führe in den Tod: Wenn ihr nach dem Fleische lebt, werdet ihr sterben (Röm 8, 13). „So wächst der Tod gleichsam organisch wie eine Frucht aus dem fleischlichen Leben heraus ... Der Tod ist das τέλος der Frucht des Sündenlebens (Röm 6, 21)." (ThNT, 248) Daneben, meint Bultmann, kenne Paulus auch ein mehr äußerliches Verständnis des Todes: Die traditionell juristische Auffassung des Todes als Strafe für die Sünde[79] und die Vorstellung vom Tode als der

---

[71] Bultmann meint, *alle* Werke des Menschen seien von vornherein νεκρά: ThWNT 2 (1935) 864 und ThWNT 3 (1938) 17.

[72] Vgl. dazu O. MICHEL, *Der Brief an die Römer*, Göttingen ⁴1966, 171 ff.: Paulus wende sich hier und an ähnlichen Stellen (vgl. Röm 3, 20; 5, 20; 1 Kor 15, 56 u. a.) gegen die falsche Sicherheit menschlicher Werkgerechtigkeit, die er im Judentum seiner Zeit zu finden glaubt; er halte aber auch daran fest, daß die Erfüllung des Gesetzes *Leben schenken* kann (Röm 2, 13), wenn nur keine verkehrte Heilssicherheit damit verbunden wird. — G. SCHUNACK a. a. O. (der Bultmann sonst fast immer zustimmend zitiert), 127, erinnert gegen Bultmann an das *Gebot* des Gesetzes (wie es auch Barth betont): οὐκ ἐπιθυμήσεις (Röm 7, 7)! Das Gesetz deckt im Ich des Sünders die Begierde auf; ob „ ,der Mensch *durch das Gesetz ... ins Sündigen geführt* wird', wie R. BULTMANN zu meinen scheint (cf. NT, 265), und Röm 7, 7 ff. in diesem Sinne zu verstehen ist, ist fraglich." (Anm. 145) Gegen Bultmanns Deutung von Röm 3, 20 („durch das Gesetz geschieht Erkenntnis der Sünde") meint G. SCHUNACK a. a. O., 138 Anm. 185: „BULTMANNS Deutung erweckt den Eindruck, ἐπίγνωσις ἁμαρτίας sei als ,Sichverstehen aufs Sündigen' (NT, 265) identisch mit ,Sündigen'. Es sollte aber doch zwischen ,Sündigen', ,Erkenntnis der Sünde' und ,Erkenntnis des Sünderseins' differenziert werden können."

[73] Vgl. oben Anm. 14.

[74] R. BULTMANN, *Theologie des Neuen Testaments*, Tübingen ⁵1965 (im folgenden abgekürzt: ThNT; bei Schunack: NT), 249 f.

[75] Vgl. oben S. 50 f. — Barth versucht, wie gesagt, diese Tendenz durch das Analogieprinzip auszugleichen, welches die Gutheit der Schöpfung unterstreicht (vgl. oben S. 62 f.).

[76] Vgl. oben S. 112.

[77] Vgl. unten S. 130 f.

[78] Vgl. oben S. 75.

[79] Diese Sicht liegt nach Bultmann z. B. Röm 5, 12 ff. zugrunde.

organisch erwachsenen Frucht der Loslösung von Gott[80] seien bei Paulus „nicht miteinander ausgeglichen". Auch stimmten beide Vorstellungen nicht zu 1 Kor 15, 45—49, wonach Adam von vorneherein „aus Erde" (ἐκ γῆς χοϊκός) und *deshalb* „Fleisch und Blut" und also dem Tode unterworfen (φθαρτός, V. 53 f.) sei. Die Konsequenz von 1 Kor 15, 45 ff. wäre also, daß Paulus von der bloßen Sterblichkeit, die dann noch nicht den Charakter der Trennung von Gott hätte, den *eigentlichen* thanatos unterscheidet[81], den durch Adams Fall *qualifizierten* Tod. Ob Bultmann diese Unterscheidung übernimmt — wie es Barth offensichtlich tut[82] —, kann man nicht sicher bestimmen; er erwähnt sie mehr beiläufig als in 1 Kor 15 vorliegende Sondertheorie, ohne sie weiter zu kommentieren.

b) Die christologische Begründung der Hoffnung und der Unsterblichkeitsgedanke

Bultmanns christologische Begründung des Lebens nach dem Tode entspricht insofern der Auffassung Barths[83], als sich die Hoffnung nicht auf einen Anspruch gründet, den der Mensch vor Gott einklagen könnte, sondern auf den Glauben an Gottes unerwartete Heilstat in Jesus Christus[84]. Weil der Mensch in seiner Verantwortung vor Gott nicht bestehen kann, ist Christus seine *einzige* Hoffnung. Hätte Jesu Sterben die Sünde und damit den Tod nicht erledigt (Röm 6, 7—10; 8, 3)[85], dann gelte wirklich 1 Kor 15, 32: „... laßt uns essen und trinken, denn morgen sind wir tot!" Nun aber, da Gottes Handeln in Christus den Tod auf sich genommen hat[86], hat der Tod seinen Nichtungscharakter verloren. Das Grab

---

[80] Diese Auffassung sieht Bultmann besonders deutlich in Röm 7, 7—25 gegeben.
[81] R. BULTMANN, ThWNT 3 (1938) 15; ThNT, 249.
[82] Vgl. oben S. 74 f.; dazu unten S. 218 ff.
[83] Vgl. oben S. 87 ff.
[84] Vgl. R. BULTMANN, ζωή, in: ThWNT 2 (1935) 833—877, bes. 864 ff. Wenn Barth gegen Bultmann das „extra me" des Heilsgeschehens betont („alles pro me ruht auf dem extra me") und daran festhält, daß Jesu Tod ganz und gar „außer dem Menschen, ohne ihn, ja gegen ihn von Gott her für ihn geschehen" sei (K. BARTH, *R. Bultmann. Ein Versuch, ihn zu verstehen*, 49; zit. nach H. FRIES, in: KM V, 39), so trifft dies Bultmann insofern nicht, als dieser die durch Gottes Tat gewirkte Rechtfertigung extra nos zur Voraussetzung jeder subjektiven Aneignung der Rechtfertigungsgnade im Vollzug des Glaubens und der Liebe erklärt (vgl. unten S. 125).
[85] Zu der jüdischen Rechtsdenken entsprechenden Formulierung Röm 6, 7 („Wer starb, ist losgesprochen von der Bindung an die Sünde") verweist Bultmann auf STRACK-BILLERBECK III, 232; vgl. zum folgenden ThWNT 3 (1938) 18 ff.
[86] Bultmann begründet die Überwindung des Todes durch Christus — durchaus wie Barth — mit dem Stellvertretungsgedanken (vgl. oben S. 89 f., unten S. 246 ff.), wobei er freilich — anders als Barth — „Mysterienvorstellungen", insbesondere den *Sühneopfergedanken* (der die mythologische Form des nicht-mythologischen Stellvertretungsgedankens sei) ausklammert. Als Offenbarungswahrheit hält Bultmann fest: Jesu Tod war kein gewöhnliches menschliches Schicksal, Jesus war — als einziger — seinen Tod nicht der Sünde schuldig, sondern Gott hat ihn für uns in seiner unbegreiflichen Liebe zum Sünder gemacht, um uns zu retten (2 Kor 5, 21; Röm 8, 3; Gal 3, 13 f.). Bultmann bejaht also die neutestamentliche Lehre vom Versöhnungstod Jesu, sofern diese dem Menschen ein neues Selbstverständnis (nämlich das der — von Gott geschenkten — *Freiheit vom Tode*) vermittelt.

konnte Jesus nicht halten[87], er besitzt jetzt den „Schlüssel des Todes und der Unterwelt" (Apk 1, 18): „Für die, die sich im Glauben diesen Tod aneignen, ist damit auch ihr eigener Tod überwunden." Dem leiblichen Sterben bleibt zwar auch der Glaubende unterworfen, aber sein Tod hat schon jetzt seinen „Stachel" verloren (1 Kor 15, 55).

Den sicheren Besitz einer unsterblichen Natur bedeute dies aber nicht, wie Bultmann betont[88]: Das „eigentliche" Leben ἐν Χριστῷ sei dem Menschen eröffnet als „unverfügbare Offenheit". Weil Christus des Menschen einzige Hoffnung sei, weist Bultmann — mit Barth und den meisten evangelischen Theologen der Gegenwart[89] — den Unsterblichkeitsgedanken[90] als unbiblische („spiritualistische") Spekulation[91] zurück: Von der Anschauung der Mysterien und der Gnosis unterscheide sich Paulus dadurch, daß er das durch Christus vermittelte Leben nicht als „objektivierbare immanente Qualität", nicht als eine dem Menschen eingeflößte naturhafte Kraft versteht, vermöge derer die „Seele" nach dem leiblichen Tode in die göttliche Sphäre gelangt; vielmehr halte Paulus an der traditionellen jüdischen Lehre von der Auferstehung der Toten fest (ThNT, 347).

Bultmann bevorzugt die Rede von der Auferstehung der Toten aber keineswegs so deutlich wie Barth[92]: Mit Phil 1, 23 (wo ein „mit-Christus-sein" sofort nach dem Tode vorausgesetzt wird) gerate Paulus zur Auferstehung der Toten in

---

[87] Tod und Auferstehung Jesu sind für Bultmann — anders als für Barth (vgl. oben S. 88 Anm. 97) — nicht zwei verschiedene Ereignisse, sondern ein einziges Geschehen; die Trennung sei „nur rhetorisch" (z. B. in Röm 4, 25). Jesu Tod war als solcher Begegnung mit Gott und folglich neues Leben, so daß Bultmann keine Auferstehung als *zusätzliches* Ereignis braucht. — Die mit dieser Frage verknüpften exegetischen Diskussionen brauchen hier nicht besprochen werden.

[88] Paulus wende sich 1 Kor 15 indirekt gegen die gnostische Auffassung einer schon erfolgten Verwandlung der menschlichen Natur: dagegen lehre Paulus das *kommende,* durch das Wunder der Auferstehung geschenkte neue Leben in Christus (Bultmann identifiziert sich hier, ThWNT 3 [1938] 18 ff. u. a., eindeutig mit der paulinischen Eschatologie des zeitlichen „noch nicht"!).

[89] Vgl. unten S. 316 ff.

[90] Nur an zwei Stellen des NT kommt das Wort ἀθανασία vor: 1 Tim 6, 16, wo die Unsterblichkeit von *Gott* ausgesagt wird (ὁ μόνος ἔχων ἀθανασίαν) und 1 Kor 15, 53 f., wo von der unvergänglichen Seinsweise der Auferstandenen die Rede ist; vgl. ThWNT 2 (1935) 871.

[91] Vgl. GV I, 56 ff. (das Leben als „zukünftiges Wunder"), ähnlich ThWNT 2 (1935) 864.

[92] Mit „Auferstehung" meint Bultmann kein Ereignis am „Jüngsten Tag" (vgl. oben Anm. 36). Mit diesem Ausdruck umschreibt er vielmehr den unverdienten *Geschenk*charakter des Lebens; vgl. ThWNT 2 (1935) 864 f. Während Barth — obwohl der „Geist" als Gottes Verhalten zum Geschöpf im Tode *bleibt* und die Toten bei Christus sind (Phil 1, 23) — an einer für die Entschlafenen noch ausständigen Auferstehung (als Vollendung der Bruderschaft) festhält (vgl. oben S. 99 ff.), finden wir bei Bultmann diesen Gedanken kaum: Der Tod des einzelnen scheint mit dessen Vollendung ohne weiteres zusammenzufallen (zum Begriff „Vollendung" bei Bultmann vgl. aber unten S. 129 f.). Über einen „Zwischenzustand" zwischen Tod und Auferstehung sei im NT jedenfalls nichts zu erfahren: ThWNT 3 (1938) 17. KM I, 131, meint Bultmann, die Rede vom

Widerspruch. „Dieser Widerspruch verrät, wie wenig an den Vorstellungen liegt, in denen die Zukünftigkeit der ζωή über das Leben ἐν σαρκί hinaus ihren Ausdruck findet" (ThNT, 348). Bultmann *relativiert beide Vorstellungen*: Unsterblichkeit und Auferstehung, indem er sie zu mythologischen Bildern erklärt[93], deren nicht-mythologische Wahrheit darin bestehe, daß *Gott uns im Tode das Leben schenkt*[94].

c) *Die Freiheit vom Tode in der Übernahme des Kreuzes*

Der „Geist" als Gottes lebenspendendes Verhalten zum Geschöpf (Barth)[95] verleiht im voraus neues Leben. Weil unsere Zukunft in der Herrlichkeit Gottes liegt, dürfen wir schon unsere Gegenwart rühmen, die ja dieser Zukunft entgegeneilt (KER 58). — Auch nach Bultmann ist das πνεῦμα Χριστοῦ das Angeld unserer Zukunft (ThNT, 349); denn die in die Gegenwart hereinreichende Hoffnung ist *ihres Zieles sicher* und *diese unsere Zeit* muß folglich im Licht der ζωή verstanden werden (ThWNT 2, 867)[96]. Gerechtigkeit, Heil und Freude im Hl. Geist (Röm 14, 17) bestimmen die Gegenwart von Gottes Zukunft her: „ ‚Ist jemand in Christus, so ist er ein neues Geschöpf' (2 Kor 5, 17); es gilt für ihn: ‚Das Alte ist vergangen, siehe, es ist neu geworden' (ebd.). Der neue Äon ist schon Wirklichkeit geworden" (GE, 48).

Jüngsten Tag müsse ersetzt werden durch die Rede vom thanatos. — H. OTT, *Eschatologie*, Zollikon 1958, 27, wirft Bultmann deshalb vor, er löse die Parusie „gleichsam in eine Menge von individuellen Parusien" auf; G. GRESHAKE a. a. O., 122, verteidigt Bultmann gegen diesen Einwand: „Existentialität ist nicht individualistische Subjektivität: das gilt auch für den ‚letzten' Augenblick." (Vgl. unten Anm. 109).

[93] Es ist „grundsätzlich gleichgültig, welche mythologischen Vorstellungen man sich von dem ‚eschatologischen' Geschehen ... macht" (GV III, 164).

[94] Diese Bilder haben — beide! — insofern ihr Recht, als sie „dem Individuum den Sieg über den Tod verheißen — sei es das jüdische Hoffnungsbild, das von der Auferstehung der Toten redet, sei es das gnostische, das der Seele den Aufstieg in die Lichtwelt verspricht" (GV III, 90). — Eine ähnliche Relativierung des Gedankens der „Auferstehung" bei gleichzeitigem Festhalten an der Hoffnung auf ein künftiges Leben nach dem Tode finden wir bei W. MARXSEN, *Die Auferstehung Jesu von Nazareth*, Gütersloh 1968, 133 ff. und 177 ff.: Marxsen unterscheidet die in der Überwindung des Todes durch Jesus begründete *Zukunftshoffnung* von der keineswegs spezifisch christlichen Auferstehungshoffnung; diese umschreibe lediglich eine bestimmte *Vorstellung* über das „Wie" unserer Zukunft. Ähnlich wie Bultmann betont auch Marxsen, daß dem Glauben an Jesus Christus ein im Glauben selbst mit angelegter Zukunftshorizont eigne: Wer wirklich glaubt, wer sich von Gottes Wort — im Hier und Jetzt — so treffen läßt, daß er sich losläßt, um nicht mehr in sich selbst gegründet zu sein, „der weiß, daß wir ... mit Jesus zusammen leben werden" (183). Dies sei der verbindliche *Inhalt* neutestamentlicher Zukunftshoffnung; „Auferstehung der Toten" dagegen sei eine sekundäre *Veranschaulichung*, ein weltbildlich ausgemalter Sonderfall der allgemeinen Zukunftshoffnung (vgl. dazu unten S. 324).

[95] Vgl. oben S. 85 f.

[96] Das ewige Leben ist *Gegenwart*, weil es „im Glauben schon vorweggenommen" wird; es ist „insofern ein Hoffnungsgut" (Röm 5, 1—11; 8, 12—39; 1 Kor 15; 2 Kor 5, 1—5), als das Auferstehungsleben „erst in der Zukunft (sc. nach dem Tode) voll zur

Wer Gottes Wort im Kerygma hört und annimmt, wer sich — in der Umwandlung seines Denkens, in der Annahme des Kreuzes — den Tod Jesu gläubig *aneignet* (Röm 6, 1—8)[97], antizipiert das künftige Leben schon jetzt[98]. Der vom Analogiedenken und von der Rechtfertigungslehre Barths her bekannte Aktualismus (vgl. oben) begegnet — mutatis mutandis — auch in Bultmanns Dialektik von Leben und Tod: Das neue Leben in Christus ist keine statische Eigenschaft des Menschen, sondern im *Vollzug* des Glaubens und der Liebe einzuholendes Gnadengeschenk. Die Vernichtung des Todes ist insofern *Gegenwart,* als sie sich nicht am Subjekt vorbei ereignet, sondern *im* Glaubensgehorsam, *in* der Übernahme des Kreuzes[99] geschieht:

So sehr das eigentliche Leben das „*künftige* nach dem Tode" ist, soll doch der Mensch durch sein *jetziges Verhalten* dieses Lebens würdig werden: durch eine neue Lebensführung (Röm 6, 6; 6, 11; 7, 4—6)[100]. Worin besteht dieses neue Verhalten? Darin, daß der Glaubende nicht mehr „in der Welt"[101], nicht mehr für sich selbst, sondern im Dienst des Herrn lebt (Röm 14, 7—9; 2 Kor 5, 14 f.); darin, daß er im täglichen Sterben, d. h. im Abstand von den irdischen Dingen[102],

---

Entfaltung kommt" (vgl. ThWNT 2, 868 ff.). Die zum Begriff des eigentlichen Lebens gehörende Unzerstörbarkeit eignet *Gott*; für den Menschen sei die Unzerstörbarkeit eine *künftige*: ζωή μέλλουσα (1 Tim 4, 8). Es ist deshalb schwer verständlich, wie E. BRUNNER a. a. O. (vgl. oben Anm. 43) bei Bultmann einen „Glauben ohne Hoffnung" sehen kann. Bultmanns Auffassung ist doch diese: zur πίστις gehört die ἐλπίς, in der das künftige Leben antizipiert wird (vgl. oben S. 113 ff.).

[97] Röm 6, 5 („zusammengewachsen mit der Gestalt seines Todes und seiner Auferstehung") ist nach Bultmann in den Mysterienvorstellungen zugehöriges Bild, das die neue Lebensführung in der Nachfolge Christi meint.

[98] Diese Vorwegnahme vollzieht sich freilich nicht in der seelischen Erfahrung als „Erlebnis" (Bultmann wendet sich gegen die „Erlebnistheologie" W. Herrmanns, die er überwinden will; vgl. GV I, 1 ff.), sondern im Glauben, der nicht sieht, was er erhofft (ThNT, 349), aber dennoch schon jetzt als eine eschatologische Existenz lebt; denn er ist vom Tod zum Leben gedrungen (R. BULTMANN, *Jesus Christus und die Mythologie,* 96).

[99] R. BULTMANN, ThWNT 3, 21, betont, die Übernahme des Todes Jesu dürfe nicht bloß als „Erfassung einer Christusidee" verstanden werden, sondern bedeute den existentiellen „Anschluß an ein geschichtliches Geschehen" (zur Bedeutung von „geschichtlich" im Unterschied zu „historisch" vgl. G. HASENHÜTTL a. a. O., 62 ff.; dazu H. FRIES, in: KM V, 38 ff.).

[100] Den Gedanken der Überwindung des Todes durch eine neue Lebensführung finden wir bei Bultmann noch stärker akzentuiert als bei Barth (vgl. oben S. 81 f.). Die christologische Begründung der Hoffnung (in welcher sich Barth und Bultmann grundsätzlich einig sind) wird bei Barth so sehr betont (vgl. oben S. 87 ff.), daß die Relevanz des menschlichen Verhaltens zwar nicht bestritten wird, aber doch zu kurz zu kommen droht (vgl. oben S. 95 ff.).

[101] „Welt", „Kosmos" sind bei Bultmann bekanntlich Termini der Verfallenheit: Der reichlich mißverständliche Ausdruck „Entweltlichung" (z. B. GV III, 105) meint also die Forderung an den Menschen, sich nicht aus sich selbst heraus, sondern von Gott her zu verstehen (vgl. dazu F. KERSTIENS a. a. O.). Vgl. oben Anm. 23.

[102] Was mit dem „täglichen Sterben" näherhin gemeint ist, erläutert Bultmann nicht sehr anschaulich; er verweist nur ganz allgemein auf die „konkreten Lebensmöglichkeiten", denen der auf das künftige Leben hoffende Christ „im Abstand des ὡς μή" gegenüber-

das Leben Jesu offenbart (2 Kor 4, 8—16): „Wenn die Gemeindefeier des Herrenmahls den Tod des κύριος proklamiert (1 Kor 11, 26), so hat das Leben der Glaubenden damit Ernst zu machen durch würdiges Verhalten (1 Kor 11, 27 ff.) und den alten Sauerteig auszufegen (1 Kor 5, 7 f.)".

Das aus der Überwindung des Todes geborene Leben beschreibt Bultmann mit Paulus und Johannes[103] als gegenwärtig im *Wort*, im *Glauben*, in der *Liebe*, der *Freude* und dem neuen Verstehen des *Leides*[104]: Voraussetzung des Empfanges von „Geist" und „Leben" ist einerseits das verkündigte Wort, das den Tod vernichtet und das Leben bewirkt (2 Tim 1, 10), andrerseits der Glaube, der das Heil im Gehorsam ergreift[105]. Wort und Glaube (also Gottes Zuwendung und des Menschen Antwort) wirken Vergebung der Schuld als Bedingung des Lebens, welches — da der Glaube keine menschliche Leistung ist — Gottes alleinige Tat bleibt[106].

Kriterium für das Hinübergehen aus dem Tode ins Leben ist die Bruderliebe (1 Jo 3, 14 f.)[107]; denn das „Bleiben in Christus" (Jo 15, 1—8) ist ein Bleiben in der Liebe, welche die Furcht überwindet und Freude schenkt (Jo 15, 9 ff.). Nur wenn wir die Selbstsucht (auch die verborgenste und subtilste) durchkreuzt werden lassen, um zu suchen, was der Wille Gottes ist (Röm 12, 2), besitzen wir Leben. Nur dann stehen wir in der *Nachfolge*, die den Tod überwindet (Jo 8, 12), wenn die Liebe Christi uns drängt, der für alle starb, damit sie nicht mehr sich selbst und ihren eigenen Wünschen leben, sondern ihm, der für sie starb (2 Kor 5, 14 f.). In dieser Haltung, so und nur so, wird der Tod durch das Leben besiegt (ThWNT 3, 18 ff.).

Die im Glaubensvollzug gewonnene „Freiheit vom Tode" bekundet sich schließlich im neuen Verstehen des *Leides*: Dieses wird dem Glaubenden zur Hilfe, sich nicht zu überheben (2 Kor 12, 7); es zwingt ihn, den Blick auf das Unsichtbare, Ewige zu richten (2 Kor 4, 18). Um Jesu willen bejaht der Christ alles Leid und

---

stehe: Bultmann denkt an den eschatologischen Vorbehalt gegen die irdischen Verhältnisse im Sinne von 1 Kor 7, 29—31 (vgl. ThWNT 2, 869 f.).

[103] Traditionelle (jüdisch-apokalyptische) Elemente wurden, so Bultmann, durch kirchliche Redaktion wieder eingeführt; Johannes selbst aber beschreibe das eschatologische Heil als Gegenwart: „Der Glaubende ist schon durch das Gericht gegangen, der Ungläubige ist schon gerichtet (Joh 3, 18). Der Glaubende ist schon auferstanden" (GE, 53 ff.; vgl. oben Anm. 36).

[104] Vgl. zum folgenden R. BULTMANN, ThWNT 2, 868 ff., u. ders., ThNT, 346 ff. (§ 40 „Die Freiheit vom Tode").

[105] Die objektive (extra nos) Rechtfertigung im „Wort" geht der subjektiven Aneignung der Rechtfertigungsgnade, dem „Glauben", voraus (vgl. oben S. 77 ff.). „Wort" im Sinne Bultmanns ist nicht nur die Übermittlung von Inhalten, von welchen es als Mitteilung lösbar wäre; das Wort gehört vielmehr selbst zum Heilsgeschehen, indem es die in diesem wirkende Gnade zuspricht: Das Wort bewirkt, was es aussagt, freilich nicht „ex opere operato", sondern im Glauben!

[106] Die Gerechtigkeit bleibt *Gottes* Gerechtigkeit (δικαιοσύνη θεοῦ; vgl. oben S. 80 zur „iustitia aliena"). Deshalb sagt Paulus, daß sein jetziges Leben nicht sein eigenes sei, sondern daß Christus in ihm lebe (Gal 2, 19 f.). Das Streben nach einem Leben aus eigener Kraft würde das Gesetz wieder aufrichten und Jesu Tod zunichte machen (vgl. oben).

[107] Vgl. oben S. 110 ff.

erfährt so die κοινωνία τῶν παθημάτων αὐτοῦ, das „Mitsterben mit Christus" (Phil 3, 10; 2 Kor 4, 10 f.). Diese Koinonia bedeutet zugleich Gemeinschaft mit allen, die zu Christi Leib gehören (1 Kor 12, 25 f.); denn es gibt einen „Zusammenhang des geschichtlichen[108] Lebens füreinander, in dem, was dem einen widerfährt, für den andern fruchtbar werden muß" (ThNT, 352).

Das tägliche Sterben des Christen (2 Kor 4, 16) hat also einen *Lebensbezug für die andern* (ThWNT 3, 20 f.)[109], das Leid — und mehr noch der Tod — stellt in eine letzte und tiefste Solidarität der Menschen untereinander. Denn der Sieg über den Tod durch das Leben hat etwas mit der konkreten Liebe zu tun, die nicht sich selbst sucht, sondern die Brüder (hier liegt die gesellschaftliche Relevanz der Auferstehungshoffnung, die — in diesem Sinn — auch Bultmann betont, nicht erst Moltmann); wer diese Liebe nicht hat, bleibt im Tode (1 Jo 3, 14), denn fern von Christus sind die Menschen schon tot[110].

Die Überwindung von Leid und Tod setzt — das ist für Bultmann entscheidend und sei deshalb nochmals betont — folgenden Zirkel voraus: Nur das dem Willen Gottes entsprechende *Verhalten*, der „Wandel in Gerechtigkeit" (Röm 6, 12—23), macht des ewigen Lebens würdig (ThWNT 2, 865); aber solches Verhalten ist selbst wiederum nur möglich aus der *schon geschenkten* ζωή[111]: „Denn gerade ohne diese Fundierung führt die Absicht, den im Gesetz fordernden Gotteswillen

---

[108] Bultmann stellt — ganz anders als etwa Tillich oder Moltmann (vgl. unten) — den „geschichtlichen" Zusammenhang gegen den „kosmischen", den er der mythologischen Begrifflichkeit der Gnosis zuordnet (ThNT, 298 ff.). — H. ZAHRNT a. a. O., 315 ff., wirft Bultmann deshalb „überspitzten Personalismus", „Desinteresse an der Welt der Sachen", „Spiritualisierung der Existenz" u. ä. vor.

[109] E. FUCHS, *Ges. Aufsätze II*, 422, stellt deshalb Heideggers Deutung des Todes als eines „unvertretbaren", je nur mich angehenden Ereignisses (vgl. oben S. 111 Anm. 22) in Frage, denn „das Kerygma (sagt), Jesus sei *für uns* gestorben. Das ist kein mythologischer Satz!" Der „Tod *ist* besiegt, weil er *vertretbar* geworden ist" (*Ges. Aufsätze III*, 160). Daraus muß gefolgert werden, daß auch und gerade der Tod einen „Lebensbezug für andere" (Bultmann) aufweist, mein Tod also auch Teilhabe am Tode anderer ist (vgl. unten S. 248). Mit seiner These von der Vertretbarkeit und von der *„positiven Bedeutung des Todes"* (*Ges. Aufsätze III*, 160; ähnlich übrigens K. Barth oben S. 74) wendet sich Fuchs gegen H. CONZELMANN, *Die Überwindung der Weltangst durch den Glauben*, in: *Mensch und Kosmos* (Ringvorlesung), Zürich 1960, 59. Wenn Fuchs (ebd., 160) auch Bultmann eine individualistisch-negative Sicht des Todes (als unvertretbare Einsamkeit) vorwirft, so m. E. nicht ganz zu Recht, da nach Bultmann zwar jeder seinen eigenen Tod sterben muß (vgl. z. B. R. BULTMANN, *Jesus Christus und die Mythologie*, 64), seine Rede vom neuen Verstehen des Leides aus der „Freiheit vom Tode" vgl. oben) den Gedanken Fuchs' aber durchaus impliziert.

[110] Bultmann belegt dies mit Mt 8, 22 par; Jo 5, 21. 25; Röm 7, 10 (vgl. ThWNT 3, 18). Verbindet man diese Stellen mit Röm 6, 1—8, so ergibt sich: Fern von Christus gibt es nur Tod; wer nicht liebt (also Jesu Wort zurückweist), *bleibt* im Tode; wer aber Jesus nachfolgt, *ist* schon gestorben, hat den Tod schon hinter sich. „Sprachlich kann man das alles kaum ausdrücken, ohne sich einer verwirrenden Mehrdeutigkeit der Worte schuldig zu machen." (E. JÜNGEL, *Tod*, 108; vgl. oben S. 88 Anm. 99).

[111] Dieser Zirkel entspricht dem Verständnis der Rechtfertigung des Sünders bei Barth (vgl. oben S. 81).

zu erfüllen, in den Tod ... Vermöge dieser zum Begriff der ζωή gehörigen Doppelseitigkeit können die paulinischen Aussagen eigentümlich schwanken, indem mit der (αἰώνιος) ζωή bald das zukünftige Gut bezeichnet ist, bald das gegenwärtige Leben, oft beides eng miteinander verschlungen." (ebd., 870 f.)

d) Die Unanschaulichkeit des künftigen Lebens

Das wahre Leben ist zeitlich nie abgeschlossen, denn die Frucht des pneumatischen Verhaltens ist wieder ζωή (ThWNT 2, 870). Wir leben in einer *Zwischenzeit*[112], weil unser jetziges Dasein nicht das eigentliche ist, weil die Vollendung noch aussteht (GV III, 41). „Aus der *Vorläufigkeit des jetzigen Lebens*[113] kann deshalb die Sehnsucht wie nach der Parusie, so nach dem leiblichen Tode erwachsen, der aus dieser Vorläufigkeit herausführt ..., eine Sehnsucht, die freilich ihre Grenze hat am positiven Verständnis des vorläufigen Lebens als eines Dienstes für den Herrn" (ThWNT 3, 21).

So sehr Bultmann das Leben jenseits des Todes und die im Glaubensvollzug antizipierte Gegenwart dieses Lebens bejaht, so wenig erfahren wir *inhaltlich* über die künftige Existenz: „Die christliche Hoffnung weiß, *daß* sie hofft, sie weiß aber nicht, *was* sie erhofft"[114]. Seiner Neigung zur Abstraktion[115] entsprechend, weigert sich Bultmann, das ewige Leben konkret zu bestimmen, etwa als ideale Fortsetzung des jetzigen Daseins[116]. Die künftige ζωή ist in keiner Weise vorstellbar, wie Bultmann z. B. aus Mk 12, 18—27 par ableitet (während Barth großes Gewicht auf die Bemerkung legt, daß diese Perikope die Erlösung von den *Gebrechen* der Natur, nicht aber die *Aufhebung* der Natur meine)[117]; alle Bilder von einer Herrlichkeit nach dem Tode sind Projektionen der Phantasie und als solche wider den Glauben, der aus dem Unsichtbaren lebt, der alle Wünsche und Vorstellungen preisgibt (vgl. Mt 10, 39 par)[118], weil Gottes Wille genügt[119]. In der

---

[112] Vgl. R. BULTMANN, *Der Mensch zwischen den Zeiten nach dem Neuen Testament*, in: GV III, 35—54; dazu W. SCHMITHALS a. a. O., 323 ff. — G. HASENHÜTTL a. a. O., 283 Anm. 20, nennt die zahlreichen Stellen, wo Bultmann von jenem „paradoxen Zwischen" redet.
[113] Hervorhebung von mir; vgl. oben S. 116 f.
[114] R. BULTMANN, *Die christliche Hoffnung und das Problem der Entmythologisierung*, Rundfunkvortrag und Diskussion mit G. BORNKAMM und F. K. SCHUMANN, Stuttgart 1954, 58. — Diese Reduktion auf das bloße „Daß" erinnert natürlich — in ihrem Desinteresse an konkreten Umständen — an die Formel vom „Daß" des Gekommenseins Jesu, an Bultmanns Frageverbot bezüglich alles Inhaltlichen des Wirkens des historischen Jesus.
[115] H. ZAHRNT a. a. O., 316.
[116] Daß die Ewigkeit nicht einfach die Zeit fortsetze, sagt auch Barth (vgl. oben S. 90 f).
[117] Vgl. oben S. 93 f.
[118] Vgl. unten S. 348 f.
[119] Bultmann geht sogar so weit, daß er vom Glaubenden verlangt, er müsse „entschlossen sein, die Verdammung in die Hölle aus Gottes Händen entgegenzunehmen, wenn es nur Gott ist, der ihn in die Hölle verdammt". (R. BULTMANN, in: *Die christliche Hoffnung und das Problem der Entmythologisierung*, 58; zit. nach W. SCHMITHALS a. a. O., 329).

Schrift bleibt es, wie Bultmann unterstreicht[120], bei der allgemeinen Rede von der δόξα, die offenbar werden soll (Röm 8, 18; 2 Kor 4, 17), oder vom εἶναι σὺν Χριστῷ (1 Thess 4, 17; Phil 1, 23 u. a.) und vom βλέπειν πρόσωπον πρὸς πρόσωπον (1 Kor 13, 12), das im Tode eintreten wird (ThNT, 347). Ganz im Sinne der dialektischen Theologie, die er hier konsequenter durchhält als Barth, läßt Bultmann Gottes Liebe nur da begegnen, wo für den Blick des Menschen das Nichts ist (KM II, 203)[121]: Der Glaubende geht „in ein völliges Dunkel[122]; aber die christliche Hoffnung hofft gerade da, wo nichts zu hoffen ist (Röm 4, 18), nämlich auf Gott, der die Toten lebendig macht und das Nicht-seiende ins Sein ruft (Röm 4, 17; vgl. 2 Kor 1, 9)" (GV III, 28).

Die Unanschaulichkeit oder „Nichtobjektivierbarkeit"[123] des Lebens nach dem Tode betont Bultmann sehr oft[124]: Stellvertretend für viele ähnliche Stellen sei aus einer bekannten Marburger Predigt zitiert: „Wissen wir etwas von der Zukunft und vom Jenseits? Wir müssen uns doch, wenn wir ehrlich sind, gestehen, wir *kennen* es nicht, wir *wissen* nichts davon. Was wir kennen und wissen, das ist immer nur unser bisheriges, diesseitiges Leben ... Aber eben *das* heißt, mit der Ewigkeit rechnen: Dieses uns bekannte Leben als ein vorläufiges, unerfülltes und unerfüllbares ansehen in der Bereitschaft für ein zukünftiges, ein erfülltes und eigentliches Leben, das Gott uns schenken will. Wollten wir uns die Zukunft ausmalen, so könnten wir nur die Bilder unserer Wünsche und Träume in sie hineinzeichnen. Aber eben diese Bilder sollen wir preisgeben. Für Gottes Zukunft

---

[120] Die *apokalyptischen* Bilder der Zukunft, die sich auch im NT finden, zerstören die wesentliche Verborgenheit der jenseitigen Zukunft, indem sie diese wie eine greifbare Sache beschreiben (vgl. EJ 330).

[121] Vgl. Barths *Römerbrief*, oben S. 56 f.

[122] Sehr ähnlich meint G. EBELING, *Ewiges Leben*, in: G. REIN (Hrsg.), *Das Glaubensbekenntnis*, 71: Der Tod und das Leben nach dem Tode sei für den Menschen unanschaulich und dunkel; gerade das sei aber die Situation des Glaubens, „ins Dunkle zu schreiten in der Gewißheit, daß die Finsternis nicht finster ist für Gott und darum auch nicht für den, den im Tode Gott, nichts als Gott erwartet". Ebeling sieht aber auch die *Gefahr* eines bildlosen Denkens in der Theologie: Ebd., 68 f., schreibt er: Die Alten wußten, daß die Rede vom Freudenmahl, vom himmlischen Lobpreis usw. bildhaft ist. „Aber ihnen waren es wirklichkeitsgesättigte Bilder. Für uns dagegen ist in Sachen ewigen Lebens die Spanne zwischen Bild und Wirklichkeit ungeheuer groß geworden. *Die Bildlosigkeit droht den Glauben an das ewige Leben sprachlos zu machen.* Die Sprachlosigkeit aber droht dem Glauben selbst das Ende zu bereiten." (Hervorhebung von mir).

[123] Vgl. dagegen K. BARTH in einem Brief an Bultmann vom 24. 12. 1952: „Sicher ist, daß Sie auch mit dem Wort ‚Objektivieren' (sofern es für Sie offenbar nur einen pejorativen Sinn hat: Sicherheit suchen und dergleichen mehr) bei mir auf taube Ohren stoßen, weil ich gerade im NT eben das gelernt habe ... : objektivieren — um erst lange nachher dann auch zu ‚subjektivieren'! Schrecklicher Gegensatz: mein Interesse an der neutestamentlichen ‚Mythologie' ist ausgerechnet das, daß sie die neutestamentlichen Aussagen so unüberhörbar ‚objektiviert' " (zit. nach B. JASPERT a. a. O., 198 f.). Dieser Gegensatz ist freilich — mindestens z. T. — terminologischer Art (was Barth selbst andeutet): Barth meint mit „objektiv" das „extra nos" der Offenbarung (vor jeder subjektiven Aneignung), das Bultmann nicht bestreitet (vgl. oben Anm. 105).

[124] Z. B. GV III, 90; *Jesus*, 42; Brief an DVORACEK u. v. a. Stellen.

bereit sein, das heißt, getrost und bereit in das Dunkel hineingehen, bereit für das, was Gott in der Zukunft mit uns vor hat." (MP, 135)

e) Die Kontinuität des alten und des neuen Subjekts

Wir kennen nur unser jetziges Leben mit seinen Hoffnungen und Enttäuschungen. Die Gegenwart der ζωή im Glaubensvollzug begründet allerdings eine „eigentümliche Identität zwischen dem gegenwärtigen und dem zukünftigen Menschen" (GV I, 58)[125], eine innere Einheit der gläubigen Existenz im Diesseits und in der jenseitigen Vollendung (EJ, 401). Das ewige Leben ist also *nicht schlechterdings* unanschaulich[126]: Die Gegenwart nimmt die Zukunft im „Vorverständnis" vorweg, das immer schon ahnt, was Leben und Liebe ist! „Trägt die ihm (sc. dem Glaubenden) verheißene Gabe den gleichen Namen wie das Gut, das dem Menschen als höchstes gilt, heißt sie eben ζωή, so muß freilich das, was er ‚Leben' nennt, ein *Hinweis* auf jenes ‚Leben' sein"[127]. Seine Behauptung, die christliche Hoffnung wisse nur, *daß* sie hofft, nicht aber, *was* sie erhofft, wird also von Bultmann selbst insofern korrigiert, als unser jetziges Dasein mit seinen Entscheidungen, mit der Unbedingtheit seiner Treue, seiner Liebe und seines Gewissens, auf die Ewigkeit verweist[128].

Die im Tode vollendete Person verhält sich zum irdischen Subjekt in Kontinuität *und* in Diskontinuität[129]: Eigensinnigen Wünschen gegenüber ist das ewige Leben „totaliter aliter"[130]; es *bleiben* aber — wenn wir πρόσωπον πρός πρόσωπον erkennen (1 Kor 13, 12) — Glaube, Hoffnung und Liebe, und somit das „Eigentliche" des Menschen, dessen Wesen sich in Gott erfüllt.

Das Bleiben von Glaube und Hoffnung (1 Kor 13, 13) begründet ein letztes „noch nicht" — welches ja das irdische Subjekt konstituiert[131] — auch jenseits des Todes; denn Glaube und Hoffnung richten sich auf Gottes Gnade als *ständig bevorstehende*[132]. Wohl sind die Toten mit Christus vereint und also keiner Be-

---

[125] Als den Träger dieser Identität nennt Paulus das σῶμα (vgl. GV I, 58 ff.).
[126] Vgl. G. Hasenhüttl a. a. O., 280 ff.
[127] EJ, 308; Hervorhebung von mir.
[128] Vgl. G. Ebeling a. a. O., 71: „Die Unanschaulichkeit des Glaubens an das ewige Leben wirft uns desto mehr zurück auf die Erfahrung, in der der Glaube an das ewige Leben seinen Ort hat: die Unbedingtheit und Endgültigkeit, mit der in diesem zeitlichen Leben unser Gewissen gefordert ... wird."
[129] Dieses Nebeneinander von Identität und Nichtidentität des irdischen und des künftigen Subjekts ist auch für Barth bezeichnend. Dieser betont allerdings — in der *Kirchlichen Dogmatik* deutlicher als im *Römerbrief* — stärker die *Kontinuität* beider Subjekte (vgl. oben S. 92 ff.), während Bultmann die Gefährlichkeit aller Bilder und Vorstellungen (ewiges Leben als „Besitz", Verlängerung egoistischer Wünsche usw.) hervorhebt. Daß es sich hier nicht um fundamentale Gegensätze, sondern um verschiedene *Akzentuierung* handelt, ist offensichtlich.
[130] R. Bultmann, *Jesus Christus und die Mythologie*, 31.
[131] Vgl. 1 Jo 3, 2: „... noch ist es nicht offenbar, was wir sein werden" (vgl. oben S. 116 f.).
[132] R. Bultmann, *Das Urchristentum im Rahmen der antiken Religionen*, Hamburg ³1965, 174.

drohung und Versuchung mehr ausgesetzt (ThNT, 322), ein abgeschlossener Zustand spannungsloser Glückseligkeit widerspräche aber der wesentlichen Dynamik des Menschen: Paulus „kann sich keine Vollendung denken, in der das Unweltliche einfacher Besitz ist, mit anderen Worten: Die Offenheit der christlichen Existenz nimmt kein Ende"[133].

f) Zusammenfassung: Die Entscheidung zwischen Heil und Verderben

Zusammenfassend können wir sagen: Differenzen zwischen Bultmann und Barth in der theologischen Deutung des Todes sind mehr im Ausgangspunkt[134] und — von der je verschiedenen Akzentuierung abgesehen — weniger im Ergebnis zu suchen. Beide Theologen sehen den Tod in der Schuld des Menschen begründet[135] und im Kreuz Jesu Christi überwunden[136]; die Freiheit vom Tode ist — auch hier sind beide sich einig — keine menschliche Möglichkeit, sondern Gottes Geschenk, welches aktual (in der persönlichen Aneignung des Heilsgeschehens) zu übernehmen ist.

Diesen letzteren Gesichtspunkt betont Bultmann — seinem anthropozentrischen Ansatz entsprechend — stärker als Barth. Was also die Entscheidungsstruktur des Lebens und des Todes betrifft, profilieren sich die unterschiedlichen Temperamente Bultmanns und Barths ziemlich deutlich: Während bei Barth die geschöpfliche Entscheidung vom Triumph der Gnade verschlungen zu werden droht[137], rückt Bultmann den Entscheidungscharakter der Existenz in die Mitte der Theologie. Im Anschluß an Heideggers Begriff der Geschichtlichkeit wiederholt er in fast jedem seiner Aufsätze: Das Sein des Menschen ist ein Sein-Können und steht in den konkreten Situationen auf dem Spiel (GV I, 118). Der Mensch ist ein *Werdender* und seine radikale *Freiheit* schließt die Möglichkeit des Verlorengehens mit ein (GV IV, 66); in seinen Entscheidungen wählt der Mensch „sich selbst als den, der er eigentlich sein soll und will, oder als einen, der sein eigentliches Leben verfehlt." (GE, 50)[138]

Das Dasein hat zu wählen zwischen Heil und Verderben: ob es zur alten oder zur neuen Welt gehören will (GV III, 129), ob es mit seiner ständig entschwindenden Vergangenheit sterben oder ob es aus seiner Zukunft heraus leben will

---

[133] Ebd., 195. — G. HASENHÜTTL a. a. O., 285 Anm. 38, belegt diese Auffassung bei Origenes (im Anschluß an Irenäus und Gregor v. Nyssa). Unverständlich ist, wie F. KERSTIENS a. a. O., 94, zu der Behauptung kommt, nach Bultmann könne das Leben nach dem Tode „nichts Neues mehr bringen ..., sondern nur die ungefährdete, nicht mehr je und je zu erneuernde eschatologische Verbundenheit mit Gott". Natürlich ist die Gemeinschaft mit Gott nicht mehr gefährdet (welchen Sinn hätte es sonst, vom „ewigen Leben" zu reden?), wohl aber ist diese Gemeinschaft eine dynamische, nie „abgeschlossene"!
[134] Vgl. oben S. 105 ff.
[135] Vgl. oben S. 73 ff. und S. 118 ff.
[136] Vgl. oben S. 87 ff. und S. 121 ff.
[137] Vgl. oben S. 95 ff.
[138] Vgl. oben S. 115.

(GV III, 90): in der Begegnung mit Gottes Liebe, die nie aufhört. Was Barth mehr am Rande erwähnt: als Möglichkeit des „zweiten Todes"[139], wird von Bultmann besonders betont: „Hat das Heilsgeschehen den Tod vernichtet, so hat es ihn freilich endgültig gemacht für die ἀπολλύμενοι[140]. Für sie verbreitet das Evangelium gerade den Tod (2 Kor 2, 16; 4, 3 f; Phil 1, 28; 1 Kor 1, 18); sie *bleiben* im Tode (1 Joh 3, 14; vgl. Joh 3, 36; 9, 41; 15, 22)." (ThWNT 3, 21)

II. Die Interpretation des Todes als „Ganz-Tod" bei Werner Elert: Kritik an Barths Verständnis von „Evangelium und Gesetz"

Vorbemerkung

Barth und Bultmann stimmen darin überein, daß der *ganze* Mensch (nicht nur sein Körper) sterben müsse, die Unsterblichkeit also nur Gott zukomme (1 Tim 6, 16), dieser Gott aber im Tode — der in Jesus schon besiegt sei — als des Menschen Zukunft begegne, die nie aufhört. Weder Barth noch Bultmann folgern aus der Sündigkeit des Geschöpfs eine „Ganztodtheorie" in dem Sinne, daß der Mensch im Tode radikal zerstört werde, um erst am „Jüngsten Tag" — also nach einer Pause, während derer die Toten am Dasein nicht partizipieren — wieder neu erschaffen[1] zu werden: in einer zweiten creatio ex nihilo.

Eine solche Auffassung — wie sie Qu. Huonder pauschal der „modernen" protestantischen Theologie unterstellt[2] — wird in der neueren evangelischen Theologie kaum mehr vertreten: von Barth, Bultmann und deren Schülern, sowie von Tillich, Bonhoeffer u. a. überhaupt nicht[3]; von Thielicke, Althaus, Cullmann u. a. nicht mehr konsequent[4]. Eine Ausnahme macht der Erlanger Systematiker Werner *Elert,* der unter Berufung auf das NT und die reformatorische Lehre von „Gesetz und Evangelium" einen — wenn auch befristeten — totalen Existenzverlust im Tode behauptet. Da man Elert immerhin den „Lutheranissi-

---

[139] Vgl. oben S. 75 f. und S. 95.
[140] R. BULTMANN, ThWNT 3, 17, meint, die Aussagen des NT darüber, ob der Tod den Sünder zunichte macht (so daß die „Hölle" einfach das Grab wäre) oder ob er ihn in jenseitige Qual führt, seien nicht übereinstimmend (vgl. unten S. 276). Es gelte aber durchweg, daß der leibliche Tod nicht das Ende ist, daß ihm vielmehr das *Gericht* folgt (Hebr 9, 27).
[1] Wohl sprechen Barth und Bultmann von der Auferstehung als „Neuschöpfung", meinen damit aber nichts anderes als die schon erfolgte Rechtfertigung des Sünders, sowie den eschatologischen Übergang von der irdischen Vorläufigkeit zum Schauen „von Angesicht zu Angesicht" (1 Kor 13, 12).
[2] Vgl. oben S. 84 f. Anm. 82 u. 83.
[3] Vgl. unten S. 137 ff., 148 ff.
[4] Vgl. oben S. 100 f. Anm. 155 und unten S. 135 f.

mus" unter den zeitgenössischen Theologen genannt hat[5], soll auf seine Aussagen zum Todesproblem insoweit eingegangen werden, als sie von Barth (und Bultmann) abweichende Aspekte aufweisen.

In einem ersten Teil wird Elerts These von der totalen Verderbtheit des Menschen beschrieben, damit — im zweiten Teil — seine Schlußfolgerung: die Ganztodtheorie verständlich wird.

1. Die totale Sündigkeit des Menschen

Elerts Deutung des Todes setzt ein bestimmtes Verständnis des paulinischen Begriffs „Gesetz" voraus; seine Eschatologie ist auf dem Hintergrund seiner Ausführungen über Gesetz und Evangelium zu lesen[1]. In scharfem Widerspruch gegen eine — besonders von Karl Barth vertretene — Dogmatik, die beide: Evangelium *und* Gesetz unter den Oberbegriff der Offenbarung faßt[2], gleichsam als „Stufen der Offenbarung, die sich wie zwei Bände des gleichen Buches verhalten" (159), lehrt Elert — in diesem Punkt mit Bultmann[3] — einen fundamentalen *Gegensatz* von Gesetz und Evangelium[4]. Eine aus dem Gesetz kommende Gerechtigkeit gibt es nicht[5]; vielmehr setzt Gottes Gesetz immer schon die Sünde voraus, macht sie erkennbar und mächtig[6]. Dieses Gesetz ist über den Menschen verhängt (Röm 2, 17 f.), überführt ihn und spricht ihn schuldig; es bezeugt Gottes *Gericht*, und unser irdischer Weg wird von daher als Weg zum Tode qualifiziert (620 ff.): Es ist, „wie wenn sich einem die fremde Hand auf die Schulter legt und eine Stimme, gegen die es keinen Widerspruch gibt, zu einem sagt: Du bist verhaftet!" (618)

Elerts Begriffsapparat verrät einen theonomen Positivismus, der den Tod als Bestrafung, als Schuldeffekt „gemäß göttlichem Urteil" begreift[7]. Obwohl auch Elert — wie Barth — bemerkt, der Sünder negiere in Gott den Realgrund seiner

---

[5] Vgl. H. LILJE, *In memoriam*, in: *Gedenkschrift für D. Werner Elert* (hrsg. v. F. HÜBNER), Berlin 1955, S. 7. — Die Frage, inwieweit die hier vorgestellte Ganztodtheorie tatsächlich auf Luther zurückgeht, ist nicht Gegenstand dieser Arbeit. Es sei auf das Buch von Paul ALTHAUS verwiesen: *Die Theologie Martin Luthers*, Gütersloh ²1963. Luthers Theologie der Sünde, des Todes und des „Zwischenzustandes" dürfte sich nach Althaus (Elerts Kollege in Erlangen) doch etwas differenzierter darstellen als es bei Elert den Anschein hat.

[1] Vgl. W. ELERT, *Der christliche Glaube*, Berlin ²1941, 137 ff., bes. 158 ff.; zur individuellen Eschatologie ebd., 617 ff. Die folgenden Seitenangaben in () beziehen sich auf dieses Werk.

[2] Vgl. oben S. 119.

[3] Vgl. oben S. 119 f.

[4] „Der Satz des Apostels, auch den Heiden sei das Gesetz Gottes ins Herz geschrieben, wird durch nichts so bekräftigt wie durch die Weisheit der Griechen, der glücklichste Mensch sei, der nie geboren wurde." (Vgl. ebd., 620 ff.).

[5] Apg 13, 38; Gal 2, 16; 3, 11; Phil 3, 9; Hebr 7, 18.

[6] Röm 3, 20; 7, 7; 1 Kor 15, 56. — Diese Stellen sind freilich sorgfältig auszulegen im Kontext der gesamten paulinischen Theologie. — Vgl. oben S. 120 Anm. 72.

[7] Vgl. zum folgenden W. ELERT, *Das christliche Ethos*, Tübingen 1949, 219 ff.

Existenz, wird der Tod dann trotzdem als äußeres vindikatives Eingreifen der beleidigten Majestät verstanden, statt als *innere* Konsequenz der Trennung von Gott, wie es der Auffassung Barths und Bultmanns entspräche[8].

Aus der Bibel hört Elert eine erhebliche Verschärfung des strafrechtlichen Schuldbegriffs heraus: Das von Gott über den Sünder verhängte Todesurteil lasse keine subjektive Differenzierung zu im Hinblick auf größere oder geringere Zurechnungsfähigkeit des Täters. Gottes Strafgesetz erkläre den Menschen für „total schuldig", *ohne graduelle Unterschiede*. „Wenn Gott den Menschen für schuldig erklärt, so ist eben damit bereits das Höchstmaß der Strafe verhängt." Dieser Tatbestand könne vom Geschöpf nicht gemildert werden, „weil er nicht nur durch das menschliche Verschulden, sondern auch durch das über uns verhängte göttliche Urteil bedingt ist."

Positivistischer geht's nicht mehr: Der totale Schuldspruch des Gesetzes schafft eine Situation, die *alles* menschliche Tun — besonders den Versuch, dieses Schuldverhältnis abzutragen — zu *sündigem* Tun werden läßt[9]. Der Tod des Menschen, der weniger gesündigt hat, braucht uns nicht zu beschäftigen, „weil es diesen Menschen nicht gibt". Wenn aber alles Tun — aufgrund einer „forensisch" verstandenen Rechtfertigung[10] — von vornherein Sünde ist und wenn *jeder* menschliche Tod egoistisch ist[11], stellt sich die Frage nach dem unterscheidend Christlichen im Leben und im Sterben: Während es nach Barth *zweierlei Tode* gibt: den gehorsamen und den ungehorsamen (vgl. oben S. 97), während es — nach Barth — für den Glaubenden nicht nur darauf ankommt, daß er Gottes Verurteilung auf *sich* bezieht und im Gehorsam annimmt, sondern ebenso darauf, daß er das Werk des Gesetzes *vollbringt*[12], müßte Elert — in der Konsequenz seiner Sündentheologie — sagen: Der Christ und die Weise seines Todes unterscheiden sich vom Nicht-Christen und dessen Sterben nicht durch verändertes *Verhalten*, nicht durch die Übernahme des Kreuzes im Vollzug des Glaubens und der Liebe (Bultmann), sondern lediglich dadurch, daß der Christ sich als Sünder bekennt und — gleichsam mit gekrümmtem Rücken — den Blitz erwartet, der die verletzte Rechtsordnung wiederherstellt.

---

[8] Vgl. oben S. 75 und S. 120.

[9] Barth und Bultmann nehmen immerhin eine seit Christus *veränderte* Situation des Menschen an, während für Elert diese Veränderung praktisch erst am Ende der Zeit eintritt.

[10] *Rechtfertigung* kann hier — bis zum „Jüngsten Tag" — nur äußerliches „Als ob" sein; Luthers „simul iustus et peccator" wird in einer Weise verstanden, wie sie sich von Luther selbst her kaum legitimiert (vgl. P. ALTHAUS, *Die Theologie M. Luthers*, 203 ff.) und wie sie gerade Barth schärfstens verurteilt. — Vgl. oben S. 77 ff.

[11] W. ELERT, *Das christliche Ethos*, 226; wie ganz anders dagegen *Ernst Fuchs* (vgl. oben S. 126 Anm. 109)!

[12] Vgl. K. BARTH, KER 35: „Es geht im Gericht Jesu Christi nicht darum, ein Hörer, sondern ein Täter des Gesetzes zu sein (Röm 2, 13). Und es gibt (V. 14—15) Täter des Gesetzes, die durchaus nicht im Sinn der Juden auch seine Hörer sind."

2. Der Existenzverlust im Tode (die Theorie vom „Ganztod")

Analog der Satisfaktionstheorie Anselms v. Canterbury (auf die er sich aber nicht ausdrücklich bezieht) behauptet Elert ein über Alle verhängtes Gesetz, wonach die unendliche menschliche Schuld nur durch unendliche Sühne getilgt werden könne: durch den *Totalverlust der Existenz* im Tode. Weil auch im Christen — für dessen Glaube an Jesu Kreuz und Auferweckung das Sterben seinen schlimmsten Schrecken verloren habe[13]: gegen den Augenschein, gegen den Gott des Zornes und des Gerichtes — der *„Feind* Gottes"[14] noch weiterwirke (was Barth bestreitet)[15], stehe der Tod unter dem dialektischen Gegensatz von Gesetz und Evangelium: „Er ist Erlösung *und* Gericht" (623).

Diese beiden Aspekte: Gericht und Erlösung verteilt Elert auf den individuellen Tod und die allgemeine Auferstehung am Jüngsten Tag[16]. Die Erlösung dessen, der an Gottes Liebe glaubt, wird auf das Ende der Zeit verschoben; der Tod selbst wird *nur* noch als Gericht verstanden (für Barth ist er „bloßes Zeichen" des Gerichts!), also ausschließlich *negativ* gedeutet[17] als *passives Widerfahrnis*[18], als

---

[13] Christliche Todesbereitschaft sei „heroischer Glaube", daß Gottes Barmherzigkeit auch im Tode nicht — wenigstens nicht für immer — aufhört (621).

[14] Der Mensch sei „von Natur" Gottes Feind, weil er dem Schöpfer widersprochen hat (622 ff.). Die theoretische Unterscheidung des Menschen „an sich" vom in Christus gerechtfertigten Menschen teilt Elert mit Barth und Bultmann (vgl. oben S. 110 ff.).

[15] Vgl. K. BARTH, KER 64: Den „Feind Gottes" hat Christi Liebe „radikal und tatsächlich" zum *Freund* Gottes verändert. Mit dieser Sicht des „natürlichen" Sterbens (vgl. oben S. 73 ff.) steht Barth in der protestantischen Theologie ziemlich allein: Wenn Barth einen positiven Aspekt des Todes hervorhebt — Tod als Schlüssel zur „wahren Glückseligkeit" —, so gerät er — terminologisch — in Differenz zu vielen anderen evangelischen Theologen: Indirekt gegen Barth, was seine Rede vom „natürlichen" Sterben betrifft, äußern sich z. B. H. THIELICKE, *Tod und Leben*, 105; E. BRUNNER, *Das Ewige als Zukunft und Gegenwart*, 114 f.; J. MOLTMANN, *Umkehr zur Zukunft*, München 1970, 92 ff.; A. KÖBERLE, *Der Tod in protestantischer Sicht*, Stuttgart 1974, 182 ff.; E. JÜNGEL, *Tod*, 73: „per aspera ad astra — das ist die Zwangsvorstellung, die ein platonisiertes Christentum beherrscht hat und von der ein sich entplatonisierendes Christentum jedoch Abschied nehmen muß". „Gott und der Tod sind in der Sprache des NT Gegner, Feinde" (ebd., 103): nur insofern, als dieser Tod von Christus vernichtet ist — hier trifft sich Jüngel (wie A. Köberle u. a.) wieder mit Barth —, könne Paulus das Sterben als „Gewinn" betrachten (Phil 1, 20 f.). — Vgl. zum Ganzen R. MEHL, *Der letzte Feind*, Zürich 1954.

[16] Mit Barth und gegen Bultmann hält Elert an der Lehre vom Jüngsten Tag fest, der „nicht ein nebensächlicher Anhang zum Evangelium" sei: „Das Verständnis des persönlichen Schicksals vom Ende her darf nicht so verstanden werden, als wollte oder könnte sich der Christ ... aus seiner Verflechtung mit Welt und Zeit heraustehlen." (Vgl. S. 632 ff.).

[17] Ein — freilich nicht durchgehaltener — Ansatz zu positiver Deutung des Todes scheint allerdings auch bei Elert vorhanden: Der Tod macht unser Leben *endgültig*, indem er uns „auf Inhalt und Ertrag unseres Lebens unwiderruflich festlegt" (622). Das Ende unseres Weges ist insofern „nicht nur Begrenzung, sondern Erfüllung" (618), d. h. genauer: der Tod ist die not-wendige *Bedingung* dafür, daß der „Jüngste Tag" die Erfüllung bringen kann.

[18] Elert führt hier eine bei Barth angelegte Tendenz (vgl. oben S. 98 f.) konsequent zu Ende.

erlittene Vernichtung, als radikalste Offenbarung der Verhaftung des Menschen an das Gesetz (Gal 5, 1)[19]. Sind für Bultmann Tod und Auferstehung — als Parusie Christi — praktisch dasselbe[20], so vertritt Elert das entgegengesetzte Extrem[21]: Tod und Vollendung werden nicht nur — wie in den traditionellen Katechismen — in zwei getrennten Kapiteln behandelt (also sachlich unterschieden), sondern chronologisch auseinanderdividiert[22]. Alle philosophischen oder religiösen Unsterblichkeitshoffnungen, die nach Elert auf das „Bleiben eines verdünnten Restes irdischer Lebendigkeit" hinauslaufen[23], müssen dann scheitern an der Katastrophe des Todes.

Elert fragt sich selbst (625 ff.), ob seine Theorie des totalen Untergangs nicht durch die in der Schrift bezeugte Präsenz des ewigen Lebens in der Nachfolge Jesu durchkreuzt werde: Wenn der Glaube schon jetzt am künftigen Leben partizipiert (was Elert ja nicht bestreitet), verleiht dann diese Teilhabe nicht schon dem jetzigen Dasein einen Charakter, der den Tod überwindet? Um diese Frage verneinen zu können, unterscheidet Elert zwischen der *aktuellen* und der *habituellen* Präsenz des πνεῦμα Χριστοῦ: Da die Erlösung keinen „character indelebilis"[24], d. h. keinen verfügbaren Habitus erzeuge (was auch Barth und Bultmann betonen), da das jetzt schon gegenwärtige Leben unsere ständig zum Abfall bereite Subjektivität nicht aufhebe (worin sich alle Theologen einig sind), da sich das ewige Leben im *Anbruch*, nicht aber im perfekten Zustand befinde (was auch niemand bestreitet), sei — und erst mit dieser Schlußfolgerung entfernt sich Elert von der Mehrzahl der evangelischen Theologen — die Frage, ob an der Todesgrenze unser Leben in irgendeiner Weise bewahrt werde, endgültig zu verneinen (630). Im Gegensatz zu Barth und Bultmann, aber auch zu lutherisch orientierten Theologen wie Thielicke[25], Althaus[26] oder Cullmann[27], reduziert der „Lutheranissimus"

---

[19] Zur Problematik vgl. die oben S. 118 Anm. 61 genannte Literatur.
[20] Vgl. oben S. 122 f. Anm. 92.
[21] Barths Auffassung von der noch fehlenden Vollendung der Bruderschaft (vgl. oben S. 99 ff.) könnte als mittlere Position zwischen Bultmanns Identifizierung und Elerts totaler Trennung von Tod und Auferstehung bezeichnet werden.
[22] W. ELERT, *Der christliche Glaube*, 617: „*Der Vollendung* gebührt aber ein besonderes Kapitel der Dogmatik, und zwar an ihrem Ende ... trotz der höhnischen Bemerkung *K. Barths* über das ‚Kapitelchen am Ende der Dogmatik'."
[23] Ähnlich will H. THIELICKE, *Tod und Leben*, 28 ff., 99 ff., 137 ff., 192 ff., 218 ff., in den Unsterblichkeitslehren aller Variationen eine Verflüchtigung und Verdünnung der je einmaligen Person in ein unpersönliches (transindividuelles) Größeres wie Familie, Volk oder Ideenhimmel, sehen; vgl. unten S. 316 ff.
[24] Elert gebraucht diesen Ausdruck in einem von der scholastischen Tradition abweichenden Sinn: als unverlierbare subjektive Heiligung, die nicht in freier Entscheidung je neu aktualisiert werden müsse. Daß dies nicht der ursprüngliche Sinn dieses Begriffs ist, zeigt J. MULDERS, *Charakter*, in: LThK 2 (²1958) 1020 ff. (Lit.).
[25] Thielicke läßt sich — obwohl er jede „natürliche" Unsterblichkeit ausschließt (vgl. oben Anm. 23) — nicht zu vorschnellen Schlußfolgerungen verleiten wie etwa zur Annahme eines *völligen* Verlöschens des leib-seelischen Ich im Nichtsein der Todesnacht (Auferweckung dann als creatio *ex nihilo*); dies wäre eine „Verengung gegenüber dem Reichtum biblischer Aussagen" wie Lk 16, 19 ff.; 23, 43; Röm 14, 8; 2 Kor 5; Phil 1, 23;

die Wirkung des πνεῦμα Χριστοῦ auf Gottes *Urteil*[28], welches die Toten bis zum Ende der Geschichte nicht vergessen werde (631).

Hier also, bei Elert, liegt die von A. Ahlbrecht auch Karl Barth angelastete Theorie von der Erhaltung nur des *Andenkens* des Menschen (im Urteil Gottes), nicht aber des menschlichen Beziehungsträgers *selbst*[29], tatsächlich vor. Elert behauptet die vollständige „mortificatio", d. h. die *Zerstörung des ganzen Menschen im Tode*, und die Auferweckung am Ende aller Geschichte als creatio ex nihilo[30]:

Apk 6, 9. Diese Stellen dürften zwar nicht überinterpretiert werden (dafür seien sie zu beiläufig und zu illustrativ), bewiesen aber immerhin, „daß es so etwas gibt wie ein Daheim-Sein bei Christus". Die Kommunikation meines Ich mit Christus höre auch im Tode nicht auf! Thielicke kommt also sachlich zum selben Ergebnis wie Barth (vgl. oben). — Vgl. dazu W. LOHFF, *Theologische Erwägungen zum Problem des Todes*, in: *Leben angesichts des Todes* (Thielicke-Festschrift), Tübingen 1968, 161 ff.

[26] P. ALTHAUS, *Der Mensch und sein Tod. Zu H. Thielickes „Tod und Leben"*, in: Universitas 3 (1948) 385—394, kommt — in kritischer Auseinandersetzung mit Thielicke — der Auffassung einer „natürlichen" Unsterblichkeit sehr nahe (vgl. A. AHLBRECHT a. a. O., 99 f.). Ders., *Die christliche Wahrheit II*, Gütersloh 1948, 475—493, betont zwar, daß der Tod das Ich in seinem innersten Kern betreffe, unterscheidet den Tod aber sehr wohl vom Nicht-Sein: Wen Gott einmal in seine Gemeinschaft gerufen habe, den stelle er *für immer* vor sich zu ewigem Leben (474). Der Tod sei *Durchgang* zur neuen Existenz, und Auferweckung sei folglich „etwas anderes als *creatio ex nihilo* ... Der Begriff der Erweckung schließt Identität und Kontinuität ein, allerdings durch Sterben hindurch". (474) Vgl. auch ebd. § 40 „Tod und Todeswelt" (179—192). Ähnlich ders., *Die letzten Dinge*, Gütersloh ³1926, 196 ff.; sowie ders., *Ewiges Leben*, dogm., in: RGG 2 (³1958) 805—809; ders., *Auferstehung*, dogm., in: RGG 1 (³1957) 696—698.

[27] O. CULLMANN, *Unsterblichkeit der Seele oder Auferstehung der Toten?*, akzeptiert immerhin einen „Zwischenzustand" zwischen Tod und Auferstehung in Form eines „Todesschlafs", der mit der Existenzweise eines intensiv Träumenden verglichen wird (vgl. oben S. 100 f. Anm. 155). — W. ELERT a. a. O., 649 f., vergleicht zwar ebenfalls den Tod mit dem Schlaf; das tertium comparationis sei aber nur dies eine: aus beiden gibt es ein Erwachen.

[28] Immerhin garantiert dieses Urteil die *Identität* des Auferstandenen mit dem irdischen Subjekt, wie sie auch Barth und Bultmann voraussetzen: Unser je unverwechselbares irdisches Leben ist „aufgehoben" (im Sinne von „conservare") im Andenken Gottes (649).

[29] Vgl. A. AHLBRECHT a. a. O., 78 ff., wo die Lehre vom Ganztod in ihren verschiedenen Varianten bei P. Althaus, K. Barth, K. Heim, H. Ott, H. Thielicke, R. Niebuhr u. a. in ihren philosophie- und theologiegeschichtlichen sowie psychologischen Voraussetzungen untersucht wird. Ahlbrecht würdigt die *berechtigten Anliegen* des Protests gegen die Unsterblichkeitsidee (soweit sich dieser Protest gegen den aufklärerischen Triumphalismus etwa Fichtes richtet) und formuliert aus der Sicht katholischer Theologie seine Einwände: vor allem gegen die Theorie einer Erhaltung der bloßen *Beziehung* zu Gott ohne gleichzeitiger Erhaltung des menschlichen Beziehungs*trägers*. Daß diese Theorie bei *Barth* nicht so vorliegt, wie es Ahlbrecht insinuiert, wurde schon gesagt (vgl. oben S. 85 f.).

[30] Auch G. BORNKAMM, *Auferstanden von den Toten*, in: *Das Glaubensbekenntnis* (hrsg. v. G. REIN), Stuttgart ²1968, 36 ff., versteht die Auferweckung als etwas „ganz anderes", nämlich als *Neuschöpfung* „des ganzen Menschen aus der Kraft Gottes durch den Tod hindurch zu einem neuen Leben". Diese „Neuschöpfung" wird von Bornkamm freilich nicht — zumindest nicht so eindeutig wie bei Elert — als Ereignis nach einem *zeitlichen Vakuum* zwischen Tod und Auferstehung gedacht, sondern eher als Chiffre für das wirklich Neue, das uns jenseits des Todes erwartet. — H. v. CAMPENHAUSEN dagegen kommt in einer Diskussion mit dem Naturwissenschaftler H. SCHAEFER (in: *Was ist der*

Wenn die Toten die Stimme Christi hören, „so muß notwendig nicht nur der auferweckende Ruf, sondern auch das Hören des Aufwachenden Gott zum Urheber[31] haben." (644) Die Totenerweckung kann dann nur noch ein neuer Schöpfungsakt Gottes sein, der durch Anruf Existenz erzeugt!

Das Problem eines Zwischenzustandes — wie ihn Barth der Sache nach voraussetzt (vgl. oben S. 99 ff.) — erledigt sich mit dem Gesagten von selbst: Der zeitliche Abstand zwischen dem irdischen Lebensende und der Auferstehung ist unüberbrückbar, weil „es nach dem Tode keine Brücken mehr gibt weder zwischen Oben und Unten noch zwischen Diesseits und Jenseits." Alle personalen und kosmischen Verflechtungen — wir kennen das irdische Leben nur in der Ganzheit dieser Beziehungen — hören im Tode auf (was Elert nicht weiter begründet, sondern als selbstverständlich voraussetzt)[32]; es bleibt also „nur der mathematische Punkt übrig, der wohl noch von anderen gedacht werden, der sich aber nicht mehr selbst denken kann." Fällt im Tode die Tür hinter uns zu, so ist nicht nur etwas, sondern *alles* zu Ende (625)! Und was die römische Lehre vom Purgatorium betrifft, „so ist weiter kein Wort darüber zu verlieren. Diese Vorstellung scheitert an dem Zeugnis des Neuen Testaments, das von nachträglichen Korrekturen irdischer Entscheidungen nichts weiß." (649) Der Baum bleibt liegen wie er fällt, und am Ende steht die ewige Seligkeit oder die ewige Verdammnis. Tertium non datur.

III. Die universalistische (kosmologische) Interpretation des Todes bei Paul Tillich: Kritik an Barths „Offenbarungspositivismus"

Vorbemerkung

Wenn Elert den Tod als Katastrophe beschreibt, als Identitätsverlust, als Vernichtung aller Möglichkeiten des Lebens, so zielt Tillichs Deutung — unter dem Aspekt der Selbstverwirklichung des Menschen gesehen — auf das Gegenteil der

---

Tod?, hrsg. v. J. SCHLEMMER, München 1969) zu einer ähnlichen Auffassung wie Elert, wenn er „nach einem wirklichen Tode des ganzen Menschen" diesen ganz und gar Gestorbenen durch Gott „gewissermaßen von neuem aufgestellt" werden läßt. Vgl. auch H. v. CAMPENHAUSEN, *Tod, Unsterblichkeit und Auferstehung*, in: Pro Veritate (hrsg. v. E. SCHLINK und H. VOLK), Münster-Kassel 1963, 295 ff.

[31] Diese Ursächlichkeit wird hier als plötzlicher „Eingriff" Gottes von außen gedacht und nicht — wie es die thomistisch-transzendentale Theologie supponiert — als absolute Ersturache, die alles Weitere begründet, ohne ständig — wie der „deus ex machina" — in den Lauf der Dinge eingreifen zu müssen (vgl. unten S. 325).

[32] Für andere Theologen wie Tillich (vgl. unten S. 142 f.) oder Rahner (vgl. unten S. 265 ff.) ist das nicht so selbstverständlich! Barth äußert sich zu dieser Frage (ob es Bezüge des Totenreichs zur irdisch-kosmischen Wirklichkeit gibt) nicht ausdrücklich; seine Rede von der noch ausständigen (aber im Wachstum begriffenen?) Vollendung der Bruderschaft schließt jedoch eine — freilich nicht näher bestimmbare — Kommunikation der Toten mit der Welt zumindest nicht aus.

Elert'schen Theorie: Im Sterben erfährt das seiner selbst bewußte Dasein keine Seinsminderung, sondern die Potenzierung des im Leben Gewirkten, die *Verwesentlichung* („Essentifikation") und letzte Erfüllung aller irdischen Entwürfe! Der Tod — sogar der Tod des „Sünders" — ist nichts anderes als die (freilich je nach dem Grade der irdischen Selbstwerdung differenzierte) Versöhnung der Existenz mit Gott als dem unendlichen Grund ihres Seins.

Wie Bultmann und — mutatis mutandis — auch Barth hält Tillich am Ernst existentieller Entscheidungen ebenso fest wie an Gottes *gnädiger* Begegnung im Tode. Während aber Bultmann und Barth auf eine philosophische *Vermittlung* dieser beiden Momente: menschliche Freiheit und göttliche Gnade verzichten[1] (und insofern über den „Offenbarungspositivismus" des dialektischen Anfangs nicht hinauskommen), versucht Tillich eine denkerisch-spekulative Synthese zwischen der Freiheit des (personalen) Seienden zum Heil oder Verderben und der wesentlichen Güte des Seins. Die exklusiv-christologische Begründung des künftigen Lebens weicht einem kosmischen *Universalismus,* der Gottes Offenbarung — da in Christus das „Neue Sein" erschienen ist — überall findet. Gottes *Immanenz* in der Schöpfung wird so stark betont, daß sich — im Gegensatz zur Eschatologie Barths oder Bultmanns — das diesseitige und das jenseitige Leben wie Stufen eines Prozesses verhalten, bei dem ein göttliches Eingreifen fast entbehrlich erscheint[2].

Die folgende Darstellung stützt sich im wesentlichen auf den Abschnitt „Der Einzelne und sein ewiges Schicksal" in Tillichs *Systematischer Theologie*[3]. Der bei Tillich zentrale Begriff der „universalen Essentifikation" wird erörtert, um dann die eschatologischen Symbole: Unsterblichkeit, Auferstehung, Fegfeuer, Hölle und Himmel zu erläutern. Auch dieses Kapitel soll aufzeigen, wie Barths Theologie des Todes von anderen protestantischen Dogmatikern zum Teil bestätigt und zum Teil korrigiert wird.

1. Die Essentifikation des Menschen im Tode

Tillichs Eschatologie bliebe unverständlich, würde sie nicht von ihrer theologischen Grundvoraussetzung her beleuchtet:

---

[1] Vgl. oben S. 61 (zu Barth). Auch Bultmanns Theologie bleibt — trotz Übernahme der Heidegger'schen Existentialanalyse — im Grunde unphilosophisch, da er plötzlich und *unvermittelt* die Offenbarung eines jenseitigen Gottes einführt (vgl. oben S. 110 ff.). H. HAUG a. a. O., 252, sieht hier die eigentliche Schwäche des Bultmann'schen Systems (vgl. oben S. 112 Anm. 24); denn „wenn mythologisch diejenige Vorstellungsweise ist, ,in der das Unweltliche, Göttliche als Weltliches, Menschliches, das Jenseitige als Diesseitiges erscheint' (KM I, 22), dann ist nicht einzusehen, warum es ausgerechnet keine ,Mythologie im alten Sinne' sein soll, ,wenn von Gottes Tun, von seinem entscheidenden eschatologischen Tun, die Rede ist' (ebd., 48)".
[2] Vgl. den Redaktionsartikel *Der Treffer aus dem Absoluten. Informationen zu einer Theologie des Todes,* in: Evg. Kommentare 2 (1969) 623—630, hier 626.
[3] P. TILLICH, *Systematische Theologie III,* Stuttgart 1966, 459—472 (Abschnitt B des Kapitels III „Das Reich Gottes als das Ziel der Geschichte").

a) Die theo-logische Voraussetzung

Tillich akzeptiert zwar die kirchliche Lehre von der „impassibilitas Dei": der christliche Schöpfergott dürfe mit den leidenschaftlichen und leidenden Göttern der griechischen Mythologie nicht auf eine Ebene gestellt werden[1]. Mit der Ablehnung des „Patripassianismus"[2] sei aber das von der Philosophie des göttlichen Werdeprozesses aufgeworfene Problem nicht gelöst; die Theologie müsse vielmehr die Lehre von der göttlichen Seligkeit mit dem Prinzip des Kampfes verbinden, mit dem *negativen Element*, ohne das Leben nicht möglich sei. Gottes Seligkeit gründe in der ewigen Überwindung des Negativen, des Finsteren, der Schattenseite der Welt (Barth), die freilich nicht — dualistisch — das schlechthin Andere sei, sondern ein Moment der Selbstoffenbarung Gottes[3]: Die Identität des Schöpfers mit sich selbst stehe „nicht im Widerspruch dazu, daß er aus sich selbst herausgeht in die Negativität der Existenz und der Zweideutigkeit des Lebens"[4].

Des Schöpfers Selbstmanifestation im trinitarischen Symbol des Logos (Christus) begründe seine eigene Seligkeit. Der Welt-prozeß habe für Gott selbst eminente Bedeutung[5]: „Gott ist keine getrennte, unabhängige Wesenheit, die, von Laune getrieben, schafft, was sie schaffen will, und erlöst, wen sie erlösen will. Die ewige Schöpfung ist vielmehr ein Akt der Liebe, die ihre Erfüllung erst in einem Anderen findet, der die Freiheit hat, die Liebe abzulehnen oder anzunehmen."[6] Gott *braucht* also die Schöpfung — einschließlich ihres Negativen — als sein Anderes: Eine Welt, die nur außerhalb Gottes wäre und nicht auch „*in*" ihm[7], wäre letzten Endes ein „göttliches Spiel ohne wesentliche Bedeutung für Gott."

---

[1] Vgl. zum folgenden P. TILLICH, *Systematische Theologie III*, 456 ff.

[2] Eine Variante des von Papst Calixtus I. (217—222) verurteilten Monarchianismus; vgl. H. CROUZEL, *Patripassianismus*, in: LThK 8 (²1963) 180 f.

[3] Barths Unterscheidung der Schattenseite der Schöpfung vom „wirklichen Bösen" finden wir bei Tillich nicht. Weil dieser das Negative zumindest insofern vom Schöpfer her begründet (was Barth streng verbietet), als er es zur Bedingung der göttlichen Seligkeit erklärt („Es gibt keine Seligkeit, wo es keine Überwindung der entgegengesetzten Möglichkeiten gibt", 476), gerät er in entscheidende Differenz zu Barths Dogmatik. — Vgl. oben S. 67 f. zum Begriff und zum Problem des „Nichtigen" bei Barth.

[4] Gott ist ewig, d. h. *via negationis*: „Er ist dem zeitlichen Prozeß nicht unterworfen und folglich auch nicht der Struktur der Endlichkeit. Gott als ewig hat weder die Zeitlosigkeit absoluter Identität noch die Endlosigkeit eines reinen Prozesses. Er ist ‚lebendig', d. h. er besitzt in sich die Einheit von Identität und Veränderung, die Kennzeichen des Lebens ist und im Ewigen Leben zur Erfüllung gelangt." (474 f.)

[5] Der wesentliche Unterschied dieser Auffassung zur Dialektik von Identität und Widerspruch in Barths *Römerbrief* (vgl. oben S. 48 ff.) besteht darin, daß die Schöpfung gerade *nicht* als Widerspruch gegen Gott, sondern als notwendiges Moment des göttlichen Lebens begriffen wird. Barth rückt mit seiner Betonung der bleibenden Verschiedenheit Gottes und der Schöpfung von *Hegel* deutlicher ab als Tillich (vgl. oben S. 51).

[6] Vgl. zum folgenden P. TILLICH, *Systematische Theologie III*, 476 f.

[7] Vgl. dagegen W. ELERT, *Der christliche Glaube*, 629, der eine allgemeine Präsenz Gottes in den Geschöpfen nachdrücklich ablehnt (als Pantheismus); ebd. gibt Elert Literaturhinweise zum Gedanken einer unio mystica zwischen Gott und der Schöpfung in protestantischen Dogmatiken des 17. Jh.

b) Die graduell differenzierte Vollendung des Daseins

Weil Gott das Ja der geschaffenen Freiheit braucht, wird das irdische Leben als Durchgangsstadium der Rückkehr zum Schöpfer verstanden. Mit Tillichs Worten: Unser Erdendasein ist der Weg von der „Essenz" (dieses Wort meint — im platonisch-augustinischen Sinne — die ursprünglich reine „Idee" der Kreatur im göttlichen Geist) über die „existentielle Entfremdung" (die Nicht-Erfüllung der von Gott in das Individuum gelegten Möglichkeiten)[8] zur „Essentifikation", d. h. zur endgültigen Rückkehr in die Essenz, zur Versöhnung mit dem Seinsgrund, „zur Wiedervereinigung und Erfüllung, die die Trennung von Potentialität und Aktualität transzendiert." (475)

Das Göttliche wohnt in der Schöpfung[9] und alles Zeitliche verweist auf die Ewigkeit — aber nur der Mensch ist sich dieser Beziehung *bewußt*. Dieses Bewußtsein gibt ihm die wirkliche *Freiheit* — alle anderen Kreaturen besitzen nur Analogien zur Freiheit —, sich gegen das Göttliche aufzulehnen (459): weil er der Dimension des Geistes angehört, wird sein ewiges Geschick *von ihm selbst bestimmt*[10], von den Entscheidungen, die er aufgrund der Potenzen verwirklicht, die Gott ihm gegeben hat.

Der Mensch hat, so Tillich, die Freiheit der Wahl. Weil die Erwartung einer Restitution aller Dinge (Apokatastasis) dem göttlichen Gericht und der menschlichen Freiheit ihren Ernst nehme, habe die Kirche diese Theorie des Origenes verworfen. Karl Barth schließt sich, wie gesagt (vgl. oben S. 72 Anm. 22), der

---

[8] Vgl. P. TILLICH, *Systematische Theologie II*, Stuttgart 1958, 35—52 (Abschn. B „Der Übergang von der Essenz zur Existenz und das Symbol des ‚Falls' "): Gn 1—3 sei der tiefsinnigste mythische Ausdruck des Übergangs vom essentiellen zum existentiellen Sein; dazu A. SEIGFRIED, *Das Neue Sein*, München 1974, 135—144 (zu den Begriffen „Essenz" und „Existenz").

[9] Beinahe das Gegenteil (vgl. aber unten S. 215) ist bei J. B. METZ, *Zur Theologie der Welt*, Mainz-München 1968, 24 ff., zu lesen: Gott wohnt — als der absolut Jenseitige — im unzugänglichen Licht (1 Tim 6, 16); er schafft ohne jede Notwendigkeit, in reiner Freiheit. Ebd., 30 f.: Die numinose Weltsicht der Griechen „ließ die Welt nie ganz weltlich werden, weil sie Gott nie ganz göttlich werden ließ." Das Christentum verehre dagegen „den transzendenten Gott, der gerade nicht als Gott im Welthorizont selbst begegnet, sondern Welt weltlich sein läßt." Auch durch die Inkarnation werde die Welt nicht divinisiert, denn „in ihrer Annahme durch Gott in Jesus Christus geschieht die radikale und ursprüngliche Freisetzung der Welt ins Eigene und Eigentliche, ins Unverstellte ihrer nichtgöttlichen Wirklichkeit." — Mit dem Hinweis auf den *Symbol-Charakter* aller theologischen Aussagen, welcher die Gefahr der Vergegenständlichung Gottes vermeide (vgl. unten), bestreitet Tillich allerdings, das Mysterium des göttlichen Abgrundes zu verletzen.

[10] Gegen *Calvin*, der in der Freiheit des Menschen, seiner auf Gott bezogenen Natur zu widersprechen, eine tragische Schwäche sah, meint Tillich, „daß die Möglichkeit der Abwendung von Gott eine Qualität der Struktur der Freiheit als solcher ist ... Nur das Wesen, das Ebenbild Gottes ist, hat die Macht, sich von Gott zu trennen. Die Größe und die Schwäche des Menschen haben ein und dieselbe Wurzel." (Vgl. P. TILLICH, *Systematische Theologie II*, 37 ff.; dazu unten S. 273 f. zum Begriff der Freiheit in der katholischen Theologie).

altkirchlichen Lehre grundsätzlich an; Paul Tillich dagegen urteilt sehr vorsichtig: Das Sein als solches sei gut — er beruft sich auf Augustinus —, und nichts, was ist, könne vollständig böse werden; aus diesem Grunde sei auch die der Apokatastasis entgegengesetzte Auffassung vom sich konträr widersprechenden Schicksal der Individuen nach dem Tode angesichts der Liebe des Schöpfers und der Natur des Menschen (als Gottes gutes Geschöpf) unhaltbar. „Eine Lösung dieses Konflikts muß den absoluten Ernst der Drohung, ‚das ewige Leben zu verlieren', mit der Relativität der endlichen Existenz verbinden." (459) Das endliche Dasein sei *relativ* und *zweideutig*, weil — nach der Entfremdung vom ursprünglichen Sein — niemand ganz klar auf der einen oder anderen Seite stehe (461)[11]. Der Gegensatz zwischen Gut und Böse beziehe sich — abstrakt — auf das Gute und Böse „an sich", nicht jedoch auf den vollständig guten oder vollständig bösen Charakter konkreter Individuen. Was den einzelnen betrifft, verbleibe sowohl dessen Annahme als auch dessen Verweigerung der Gnade in der Schwebe einer letzten Zweideutigkeit: er kann seine Möglichkeiten verkommen lassen, „aber nicht gänzlich, und er kann sie erfüllen, aber nicht vollkommen." (459) Es gebe folglich kein Entweder-Oder[12] von ewiger Seligkeit und ewiger Verdammnis, sondern lediglich verschiedene Stufen der „Essentifikation", je nach dem Grade der Erfüllung oder Nichterfüllung irdischer Chancen zum Heil. Eine *radikale* Verfehlung des Guten durch einzelne Menschen sei ausgeschlossen[13], da schließlich Gott selbst die Versöhnung alles dessen bewirke, was Sein hat.

Mit der Annahme von Graden der Essentifikation sieht Tillich die Spannung zwischen menschlicher Freiheit und göttlichem Versöhnungswillen gelöst, denn die Essentifikation „betont die Verzweiflung des Menschen darüber, daß er seine Potentialitäten nicht verwirklicht hat, und versichert ihn zugleich der Erhebung des Positiven innerhalb der Existenz (selbst eines äußerst unerfüllten Lebens) in die Ewigkeit." (460)[14] Darin, daß in der Enthüllung dessen, was auf Erden Böses

---

[11] Tillich schreibt über sich selbst: „Fast auf jedem Gebiet war es mein Schicksal, zwischen zwei Möglichkeiten der Existenz zu stehen, in keiner ganz zu Hause zu sein, gegen keine eine endgültige Entscheidung zu treffen." (In: *Auf der Grenze. Aus dem Lebenswerk P. Tillichs*, Stuttgart 1962, 13).

[12] Man beachte den Gegensatz: Dem apodiktischen Entweder-Oder-Denken Werner Elerts (für dessen Theologie streng alternativ verstandene Begriffspaare wie Verdammung-Erlösung, Unsterblichkeit-Auferstehung u. a. bezeichnend sind) steht hier ein eher vages Sowohl-als-auch-Denken gegenüber: Versöhnung, Vermittlung, „dritter Weg" usw. sind Tillichs bevorzugte Wendungen.

[13] Diese Auffassung scheint auch H. GOLLWITZER, *Krummes Holz — aufrechter Gang*, 295 f., zu vertreten; vgl. unten S. 176 f. Anm. 79.

[14] Zum Vergleich mit Tillich sei auf K. JASPERS, *Philosophie II*, Berlin-Göttingen-Heidelberg ³1956, 220—229 (Kap. „Tod") verwiesen. Auch hier wird der Gedanke einer Bewahrung der Essenz des Lebens im Tode angedeutet: „... was *angesichts des Todes wesentlich* bleibt, ist existierend getan; was *hinfällig* wird, ist bloßes Dasein." (223) Der Tod wird für die Existenz in dem Maße zum Schrecken als sie ihre Möglichkeiten versäumt hat; er wird zum Schrecken „in dem Maße als ich nicht gelebt, d. h. nicht entschieden habe und darum kein Sein des Selbst gewann; Ruhe in dem Maße, als ich Möglichkeit verwirklichte" (227 f.). Daß Jaspers keine bloß formale Entschiedenheit meint (wie

getan wurde, eine „Verzweiflung" erlebt wird, bestehe der Ernst des Gerichtes; daß aber auch noch das dem Willen Gottes am wenigsten entsprechende (unerfüllte) Leben etwas Positives aufweist, das — im Tode — in die „Essenz" zurückkehren kann, nehme dem Symbol der Verdammnis seine Absolutheit und entspreche daher der Güte des Schöpfers.

c) Die universale Partizipation

Seine These von der (graduell differenzierten) Erlösung *aller* im Tode sieht Tillich gestützt und bestätigt in der universalen Verflechtung des Seienden. Die gegenseitige Durchdringung der Seinsdimensionen verbiete es, das Schicksal des einzelnen vom Geschick der Menschheit und des ganzen Kosmos zu isolieren[15]. Zwar bringe die Dimension des Geistes „stark zentrierte Selbstheiten" hervor, die sich durch die *volle Verantwortung für ihr ewiges Geschick* von der übrigen Kreatur unterscheiden und ihre *unverwechselbare Personalität auch im Tode behalten*. Der übertriebene Personalismus mit seiner radikalen Trennung von Person und Person bzw. von Personhaftem und Unter-Persönlichem sei jedoch eine bedenkliche Fehlentwicklung der christlichen Dogmatik[16]: „Individualisation" sei nur der eine Pol der Schöpfung; die andere — nicht weniger wichtige — Komponente sei die „Partizipation", die universale Teilhabe an der Vollendung, die wiederum eine *stellvertretende Bedeutung aller für alle* bedinge.

Es gibt den Tod unmündiger Kinder, die nie eine Entscheidung treffen konnten; und es gibt entstellte Lebensformen, die wegen biologischer, psychologischer oder soziokultureller Umstände ihr vorgegebenes Ziel nicht einmal teilweise erreichen können. Auf dieses Problem gebe es eine Antwort nur dann, wenn man solch tragische Schicksale nicht in ihrer Vereinzelung betrachtet, sondern die Kommunikation aller Individuen mit dem Universum bedenkt. Im Wesen *aller* Individuen — auch derer, die ihren telos verfehlen — „ist das Wesen anderer Individuen und indirekt das alles Seienden gegenwärtig". Diese Verflechtung ermögliche eine

---

Heidegger in *Sein und Zeit*), sondern — wenn auch sehr vage umschrieben — die Liebe (vgl. oben S. 111 zu Gogarten), zeigt folgender Satz: „Wir sind sterblich, wo wir lieblos sind, unsterblich, wo wir lieben." (In: *Unsterblichkeit*, Vier Radiovorträge v. N. M. LUITEN, A. PORTMANN, K. JASPERS u. K. BARTH, Basel 1966, 31 ff.).

[15] Karl Barth setzt diesen Gedanken insofern voraus, als er die Toten auf die — wegen dieser universalen Verflechtung — noch ausstehende Vollendung der Bruderschaft warten läßt (vgl. oben S. 99 ff.); Bultmann kennt zwar — anders als Barth oder Tillich — keine kosmisch-materielle Verbindung des Menschen mit der Welt (d. h. er kennt eine solche nur unter harmatologischem Aspekt), wohl aber eine auch eschatologisch gültige *personale* Verflechtung der Menschen untereinander (vgl. oben S. 126 Anm. 108).

[16] Tillich konzediert, daß wegen ihres berechtigten Interesses an der individuellen Person und ihrem ewigen Schicksal die Kirche den Weg *Plotins* (mystische Vereinigung des einzelnen mit dem All-Einen) nicht gehen konnte, bedauert aber, daß sie zur einseitig individualistischen Lehre Platons zurückgekehrt sei (464 f.).

Teilhabe aller am Ganzen und somit die Wesenserfüllung des einzelnen, die Erhebung seines — wenn auch noch so geringen — Anteils am Sein in die Ewigkeit[17].

Der Sünder, der seinem Wesen entfremdet ist, seine Aufgabe verfehlt hat und nun im Tode die Verzweiflung erlebt, sich selbst verurteilen zu müssen, dürfe versichert sein, daß auch *sein* Los mit der Zukunft des Universums verknüpft bleibt und also auch *sein* entfremdetes Wesen am Wesen all derer teilhat, die einen hohen Grad der Erfüllung erreicht haben: er dürfe versichert sein, „daß er durch diese Partizipation ewig bejaht ist." (463) Erst diese Einsicht mache den Gedanken einer *stellvertretenden Erfüllung* verständlich[18] und gebe dem Begriff der Geistgemeinschaft einen neuen Inhalt.

Barths Lehre vom universalen Heilswillen Gottes (vgl. oben S. 71 ff.) wird hier in einer Weise entfaltet, die Barth nie gebilligt hat[19]. Die Theorie des Origenes von der ἀποκατάστασις πάντων wird — freilich in modifizierter Form — von Tillich bekräftigt. Eine ewige Verurteilung kann es nicht geben; wer „irgendeinen Menschen zu ewigem Tod verdammt, verdammt sich selbst, denn sein Wesen und das des anderen können nicht absolut voneinander getrennt werden."

2. Die eschatologischen Symbole

Nicht mit adäquaten *Begriffen* ist die Vereinigung mit Gott im Tode zu erfassen, meint Tillich, sondern in den *Symbolen*[20] der religiösen Sprache. Diese Symbole — Unsterblichkeit, Auferstehung, Zwischenzustand, Fegefeuer, Hölle und Himmel — umschreiben via negationis die differenzierten Weisen der eschatologischen Einheit des Menschen mit Gott als der Tiefe des Seins.

a) Unsterblichkeit der Seele und Auferstehung des Leibes: Symbole der Einheit von Diesseits und Jenseits

Anders als Barth, der diese Begriffe alternativ gegeneinander stellt, relativiert Bultmann „Unsterblichkeit" und „Auferstehung" als mythologische Vorstellungen;

---

[17] Eine andere, mehr am Individuum orientierte Lösung für dasselbe Problem sucht L. Boros in der Hypothese von der Endentscheidung im Tode als dem ersten vollpersonalen Akt des Menschen (vgl. unten S. 279).
[18] Zum Stellvertretungsgedanken vgl. unten S. 246 ff.
[19] K. Barth, *Von der Paradoxie des „positiven Paradoxes"*. *Antworten und Fragen an P. Tillich*, in: P. Tillich, Ges. Werke VII, 226—239, hier 232 ff.; ders., *Einführung in die evangelische Theologie*, 125 f., kritisiert Tillichs „allzu billigen Universalismus": eine „breite Glaubens- und Offenbarungswalze" rolle über alles dahin. Tillichs philosophische Theologie qualifiziert Barth als „reinen Wunschtraum, ‚zu schön um wahr zu sein' ". Was nun einmal zweierlei sei, werde vereinerlei und „durch gegenseitige begriffliche Integrationen zum *Verschwinden*" gebracht. — Vgl. H. Zahrnt, *Die Sache mit Gott*, 434.
[20] Zur Bedeutung des Symbols vgl. P. Tillich, *Das Wesen der religiösen Sprache*, in: ders., Ges. Werke V, Stuttgart 1964, 213 ff.; ders., *Recht und Bedeutung religiöser Symbole*, in: ebd., 237 ff.; dazu H. Zahrnt a. a. O., 413 ff. — Weil der göttliche Bereich stets größer bleibt als menschliche Sätze, könne von Gott, Sünde, Gnade, ewigem Leben usw. immer nur indirekt, „symbolisch" gesprochen werden. Die Symbole weisen über sich hin-

er reduziert beide Begriffe auf die (unanschauliche) Gegenwart Gottes im Tode (vgl. oben S. 122 f.). Tillich versteht diese Begriffe symbolisch: als im Grunde synonyme Umschreibungen der jenseitigen Vollendung des Menschen.

Die körperlose Fortdauer eines Teils des Menschen weist Tillich als primitive Vergegenständlichung der Seele zurück (464)[21]; die *gänzliche* Verwerfung einer „Unsterblichkeit der Seele" durch protestantische Theologen (vgl. oben S. 134 ff.) sei aber *unberechtigt*, weil dieser Begriff — symbolisch verstanden — dasselbe negativ bezeichne, was positiv mit „Ewigkeit" gemeint sei: Gottes schöpferische Liebe, die das Zeitliche in die Ewigkeit zurückkehren läßt. Im Gegensatz zu Barth scheut sich Tillich nicht, die Unsterblichkeit als *Eigenschaft* des Menschen[22] zu verstehen; er beruft sich sogar — auf evangelischer Seite gewiß nicht üblich — auf die aristotelische Unterscheidung von Form und Materie, die ein nicht-dualistisches Verständnis der Unsterblichkeit ermögliche: „Wenn die Seele die Form des Lebensprozesses ist, schließt ihre ‚Unsterblichkeit' alle Elemente ein, die diesen Prozeß konstituieren, allerdings schließt sie diese, insofern sie Essenzen sind, ein." Mit anderen Worten: das Symbol Unsterblichkeit bejaht die ganzheitliche Partizipation der im Tode zu ihrer Eigentlichkeit befreiten Person am göttlichen Sein.

Auch das symbolische Wort „Auferstehung des Leibes" bezeichnet nach Tillich die Teilhabe des *ganzen* Menschen am ewigen Leben (465 f.). Der paulinische Ausdruck „geistlicher Leib" (1 Kor 15, 43 f.) negiere deshalb zwei Fehldeutungen des künftigen Lebens: Erstens: der „Leib", d. h. das psychologische, geistige und soziale Sein des Menschen mit all seinen Bezügen, gehört in die Ewigkeit; es gibt keine rein geistige Existenz im Sinne des östlichen oder neuplatonischen Dualismus. Zweitens: die naturalistische Auslegung einer Wiederbelebung der Körper wird im Attribut „geistlich" negiert, denn „Fleisch und Blut" können das Reich Gottes nicht erben (1 Kor 15, 50). Erlöst wird ein Leib, der das vom göttlichen Geist verwandelte Gesamt-Sein des Menschen zum Ausdruck bringt[23].

---

aus auf eine größere Wahrheit, deren Geheimnis sie schützen sollen. Es wird nicht die Wahrheit religiöser Aussagen bestritten (man soll, wie Tillich betont, niemals sagen: „nur ein Symbol", sondern: „nichts geringeres als ein Symbol"), sondern davor gewarnt, die endliche Rede von Gott als adäquate Ausschöpfung des Geheimnisses zu mißdeuten.

[21] Ebenso K. Barth (vgl. oben S. 84). — K. JASPERS a. a. O., 224 f., meint deshalb, alle Unsterblichkeitsbeweise seien „fehlerhaft und hoffnungslos". Es lasse sich gerade die *Sterblichkeit* des Menschen demonstrieren: Empirisch sei das Leben der Seele an leibliche Organe gebunden und die Erfahrung des traumlosen Schlafes beweise — in negativer rückblickender Erfahrung — die Möglichkeit des Nichtdaseins. Unsterblichkeit sei also „unwahrscheinlich", wenn sie „als zeitliche Dauer in einer irgendwie sinnlichen Daseinsform in Kontinuität der Erinnerung mit unserem gegenwärtigen Leben" verstanden wird.

[22] Vgl. dagegen K. Barth (oben S. 82 ff.), wo der Mensch „an sich", der als solcher ganz und gar sterblich sei, vom von der göttlichen Liebe *angesprochenen* Menschen streng unterschieden wird.

[23] Tillichs doppelte Negation (das künftige Leben weder als rein geistig-immaterielle Existenz verstanden noch als Wiederherstellung von Körpern) ist sensus communis der evangelischen und katholischen Theologie der Gegenwart. Ähnlich wie Barth oder Tillich äußern sich — in dieser Frage — Elert, Althaus, Thielicke, Brunner, Moltmann, Pannenberg, Rahner, Metz, Ratzinger, Boros, Schoonenberg u. v. a. — Vgl. unten.

Unsterblichkeit und Auferstehung meinen den ewigen Wert, den jede Person in ihrer Einmaligkeit vor Gott besitzt. Nach Barth wird der Mensch *als der, der er jetzt* in seiner irdischen Zeit ist, die Unverweslichkeit Gottes anziehen und *sein Diesseits* wird in Gottes Jenseits gehalten sein (vgl. oben S. 91 f.); auch Tillich begreift dementsprechend die Auferstehung (bzw. Unsterblichkeit) als bleibende Gültigkeit, als Erhöhung dessen, „was diese Person in ihrem Wesen geworden ist[24] auf Grund ihrer Möglichkeiten und durch die Erfahrungen und Entscheidungen, die sie während ihres Lebens gemacht hat." (467) Die auch im Tode durchgehaltene Identität des seiner selbst bewußten Ich wird — unter Verweis auf Individualisation und Partizipation als die beiden Pole des Daseins[25] — wiederum mit einer doppelten Negation bejaht. Erstens: das diesseitige Ich kann von der Ewigkeit nicht ausgeschlossen sein, weil das ewige Leben wirkliches Leben ist und keine undifferenzierte Identität; der Dimension des Geistes, „die in allen ihren Funktionen Selbst-Bewußtsein voraussetzt, kann die ewige Erfüllung nicht versagt sein, ebensowenig wie ... dem Leib. Mehr läßt sich nicht sagen." Zweitens: weil die Ewigkeit alles Zeitliche — und dazu gehört der Bewußtseinsstrom von Erinnerung und Antizipation — transzendiert, ist das selbst-bewußte Personzentrum im ewigen Leben nicht das gleiche wie im zeitlichen Leben, sondern dessen erhöhte Essenz.

Wir können sagen: Barths (freilich unvermittelt-christologisch begründete) Dialektik von Kontinuität und Diskontinuität des diesseitigen und des jenseitigen Bereichs wird von Tillich bestätigt: In Gottes Liebe zur Schöpfung gründet die bleibende Selbigkeit des irdischen und des jenseitigen Subjekts; dennoch vollzieht sich im Tod ein *Bruch*, der eine Diskontinuität beider Subjekte bewirkt[26]: „Wie das Neue Sein nicht ein zweites Sein ist, sondern die Verwandlung des alten, so ist die Auferstehung nicht die Schöpfung einer zweiten Wirklichkeit[27], die im Gegensatz zu der alten Wirklichkeit steht, sondern die Verwandlung der alten, aus deren Tod sie sich erhebt." (468)

b) Fegfeuer, Hölle und Himmel: Symbole der Essentifikation

Tillichs (an Plotins Emanationslehre erinnernde) Überzeugung, daß alles Seiende zum ewigen Ursprung zurückkehren müsse, steht in einer — von Tillich

---

[24] Was mit dieser Essentifikation näherhin gemeint ist, veranschaulicht Tillich an der Ikonographie: „Sofern Bildnisse authentische Kunstwerke sind, sind sie künstlerische Antizipation dessen, was wir Essentifikation genannt haben. Sie stellen keinen bestimmten Moment in der Entwicklung einer Person dar, sondern eine Konzentration all dieser Momente in einem Bild dessen, was diese Person in ihrem Wesen geworden ist ... Diese Idee kann den Sinn der Ikonen in der griechisch-orthodoxen Kirche erklären, die essentifizierte Bildnisse des Christus, der Apostel und der Heiligen sind" (467).
[25] Da Gottes Reich die universale Aktualisierung der Liebe sei, könne das Element der Individualisation nicht ausgeschlossen werden, ohne daß das Element der Partizipation ebenfalls verloren ginge. „Es gibt keine Partizipation, wo es kein individuelles Zentrum gibt, das partizipiert; die beiden Pole bedingen einander."
[26] Vgl. oben S. 93 (zu Barth) und S. 129 (zu Bultmann).
[27] Vgl. dagegen W. Elert und G. Bornkamm: oben S. 136 f. Anm 30.

durchaus zugegebenen — Spannung zur Ernsthaftigkeit des Gerichts und der menschlichen Freiheit. Mit der Theorie einer graduell verschiedenen Essentifikation glaubt Tillich, diese Spannung weitgehend gelöst zu haben; in den eschatologischen Symbolen sucht er diese Lösung zu explizieren:

Reinkarnation, Fegfeuer und Zwischenzustand seien die klassischen Versuche, der Einsicht gerecht zu werden, daß der Augenblick des Todes für das endgültige Schicksal des Menschen nicht letzt-entscheidend sein kann (470 ff.); denn nicht ein spezifischer Augenblick, sondern der gesamte Lebensprozeß sei für den Grad der Erfüllung entscheidend. — Die außerchristliche Idee der *Reinkarnation* erkenne richtig den Kampf höherer oder geringerer Kräfte im Menschen (und im untermenschlichen Bereich), die den höheren oder geringeren Grad der Wesensverwirklichung bestimmen. Wegen der negativen Haltung des Buddhismus und Hinduismus zur unwiederholbaren Eigenart jedes Menschen — das Subjekt hat nach dieser Auffassung auf den verschiedenen Stufen der Inkarnation kein Bewußtsein seiner Identität — komme diese Lösung für den christlichen Glauben jedoch nicht in Betracht. — Brauchbarer sei die katholische Lehre vom *Fegefeuer*; diese Theorie enthalte (vom populären Aberglauben befreit) einen sehr wichtigen Gedanken: die *Entwicklung des Individuums* nach dem Tode[28] durch Reinigung[29] von den entstellenden Zügen des irdischen Daseins. — Der in der protestantischen Theologie diskutierte *Zwischenzustand* sei dagegen ein „recht schwacher" Versuch, das Problem einer Entwicklung nach dem Tode zu lösen: Weil sie die meßbare Zeit auf das Leben nach dem Tode ausdehnt[30], widerspreche die Annahme eines körperlosen Zustandes der vieldimensionalen Einheit des Lebens.

Alle diese Symbole (Reinkarnation, Fegfeuer, Zwischenzustand) wollen nach Tillich dasselbe zum Ausdruck bringen: das Zurückbleiben der menschlichen Freiheit hinter ihrem Ziel: der Vereinigung mit dem göttlichen Grund. Aber keines dieser Symbole „kann die Funktion erfüllen, um deretwillen es geschaffen wurde: die Vision von einem ewigen positiven Schicksal eines jeden Menschen zu vereinen mit dem Fehlen der zum Erreichen dieses Schicksals notwendigen ... Voraussetzung" (472). Diese — Tillichs eigene — Vision werde allein durch die universale Partizipation erfüllt, die die zur Seligkeit fehlenden Voraussetzungen „bei den meisten und vielleicht bei allen Menschen" ergänzt[31]. Im Blick auf die — durch die Partizipation ermöglichte — stellvertretende Ergänzung sei übrigens die

---

[28] Ein in der evangelischen Theologie sonst einhellig als unbiblisch verworfener Gedanke (vgl. oben S. 137 zu Elert).

[29] Diese Reinigung vollziehe sich freilich nicht durch bloßes Leiden (wie es katholische Auffassung sei), sondern durch die „Gnade, die Seligkeit im Leiden schenkt."

[30] Einen Zwischenzustand in diesem von Tillich monierten Sinne scheint z. B. O. CULLMANN zu vertreten (vgl. oben S. 100 f. Anm. 155), der hierin jedoch — zumindest auf evangelischer Seite — wenig Gefolgschaft findet.

[31] Tillich gibt — jedenfalls in diesem Zusammenhang — keinen ausdrücklichen Hinweis, daß diese Ergänzung primär durch Leben, Sterben und Auferweckung *Christi* geleistet werde, und erst sekundär — in der Nachfolge Jesu — von den Menschen: im Sinne von Kol 1, 24: „An meinem Leibe will ich ergänzen, was am Leiden Christi noch fehlt für seinen Leib, die Kirche."

katholische Empfehlung, für die Verstorbenen zu beten und zu opfern, ein legitimer Ausdruck des Glaubens an die Einheit des individuellen Schicksals mit dem Universum in Zeit und Ewigkeit.

Zur „Hölle" bleibt nicht viel zu sagen. Sie symbolisiert, wie bemerkt, die „Verzweiflung" über den (relativ) niedrigen Grad der Erfüllung; von einer „Verdammung" zu ewiger Qual kann aber keine Rede sein. Tillich bekennt sich zu einem „mystisch-humanistischen" Denktyp (wie er auch bei Origenes und Schleiermacher vertreten sei), der den Anteil aller an der Erlösung bejaht. Daß Gott in reiner Willkür einzelne erlösen und andere bestrafen werde — Tillich denkt an eine negative Prädestination —, sei ein absurder Gedanke[32]. Ebenso abwegig sei die Idee eines ewigen Todes im Sinne eines Rückfalls ins Nichts als Bestrafung für den Sünder; diese Vorstellung sei falsch, weil alles Geschaffene im Grunde des Seins verwurzelt bleibe.

Das Symbol „Himmel" schließlich bezeichnet das *Leben in Gott*. Dieses „in" hat dreifache Bedeutung[33]: Es verweist — erstens — auf die ursprüngliche Gegenwart alles Seienden im göttlichen Grunde des Seins; es umschreibt — zweitens — die ontologische Abhängigkeit der Schöpfung von Gott, und es bedeutet — drittens — „das ‚in' der endgültigen Erfüllung, des Zustandes der Essentifikation aller Geschöpfe." (475)

Aber, so fragt Tillich im Blick auf die atheistische Religionskritik: was sind die religiösen Symbole dann anderes als Projektionen menschlicher Wünsche und Einbildungen? Barth und Bultmann verweisen auf den je größeren Gott, dessen Ja zum Menschen das Nein zu dessen Süchten und Egoismen mit einschließt; Tillich würde das gewiß nicht bestreiten, aber von seiner besonderen theologischen Voraussetzung her: die Heimkehr der Schöpfung zur Ewigkeit sei konstitutiv für Gottes eigene Seligkeit, begegnet er dem religionskritischen Einwand anders als Barth: Die eschatologischen Symbole entspringen deshalb nicht der menschlichen Sehnsucht, weil sie — mit diesem Satz schließt die letzte Seite seiner Dogmatik — „den Menschen in seiner Bedeutung für das göttliche Leben und seine (sc. Gottes) ewige Herrlichkeit und Seligkeit" offenbaren (477)[34].

---

[32] Eine Vorherbestimmung zum Unheil, wie Tillich sie hier — in seiner Ablehnung — voraussetzt, wird heute kaum mehr vertreten. Vgl. J. MOLTMANN, *Prädestination*, IV. im evg. Verständnis, in: LThK 8 (²1963) 670 ff.: „Seit F. Schleiermacher und Karl Barth setzt sich die Erkenntnis durch, daß Prädestination *Erwählung* heißt, nicht aber Oberbegriff für Erwählung und Verwerfung im Rahmen der allgemeinen Vorsehung Gottes ist".
[33] Vgl. die Ausführungen über den „eschatologischen Pan-en-theismus" bei P. TILLICH, *Systematische Theologie III*, 475 ff.
[34] Nochmals sei auf Tillichs Konvergenz und Divergenz mit Jaspers verwiesen: K. JASPERS a. a. O., 225, nimmt das „Risiko" auf sich, „die Vorstellungen von Hölle und Fegefeuer und von der Macht kirchlicher Gnadenmittel für unwahr zu halten", und fordert die existentielle Tapferkeit, wahrhaft, d. h. ohne Selbsttäuschungen zu sterben. Die Tapferkeit angesichts des Todes werde „auf ein Minimum reduziert, wenn durch sinnliche Jenseitsvorstellungen der Tod als Grenze aufgehoben und zu einem bloßen Übergang zwischen den Daseinsformen gemacht wird". Aber auch Jaspers deutet den

Barths bleibender Vorwurf gegen Schleiermacher, auf den sich Tillich nicht ungern bezieht, ist bekanntlich der, daß Gott zum Korrelat des Menschen erklärt und die göttliche Transzendenz nivelliert werde. Genau dieser Fehler, so argwöhnt Barth, steckt auch in Tillichs System: „Welche Lösungen! Welche Aspekte! ‚Eia, wären wir da!' "[35]

IV. Die Interpretation des Todes als menschliche „Tat" bei Dietrich Bonhoeffer: Kritik an der „Entmündigung" des menschlichen Tuns durch Barth

Vorbemerkung

In den bisherigen Überlegungen wurde das Todesproblem als zentrales Thema des christlichen Glaubens nicht in Frage gestellt; für Barth gilt — ebenso wie für Bultmann und Tillich — der Tod als diejenige Grenze, deren Überwindung in Christus dem Leben Inhalt und Richtung verleiht. Bei Dietrich Bonhoeffer, den manche zum Vater der „Gott-ist-tot-Theologie" proklamieren, scheint diese Sicht — zunächst — problematisch zu werden: Meldet sich hier, bei Bonhoeffer, die Religionskritik nicht drängender zu Wort als bei Tillich? Ist es überhaupt noch erlaubt, an den Grenzen des Daseins von Gott zu sprechen, Gott dort eingreifen zu lassen, wo der Mensch am Ende ist, nämlich im Tode? Trifft Bonhoeffers Kritik am Barth'schen „Offenbarungspositivismus"[1] — anders als die Kritik Tillichs — nicht auch Barths Interpretation des Todes als der „leeren Stelle"[2], an welcher Gott den Menschen erfüllt, um sein Jenseits zu werden?

Freilich: Bonhoeffers Gefängnisbriefe[3] sind behutsam zu deuten[4] und vom Gesamtwerk her, zu dem er sich in *Widerstand und Ergebung* bekannt hat, zu

---

Tod schließlich als *Vollendung* des Menschen, wenn auch „unbegreiflicher Art" (229). Jaspers' — von ihm selbst als „fragwürdig" und „mißverständlich" bezeichnete — Versicherung, daß ich auf den Tod „zugehen kann als zu meinem Grunde" (229), wird von *Tillich* religiös interpretiert: Der „Grund" ist *Gott*, der in der Rückkehr des Seienden seine eigene Seligkeit findet, und in dem alles Seiende Sinn und Erfüllung findet.

[35] K. BARTH, *Einführung in die evangelische Theologie*, 126; vgl. oben Anm. 19.

[1] Bonhoeffer, der freilich nur ein Drittel der heutigen Dogmatikbände gekannt hat, schreibt: „Gibt es religionslose Christen? ... Barth, der als einziger in diese Richtung zu denken angefangen hat, hat diesen Gedanken dann doch nicht durchgeführt ..., sondern ist zu einem Offenbarungspositivismus gekommen, der letzten Endes ... Restauration geblieben ist." (D. BONHOEFFER, *Widerstand und Ergebung*, München 1966, 179 f.; vgl. auch ebd., 219).

[2] K. BARTH, *Die Auferstehung der Toten*, 62.

[3] D. BONHOEFFER, *Widerstand und Ergebung. Briefe und Aufzeichnungen aus der Haft* (hrsg. v. E. BETHGE); im folgenden abgekürzt: WE.

[4] Vgl. H. GOLLWITZER, *Krummes Holz — aufrechter Gang*, 17: „Wer diese Briefe dogmatisiert, der übersieht, daß es tastende Gedanken sind, ... fragmentarisch im höchsten

interpretieren. Die Schriften *Nachfolge* (1937) und *Gemeinsames Leben* (1939) mögen seit WE — in mancher Hinsicht — überholt sein[5]. Es läßt sich aber nicht bestreiten, daß seine Hinkehr zur Welt, seine „nicht-religiöse" Christlichkeit von einer so starken *Jenseitshoffnung* getragen bleibt, daß sich Diesseits und Jenseits, Gotteserfahrung im Leben und Sterben, in der Mitte und an den Grenzen des Daseins, auch in WE nicht ausschließen, sondern gegenseitig bedingen.

Daß Gott im Tode begegnet und die Leere (nicht irgendeine „Lücke", sondern das „Ganze"!) des Menschen mit seiner Liebe erfüllt, sagt Bonhoeffer nicht weniger deutlich als Barth. Aber in einem anderen Punkt wird Barths Deutung des Todes bei Bonhoeffer modifiziert: Barth versteht das Sterben fast ausschließlich als passives *Widerfahrnis*, das seine Leuchtkraft von Gottes „Eingriff" bezieht, der das kreatürliche „Mitwirken" ausschließt (vgl. oben S. 98 f.); die Vollendung als (richtiger: auch als) „Tat" der menschlichen Freiheit dagegen: diese Deutung liegt Barth sehr ferne. Hier, in *diesem* Punkt, setzt Bonhoeffer neue Akzente.

Bonhoeffer hat keine fertige Systematik hinterlassen. Wir sind auf einzelne Äußerungen in verschiedenen Schriften verwiesen, die jedoch — zusammengenommen — ein aufschlußreiches Bild seiner Gedanken über Tod und Vollendung vermitteln. Untersucht wird im folgenden Bonhoeffers Einstellung zum Tode als der „Grenze" des Daseins und zum „inneren" Tod als erlittener *und* getaner Vollendung der Freiheit.

1. Der Tod als Grenzsituation des Lebens

Bonhoeffers harte (oft als einseitig empfundene) Kritik am „Heilsindividualismus", seine kritischen Bemerkungen zum Gott der „Religiösen"[1], zum Lückenbüßer-Gott, der den Tod der ständigen Einschränkungen stirbt, weil er nur am Rande, nicht aber mitten im Leben erfahren wird (vgl. WE 177 ff.), dies alles ist bekannt[2]: „Ist nicht die individualistische Frage nach dem persönlichen Seelen-

---

Grade schon der äußern Umstände wegen, die den Briefschreiber so oft abbrechen ließen oder physisch belasteten, so daß vieles unerläßlich Dazugehörige nie geschrieben wurde oder uns nicht erhalten geblieben ist."

[5] „Heute sehe ich die Gefahren dieses Buches (*Nachfolge*), zu dem ich allerdings nach wie vor stehe, deutlich." (21. 7. 44; WE 248) Diese Bemerkung ist für Bonhoeffers Verhältnis zur „Religion" bezeichnend: Er sieht die Gefahr einer weltlosen Frömmigkeit (wie sie in dem Buch *Nachfolge* gegeben ist), distanziert sich aber nie vom Wesen der *echten* Religion als der rückhaltlosen Bindung an Gott, die zur Hingabe an die Welt und die Brüder befreit.

[1] Bonhoeffers pejorativer Religionsbegriff entspricht weithin dem Ansatz Barths im *Römerbrief* (vgl. auch K. BARTH, *Christliche Dogmatik im Entwurf*, 1927, 301—318) und steht im Gegensatz zu Tillichs Versuch, die Welt religiös zu interpretieren (welchen Versuch Bonhoeffer — z. B. WE 219 — strikt ablehnt); freilich darf nicht übersehen werden, daß die divergierenden Aussagen führender Theologen über „Welt" und „Religion" zum nicht geringen Teil auch terminologisch bedingt sind.

[2] Zur Gesamttheologie Bonhoeffers, dessen komplexes Denken nicht so leicht auf eine einzige Formel zu bringen ist, wie oft versucht wurde, vgl. E. BETHGE, *Dietrich Bonhoeffer, Theologe-Christ-Zeitgenosse*, München ³1970; R. MARLÉ, *Dietrich Bonhoeffer. Zeuge*

heil uns allen fast völlig entschwunden? Stehen wir nicht wirklich unter dem Eindruck, daß es wichtigere Dinge gibt als diese Frage (— vielleicht nicht als diese *Sache*, aber doch als diese *Frage*!?)? ... Nicht um das Jenseits, sondern um diese Welt ... geht es doch." (WE 184)

Das Reden von den Grenzen des Daseins — einschließlich Sünde und Tod — wird für Bonhoeffer problematisch, weil er hierin den möglichen *Vorwand* des Versuches erblickt, für den „religiösen" Ersatz-Gott noch Raum zu gewinnen (WE 218). Ein Beispiel mag das verdeutlichen: WE 181 f. zweifelt Bonhoeffer, ob „selbst der Tod heute, da die Menschen ihn kaum noch fürchten[3], und die Sünde, die die Menschen kaum noch begreifen, noch eine echte Grenze" sei, und er zieht es dann vor, nicht in den Schwächen (diese „seelsorglich" ausnützend), sondern in der Kraft, „nicht also bei Tod und Schuld, sondern im Leben und im Guten des Menschen" von Gott zu sprechen. — Freilich: abgesehen davon, daß Bonhoeffer dieses sich selbst auferlegte Redeverbot: angesichts des Todes und der Schuld von Gott zu sprechen, ständig überschreitet, gilt es auf den *Zusammenhang* zu achten, in den sich diese Gedanken einfügen. Dann wird sofort klar: Bonhoeffer weigert sich, Gott an den Lücken des menschlichen Vermögens anzusiedeln: an den partikulären und *kategorialen* Schadstellen, die grundsätzlich überwindbar sind[4]; er setzt aber immer voraus, daß die Existenz als *ganze* endlich ist, und in *dieser* Endlichkeit, in dieser *transzendentalen* „Lücke", der Erlösung bedarf! Bonhoeffer bestreitet weder, daß der Mensch Gott *braucht*[5], noch daß es *echte* Grenzen gibt (im Unterschied zu den vermeintlichen, durch neue Erkenntnisse hinausschiebbaren), noch daß an *diesen* Grenzen — mehr noch als in der „Mitte" des Lebens — der wahre Gott begegnet und dem Dasein Kraft zum Leben gewährt[6].

Wenn man bedenkt, daß Bonhoeffer gerade in WE (nicht nur in den früheren Schriften) sehr eindringlich vom Gebet in der Not spricht (139 f.), von seiner Sehnsucht nach der Ewigkeit (121 ff., 171 ff.)[7], vom Wesen des wirklichen Leides

---

Jesu Christi unter seinen Brüdern, Düsseldorf 1969; E. FEIL, *Die Theologie D. Bonhoeffers. Hermeneutik-Christologie-Weltverständnis,* München-Mainz 1971.

[3] So pauschal dürfte diese Diagnose nicht zutreffen; da es sich hier um eine *soziologische* (nicht um eine theologische) These handelt, sei auf die oben S. 40 Anm. 39 u. 41 genannte Literatur verwiesen.

[4] Vgl. W. KASPER, *Einführung in den Glauben,* Mainz 1972, 81; H. ZAHRNT, *Überlegungen zur Gotteserfahrung heute,* in: *Christliche Existenz und kirchliche Praxis heute,* Freiburg 1975, 9—24, hier 15 ff.

[5] Vgl. H. GOLLWITZER, *Krummes Holz — aufrechter Gang,* 34 ff., sowie H. ZAHRNT a. a. O.

[6] Dies scheint D. SÖLLE, *Stellvertretung,* Stuttgart ³1966, 202 f., zu übersehen, wenn sie Bonhoeffers Rede von der Ohnmacht Gottes in der Welt (WE 242) im Sinne eines unwirklichen, schwachen Gottes interpretiert, der sich vom Menschen zu seiner Identität verhelfen lassen muß. Nach Bonhoeffer ist es *Gott,* der *uns* hilft (nicht umgekehrt), der *in* seiner „Ohnmacht" Macht und Raum in der Welt gewinnt.

[7] Vgl. D. BONHOEFFER, *Gesammelte Schriften IV* (hrsg. v. E. BETHGE), München ²1965, 163 f. (Predigt vom 26. 11. 33): „Und nun können wir von dieser Welt Gottes, die nicht unsere Welt ist, gar nicht hören, ohne daß uns selbst eine unermeßliche Sehnsucht, ein unbeschreibliches Heimweh beschleicht nach jener Welt, wie es die Kinder beschleicht vor der

(160 f., 244 ff., 250), vom treuen Warten, das über jede Trennung und jede Vergänglichkeit triumphiert (212), vom Verhältnis der Lebenden zu ihren Verstorbenen, von deren „Wiederbringung" durch Christus (125 f.), von der Auferstehung der Toten (112 f.)[8], dann kann man Stellen wie die oben zitierte (181 f.) nur so interpretieren: Das Diesseits darf nicht *vorzeitig* aufgehoben werden (WE 227), und die (berechtigte und notwendige) Hoffnung auf Künftiges, Jenseitiges, darf den Blick für das hier und jetzt — in der Mitte des Lebens — zu Vollbringende nicht verstellen[9]. Bonhoeffer leugnet nicht die theologische Relevanz des Jenseitigen, der Grenzen, des Leides; im Sinne des „ungetrennt und doch geschieden" des Chalcedonense wendet er sich gegen die *Trennung*, aber nie gegen die *Unterscheidung* von Diesseits und Jenseits: „Wir verwerfen die Irrlehre, die die Welt der Hoffnung und unsere Welt so auseinanderreißt, daß jene mit dieser nichts zu tun hat." *Und*: „Wir verwerfen die Irrlehre, daß es eine allmähliche innerweltliche Entwicklung zur neuen Welt gebe"[10].

Bonhoeffer denkt keineswegs „eindimensional" (im Sinne eines innerweltlichen Heilsoptimismus)[11]; er lehnt es nur ab — im Blick auf eine pietistisch-introvertierte Frömmigkeit (sofern ihr große Worte wie Versöhnung und Erlösung, Kreuz und Auferstehung, Leben in Christus und Nachfolge Christi, allzu leicht und allzu selbstverständlich über die Lippen gehen)[12] —, die „vorletzten" Dinge[13] des Lebens, d. h. die irdischen Aufgaben, die irdische Liebe, angesichts der „letzten" Dinge (der Liebe zu *Gott* und seiner Ewigkeit) zu vernachlässigen[14], enthusia-

---

Weihnachtsstube ... Der hat noch nie an Gott und an sein Reich geglaubt, ... der von Stund' an nicht selbst Heimweh hat und wartet ... auf des Leibes Erlösung ... Daß das Leben erst anfängt, wenn es hier aufhört, ... das sollen Junge und Alte bedenken."

[8] Die angegebenen Stellen sind Beispiele, die durch zahlreiche weitere ergänzt werden könnten.

[9] Vgl. D. BONHOEFFER, WE 226 f.: „Der Christ hat nicht ... aus den irdischen Aufgaben und Schwierigkeiten immer noch eine letzte Ausflucht ins Ewige, sondern er muß das irdische Leben wie Christus (,Mein Gott, warum hast Du mich verlassen?') ganz auskosten und nur indem er das tut, ist der Gekreuzigte und Auferstandene bei ihm und ist er mit Christus gekreuzigt und auferstanden."

[10] D. BONHOEFFER, *Ges. Schriften* (im folgenden abgekürzt: GS) II, München ²1965, 118 f. — Auch Bonhoeffer verwirft demnach die „falschen Alternativen in Theologie und Gesellschaft" (Zahrnt).

[11] Vgl. H. MARCUSE, *Der eindimensionale Mensch*, Neuwied-Berlin 1970, 13 ff.: Die humane, von jeder Repression freie Gesellschaft übersteigt den jetzigen Zustand und ist insofern „transzendent". Aber *diese* Transzendenz ist — im Gegensatz zu Bonhoeffer — rein innerweltlich und in keiner Weise Geschenk eines Jenseitigen, Göttlichen.

[12] D. BONHOEFFER, WE 206 f., beklagt es als die *Schuld* der christlichen Kirchen (sofern sie nur um ihr eigenes Überleben kämpfen), daß solche Worte — nicht die dahinter stehende Wirklichkeit! — „kraftlos werden und verstummen".

[13] Vgl. etwa K. BARTH, AdT 63 f., wo das „letzte Wort" des Paulus den „vielen vorletzten Worten" (wie sie die Korinther kannten) gegenübergestellt wird.

[14] Vgl. D. BONHOEFFER, *Ethik* (zusammengestellt u. hrsg. v. E. BETHGE), München 1949, 75—128; dazu E. WOLF, *Das Letzte und das Vorletzte*, in: *Mündige Welt IV*, München 1963, 17—32.

stisch zu überspringen¹⁵ oder nur als Zeit der Bewährung ohne theologisches *Eigengewicht* zu verstehen: „... nur wenn man das Leben und die Erde so liebt, daß mit ihr alles verloren und zu Ende zu sein scheint, darf man an die Auferstehung der Toten und eine neue Welt glauben ... Man kann und darf das letzte Wort nicht vor dem vorletzten sprechen." (WE 112 f.)¹⁶ Nur wenn wir unser Leben in die Hand nehmen, wenn wir es planen, aufbauen und gestalten, nur dann dürfen wir jene „letzte" Aufgabe als die unsere erkennen: „unsere Seele¹⁷ aus dem Chaos zu retten und zu bewahren und in ihr das einzige zu erkennen, das wir wie eine „Beute" aus dem brennenden Hause tragen." (WE 202 f., im Anschluß an Jr 45)

Unmittelbar nachdem er die „starken" Erlebnisse des tätigen Lebens gepriesen und damit die Gefahr des „self-pity" (der Selbstbemitleidung)¹⁸ gebannt hat, beteuert Bonhoeffer, daß Freude *und* Schmerz zur Polyphonie des Lebens gehören (WE 195)¹⁹, daß die arme Erde nicht unsere Heimat sei, daß Gott, nachdem wir ihn im irdischen Glück gefunden und ihm entsprechend gedankt haben, uns gerade in der Erfahrung der Not und des *Leides*²⁰ alles Irdische als vor-läufig (als vorlaufend zu Gott und seiner Ewigkeit) erkennen lasse, und daß es deshalb gut sei, sein Herz schon jetzt an die Ewigkeit zu gewöhnen (WE 123).

Bonhoeffer war erfüllt vom Glauben an Gott, vom Glauben an den *mächtigen* Gott, der uns trägt und hält: auch an den *Grenzen* unseres Lebens, wo wir nichts

---

¹⁵ Ähnlich wie Bonhoeffer wendet sich E. KÄSEMANN, *Der Ruf der Freiheit*, Tübingen ⁴1968, 78—113, gegen das Interesse der „frommen Gemeinde" an der Auferweckung der Toten, sofern dieses Interesse den *Dienst in der Welt* überspringt (99). Wie Bonhoeffer fragt Käsemann über die Auferstehung hinaus nach dem spezifisch Christlichen: Es komme darauf an, daß man sich von der Auferweckung her in Jesu *Nachfolge* rufen, in das Sterben mit Jesus stellen läßt (100); die Nachfolge aber „stellt uns erst recht in die Erde hinein" (97), denn Jesu Herrschaft wird erst „in der zukünftigen Welt vollendet werden, ist aber auf Erden bereits angebrochen." (108)

¹⁶ Das Zu-Ende-Lieben der Erde, so wie auch Christus die Seinen „bis ans Ende" geliebt hat (Jo 13, 1), ist gemeint, wenn Bonhoeffer (WE 225 ff.) bestreitet, daß die Auferstehungshoffnung als solche schon das unterscheidend Christliche sei. — Ähnlich E. KÄSEMANN a. a. O., 110 f.: Nur wer an der Herrschaft Jesu *in dieser Welt* teilhat, dürfe christlich von der Erweckung der Toten zum *jenseitigen* Leben mit Gott sprechen!

¹⁷ Zur Problematik des Begriffs „Seele" vgl. unten S. 257 ff.

¹⁸ Bonhoeffers Religionskritik soll gewiß nicht verharmlost werden durch psychologisierende Erklärungen; andererseits kann man den psychologischen Aspekt seiner Kritik nicht völlig übersehen: er schreibt in einer extremen Situation und kämpft gegen den für gefährlich gehaltenen Pietismus der eigenen Vergangenheit. Bonhoeffer will sein Leid nicht ideologisch verklären (im „self-pity"), sondern tapfer ertragen.

¹⁹ Vgl. WE 209 f.: Der Glaube stellt uns *in die verschiedensten Dimensionen* des Lebens zu gleicher Zeit. Bedauernd schreibt Bonhoeffer über die Menschen seiner Umgebung: „wenn Flieger kommen, sind sie nur Angst; wenn es etwas Gutes zu essen gibt, sind sie nur Gier; wenn ihnen ein Wunsch fehlschlägt, sind sie nur verzweifelt; wenn etwas gelingt, sehen sie nichts anderes mehr." Der Glaube dagegen befreit zum „Leben in der Mehrdimensionalität".

²⁰ H. THIELICKE, *Tod und Leben*, 26, meint deshalb, im Leiden und Sterben sei der Mensch dem Geheimnis seines Lebens näher als in der Freude. „Darum gibt es wohl eine Krankenhaus-, aber keine Karneval-Seelsorge."

mehr vermögen. Das *Durchstehen eines Grenzfalles* hat Bonhoeffer als seine *eigene* große Aufgabe begriffen (WE 92) und Gerhard Ebeling fragt zu Recht: „Läßt es sich im Ernst aufrechterhalten, daß das Reden von den menschlichen Grenzen überhaupt fragwürdig geworden und selbst der Tod und die Sünde heute keine echte Grenze mehr seien? Hat nicht Bonhoeffer selbst die Bedeutung solcher Grenzerfahrungen für sich persönlich bezeugt ...? Man stößt darum auch in den grundsätzlichen Ausführungen immer wieder auf Bemerkungen, die das ‚Fertigwerden‘ mit einem Fragezeichen versehen, auf das Problem der ‚Grenze‘ hinweisen und *als Korrektiv jener anderen Aussagen nicht einfach übergangen werden dürfen*"[21].

Nicht zu übergehen sind Bonhoeffers Briefe und Predigten in WE und den früheren Schriften, die im Blick auf die Todesgrenze eine Kraft der Prophetie, des Trostes und der Erbauung bezeugen, wie sie heute nur selten begegnet. „Wem es schwer fällt, den Sinn des Kreuzes Christi zu verstehen; wer in Verlegenheit ist, was er am Karfreitag zu sagen hat ..., der greife zu diesen Texten!"[22] Bonhoeffers Diesseitsoptimismus, seine auch im Schlimmsten ungebrochene Lebenskraft gründet allein, das beweisen jene Äußerungen besonders eindrucksvoll, in der größeren Hoffnung auf das „Letzte", auf Gottes Zukunft, die sich im Tode erfüllt. Einige Beispiele[23] mögen dies illustrieren:

In der Predigt zum Totensonntag 1933 (GS IV, 160) betont er die Aufgabe der Kirche, die Frage der Menschen nach den Toten zu beantworten; die Kirche existiere nur deshalb, weil sie auf diese Frage die befreiende Antwort wisse! Andernfalls wäre sie ein Verein von Hoffnungslosen, die sich gegenseitig mit ihren Leiden interessant machen. Skepsis sei deshalb „uninteressant; auch was einer alles nicht glaubt, ist uninteressant, sondern was und daß einer glaubt und hofft, das ist erregend."

GS IV, 453 ff., deutet er den Tod — ebenso wie Barth — als Freund und Feind zugleich: Sofern die Beschäftigung mit dem Tod einer Verneinung des Lebens entspringt, lehnt er sie ab; denn nicht die Macht des Todes und der Sünde präge den Christen[24], sondern die Macht Jesu Christi. Sofern sich aber der *Glaube* mit dem

---

[21] G. EBELING, Die „nicht-religiöse Interpretation biblischer Begriffe", in: ders., *Wort und Glaube*, Tübingen ³1967, 90—160, hier 150 f. (Hervorhebung von mir). — Daß es Bonhoeffer nicht um die Profanisierung des Glaubens geht, sondern im Gegenteil darum, die *Geheimnisse des Glaubens vor Profanisierung zu schützen* (vgl. den wichtigen Begriff der „Arkandisziplin", WE 180 f.), zeigt ausführlich R. PRENTER, *Dietrich Bonhoeffer und Karl Barths Offenbarungspositivismus*, in: *Mündige Welt III*, München 1960, 11—41.

[22] O. DUDZUS in seiner Einleitung zu D. BONHOEFFER, *Treue zur Welt. Meditationen*, ausgewählt und eingeführt von O. DUDZUS, München 1971, 9.

[23] Weitere Beispiele zu Passion und Teilnahme am Leiden Gottes, zu Tod und Gericht und zur Auferstehung bei O. DUDZUS a. a. O., 28—69.

[24] In einem Dramenfragment von 1943 (GS III, 482 ff.) läßt Bonhoeffer den Tod — als „Heinrich" personifiziert — die Menschen verhöhnen, daß sie im Grunde gar nicht leben wollten, den Tod gar nicht als Feind empfänden, ihn vielmehr suchten und ersehnten. Was er damit näherhin meint, erhellt D. BONHOEFFER, *Ethik* (im folgenden abge-

Tode beschäftigt, sei dieser Gottes größte Gnade und deshalb — es sei an das Mozart-Lob Barths erinnert — der „milde", „süße" und „sanfte" *Freund* des Menschen: „Der Tod ist die Hölle und die Nacht und die Kälte, wenn ihn unser Glaube nicht verwandelt. Aber das ist das Wunder, daß wir den Tod verwandeln können ... dann wird aus dem Tod Christus selbst"[25].

Begräbnisse hätten ihn so heftig bewegt, schreibt Bonhoeffer, daß die Frage, was angesichts des Todes Bestand hat, ihn stets beschäftigt habe (GS II, 405 f.). In zahlreichen Briefen an die Freunde gefallener Mitbürger schenkte er so wirksamen Trost, daß Frau v. Kleist-Retzow zu Eberhard Bethge meinte: „Vielleicht ist das jetzt Bonhoeffers einzige Aufgabe." (GS II, 408) Der bloße Diesseitsglaube, der mit Gott an der Grenze des Lebens nicht rechnet, lag ihm völlig fern[26]; seine Einstellung zum Tode junger Menschen zeigt dies deutlich genug: daß gesunde Menschen ihrem tätigen Leben entrissen werden, hielt er für sinnvoll! Denn Gott macht keine Fehler, er beraubt sich nicht seiner eigenen Werkzeuge; könnte es nicht sein, daß er gerade die Besten braucht „zu irgendeinem verborgenen Dienst für uns in der himmlischen Welt?" (GS II, 573 ff.)[27]

2. Der „innere" Tod als Werk der endlichen Freiheit

Gefragt wird nach Gemeinsamkeiten und Differenzen mit Barth im Verständnis des Todes: Bonhoeffer bejaht ein künftiges Leben; Gottes Bund mit dem Menschen höre im Tode nicht auf, allem Augenschein, aller Hinfälligkeit, aller Grausamkeit des Sterbens zum Trotz (GS IV, 163 f., 453 ff.); denn nicht nur in der Mitte des Lebens wird Gottes Nähe erfahren, sondern ebenso — ja mehr noch — am Rande des Lebens, im Tod. Spekulationen über das „Wie" des künftigen Lebens unterläßt Bonhoeffer (wie Bultmann und Barth): Die Toten sind *im Frieden,* gehalten von Gottes Wort in Ewigkeit, das ist für den Glauben genug (GS II, 559). Eine Ganztodtheorie im Sinne Elerts (vgl. oben S. 131 ff.) lehnt er ebenso ab wie Barth: der für die Erde für immer verschlossene Mund unserer Toten lobt und preist Jesu Namen schon *jetzt* (GS II, 580). Begründet wird Gottes Treue über den Tod hinaus

---

kürzt: E), 22 f., wo es über die Vergötzung des Todes heißt: „Wo der Tod das Letzte ist, dort verbindet sich die Furcht vor ihm mit dem Trotz." Wo aber erkannt wird, daß des Todes Macht gebrochen ist, verlangt man vom Leben keine Ewigkeiten, hält man das Leben nicht krampfhaft fest; den „neuen Menschen und die neue Welt aber erwartet man *allein von jenseits des Todes her,* von der Macht, die den Tod überwunden hat." (Hervorhebung von mir).

[25] D. BONHOEFFER, GS IV, 164 f.; ähnlich ebd., 453 ff.
[26] Dies wäre das Mißverständnis, daß die Religionslosigkeit *als solche* schon christlich sei: „Nicht die platte und banale Diesseitigkeit der Aufgeklärten, ... sondern die tiefe Diesseitigkeit, die volle Zucht ist, und in der die Erkenntnis des Todes und der Auferstehung immer gegenwärtig ist, meine ich." (WE 248)
[27] WE 160, interpretiert Bonhoeffer die meist gedankenlose Frage seiner Mitgefangenen: „Wer weiß, wozu es gut ist?", als verschütteten Rest christlichen Denkens.

in der Auferstehung *Christi,* nicht jedoch — auch hier entspricht Bonhoeffer der Deutung des Todes durch Barth — im unsterblichen Wesen des Menschen. Eine solche Unsterblichkeit (im Sinne einer Überwindung des Todes durch den Menschen *selbst*) weist er zurück: „Sokrates überwand das Sterben, Christus überwand den Tod als ἔσχατος ἐχθρός (1 Kor 15, 26). Mit dem Sterben fertigwerden bedeutet noch nicht mit dem Tod fertigwerden. Die Überwindung des Sterbens ist im Bereich menschlicher Möglichkeiten, die Überwindung des Todes heißt Auferstehung." (WE 168)[28]

Worin unterscheiden sich aber die Aussagen Bonhoeffers von Barth? Die Differenz in der Deutung des Todes, die im folgenden zu untersuchen ist, hängt mit Bonhoeffers Kritik am „Offenbarungspositivismus", an der *Entmündigung* des weltlichen Tuns in der Barth'schen Dogmatik zusammen, mit der Dialektik von „Letztem" und „Vorletztem" in Bonhoeffers Theologie, mit der Beziehung biblischer Begriffe (einschließlich Tod und vita nova) zur *Welt.* Daß auch Barth Offenbarung und Welt nicht beziehungslos gegenüberstellt, sondern die Welt als Gottes gute Schöpfung und den Menschen als Gottes durch Christi Tod geheiligten Partner begreift, wurde schon gesagt. Aber so grob ist Bonhoeffers Kritik nicht gemeint: die grundlegende Intention der *Kirchlichen Dogmatik* hat er immer bejaht. Die Differenz liegt in der genaueren *Deutung* der Relation von Offenbarung und Welt. Der Vorwurf des Offenbarungspositivismus meint, wie Regin Prenter feststellt[29], nicht, daß Barth die Welt gnostisch verneine, sondern daß sie — im Kampf gegen jede „natürliche Theologie" — theologisch *entwertet* zu werden drohe. Durch die „supranaturale" Spekulation der KD verankert Barth, das folgt aus Bonhoeffers Vorwurf, das Heil des Menschen so fest in Gottes ewigem Ratschluß, daß die Geschichte des weltlichen Tuns nichts anderes mehr sein kann als die nachträgliche Enthüllung des schon fertigen göttlichen Plans in der Zeit (vgl. oben S. 63 ff.).

Bonhoeffer setzt dagegen — in seiner Relation von Letztem und Vorletztem — ein anderes Ethos (Prenter) voraus: Die Freiheit des *Menschen,* die Natur, das Vorletzte (welches ein Versuch ist, eine Hoffnung, eine Tat, ein Leiden, eine inständige Bitte; vgl. E 78) will Bonhoeffer *ernster* nehmen als Barth. In seiner *Verantwortung* vor Gott wird das menschliche Dasein auch von Christus nicht „verdrängt"; Gott handelt nicht „ohne" uns[30], sondern er sucht sich Menschen, „die ihm den Weg bereiten", den Weg für das nicht vergängliche, sondern ewige Reich, für das kommende Reich, „das sich selbst seinen Weg schafft" und „für das sich der Einsatz des Lebens lohnt" (WE 194).

Weil Christus selbst (und in ihm die Wirklichkeit Gottes) in die Wirklichkeit der Welt mit eingegangen ist[31], erhält die natürliche Existenz einen theologischen

---

[28] Ähnlich D. BONHOEFFER, GS II, 576; GS IV, 453 ff.; E 22 f. u. a.
[29] Vgl. R. PRENTER a. a. O., 37 ff.
[30] Vgl. oben S. 98 f. zu Barths Auffassung vom alleinigen Handeln Gottes, wenn es um das Heil des Menschen geht.
[31] Ein bei Bonhoeffer häufig ausgesprochener Gedanke; vgl. z. B. E 60 ff., 94 ff.

Eigenwert[32], eine Selbständigkeit[33], die sie wesentlich *mehr* sein läßt als nur Durchgangsstadium zum Gericht (das — nach Bonhoeffer — die Natur des Menschen zwar „richtet", sie aber dennoch „bestehen" läßt)[34]: Die profane Welt, das Natürliche, die Tat des Menschen, sieht Bonhoeffer immer schon in der Bewegung des Angenommenwerdens durch Gott (E 63)[35]. Die Welt *selbst* ist die Wirklichkeit, in der Jesus Christus Gestalt gewinnt (von daher: „vom Evangelium, von Christus her" glaubt Bonhoeffer, die „mündig" gewordene Welt besser zu verstehen als diese sich selbst versteht)[36], und diese Einsicht führt Bonhoeffer — trotz mancher Unterschiede im Weltverständnis[37], trotz seiner Kritik am „liberalen Reduktionsverfahren"[38] — in größere Nähe zur anthropologisch „gewendeten" Theologie Rudolf Bultmanns[39].

In diesem Kontext — Kritik an der „Entmündigung" der Welt durch Barths Eschatologie — soll Bonhoeffers Deutung des Todes interpretiert werden. Der Schlüssel zum rechten Verständnis seiner Aussagen dürfte die „weltliche" Eschatologie sein: Christus ist *der* exemplarische Mensch (E 22 f.) und deshalb wird

---

[32] Genaueres darüber bei E. WOLF, *Das Letzte und das Vorletzte,* in: *Mündige Welt IV,* 27 ff.

[33] Diese „Selbständigkeit" des Irdischen darf nicht mißverstanden werden im Sinne einer Los-lösung von Gott; eine *solche* Autonomie meint Bonhoeffer nicht: „Ich meine dies: Gott und seine Ewigkeit will von ganzem Herzen geliebt sein, nicht so, daß darunter irdische Liebe beeinträchtigt oder geschwächt würde, aber gewissermaßen als cantus firmus, zu dem die anderen Stimmen des Lebens als Kontrapunkte erklingen; eines dieser kontrapunktischen Themen, die ihre *volle Selbständigkeit* haben, *aber doch auf den cantus firmus bezogen sind,* ist die irdische Liebe ... Wo der cantus firmus klar und deutlich ist, kann sich der Kontrapunkt so gewaltig entfalten wie nur möglich. Beide sind ‚ungetrennt und doch geschieden', um mit dem Chalcedonense zu reden ..." (WE 192 f.; Hervorhebung von mir).

[34] Der menschgewordene Christus „läßt die menschliche Wirklichkeit, ohne sie zu verselbständigen und ohne sie zu zerstören, als Vorletztes bestehen, als Vorletztes, das in seiner Weise ernstgenommen und nicht ernstgenommen werden will, als Vorletztes, das zur Hülle des Letzten geworden ist." (E 84)

[35] Es geht hier, wie R. MARLÉ a. a. O., 128—133, bemerkt, um diejenige Problematik, die in der klassischen Theologie als *Beziehung zwischen Natur und Übernatur* behandelt wird. Das „Natürliche", das man sonst neidlos der katholischen Theologie überläßt (DUDZUS), will Bonhoeffer auf eine neue christologische Grundlage stellen.

[36] Vgl. z. B. D. BONHOEFFER, WE 221.

[37] Bultmann läßt die Welt nur als Ort der Bewährung gelten, dem der Christ im gehörigen Abstand des ὡς μή zu begegnen habe (vgl. oben S. 124 f.). Eine *innerweltliche* „Zukunft" interessiert ihn nicht (vgl. oben S. 114 Anm. 36), sondern nur die *jenseitige,* von Gott her über die Welt hereinbrechende Zukunft. Grunows (R. GRUNOW, *Dietrich Bonhoeffer,* in: H. J. SCHULTZ, Hrsg., *Tendenzen der Theologie im 20. Jahrhundert,* 536—542, hier 541) Meinung, daß die Gottes- und Diesseitsauffassung Bonhoeffer in besonderer Weise mit Bultmann verbinde, dürfte deshalb nur teilweise zutreffen.

[38] „... das Neue Testament ist nicht eine mythologische Einkleidung einer allgemeinen Wahrheit, sondern diese Mythologie (Auferstehung etc.) ist die Sache selbst!" (WE 221). — Im selben Satz gibt Bonhoeffer aber zu, daß die neutestamentlichen Begriffe *interpretiert* werden müssen, und gerade dies ist das Anliegen Bultmanns.

[39] Vgl. R. GRUNOW a. a. O.

die Eigenart *seines* Todes — als (passiv) ausgegossene und (aktiv) sich verströmende Liebe[40] — auch zum Wesen *unseres* Sterbens[41].

In seinem bekannten Gedicht *Stationen auf dem Wege zur Freiheit* (WE 250 f.) — Bonhoeffer schrieb es am Abend des 21. 7. 44, nachdem er vom Scheitern des Attentats auf Hitler gehört hatte — wird dieser Zusammenhang deutlich: Die „Zucht" des Lebens, die „Tat" des Starken und das „Leiden" des Gescheiterten sind die Stufen auf dem Wege zur Freiheit; im *Tod* aber wird die Freiheit selbst zum Ereignis, denn erst der Tod bringt die entscheidende Begegnung mit Gott!

Der wichtigste Gedanke dieses Gedichtes ist dieser: Wir sollen die Dinge des Lebens tapfer ergreifen, denn „nicht in der Flucht der Gedanken, allein in der *Tat* ist die Freiheit". Aber die Kategorie des Erfolges, des Handelns, des Glückes, ist *nur die eine Seite* des Daseins; ob die Tat des Menschen eine Sache des *Glaubens* ist oder nicht, hängt vom richtigen Verständnis des *Leidens* ab, welches Bonhoeffer als Fortsetzung der Tat begreift (WE 254): „Wunderbare Verwandlung. Die starken, tätigen Hände sind dir gebunden. Ohnmächtig, einsam siehst du das Ende deiner Tat." Auch — ja mehr noch — im Scheitern, im Erleiden der Ohnmacht, in der Vergeblichkeit aller Bemühung, in der Übergabe an Gott, der unser Leben vollendet (vgl. Phil 1, 6), berühren wir „selig die Freiheit". Tat *und* Erleiden sind Weisen der Freiheit und beide Weisen finden im Tode ihr Ziel: „Komm nun, höchstes Fest auf dem Wege zur Freiheit, Tod, ... daß wir endlich erblicken, was hier uns zu sehen mißgönnt ist."

Wenn wir — im Blick auf diese Verse[42] — den Tod als (Leiden und Tat integrierende) Vollendung des Lebens interpretieren und hierin eine Korrektur an der Auffassung Barths erblicken, so könnte man einwenden: Die *Stationen auf dem Weg zur Freiheit* ließen sich — isoliert betrachtet — auch im Sinne Barths oder Jüngels (die die Vollendung im Tode jeder geschöpflichen Kreativität entziehen)[43] verstehen; schließlich wird Göttliches und Menschliches bei Bonhoeffer ebenso streng unterschieden[44] wie bei Barth oder Bultmann, schließlich begreift

---

[40] Auf den hier (wie schon bei der Darstellung Barths, Bultmanns und Tillichs) angedeuteten Zusammenhang von *Liebe und Tod* ist noch genauer einzugehen; vgl. unten S. 328 ff.

[41] Daß seit Jesu Tod auch *unser* Sterben sich geändert hat, betont auch K. Barth (vgl. oben S. 87 ff.), jedoch ohne die Konsequenz Bonhoeffers zu ziehen, der den Tod nicht mehr nur als passives Widerfahrnis, sondern *auch* als Tat der endlichen Freiheit interpretiert.

[42] Zur Interpretation dieses Gedichtes vgl. auch R. MARLÉ a. a. O., 104 ff. („Der Weg zur Freiheit").

[43] Vgl. oben S. 98 f.

[44] Gottes Eingehen in die Welt bedeutet nach Bonhoeffer — dies wurde deutlich — keine Identität mit der Welt. Während Tillich den breiten Graben zwischen Existenz und Offenbarung durch die Methode der Korrelation zu überwinden sucht, so daß Gott und Welt fast ineinanderfließen (die Frage, ob sich göttliches und menschliches Tun ausschließen, kann so gar nicht aufkommen), finden sich bei Bonhoeffer (dessen Theologie nicht immer frei von Widersprüchen ist), noch barthianische Thesen wie die, daß das Vorletzte „durch das Letzte gänzlich aufgehoben und außer Kraft gesetzt" werde (E 75 ff.;

Bonhoeffer die Vollendung (das „Letzte") als Rechtfertigung und diese — genau wie Barth — als iustitia *aliena* (E 75 ff.)⁴⁵.

Dazu wäre aber zu sagen: Gewiß ist der Friede der Toten Gottes *Geschenk*, nicht unser Friede, sondern Gottes Friede, wie Bonhoeffer stets betont (z. B. GS IV, 162 f.); wohl begründet die Überwältigung durch des Todes Gewalt eine letzte Passivität auf seiten des Menschen, die Bonhoeffer nicht leugnet; wenn aber die Wirklichkeit Gottes und die Wirklichkeit des Geschöpfes in Christus *eins* geworden sind, wenn Letztes und Vorletztes zwar zu unterscheiden, aber nie zu trennen sind (E 82 f.)⁴⁶, dann schließt Gottes Handeln die menschliche Kreativität (als das „Vorletzte") nicht aus — auch nicht in Liebe und Tod —, sondern setzt sie voraus und führt sie zu ihrer höchsten Vollendung. Und der Tod, für den wir immer *bereit* sein müssen (WE 196), wird — so verstanden — zur *eigensten* Tat des Menschen: „wir selbst werden es sein, die unseren Tod zu dem machen, was er sein kann, zum Tod in freiwilliger Einwilligung." (WE 31)

Daß die Vollendung des Menschen in Gottes Liebe hinein nicht nur passive *transformatio* ist (das zwar auch), sondern die *aktive* Liebe des Menschen voraussetzt, wird von Bonhoeffer nicht systematisch entfaltet⁴⁷, resultiert aber aus dem *Stellenwert des kreatürlichen Handelns* in Bonhoeffers Denken⁴⁸. Daß jeder Mensch seinen *eigenen* Tod stirbt (wie Rilke gesagt hat)⁴⁹, wird durch eine

---

vgl. dagegen oben Anm. 34). Bonhoeffer will damit — das erhellt der Kontext — sagen, daß „Vollendung" nicht einfach das (womöglich notwendige, berechenbare) Ende eines Evolutionsprozesses ist, sondern Gottes „letztes Wort", welches alles richtet und von nichts gerichtet wird. — Vgl. R. MARLÉ a. a. O., 129.

⁴⁵ Genaueres bei E. WOLF a. a. O., 29 ff.

⁴⁶ WE 134 heißt es sogar (nun doch an Tillich anknüpfend): „in den Tatsachen selbst ist Gott"! Was Bonhoeffers sachliche (nicht terminologische) Nähe zu Tillich betrifft, sei auf das Vorwort von R. GRUNOW, in: *Mündige Welt IV*, München 1963, verwiesen.

⁴⁷ Man muß beachten, daß Bonhoeffer seine Gedanken über Tod und Vollendung nicht systematisch entwickeln konnte; sein Gesamtwerk bleibt fragmentarisch, unabgeschlossen, fragend: „Darüber muß ich noch genauer nachdenken", „daran habe ich noch gar nicht gedacht", „darüber schreibe ich morgen weiter", sind bezeichnende Wendungen in WE.

⁴⁸ Die, die den Willen des Vaters *tun*, kommen in den Himmel (vgl. Mt 7, 21), betont Bonhoeffer (z. B. WE 203). Schon in der *Nachfolge* (⁹1967), nämlich im 1. Kapitel („Die teure Gnade", 13—27), zu dem sich D. BONHOEFFER, WE 113, in besonderen bekennt, wird der menschlichen Aktivität große theologische Bedeutung zugemessen: Unter Berufung auf *Luther* (dessen sola-gratia-Gedanke von den Schülern formal richtig tradiert, inhaltlich aber um die „Nachfolge" verkürzt worden sei) erklärt Bonhoeffer, Gottes Gnade sei keine „billige Gnade". Eine Sündentheologie im Sinne Elerts (vgl. oben S. 132 f.) könnte gemeint sein, wenn Bonhoeffer ironisch bemerkt: „Weil Gnade doch alles allein tut, darum kann alles beim alten bleiben. ‚Es ist doch unser Tun umsonst.' Welt bleibt Welt, und wir bleiben Sünder ‚auch in dem besten Leben'." Der Christ „hüte sich gegen die Gnade zu wüten, die große, billige Gnade zu schänden und neuen Buchstabendienst aufzurichten durch den Versuch eines gehorsamen Lebens unter den Geboten Jesu Christi!" Die wahre Gnade ist *teuer*, weil sie *nicht vom Werk dispensiert* (19).

⁴⁹ Es liegt nahe, an Rilkes Dichtung zu erinnern: In den autobiographischen *Aufzeichnungen des Malte Laurids Brigge* (1910) beschreibt Rilke die Wandlung vom „kleinen Tod", der den Menschen nur so überfällt, bis zum „reifen Tod", der als *eigenste Tat des*

wichtige Unterscheidung in verschiedenen Briefen Bonhoeffers zur Genüge bestätigt[50]: es gibt den *äußeren* Tod und den *inneren* Tod! Der „äußere" Tod, der uns von außen ereilt, ist der schreckliche Feind (1 Kor 15, 26), der uns, die wir ihn erleiden, vernichtet, gegen den wir nichts vermögen, weil er „Gewalt hat vom höchsten Gott"; der Tod *in* uns dagegen „ist unser eigener Tod": auch er liegt in uns seit Adams Fall[51], aber er hat etwas mit *Liebe* zu tun! Wir verweigern diesen inneren (weil freiwilligen) Tod in der Selbstliebe; wir sterben ihn täglich — er wird ja im Leben antizipiert, gleichsam eingeübt —, wenn wir die Brüder lieben; denn lieben heißt: in *aktiver* Hingabe aufgehen in dem, den man liebt. Um diesen Tod sollen wir beten, denn er ist „Gnade und Vollendung des Lebens", „Durchgang zur vollendeten Liebe Gottes"[52].

Daß Bonhoeffer den „inneren" Tod, das „Mitsterben mit Christus" (Röm 6, 8) im Opfer für die Brüder, als Zeugnis einer *tätigen* Freiheit begreift, soll durch eine letzte Überlegung bekräftigt werden. In seinem Vortrag *Das Recht auf Selbstbehauptung* vom 4. 2. 32 (GS III, 265 ff.) spricht Bonhoeffer über die Freiheit zum Tode im Sinne der Selbstvernichtung: dazu hätten wir kein Recht, weil wir nicht für uns selbst, sondern für die Brüder leben. Trotzdem bleibe es wahr, daß der Mensch erst dann ganz menschlich wird, „wenn er frei ist zum Tod". Auch wenn sich der Christ nie als Herr über sein Leben versteht, sei der Gedanke des freien Todes in einem viel tieferen Sinne wahr: erst im Tode sind wir völlig frei, nun aber nicht mehr zum Selbstmord, sondern zur Hingabe, zum Opfer! Ein Recht zum Leben gebe es „nur durch das Sterbenkönnen für den anderen". Dies heiße, sein Kreuz auf sich nehmen und Jesus nachfolgen (Mk 8, 34 par): wie Jesus frei

---

Menschen „ausgearbeitet" wird. Im *Requiem für Wolf Graf v. Kalckreuth (Ges. Werke II*, Leipzig 1930, 431) heißt es:
„... war ein Tod von guter Arbeit
vertieft gebildet, jener eigne Tod,
der uns so nötig hat, weil wir ihn leben."
Philosophisch reflektiert findet sich Rilkes Unterscheidung bei M. HEIDEGGER, *Sein und Zeit* (vgl. oben S. 111 Anm. 22).
[50] Vgl. D. BONHOEFFER, GS II, 557 f. (20. 9. 39) u. ebd., 576 (15. 8. 41).
[51] Nach RAHNER u. a. wäre Adam diesen „inneren" Tod des Sich-zur-Vollendung-Bringens *auch ohne* Sünde gestorben. Nach dieser Auffassung wäre nur der „äußere" Tod, die gewaltsame Zerstörung des Menschen von außen, eine Folge der Sünde; der „innere" Tod läge also nicht seit „Adams Fall" in uns (wie Bonhoeffer sagt), sondern seit der Schöpfung des Menschen; vgl. unten S. 218 ff.
[52] Bonhoeffer führt einen Gedanken aus, den wir von *Bultmann* her kennen (vgl. oben S. 123 ff., besonders Bultmanns Rede vom Lebensbezug unseres Todes für *andere*): In den freien Entscheidungen, in der Annahme bzw. Verweigerung des Kreuzes wird unser Leben und Sterben zur endgültigen Freiheitstat, die unser Personsein begründet. — *Tillichs* These von verschiedenen *Graden* der Annahme des Heils („Essentifikation") aufgrund einer universalen *Stellvertretung* alles Seienden wird hier — bei Bonhoeffer — nicht ausgeschlossen; der Stellvertretungsgedanke ist ihm (wie Bultmann und Barth) keineswegs fremd; vgl. unten Anm. 54.

sein zum „Opfer, aus dem allein die Menschheit leben kann", weil nur in *dieser* Freiheit das eigentliche Leben gelebt wird[53].

Leben und Werk, theologische Reflexion und existentieller Vollzug, gehören bei Bonhoeffer in besonderem Maße zusammen. Dies gilt erst recht für die Deutung des Todes. Bonhoeffer ist den „äußeren" und den „inneren" Tod gestorben, er hat sein Sterben erlitten und getan zugleich: Er wurde umgebracht, sein Tod war gewaltsamer Abbruch von außen, den er als solchen bestimmt nicht gewollt hat (die Hoffnung auf Entlassung aus der Haft, auf Rückkehr ins Leben, hat er bis zuletzt nicht aufgegeben). Und doch hat Bonhoeffer diesen Tod nicht nur bejaht: in einer äußerlichen Stellungnahme („Tod, leg nieder beschwerliche Ketten und Mauern ..., daß wir endlich erblicken, was hier uns zu sehen mißgönnt ist", WE 251), sondern er hat diesen Tod — darüber hinaus — von innen her *vollzogen*, „ausgearbeitet" wie Rilke sagt. Sein Tod war stellvertretende Hingabe[54], so wie er den Tod des Mose interpretiert hat:

> „Der die Sünde straft und gern vergibt,
> Gott, ich habe dieses Volk geliebt.
>
> Daß ich seine Schmach und Lasten trug
> und sein Heil geschaut — das ist genug.
>
> Halte, fasse mich! Mir sinkt der Stab,
> treuer Gott, bereite mir mein Grab."[55]

„Das ist das Ende — für mich der Beginn des Lebens" (WE 302) ist das letzte uns bekannte Wort Dietrich Bonhoeffers. Was er gewesen ist, steht auf der Gedenktafel in Flossenbürg: Dietrich Bonhoeffer, ein Zeuge Jesu Christi unter seinen Brüdern.

---

[53] Ähnlich H. THIELICKE, *Tod und Leben*, 196 ff.: Indem mich Christus durch den Tod „hindurchreißt", mache ich „den Tod Jesu Christi zu meinem eigenen Tod ... Diese Teilnahme am Sterben Christi äußert sich deshalb auch ganz konkret an der Art, wie ich den Tod ‚vollziehe'. Das ist nämlich das erste Kennzeichen dieser Teilhaberschaft, daß ich ihn nicht mehr nur erleide wie ein Verhängnis ..., sondern daß ich ihn ... willentlich und bejahend ergreife."

[54] Der *Stellvertretungsgedanke* wird bei Bonhoeffer sehr betont: *Nachfolge*, 279 f., schreibt er von der Teilhabe jedes einzelnen am Geschick der ganzen Menschheit: wir tragen die Not *und die Schuld* der anderen mit. E 174 ff.: Weil Jesus stellvertretend für uns gelebt hat, ist alles menschliche Leben „wesentlich stellvertretendes Leben"; selbst der Einsame lebt stellvertretend, „ja er in qualifizierter Weise". E 186 f. meint Bonhoeffer, die Liebe erweise sich in ihrer Echtheit darin, daß sie *fremde Schuld übernimmt;* wer seine persönliche Unschuld über die Verantwortung für Alle stellt, sei blind dafür, „daß sich die wirkliche Unschuld gerade darin erweist, daß sie um des anderen Menschen willen in die Gemeinschaft seiner Schuld eingeht."

[55] Aus dem Gedicht *Der Tod des Mose* (September 1944), in: D. BONHOEFFER, GS IV, 613—620, hier 620.

V. Die eschatologische Interpretation des Todes in der „Theologie der Hoffnung": Kritik an Barths Deutung von Zeit und Geschichte

Vorbemerkung

Bonhoeffers Aussagen über Tod und Vollendung entspringen einem starken Interesse an Welt und Gesellschaft: das Kreuz Jesu Christi begründet die Treue zur *Erde*, befreit zum *Dienst in der Welt*: „Die christliche Auferstehungshoffnung unterscheidet sich von der mythologischen darin, daß sie den Menschen in ganz neuer und gegenüber dem Alten Testament noch verschärfter Weise an sein Leben auf der Erde verweist"[1]. Bonhoeffers Pathos der „tiefen Diesseitigkeit" des Glaubens, seine Absage an den „Heilsindividualismus" frühchristlicher Theologie[2] bestimmt denn auch das Denken der zeitgenössischen Theologie: Die Behandlung der individuellen Zukunftserwartung tritt hinter dem Thema der universalen Zukunft zurück. In Zarathustras Mahnung: „Brüder, bleibt der Erde treu und glaubt denen nicht, die Euch von überirdischen Hoffnungen reden" sieht Jürgen Moltmann das Grundanliegen Bonhoeffers — welchem er zustimmt — getroffen[3] und in diesem Sinn rügt Gerhard Sauter eine personalistische Theologie, die sich — einseitig — mit dem Problem des individuellen Todes befaßt, die den Tod zum thematischen „Katalysator der Hoffnung" (Sauter) erklärt und die das Ende der Welt zur logischen Expansion des individuellen Todesschicksals verkürzt[4].

Sauters Warnung vor einer einseitig-individualistischen Theologie und Nietzsches von Moltmann programmatisch zitierte Diesseits-Mystik sollten freilich dies eine nicht verdunkeln: Weder Bonhoeffer noch Moltmann erblicken in der (persön-

---

[1] D. BONHOEFFER, WE 226.
[2] Vgl. etwa das Augustinus-Wort: „Deum et animam scire cupio; nihilne plus? nihil omnino!" (*Soliloquien* I, 2.7). — G. SAUTER, *Zukunft und Verheißung*, Zürich-Stuttgart 1965, 65, sieht diese — von ihm kritisierte — Haltung auch im neuprotestantischen Selbstverständnis gegeben: „Gott der Vater und der unendliche Wert der Menschenseele" (A. v. HARNACK, *Das Wesen des Christentums*, ⁵1902, 40).
[3] Vgl. J. MOLTMANN, *Die Wirklichkeit der Welt und Gottes konkretes Gebot nach Dietrich Bonhoeffer*, in: *Mündige Welt* III, 42—67, hier 58.
[4] G. SAUTER a. a. O., 61—67 („Suggestivfragen des Todes"), hier 66, will die Suggestion des Todes überwinden. Er kritisiert deshalb E. HIRSCH, *Das Wesen des reformatorischen Christentums*, Berlin 1963, 181, der das Verhältnis des einzelnen zu Tod und Ewigkeit zum Schlüssel „für die Deutung und Aneignung der neutestamentlichen Aussagen über das Ende aller Dinge und das Kommen des ewigen Gottesreichs" erklärt. Eine bedauerliche Konzentration auf die individuelle Eschatologie liege — so Sauter — auch bei H. OTT, *Eschatologie*, Zollikon 1958, 12, vor: „Das Problem und die Erfahrung des Todes ist der existentielle Schlüssel zur Eschatologie. In der Eschatologie bewährt sich die Souveränität Gottes am Problem und an der Erfahrung des Todes!" Durch diese Sicht werde der kosmische Aspekt der Eschatologie „unter Verschluß" gehalten. — Zu Sauters Verständnis des Todes vgl. G. SAUTER, *Die Zeit des Todes*, in: Evg Theol 25 (1965) 623—643; dazu kritisch K. DIRSCHAUER, *Der totgeschwiegene Tod*, Bremen 1973, 100 ff.

lichen) Auferstehungshoffnung ein Hindernis für das irdische Engagement; beide betonen — wie schon der frühe Barth[5] —, daß die Jenseits-Hoffnung den weltlichen Dienst nicht lähme, sondern — im Gegenteil — herausfordere und erst richtig beflügle[6]. Weil Christus als der „Stellvertreter" und die „reale Antizipation" des kommenden Gottes den Tod überwunden habe, *deshalb* dürften wir hoffen für uns selbst und für die Erde. Diesseits und Jenseits, Hoffnung für die Welt und für den einzelnen Menschen, werden einander zugeordnet: „Auferstehung der Toten meint neue Welt und schafft deshalb jene Kreatur, welche sich mit den alten Zuständen schon auf der Erde nicht mehr abfindet"[7].

Wie in der *geschichtlich* verstandenen Offenbarung des kommenden Gottes die individuelle Zukunftserwartung gedeutet wird, ist im folgenden zu untersuchen. Zwei repräsentative Vertreter dieser theologischen Konzeption — Moltmann und Pannenberg — sollen nach Tod und Vollendung des Menschen, insbesondere nach Übereinstimmung und Differenzen mit Barth im Verständnis des Todes, befragt werden.

1. Jürgen Moltmanns Hoffnung „gegen" den Tod

Über den Tod des einzelnen sagen Moltmanns Hauptwerke — *Theologie der Hoffnung* (1964) und *Der gekreuzigte Gott* (1972) — nicht viel[1]. Aufschlußreicher sind seine Einleitung zu einer Diskussion mit dem Prager Marxisten Milan Machovec[2], sowie eine Rundfunksendung aus dem Jahre 1965, in der er seine Hoffnung angesichts des Todes genauer entfaltet[3]. Doch bevor wir auf diese Texte näher eingehen, muß — um ihrer Verständlichkeit willen — Moltmanns Grundanliegen, sein „erkenntnisleitendes Interesse", verdeutlicht werden.

---

[5] Vgl. oben S. 52.

[6] J. MOLTMANN, in: *Mündige Welt III*, 58, zitiert R. SCHNEIDER, *Winter in Wien*, 197 ff.: „Nur dem heftigen Willen zum Diesseits entkeimt (nach der Lebenskrise) der Glaube an das Jenseits ... Wollte man also missionieren, so müßte man den Willen zum Diesseits stärken."

[7] E. KÄSEMANN, *Der Ruf der Freiheit*, Tübingen ⁴1968, 112; Käsemann wird von Moltmann gerne zitiert.

[1] J. MOLTMANN, *Theologie der Hoffnung. Untersuchungen zur Begründung und zu den Konsequenzen einer christlichen Eschatologie*, München ⁸1969, Kap. II § 6 „Verheißung in prophetischer Eschatologie" (112—120) und Kap. III § 12 „Die Zukunft des Lebens" (189—196), enthält einige *Ansätze* zur Theologie des individuellen Todes. Der Anhang (seit der 3. Auflage) bringt u. a. eine Auseinandersetzung mit Ernst Blochs Hoffnungsbildern gegen den Tod (326—330); vgl. dazu J. MOLTMANN, *Das „Prinzip Hoffnung" und die christliche Zuversicht. Ein Gespräch mit Ernst Bloch*, in: Evg Theol 23 (1963) 537 bis 557. — J. MOLTMANN, *Der gekreuzigte Gott. Das Kreuz Christi als Grund und Kritik christlicher Theologie*, München ²1973, geht auf die Frage des individuellen Todes nicht weiter ein, setzt aber bezüglich der *geschehenen* (und also zu *erinnernden*) Heilstat Gottes neue Akzente (vgl. unten).

[2] Vgl. J. MOLTMANN, *Begegnung mit dem Atheismus*, in: ders., *Umkehr zur Zukunft* (im folgenden abgekürzt: UZ), München 1970, 15—25.

[3] Vgl. J. MOLTMANN, *Grund zur Hoffnung*, in: ders., UZ 86—97.

Die Hoffnung auf Überwindung des (universalen und individuellen) Leides verlangt und begründet, dies ist Moltmanns Kernthese, die *Solidarität des Christen mit der leidenden Welt*[4]. Der „Leib des Todes": die seufzende und auf Erlösung harrende Kreatur (Röm 8), ist der Ort seiner Eschatologie. Gegen die „Teufelskreise des Todes": gegen Armut und Gewalt, gegen rassische und kulturelle Entfremdung, gegen die „Sinnlosigkeit und Gottverlassenheit" eines apathischen Denkens, will Moltmann — im Blick auf die Gegenwart Gottes im gekreuzigten Christus — den „Mut zum Sein" proklamieren[5]. Am Leiden der Welt (das diesen Mut zu erschüttern droht), am Erdbeben von Lissabon, mehr noch an Auschwitz — immer in konkreter Auseinandersetzung mit dem konkreten Negativen — entzündet sich die Leidenschaft seines Denkens[6]; in diesem Horizont wird die Interpretation des Todes durch Moltmann erörtert.

a) Jesus Christus als Antizipation des kommenden Gottes

Nach dem Studium der Barth'schen Dogmatik hatte Moltmann geglaubt, es könne keine neue systematische Theologie mehr geben, weil Barth schon alles gesagt habe; später — nach der Lektüre von Blochs *Prinzip Hoffnung* — erkannte er das „brachliegende Feld" in Barths Systematik: die *Eschatologie* (vgl. UZ 9): Barth arbeitete „mit einer Kombination aus dem Ranke-wort, daß ‚jede Epoche unmittelbar zu Gott' sei, und dem Wort von Kierkegaard, daß es ‚dem Ewigen gegenüber nur eine Zeit gibt: die Gegenwart' "[7]. Die dynamischen und kosmologischen Perspektiven der 1. Auflage des *Römerbriefes* kommen — zu Moltmanns Bedauern — in der 2. Auflage und in den späteren Schriften Barths nicht zum Zuge.

Die Chaosmächte (das „Nichtige") werden in der KD, so kritisiert Moltmann, durch die Teilhabe des Menschen an der Ewigkeit Gottes überwunden[8]; menschliches Sein kommt in die Deckung des göttlichen Seins, wird geborgen in der Gegenwart Gottes. Das Eschaton, die „Auferstehung der Toten", wird folglich als universale Enthüllung des von Ewigkeit her beschlossenen Heilsplans in der Geschichte begriffen; das „Noch nicht" der Erfüllung hat nur relative Bedeutung: sub specie hominis (vgl. oben S. 63 f.). — Moltmann dagegen sieht die

---

[4] In ähnlicher Weise gewinnt H. GOLLWITZER, *Krummes Holz — aufrechter Gang*, 289 ff., *von der Auferstehungsbotschaft her* den entscheidenden Impuls „für sein Mitkämpfen für etwas mehr Gerechtigkeit, für Befreiung von materieller Not und menschlicher Erniedrigung". Jedes Sich-Abfinden mit der zerrissenen, geknechteten Welt lehnt Gollwitzer — wie Moltmann — ab: nicht trotz, sondern *wegen* der erhofften und geglaubten Überwindung des Todes in Christus.

[5] Vgl. J. MOLTMANN, *Der gekreuzigte Gott*, 306 ff. („Teufelskreise des Todes").

[6] Vgl. J. MOLTMANN, *Gott und Auferstehung. Auferstehungsglaube im Forum der Theodizeefrage*, in: ders., *Perspektiven der Theologie*, 36—56; mit H. MARCUSE, *Vernunft und Revolution*, Neuwied-Berlin ²1962, 239, meint Moltmann (ebd. 37): „Keine Verwirklichung der Vernunft steht zu erwarten, so lange nicht das Leiden aufgehoben ist."

[7] J. MOLTMANN, *Theologie der Hoffnung* (im folgenden abgekürzt: ThH), München ⁸1969, 44; vgl. oben S. 53 ff.

[8] Vgl. oben S. 66 ff.

Bedrohung der Schöpfung durch das „Nichtige" im Verheißungshorizont eines radikal „Neuen"[9]; die Hörer dieser Verheißung werden „deckungsungleich" mit der gegebenen Wirklichkeit[10], denn Gott ist — in dieser Sicht — nicht der statisch-seiende Gott „über" uns, sondern der kommende, die Welt verändernde und den Tod überwindende Gott „vor" uns.

Ebenso scharfe Kritik erfährt die anthropologische „Engführung" der Eschatologie durch die Existentialtheologie Bultmanns[11]. Mit dem subjektiven Schmerz, mit dem Tode des Individuums, werde Bultmann wohl fertig, nicht aber mit dem objektiven Leiden der Welt. Der Kosmos, die Welt der „Sachen"[12], die innerweltliche Geschichte bleibe ohne theologische Relevanz: Die sich jetzt — post Christi mortem — noch ereignende Weltgeschichte sei für Bultmann nicht Heilsgeschichte, sondern Profangeschichte, deren Ende den Glauben nicht interessiert[13]. — Für Moltmann dagegen ist die Identitätsfrage des Menschen bzw. die Hoffnung auf Überwindung des Todes mit der sozialen, institutionellen, politischen Umwelt zu verbinden, die es nicht zu erklären, sondern zu verändern gelte: nicht aus rebellischer Wut und aus Rache, sondern aus *Freude* „an der kommenden Freiheit des universalen Gottes"[14].

Der Mensch kann nicht (vollkommen) gut, nicht (vollkommen) frei sein, nicht (vollkommen) lieben, wenn die „Verhältnisse" (B. Brecht) nicht gut sind[15]! Die Humanisierung der *Welt* und die Lösung der Krise des *Individuums* bedingen sich deshalb in Moltmanns Entwurf; Eschatologie wird verstanden als Lehre von der Praxis der Hoffnung[16], die die diesseitige Hoffnung miteinschließt und so

---

[9] Vgl. J. Moltmann, *Die Kategorie Novum in der christlichen Theologie*, in: S. Unseld (Hrsg.), *Ernst Bloch zu ehren*, 240—263. — J. Moltmann, *Perspektiven der Theologie*, 41: „Nicht als der ‚Ganz-Andere' tritt ‚Gott' im Horizont des Gekreuzigten in Erscheinung, sondern als der Ganz-Ändernde; nicht nur im unendlich qualitativen Unterschied, sondern im überraschend Neuen der qualitativen Veränderung."

[10] Vgl. J. Moltmann, ThH 89.

[11] Zur Kritik an der „transzendentalen Eschatologie" Barths, Bultmanns und Althaus' vgl. J. Moltmann, ThH 33 f.; dazu ders., *Argumente für eine eschatologische Theologie*, in: UZ 148—167, hier 150 ff. — J. Moltmann, *Perspektiven*, 38, zitiert E. Käsemann (der die existentiale Interpretation grundsätzlich bejaht) a. a. O., 177 f.: „Sie (sc. die Existentialinterpretation) leidet daran, daß man mit ihr zwar die Geschichtlichkeit des Menschen, nicht aber ernsthaft Weltgeschichte zu Gesicht bekommt. Es geht nicht an, daß man Weltgeschichte von vornherein auf die Geschichte der Existenz reduziert."

[12] E. Topitsch, *Zur Soziologie des Existentialismus*, Neuwied 1961, 86, tadelt die „Ratlosigkeit angesichts der Gegenstandswelt" beim Existentialismus (zit. nach J. Moltmann, ThH 290).

[13] Vgl. oben S. 114 Anm. 36; dazu W. Schmithals, *Die Theologie Rudolf Bultmanns*, 319 f. — Dementsprechend versteht E. Fuchs, *Hermeneutik*, 52, „Geschichte" nur noch als Sphäre des sich auf sich selbst gründenden, seinen Ruhm auf das „Fleisch" setzenden Sünders.

[14] J. Moltmann, *Jesus und die Kirche*, in: W. Kasper — J. Moltmann, *Jesus ja — Kirche nein?*, Zürich-Einsiedeln-Köln 1973, 50.

[15] Vgl. B. Brecht, *Der gute Mensch von Sezuan* (1940).

[16] Vgl. J. Moltmann, *Antwort auf die Kritik der Theologie der Hoffnung* (im folgenden abgekürzt: *Antwort*), in: W. D. Marsch (Hrsg.), *Diskussion über die Theologie der Hoffnung*, München 1967, 201—238, hier 230 ff.

„das große Schisma der Neuzeit, die Trennung des Glaubens von der irdischen Hoffnung"[17], überwindet.

Moltmann interpretiert die Hoffnung als *zugesagte,* mit dem Glauben und Lieben des Menschen *nicht* schon präsente und erfüllte Zukunft Gottes. Hoffnung und Zukunft sind hier nicht nur Modi des Glaubens, die diesen vor dem Rückfall ins Aus-sich-selbst-Sein des ungläubigen Daseins bewahren[18], sondern die nach vorne, zum Reich des *kommenden* Gottes (das nicht sub specie aeternitatis schon „fertig" ist)[19] weisende Spitze des Glaubens[20]. Ist für Paulus Christus das „Ende des Gesetzes" (Röm 10, 4), so ist er ihm doch nicht das Ende der Verheißung, sondern deren Befreiung und Inkraftsetzung[21]. Das Evangelium ist *Verheißung*[22] und die Gottesfrage ist die Frage nach der Zukunft, in der Gott gänzlich Gott wird. Erst mit dem endgültigen Kommen seiner Herrschaft wird Gottes Gottheit „offenbar und real" (UZ 155)[23]. Offenbarung Gottes in Jesus Christus kann dann nicht bloß Enthüllung des verborgenermaßen schon Geschehenen für die endliche Erkenntnis bedeuten, sondern Jesus ist der Beginn eines *Neuen,* in der Mensch-

---

[17] J. MOLTMANN, zit. nach S. DAECKE, *Der Mythos vom Tode Gottes,* Hamburg 1969, 103.
[18] Zum Hoffnungsbegriff Bultmanns vgl. oben S. 113 ff.
[19] J. MOLTMANN, *Antwort,* 210 ff., unterscheidet zwei verschiedene Bedeutungen von Zukunft: „futurum" und „adventus". Das „futurum" (part. fut. von fuo, ich werde sein) sei die Aktualisierung einer Urpotenz, werde aus den Faktoren und Tendenzen der Vergangenheit und der Gegenwart *extrapoliert,* sei wissenschaftlich planbar und berechenbar. Zukunft als „adventus" (griechisch παρουσία) dagegen sei die (unerwartete) Ankunft von Personen oder Ereignissen, die Ankunft eines Anderen, Neuen. Zukunft als „adventus" könne aus der Geschichte nicht extrapoliert werden (weil sie nicht dem Werdeprozeß des Seins entspringe), sondern werde antizipiert (vgl. unten Anm. 26): Die biblischen Propheten „sehen *von der Zukunft* des Weltenrichters, die ihnen angekündigt ist, *in die Gegenwart hinein".* — Dieser zweite Zukunftsbegriff ist gemeint, wenn Moltmann vom „kommenden Gott" redet.
[20] Vgl. U. HEDINGER, *Glaube und Hoffnung bei E. Fuchs und J. Moltmann,* in: Evg Theol 27 (1967) 36 ff.
[21] Vgl. J. MOLTMANN, ThH 56—60. 131.
[22] Zur alternativen Gegenüberstellung von Epiphanie und Verheißung vgl. J. MOLTMANN, ThH 85—124; dazu H. FRIES, *Herausgeforderter Glaube,* München 1968, 112 ff., 121 ff. (Fries bringt „die rechten Akzente und Proportionen" zur Geltung).
[23] Die Herrschaft Christi wird im NT als eine *vorläufige* beschrieben und damit unter den eschatologischen Vorbehalt der kommenden Gottesherrschaft gestellt (J. MOLTMANN, *Antwort,* 213). — Auf den Einwand Barths u. a., daß Gott der *Herr aller drei Zeiten* sei: nicht nur der zukünftig Neuschaffende, sondern auch der gegenwärtig Versöhnende und der ursprünglich Schöpferische, antwortet Moltmann: Diesem Vorwurf liege ein „materialistischer Zeitbegriff" zugrunde, der die drei Zeiten als vestigia trinitatis versteht, „aber nicht umgekehrt die Einheit des verheißenden Gottes mit seiner Verheißung und ihrer geschichtlich-anfänglichen Erfüllung im Geist zum Grund für das Zeitverständnis" erhebt. Moltmann fordert ein *neues Zeitverständnis,* welches die Souveränität Gottes über die gesamte Wirklichkeit besser zur Sprache bringen soll als der herkömmliche Zeitbegriff: Gott ist, so Moltmann, nicht ruhendes Sein in zeitloser Ewigkeit, sondern der *Kommende* (Apk 1, 4. 8), der allerdings — in Christus — mit der gegenwärtigen Dialektik des Negativen verbunden ist und so auch schon die gegenwärtige Wirklichkeit bestimmt (vgl. J. MOLTMANN, *Antwort,* 216 ff.); vgl. oben Anm. 19.

werdung Gottes noch nicht Geschehenen, nämlich der endgültigen Erlösung der Todeswelt (ThH 208).

Die Zukunft Gottes wird zum neuen „Paradigma der Transzendenz"[24]: Der kommende Gott ist der von der Welt verschiedene[25], dem Menschen und seinen Möglichkeiten radikal überlegene Vater Jesu Christi, dessen Kreuz und Auferweckung Moltmann als Keim und Anfang des Kommenden versteht, als *Antizipation*[26] des (die jetzige Faktizität, die gegenwärtige Not) „ganz ändernden" Gottes. Moltmann betont dabei die Verschiedenheit zwischen Jesus als dem „Repräsentanten" Gottes und Gott als dem *Vater* Jesu Christi[27]; weil aber Christus die *reale Inkarnation* Gottes und seines Wirkens in der Geschichte sei (den Titel „Sohn Gottes" bestimmt Moltmann — gegen D. Sölle[28] — als volle Homousie), reiche es nicht aus, ihn als Platzhalter des (noch) abwesenden Gottes zu bezeichnen, seine „Stellvertretung" als vermittelndes Eintreten zu verstehen, ohne hinzuzufügen, daß Jesus „das neue Sein und die neue Identität" *tatsächlich* begründe: jene Identität, „die über die vom Menschen immer verlangte Selbstidentität hinausgeht (1 Joh 3, 2)"[29]. Die Hoffnung auf Überwindung des *Todes* (als der stärksten Bedrohung der Identität des Menschen) werde, so Moltmann, in der

---

[24] Vgl. J. MOLTMANN, *Die Zukunft als neues Paradigma der Transzendenz*, in: Internationale Dialog Zeitschrift 2 (1969) 2—13: Wir könnten heute zwar nicht mehr den kosmologischen Theismus des Mittelalters vollziehen, der Gottes Gegenwart in der Welt mit der jedermann einsichtigen Welterfahrung in eine logische Beziehung brachte; wohl aber sei die Frage nach der *Zukunft* auch heute noch der umfassende Horizont der Daseinsinterpretation, in dem theistische und atheistische Antworten streiten.

[25] J. MOLTMANN, Antwort, 236 f., weigert sich aber, diese Verschiedenheit näher zu definieren: „Gottes Jenseitigkeit läßt sich nicht durch negative Unterscheidungslehren von Gott und Welt definieren. Gottes Jenseitigkeit ist seine undistanzierbare Nähe im Geist".

[26] „Antizipation" ist ein — gerade im Zusammenhang mit dem Todesproblem wichtiger — Schlüsselbegriff bei Moltmann (und Pannenberg). Moltmann erläutert diesen Begriff so (*Perspektiven*, 46 f.): Während auf der Linie des Historischen der Anfang dem Ausgang vorausgeht (vgl. oben Anm. 19 zum „futurum"), geht auf der Linie des Bedeutungszusammenhangs, den es zu erfassen gilt, die Zukunft der Vergangenheit voran (vgl. oben Anm. 23). „Der Ursprung erläutert sich erst am Ende. Was sich aber am Ende erläutert, das ist der wahre Ursprung." Die Gegenwart wird von der Zukunft *ermöglicht und bestimmt*; in Jesu Auferweckung tritt die Zukunft schon ins Licht und die Gegenwart wird von ihrem endgültigen *Ziel* her beleuchtet: als von Gottes Liebe getragene. Gottes Gegenwart ereignet sich — in Christus — *aus der Zukunft in die Geschichte hinein* und eröffnet damit der Welt ihre Geschichte. Das Novum stiftet das Kontinuum, sobald die Zukunft Gottes die Vergangenheit erlöst hat (J. MOLTMANN, Antwort, 219). — Moltmann weiß sich in dieser Auffassung einig mit W. PANNENBERG, *Der Gott der Hoffnung*, in: Ernst Bloch zu ehren, 209—225 (vgl. unten).

[27] Vgl. zum folgenden J. MOLTMANN, UZ 159 ff.; ders., Antwort, 226 f. Gott wird nicht etwa von Jesus „abgelöst" (wie in der „Gott-ist-tot-Theologie"); die Realantizipation Gottes in Christus gewinnt ihren Sinn durch die trinitarische Beziehung des Vaters zum Sohn und des Sohnes zum Vater (UZ 160 f.). Weil Gott Jesus vom Tode auferweckt hat, ist es unmöglich, sich das Reich Gottes *ohne* Gott vorzustellen, es als immanentes Resultat der Weltgeschichte zu verstehen (ThH 201).

[28] Zu D. Sölle vgl. unten S. 186 ff.

[29] J. MOLTMANN, *Der gekreuzigte Gott*, 251 ff.

Person Jesu nicht nur paradigmatisch vor Augen gemalt, sondern *real* vermittelt (UZ 161)[30]. Das wiederum sei möglich, weil die Zukunft des Gottesreiches der *Real*grund für das Christusgeschehen sei, welches seinerseits zum *Erkenntnis*grund der Zukunft werde.

Moltmann bringt einen Gedanken ins Spiel, den wir — mutatis mutandis — von Tillich her kennen: den Patripassianismus (vgl. oben S. 139). Gott widerspricht in Jesu Kreuzestod dem Bild von „kalter Herrenmacht", „gegen das die Theodizeefrage rebelliert"[31]. In Jesu Hingabe leidet Gott selber (nimmt er nicht bloß — als der Zürnende, sonst aber „über der Sache" Stehende — ein „Sühnopfer" entgegen)[32], verzichtet er auf seine Macht und Herrlichkeit, erniedrigt er sich selbst, schmeckt er Verdammnis und Tod — und dies alles um des Menschen, um seines Heiles willen. „Gott verliert, damit der Mensch gewinne", sagt Barth[33], und Moltmann interpretiert diese Auffassung so: Gott selbst sei in die Theodizeefrage verwickelt, er *leide* an der gequälten und geschundenen Welt; das Kreuz Jesu sei also „eine Selbstrechtfertigung Gottes, in der Gericht und Verdammnis auf Gott selber gehen[34], damit der Mensch lebe"[35].

Alle christlichen Aussagen über Sünde und Tod, über Glaube und Hoffnung, weisen auf den *Gekreuzigten* hin und „kommen vom Gekreuzigten her"[36]. Aber was bedeutet dann noch die *Auferstehung* des Herrn? Nach Moltmann ist sie keine „perfekte" Offenbarungstat Gottes[37], „kein fix und fertiges Vergangenheitsgeschehen" (das geschichtlich zu „beweisen" wäre), sondern ein „zukunftseröffnendes" Geschehen, das mit den Kategorien des immer schon Bekannten nicht zu beschreiben ist[38]; als solches begründet sie aber schon *jetzt* eine universale Hoffnung, denn Christus wurde „uns voran" verwandelt: als „Erstling der Entschlafenen", als „Anführer des Lebens".

---

[30] Die Epiphanie Gottes am Ende der Geschichte schließt die konkrete Erfahrung der *Epiphanie Gottes in der Gegenwart* nicht aus, sondern bewahrt sie auf in der *Anamnesis*, in der „Erinnerung der Hoffnung". Eben deshalb hat Hoffnung nichts mit Phantasterei zu tun und wird das Bestehende durch die Hoffnung *nicht* entwertet. Moltmanns eher vage Andeutungen in ThH 21—27 („Betrügt die Hoffnung den Menschen um das Glück der Gegenwart?") werden in UZ 157 ff. präzisiert im Sinne eines wirklichen Ernstnehmens der Gegenwart als Verheißung *und* Epiphanie des kommenden Gottes; vgl. unten Anm. 39.
[31] Vgl. zum folgenden J. MOLTMANN, *Perspektiven*, 47 f.
[32] Zum Verständnis des Todes Jesu vgl. unten S. 228 ff.
[33] K. BARTH, KD II/2, 177; zur Auslegung dieser Stelle verweist Moltmann auf E. JÜNGEL, *Gottes Sein ist im Werden*, Tübingen 1965, 90 ff.
[34] Eine ewige Verdammnis des *Menschen* — als Möglichkeit der end-gültigen Sünde — wird damit praktisch negiert; zur Kritik vgl. unten S. 273 ff.
[35] J. MOLTMANN, *Perspektiven*, 48; ders., *Jesus und die Kirche*, 57, beruft sich dabei auf D. BONHOEFFER, WE 242 ff.: „Nur der leidende Gott kann helfen ... Die Teilnahme am Leiden Gottes in der Welt macht den Christen". — Zum Ganzen vgl. J. MOLTMANN, *Der gekreuzigte Gott*, bes. 184—267.
[36] J. MOLTMANN, *Jesus und die Kirche*, 58.
[37] So W. KÜNNETH, *Theologie der Auferstehung*, München 1951, 185.
[38] Zur Interpretation der Auferstehung Christi vgl. J. MOLTMANN, ThH 150—184; ders., *Perspektiven*, 42 f.; ders., *Der gekreuzigte Gott*, 153 ff.

Die von Christus bestimmte Gegenwart wird zum Anfang und Angeld des Kommenden; die Zukunft *hat schon begonnen* und die eschatologische Verheißung ist *insofern* eine Innendimension der gegenwärtigen Existenz[39]. In Jesus ist der Todesring jetzt schon gesprengt und der hierin begründete Sieg des Lebens „nimmt Gott selbst gegen den Tod in Anspruch" (UZ 75). Die Hoffnung der Christen ist zwar nicht leichtfertig; sie weiß, daß sie sich erst dann erfüllt, wenn der leibliche Tod nicht mehr sein wird. Aber weil sie mit den Möglichkeiten *Gottes* rechnet, richtet sie sich gegen die härteste Tatsache, die es hier gibt, gegen den Tod (UZ 90)!

b) Verleugnung oder Überwindung des Todes? Das Leben aus dem Tode als creatio ex nihilo

Wenn Moltmann über das Sterben des einzelnen relativ wenig sagt, so heißt das nicht, daß er die kritische Bedeutung des Todesproblems für den Bestand unserer Hoffnung verkenne[40]. Alle Utopien vom besseren Leben hängen solange in der Luft „wie es keine Gewißheit im Tode und keine Hoffnung gibt, die die Liebe über den Tod hinaus trägt." (ThH 325) Am *Tod* entscheidet es sich, ob unsere Hoffnung trägt, denn der Tod ist die härteste Probe, die keinem erspart bleibt: „Gibt es keine Hoffnung im Sterben, so gibt es auch keine tragende Hoffnung im Leben." (UZ 91) Der Tod wirft das eigentliche Problem jedes Hoffnungsdenkens auf; so sieht es Moltmann — gegen den orthodoxen Marxismus[41] —, und auch heutige Vertreter des „humanen" Marxismus, mit dem Moltmann sich aus-

---

[39] Vgl. J. MOLTMANN, UZ 157 ff. Dazu E. SCHILLEBEECKX, *Einige hermeneutische Überlegungen zur Eschatologie*, in: Concilium 5 (1969) 18—25, hier 23: Jesu Auferstehung berührt unsere irdische Geschichte. Deshalb gilt: „Obschon in ihrer künftigen tatsächlichen Gestalt noch verborgen, ist die Zukunft trotzdem eine *Innendimension des menschlichen Selbstverständnisses.*" Es kann, so Schillebeeckx in kritischer Reflexion über Moltmanns theologischen Ansatz, „keine echte, noch ausstehende Eschatologie ohne eine gewisse Form ‚präsentischer Eschatologie' geben. Um des ‚noch nicht' willen kann man das ‚schon' nicht vernachlässigen, während anderseits der historische Mensch tatsächlich nur aufgrund des ‚schon' imstande ist, etwas Sinnvolles über die tatsächlich noch unbekannte Zukunft zu sagen." (21) — Ähnlich K. RAHNER, *Schriften IV*, 401—428. — Daß sich auch MOLTMANN solchen Überlegungen nicht verschließt, zeigt die Akzentverschiebung in dem Buch *Der gekreuzigte Gott*: Ging es 1964 primär um den Modus der *Hoffnung*, so jetzt — 1972 — um die *Erinnerung* des Todes Jesu; stand dort die *Antizipation* im Vordergrund, so jetzt die *Inkarnation* der Zukunft „durch die Leidensgeschichte Christi in die Leidensgeschichte der Welt" (ebd., 10).

[40] Die folgenden Aussagen Moltmanns scheint L. SCHEFFCZYK, *Auferstehung*, Einsiedeln 1976, 286 f., zu wenig zu beachten, wenn er eine „klare Verkündigung" des „postmortalen" individuellen Lebens bei Moltmann vermißt.

[41] Vgl. F. ORMEA, *Marxisten angesichts des Todes*, in: Internationale Dialog Zeitschrift 3 (1970) 98 ff., hier 103: „Von einem wirklich objektiven Standpunkt aus müssen wir ... feststellen, daß das Problem des Todes für den klassischen Marxismus kein philosophisch wichtiges Problem ist. Und das gleiche gilt für den zeitgenössischen sowjetischen Marxismus." (Zit. nach H. SONNEMANS, *Hoffnung ohne Gott?*, Freiburg-Basel-Wien 1973, 109).

einandersetzt, bringen diese Einsicht zur Sprache: „Die Kiefer des Todes zermalmen alles, und der Schlund der Verwesung frißt jede Teleologie"[42].

Der atheistischen Religionskritik fühlt sich Moltmann zu Dank verpflichtet, sofern sie dem Christentum verhilft, christlicher zu werden (z. B. Gott nicht mehr zum Erfüllungsgehilfen menschlicher Egoismen zu degradieren); aber er nimmt den Atheismus dort beim Wort, wo er sich als Anwalt des *Menschen* versteht: „Herr Machovec hat gesagt, der ... radikale Humanismus müsse ‚existentialistisch' sein, er dürfe die Fragen des Sinnes des Lebens, des Gewissens, der Rolle der individuellen Existenz, der Sünde und des Todes nicht beiseite lassen. So wollen wir denn auch davon reden und uns in die leeren Felder des bisher bekannten Marxismus begeben"[43]. Weil die Hoffnung *alle* Felder des Negativen mit einschließe[44], gibt sich Moltmann mit den herkömmlichen marxistischen Antworten auf die Sinnfrage — Vertröstung auf die Ewigkeit der Materie[45], Erfüllung im Aufbau des Kommunismus[46] usw. — nicht zufrieden; denn der letzten Frage sei es eigentümlich, „alle geschichtlichen Antworten zu überholen und zu überleben. Welchen Sinn hat dann der Kommunismus? Welchen Sinn haben Dasein und Entwicklung der Menschheit?"

Bei der Verbindung der Sinnfrage mit dem *Todesproblem* kann nicht die Gesellschaft, sondern allein das Individuum die entsprechende Antwort geben. Je radikaler ich nach Sinn frage, meint Moltmann, „um so weniger genügen mir die großen und liebenswerten Programme der Humanität und der Allmenschlichkeit,

---

[42] E. BLOCH, *Das Prinzip Hoffnung*, Frankfurt/M. 1959, 1301; zit. nach J. MOLTMANN, ThH 326. — Genaueres über marxistische Antworten zum Todesproblem bei H. ROLFES, *Der Sinn des Lebens im marxistischen Denken* (mit einem Vorwort von J. B. Metz), Düsseldorf 1971, 124 ff. (Marx und Engels), 134 ff. (orthodoxer Marxismus der Gegenwart), 142 ff. (H. Lefèbvre), 171 ff. (A. Schaff), 177 ff. (L. Kolakowski), 185 ff. (M. Machovec), 196 ff. (E. Bloch); vgl. G. SCHERER, *Der Tod als Frage an die Freiheit*, Essen 1971, bes. 27 ff. (zum Todesproblem bei Marx, Schaff und Kolakowski).

[43] Vgl. zum folgenden J. MOLTMANN, *Begegnung mit dem Atheismus*, in: UZ 15—25, hier 22 (es handelt sich um die Einleitung zur Diskussion mit Milan Machovec).

[44] J. MOLTMANN, *Perspektiven,* 54, schließt sich Chr. Blumhardt an: „Muß ich einen Menschen, muß ich für ein Gebiet oder für eine Erde die Hoffnung aufgeben, dann ist mir Jesus nicht auferstanden." (Osterpredigt von 1899)

[45] J. MOLTMANN, UZ 22, zitiert F. ENGELS, *Dialektik der Natur*, in: K. MARX — F. ENGELS, *Werke* Bd. 20, Berlin 1968, 307 ff., hier 327: „... wir haben die Gewißheit, daß die Materie ... ewig dieselbe bleibt ... und daß sie daher auch mit derselben eisernen Notwendigkeit, womit sie auf der Erde ihre höchste Blüte, den denkenden Geist, wieder ausrotten wird, ihn anderswo und in andrer Zeit wieder erzeugen muß." Moltmann nennt diesen Trost *fatalistisch:* Der „ewige Kreislauf" (F. ENGELS a. a. O.) „ist die Figur der Sinnlosigkeit".

[46] Vgl. dazu H. ROLFES a. a. O., 210: Im Kommunismus erreicht der einzelne den Sinn seines Einsatzes nie; es bleibt der Stachel des Todes, der die Lebensfülle des Kommunismus dem einzelnen schließlich als „Kommunismus zum Tode" aufscheinen läßt. Der Sinn des Lebens verlagert sich „in eine weit entfernte, meist sehr abstrakte Gesellschaftlichkeit". — Deshalb betont H. GOLLWITZER, *Krummes Holz — aufrechter Gang*, 287, das utopische Jenseits sei eine schlechte Vertröstung für alle, die sie nicht erleben!

denn ich spüre, daß der Widerstand der Realität härter ist."[47] Trotz aller Programme zur Verbesserung irdischer Daseinsbedingungen bleibt der Tod des Menschen größter und furchtbarster Feind, und die einzig sinnvolle Hoffnung angesichts dieser Realität des Negativen ist die *Überwindung* des Bösen im Menschen und die *Überwindung* (nicht die Leugnung!) des Todes.

Dem atheistischen Humanismus wirft Moltmann eine Hoffnung *ohne Glauben* vor, eine letztlich unbegründete Hoffnung, die das Individuum (und damit das Ganze der Wirklichkeit) verfehle. Weil der Tod — so Moltmann gegen Blochs „Hoffnungsbilder" — im Atheismus *verleugnet* werde[48], bleibe das Problem der größten „Gegen-Utopie" (Bloch) ohne Antwort[49]. Der Marxismus vergesse

---

[47] J. MOLTMANN, UZ 24. — H. FRIES, *Herausgeforderter Glaube*, 127, fragt Moltmann — mit J. PIEPER, *Hoffnung und Geschichte*, 40 — nach der Hoffnung für den Märtyrer, dessen innerweltliche Erwartungen ganz und gar zunichte geworden sind. Moltmann weicht dieser Frage nicht aus: Einerseits sei die Hoffnung der Christen „ins Gelingen verliebt und nicht ins Scheitern" (UZ 91), andrerseits bleibe wahr: „In einer Kultur, die Erfolg und Glück verherrlicht und für das Leiden anderer blind wird, kann der Erinnerung daran, daß im Zentrum des christlichen Glaubens ein erfolgloser, leidender und in Schande sterbender Christus steht, Menschen die Augen für die Wahrheit öffnen ... Die christliche Hoffnung ist kein blinder Optimismus." (UZ 14)

[48] Vgl. E. BLOCH, *Das Prinzip Hoffnung*, 1297—1391 („Hoffnungsbilder gegen den Tod"). — Weil sich Moltmann mit Bloch stets auseinandersetzt, soll dessen Position, sofern sie das Todesproblem betrifft, kurz skizziert werden: Nach Bloch ist der Tod die stärkste „Nicht-Utopie" und deshalb die bedrohlichste Verneinung der Hoffnung. Bloch opfert den einzelnen nicht — wie der Vulgärmarxismus — auf dem Altar des Fortschritts (obwohl einige seiner Thesen, besonders die Verherrlichung des „roten Helden", in diese Richtung gehen), aber sein Trost *ignoriert* praktisch den Tod: Der (freilich noch „ungewordene") *Kern* des menschlichen Subjekts bleibe vom Tode *unberührt*, sei „exterritorial" zum Werden und Vergehen (1385 ff.). „Wo immer Existieren seinem Kern nahekommt, beginnt Dauer ... Derart erfüllt sich Epikurs altes Wort, daß, wo der Mensch ist, der Tod nicht ist, und wo der Tod ist, der Mensch nicht ist." *Mensch und Tod begegnen sich nicht*; das „*potentiell* Adlerhafte der menschlichen Materie" sei unzerstörbar. „Ist nicht die ganze Ewigkeit mein? fragte Lessing; mindestens gilt dieser seelenwanderische Anspruch für das intensive Mein des Menschen in der Welt, das noch nicht sichtbar geworden ist." (1390 f.) „Non omnis confundar", triumphiert Bloch, und dieser Triumph vermittelt ihm eine „rätselhafte, aktuell oft gar nicht gedeckte Freude; sie entspringt großer Gesundheit, von unten an bis oben hinauf, und gibt dem Bewußtsein einer utopischen Glorie im Menschen Raum." Diese Freude kennt keinen Tod mehr, sondern die Freilegung von gewonnenem Lebensinhalt, von Kern-Inhalt (1389). Wie *Tillich* (vgl. oben S. 138 ff.) postuliert Bloch eine *Verwesentlichung* im Tode, läßt aber — anders als Tillich — *keine Transzendenz* gelten; das neue Ufer jenseits des Todes ist „das immanenteste": „eine Andacht zur Menschenbefreiung und der ihres neuen Daseinsraums ist da; außer diesem ist keine da." — Zur *Kritik* dieser Zukunftsvision ohne Transzendenz vgl. — außer Moltmann — W. D. MARSCH, *Hoffen worauf? Auseinandersetzung mit Ernst Bloch*, Hamburg 1963, 110 f.: Indem er eine Unsterblichkeit im Sinne Kants, Lessings und Fichtes vertrete, leugne Bloch die Tödlichkeit des Todes. — Zur Kritik an Bloch vgl. ferner J. B. METZ, *Gott vor uns*, in: *Ernst Bloch zu ehren*, 227 ff.; P. SCHÜTZ, *Das Mysterium der Geschichte. Ges. Werke II*, 444 ff.; H. SONNEMANS, *Hoffnung ohne Gott?*, bes. 107—152; G. SCHERER, *Der Tod als Frage an die Freiheit*, 171 ff.

[49] Zum gleichen Ergebnis kommt H. ROLFES a. a. O., 210 f.: Die marxistische Synthese von Individuum und Gesellschaft „bricht ... in der Konfrontation mit dem Todesproblem

das Beste[50], da er diejenige Liebe nicht kenne, die den Tod *annimmt* — in tätiger und leidender Liebe zu Gott und den Menschen — und ihn *so* überwindet. „Ein Hoffnungsbild gegen den Tod, das nicht die Liebe zum Leben und die liebende Bereitschaft zum Sterben begründet, trägt in sich wohl immer den Keim der Resignation, denn es resigniert das Leben auf einen vermeintlich exterritorialen Existenzkern. Es wirft dem Tode und dem Schmerz nur die Schalen des Lebens vor, die er knacken kann ... Wird aber nicht das Leben schal, wenn der Tod nur die Schalen bekommt, in denen nichts mehr oder noch nichts ist?" (ThH 330)

Worin unterscheidet sich aber die christliche Hoffnung „gegen" den Tod von Blochs — oder auch Platons[51] — Theorie eines Lebens „nach" dem Tode (beide Termini: Leben „gegen" den Tod und Leben „nach" dem Tode stehen bei Moltmann alternativ)[52]? Im Glauben an die Vernichtung und Rettung des *ganzen* Menschen! Barths (besonders des frühen Barth) Dialektik der radikalen Tödlichkeit des Todes und der Auferweckung als „Paradox" des Glaubens begegnet hier wieder: Die Hoffnung auf den ganz „ändernden" Gott, „der die Toten aufweckt und aus dem Nichts das Sein schafft, nimmt den Tod in seiner Tödlichkeit radikaler wahr, nämlich an seiner Wurzel, die im nihil steckt." (ThH 329) Der *ganze* Mensch hat sich der Nichtung des Todes zu übergeben (nicht bloß die vom Kern gelöste Schale des Vergänglichen), und er kann dies wagen im Vertrauen auf den, der die Welt ins Leben rief. Die Auferstehungshoffnung verharmlost nicht das Sterben, sie rechnet aber mit dem Sieg des Lebens über den Tod, sie rechnet mit der eschatologischen Tat des lebendigen Gottes! Der Glaubende traut Gott das „Unmögliche" zu, daß die Entäußerung der Liebe gerade dort gewinnt, wo sie sich verliert: im Tode.

---

auseinander". — Ähnlich W. KASPER, *Politische Utopie und christliche Hoffnung*, in: Frankfurter Hefte 24 (1969) 563 ff.: „Am Tod scheitern letztlich alle politischen Utopien; hier erfahren wir die Machtlosigkeit und Auswegslosigkeit unserer Zukunftsentwürfe und Anstrengungen. Soll die Hoffnung also angesichts des Todes nicht endgültig vergeblich sein, dann kann es nur eine Hoffnung gegen alle Hoffnung sein auf Gott, der die Toten lebendig macht."

[50] Vgl. D. STERNBERGER, *Vergiß das Beste nicht*, in: „Frankfurter Allgemeine Zeitung" vom 9. 4. 1960 (eine Besprechung des *Prinzips Hoffnung*), zit. nach J. MOLTMANN, ThH 330.

[51] Blochs Theorie (vgl. oben Anm. 48) deutet Moltmann (wie Marsch) als Variante der alten Unsterblichkeitsbeweise (dazu kritisch: H. SONNEMANS a. a. O., 125). Wie viele andere Theologen vergleicht er den „schönen" Tod des Sokrates mit dem schrecklichen Tod Jesu Christi (UZ 92 ff.): Die Verlassenheit Jesu am Kreuz entlarvt den Tod als den *Feind* Gottes und der Menschen (vgl. oben S. 134 Anm. 15).

[52] „Die christliche Auferstehungshoffnung ist nicht eine Jenseitshoffnung auf ein Leben nach dem Tode, sondern ist eine Hoffnung auf wahres Menschsein gegen den Tod." (UZ 90) Hoffnung auf ein Leben nach dem Tode könne sich mit dem Sterben abfinden, während in Jesus die *Vernichtung* des Todes „nahe herbeigekommen" und deshalb jedes Sichabfinden mit dem Tode verboten sei. Moltmanns Sprachregelung differiert hier insofern zu Barth (auch zu Tillich, Bonhoeffer u. a.), als er den Tod *immer* und *nur* als das Gottwidrige, Feindliche definiert (ähnlich E. JÜNGEL, *Tod*, 75—120), als das Nicht-mehr-loben-Können der Abgeschiedenen in der Scheol (vgl. Is 38, 18 f.; Ps 6, 6; 88, 11 f.; 115, 17 u. a.).

Das irdische Leben sei im Tode zu *Ende,* betont Moltmann in Übereinstimmung mit Barth (vgl. oben S. 90 ff.). Aber der ganz „ändernde" Gott wirkt nach Moltmann dasselbe wie Barths ganz „anderer" Gott, nämlich die Auferweckung als *creatio ex nihilo*[53], als neues Leben, das den Tod hinter sich hat. Die Kategorie des Novum begreift Moltmann als das Neue schlechthin: Auferstehung habe keine Anamnesis, kein eigentliches „Re", wie es die Ausdrücke „resurrectio" und „anastasis" unterstellten[54]; andrerseits respektiert er dann aber doch — auch diese „glückliche Inkonsequenz"[55] verbindet ihn mit Barth — eine Entsprechung von Antizipation und *Erinnerung* (ThH 276)[56]: das Neue der Bibel „ist also nicht ‚ganz neu'" (ThH 137)! Als dialektischer Umschlagspunkt zwischen Tod und neuem Leben in Christus begründe die Auferstehung die *Identität* des Subjekts, „die sich durch den unendlichen qualitativen Gegensatz von Tod und Leben durchhält." (ThH 329)[57]

Die Auferweckung hat also doch ein „Re": weil Gott auch dem *Vergangenen* Zukunft gewährt[58], weil er das Nicht-mehr-Seiende „wiederbringt" in ein neues Sein. „Das Eschaton ist nova creatio, jedoch nicht ex nihilo, sondern — genauer gesagt — neue Schöpfung aus dem Nicht-mehr-Sein, und darum Auferweckung der Toten und ἀνακεφαλαίωσις aller ins Vergängliche gestürzten Dinge."[59]

c) Der Sieg des „Geistes" über den Tod: Auferstehung als Zukunft und Gegenwart

Es könnte gefragt werden, ob Moltmanns Rede von der creatio ex nihilo der Theorie vom *Ganztod* entspricht, wie sie von Elert her bekannt ist (vgl. oben S. 134 ff.). Dies trifft wohl kaum zu: seiner Unterscheidung von „futurum" (im

---

[53] Ähnlich G. SAUTER, *Die Zeit des Todes,* 633 ff.; dagegen K. DIRSCHAUER, *Der totgeschwiegene Tod,* 101: Dieses nihil sei, „wie Westermann ausführlich nachgewiesen hat, exegetisch nicht mehr aufrechtzuerhalten. Das wird auch dogmatische Konsequenzen haben müssen!" — Vgl. oben S. 135 f. zu Elert, Althaus und Thielicke.
[54] Vgl. J. MOLTMANN, *Die Kategorie Novum,* in: *Ernst Bloch zu ehren,* 240 ff., hier 251.
[55] Vgl. H. D. BASTIAN, *Theologie der Frage,* München 1969, 143.
[56] Vgl. oben Anm. 30 u. 39. Im Sinne Moltmanns (mehr noch Pannenbergs) könnte man sagen: Die proleptisch erfahrene Freundlichkeit Gottes begründet — universal- und individualgeschichtlich — eine Kette von *Erinnerungen* (an bestimmte Menschen und Ereignisse), eine lebendige „Überlieferungsgeschichte", die schließlich die Kontinuität des Auferstehungssubjekts mit der irdischen Existenz verbürgt.
[57] Diese Identität postuliert auch G. SAUTER a. a. O.
[58] Vgl. K. BARTH, KD III/2, 770: „Daß er (sc. der Mensch) auch als dieser Gewesene nicht Nichts, sondern des ewigen Lebens Gottes teilhaftig sein werde, das ist die ihm in diesem Gegenüber mit Gott gegebene Verheißung, das ist seine Hoffnung und Zuversicht." — Vgl. oben S. 91 f.
[59] J. MOLTMANN, *Antwort,* 220 f.; vgl. D. BONHOEFFER, WE 124 ff.: „Es geht nichts verloren, in Christus ist alles aufgehoben, aufbewahrt, allerdings in verwandelter Gestalt, durchsichtig, klar, befreit von der Qual des selbstsüchtigen Begehrens. Christus bringt dies alles wieder ... Die aus Eph 1, 10 stammende Lehre von der Wiederbringung aller Dinge — ἀνακεφαλαίωσις — re-capitulatio (Irenäus) — ist ein großartiger und überaus tröstlicher Gedanke ... Ich glaube, daß dieser Gedanke auch sehr wichtig ist, wenn wir mit Menschen zu sprechen haben, die uns nach dem Verhältnis zu ihren Toten fragen."

Werdeprozeß des Seins enthaltener Telos) und „adventus" (Ankunft eines Unerwarteten, Neuen) entsprechend — vgl. oben Anm. 19 —, meint Moltmanns creatio ex nihilo weniger ein *zeitliches Vakuum* zwischen Tod und Ende der Welt als vielmehr die Zukunft des kommenden Gottes, die aus der Geschichte der Welt und des einzelnen nicht als deren lineare Verlängerung extrapoliert werden kann.

Zwar bleibt der Tod auch für Moltmann — wie für Elert — der „letzte Feind": Solange das Schicksal der Welt nicht erfüllt ist, kann auch das Heil des einzelnen nicht gänzlich erfüllt sein. Gleichwohl sieht Moltmann schon in *diesem* Leben etwas „gleichsam Unsterbliches", etwas, das im Tode „bleibt und trägt und den Menschen unverwundbar macht" (UZ 97)[60]. Ähnlich wie Barth (vgl. oben S. 85 f.) führt er den paulinischen Begriff πνεῦμα ein, den *Geist*, der dem Leben diejenige Richtung nach vorne verleihe, die unzerstörbar sei und deshalb *schon jetzt* über den Tod hinausreiche in ein künftiges Leben: Der Geist Gottes stellt den Menschen „in die Tendenz" dessen, was in Jesu Tod und Auferstehung „latent" ist, und was die Zukunft des lebendigen Jesus immer schon „intendiert" (ThH 193). Anders ausgedrückt: der Geist führt in die Nachfolge, in die Übernahme des Kreuzes bis zur Gleichgestaltung mit Christus (Röm 6,5); er führt in die Liebe zum Nächsten, die die kosmische und gesellschaftliche Dimension mit einschließt. *In diesem Dienst an der Welt* sieht Moltmann — wie Bultmann[61] und Bonhoeffer — das künftige Leben antizipiert[62]; wie Barth sieht er im *Tun* des Gerechten die notwendige Entsprechung zum Worte der Rechtfertigung, die das neue Leben bewirkt (vgl. oben S. 77 ff.).

Was Auferstehung wirklich bedeutet, erfahren wir schon jetzt in der liebenden Hingabe: Wir haben den leiblichen Tod und die Verwesung des Glücks zu erwarten und schmecken diese Negation unserer Sehnsucht alltäglich in Abschied, Verlust und Enttäuschung; aber der Glaube hat „genau in dem Leiden, das aus der Hingabe der Liebe entsteht, Hoffnung auf Auferstehung gemacht. Die Liebe, in der einer aus sich herausgeht und sich mit dem verletzbaren irdischen Leben

---

[60] Einschränkend fügt Moltmann hinzu, daß dieser Geist *keine Substanz im Menschen* sei, sondern die dynamische *Ausrichtung* seines Lebens. Moltmann denkt nicht ontologisch, sondern — wie Barth, Bultmann u. v. a. — aktualistisch: sofern sich der Mensch dem Geiste nach *ausrichtet*, hat er den Tod „gleichsam überholt" (UZ 97).

[61] Bultmanns „Kreis aus Wort und Glaube" (vgl. oben S. 125) will Moltmann allerdings ausweiten zum „Kreis aus Herrschaft Christi und irdischem Gehorsam der Seinen" (*Perspektiven*, 51); er sieht die Hoffnung auf Gottes Reich und die Hoffnung für diese unsere Welt in gleicher Richtung, während für Bultmann, wie gesagt, die Zukunft der Welt (die ihn nicht interessiert) das Kommen des Gottesreiches in keiner Weise tangiert.

[62] E. KÄSEMANN a. a. O., auf den sich Moltmann öfter bezieht, formuliert ähnliche Gedanken. Er tadelt die schwärmerisch-enthusiastische Überspringung irdischer Verhältnisse, gegen die sich schon Paulus (1 Kor 15) gewandt habe: schon die Korinther hätten sich so sehr als Himmelsbürger gefühlt, daß sie die Erde nicht mehr ernst nahmen (85) und aus diesem Triumphalismus heraus von der noch ausständigen Auferstehung nichts wissen wollten. Jetzt schon vorweggenommen werde die Auferstehung allein im nüchternen *Dienst* an der gegenwärtigen Welt mit ihren Strukturen und Aufgaben. — Vgl. oben S. 152 Anm. 15.

identifiziert, und die Hoffnung auf Auferstehung gehören zusammen, legen sich gegenseitig aus."⁶³ Um diesen Zusammenhang von Auferstehungshoffnung und Liebe zu verdeutlichen, erinnert Moltmann an Dostojewskijs *Raskolnikoff*—Roman: Als Sonja den Mörder Raskolnikoff zu lieben begann, las sie ihm die Geschichte von der Auferweckung des toten Lazarus vor⁶⁴; denn die Liebe, von der Paulus sagt, daß sie nie aufhört (1 Kor 13, 8), verlangt immer „ein wenig Zukunft" (Camus)⁶⁵, um wahre Liebe zu sein!

Mit der Verknüpfung von Liebe und Zukunft anerkennt Moltmann einen anthropologischen Tatbestand wie ihn Gabriel Marcel u. a. formuliert haben⁶⁶: In der Liebe bindet sich der Mensch für immer an die Existenz dessen, den er liebt. Der Tod des Geliebten wird als tödlich für das eigene Leben empfunden; deshalb braucht die Liebe eine Zukunft über den Tod hinaus, um sie selbst bleiben zu können⁶⁷! Begriffen wird dieser Zusammenhang freilich nur von dem, der bis zum äußersten liebt: „Die Auferstehungshoffnung macht den Menschen bereit, sein Leben in der Liebe hinzugeben", sie „öffnet der Liebe jene Zukunft Gottes und jene Freiheit, die sie braucht, um lieben zu können. Was also die Auferstehungshoffnung eigentlich ist, das erfahren wir hier in der Liebe, und was Liebe und Bejahung des Lebens im Sinne Gottes heißt, das wird durch die Auferstehungshoffnung eröffnet." (UZ 96 f.)

Im Vollzug der Liebe wird die persönliche Auferstehung *präsent*. Diese Aussage gilt bei Moltmann aber nicht ohne Einschränkung: Die Versöhnung des Menschen im Pneuma versöhnt ihn noch nicht mit seinem „Leibe" (ThH 195)! Barth deutet die Zeit zwischen dem individuellen Tode und dem Ende der Welt als noch fehlende Vollendung der Bruderschaft (vgl. oben S. 99 ff.); Moltmann interpretiert diese Defizienz als noch ausständige Erlösung des *Leibes*. Der Terminus bedeute allerdings nach Paulus — so Moltmann gegen Bultmann — nicht (nur) „die

---

⁶³ J. MOLTMANN, *Perspektiven*, 51 f.

⁶⁴ Zit. nach J. MOLTMANN, ThH 330. — Da es Moltmanns Intention verdeutlicht, sei auch auf Dostojewskijs *Brüder Karamasoff* verwiesen, wo Iwan (der Atheist) folgenden Gedanken ausspricht: Wenn es auf der Welt Liebe gibt, so allein deshalb, weil die Menschen an ein Leben nach dem Tode glauben; würde man diesen Glauben ausrotten, dann würde auf der Stelle nicht nur die Liebe versiegen, sondern auch jede Kraft dazu, das irdische Leben fortzuführen (89). Kaum war Aljoscha (der Christ) von der Überzeugung erschüttert worden, daß Gott und ewiges Leben Realitäten seien, so erkannte er auch schon die Unmöglichkeit, so weiterzuleben wie bisher: „Ich will leben für die Unsterblichkeit, einen halben Kompromiß nehme ich nicht an!" (35; zit. nach der Goldmann-Ausgabe Nr. 478/79).

⁶⁵ Pater Rieux in A. CAMUS' *Die Pest;* zit. nach J. MOLTMANN, ThH 330.

⁶⁶ Vgl. unten S. 343 f.

⁶⁷ In diesem Punkt stimmen so verschiedene Autoren wie Moltmann und der Bultmann-Schüler Ernst *Fuchs* überein: Wer das Wesen der Liebe verstanden hat, müsse, so Fuchs, von Zukunft sprechen, weil diese das eigentliche Ziel der Liebe sei. Anders als der Glaube „bleibt die Liebe insofern unabgeschlossen und der Hoffnung bedürftig, als die Liebe ja ihren Erfolg nicht immer vor Augen bekommen kann. Daran hindert uns schon die Tatsache, daß es Tote gibt, die wir betrauern. Die Liebe entläßt niemand aus ihrem Bereich. Sie bleibt also schon um der Toten willen auf Zukunft angewiesen." (*Ges. Aufsätze III*, 226). Vgl. oben S. 113 Anm. 32.

Person als ganze"⁶⁸, nicht (nur) das individuelle Selbst, sondern die soziale und kosmische *Umwelt,* die der Mensch zu objektivieren vermag. Die verheißene Rechtfertigung als Versöhnung des Menschen mit Gott und sich selbst impliziere die Versöhnung mit der Leiblichkeit, d. h. mit der gegenständlichen Welt, mit dem Ensemble der politischen, ökonomischen und soziokulturellen Verhältnisse. Weil sich der Christ mit seinem leiblichen Dasein (mit der Gegenstandswelt) *identifizieren* soll⁶⁹, diese Welt aber vorläufig noch dem Tod unterworfen ist — auf Hoffnung hin (Röm 8) —, habe die Hoffnung gegen den Tod ihr Ziel solange nicht erreicht als die Versöhnung der Dinge noch aussteht⁷⁰.

d) Entscheidungsfreiheit des Menschen?

Mit der „Versöhnung aller Dinge" — Moltmann vertritt sie expressis verbis in ThH 195 f. — drängt sich dieselbe Frage auf wie bei Barth: die Frage nach der *Entscheidungsfreiheit* des Menschen. Ob der einzelne dem Triumph der Gnade gegenüber noch frei bleibt, wird bei Barth nicht ganz klar⁷¹; Moltmann korrigiert zwar Barths Offenbarungsbegriff (Enthüllung des von Ewigkeit her Beschlossenen in der Geschichte), spricht aber gleichwohl vom „progressus gratiae", garantiert durch die „innere Notwendigkeit" des Christusgeschehens (ThH 196)⁷². Dynamisiert also Gott „vor" uns einen ähnlichen Heilsprozeß wie Gott „über" uns?

Die Theorie eines evolutiven Hineinwachsens der Welt ins Reich Gottes lehnt Moltmann zwar ab und behauptet stattdessen die Antizipation des Heiles bei

---

⁶⁸ Vgl. R. BULTMANN, ThNT, 193—203 („Der Begriff σῶμα"), hier 196. Moltmann stützt sich in seiner von Bultmann abweichenden Auffassung auf Käsemanns Exegese von σῶμα (vgl. J. MOLTMANN, ThH 194 f.; ders., *Perspektiven,* 51 ff.). — Zum Ganzen vgl. unten S. 258 ff.
⁶⁹ Diese „Identifizierung" sei keine *selbst-* und *existenz*vergessene Forderung, wie Moltmann erklärt (ThH 194 f. Anm. 67). J. MOLTMANN, *Perspektiven,* 51 ff., legt seiner Deutung von Leiblichkeit die von H. PLESSNER (*Lachen und Weinen,* ³1961), F. J. J. BUYTENDIJK (*Das Menschliche. Wege zu seinem Verständnis,* 1958) und G. MARCEL (*Être et avoir,* 1935) in die Anthropologie eingeführten Kategorien von „Sein" und „Haben" zugrunde: Unsere technische Zivilisation werde von der Kategorie des „Habens" beherrscht; der Mensch „hat" ein soziales Leben, „ist" es aber nicht; dadurch entstehe eine Umwelt, in der alle Dinge auswechselbar und alle menschlichen Bindungen ersetzbar werden. In der *Liebe* dagegen identifiziere sich der Mensch mit dem leiblichen, sozialen und politischen Dasein; gerade dies aber mache verwundbar und empfindsam für die Leiden der Kreatur.
⁷⁰ J. MOLTMANN, ThH 195: „Die kosmischen Vorstellungen der christlichen Eschatologie sind darum keineswegs mythologisch".
⁷¹ Vgl. oben S. 64 Anm. 91, S. 71 ff., 95 ff.
⁷² Vgl. J. MOLTMANN, ThH 197 ff. (Kap. II § 13 „Die Zukunft des Reiches Gottes und die Freiheit des Menschen"). — Vgl. zum Ganzen G. GRESHAKE, *Auferstehung der Toten,* 160—162: Nach Greshake bleibt für Moltmanns (wie für Barths!) Geschichtsverständnis die *idealistische Denkform* maßgebend; die Gesamtwirklichkeit werde in einem einzigen Subjekt (Welt bzw. Gott) gedacht, welches seinem Wesen entfremdet ist und somit in der Nicht-Identität mit sich selbst steht. Der Geschichtsprozeß dränge folgerichtig zur Auflösung dieses Widerspruchs in der „Auferstehung der Toten".

gleichzeitiger Zunahme des *Bösen*[73]; aber diese Behauptung wird nirgends expliziert und begründet[74]! Da Moltmann die Differenz zwischen Hoffnung und Wirklichkeit, zwischen der Schöpfung, wie sie — als Gottes Werk — sein sollte, und wie sie — als dem Tod unterworfene — realiter ist, nicht (jedenfalls nicht primär) in der *Freiheit des Menschen* begründet, sondern im Noch-nicht-ganz der Göttlichkeit Gottes[75], könnte man — wie H. E. Tödt — nach der Souveränität Gottes fragen, was dann auf Tödts Frage hinausliefe: „Können *wir* denn wirklich auf das Reich Gottes hin gestalten?"[76]

Diese Konsequenz wird von Moltmann verneint: Auf die Unterscheidung von futurum und adventus (vgl. oben S. 165 Anm. 19) gestützt, kann er versichern: nicht die menschliche Aktivität (jedenfalls nicht diese allein) mache die Zukunft, sondern der kommende Gott[77]. Da er aber die Zukunft Gottes und die Zukunft der Welt unlösbar zusammendenkt (ja beinahe identifiziert): Gott sei die „Kraft der menschlichen Aktivität" und das Jenseits die „Kraft des Diesseits" (E. Troeltsch)[78], könnte man — umgekehrt als Tödt — nach der Selbständigkeit und Freiheit des *Menschen* fragen[79]: Kann sich der einzelne der Gnade endgültig

---

[73] Vgl. J. MOLTMANN, *Antwort*, 230 (wo auch W. *Künneths* Vorwurf eines „satanologischen" Defizits bei Moltmann und Pannenberg zurückgewiesen wird). — Moltmanns Theorie erinnert an P. TEILHARD DE CHARDIN, *Der Mensch im Kosmos*, München 1965, 299: „Doch es ist ebenfalls möglich, daß das Böse zugleich mit dem Guten wächst ... und daß es am Ende gleichfalls seinen Höhepunkt erreicht ... Die universelle Liebe würde dann schließlich nur einen Teil der Noosphäre ... vollenden — denjenigen, der sich entscheiden würde, den ‚Sprung' aus sich selbst in den andern zu wagen."
[74] Vgl. G. GRESHAKE a. a. O.
[75] Vgl. oben S. 165 ff. — Auch J. MOLTMANN, ThH 85 f., ist nur so zu verstehen: Gott ist nicht nur *für uns* (sub specie hominis) der stets Neue, Überraschende, Kommende. Die nach vorne weisende Offenheit von Verheißung und Erfüllung, die „gleichsam vorrückende Frontlinie zielgerichteter Zeit im Wanderhorizont der Verheißung" (98), liegt vielmehr im Geiste *Gottes selbst* begründet, so daß die Reflexion auf das ewige, endgültige, unvergängliche Sein der Gottheit von vorneherein als „ungeschichtlich" erscheint.
[76] Vgl. H. E. TÖDT, *Aus einem Brief an J. Moltmann*, in: W. D. MARSCH (Hrsg.), *Diskussion über die „Theologie der Hoffnung"*, 197—200; ähnlich H. FRIES a. a. O., 127.
[77] J. MOLTMANN, ThH 196; vgl. ders., UZ 24 f.: Wir Menschen sind *Mitarbeiter am Erlösungswerk Gottes*; dies ist „nicht Passivität, sondern höchste Aktivität", die sich in der Arbeit an der Verbesserung irdischer Verhältnisse bewähren muß. Dennoch ist die menschliche Existenz eine ganz und gar *verdankte*, da wir in Christus „von der unmöglichen Forderung befreit" sind, uns selbst und die Spannung der Geschichte erlösen zu müssen. Wir sind nicht mehr Prometheus, „sondern erlöste Revolutionäre ... Aber doch Revolutionäre, die *sich selbst und ihre Welt in die kommende Vollendung einbringen*." (Hervorhebung von mir).
[78] Vgl. J. MOLTMANN, *Antwort*, 236. — G. GRESHAKE a. a. O., rückt — im Blick auf diese Äußerung — die Ersetzung des marxistischen, sich selbst begründenden „futurum" durch den biblischen „adventus Dei" durch Moltmann in die „kaum zu überbietende Nähe eines ideologischen Überbaus".
[79] **Dieselbe** Frage wäre an H. GOLLWITZER, *Krummes Holz — aufrechter Gang*, 295 f., zu richten, wenn er — im Sinne des Barth'schen Heilsuniversalismus? — „dem Judas und seinesgleichen" (Eichmann, Hitler, Stalin, L. B. Johnson u. a.; vgl. ebd., 276) ohne weiteres „Vergebung, Leben und Seligkeit" zuspricht. Gollwitzer fragt — in gewisser Entsprechung

verweigern oder kann er lediglich das Kommen des Reiches verzögern? Das Verhältnis von eschatologischer Gottesherrschaft und innerweltlichem Fortschritt bzw. — individualgeschichtlich gesehen — von Gnade zum Heil und Freiheit zum Unheil bleibt bei Moltmann offen[80]: Während Bultmanns Existentialtheologie das Subjekt vor die Wahl stellt: entweder Heil oder Verderben (vgl. oben S. 130 f.), während Tillich eine auf universaler Stellvertretung basierende (freilich je nach dem Grade der individuellen Selbstverwirklichung differenzierte) Teilhabe des ganzen Seins an der göttlichen Seligkeit postuliert (vgl. oben S. 140 ff.), gibt Moltmann auf die Frage nach dem letzten Ernst existentieller Entscheidungen eine ebenso unklare Auskunft wie Barth (vgl. oben S. 95 ff.).

Mit dieser Feststellung muß eine weitere Frage offenbleiben: inwieweit Moltmann den Tod nicht nur als Erleiden[81], sondern darüber hinaus als *Tat* des Menschen versteht — wie es Jüngel (wenigstens theoretisch) verneint und Bonhoeffer bejaht[82]. Zwar könnte man folgern: wenn die Menschen „sich selbst und ihre Welt in die kommende Vollendung einbringen" (vgl. oben Anm. 77), wenn Gott die „Kraft der menschlichen Aktivität" ist, „Natur" und „Übernatur" also nicht getrennt werden können, dann ist der Tod — als Umschlagspunkt vom irdischen Dasein zur himmlischen Vollendung — erlittener Bruch *und* freie Tat des Subjekts; andrerseits wäre eine solche Aussage nur sinnvoll, wenn auch die negative Möglichkeit zugegeben würde: die Möglichkeit des *Ver*-wirkens der Ewigkeit als Tat der endlichen Freiheit[83].

2. Die anthropologisch begründete Hoffnung bei Wolfhart Pannenberg

Moltmann und Pannenberg stimmen in ihrer theologischen Grundaussage überein[84]: die Zukunft des kommenden Gottes wird in Christus antizipiert und den Glaubenden real vermittelt[85]. Pannenbergs Argumente für die Glaubwürdigkeit

---

zu *Tillich* (vgl. oben) — rhetorisch: „Hat sinnverfehlendes Leben nur eine Chance zur Rettung auf der Strecke zwischen Geburt und Tod? Ist der Tod die unüberwindliche Besiegelung der Endgültigkeit von Sinnverfehlung? Wenn ja, dann ... kapituliert (die christliche Botschaft) ... vor der Todesherrschaft." Gegen diese Auffassung bestimmt Gollwitzer das Evangelium als „Kunde des neuen Sinnes für die, die ihren Sinn verwirkt haben. Es ist frohe Botschaft für Judas Ischarioth." — Vgl. unten S. 275 ff.

[80] J. MOLTMANN, Antwort, 236, fragt sich selbst: „Wie ist der Umschlag von der voraussetzungslosen Verheißung Gottes zur cooperatio hominis cum Deo ... zu denken ...?"

[81] P. SCHOONENBERG, *Und das Leben der zukünftigen Welt*, Köln 1972, 131 Anm. 12, versteht J. MOLTMANN, ThH 313—334, in diesem Sinne: daß — nach Moltmann — Gott *allein*, ohne den Menschen, diese Überwindung des Todes realisiere. — Vgl. unten S. 279 ff.

[82] Vgl. oben S. 98 f. u. S. 154 ff.

[83] Vgl. unten S. 274 ff.

[84] Vgl. W. PANNENBERG, *Grundfragen systematischer Theologie*, Göttingen 1967, 5 Anm. 2.

[85] Vgl. W. PANNENBERG, *Grundzüge der Christologie*, Gütersloh ²1966, 47—112.

eines künftigen Lebens weisen jedoch — im Vergleich zu Moltmann — eine Besonderheit auf, die es rechtfertigt, darauf eigens einzugehen: Pannenbergs *anthropologisch* begründete Hoffnung läßt die Differenz zu Barth — auch im Verständnis des Todes — deutlicher werden als Moltmanns Dialektik, deren Interpretation der Auferstehung (als creatio ex nihilo) an den frühen Barth noch deutlich erinnert. So wird es verständlich, daß Pannenberg auch bei Moltmann „zur Zeit noch" Behauptungen findet, „die unter Berufung auf göttliche Verheißung ausgesprochen werden, deren Recht aber heute unmöglich durch ein autoritäres Prinzip wie das ‚Wort Gottes' der dialektischen Theologie begründet werden kann"[86].

Methodisch geht Pannenberg nicht — wie Barth — vom Faktum der Offenbarung aus, sondern von der *Grundbefindlichkeit des Menschen*[87], von den Strukturen des Daseins, das — über sich hinaus — auf ein künftiges Leben verweist. Daß auch Moltmann die *Erinnerung* (anamnesis) an schon ergangene Verheißungen nicht grundsätzlich ignoriert, wurde bereits hervorgehoben; der Sinn für das dem Menschen qua Menschen *Entsprechende*, folglich immer schon Bekannte, Kontinuierliche, Überlieferte, ist aber bei Pannenberg stärker ausgeprägt, und gerade dies wird relevant für seine Theologie des Todes und der Auferstehung: Auch die Auferweckung Jesu ist kein Novum *schlechthin*, sofern sie beim Hörer der Botschaft einen Verständnishorizont für den Sinn für Auferstehung überhaupt voraussetzt! Auch die künftige — in Christus antizipierte — Auferstehung muß von bekannten Antwortsystemen her angefragt werden, eine Forderung, wie sie H. D. Bastian schon aus didaktischen Gründen erhebt; denn „der gesagt hat: ‚Ich mache alles neu!' (Apk 21, 5), schreit uns kein totales ultimum entgegen, sondern gibt eine endgültig heilende Antwort auf Fragen, die der Mensch ... als Stigmata der alten, fragenden Welt mit sich durch die Zeiten schleppt."[88]

a) Der Ansatz bei der Grundbefindlichkeit des Menschen

Die Frage nach der Wirklichkeit *Gottes* und die Frage nach der Überwindung des *Todes* durch Jesus von Nazareth (und damit nach der Begründung unserer eigenen Hoffnung) fallen für Pannenberg zusammen, denn bei der Auferstehung geht es um die Teilhabe Jesu am göttlichen Leben[89]. Von der Wirklichkeit Gottes im Leben Jesu und im Leben jedes Menschen ist also zu sprechen[90].

---

[86] W. PANNENBERG, *Grundfragen systematischer Theologie*, 5 f.; J. MOLTMANN, *Der gekreuzigte Gott*, 158 Anm. 21, weist diesen Vorwurf zurück: er habe seinen Verheißungsbegriff nicht „autoritär" behauptet, sondern sachlich begründet.
[87] In *dieser* Hinsicht, was die Intention eines verstehenden Glaubens betrifft, steht Pannenberg Bultmann näher als Barth; vgl. oben S. 105 ff.
[88] H. D. BASTIAN, *Theologie der Frage*, München 1969, 143.
[89] Vgl. W. PANNENBERG, *Das Glaubensbekenntnis. Ausgelegt und verantwortet vor den Fragen der Gegenwart*, Hamburg 1972, 104 ff.
[90] Zur exegetischen Begründung des Zusammenhangs von Hoffnung gegen den Tod und Glauben an die Realität Gottes vgl. G. SCHUNACK, *Das hermeneutische Problem des Todes*, 10 f.: Wo immer bei Paulus (und auch sonst im NT) vom Tod die Rede ist, kommt eo ipso Gott zur Sprache. „Der Tod gehört also in den Zusammenhang, in dem *von Gott*

Während K. Barth — auch noch der spätere Barth — die Hoffnung auf ewiges Leben *allein* in der Offenbarung Gottes in Jesus Christus begründet, nicht aber in der Menschlichkeit des Menschen (mit dem Geschöpf als solchem kann es im Tode „nur eben aus sein")[91], hält Pannenberg die hier vorausgesetzte Unterscheidung des „natürlichen" Menschen „an sich" vom begnadeten Menschen in der Begegnung mit Gott für zu kurz gegriffen[92]: Denn der Gottesgedanke ist dem Menschen nicht äußerlich, so daß er — grundsätzlich — auch fehlen könnte; die endliche Person *als solche* — in ihrer Sehnsucht nach Ganzheit, die ihr das irdische Leben nie schenken kann — wird konstituiert durch ihr Gegenüber zu Gott[93]! Gegen Barth, aber auch gegen Bonhoeffer hält Pannenberg fest: Wenn auf dem Felde der Ontologie, der Anthropologie, der Psychologie[94] usw. nicht gezeigt werden könnte, daß der Gottesgedanke — einschließlich der Hoffnung auf Überwindung des Todes — die Personalität des Menschen begründet, wenn ein volles Menschsein prinzipiell auch ohne diesen Gedanken möglich wäre, die Hervorbringung der Religion (dieses Wort hat bei Pannenberg keinen negativen Sinn wie bei Barth und auch noch bei Bultmann) sich folglich als Selbstmißverständnis des Menschen darstellen ließe, dann hätte das Christentum die Auseinandersetzung mit dem Atheismus verloren[95]! Wenn der Mensch — noch vor der Christusoffenbarung — von Gott und Auferstehung überhaupt nichts wüßte bzw. alles, was er darüber zu wissen vermeint, nur Verkehrung und blinder Aberglaube wäre, nichts anderes und nicht mehr als eine subtile Form geschöpflicher Selbstsucht, dann hätte die Theologie keine Chance mehr, ihr Glaubensparadox gegen die grundsätzliche Bestreitung jeglicher Transzendenz aufrechtzuerhalten. Gäbe es kein „religiöses Apriori" im Herzen des Menschen (wie es Barth im *Römerbrief* behauptet)[96], wäre die Hoffnung auf ewiges Leben nicht schon in der Grundbefindlichkeit des

---

gesprochen, in dem das Wort Gott vorgebracht werden muß. Diesem exegetischen Sachverhalt entnehmen wir die hermeneutische Anweisung, das Verständnis ‚des' Todes da aufzusuchen, wo der Tod, fixiert und gebunden an das Ereignis des Wortes Gottes, zur Sprache kommt."

[91] K. BARTH, *Unsterblichkeit;* zit. nach K. KUPISCH, *Quellen zur Geschichte des deutschen Protestantismus* ..., 133.

[92] Das heißt nicht, daß Pannenberg die Linie der alten „natürlichen" Theologie nun einfach fortsetzen wollte, wie z. B. seine Ablehnung des griechischen Unsterblichkeitsgedankens zeigt; vgl. unten S. 183 f.

[93] Vgl. W. PANNENBERG, *Das Glaubensbekenntnis,* 23—34.

[94] Vom Standpunkt der Psychologie aus betont C. G. JUNG, *Psychologie und Alchemie,* Zürich 1952, 23, an die Adresse *Barths* gerichtet, eine *Entsprechung des Menschen zu Gott.* Jung meint, es sei „psychologisch gänzlich undenkbar, daß Gott das ‚ganz andere' schlechthin sein sollte; denn ein ‚ganz anderes' ist niemals das der Seele innigst Vertraute, was Gott eben auch ist."

[95] Vgl. zum folgenden W. PANNENBERG, *Reden von Gott angesichts atheistischer Kritik,* in: Evg. Kommentare 2 (1969) 442—446.

[96] Vgl. auch Barths Polemik gegen die „Religion" in der *Christlichen Dogmatik im Entwurf* (München 1927), 301—318.

Menschen begründet, dann wäre die radikale „Gott-ist-tot-Theologie" konsequenter als der von Barth in der *Kirchlichen Dogmatik* beschrittene Weg[97].

„Wenn nämlich aller philosophischen Theologie der Abschied gegeben ist, wie soll dann noch das Festhalten an Jesu Reden von Gott gerechtfertigt werden? Etwa nur auf die menschliche Autorität Jesu hin?"[98] Nur aufgrund der Autorität Jesu an den von ihm verkündeten Gott und das in Gott gewährte Leben zu glauben, liefe nach Pannenberg auf eine Art Selbstbetrug hinaus: Denn Jesu Autorität wird überhaupt erst durch seine Predigt von der kommenden Gottesherrschaft begründet; Jesu Wort setzt also, soll seine Autorität vom Hörer anerkannt werden, ein *vorläufiges Wissen* von Gott schon voraus[99]. Dem analog erklärt die paulinische Apologetik, wie Pannenberg hervorhebt, die Möglichkeit von Auferstehung überhaupt zur Bedingung für die Auferstehung *Jesu*, die diesen endgültig als „Sohn" Gottes bestätigt: „Wenn die Toten nicht auferstehen, dann ist auch Christus nicht auferstanden" (1 Kor 15, 16).

Die Glaubwürdigkeit der spezifisch neutestamentlichen, auf Christus bauenden Hoffnung hängt von der allgemeineren Frage mit ab, *ob es so etwas wie Auferstehung überhaupt geben kann*. Diesen Gedanken des Paulus nimmt Pannenberg für eine zeitgemäße Begründung der christlichen Hoffnung in Anspruch: Nur wenn eine künftige Auferstehung „in sich sinnvoll und im Zusammenhang eines heutigen Verständnisses der Wirklichkeit des Menschen denkbar ist, kann die Möglichkeit eines derartigen Geschehens, wie es die christliche Osterbotschaft berichtet, ernsthaft erwogen werden."[100] Die entscheidende Frage ist folglich die, ob Auferstehung, also ein neues Leben nach dem Tode, einem unverkürzten Menschsein notwendig entspricht.

Daß dies tatsächlich der Fall ist, schließt Pannenberg aus der Sehnsucht des Menschen nach Vollendung seiner je eigenen Möglichkeiten, die auch im geglücktesten Dasein immer nur fragmentarisch gelingt[101]. Weil das irdische Leben in sei-

---

[97] Zum selben Ergebnis kommt J. RATZINGER, *Glaube und Zukunft,* München 1970, 77, wenn er gegen Barths Ansatz im *Römerbrief* einwendet: „Bleibt nicht mit einiger Logik zu guter Letzt der Atheist allein auf dem Platz?"

[98] W. PANNENBERG, *Reden von Gott,* 443.

[99] Auch Bultmann (vgl. oben S. 109 f. Anm. 18) postuliert ein „Vorverständnis", ohne das die Botschaft des NT vom neuen Leben in der Nachfolge Jesu für das menschliche Subjekt nicht verständlich und folglich weder anzunehmen noch abzulehnen sei. — Vgl. auch unten S. 204 ff.

[100] W. PANNENBERG, *Das Glaubensbekenntnis,* 112; ähnlich ders., *Gegenwart Gottes. Predigten,* München 1973, 139 ff. — Aus dieser Sicht wären Bedenken anzumelden gegen die Leichtigkeit, mit der H. GOLLWITZER, *Die Zukunft des toten Christus,* in: H. NITSCHKE (Hrsg.), *Auferstehung heute gesagt,* Gütersloh ⁴1972, 32 ff., dem Atheismus bescheinigt, daß Auferstehung „keinen Platz" habe „in unserem Denken" (36), gegen die Leichtigkeit, mit der er dann — „offenbarungspositivistisch" wie Barth (vgl. aber unten Anm. 104) — die christliche Gewißheit der Auferstehung *allein* aus der Autorität Jesu (wie sie im NT bezeugt wird) ableitet (37 ff.).

[101] Vgl. zum folgenden W. PANNENBERG, *Was ist der Mensch? Die Anthropologie der Gegenwart im Lichte der Theologie* (im folgenden abgekürzt: *Anthropologie*), Göttingen ²1964, 31—40; ders., *Das Glaubensbekenntnis,* 111 ff.

nem Verlangen nach Ganzheit nie wirklich ans Ziel kommt[102], gehört es zum *Wesen* des Menschen, über seine diesseitige Existenz hinauszufragen; umgekehrt bliebe personales Sein im theoretischen oder praktischen Verzicht auf diese Frage hinter seinem Wesen zurück[103].

In Wirklichkeit, so Pannenberg, setzt der Mensch, solange er plant und in irgendeiner Weise aktiv ist, immer schon einen Sinn seines Daseins voraus und nimmt diesen Sinn in den Situationen des Alltags vorweg[104]: in einem — vielleicht nicht reflektierten — „Urvertrauen" darauf, daß sein Leben nicht ins Leere verläuft[105]. Anders als das Tier verhält sich der Mensch wissend zu seiner Endlichkeit; gerade dieses Wissen um die eigene Grenze provoziert jedoch, wie Pannenberg betont, ihre Überschreitung! Nur wer Zukunft hat, kann sich gelassen den Aufgaben des gegenwärtigen Tages zuwenden: Sache des Menschen ist es deshalb, seine Umwelt zu planen, sie verändernd zu gestalten und kein vorgegebenes Tabu zu akzeptieren. In diesem Drang, sich an die Zukunft zu wagen und von ihr eine Erfüllung und letztlich das „Heil" zu erhoffen[106], erweist sich die *Unendlichkeit* der Bestimmung des Menschen: Die Zukunft geht im Vorausberechneten, futurologisch Gewußten nie auf; ihr eigentliches Wesen ist das unvorhergesehen Neue, das „oft genug alles menschliche Planen vereitelt, doch auch als Glück über-

---

[102] W. PANNENBERG, *Anthropologie*, 56: In das Bewußtsein des lebenden Menschen geht nie das Ganze seines Daseins ein, und auch durch den Vorblick auf den eigenen Tod ist das Ganze des Daseins nicht zu gewinnen (gegen M. HEIDEGGER, *Sein und Zeit*, 264). „Erst nach dem Tode können wir die Ganzheit erreichen, auf die unsere Bestimmung zielt."

[103] Paul *Schütz*, ein prophetisch-mahnender Außenseiter der zeitgenössischen Theologie, der in diesem Zusammenhang nicht unerwähnt bleiben soll, beklagt die *Entfremdung* des Menschen in der vermeintlich heroischen Haltung des „Diesseits — und sonst nichts". P. SCHÜTZ, *Das Mysterium der Geschichte. Ges. Werke II*, 75 ff.: „Es gibt keine tiefere Angst als diese Angst des Einsamen ... Der Diesseitsglaube ist der verschämte Glaube an den Tod." Ebd., 90 ff., bezeichnet Schütz den Tod als die „leibhaftige Lüge" des Verneiners, des Antichrist.

[104] H. GOLLWITZER, *Krummes Holz — aufrechter Gang*, 293, beschreibt diese Vorwegnahme so: „Jedes gesunde Aufstehen, jedes Gesundwerden, jede Freude und jedes Freudemachen, jedes Erleben wirklicher Liebe, jedes Gelingen eines guten Werkes, jede Linderung von Not, jeder Zipfel von Sinn in einem Meer von Sinnlosigkeit — überall, im Leben aller Menschen — ist veranschaulichendes Bild, vorscheinendes Gleichnis, stärkendes Zeichen, vorweisende Demonstration für das Ziel des Weges, auf den die Sinnverheißung uns gesetzt hat."

[105] Pannenbergs Gedankenführung erinnert an B. WELTE, *Im Spielfeld von Endlichkeit und Unendlichkeit*, Frankfurt 1967, 28 ff., 38 ff., 77 ff., 87 ff., 106 ff. (vgl. unten S. 303 f. Anm. 7): „Sein im Sinne des menschlichen Daseins setzt immer schon Sinn voraus." — Vgl. auch die Diskussion zwischen H. Gollwitzer und W. Weischedel (H. GOLLWITZER — W. WEISCHEDEL, *Denken und Glauben. Ein Streitgespräch*, Stuttgart ²1965): Der Glaubende vertraut darauf, so GOLLWITZER (a. a. O., 169 f.), „daß es mit dem Menschen und mit der Welt, allem Augenschein zuwider, im Grunde doch in Ordnung ist, daß das Dasein des Menschen und der Welt sinnhaft ist", und *in* diesem Vertrauen wird „die Sinnhaftigkeit von Selbst und Welt erfahren."

[106] Vgl. die philosophisch-anthropologische Analyse des heutigen Verlangens nach Heil bei A. TH. PEPERZAK, *Der heutige Mensch und die Heilsfrage. Eine philosophische Einführung*, Freiburg 1972.

raschende Wendungen zum Guten eröffnet. Gerade auf solches Neue im Künftigen richtet sich nun die Hoffnung."[107]

Ob die Hoffnung als Existential des menschlichen Daseins eine sinnvolle Einstellung zum Leben ist oder eine äußerste Torheit, das entscheidet sich — für Pannenberg wie für Moltmann — an der Frage, ob es angesichts des *Todes* noch etwas zu hoffen gibt[108]; denn ohne Erfüllung über den Tod hinaus bliebe auch das Leben *diesseits* des Todes ohne Sinn, und jeder innerweltliche Entwurf wäre unvernünftig[109]: „Denn wie dumm ist es, eine ungewisse Zukunft zu ersehnen, die auch im besten Falle doch nur dem Grabe näherbringt."[110] Im Lichte des Glaubens an ein ewiges Leben dagegen „stellt sich unser irdisches Leben als Fragment eines größeren, noch im Geheimnis verschleierten Ganzen dar."[111]

b) Das Todesproblem in der Spannung von Zeit und Ewigkeit

Die Hoffnung auf künftiges Leben ist nach Pannenberg dem Menschen gemäß, und die neutestamentliche Botschaft, Jesus sei aus dem Tode zu neuem Leben erstanden, ist folglich zwar nicht unbestreitbar, wohl aber *glaubhaft* — auch für das *historische* Urteil[112]. Wenn Auferstehung nicht verwechselt wird mit der Wiederbelebung eines Toten (der später doch wieder sterben müßte), wenn sie vielmehr verstanden wird als Verwandlung zu einem unvergänglichen, durch keinen Tod mehr bedrohten, von der uns bekannten Existenzform der Organismen grundverschiedenen Leben[113], dann kann auch der historisch Urteilende — sofern er die Möglichkeit eines Weiterlebens nicht von vornherein, in einem existentiellen Vorurteil, negiert — mit solcher Wirklichkeit rechnen: mit dem Einbruch einer endzeitlichen Realität, die dem sonstigen historischen Geschehen (noch) nicht gleichförmig ist, in Jesus von Nazareth aber schon vorweg erschienen ist.

---

[107] W. Pannenberg, *Anthropologie*, 32.
[108] Vgl. Moltmanns Argumentation gegen M. Machovec, oben S. 169 ff. — Ähnlich H. Gollwitzer, *Krummes Holz — aufrechter Gang*, 284: „An der Stellung zu Tod und Schuld zeigt sich, wie weit Revolution durchgehalten wird, ob sie nur Vorspiel der Resignation ist, deren etwas weiteres Hinausschieben".
[109] H. Gollwitzer a. a. O.: „La mort est necessairement une contrerévolution, schrieben im Mai 1968 Pariser Studenten an die Mauer und hatten recht damit." Der biblische Protest gegen die Konterrevolution des Todes sei dagegen kein ohnmächtiges Aufbegehren, sondern Vertrauen auf „eine Lebensmacht, die der Todeswelt transzendent und darum ihr gewachsen ist".
[110] W. Pannenberg, *Anthropologie*, 33.
[111] W. Pannenberg, *Das Glaubensbekenntnis*, 113.
[112] Vgl. zum folgenden W. Pannenberg, *Grundzüge der Christologie*, 69—85 („Die Vorstellung der Auferweckung von den Toten"); ders., *Das Glaubensbekenntnis*, 104—123. — Auf die Kontroverse mit der Bultmann-Schule (auch Moltmann grenzt sich gegen Pannenbergs Deutung der Auferstehung ab) braucht hier nicht eingegangen zu werden.
[113] Nach 1 Kor 15, 35—56, wird der künftige Leib ein *anderer* sein als der jetzige, nämlich ein „Geistleib". Jesu Antwort nach Mk 12, 25 („sie werden sein wie die Engel im Himmel, weder freien noch gefreit werden") meint nach Pannenberg dasselbe: die neuartige Existenzweise in der Ewigkeit. — Vgl. oben S. 93 f. zu Barths Exegese dieser Schriftstelle.

Gerade der kritisch und besonnen Denkende wird sich dem Ungewöhnlichen nicht von vornherein verschließen; denn wer sagt denn, „daß nur das geschehen kann, was seiner Natur nach bereits voll und ganz durchschaubar ist? Ist nicht schon unsere alltägliche Wirklichkeit vielschichtiger als ein derart geheimnisleeres Bild von der Wirklichkeit es wahrhaben will?"[114]

Was an Jesus geschehen ist, antizipiert eine für die Kreatur noch *ausständige* Wirklichkeit: die Freiheit vom Tode. Jesu Auferstehung bedeutet — im Verständnis Pannenbergs wie Moltmanns — einen vorerst *singulär* bleibenden Einbruch der Endzeit in die Welt[115]. Jesu „Naherwartung" wurde nicht schlechthin enttäuscht: in seiner *eigenen* Auferstehung wurde sie erfüllt, noch nicht jedoch in der kosmischen Dimension! In Jesus selbst ist antizipiert, was er für die Welt als ganze verkündet hat. Erfüllung und Verheißung stimmen also nicht *wörtlich* überein, worin Pannenberg die neutestamentliche Fortsetzung eines für das AT bezeichnenden Topos erblickt.

Als *allgemeine* Wirklichkeit wird die Auferstehung der Toten erst mit dem endgültigen Kommen der Gottesherrschaft offenbar[116]. Aus diesem Grunde ist der traditionelle Gedanke einer „unsterblichen Seele" für Pannenberg nicht mehr vollziehbar. Um jedes Mißverständnis zu vermeiden: Nicht deshalb bestreitet Pannenberg die Unsterblichkeit, weil, wie Barth argumentiert, Gott *allein* unsterblich wäre (Pannenberg deutet den Menschen, wie gesagt, in seiner transzendentalen Verwiesenheit auf Gott); auch nicht deshalb, weil der Mensch durch seine (vorläufige) Vernichtung besonders hart „bestraft" werden müßte, wie Elert meint[117]; sondern deshalb, weil der Weg Gottes zu seiner Selbst-Offenbarung *noch nicht vollendet* ist.

Gegen die Unsterblichkeit der Seele[118] spricht nach Pannenberg (wie nach Barth u. a.) ferner die *Leiblichkeit* des Menschen. Eine künftige Auferstehung als Teilhabe des *ganzen* Menschen am göttlichen Leben — im Tode selbst oder unmittelbar nach dem Tode ist diese ganzheitliche Teilhabe für Pannenberg offensichtlich nicht denkbar[119] — entspricht der *Einheit von Leib und Seele* besser als die Unsterblichkeit eines *Teils* des Menschen, der vom Tod überhaupt nicht berührt

---

[114] W. PANNENBERG, *Das Glaubensbekenntnis*, 118 (dort auch nähere Hinweise zur grundsätzlichen Vereinbarkeit einer Auferstehung mit naturwissenschaftlichem Denken).
[115] Vgl. W. PANNENBERG, *Gegenwart Gottes*, 142: „die zu Ostern an Jesus erschienene Wirklichkeit eines neuen Lebens ist für die übrige Menschheit noch Zukunft, noch nicht Bestandteil unserer eigenen Erfahrungswelt."
[116] W. PANNENBERG, *Das Glaubensbekenntnis*, 122: „Jener allgemeine Erfahrungshorizont, in den die Auferstehung Jesu sich einordnen läßt im Sinne einer Gleichförmigkeit mit aller sonstigen menschlichen Wirklichkeit, wird erst durch die eschatologische Vollendung aller Dinge begründet werden."
[117] Vgl. oben S. 134 ff.
[118] W. PANNENBERG, *Anthropologie*, 34, verweist zustimmend auf P. ALTHAUS, *Die letzten Dinge*, Gütersloh ⁴1933, 92 ff., und auf G. v. d. LEEUW, *Unsterblichkeit und Auferstehung*, München 1956; vgl. oben S. 135 f. Anm. 26.
[119] Vgl. dagegen oben S. 137 ff. zu P. Tillich und unten S. 265 ff. zu K. Rahner.

wird[120]. Unser Bewußtsein kann für sich allein, ohne seine leiblichen Funktionen, nicht fortdauern: „Dieser Ernst des Todes müßte anerkannt sein bei jeder Vorstellung eines Lebens über den Tod hinaus, die uns Heutigen als sinnvoll gelten soll."[121]

Auch das *künftige* Leben ist nur als leibliches zu denken, das nach dem Tode neu geschaffen wird. Wieder stellt sich die Frage, ob ein „Ganztod" vertreten wird: die totale Vernichtung des Menschen im Sterben, der — nach einem zeitlichen Vakuum — die renovatio folgt. Pannenbergs Antwort auf dieses Problem entspricht im ganzen den Ausführungen Barths, Bultmanns, Moltmanns u. a. über die Gegenwart des neuen Lebens in der Nachfolge des Kreuzes: Auch für Pannenberg steht fest, daß der lebendige Herr all denen, die ihm vertrauen, *jetzt* schon — wenn auch verborgen — das Leben schenkt. In der *Vergebung der Schuld*[122], im „Sicheinlassen auf Jesus"[123], wird alles, was den Menschen von der Liebe Gottes trennt, überwunden. Wem vergeben wird, ist frei von der Last einer Vergangenheit, die ihm die Zukunft verschließt; wem vergeben wird, ist „schon jetzt die Freiheit eines neuen Anfangs" eröffnet[124]. Wie das eigenartige Ineinander von Zeit und Ewigkeit bei Jo 5, 24 f. und ähnlichen Stellen zeigt, ist die Zukunft Gottes in verborgener Weise schon Gegenwart[125]; in der Begegnung mit Christus wird

---

[120] Ernst Blochs Behauptung einer Exterritorialität des Personkerns gegenüber dem Tode (vgl. oben Anm. 48) wird kritisiert, wenn nach Pannenberg „kein Zug unseres gegenwärtigen Menschseins den Tod überdauern kann" (*Anthropologie*, 37). Es ist also unzutreffend, wenn H. ZAHRNT, *Die Sache mit Gott*, 375, behauptet, „daß Pannenberg weder den Tod als wirkliches Ende des Lebens noch die Auferweckung als wirklichen Anfang eines neuen Lebens im Sinne der Bibel ernst nimmt."

[121] W. PANNENBERG, *Anthropologie*, 37.

[122] W. PANNENBERG, *Das Glaubensbekenntnis*, 173.

[123] W. PANNENBERG, *Gegenwart Gottes*, 142; vgl. ebd., 174: „das Leben der Totenauferstehung, das Geistleben ... gehört nicht erst einer anderen Welt an, einem Jenseits, sondern es beginnt schon hier. Es beginnt überall da, wo Gott gegenwärtig ist durch seinen Geist."

[124] W. PANNENBERG, *Das Glaubensbekenntnis*, 173.

[125] Die biblisch bezeugte Verschränkung von Zeit und Ewigkeit faßt Pannenberg (wie Moltmann) freilich nicht *so* auf, daß das in Gottes Ewigkeit schon Bestehende in seiner Wirklichkeit unabhängig wäre davon, ob es in der Zukunft offenbar wird oder nicht. Das Ineinander von Zeit und Ewigkeit ist „eher so aufzufassen, daß die Ewigkeit Gottes *selbst noch abhängt von der Zukunft der Welt.*" (*Das Glaubensbekenntnis*, 181; Hervorhebung von mir). Hätte das zeitliche Geschehen für die Ewigkeit Gottes keinerlei Bedeutung, dann gäbe es letztlich keine *Freiheit*. Die Freiheit ist für Pannenberg mit der Annahme eines „für jeden vergangenen Zeitpunkt ... als in sich bereits vollkommen und abgeschlossen gedachten" göttlichen Seins unvereinbar, weil die Allmacht und allwissende Vorhersehung dieses Gottes den Weltprozeß von Anfang an festgelegt haben würde (wie es *Barth* tatsächlich nahelegt); vgl. W. PANNENBERG, *Reden von Gott*, 444. Um Gottes *Transzendenz* dennoch gerecht zu werden, postuliert Pannenberg — in gewisser Spannung zum eben Gesagten — einen „ontologischen Primat" der Zukunft vor der Gegenwart: Der kommende Gott *wird sich als derjenige erweisen, der von Ewigkeit her die alles bestimmende Wirklichkeit war* (*Das Glaubensbekenntnis*, 181; vgl. oben Anm. 26). Gott ist nicht „ohnmächtig in der Welt" (D. Sölle); die Antizipation des Gottes-

deshalb schon jetzt, vielleicht in diesem Augenblick, über die Ewigkeit entschieden: über *Heil oder Unheil*[126].

Die Frage nach der Existenz des einzelnen zwischen Tod und Auferstehung ist nach Pannenberg *falsch gestellt*, weil diese Frage einer tieferen Auffassung von der Wirklichkeit der *Zeit* nicht standhalten kann[127]: Die Kontinuität unserer irdischen Gegenwart mit der Zukunft jenseits des Todes — *dieser* Leib soll ja verwandelt werden (1 Kor 15, 53)[128] — ist nicht auf der Linie der laufenden Zeit zu suchen[129], sondern in der Verborgenheit Gottes, dessen Zukunft unser Leben bestimmt, und der uns einmal so vollenden wird wie wir — vor seinen Augen — jetzt schon sind. Denn in der Auferstehung, d. h. mit dem Eintritt der noch verhüllten Tiefendimension des irdischen Daseins in unser Erleben, geschieht nichts anderes als das, was vor Gott schon jetzt das Geheimnis unseres Lebens bildet. „Durch die Brücke der Ewigkeitstiefe unserer Lebenszeit sind wir also schon jetzt identisch mit dem Leben, zu dem wir künftig auferweckt werden... Und deshalb kann auch die Frage nicht entstehen, wo der einzelne in der Zeit zwischen seinem Tode und dem Ende der Welt bleibt."[130]

Wenn Pannenberg Tod und Auferstehung nicht einfach in eins denkt (wie

---

reiches in der Auferstehung Jesu ist für Pannenberg unwiderruflich, was freilich nur möglich ist, *„wenn das kommende Reich ontologisch in sich selbst gegründet ist* und sein Futurum nicht nur den gegenwärtig vorhandenen Wünschen und Bestrebungen der Menschen verdankt" (W. PANNENBERG, *Der Gott der Hoffnung*, in: *E. Bloch zu ehren*, 209 ff., hier 215).

[126] Klarer als Moltmann (und Barth) betont Pannenberg die Verantwortung der menschlichen *Freiheit* vor Gottes *Gericht*: Der ausschließlich ich-bezogene Lebensentwurf, der seine weltoffene Bestimmung und damit die Treue zu sich selbst verfehlt, scheitert an der Ewigkeit, und eben dies ist das Gericht! Dieser Mensch „wird nicht einfach nichts, sondern er wird zunichte angesichts seiner unendlichen Bestimmung". Er ist ausgeschlossen von Gott und seiner eigenen Bestimmung, wie Pannenberg — anders als *Gollwitzer* (vgl. oben Anm. 79) — hervorhebt (*Anthropologie*, 56; *Das Glaubensbekenntnis*, 124 ff.).

[127] Vgl. W. PANNENBERG, *Das Glaubensbekenntnis*, 179 ff.; dazu oben Anm. 23 zu Moltmanns Erwiderung auf Barth.

[128] In der Bejahung dieser Identität stimmen Barth und Pannenberg (und alle bisher besprochenen Autoren) überein. Das Auferstehungsleben ist „dasselbe wie das Leben, das wir jetzt auf Erden führen. Aber es ist unser jetziges Leben so, wie Gott es sieht aus seiner ewigen Gegenwart. Daher wird es auch wieder ganz anders sein, als wir es jetzt erleben." (*Anthropologie*, 57) Ewiges Leben ist demnach die bleibende *Essenz* des irdischen Daseins (vgl. oben S. 145 zu Tillich) und zugleich etwas beglückend *Neues*. — Vgl. unten S. 348 ff.

[129] Dies scheint Qu. HUONDER, *Das Unsterblichkeitsproblem*, 146 f., zu übersehen, wenn er bei Pannenberg, Barth und Thielicke die Kontinuität des Auferstehungssubjekts mit dem irdischen Ich vermißt. Völlig absurd ist der Vorwurf, Pannenberg sympathisiere „mit jener ‚modernen' Anthropologie der Gegenwart, die sich nicht wesentlich vom materialistischen Menschenbild des 19. Jahrhunderts unterscheidet". Während der Materialismus den Geist auf die Materie *reduziert*, betont Pannenberg die *Einheit* von Geist und Materie; für Huonder jedoch ist auch diese Position schon materialistisch, da er selbst einen unvermittelten Dualismus von Leib und Seele vertritt. — Vgl. oben S. 84 Anm. 82.

[130] W. PANNENBERG, *Anthropologie*, 57 f. — Zum hier angedeuteten *Problem* vgl. unten S. 268 ff.

Bultmann), so deshalb, weil individuelle und universale Zukunft für ihn nicht zu trennen sind. Für Pannenberg wie für Moltmann kommt die Erfüllung des Menschen nur in Verbindung mit einer Neuschöpfung des Kosmos in Frage. Weil der einzelne sein Menschsein in Gemeinschaft mit anderen hat, weil das individuelle Leben nicht nur mit der gegenwärtigen, sondern ebenso mit den vergangenen und kommenden Generationen verflochten ist, wird die Auferstehung *allen gemeinsam* zuteil werden. Dies wird — so Pannenberg — geschehen, wenn alle Epochen der Geschichte durch das Feuer des göttlichen Gerichtes hindurchgegangen sind[131].

VI. Die a-theistische Interpretation des Todes bei Dorothee Sölle: Kritik am Gottesgedanken überhaupt

Vorbemerkung

Die Hoffnung angesichts des Todes steht und fällt mit der Gottesfrage. Denn „Hoffnung, die nicht Hoffnung auf Gott ist, ist trostlos". (Conzelmann)[1] Die Tragfähigkeit des *Gottesgedankens* entscheidet, ob das Todesproblem ausgehalten oder verdrängt wird[2]. Wer an die Wirklichkeit Gottes glaubt, kann den Tod nicht für das Ende halten; wer den Tod für unüberwindlich hält, dem wird Gott dunkel. Mit dieser These grenzt sich Moltmann[3] gegen die sog. Theologie nach dem Tode Gottes ab, gegen deren amerikanische Vertreter, aber auch gegen Dorothee *Sölle*. Alle Theologen, die bisher genannt wurden, setzen — mit der biblischen Offenbarung — ein Leben nach dem Tode voraus; nicht so D. Sölle: Für sie wird der kommende Gott in Christus nicht wirksam antizipiert, sondern lediglich — weil „abwesend", „ohnmächtig", „unfähig", „verreist" — proklamiert und vertreten, ohne daß die künftige Identität Gottes durch seinen „Platzhalter" und „Schauspieler" auf Erden garantiert würde[4].

Dem Realitätsverlust Gottes im Denken D. Sölles entspricht, wie Moltmann es andeutet, ihr Schweigen über das Schicksal der Toten. Auf diese Frage hat sie —

---

[131] Vgl. W. PANNENBERG, *Das Glaubensbekenntnis*, 184 f.

[1] H. CONZELMANN, *Theologie als Schriftauslegung*, München 1974, 5 (Vorwort). Vgl. oben S. 178 f. Anm. 90.

[2] K. DIRSCHAUER, *Der totgeschwiegene Tod*, 113. — Vgl. R. LEUENBERGER, *Der Tod. Schicksal und Aufgabe*, Zürich ²1973, 139: „Wo Gott für tot erklärt wird, da hat man den Tod zum Eschaton, zum endgültigen Herrn der Welt erhoben, dem alles Sein notwendig zufallen muß."

[3] J. MOLTMANN, *Umkehr zur Zukunft*, 94.

[4] Vgl. D. SÖLLE, *Stellvertretung. Ein Kapitel Theologie nach dem „Tode Gottes"*, Stuttgart-Berlin ³1966; dsb., *Atheistisch an Gott glauben. Beiträge zur Theologie*, Freiburg 1968.

in ihren Büchern *Stellvertretung* (1965) und *Leiden* (1973)[5] — kaum mehr zu sagen, als daß die „postmortale Existenz" eine überholte Vorstellung der Antike und des Mittelalters sei[6], ein mythologischer Rest, der „nicht trösten" könne[7], der die „eigentliche" Botschaft Jesu verdecke.

Eine Befragung Sölles nach der theologischen (oder auch nur logischen) Relevanz ihrer Aussagen wird freilich dadurch erschwert und behindert, daß sie zentrale Begriffe wie „Gott", „Stellvertretung", „Ohnmacht", „Leben" und „Tod" in so vieldeutigem und variablem Sinne gebraucht[8], daß man sie auf verbindliche Thesen nie festlegen kann. Unter erschwerten Bedingungen ist also zu prüfen, ob und in welchem Sinne der Gottesbegriff Sölles ihre Haltung zum Todesproblem präjudiziert, ferner: ob und inwieweit die „Plattfußtheologie" (Barth)[9] Sölles eine logische Konsequenz des Barth'schen Ansatzes ist, wie Pannenberg zu bedenken gibt[10].

1. Der Platzhalter Gottes unter der Bedingung der Ohnmacht

Für Moltmann und Pannenberg steht die *volle* Herrschaft Gottes in der Welt zwar noch aus; das endgültige Kommen dieser Herrschaft wird aber als Offenbarung bejaht! Schon jetzt ist Gott — im Verständnis dieser Autoren — der eigentlich Handelnde: sonst wäre Jesu Tod für des Menschen Heil ohne Bedeutung. Daß Gott der lebendige Herr und als solcher des Menschen *Gegenüber* ist; daß die Schrift ein „extra me" bezeugt, welches dem Hörer als wirklicher Anspruch begegnet, wird in jeder biblischen Theologie — die Jesu Autorität in seiner Unmittelbarkeit zu Gott begründet sieht — als fundamentum fidei vorausgesetzt.

Ganz anders denkt Dorothee Sölle[1]: Beiden Erfahrungen, der vom Tode Gottes und der vom Leben Christi, will sie standhalten (181)[2]. Die Alternative: entweder „es gibt keinen Gott und Christus ist tot" oder „Gott existiert und darum lebt Christus" weist sie als logizistischen Positivismus zurück (181). Daß die Gotteserfahrung eines Augustinus, Franziskus oder Luther für uns Heutige nicht mehr möglich sei (189), steht für sie fest[3]: Seit Christus ist Gottes Allmacht

---

[5] D. SÖLLE, *Leiden*, Stuttgart-Berlin 1973, bes. 211 f.
[6] Vgl. D. SÖLLE, *Stellvertretung*, 196.
[7] D. SÖLLE, *Leiden*, 211.
[8] Vgl. O. REIDINGER, *Gottes Tod und Hegels Auferstehung. Antwort an Dorothee Sölle*, Berlin 1969, 9: Sölles Stil und Methode „durchbrechen die gewohnte Akribie und Disziplin sach- und fachgerechter Abhandlungen der Theologie". Ihre „Diktion und die Verwendung traditionellen, biblisch-dogmatischen Vokabulars im nicht genuin theologischen Sinn erschweren ... die Befragung nach der theologischen Relevanz".
[9] Zit. nach K. KUPISCH, *Karl Barth*, 127.
[10] Vgl. unten S. 191 Anm. 25.
[1] Zur Auseinandersetzung mit Sölles theologischem Entwurf vgl. O. REIDINGER a. a. O.; ferner H. GOLLWITZER, *Von der Stellvertretung Gottes. Christlicher Glaube in der Erfahrung der Verborgenheit Gottes. Zum Gespräch mit Dorothee Sölle*, München 1967.
[2] Alle Seitenangaben in () beziehen sich auf D. SÖLLE, *Stellvertretung*, ³1966.
[3] Das *Gebet*, „vor allem in den Formen der reinen Anbetung, des Lobes", erscheint Sölle als überholtes „Relikt unmittelbaren Verhaltens zu Gott" (173).

dahin! Gottes Verzicht auf seine Herrlichkeit (Phil 2, 6 ff.), seine Selbstvermittlung in die Welt hinein, wird — im Sinne Hegels — als „vollständiges Sich-ausgeben in die Menschengestalt" (186) interpretiert[4]; so radikal geht Gott in der Welt unter, daß er von dieser nicht mehr zu unterscheiden ist[5], daß das „Gelingen oder Scheitern seiner Sache" (172) und damit die „Wahrheit" Gottes (166) *abhängig* wird von der Zustimmung des Menschen (194). Nicht Gott verantwortet die Welt, sondern die Welt verantwortet Gott (127)[6]! Nicht Gott schenkt dem Menschen seine Identität, sondern *wir* sollen für „Gott" in seiner Schwäche eintreten (180), sollen „etwas für ihn tun" (205), damit er seine Hilflosigkeit — angesichts des Bösen, des Elends, des Todes — überwindet. Die Kirche als Gemeinschaft der Hoffenden soll Gott „Mut machen", damit er nicht vollends verzagt, damit er „nicht aufhört, auf diese Welt zu warten" (150).

Gott läßt sich nicht sehen, er ist nicht da, er ist krank (178), tot und doch nicht ganz tot[7]: denn die Gesellschaft genügt sich nicht selbst, sie kann Gott nicht *ersetzen*; er muß also „vertreten" werden[8]. Der Stellvertreter ist — zunächst — Christus; er springt für Gott ein, übernimmt seine Rolle, hält seinen Platz offen (137)[9] — als der Anwalt des Menschen, als der „Schauspieler Gottes" (200). D. Sölle versichert: Uns voran ist Christus schon dort, wo wir noch nicht sind (151), und ohne ihn „würde Gott uns fristlos entlassen" (137). Allerdings, so fügt sie hinzu: Auch Christus hat keine unmittelbare Beziehung zu Gott (172), auch er ist „ein einzelner, der nichts machen kann"[10], auch sein Engagement *gründet nicht in der Sendung durch Gott*[11], denn vom „Vater" hängt er ab, sofern er „von

---

[4] Diese Deutung entspricht Hegels Vermittlung des Geistes; von einer *Heils*bedeutung ist keine Rede! Vgl. dazu O. REIDINGER a. a. O., 60.

[5] Gott hat seine Heimat „für immer" verlassen; er ist „aus sich fortgegangen in die Unkenntlichkeit, in die Nichtunterschiedenheit" (190). Vgl. dagegen unten Anm. 8.

[6] Hier liegt der entscheidende Unterschied zu MOLTMANN und PANNENBERG, die ja im übrigen ebenfalls hegelianische Voraussetzungen in die Theologie übernehmen (vgl. oben S. 175 f. Anm. 72 u. 75).

[7] „Was unter ‚Tod Gottes' zu verstehen ist, weiß man bei D. Sölle noch weniger genau als bei den Amerikanern, weil hier zwischen dem *Tod* Gottes, der unwiderruflich ist, und seiner *Abwesenheit,* die eine Rückkehr folgen kann, alles in der Schwebe bleibt" (S. DAECKE, *Der Mythos vom Tode Gottes,* 72).

[8] Interessant ist Sölles im Widerspruch zu ihren sonstigen Aussagen stehendes Zugeständnis: Die Welt „vermag ein immer wieder neu überschießendes religiöses Bedürfnis, das nach Sinn und Wahrheit des Lebens, nach Identität der Person ... fragt, nicht zu befriedigen. Diese bleibende Fraglichkeit ... nötigt uns zu der Inkonsequenz: daß Gott vertreten werden muß." (178) Gott hat sich gewissermaßen versteckt; er hat sich nicht so vollständig aufgelöst, daß er beliebig ersetzt werden könnte (199)!

[9] „Stellvertretung" unterscheidet sich nach Sölle vom „Ersatz" darin, daß der Vertreter *im Namen* des Vertretenen handelt, ihm also *Zeit* läßt zur evtl. Rückkehr; der Ersatzmann dagegen handelt nicht vorläufig, sondern perfekt, er macht den Ersetzten überflüssig. „Christus aber ist nicht Ersatzmann des gestorbenen Gottes, sondern Stellvertreter des Lebendigen" (181).

[10] D. SÖLLE, *Gebet* (1969), zit. nach K. KUPISCH, *Quellen zur Geschichte des deutschen Protestantismus,* 86.

[11] Vgl. dazu O. REIDINGER a. a. O., 60.

uns abhängt und von *unseren* Entscheidungen lebt" (194)[12]. Seine Auferstehung hat folglich das Gesetz dieser Welt (das Todesgesetz!) nicht wirklich durchbrochen, sondern das „Neue Sein" (Tillich)[13] lediglich „symbolisch-anschaulich gemacht" (170).

Was soll damit gesagt werden? Auch Christus ist *tot* — als individuelle Person —, „lebendig" ist er nur als Zeichen dafür, „daß seine Sache weitergeht"[14]. Was Christus leistet, ist die Wachhaltung des Bewußtseins vom nicht erschienenen Reich (200); grundsätzlich *erlöst* ist die Welt dadurch nicht (169).

Christus unterscheidet sich von anderen Hoffenden nicht, jedenfalls nicht grundsätzlich: denn auch *wir* können „Gott füreinander spielen" (192), d. h. die Trauer um das nicht gekommene Reich lebendig erhalten. Ob sich Christus dem *Menschen* ausliefert oder dem „Vater", bleibt sich gleich, denn er identifiziert sich mit uns, und „wo diese identificatio stattfindet, da ist Gott." (174) Gott und Welt sind dasselbe: „Eine andere Wahrheit als die Liebe, in der wir atmen, lachen, arbeiten, in der wir weinen und warten und nicht zu Ende kommen miteinander, gibt es nicht. Die Religionen versprechen den Menschen zwar mehr als dies — einen Gott, einen ewigen Vater, ein Später, ein Droben, eine Anteilhabe am göttlichen Leben", aber Christus „hat den Vater zum ewigen Bruder gemacht, er hat dieses Später ins Jetzt und dieses Droben ins Ganze der Welt gesetzt, er hat uns nicht mythischen Anteil am göttlichen Leben besorgt, sondern uns zu menschlichen Menschen gemacht"[15].

Von einem „ontologischen Primat" (Pannenberg) Gottes vor der endlichen Welt kann bei Sölle keine Rede mehr sein. Während im Verständnis Barths Gott den Menschen durch Christus beinahe „verdrängt" (KD IV/1, 260) und im entscheidenden *alleine* handelt[16], behauptet Sölle nicht nur — wie Moltmann — ein

---

[12] Hervorhebung von mir.
[13] D. Sölle beruft sich gerne — direkt und indirekt — auf Tillich und Bonhoeffer. Daß diese Inanspruchnahme, zumindest was das Verständnis von Tod und Auferstehung betrifft, zu unrecht erfolgt, dürfte klar geworden sein.
[14] Vgl. D. SÖLLE, *Atheistisch an Gott glauben*, 97 ff., hier 102 (Kap. „Auferstehung — nach dem ‚Tode Gottes'"). — Zum Schlagwort „Die Sache Jesu geht weiter" vgl. W. MARXSEN, *Die Auferstehung Jesu von Nazareth*, Gütersloh 1968, 128 ff. (vgl. oben S. 123 Anm. 94); hier werden — in Verdeutlichung von früheren Äußerungen Marxsens — Person und Sache Jesu *nicht* getrennt! Die *reale* Überwindung des Todes durch Jesus gilt Marxsen — anders als Sölle — als *Voraussetzung* des Glaubens an die „Sache" Jesu. Das „Prae Gottes" bzw. das Prae Jesu beim Zustandekommen meines Glaubens" wird unterstrichen: es ist wirklich *Jesus* (der persönlich lebendige und mit dem irdischen Jesus identische), der in den Glauben stellt und die Hoffnung aller auf ein jenseitiges Leben begründet. Eine „Reduzierung des Interpretaments auf das Weitergehen der Sache Jesu ohne Jesus selbst" (B. v. IERSEL, *Auferstehung Jesu. Information oder Interpretation?*, in: Concilium 6 [1970] 696 ff.) trifft auf Marxsen kaum zu — trotz v. IERSEL und J. KREMER, *... denn sie werden leben*, Stuttgart 1972, 35 f. (ohne den Verdeutlichungen Marxsens gerecht zu werden, sagt Kremer, Marxsen meine *nur* den irdischen Jesus „vor" Ostern, dessen „Sache" sich weiter ereigne) —, wohl aber auf Dorothee Sölle.
[15] D. SÖLLE, *Atheistisch an Gott glauben*, 102.
[16] Vgl. oben S. 98 f. — D. SÖLLE, *Stellvertretung*, 116 ff., kritisiert diese Position Barths.

analoges (durch Gottes Gnade ermöglichtes) „Mitwirken" des Menschen am göttlichen Heilswerk[17], sondern — in Umkehrung der Barth'schen Dogmatik — die Alleinverantwortung des Menschen für das Kommen des Reiches. Wenn wir in dieser Verantwortung versagen, ist es mit dem göttlichen Spiel für immer vorbei! Mit dieser Auffassung entfernt sich Sölle vom biblischen Denken, aber auch von Bonhoeffer, Tillich und Moltmann: Diese betonen zwar die *Mündigkeit* des weltlichen Tuns, verstehen aber — in ihrer Dialektik von „Letztem" und „Vorletztem" — das endliche Subjekt nie als radikal selbständig[18], nie als unabhängig von Gott als dem Grunde des Seins. Es wäre also — mit Pannenberg — zu fragen, ob „die inhaltsschwere Vokabel ‚Gott' " hier noch gerechtfertigt ist[19] und ob die konsequent atheistische Interpretation des Daseins nicht ehrlicher wäre[20].

2. „Postmortale Existenz" — ein mythologischer Rest?

Wenn Sölle Barth auf den Kopf stellt (nicht Gott verantwortet den Menschen, sondern der Mensch verantwortet Gott), so liegt die Vermutung nicht fern, daß beiden Positionen eine gemeinsame Basis zugrundeliegt, von der aus Barth und Sölle verschiedene Schlüsse ziehen. Dies ist in der Tat der Fall: Der gemeinsame Ausgangspunkt ist der „religionslose" Ansatz, die Negation einer *ontologischen* Beziehung des lebendigen Gottes zum sterblichen Menschen. Barths Ablehnung der natürlichen Gotteserkenntnis (und damit verbunden des Unsterblichkeitsgedankens)[21] findet ihre Entsprechung in Sölles Abschied von der „abendländischen Tradition", sofern sie die Unersetzlichkeit der Person auf den Reichtum, die Tiefe und die Gottähnlichkeit ihrer Seele gründet (39). Nichts anderes als ein „leeres Gerede" ist es für Sölle, wenn Harnack die Nähe des Menschen zum göttlichen Ursprung[22] als „substantielle" Nähe versteht und sie so formuliert: „Jesus Christus ruft jeder armen Seele (im Gegensatz zu Platon, der nur den unendlichen Wert des erkennenden Geistes pries), er ruft allen, die Menschenantlitz tragen, zu:

---

[17] Vgl. oben S. 176 Anm. 77.
[18] Vgl. oben S. 156 Anm. 33 und 34.
[19] W. PANNENBERG, *Der Gott der Hoffnung*, in: *Ernst Bloch zu ehren*, 211; Pannenbergs Kritik wendet sich — ob zu Recht oder Unrecht spielt in diesem Zusammenhang keine Rolle — gegen *Tillichs* Gottesbegriff; vgl. dazu S. DAECKE a. a. O., 75.
[20] Vgl. O. REIDINGER a. a. O., 91: „Ein bedingter ‚Gott' ist kein Gott ... ‚Gott' dient hier letztlich als makabre Chiffre für die totale profane Selbstverwirklichung des Menschen." Von diesem Gott kann man kein Wort erwarten, das den Menschen in Frage stellt und seine Distanz zur Welt ermöglicht!
[21] Vgl. oben S. 82 ff.
[22] Wie Barth gegen Schleiermachers „religiöses Apriori" polemisiert (vgl. z. B. K. BARTH, *Christliche Dogmatik im Entwurf*, 301 ff.), so Sölle gegen Harnacks Zusammenschau von göttlichem und menschlichem Subjekt: „Gott als der Vater, und die menschliche Seele so geadelt, daß sie sich mit ihm zusammenzuschließen vermag und zusammenschließt" (A. v. HARNACK, *Das Wesen des Christentums*, Neuauflage 1950, 38 ff.; zit. nach D. SÖLLE a. a. O., 43).

Ihr seid Kinder des lebendigen Gottes, und nicht nur besser als viele Sperlinge, sondern wertvoller als die ganze Welt"[23].

Alternativ gegen jede *metaphysische* Begründung des Wertes des Menschen (wie sie in der evangelischen Theologie W. Pannenberg wieder fordert)[24] stützt sich Sölle auf die — rein aktualistisch verstandene — Zuneigung Gottes zum Menschen, auf das „Interesse Gottes" am „unendlichen Wert des Subjekts" (40). Da aber die Notwendigkeit des Gottesgedankens im *Wesen des Menschen* nicht aufzuzeigen ist (eine These, in der sich Barth und Sölle ja einig sind!), und da Sölle das *Wirken* „Gottes" als völlig unzureichend beschreibt, ist es nicht verwunderlich, wenn dieser Gottesgedanke blaß und unrealistisch erscheint[25]: Ob das „Interesse" eines so *schwachen* Gottes dem endlichen Menschen zu helfen vermag, fragt sich Sölle selbst: „Kann der Mensch solche ‚absolute Wichtigkeit' auch unabhängig vom nicht mehr erfahrenen Interesse Gottes an ihm, auch nachtheistisch, denken, erfahren — und für den anderen bewahren? Was bedeuten denn Wörter wie ‚absolut', ‚unendlich', ‚unersetzlich', wenn Gott tot ist? ... Hängt ‚die Seele' an Gott, so daß der Tod Gottes notwendig das Ende der Seele bedeutet?" (54)

Was ist das Schicksal der *Toten*, so wäre weiterzufragen, wenn wir Gottes „Interesse" nicht mehr erfahren? Sölle weicht — zunächst einmal — aus: In der stellvertretenden Erinnerung derer, die sie lieben, denen sie unersetzlich sind, haben die Toten ihr Recht und ihre „Zukunft" (57). Unser Mit-leid schließt auch die Toten mit ein. „Ihr Schmerz ist der unsere, ihr Tod ist nicht einfach der ‚Tod des andern', der von meinem radikal unterschieden ist"[26]. Und das *Eintreten* der Heutigen für die Toten und deren Anliegen ermöglicht auch den Ermordeten des 20. Juli und den Erfrorenen von Stalingrad eine Art Hoffnung: „Solch stellvertretendes und sich erinnerndes Eintreten für die versuchte und kaum gelungene Wahrheit der Toten entscheidet über die Gegenwart und die Zukunft der jetzt Lebenden und läßt darin den Toten eine Zukunft" (24).

Das Los der Verstorbenen hängt nicht von der Kraft Gottes ab, sondern davon, ob sie einen verständigen *Mitmenschen* finden, der an sie denkt und in ihrem Sinne agiert: „Wer tritt so für mich ein, daß ich weiterhin erwartet und nicht abgeschrieben werde?" (135)[27]

---

[23] A. v. HARNACK a. a. O., 41; zit. nach D. SÖLLE a. a. O., 44.
[24] Vgl. oben S. 178 ff.
[25] Vgl. W. PANNENBERG, *Reden von Gott,* 442: „Die gegenwärtigen Tendenzen zur Auflösung und Ausscheidung des Gottesgedankens in der evangelischen Theologie müssen als Konsequenz des Weges verstanden werden, der mit der Ablehnung der sogenannten natürlichen Gotteserkenntnis und damit zugleich auch aller philosophischen Theologie begann."
[26] D. SÖLLE, *Leiden,* 212.
[27] Ganz anders D. BONHOEFFER, GS II, 580. Vom Tod seiner gefallenen Freunde und der Einsamkeit ihres Sterbens schreibt er: Während andere in Gegenwart ihrer Angehörigen sterben (und in diesem Sinne sagen können: „ich bin getröstet") waren sie *allein.* „Aber hat nicht Christus alle Macht, einem der Seinen die Ferne aller menschlichen Hilfe reichlich zu ersetzen ...? Hat er nicht gehört, was kein menschliches Ohr mehr hören könnte, jenes: ‚Ich bin getröstet' auch in den Herzen derer, die einsam, aber mit Ihm sterben?"

Daß es sich hier nicht — wie bei Barth, Moltmann oder Bonhoeffer — um die Zukunft der Toten *selbst,* sondern lediglich um die Weiterführung ihrer irdischen *Aufgaben* handelt, scheint klar: Sölle beruft sich auf die Propheten des Alten Bundes, die sich für ihr persönliches Weiterleben nicht interessierten: „Sie lebten weiter im Volk, in der weitergehenden Geschichte des Volkes." Ihr Leben hatte einen Sinn, „nicht, weil dann hinterher meine individuelle Existenz garantiert ist, sondern weil mein Leben *jetzt* soviel Sinn hat"[28].

Ein „postmortales" Dasein — das Wort kommt in Sölles *Stellvertretung* fünfmal vor (162 f., 196) — wird auf den letzten Seiten dieses Buches und in späteren Schriften D. Sölles negiert[29]. Das Verlangen nach bleibendem Glück gehöre zur neuzeitlichen condition humain zwar ebenso elementar wie zur Welt der Antike (196); wir sollten diese Sehnsucht aber nicht festhalten wie ein gefundenes Fressen, zumal ja auch Christus sein Bei-Gott-sein nicht festhielt (197). Die eigentlichste Chance unserer Liebe, meint Sölle, sei dies, daß wir dem Verlangen nach Glück zu entsagen lernten: „Im Sein-für-andere erübrigt sich die Suche nach der eigenen Identität[30]: *die Liebe will den Himmel nicht. Sie braucht ihn nicht . . . sie ‚setzt' auf den hier erscheinenden Himmel.*" (197)[31]

Während Bultmann — im Blick auf die Religionskritik — menschliche *Veranschaulichung* des ewigen Lebens zum Mythos erklärt (vgl. oben S. 127 ff.), wird hier — im Unterschied zu Bultmann, aber auch zu Marxsen oder Mezger[32] — dieses Leben *selbst* eliminiert[33]. Die Jenseitshoffnung wird als „Opium des

---

[28] D. SÖLLE, *Verzicht auf Jenseitshoffnung,* in: G. ADLER (Hrsg.), *Christlich — was heißt das?,* Düsseldorf 1972, 52—61, hier 54 (Hervorhebung von mir).

[29] Es gibt *kein göttliches Gericht in postmortalen Welten,* weil die Lieblosigkeit auf Erden Strafe genug ist (162 f.); es gibt *keine postmortale Seligkeit,* weil diese — wie die Jenseitserwartung überhaupt — im Kontext einer heute nicht mehr möglichen Religiosität steht (196).

[30] Zum *Wahrheitsgehalt* dieser Aussage vgl. unten S. 242 ff.

[31] Hervorhebung von mir. — Ähnlich schreibt Simone de BEAUVOIR in ihrem Buch *Die Mandarine von Paris:* „Die Idee des Heils hatte in mir das Verschwinden Gottes überlebt . . . Der Mensch steht nur Menschen gegenüber, und was es im Himmel gibt oder nicht, das betrifft ihn nicht." (Zit. nach H. FRIES, *Abschied von Gott?,* Freiburg 1971, 53 f.).

[32] M. MEZGER, *Die Freiheit des Auferstandenen,* in: *Auferstehung heute gesagt* (hrsg. v. H. NITSCHKE), Gütersloh ⁴1972, 113 ff., sieht — zunächst wie Sölle — in der Befreiung zum Sein für die anderen den Sinn des Auferstehungsglaubens. Die Freiheit, zu der uns Jesus *ermächtigt* (nicht bloß herausfordert!), trägt jedoch — und in dieser Hinsicht unterscheidet sich Mezger von Sölle — im Leben *und* Sterben: „‚Der Christ', sagt Kierkegaard, ‚wird gerade daran erkannt, daß er sich um das Leben nach dem Tode; Zusatz von mir) keine Sorge macht. Er ist der Sorge des ewigen Lebens und der Zukunft quitt.' Das heißt — muß man das extra sagen? — *nicht*: Das alles sei ihm völlig einerlei. Sondern es heißt: Meine Zukunft ist nicht *meine* Sache. Ob ich lebe oder sterbe — mir ist gesagt: *Du bist nicht allein. Du wirst im Sterben erfahren, daß du vom Leben getragen bist.*" (116; letzte Hervorhebung von mir) — Vgl. auch M. MEZGER, *Der unbekannte Tod,* in: H. NITSCHKE (Hrsg.), *Wir wissen, daß wir sterben müssen,* Gütersloh 1975, 153 ff.: Der Tod sei ein „Freudentag" (156), da er die „völlige Gemeinschaft" mit Christus bringe (157). Zur Kritik an Mezger vgl. aber unten S. 350 Anm. 21.

[33] G. Ebeling hat auf diese *Gefahr* des unanschaulichen Redens in der Eschatologie hingewiesen; vgl. oben S. 128 Anm. 122.

Volkes" verdächtigt, als „Vergeudung der Schätze des Menschen in den Himmel, anstatt sie auf der Erde fruchtbar zu machen"[34]. Allein schon die *Frage* nach dem Leben der Toten scheint bei Sölle verboten[35]: „In was für einer Lage mußt du dich befinden, daß du diese Frage überhaupt stellst? Und warum fällt dir nicht eine andere Frage ein?"[36]

Die Auschwitz-Kinder „sind vergast. Punkt"[37]. Die mythische Sprache, daß Gott unsre Tränen einst wegwischen werde, ist nicht mehr möglich. Der Trost eines Weiterlebens und Wiedersehens kann „niemanden mehr trösten". Denn das „Kind Chaim ist tot; von welchem Gesicht soll Gott die Tränen abwischen? Der so vorgestellte Gott kommt zu spät"[38].

Jeden Trost, jede Hoffnung will Sölle — in ihrer „Theologie nach Auschwitz" — verweigern[39]. Und doch scheint auch Sölle — in einer für sie bezeichnenden Inkonsequenz — der Hoffnung auf künftiges Leben nicht vollends den Abschied zu geben. Das Modell einer mythischen Identifikation des Menschen mit Christus, das auch an der Grenze des *Todes* nicht haltmacht (vgl. Röm 6, 4 f.), kann zwar — als „Wink des Unbewußten" — „nur Ratlosigkeit und Trauer" erwecken, weil wir ihm nicht zu folgen vermögen (153); andererseits schließt bei Sölle, wie gesagt, der „Tod" Gottes die Möglichkeit seiner Rückkehr nicht aus. Dementsprechend verlangt sie vom Christen, er solle weiterhin warten: auf einen neuen Himmel (die Liebe will also doch ihre Ewigkeit!) und eine neue Erde (201). Denn das Weggeschenkte (der Himmel), wenn es nicht mehr das berechenbare Ziel unseres Handelns ist, könnte *von neuem* erscheinen (197 f.)[40]: Die Frage nach dem vertretbaren, aber niemals ersetzbaren Menschen, die Frage nach dem sinnlos Leidenden und Zerstörten, ist nicht zum Schweigen zu bringen[41]. Und

---

[34] D. SÖLLE, *Verzicht auf Jenseitshoffnung,* 53 f.
[35] Vgl. dazu unten S. 304 ff., bes. 309.
[36] D. SÖLLE, *Verzicht auf Jenseitshoffnung,* 53 f.
[37] D. SÖLLE, *Das Recht, ein anderer zu werden,* Neuwied-Berlin 1971, 73.
[38] D. SÖLLE, *Leiden,* 211.
[39] Vgl. dagegen — im Kontrast zu Sölle — J. MOLTMANN, *Der gekreuzigte Gott,* 266 f.: „Es gäbe auch keine ‚Theologie nach Auschwitz' in rückschauender Trauerarbeit und Schulderkenntnis, wenn es keine ‚Theologie in Auschwitz' gegeben hätte", wenn in Auschwitz niemand *gebetet* hätte in der Hoffnung auf reale Erlösung! Auch Auschwitz ist, so Moltmann, hineingenommen in den Schmerz des Vaters und in die Hingabe des Sohnes: „Erst mit der *Auferweckung* der Toten, der Ermordeten und Vergasten, erst mit der *Heilung* der Verzweifelten und lebenslänglich Verwundeten, erst mit der *Abschaffung* aller Herrschaft und Gewalt, erst mit der *Vernichtung* des Todes wird der Sohn dem Vater übergeben ... Dann wird Gott seinen Schmerz in ewige Freude verwandeln ... Gott in Auschwitz und Auschwitz in dem gekreuzigten Gott — das ist der Grund für eine reale ... Hoffnung und der *Grund für eine Liebe, die stärker ist als der Tod und das Tote festhalten kann.*" (Hervorhebung von mir)
[40] Sölle verweist auf Lk 6, 35: „Tut Gutes und leiht, ohne etwas zurückzuerhoffen, und euer Lohn wird groß sein ..."
[41] Vgl. D. SÖLLE, *Leiden,* 208; dsb., *Stellvertretung,* 57 f.: Für die, die mich lieben, bin ich unersetzlich! Denn für sie „bleibt über das jeweils von mir Geleistete hinaus ein Rest da, der sich nicht ins Tun hinein veräußert. Es ist jener Überschuß der Person über alles

der Hoffende kann von der Suche nach seiner eigenen Identität nie befreit werden (55).

VII. Zusammenfassung

Gefragt wurde nach Bestätigung, Ergänzung oder Korrektur der Deutung des Todes, wie Barth sie gibt, durch andere evangelische Systematiker. Fassen wir zusammen:

1. Übereinstimmung mit Barth in der Deutung des Todes

Auf eine Kurzformel gebracht (d. h. unter Ausklammerung von Differenzen im Detail und in der näheren Begründung dieser Formel) könnte man die theologische Interpretation des Todes — von D. Sölle wird zunächst noch abgesehen — so zusammenfassen: Weil Gott das Leben ist, weil er in Jesus Christus jeden einzelnen angenommen hat und im πνεῦμα der Welt gegenwärtig bleibt, ist der Tod zwar das Ende des irdischen Daseins, *nicht aber das Ende der Geschichte Gottes mit dem Menschen*, den er beim Namen, bei seinem Namen, gerufen hat (Is 43, 1; vgl. Apk 3, 5). Weil Gott auch im Tode (bzw. nach dem Tode) begegnet, erhofft der Christ für sich und die Brüder ein Leben in der Herrlichkeit Gottes, die niemals vergeht: in der Herrlichkeit Gottes, die schon der irdischen Existenz ihren letzten Sinn und ihre eigenste Würde verleiht.

Bei aller „Bandbreite" der Interpretation weisen die im zweiten Abschnitt (abgesehen von D. Sölle) besprochenen Antworten auf die Frage des Todes mit der Antwort Barths *gemeinsame Strukturen* auf, gemeinsame Strukturen *in wesentlichen Punkten*, die — in thesenhafter Kürze — so formuliert werden könnten:

1. Der Tod hat etwas mit *Sünde* zu tun, mit der „Sonderung" des Menschen vom lebendigen Gott.

2. Die Trennung von Gott ist in Jesu *Kreuz* überwunden; die Hoffnung auf ein persönliches Leben nach dem Tode gilt als *Wesens*moment des christlichen Glaubens.

3. Der Tod trifft den *ganzen* Menschen (nicht nur den Körper), dessen irdische Existenz im Tode ihr Ende findet.

4. Tod und Leben werden relativiert[1]; die in Christus geschenkte ζωή ist — verglichen mit dem irdischen Leben — das *eigentlichere* und *vollkommenere* Sein.

Geleistete hinaus, der Beziehungen zwischen Menschen überhaupt lebendig macht ... Der unsichtbare und nicht entäußerte Überschuß erinnert daran, daß ich noch nicht zu meiner Vollständigkeit gelangt bin." Aus dieser Sicht würde ein Weitergehen bloß der *Sache* der Toten diesen selbst in keiner Weise gerecht!

[1] Vgl. z. B. K. Barth, KD I/1, 409, und R. Bultmann, (ζωή) in: ThWNT 2, 870.

5. Die Relation des Auferstehungssubjekts zum diesseitigen Leben wird als Identität in der Nicht-identität begriffen: Die Ewigkeit ist etwas qualitativ Neues, das sich der menschlichen Neugier entzieht; das in der Zeit Gewordene (die individuelle Person) wird in der Auferstehung aber *nicht annulliert*, sondern verewigt („aufgehoben" nicht im Sinne von „tollere", sondern von „elevare", könnte man sagen), denn *dieses* Sterbliche soll anziehen Unsterblichkeit (1 Kor 15, 53), *dieser* Mensch — in seiner Einmaligkeit und Unverwechselbarkeit — soll vollendet werden.

6. Bildhafte Ausmalungen des Lebens nach dem Tode werden vermieden; die nicht mehr selbstbezogene Liebe, die — in der Gesinnung Jesu, in der Übernahme des Kreuzes — bis zum äußersten liebt und gerade so ihre eigenste Identität gewinnt, antizipiert jedoch den *Inhalt* des künftigen Lebens schon jetzt.

7. Aufgrund des biblisch bezeugten (in der Theologie jedoch unterschiedlich interpretierten) Ineinander von Zeit und Ewigkeit ist das Neue Leben schon Gegenwart *und* noch ausständige Zukunft.

8. Nach Auffassung der Mehrheit der genannten Autoren wird die Überschreitung der Todesgrenze nicht durch eine *menschliche* Qualität, sondern durch einen besonderen Eingriff *Gottes* bewirkt; dieser Theorie, sofern sie auf eine anthropologische *Vermittlung* der Hoffnung verzichtet, wird von Tillich und Pannenberg (zum Teil auch von Bonhoeffer) widersprochen.

Zumindest in diesen Punkten stimmen Barth und seine Kritiker überein: Barth und Bultmann, Althaus und Elert, Cullmann und Thielicke, Tillich und Bonhoeffer, Ott und Gollwitzer, Bornkamm und Ebeling, Marxsen und Fuchs, Jüngel und Käsemann, Moltmann und Pannenberg, um nur einige zu nennen. Piet Schoonenbergs These, ein „rein diesseitiges" Christentum — ohne Glauben an ein persönliches Fortleben — sei im „liberalen Protestantismus" schon längst eine Tatsache[2], *trifft sicher nicht zu*, es sei denn, unter „liberal" würde die Theologie „nach dem Tode Gottes" verstanden[3], die das protestantische Denken der Gegenwart aber keineswegs repräsentiert[4].

---

[2] Vgl. P. SCHOONENBERG, *Ich glaube an das ewige Leben*, in: Concilium 5 (1969) 45. Schoonenbergs Kritik knüpft an W. *Marxsen* an; vgl. dagegen oben S. 123 Anm. 94 und S. 189 Anm. 14 (zu Marxsen).

[3] Auf die Frage des amerikanischen Magazins NEWSWEEK: „Ist unser Eindruck berechtigt, daß die Theologen zur Zeit versuchen, die Idee der Unsterblichkeit abzuwerten?", antwortete Karl Rahner: „Wenn natürlich jemand von der Gott-ist-tot-Theologie spricht, ... (die) mit Gott nichts mehr anzufangen weiß — in diesem Moment wird alles Reden über ein ewiges Leben substanzlos" (K. RAHNER, *Tod und Unsterblichkeit*, in: ders., *Kritisches Wort*, Freiburg 1970, 191 f.).

[4] Eine Verallgemeinerung ist es, wenn H. ZAHRNT, *Gott kann nicht sterben*, 304, bemerkt: „Früher nahmen in ihr (sc. in der christlichen Theologie) die Frage des Todes und damit die Hoffnung auf ein ewiges Leben und die Behauptung einer jenseitigen Welt einen zentralen Platz ein ... Heute muß man in der Theologie an derselben Stelle weithin Fehlanzeige erstatten." *Auch heute* nehmen bei *fast allen* bekannteren Theologen unseres Sprachraums die Frage des Todes und die Hoffnung auf ewiges Leben einen zentralen Platz ein!

2. Differenzen mit Barth in der Deutung des Todes

Als Ergänzung oder Korrektur der Interpretation des Todes durch Barth haben wir folgende Überlegungen verstanden[5]:

a) Die *existentiale* Interpretation des Todes bei Bultmann (Kritik an Barths dogmatischem „Objektivismus"): Während Barth von der *Offenbarung* her — wie sie in der Schrift objektiv vorliegt — die Bestimmung des Menschen verstehen und sich von der *anthropologischen* Begründung des Glaubens loslösen will, orientiert sich Bultmann am philosophisch betrachteten Selbstverständnis des Individuums, an der Entscheidungsstruktur des menschlichen Daseins. Mit einem subjektiven Vorverständnis vernimmt er die Nachricht von der Überwindung des Todes, denn schon *vor* der Offenbarung (z. B. bei Sokrates) gibt es eine Ahnung, daß der Tod die Probe des Lebens und so die Erfüllung des Menschen ist, sofern er sich dem Tode nicht verweigert, sondern ihn annimmt (137). — Die christliche Offenbarung bestätigt dieses Vorwissen: durch die Botschaft, daß der Tod, die Trennung von Gott, *tatsächlich* überwunden ist: im Kreuz Jesu Christi. Die Freiheit vom Tode ist zwar keine Möglichkeit des Daseins als solchen (weil der Tod im „Gesetz" gründet, in den Existenzbedingungen des natürlichen Menschen), sondern Geschenk der göttlichen Liebe. Diese Grundverdanktheit des Daseins nimmt dem Glaubenden die Freiheit zur *Wahl* nicht ab: Deutlicher als Barth betont Bultmann die Möglichkeit des Verlorengehens, das Entweder-Oder von Verdammnis und Gnade. — Was geschieht aber im Tode selbst? Im „Augenblick" des Todes — Bultmann versteht diesen als „gefüllten" Augenblick (116), der die Vergangenheit (das Ganze des in der Zeit gewordenen Individuums) und die Zukunft (die noch ausständige Erfüllung) versammelt — *begegnet Gott*, und dies bedeutet den Tod des fleischlichen und die Auferstehung des geistigen Menschen (113). Tod und Auferweckung sind also identisch (während für Barth noch etwas Entscheidendes fehlt: die Vollendung der Bruderschaft)[6], einen „Zwischenzustand" gibt es nicht. — Wie man sich die Auferstehung objektiv vorstellt, ist für Bultmann belanglos: „Auferstehung der Toten" (die jüdische Vorstellung) und „Unsterblichkeit der Seele" (die griechische Vorstellung) werden relativiert als mythologische Bilder für die nicht-mythologische Wahrheit, daß Gott uns im Tode das Leben gewährt.

b) Die Interpretation des Todes als „*Ganz-Tod*" bei Elert (Kritik an Barths Verständnis von „Evangelium und Gesetz"): Versteht Bultmann den Tod als „augenblickliche" Begegnung mit Gott (und insofern als Auferstehung), so lehrt Elert das konträre Ereignis: Im Tod findet die *Trennung* des Menschen von Gott ihre tödliche Zuspitzung; der Tod ist Rückfall ins Nichts — bis zur creatio ex

---

[5] Die oben S. 105—194 erörterten Positionen werden in gestraffter und vereinfachter Form zusammengefaßt; die hier unterschiedenen Deutungen sind, wie gesagt (vgl. oben S. 104 Anm. 1), nicht determinierend, sondern akzentuierend gemeint.

[6] Auch Bultmann meint die Vollendung des Menschen *mit all seinen Bezügen*; er reduziert jedoch diese Bezüge auf *personale* Verflechtungen: die Welt der Sachen, die Vollendung des Kosmos interessiert ihn kaum.

nihilo am „Jüngsten Tage" (der für Bultmann keine Rolle spielt). Gegen Barth richtet sich diese Theorie, sofern sie dessen Verständnis vom „Gesetz" als der „Form des Evangeliums" schärfstens negiert. Elert sieht das Gesetz als Widerspruch zum Evangelium, als über den Menschen verhängtes Rachegeschick: Die Sünde ist nach wie vor mächtig (während sie Barth für „unmöglich" erklärt): im Tod werden alle für total *schuldig* erklärt und entsprechend bestraft: durch den Totalverlust ihres Seins. Der Tod ist nicht nur „Zeichen" des Gerichts (Barth), sondern wirkliche Katastrophe; die Rechtfertigung des Sünders wird nicht — wie bei Barth — als reale Veränderung des auf den Tod gerichteten Daseins begriffen, sondern als „forensisches" Als-ob, das den „Gerechten" (der an Gottes Barmherzigkeit glaubt) erst am Ende der Geschichte erlöst. Bewahrt wird — zunächst — nur das Andenken des Menschen in Gottes Urteil, welches den Inhalt und den Ertrag des Lebens, die Entscheidungen zum Heil oder Verderben, bis zum Jüngsten Tag nicht vergißt.

c) Die *universale* Interpretation des Todes bei Tillich (Kritik an Barths „Offenbarungspositivismus"): Darin stimmen Bultmann und Elert überein: mit dem Tode ist die Grundentscheidung des Menschen irreversibel fixiert. Anders Tillich: für ihn gibt es auch *nach* dem Tode eine Entwicklung des Individuums, durch Reinigung von den entstellenden Zügen des irdischen Daseins (146 f.). Die geschöpfliche Freiheit und die umgreifende göttliche Gnade will Tillich — gegen Barth, der beide, Freiheit und Gnade, unvermittelt („offenbarungspositivistisch") nebeneinander stehen läßt — philosophisch vermitteln: Dem Entweder-Oder-Denken von Bultmann und Elert abhold, postuliert er die Teilhabe *aller* (auch des verfehltesten Lebens) an der Seligkeit Gottes, der seinerseits der Rettung der Schöpfung bedarf! Wohl gibt es eine nach dem Grade der individuellen Selbstverwirklichung differenzierte (d. h. mehr oder weniger vollkommene) Erlösung des Menschen, aber — aufgrund der Güte des Seins — keine Hölle. Partizipation (die Kommunikation aller Individuen mit dem Kosmos) und Individualisation (Selbstfindung des je einmaligen Personzentrums) schließen sich bei Tillich nicht aus, sondern bedingen einander: Aufgrund seiner Teilhabe am Universum erfährt das Dasein im Tode die *Potenzierung* des im Leben Erreichten, die *Verwesentlichung* („Essentifikation") und Erfüllung seiner Entwürfe, die Wiedervereinigung mit dem göttlichen Grunde. Gegen Barth wird die „Unsterblichkeit" als menschliche Eigenschaft bejaht: als „Symbol" für die Heimkehr des Zeitlichen ins ewige Sein. Barths Lehre vom universalen Heilswillen Gottes wird in einer Weise entfaltet, die Barth, dem Tillichs (und Schleiermachers) Idee von Gott als dem Korrelat menschlicher Sehnsucht verdächtig erscheint, als „billigen" Universalismus verwirft (143).

d) Die Interpretation des Todes als *menschliche* „Tat" bei Bonhoeffer (Kritik an der Entmündigung des menschlichen Tuns durch Barth): Was Bonhoeffer — trotz wichtiger Differenzen — mit Tillich verbindet und zugleich seine Distanz zu Barth begründet, ist seine theologische Wertung der Welt, des *Natürlichen*, der geschöpflichen Verantwortung als der Wirklichkeit, in der Jesus Christus Gestalt gewinnt (155 f.). Durch Gottes Heilswirken in Christus wird der Mensch nicht „verdrängt", nicht „entmündigt"; Gott handelt nicht ohne den Menschen, er läßt dessen Werk als ein „Vorletztes" bestehen und nimmt es ernst. Dementsprechend versteht Bonhoeffer die Vollendung des Menschen im Tode nicht nur als passives Widerfahrnis, sondern ebenso als eigenste *Tat* der kreatürlichen Freiheit (ohne daß bestritten würde, daß *Gott* es ist, der das „letzte" Wort spricht). Wie zum Leben stets beides gehört: Scheitern und Gelingen, der geglückte Augenblick und die Vergeblichkeit eigener Anstrengung, so werden auch im Tod Leiden und Tat integriert, und gerade so geschieht die Vollendung der Freiheit: im von innen her — in freiwilliger Annahme — *vollzogenen* Tod (besonders im Martyrertod, im Opfer für die Brüder), der dem Menschen nicht bloß „passiert", ihn vielmehr gleichgestaltet mit dem Tode Jesu, der aktive Liebe ist.

e) Die *eschatologische* Interpretation des Todes bei Moltmann und Pannenberg (Kritik an Barths Geschichts- und Offenbarungsbegriff): Moltmanns Hoffnung gegen den Tod gründet — wie bei Bonhoeffer — in der *Treue zur Erde*, in der Solidarität mit den Toten in Vietnam und in Auschwitz. Hinter der Gottesfrage „steht ein konkretes Elend"[7]; denn im Schmerz des Gekreuzigten leidet Gott selbst an der geschundenen Welt. Barth bewahrt sich angesichts dieses Elends die Heiterkeit Mozarts: Das „Nichtige" wird durch des Menschen Geborgenheit in der Ewigkeit Gottes besiegt; die „Auferstehung der Toten" enthüllt die sub specie aeternitatis schon „fertige" Erlösung der Welt. Moltmann bezeichnet diese Sicht als „uneschatologisch"; von Bloch und Hegel beeinflußt, begreift er Gott nicht als ruhendes Sein in zeitloser Ewigkeit, sondern als den „Kommenden" (die Rede vom „werdenden" Gott wird vermieden, liegt aber nahe), der — in einem noch nicht abgeschlossenen, aber sein Ziel mit unfehlbarer Sicherheit erreichenden[8] progressus gratiae — die Welt verändert und den Tod der Individuen überwindet. Erst mit dem endgültigen Kommen seiner Herrschaft wird Gottes Gottheit real (165 f.), und der Tod — als des Menschen „letzter Feind" (1 Kor 15, 26) — für immer besiegt. In Jesu *Auferweckung* ist die Zukunft aber schon angebrochen, sieghaft und irreversibel[9]: Der lebendige Christus garantiert die *Zueignung* der Überwindung des Todes an die seufzende Kreatur; was aber noch fehlt, ist die Erlösung des „Leibes", der sozialen und kosmischen Umwelt, der politischen, ökonomischen und kulturellen Verhältnisse. Weil die Krise des einzelnen von der gesamten Gesellschaft nicht isoliert werden kann, hat die Hoffnung wider den Tod ihr Ziel noch nicht gänzlich erreicht! — Auch nach *Pannenberg* wird in der Auferstehung Jesu antizipiert, was für die Menschheit als ganze noch aussteht. Deutlicher als Moltmann betont er das Kontinuum im Novum, die Heilsbotschaft

---

[7] J. MOLTMANN, *Perspektiven*, 37.

[8] Den „ontologischen Primat" der Zukunft vor der Gegenwart (und damit die Transzendenz Gottes) *glaubt* Moltmann aufgrund der biblischen Verheißung (insofern dem „Offenbarungspositivismus" Barths und Bultmanns folgend); dem Marxismus wirft er folglich eine „Hoffnung ohne Glauben" vor.

[9] Vgl. J. MOLTMANN, *Der gekreuzigte Gott*, München ²1973, wo die *Inkarnation* des Heils in der Geschichte stärker betont wird.

in ihrer *Entsprechung* zum Wesen des Menschen. Unmittelbar an die Adresse Barths gerichtet fordert er eine ontologisch-anthropologische Fundierung des Glaubens an Gott, an die Überwindung des Todes in Christus. Könnte nämlich im Menschen selbst kein „religiöses Apriori" aufgezeigt werden, dann wäre — angesichts der radikalen Kritik am Gottesgedanken überhaupt — die Position des Glaubens verloren.

f) Die *a-theistische* Interpretation des Todes bei Sölle (Kritik am Gottesgedanken überhaupt): Durch Sölles „Theologie" wird Pannenbergs Warnung plausibel. Die Autorität Jesu begründet Sölle nicht in seiner Unmittelbarkeit zu Gott, sondern ausschließlich in seinem menschlichen Beispiel. Dem Denken *Hegels* in ganz anderer Weise verpflichtet als Moltmann und Pannenberg, deutet sie die „Abhängigkeit" Gottes von der weltlich gewordenen Welt so radikal, daß mit dem Versagen des Menschen (dem Gott in seiner Schwäche nicht helfen kann) auch *Gottes* Zukunft verspielt wird. Wie Barth negiert Sölle jeden *ontologischen* Bezug des lebendigen Gottes zum sterblichen Dasein: zugunsten eines rein aktualistisch verstandenen Interesses Gottes am Menschen. Da aber Gottes „Interesse" nicht erfahren wird — so Sölle gegen Barth und alle „Theisten" einschließlich Bonhoeffer — und der Mensch „als solcher" ganz und gar sterblich ist, wird die Hoffnung auf ein jenseitiges Leben (auf „postmortale Existenz") eliminiert. So also rächt sich die dialektische Trennung des Menschen „an sich" vom Menschen „vor Gott".

Und dennoch: die Sehnsucht, der unersetzliche Mensch möge seine Identität einst gewinnen, diese Sehnsucht will auch Sölle nicht lassen. Die anthropologische Vermittlung des Glaubens an die *Überwindung des Todes* (als der totalen Entfremdung des Daseins) bleibt die Sache lebendiger Hoffnung.

Dritter Abschnitt

Barths Deutung des Todes im Spiegel katholischer Theologie, insbesondere der Theologie Karl Rahners

Zu Methode und Zielsetzung

Die Fragestellung des vorigen Abschnitts war: Welches *Echo* finden die Ausführungen Barths zum Todesproblem in der evangelischen Theologie: in ihren bekanntesten Vertretern von Bultmann bis Sölle? Im folgenden soll aus katholischer Sicht, insbesondere von der Systematik K. Rahners her, eine Auseinandersetzung mit Barth erfolgen. Da Rahner sich mit der Deutung des Todes durch Barth nicht ausdrücklich befaßt hat, ist es nicht immer leicht, eine Übereinstimmung oder deren Mangel sicher zu erkennen, zumal der „Pluralismus" der Terminologien, der geschichtlich bedingten Verstehenshorizonte, der vorausgesetzten Denkmodelle usw. „unüberholbar" geworden ist: „Wer kann heute von uns mit genügender Sicherheit z. B. sagen, ob die Grundkonzeption der Rechtfertigungslehre Karl Barths katholisch oder heterodox ist? ... Wer kann genau sagen, daß die letzten Grundpositionen Rudolf Bultmanns wirklich unkatholisch sind ...?"[1]

Freilich: Dieser eben nur angedeuteten Schwierigkeit einer präzisen und sicheren Stellungnahme zu einer bestimmten theologischen Position aus der Optik einer anderen Theologie ist eine — immer noch aktuelle — Bemerkung Rahners gegenüberzustellen, die dieser im Zusammenhang mit der Kontroverse um Küngs *Rechtfertigung*[2] formuliert hat: „Gerade in einer Kontroverstheologie könnte auch die Gefahr sein, daß eine zu neurotische Angst, man sei sich vielleicht ‚eigentlich', ‚im Tiefsten' doch nicht einig geworden, die Einigkeit zerstört, die da sein könnte."[3]

Das „erkenntnisleitende Interesse" (ohne Vorentscheid, ohne „Option" für eine bestimmte *Richtung* des Fragens[4], ohne ein wie immer gelagertes „Interesse" gibt es keine Erkenntnis)[5] der folgenden Überlegungen ist — dies wurde aus den bisherigen Erörterungen schon deutlich — der anhand der Texte zu verifizierende Aufweis einer im Vergleich zu den verbleibenden Differenzen (die wir nicht unterschlagen wollen) weit größeren *Gemeinsamkeit* im theologischen Denken der Gegenwart, einer Gemeinsamkeit, was die Hoffnung angesichts des *Todes* betrifft und — vor allem — was die Konsequenzen betrifft, die sich aus dieser Hoffnung

---

[1] Vgl. K. Rahner, *Der Pluralismus in der Theologie und die Einheit des Bekenntnisses in der Kirche*, in: ders., *Schriften zur Theologie IX*, 11—33, hier 17 f.

[2] H. Küng, *Rechtfertigung. Die Lehre Karl Barths und eine katholische Besinnung*, Einsiedeln 1957.

[3] K. Rahner, *Fragen der Kontroverstheologie über die Rechtfertigung*, in: ders., *Schriften IV*, 237—271, hier 244 f.

[4] Zur Begründung der hier gewählten *Richtung* des Fragens sei nochmals K. Rahner a. a. O., 245, zitiert: „Um das Recht zu haben, in getrennten Kirchen zu leben, müßte man (um es einmal massiv zu formulieren) sicher wissen, daß man eindeutig uneins ist in der Wahrheit, und nicht nur nicht ganz sicher wissen, ob man wirklich ganz eins sei, oder was der andere nun eigentlich ganz genau meine, oder ob man ihn ganz bestimmt richtig verstanden habe. Dieses Prinzip ergibt sich aus der christlichen Pflicht zur Einigkeit in einer Kirche und aus der wesenhaften Unmöglichkeit einer *absoluten* Sicherheit über eine *letzte* innere Überzeugungsgleichheit."

[5] Zur Verklammerung von Erkenntnis und Interesse vgl. J. Habermas, *Erkenntnis und Interesse*, Frankfurt/M. 1968.

ergeben: die Konsequenzen für die Gestaltung des *Lebens* in der Nachfolge Jesu. Damit ist schon das weitere Ziel dieser Überlegungen angesprochen: Am *Exempel* des Todesproblems soll eine Konvergenz der wichtigsten Vertreter der neueren Theologie im Verständnis des Wesens des Christlichen überhaupt aufgezeigt werden: ein, wie im folgenden zu begründen sein wird, *weitgehender* sensus communis im Verständnis des Glaubens, Hoffens und Liebens: eine theologische „Einheit des Bekenntnisses" mindestens etwa auf der Basis jener „Kurzformeln des Glaubens", wie sie Rahner, Kasper, Küng u. a. vorgestellt und erklärt haben[6].

Wenn man die Auseinandersetzung mit Barth und anderen evangelischen Autoren von der Position Rahners her voranführen will, so muß man sich natürlich klar darüber sein, daß Rahner nicht *die* katholische Theologie vertritt, wie ja auch Barth nicht für *die* evangelische Theologie der Gegenwart einstehen kann. H. U. v. Balthasar z. B. setzt die Akzente — Barth manchmal näher als Rahner[7] — durchaus verschieden zu Rahner, wobei freilich die „Bandbreite" der Interpretationen im katholischen Bereich nicht so groß ist wie auf evangelischer Seite: Barth unterscheidet sich — im Verständnis des Todes und der Auferstehung — von Mezger oder gar von Sölle weit grundsätzlicher als v. Balthasar oder Guardini von Rahner oder dessen Schülern. Immerhin: um die Parallelen und die von Rahner abweichenden Varianten auch innerhalb der katholischen Theologie nicht unerwähnt zu lassen, sollen — besonders in den Anmerkungen — auch andere Vertreter derselben (wie Küng, Ratzinger, Fries, Boros, Welte, Schoonenberg, Greshake, Semmelroth u. a.) zu Wort kommen.

Der Aufbau dieses dritten Abschnitts hält sich nicht so streng an die traditionelle Einteilung katholischer Eschatologien — Allgemeinheit des Todes, Tod als Trennung von Leib und Seele, Tod als Ende des Pilgerstandes, Tod als Folge der Sünde —, sondern versucht auf die Fragen und Thesen, die sich im ersten und zweiten Abschnitt ergaben, eine Antwort aus der inneren Logik des *Zusammenhangs* dieser Fragen und Thesen heraus zu entwickeln: Vom Verständnis des Menschen als des von der *Schöpfung* her auf Gott als den Schöpfer *Bezogenen* (welche Beziehung die Hoffnung über den Tod hinaus je schon begründet) ergibt sich die Frage nach der Todverfallenheit *des* Menschen, der in Adam gesündigt hat (Röm 5, 12) und so „der Herrlichkeit Gottes ermangelt" (Röm 3, 23); daraus die Frage nach der Rechtfertigung und Erlösung des Sünders; daraus die Frage nach dem konkreten *Inhalt* dessen, was sich objektiv geändert hat, seit Christus sein Leben gab „zur Vergebung der Sünden" (Mt 26, 28); daraus die Frage nach dem Wesen des *Todes selbst* als der in Christus geschenkten Vollendung des Menschen zum Heil oder — falls der einzelne Gottes Liebe für immer zurückweist — zum Unheil, wobei die aus den herkömmlichen Dogmatiken bekannten Antworten genauer zu reflektieren sind. Von den theologischen Grundpositionen (den Offenbarungsbegriffen) Rahners und Barths ausgehend und dieser eben skizzierten Reihenfolge des Fragens entsprechend wird der folgende Abschnitt gegliedert.

---

[6] Vgl. R. BLEISTEIN, *Kurzformel des Glaubens. Texte*, Würzburg 1971, 86 ff.
[7] Vgl. bes. unten S. 229 ff.

Da diese Punkte eng miteinander zusammenhängen, wird auf späteren Seiten oft expliziert werden müssen, was früher — implizit — schon gesagt wurde. Gelegentliche Wiederholungen von in anderem Kontext schon berührten Gedanken sind nicht zu vermeiden, da solche Rekapitulationen der Eigenart der *transzendentalen Methode* Rahners entsprechen: Was Rahner im einzelnen ausführt, ist im Grunde mit eingeschlossen im *Offenbarungsbegriff*, wie ihn seine „Kurzformeln" zur Sprache bringen. Weil derselbe Gedanke — etwa der Tod als Ende der Zeit — verschiedene Aspekte hat, muß früher Gesagtes wieder aufgegriffen und vertieft werden: Jedes Kapitel dieses Abschnitts soll einen weiteren Gesichtspunkt derselben Grundaussage — Gott hat sich mitgeteilt in der Geschichte und zwar endgültig und unüberbietbar in Christus, der dem Dasein der Welt und des einzelnen absolute Zukunft eröffnet — herausarbeiten, einen jeweils zu verdeutlichenden Aspekt, der in den vorausgehenden Kapiteln einschlußweise und unthematisch schon mitgedacht wurde.

I. Die Offenbarungsbegriffe Rahners und Barths in ihrer Bedeutung für das Todesproblem

Vorbemerkung

Bei Rahner gibt es kaum eine Schrift, in der nicht — direkt oder indirekt — vom Kreuz und vom Tod die Rede wäre. Der Tod, das dialogische „Du" des Menschen und die Zukunft der Welt sind für Rahner *die* (untrennbar zusammenhängenden) Zugänge zum Geheimnis Jesu Christi[1]. Auch dann, wenn es — thematisch — um Gnade und Alltag, Geist und Materie, Freiheit und Schuld, Gottes- und Nächstenliebe u. a. geht, kommt Rahner auf den Tod immer wieder zu sprechen[2].

Im folgenden wird versucht, Rahners Aussagen über Tod und Vollendung von der theologischen Gesamtkonzeption, vom *Offenbarungsbegriff* des Autors her, zu entwickeln. Ausgehend von Rahners Versuch, Christologie und Soteriologie im Wesen des *Menschen* zu vermitteln, soll sein Geschichts- und Zukunftsverständnis

---

[1] Vgl. K. Rahner, *Wer bist Du eigentlich — Jesus?*, in: Geist und Leben 44 (1971) 404—408.

[2] Für eine sachgemäße Darstellung des Todesproblems bei Rahner sind — neben K. Rahner, *Zur Theologie des Todes. Mit einem Exkurs über das Martyrium*, Freiburg ⁵1965; ders., *Tod*, IV. Theol., in: LThK 10 (²1965) 221 ff.; ders., *Tod*, in: *Sacramentum Mundi IV*, Freiburg 1969, 920 ff. — zahlreiche andere Schriften Rahners zu berücksichtigen. — Zum Gesamtentwurf der Theologie Rahners vgl. J. Speck, *Karl Rahners theologische Anthropologie. Eine Einführung*, München 1967; K. Lehmann, *Karl Rahner*, in: H. Vorgrimler — R. V. Gucht (Hrsg.), *Bilanz der Theologie im 20. Jahrhundert. Bahnbrechende Theologen*, Freiburg 1970, 143—181; B. v. d. Heijden, *Karl Rahner. Darstellung und Kritik seiner Grundpositionen*, Einsiedeln 1973; K. P. Fischer, *Der Mensch als Geheimnis. Die Anthropologie Karl Rahners*, Freiburg 1974.

mit demjenigen Barths konfrontiert werden³. Von daher ist das Todesproblem im Rückbezug auf die evangelische Theologie, insbesondere die Theologie Karl Barths, zu erörtern.

1. Die transzendentale Verwiesenheit des Menschen auf Gott

Seiner Ablehnung der analogia *entis* entsprechend (vgl. oben S. 63) stehen bei Barth Diesseits und Jenseits, Menschliches und Göttliches, Endlichkeit und Transzendenz — auch nach seiner Wende zur analogia *fidei* — in unvermittelter Dialektik gegenüber: Das natürliche Geschöpf „an sich" im Unterschied zum vom *Wunder* Gottes überraschten (AdT 125), vom *Geiste* Gottes ergriffenen und von der Gnade Gottes *angesprochenen* Subjekt[1] kann weder von Gott noch von der Auferstehung der Toten etwas wissen. Der Mensch „als solcher" hat kein Jenseits, ist ganz und gar sterblich — und darf dennoch (im Blick auf die Christusoffenbarung) hoffen, daß Gott in seinem Leben „und endgültig, ausschließlich und total in seinem Tode" sein treues Gegenüber „war, ist und sein wird" (KD III/2, 770 f.).

Solche Dialektik, deren mögliche Konsequenz uns bei D. Sölle begegnet, ist aus der Sicht Rahners[2] *offenbarungspositivistisch*[3]. Mit der Lehre von der analogia fidei, von der Relation Gottes zur Schöpfung aufgrund einer *nova creatio* des Glaubenden im Offenbarungsakt, wird der Positivismus — im Verständnis Rahners — nicht überwunden, sondern das Problem nur verschoben[4], sofern jetzt wieder nach der Bedingung der Möglichkeit solcher Neuschöpfung gefragt werden muß. Um über die Trennung des Menschen „als solchen" (des total *sündigen* Adam, der den Tod und nichts als den Tod zu erwarten hat) vom in Christus *begnadeten* Subjekt (für dessen Glaube der Tod das „bloße Zeichen" des Gerichtes ist)[5] hin-

---

[3] H. BROWARZIK, *Glauben und Denken. Dogmatische Forschung zwischen der Transzendentaltheologie Karl Rahners und der Offenbarungstheologie Karl Barths*, Berlin 1970, bietet eine Gesamtdarstellung der Offenbarungsverständnisse Barths und Rahners; vgl. bes. ebd., 130 ff., wo die Differenzen, aber auch die (vom Verfasser betonten) Gemeinsamkeiten beider Offenbarungsverständnisse zusammengefaßt werden.

[1] Diese Unterscheidung, wie sie auch in der *Kirchlichen Dogmatik* und in der *Kurzen Erklärung des Römerbriefes* (1956) immer wieder anklingt, steht in Spannung, wenn nicht in Widerspruch, zum *christozentrischen* Ansatz, wie er oben S. 61 f. beschrieben wurde: Barth selbst lehrt doch — mit Paulus — „die größte Neuigkeit: dies nämlich, daß Gott sich faktisch auch ihm (dem Heiden, dem „natürlichen" Menschen; Zusatz von mir) längst, ja immer, von der Erschaffung der Welt her bezeugt und offenbart hat. Die Welt, die ihn immer umgab, war immer Gottes Werk und damit immer Gottes Selbstzeugnis." (K. BARTH, *Kurze Erklärung des Römerbriefes*, 28)

[2] Vgl. zum Ganzen K. RAHNER, *Grundlinien einer systematischen Christologie*, in: K. RAHNER—W. THÜSING, *Christologie — systematisch und exegetisch*, Freiburg 1972, 17—78.

[3] Vgl. oben S. 137 ff. zu Tillich, Bonhoeffer und Pannenberg.

[4] Vgl. K. RAHNER, *Zur Lage der Theologie. K. Rahner antwortet E. Simons*, Düsseldorf 1969, 13. — Vgl. die Diskussion um den „Anknüpfungspunkt" (Brunner), die „Uroffenbarung" (Althaus) und das „Vorverständnis" (Bultmann).

[5] Vgl. K. BARTH, KD III/2, 724 u. a.

auszukommen, will Rahner das Dogma vom Sieg Jesu Christi über Sünde und Tod nicht als „Ärgernis des Glaubens" einfach behaupten, sondern „transzendental", d. h. im Rückstieg auf das Wesen des Menschen[6], „vermitteln" — analog der Intention Bultmanns[7] und Pannenbergs.

Um ein Beispiel zu nennen: Am 1. Kapitel der Pastoralkonstitution *Gaudium et spes*[8] tadelt Rahner, daß zunächst — „ganz richtig" — eine Anthropologie entwickelt werde (von Vernunft, Gewissen, Freiheit und Tod ist die Rede), zu guter Letzt aber, „ganz plötzlich und unvermittelt"[9], Jesus Christus — wie der deus ex machina des griechischen Dramas — als Lösung aller Probleme erscheine: als ob es von vornherein *selbstverständlich* wäre, daß die Geschichte der Menschheit und ihres Heils in einem bestimmten Menschen — Jesus von Nazareth — konzentriert und erfüllt ist[10]. Gegen derartige Sorglosigkeit will Rahner die Vernünftigkeit des Glaubens als des Vertrauens auf Gott, der die Toten lebendig macht (Röm 4, 17), im *Selbst*verständnis des Menschen und seiner Geschichte erschließen. Freilich: daß das „Heil" zur „verfügbaren Möglichkeit" des Geschöpfs (statt zur „gegen alle Hoffnung" erhofften Möglichkeit *Gottes*)[11] würde, daß Offenbarung zur bloßen Funktion menschlicher Selbstvermittlung würde, und daß wir nicht mehr in Frage gestellt wären durch *Gott*, dies bestreitet Rahner — gegen *Simons* u. a. — entschieden[12]. Aber wer ontologische Überlegungen als methodischen Aus-

---

[6] Zur „transzendentalen Methode" vgl. K. RAHNER, *Zur Lage der Theologie*, 28 ff.; ders., *Geist in Welt. Zur Metaphysik der endlichen Erkenntnis bei Thomas von Aquin*, München ³1964; ders., *Hörer des Wortes. Zur Grundlegung einer Religionsphilosophie*, neu bearbeitet von J. B. METZ, München ²1963; dazu kritisch E. SIMONS, *Philosophie der Offenbarung. Auseinandersetzung mit Karl Rahner*, Stuttgart 1966; H. U. v. BALTHASAR, *Cordula oder der Ernstfall*, Einsiedeln 1966; A. STOCK, *Kurzformeln des Glaubens. Zur Unterscheidung des Christlichen bei Karl Rahner*, Einsiedeln 1971. — „Man mag es bedauern, daß K. Rahner wenig auf Auseinandersetzungen mit ihm selbst direkt und eigens eingeht"; die fällige Auseinandersetzung verbirgt sich „in einem zumeist unbemerkten tieferen Bedenken des in Frage stehenden Sachverhalts". (K. LEHMANN a. a. O., 179). — Zum Ganzen K. LEHMANN a. a. O., 158 ff. („Die transzendentale Fragestellung"), 164 ff. („Anthropologisch orientierte Dogmatik").

[7] Wegen seiner ausschließlich harmatologischen Beurteilung des menschlichen Tuns kommt Bultmann über den Positivismus aber doch nicht hinaus; vgl. oben S. 110 ff.

[8] K. RAHNER—H. VORGRIMLER, *Kleines Konzilskompendium*, Freiburg-Basel-Wien 1966, 459 ff.

[9] K. RAHNER, *Zur Lage der Theologie*, 11.

[10] Vgl. K. RAHNER, *Ein „Jahr des Glaubens" und sein Sinn*, in: ders., *Kritisches Wort*, 75 f.

[11] Vgl. z. B. K. RAHNER, *Zu einer Theologie des Todes*, in: ders., *Schriften X*, 181 ff., hier 189 f.: *Theologische* Hoffnung „ist die frei vertrauende Liebe zum ,Unmöglichen', d. h. zu demjenigen, was aus den vorgegebenen dem Menschen selbst zur Verfügung gegebenen Möglichkeiten nicht mehr zusammengebaut werden kann, heißt *Erwartung des absolut Geschenkten*, ... heißt das Bauen auf das Unergründliche, das Sicheinlassen auf das Unverfügbare." (Hervorhebung von mir)

[12] Rahners Antworten auf die kritischen Fragen E. Simons' (K. RAHNER, *Zur Lage der Theologie*, 26 ff.) weisen interessante Parallelen zu *Bultmanns* Antwort auf die Anfrage G. Kuhlmanns (vgl. oben S. 107 ff.) auf.

gangspunkt theologischen Denkens *generell* ablehnt (wie Barth)[13], weil sie mit Gottes Souveränität nicht vereinbar seien, befreit sich — so Rahner — nicht für die reine Herrschaft des Wortes Gottes, sondern gerät in Gefahr, von „unausgesprochenen und so viel gefährlicheren metaphysischen Vorurteilen" gefangen zu werden[14].

Wenn Rahner die Christusoffenbarung nicht autoritär-biblizistisch voraussetzt: als unverstandenen erratischen Block, als dem Menschen äußerliches Gesetz, als willkürliche Ordnung Gottes, so meint er damit nicht, daß Gott und die Bestimmung des Menschen auch außerhalb des gläubigen Existenz*vollzuges* wahrhaft erkannt werden könnten[15]: Den Menschen als den von Gottes Gnade immer schon Erreichten und von der Frage nach Unsterblichkeit[16] immer schon Bewegten verstehen, schließt für Rahner mit ein (ja setzt es voraus), daß die konkrete — zwischen Licht und Dunkel stehende — Freiheit ihren Bezug auf Gott auch *bestreiten* kann[17], sei es mit oder ohne Verschulden[18]; freilich bliebe der Mensch dann hinter seinen Möglichkeiten zurück[19]! Die Möglichkeit von Offenbarung als Anspruch Gottes im Selbstverständnis des Menschen erschließen, meint — um weitere Mißverständnisse auszuräumen — kein rationalistisches System ohne offene Fragen, ohne Geheimnis als unbeherrschbaren, alles beherrschenden Horizont des Begreifens[20]. Dies schließt aber die „intellektuelle Redlichkeit" nicht aus, die

---

[13] Vgl. oben S. 61. — Zum Ganzen vgl. H. U. v. BALTHASAR, *Karl Barth*, 278 ff., wo Barths Verständnis von „Natur und Gnade" mit dem katholischen Verständnis dieses Fragenkomplexes konfrontiert wird.

[14] K. RAHNER, *Theologische Prinzipien der Hermeneutik eschatologischer Aussagen*, in: ders., *Schriften IV*, 401 ff., hier 407.

[15] Vgl. z. B. K. RAHNER, *Zur Lage der Theologie*, 31. — Würde die Glaubensentscheidung (die nie zu erzwingen ist) als Positivismus gesehen — aufgrund agnostischer Denkvoraussetzungen —, dann wäre, nach dieser Definition, auch Rahner „Offenbarungspositivist"!

[16] Vgl. unten S. 316 ff.

[17] Insofern würde Rahner R. SCHNEIDER zustimmen, der in seinem Buch *Winter in Wien* (S. 69, zit. nach H. GOLLWITZER, *Krummes Holz — aufrechter Gang*, 27) schreibt: „Der Glaube an Auferstehung setzt den Wunsch nach Auferstehung voraus — oder die Angst vor dem Nichts. Aber weder dieser Wunsch noch die Angst verstehen sich von selbst; in der Definition des Menschlichen, soweit sie überhaupt möglich ist, sind sie nicht eingeschlossen. Menschentum kann ich darstellen, formen, ohne von der Frage nach Unsterblichkeit beunruhigt zu werden: hier ist die Grenze der Verkündigung, der Mission, des Wortes, des Christentums." — Vgl. B. WELTE, *Im Spielfeld von Endlichkeit und Unendlichkeit*, Frankfurt/M. 1967, 106: Die Stimme des Vertrauens ist „nicht zwingend. Darin ist sie eine leise Stimme ... Dieser leisen Stimme widerstreitet der negative Entschluß des Verzweifelten."

[18] Zum Problem der „anonymen Christen", die ohne Schuld ihre faktische Annahme der Botschaft Jesu theoretisch nicht einholen, vgl. z. B. K. RAHNER, *Die anonymen Christen*, in: ders., *Schriften VI*, 545—554.

[19] Vgl. oben S. 181 bei Pannenberg.

[20] Vgl. K. RAHNER, *Schriften IV*, 409 f.: Offenbarung ist „nicht die Überführung des bisher Nicht-gewußten in das Stadium des nun Gewußten und durchschaut Verfügbaren, sondern das erste Aufgeben und Nahekommen des Geheimnisses als eines solchen". Dies

das „Ärgernis des Kreuzes" nicht an die falsche Stelle verlegt, dorthin, wo noch legitime Vermittlungsarbeit zu leisten ist.

Wenn theoretische Vernunft und existentieller Vollzug nicht getrennt werden, dann wird der Glaube, der verstehen[21] will (fides quaerens intellectum), „Natur" und „Gnade", Unendlichkeitsverlangen als *menschliches* Existential und Unsterblichkeit (Auferstehung) als *göttliche* Gabe, nicht als zwei Schichten begreifen: als ob der faktische Mensch (das Geschöpf „an sich") ein geschlossenes und selbstgenügsames System seines „natürlichen" Daseins entwerfen könne, über welches die Gnade dann aufgebaut wäre[22]. Den „rein natürlichen" Menschen gibt es für Rahner nicht. Der Mensch als solcher ist vom Schöpfergott immer schon angesprochen[23], ob er diesen Ruf hören will oder nicht. Das Dasein als *ganzes*, und zwar nicht bloß in einem vagen „delighting in God" (W. Hamilton)[24], sondern in einer letzten „Bedürftigkeit" und „Abhängigkeit" (Barth)[25], ist verwiesen auf das Geheimnis seiner eigenen Tiefe: auf Gott als den Grund allen Seins.

Mit seiner Betonung der *Einheit* von natürlichem und begnadetem Subjekt steht Rahner dem — von diesem aber nicht durchgehaltenen — Ansatz Bultmanns näher als Barth: Bultmann begründet (mit Bezug auf Paulus) diese Einheit darin, „daß an den Menschen Gottes Anspruch ergeht. Das Ich ist von vornherein nicht als isoliertes oder isolierbares Etwas gesehen, das erst einmal vorhanden ist, und an das dann auch noch ein Anspruch Gottes kommt, sondern es ist, was es ist, ein Ich, nur, sofern Gottes Anspruch ihm gegenübertritt."[26] Denn in Christus ist

gilt insbesondere für die Offenbarung *eschatologischer* Ereignisse: Vgl. K. Rahner, *Über den Begriff des Geheimnisses in der katholischen Theologie*, in: ders., *Schriften IV*, 51—99.

[21] Was das Verstehen betrifft, „weiß man zum Beispiel doch, daß einen anderen Menschen erkennen, ihn etwa heiraten, *eine* Sache ist, und eine andere: gleichzeitig wissen, daß man sich da auf ein Fremdes einläßt, auf etwas, was man noch gar nicht genau und endgültig verstanden hat und was noch große Überraschungen bieten kann. Dennoch kann das alles nicht in einem Harakiri der Absurdität des Glaubens, sondern muß in einer positiven Weise, aus einem Verstehen kommend, geschehen." (K. Rahner, *Zur Lage der Theologie*, 33)

[22] K. Rahner, *Natur und Gnade*, in: ders., *Schriften IV*, 209—236, hier 218 f.; vgl. H. Fries, *Die Offenbarung*, in: *Mysterium Salutis I*, 159—238, hier 163 ff. (zur Unterscheidung von natürlicher und übernatürlicher Offenbarung) und 171 ff. (zur Problematik der Hilfskonstruktion einer „natura pura" in DS 1926, 1955). — Daß es keine von der Christusoffenbarung schlechthin unabhängige und selbständige „natürliche" Offenbarung gibt, würde Rahner Barths Deutung von Röm 1, 19—21 (vgl. K. Barth, *Kurze Erklärung des Römerbriefes*, 26 f.) ohne weiteres konzedieren.

[23] Vgl. J. B. Metz, *Freiheit*, in: HThG I, 403 ff.: „Der Mensch steht Gott nicht in einer geschlossenen, intentional gesättigten Subjektivität gegenüber, die sich rein nachträglich in transeunt eröffneten Akten (*actus secundi*) auf ihn bezieht; der Mensch ist vielmehr in seinem Sein (im *actus primus* der ontologischen Konstitution seiner Subjektivität) auf Gott bezogen."

[24] Zit. nach S. Daecke a. a. O., 48: Nach Hamilton „brauchen" wir Gott nicht mehr, dürfen uns aber weiterhin seiner „erfreuen" (enjoy).

[25] K. Barth, KD II/1, 420; vgl. oben S. 150 zu Bonhoeffer.

[26] R. Bultmann, *Die Bedeutung der „dialektischen Theologie" für die neutestamentliche Wissenschaft*, in: ders., GV I, 114—133, hier 132.

kein anderes Licht erschienen „als es in der Schöpfung immer schon leuchtete. Der Mensch lernt sich im Lichte der Erlösungsordnung nicht anders verstehen, als er sich immer schon verstehen sollte angesichts der Offenbarung in Schöpfung und Gesetz"[27]. Wenn also der Mensch vom schöpferischen Heilswillen Gottes immer schon *aufgelichtet* und zur Gemeinschaft mit Gott von Anfang an berufen ist, dann, so folgert Rahner, ist das Angesprochensein von Gott eine *transzendentale Grundbestimmung* des Daseins als solchen, und Gottes absolute Selbst-mitteilung ist auch vom *Menschen* her *möglich*[28]. Trotz ihrer Kreatürlichkeit, ihrer Sündigkeit[29] und ihrer radikalen Gefährdung ist die menschliche Natur die wesentlich *offene* und von der Person des Wortes Gottes *annehmbare*[30]!

Während für Barth Gottes Offenbarung als des Menschen Errettung „so ganz und gar nichts mit einer allgemeinen Idee von Gott und vom Menschen zu tun" hat[31], argumentiert Rahner transzendental-anthropologisch: Die Selbstmitteilung Gottes in Jesus Christus als räumlich und zeitlich partikuläres Ereignis ist der *kategoriale* Höhepunkt der *transzendentalen* Offenbarung, d. h. des koextensiv zur menschlichen Geistesgeschichte zu denkenden Gnadenverhältnisses Gottes zur Welt[32]. In der Geschichte des Zusichkommens der Menschheit ist die Christusoffenbarung der „einmalig höchste Fall" des Wesensvollzugs der *menschlichen* Wirklichkeit[33]. Denn Christus ist *der* Mensch (Bonhoeffer)[34], in dem die Menschheit ihre Zukunft berührt und darin sie selbst wird, ihre eigenste Möglichkeit erreicht[35]. Wohl sind Kreuz und Auferstehung — um die Bedeutung des Offenba-

---

[27] R. BULTMANN, *Der Begriff der Offenbarung im NT*, in: ders., GV III, 29. — Daß diese Auffassung Bultmanns im Sinne der Transzendental-Theologie Rahners verstanden werden *kann*, bestätigt A. GRILLMEIER, *Die Wirkung des Heilshandelns Gottes in Christus*, in: *Mysterium Salutis III/2*, 327 ff., hier 328 f.

[28] Damit wird nicht bestritten, daß das Verstehen die *Struktur des Hörenden* an sich trägt, die endlich und bedingt ist: „Quidquid recipitur, ad modum recipientis recipitur." Mit Thomas von Aquin setzt Rahner voraus, „daß der Akt des Hörens dieser übernatürlichen Offenbarung selbst auch subjektiv übernatürlich, d. h. von der göttlichen ... Gnade getragen ist". Der Mensch wird von Gott zu einer neuen Kreatur umgeschaffen, was „darum unbeschadet seiner bleibenden menschlichen Natur möglich ist, weil diese Natur bei bleibender Menschlichkeit wegen ihrer unbegrenzten Transzendenz immer schon *capax infiniti* (wenigstens *in potentia oboedientiali*) ist" (K. RAHNER, *Schriften IV*, 405 ff.). — Vgl. zum Ganzen W. PANNENBERG, *Reden von Gott angesichts atheistischer Kritik*, in: Evg. Kommentare 2 (1969) 442 ff.

[29] Vgl. unten S. 218 ff.

[30] Vgl. K. RAHNER, *Schriften IV*, 142 ff.

[31] K. BARTH, KER, 57.

[32] K. RAHNER, *Zur Lage der Theologie*, 4.

[33] Vgl. K. RAHNER, *Zur Theologie der Menschwerdung*, in: ders., *Schriften IV*, 137 bis 155, hier 142. — Warum der kategoriale Gipfel der Offenbarung ausgerechnet in Jesus von Nazareth erreicht wird, sei schwieriger einzusehen als die Möglichkeit von Offenbarung überhaupt: „Die *Idee* des Gottmenschen und die Anerkennung gerade Jesu ... sind zwei verschiedene Erkenntnisse. Und erst durch die zweite Glaubenserkenntnis ist man ein Christ" (*Schriften V*, 217).

[34] Vgl. D. BONHOEFFER, *Ethik*, 22 f.

[35] Vgl. K. RAHNER, *Schriften IV*, 150 f.; dazu J. RATZINGER, *Einführung in das Christentum*, München 1968, 194 f. — Zur Kritik H. U. v. Balthasars (der hier eher die Position

rungsbegriffs für das Todesproblem zu explizieren — bei Jesus in einer so einmaligen und abgründigen Weise gegeben, daß *seine* Liebe, die uns den Frieden mit Gott erwirkt (Röm 5, 1—11), unendlich größer ist als alle menschliche Liebe, die uns sonst noch begegnet (dies zu unterstreichen wird Barth nie müde)[36]; dennoch ist Jesu Tod nicht etwas *schlechthin* anderes, dennoch geschieht auch bei Christus etwas, „was wir Menschen *alle* erfahren"[37]. Und auch seine Auferstehung ruft, um einen für die Botschaft des Evangeliums offenen Adressaten zu haben, jenes Selbst-verständnis, jenes „Urvertrauen" des Menschen in einen Sinn seines Lebens zu deutlicherem Vollzug, „das doch fast überall in der Menschheitsgeschichte anzutreffen ist, wenn der Mensch die Toten in irgendeiner Form weiterleben läßt."[38] Die Offenbarung Gottes in Jesu *Kreuz* (das Rahner nicht als „Widerspruch", sondern als „inneres Moment" der Auferweckung versteht, die ihrerseits wieder „mit einer inneren Wesensnotwendigkeit" dem Menschen Jesus entspricht)[39] bedeutet folglich nicht nur das „Gericht", die „Verurteilung" und den „Tod des alten Menschen" (KD II/1, 434), sondern sie sagt — darüber hinaus — dem „in potentia oboedientiali" unendlichen Menschen, was mit seinem Wesen konkret gemeint ist. Sie bringt ihn zur Erfahrung seiner möglichen Ewigkeit, indem sie ihm die in Jesus *erfüllte* Ewigkeit offenbart[40].

Wer sich dem Sinn seines Lebens in einer letzten Verzweiflung[41] versagt, „kann auch Jesus nicht als den in das Leben Gottes hinein Gestorbenen und so als die endgültige Selbstzusage Gottes ... an den Menschen erkennen."[42] Und umge-

---

Barths vertritt) an Rahners transzendental-anthropologischer Christologie vgl. unten S. 230 ff.

[36] K. BARTH, KER, 60: Das Wunder der göttlichen Liebe in Jesu Tod ist „unveranlaßt, unbegründet, unableitbar aus irgendwelchen menschlichen Gründen, ungleich aller Liebe und allen Wundern, die uns sonst begegnen mögen".

[37] K. RAHNER, *Passion des Menschensohnes*, in: ders., *Gnade als Freiheit*, 191—198, hier 192 (Hervorhebung von mir). — Vgl. unten S. 233 f.

[38] K. RAHNER, *Das Leben der Toten*, in: ders., *Schriften IV*, 429—437, hier 430 f. — Vgl. E. BENZ, *Die Todesvorstellungen der großen Religionen*, in: J. SCHLEMMER (Hrsg.), *Was ist der Tod?*, München 1969, 147 ff.: Daß der Tote — in welcher Form auch immer — lebendig ist, setzen fast alle Religionen voraus, wie die verschiedenen Bestattungsarten beweisen.

[39] K. RAHNER, *Auferstehung Christi*, in: LThK 1 (²1957) 1039. — Rahner tritt hier, wie A. STOCK, *Kurzformeln des Glaubens*, 61 f., richtig bemerkt, in Gegensatz (oder doch in Spannung) zu J. MOLTMANN, ThH 181 ff., der — genau wie Barth — einen „totalen Widerspruch" zwischen Kreuz und Auferweckung, Gottverlassenheit und Gottesnähe, behauptet. Moltmann sieht in Jesu Auferweckung (vgl. oben S. 168 ff.) einen „besonderen Eingriff Gottes", der aus dem *Nichts* neues Leben schafft (ein für Rahners Transzendentalismus unvollziehbarer Gedanke!): nur so werde die Tödlichkeit des Todes Jesu und das überraschend Neue seiner Auferweckung ernst genommen.

[40] K. RAHNER, *Schriften IV*, 434. — In vergleichbarer Weise beschreibt Bultmann die thematische Selbständigkeit der Theologie gegenüber der philosophisch gewonnenen Analyse des Daseins; vgl. oben S. 108 ff.

[41] Vgl. aber unten S. 305 Anm. 11.

[42] K. RAHNER, *Bietet die Kirche letzte Gewißheiten?*, in: K. RAHNER — O. SEMMELROTH (Hrsg.), *Theologische Akademie IX*, Frankfurt 1972, 108 ff., hier 116; ähnlich H. KÜNG,

kehrt: wer in der Kraft göttlicher Gnade den Sinn seines Daseins vertrauend bejaht, dem wird sich im Leben und Sterben des konkreten Christus die Liebe Gottes enthüllen[43]. Im Blick auf die Existentialien des Menschseins, noch vor der „kategorialen" Offenbarung der Schrift, läßt sich zum Todesproblem deshalb soviel sagen: Obwohl wir allen Grund haben, unser Sterben zu *fürchten*[44], dürfen wir doch hoffen, daß der Gesamtertrag des irdischen Lebens, das personale Prinzip des Menschen, im Tode nicht einfach zerstört wird[45]. Vorsichtiger formuliert: als geschichtliches Wesen weist der Mensch eine innere Tendenz zur Ganzheit, Endgültigkeit und Erfüllung seines Wesens auf[46]; zu seinem Selbstverständnis gehören der Rückblick in die Vergangenheit (Anamnese) und der Vorblick in die noch ausständige Zukunft (Prognose)[47]: Der Mensch lebt im Vorgriff auf die Vollendung; anamnetisch behält er seine Vergangenheit[48] und prognostisch läßt er die Zukunft schon dasein[49]. Wird diese Vergangenheit und Zukunft mit einem „wachen Geist" und einem „demütigen Herzen" gesehen[50], dann ist an die Wahrheit der *Liebenden* zu erinnern[51], die in den großen Augenblicken ihrer Liebe einem „Unausschöpflichen" und letztlich „Unzerstörbaren" auf den Grund blicken[52].

Christ sein, München 1974, 64 ff. (gegen den Offenbarungspositivismus der „Dialektischen Theologie"). — Vgl. oben S. 180 zu Pannenbergs These vom Prae des vorläufigen (zum *Menschsein* gehörenden) Wissens von Gott — noch „vor" der Autorität Jesu.

[43] Vgl. K. RAHNER, *Grundlinien einer systematischen Christologie*, 38 f. — Man beachte den für Rahner bezeichnenden Zirkel von transzendental aufgewiesenem *Selbst*verständnis des Menschen (als des über sich hinaus auf den absoluten Grund seines Daseins verwiesenen Wesens) und kategorialer *Bestätigung* dieses Selbstverständnisses im apostolischen Zeugnis des NT. — Diesen Zirkel dürfte W. KASPER, *Jesus und der Glaube*, 28, zu wenig beachten, wenn er — *gegen* Rahners „transzendentale Christologie von unten, die vom Wesen des Menschen ausgeht" — bemerkt: Erst „aus der Botschaft und aus dem Geschick Jesu (wissen wir) endgültig, wer Gott ist. Sowohl, was der Mensch ist, wie was Gott ist, wissen wir endgültig erst durch Christus." Vgl. ders., *Jesus der Christus*, Mainz ⁴1975, 56 ff. (zur Kritik an Rahners Christologie).

[44] Vgl. unten S. 218 ff.

[45] Genaueres unten S. 251 ff.

[46] Die Geschichtlichkeit des Menschen, die in philosophischer Phänomenologie zu erhellen ist, impliziert eine Endlichkeits- *und* Unendlichkeitsstruktur; vgl. A. DARLAPP, *Geschichtlichkeit*, in: LThK 4 (²1960) 780—783.

[47] Zum folgenden vgl. K. RAHNER, *Schriften IV*, 410 f.; dazu oben S. 116.

[48] H. U. v. BALTHASAR, *Das Weizenkorn*, Einsiedeln ²1953, 110: „Die Vergangenheit ist nichts weniger als ein fait accompli, sie bleibt die lebendige Wurzel unserer Zukunft."

[49] Vgl. oben S. 166 zu Moltmanns (und Pannenbergs) Begriff der Antizipation; vgl. auch oben S. 181 Anm. 104.

[50] Vgl. zum folgenden K. RAHNER, *Schriften IV*, 429 ff.

[51] Die hier vorausgesetzte *Einheit von Gottes- und Nächstenliebe* ist — ebenso wie die untrennbare Verflechtung von „Eros" und „Agape" — noch genauer zu begründen und in ihrer Relevanz für das Todesproblem zu explizieren; vgl. unten S. 328 ff.

[52] So auch J. Moltmann (vgl. oben S. 174), der freilich — hier noch Barthianer — eine in der „Substanz" des Menschen begründete „Unsterblichkeit" ablehnt (vgl. oben S. 173 Anm. 60).

Warum, fragt Rahner, kapituliert die letzte Treue nicht vor dem Tod[53]? Warum fürchtet die wahre Großmut die scheinbar so hoffnungslose Vergeblichkeit aller Bemühungen nicht? „Zeigt nicht gerade derjenige, der wirklich *gelassen* seinem Ende entgegenblickt, daß er mehr ist als Zeit ...? Und ist nicht umgekehrt das am Tod das eigentlich Tödlich-Schmerzliche: daß er in seiner unverfügbaren, dunklen Zweideutigkeit *das* zu nehmen scheint, was in uns schon zu erfahrener Unsterblichkeit gereift ist? Nur weil wir schon in unserem Leben Unsterbliche geworden sind, ist das Sterben und der in ihm drohende und nie durchblickbare Schein des Untergangs für uns so tödlich." Wären aber Liebe, Treue und Güte nur zerrinnende Zeit, dann wären sie „nicht einmal als Schein und Einbildung verstehbar, da auch dieser eingebildete Schein seinen Grund braucht, auf dem er steht, (bloße) Zeit aber auch nicht den Schein der Ewigkeit geben könnte, gäbe es diese überhaupt nicht, lebte nicht die Zeit von der Ewigkeit."[54]

2. Die Dynamik der Freiheit: die Selbsttranszendenz der Welt (und des Individuums) in die Zukunft Gottes hinein[55]

Die Hoffnung über den Tod hinaus sieht Rahner — anders als Barth — in der Unendlichkeitsstruktur, in der „Selbsttranszendenz" des menschlichen Daseins, impliziert, ohne daß dieser Ansatz zur *christologischen* Begründung der Hoffnung — Überwindung des Todes in Kreuz und Auferweckung Christi — in Konkurrenz träte[56]: Mit der These einer transzendentalen Verwiesenheit des Menschen auf Gott wird die Anthropologie auf die Christologie hin vermittelt, auf die Zukunft Gottes hin, die zugleich die fortschreitende Interpretation des Menschen durch Gottes Gnade ist. „Das unumfaßbare Woraufhin der menschlichen Transzendenz", so erklärt Rahner in einer Kurzformel des Glaubens[57], „heißt

---

[53] Man kann, wie K. RAHNER, *Schriften IV*, 432, betont, solche Erfahrungen nicht „theoretisch neutral andozieren", sondern jeder muß sie persönlich vollziehen; weil sie eine persönliche Entscheidung verlangen, sind solche Gedanken nicht — im streng logischen Sinne — *zwingend*. Das ist nicht verwunderlich, weil die tiefste und gültigste Wahrheit „die freieste sein *muß*" (vgl. dazu bes. K. RAHNER, *Bietet die Kirche letzte Gewißheiten?*, in: *Theologische Akademie IX*, 108 ff.).
[54] K. RAHNER, *Schriften IV*, 432. 434; ähnlich ders., *Schriften X*, 195 ff.; vgl. unten S. 350.
[55] Daß Rahner die individuelle und kosmische Vollendung in einem analogen Verhältnis sieht, wurde schon in der Einleitung (vgl. S. 35) gesagt.
[56] Wenn es bei A. STOCK a. a. O., 65 (im Anschluß an Moltmann) heißt: „Nicht dies ist das Zentrum der Verkündigung Jesu, daß die transzendentale Unendlichkeit des Endlichen an ihr Ziel kommt, sondern daß die ,die am Ende sind', gerettet und erlöst werden aus Elend und Verlassenheit, Unterdrückung und Entfremdung, aus Angst und Schuld, Krankheit und Tod", so kann es für Rahner einen kontradiktorischen Gegensatz hier nicht geben: die *Erlösung*, wie Stock (mit Moltmann) sie beschreibt, ist nichts anderes als die „kategoriale" Konkretheit der „transzendentalen" Selbstmitteilung Gottes in der Geschichte!
[57] K. RAHNER, *Reflexionen zur Problematik einer Kurzformel des Glaubens*, in: ders., *Schriften IX*, 250.

Gott und teilt sich selbst (existentiell und geschichtlich) dem Menschen als dessen eigene Vollendung in vergebender Liebe mit[58]. Der eschatologische Höhepunkt der geschichtlichen Selbstmitteilung Gottes, in dem diese als irreversibel siegreich offenbar wird, heißt Jesus Christus." Dieser Zusammenhang soll, weil für das Todesproblem wichtig, genauer entfaltet werden.

Rahners Verständnis von Gott als der Zukunft des Menschen entspricht in vielem den Überlegungen Moltmanns und Pannenbergs, gerade was deren Kritik an Barth betrifft. Die Offenbarung Gottes ist, wie oben angedeutet, *selbst Geschichte*, und insofern bedarf Rahners „immer schon" (der Mensch ist „immer schon" von der Gnade Gottes erreicht u. ä.) einer Differenzierung: Dieses „immer schon" darf nicht als ungeschichtliches Fixum verstanden werden, sondern als durch Gott bewirkte *Kontinuität des Werdens* der Welt und des Menschen[59]; Geschichte heißt nicht: sich selbst immer schon eingeholt habende Transzendentalität — so konnten z. B. die Menschen im AT Gott die Ehre geben, auf seine Barmherzigkeit vertrauen und dennoch ohne klare Überzeugung von einem volleren und intensiveren Leben nach dem Tode auskommen[60] —, sondern heißt: in der Zeit zu sich *kommende* Transzendentalität[61]. Der Anfang interpretiert sich vom Ende bzw. von der Voll-endung her[62] (wie auch die Bedeutung Jesu im NT vom Ostergeschehen gesehen wird!), und jede „kategoriale" Offenbarung, d. h. jede Epiphanie des Göttlichen in Raum und Zeit, lichtet die Geschichte dieses Zusichkommens der Menschheit vom Ziel der Geschichte her auf[63].

Gott selbst ist zwar, wie Rahner — deutlicher als Moltmann — hervorhebt, der Herr aller Zeiten[64], der ewig Seiende, der je schon besitzt, was er ist; denn nur

---

[58] Zum bei Rahner zentralen Begriff der „Selbstmitteilung Gottes" vgl. B. v. d. HEIJDEN, *Karl Rahner. Darstellung und Kritik seiner Grundpositionen*, 3—19.

[59] Vgl. K. RAHNER, *Zur Lage der Theologie*, 41: Einerseits könne das Wesen des Menschen nicht statisch als immer schon gegebenes, „fix und fertiges", vorausgesetzt werden; andrerseits sei aber die Geschichte des Menschen *nicht schlechterdings unstrukturiert*. Eine „wirklich geschichtliche und nicht bloß Geschichte als akzidentellen Zusatz denkende, anderseits aber auch Identität und Struktur, ohne welche weder Wandel noch Werden möglich ist, wahrende Konzeption zu entwerfen, ist die sehr schwierige theologische Aufgabe."

[60] Vgl. K. RAHNER, *Tod und Unsterblichkeit*, in: ders., *Kritisches Wort*, 182 ff.; dazu K. BARTH, KD III/2, 716 f. (zu den einschlägigen atl. Stellen: Pss 6,6; 49, 16; 88, 6; 89, 49; 115, 17; Is 38, 10 ff.; Job 7, 9 f. u. a.). — Wie W. PANNENBERG, *Anthropologie*, 39, betont, kommt aber die nachexilische Verheißung, daß auch der einzelne für immer Anteil am göttlichen Leben habe, der inneren Dynamik der israelitischen Überlieferungsgeschichte entgegen. — Vgl. unten S. 319 ff.

[61] K. RAHNER, *Zur Lage der Theologie*, 15.

[62] So auch der spätere Bultmann; vgl. oben S. 114 Anm. 36.

[63] Vgl. den Begriff der Antizipation bei Moltmann. Aufgrund dieser vorgreifenden Präsenz des Kommenden ist die noch ausständige Zukunft schon inneres Moment der aktuellen Gegenwart des Menschen. Eschatologie muß „aktualistisch" (und somit „Naherwartung") sein *und* — als „Fernerwartung" — offen bleiben für die unverfügbare und undurchschaute Zukunft. — Vgl. K. RAHNER, *Schriften IV*, 401 ff.; ähnlich E. SCHILLEBEECKX a. a. O. (vgl. oben S. 168 Anm. 39).

[64] Vgl. oben S. 165 Anm. 23 zur Kritik Barths an Moltmann.

wenn Gott die unendliche Fülle ist, die nicht — in einem Werdeprozeß — mit sich selbst erst identisch werden muß[65], kann das im Glauben erhoffte Novum ein wirklich *Neues* sein, kann die werdende Welt mehr bedeuten als das sinnlose Zusichkommen ihrer eigenen Leere und Nichtigkeit[66], und kann der Mensch im Tode (im *Tode*, nicht erst am Ende der Zeit) seine Vollendung erreichen. Dennoch gilt: „Gottes Sein ist im Werden" (Kasper mit Jüngel)[67], der unveränderliche und ewige Gott kann etwas *werden*! Weil Gott sich in Liebe selbst mitteilt und darin eingeht in Zeit und Geschichte[68], kann „der an sich selbst Unveränderliche ... *selbst am andern* veränderlich sein"[69]: in der Menschwerdung des Logos, in der κένωσις, in der Selbstentäußerung Gottes in die Geschichte des Leidens und Sterbens hinein[70]. Weil Gott die ganze Trostlosigkeit dieser Welt mit erleidet[71], weil er in der Geschichte wirkt und bei diesem Wirken „zutiefst engagiert ist, so sehr, daß in gewisser Weise sein eigenes Selbst auf Leben und Tod mit dieser Geschichte verbunden ist"[72], dürfen wir Gottes Heilswillen nicht als eine Realität *über* der Geschichte verstehen, sondern als geschichts*immanente* Dynamik einer sich ändernden Welt[73].

Die *Transzendenz* Gottes im Himmel, die Überlegenheit Gottes, der „lacht" (Ps 2, 4) über die menschliche Bosheit, über die grausame Wirrnis einer blutigen Zeit[74], hält Rahner zwar ebenso fest wie Barth: nicht nur um Gottes Unabhängig-

---

[65] Vgl. K. Rahner, *Zur Theologie der Menschwerdung*, in: ders., *Schriften IV*, 137 ff., hier 145.

[66] Insofern setzen auch Moltmann und Pannenberg — anders als Sölle — ein ewiges *Sein* Gottes voraus, als sie den „ontologischen Primat" der Zukunft im Sinne einer die Gegenwart transzendierenden und von Anfang an bestimmenden Macht verstehen (vgl. oben S. 166 Anm. 26 und S. 184 f. Anm. 125).

[67] W. Kasper, *Jesus und der Glaube*, 31.

[68] Vgl. W. Kasper a. a. O., 30: „Statt von Unwandelbarkeit spricht die Schrift von der Treue Gottes. Treue in der Liebe ist keine starre und fixe Selbstidentität; ... wird der Sinn von Sein als Liebe gedacht, dann ist es möglich, Sein als Geschichte und Geschichte als Sein zu denken."

[69] K. Rahner, *Schriften IV*, 147; ebenso W. Kasper a. a. O., 32. — Anders als *Tillich* werten allerdings Rahner und Kasper diese göttliche Fähigkeit des Werdens nicht als Zeichen seiner Bedürftigkeit (vgl. oben S. 139), sondern als „Höhe seiner Vollkommenheit, die geringer wäre, wenn er nicht zu seiner Unendlichkeit hinzu weniger werden könnte, als er (bleibend) ist". (K. Rahner a. a. O., 147, Anm. 3)

[70] Diese κένωσις deutet Rahner als radikale Selbstvermittlung Gottes in die Welt, so daß die Welt selbst zur Wirklichkeit Gottes wird. Anders als Sölle (vgl. oben S. 188) hält Rahner freilich an der *Heils*bedeutung dieses Geschehens fest, die ja nur dann sinnvoll anzunehmen ist, wenn Gott der je Größere bleibt, der die Geschichte *trägt*.

[71] Vgl. oben S. 167 zu Moltmann.

[72] K. Rahner, *Zur Lage der Theologie*, 40. „In gewisser Weise" hat Tillich also doch recht, wenn er Gott nicht unabhängig von der Schöpfung denkt!

[73] Vgl. K. Rahner, *Christologie im Rahmen des modernen Selbst- und Weltverständnisses*, in: ders., *Schriften IX*, 227 ff., hier 232 ff.

[74] K. Rahner, *Vom Lachen*, in: ders., *Alltägliche Dinge*, Einsiedeln ⁸1969, 20 f.: Gemeint ist nicht das höhnische Lachen der Frevler (Sir 27, 13), sondern das gütige, versöhnende Lachen dessen, der liebt und die Welt (im johanneischen Sinn) überwunden hat. Dieses Lachen „besagt, daß im Grunde eben doch alles gut ist".

keit von der Schöpfung, um der Unbegründbarkeit, Unableitbarkeit und Unvergleichlichkeit seines Wesens willen (worauf es Barth vor allem ankommt), nicht nur um des Dogmas einer von Gott verschiedenen und (relativ) selbständigen geschöpflichen Welt[75], sondern um des Werdens von — bei aller Neuheit — wirklich *Bleibendem* willen, das mehr ist als sinnlos verrinnende Zeit, mehr auch als die exakte Enthüllung eines immer schon fertigen Heilsplans[76]. Das echte „Werdesein" der Geschichte, das dem evolutiven Weltbild von heute entspricht[77], verlangt aber gleichzeitig — mit diesem Gedanken tritt Rahner in Gegensatz zu Barth — eine radikal verstandene *Immanenz* Gottes in allem, was ist (das Anliegen Tillichs!), eine Immanenz, die eine echte *Selbst*transzendenz des mündig gewordenen (weil von Gott in sein Eigenes entlassenen)[78] Daseins in die Zukunft Gottes hinein ermöglicht. Des Schöpfers bleibend überlegene *Verschiedenheit* von der Welt (Barth) und seine gnadenhafte *Einwohnung* in der Schöpfung (Tillich) interpretieren sich bei Rahner gegenseitig[79]: Gott ist die „transzendente" Vollendung der Welt (deren „absolute Zukunft", die vom Ausgangspunkt der menschlichen Bewegung her nicht zu errechnen ist), und gerade so will er „die ‚immanente' Vollendung und das ‚immanente' Prinzip der Bewegung" auf diese Vollendung hin sein[80]. Gott ist, so Rahner an anderer Stelle[81], nicht „auch noch und irgendwo anders" der transzendent-Unendliche, sondern das *Endliche selbst* hat in der Menschwerdung Gottes eine *unendliche Tiefe* erhalten[82]. Das Sterbliche ist jetzt

---

[75] Zu diesem Anliegen Barths vgl. oben S. 51 f. u. 62 f.; dazu Anm. 78.

[76] K. RAHNER, *Zur Lage der Theologie*, 40 f.: Gottes Heilswille „bleibt nicht immer derselbe, sondern ist seinerseits geschichtlich vermittelt".

[77] Das soll nicht heißen, daß Theologie der Überbau des jeweiligen Weltbildes wäre; Rahner sieht jedoch — Teilhard de Chardin hierin zustimmend — eine echte Entsprechung der recht verstandenen Christologie zum evolutiven Weltbild; vgl. K. RAHNER, *Die Christologie innerhalb einer evolutiven Weltanschauung*, in: ders., *Schriften V*, 183—221.

[78] J. B. METZ, *Zur Theologie der Welt*, Mainz-München 1968, bes. 31 ff., begründet vom Gedanken der weltüberlegenen *Transzendenz* Gottes her (also vom Barth'schen Ansatz her!) die Selbständigkeit einer vom Schöpfer in ihr Eigenes, in ihre volle „Weltlichkeit" entlassene Welt. Gerade weil Gott die Welt in Christus liebt und endgültig *annimmt*, saugt er sie nicht auf, sondern gibt sie frei ins Selbständige des Nicht-Göttlichen, das freilich immer auf Gott als den absoluten Grund seines Seins bezogen bleibt. — Vgl. oben S. 140 Anm. 9.

[79] Auch Tillich und Bonhoeffer versuchen, Gott als den „immanent-transzendenten" zu umschreiben: Weil Gott als sinnstiftender Grund des Ganzen seine Schöpfung umgreift, kann er in der Welt nicht gegenständlich vorhanden sein (wie der Bodensee), ist er der Welt „ferne", transzendent „in unzugänglichem Lichte" (1 Tim 6, 16). Weil Gott aber die Welt *verantwortet* (was D. Sölle bestreitet, nicht aber Bonhoeffer), weil er sie trägt und durchwirkt, muß er ihr auch wieder „nahe" (immanent) sein, ja näher als diese sich selbst ist!

[80] Vgl. K. RAHNER, *Immanente und transzendente Vollendung der Welt*, in: ders., *Schriften VIII*, 593—609, hier 609.

[81] K. RAHNER, *Schriften IV*, 151.

[82] Religiöses Erleben ist folglich keine zusätzliche Erfahrung neben anderen „profanen" Erfahrungen, sondern die eigentliche Tiefe und Mitte des Daseins überhaupt. Wo immer der Mensch angesprochen wird in der letzten Radikalität des Erlebens (in Liebe, Freund-

das, „wozu der Unendliche selbst geworden ist, um allem Endlichen ... einen Ausgang ins Unendliche zu öffnen, nein sich selbst zum Ausgang, zur Tür zu machen".

Rahners Verständnis der mündig gewordenen (weil vom Schöpfer bleibend verschiedenen)[83] und zugleich auf Gott verwiesenen Welt — einschließlich seiner Deutung des Todes als *aktiver* (wenn auch von Gottes Gnade ermöglichter) Vollendung des einzelnen in Gottes Liebe hinein[84] — entspricht in mancher Hinsicht der Intention Bonhoeffers, seiner positiven Wertung des menschlichen „Werkes"[85] und seiner Kritik an der Entmündigung des weltlichen Tuns durch den ungeschichtlichen Heilsuniversalismus der Barth'schen Dogmatik (vgl. oben S. 154 ff.): Auch Rahner betont zwar — wie Barth (und Bonhoeffer) —, daß die biblisch verheißene neue Erde (bzw. das Leben nach dem Tode) nicht das Endresultat des menschlichen Engagements für eine bessere Welt ist, nicht bloß das Ergebnis des „progressus terrenum" (des „Vorletzten"), sondern *freie Tat Gottes*, die die von uns gemachte Welt verwandelt; denn „Geschichte und ihre vollendete Endgültigkeit sind immer unterschieden und getrennt durch das, was in der individuellen Geschichte als Tod erfahren wird"[86]. Weil aber, wie es Bonhoeffer in seiner Ethik darlegt, Christus selbst in die Wirklichkeit der diesseitigen Welt mit eingegangen ist, kann diese Erde nicht nur das im letzten gleichgültige Material sein, an dem wir unsere Tugenden üben, um fürs Jenseits gerüstet zu sein.

Da das Wort Gottes selbst Geschichte „getan und erlitten" hat — in den kategorialen Offenbarungen, die in der Menschwerdung ihren unüberholbaren Gipfel erreicht haben[87] —, muß die Geschichte (diese *selbst,* nicht eine Wirklichkeit *hinter* der Geschichte) etwas End-gültiges sein: Der gegenwärtige Augenblick — als ergriffene oder verpaßte Gelegenheit — bekommt ein letztes Gewicht, da sich die Geschichte selbst kraft ihrer ihr vom Schöpfer verliehenen („eingestifteten") Dynamik[88] in eine neue Qualität transzendiert. In dieser Selbstüberschreitung des Seienden, in der vom Menschen geplanten und gestalteten Zukunft, geschieht ein Bleibendes (*was* in Ewigkeit bleibt, kann in seiner konkreten Gestalt nicht ausgemalt werden!), geschieht eine Endgültigkeit des Werkes der Liebe (oder des Hasses), die dem menschlichen Tun (dem „Vorletzten") einen eschatologischen Ernst

---

schaft, Treue, Sehnsucht, Hoffnung, Enttäuschung, Vergeblichkeit usw.), ist er über sich hinaus verwiesen auf das absolute Geheimnis, das wir Gott nennen.

[83] Vgl. zum Ganzen K. RAHNER, *Theologische Reflexionen zur Säkularisation*, in: ders., *Schriften VIII*, 637—666; vgl. oben Anm. 78.

[84] Vgl. unten S. 279 ff.

[85] Vgl. oben S. 158 Anm. 48.

[86] Zum folgenden vgl. K. RAHNER, *Über die theologische Problematik der „Neuen Erde"*, in: ders., *Schriften VIII*, 580—592, hier 589.

[87] Dazu J. RATZINGER, *Einführung in das Christentum*, 214 f.: Christus sei die irreversibel begonnene Zukunft, die schon eröffnete Endgültigkeit des Wesens Mensch. „Offenbarung endet hier nicht, weil Gott sie positivistisch abschließt, sondern weil sie am Ziel ist." — Ähnlich K. RAHNER, *Zur Frage der Dogmenentwicklung*, in: ders., *Schriften I*, 49—90, hier 60; vgl. oben S. 209 f.

[88] Die Existenz *als ganze* ist also verdankt: alle Selbstüberschreitungen bedürfen des Empfangens vom anderen her und letztlich von *dem* anderen, Jesus Christus; vgl. J. RATZINGER a. a. O., 207.

verleiht, eine höchste Würde, aber auch eine radikale Gefährdung[89], die Barth zwar theoretisch bejaht (wenn er versichert, daß wir keine unbeteiligten Zuschauer der göttlichen Siegesgeschichte seien)[90], die er in seiner geschichtslosen Dialektik von Zeit und Ewigkeit aber nicht einsichtig macht (vgl. oben S. 63 ff.)[91] und die er in seiner Theorie des universalen Heilswillens Gottes (vgl. oben S. 71 ff.) wieder verdunkelt.

Beide Aussagen — Gottes freies Handeln als unsere unverfügbare Zukunft und die letzte Gewichtigkeit des irdischen Tuns[92] — bleiben zwar auch bei Rahner „in einer grundsätzlichen dialektischen Schwebe"[93], werden aber durch den Gedanken einer sich selbst übersteigenden Freiheitsgeschichte des Menschen[94] vermittelt: Der Mensch kann seine Zukunft, die Gott ist, nur am Material dieser Welt und ihrer Geschichte vollziehen, in einem Sichaussetzen, in einem Bestehen oder Scheitern an dieser innerweltlichen Zukunft! Die überirdische Hoffnung auf ein künftiges Leben stellt um so radikaler in die diesseitige Verantwortung, in die „Treue zur Erde"[95]: Sein Heil kann der Mensch nie an seiner weltlichen Aufgabe vorbei wirken[96]; die Geschichte selbst baut ihre eigene Ewigkeit[97], und Barth (der keine Selbsttranszendenz des Seienden im Sinne Rahners vertritt) wäre — aus der Sicht Rahners — *darin* zuzustimmen, daß unsere diesseitige Existenz nicht „irgendeinmal vergessen oder ausgelöscht zurückbleiben und dann

---

[89] Gottes Sieg in der Geschichte zwingt die individuelle Freiheit nicht! Vgl. K. RAHNER, *Schriften VIII*, 580 ff.: Wie die vollendete Existenz des Individuums nach dem Tode in ihrer konkreten Seligkeit von der *in der Zeit* geschehenen Wesensverwirklichung abhängt (Tillich!), so darf — dem analog — die neue Erde (Apk 21) in ihrer konkreten Gestalt nicht unabhängig davon gedacht werden, wie die irdische Geschichte als Gesamt aller individuellen — positiven wie negativen — Entscheidungen verlaufen ist bis zum Tag Jesu Christi.
[90] Vgl. z. B. Barths Aufruf zur Veränderung der Verhältnisse in der Kraft der Auferstehungshoffnung (oben S. 52).
[91] J. B. METZ, *Zur Theologie der Welt*, 47, kritisiert Barths Tendenz, die Welt als statisch-paradoxale Einheit von Heil *und* Unheil zu begreifen: Wenn die Welt immer *beides* ist, nie aber Heil *oder* Unheil, dann bleibt der innerweltliche Kampf um das Heil im Grunde belanglos und außerhalb der eigentlichen Heilsgeschichte.
[92] Rahners Unterscheidung zwischen der *innerweltlich* geplanten, vom Menschen „gemachten" Zukunft und der „absoluten" Zukunft *Gottes* ist vergleichbar mit Moltmanns Unterscheidung von „futurum" und „adventus" (vgl. oben S. 165 Anm. 19). Wie Moltmann sieht Rahner beide Weisen der Zukunft eng verbunden (Gottes Zukunft ist die innere Dynamik der menschlichen Zukunft); Moltmanns Kritik an Rahner — „trennendes Zukunftsdenken" ohne „Kraft der Veränderung der unmenschlichen Verhältnisse der Gegenwart" (zit. nach S. DAECKE a. a. O., 108) — trifft also nicht zu! Auch S. Daecke (ebd.) hat Unrecht, wenn er dem früheren Rahner (bis ca. 1966) eine *Trennung* von „absoluter" und „innerweltlicher" Zukunft unterstellt. Göttliches und Menschliches hat Rahner stets als „unvermischt und ungetrennt" verstanden.
[93] K. RAHNER, *Schriften VIII*, 590.
[94] Genaueres zum Freiheitsbegriff unten S. 273 f.
[95] Vgl. oben S. 148 ff. zu Bonhoeffer und Moltmann.
[96] K. RAHNER, *Schriften V*, 220.
[97] So auch P. SCHOONENBERG, *Und das Leben der zukünftigen Welt*, Köln 1972, 102.

gewissermaßen ersetzt sein" wird durch ein *anderes* (jenseitiges) Sein, sondern daß *dieses unser Sein in seiner Zeit* vor Gott offenbar und verewigt sein wird (KD III/2, 771 f.)[98].

II. Der Tod als Folge der Sünde

Vorbemerkung

Daß unser in Treue und Schuld, in Glück und Versagen, in Entscheidungen und personalen Begegnungen gewordenes Leben von Gott nicht vergessen, daß es am Ende nicht „erniedrigt" (Barth) wird durch den Rückfall ins sinnlose Nichts, dies schließt Rahner aus der Geschichtlichkeit des Daseins — noch „vor" der „kategorialen" Offenbarung Gottes in Christus. Aber lebt der durch Adams Fall seiner ursprünglichen Gerechtigkeit beraubte Mensch noch im Vorgriff auf die Vollendung? Kann der von der *Sünde* bestimmte Tod als solcher etwas anderes sein als die „Verurteilung" des Menschen (Barth), die Offenbarung des göttlichen Zornes? Kann dieser Tod etwas anderes sein als Vernichtung, Ende und Abbruch? Wie versteht Rahner — in Differenz zu Barth und anderen protestantischen Theologen — den Tod als Folge der Sünde und als „natürliches" Phänomen? Wie versteht er die Rechtfertigung des Sünders als Bestimmung zum Leben? Diese Fragen sind im folgenden zu erörtern.

1. Der Tod als Schuld und als geschöpfliches Phänomen

Wenn Barth den Tod als Folge der Sünde beschreibt, meint er nicht die Begrenzung des irdischen Lebens, sofern sie zur Schöpfung gehört und die notwendige Bedingung definitiver Gemeinschaft mit Gott ist, sondern den „zweiten Tod" der Trennung von Gott: die sündige Tat des Geschöpfs (KD III/2, 779)[1]. *Welcher* Tod wirklich Folge der Sünde ist, diese von Barth nur angedeutete[2] Frage wird bei Rahner und anderen katholischen Theologen ausdrücklich reflektiert[3]:

---

[98] Zum Verhältnis „eschatologische Zukunft — irdische Geschichte" vgl. D. WIEDERKEHR, *Perspektiven der Eschatologie*, Zürich-Einsiedeln-Köln 1974, 235 ff.

[1] Zum Ganzen vgl. oben S. 73 ff.

[2] Barth hat diese Frage nicht systematisch entfaltet, sondern an einigen Stellen seiner Dogmatik angedeutet und — mehr implizit — beantwortet (vgl. oben S. 73 f.).

[3] Zum folgenden vgl. K. RAHNER, *Zur Theologie des Todes* (abgekürzt: ThT), 31—51; R. GUARDINI, *Die letzten Dinge*, Würzburg 1940, 11 f.; H. FRIES, *Tod und Leben*, Stuttgart 1956, 48; H. VOLK, *Der Tod in der Sicht des christlichen Glaubens*, Münster 1958, 51 ff.; H. VORGRIMLER, *Die Erbsünde in der katholischen Glaubenslehre*, in: R. SCHMID — E. RUCKSTUHL — H. VORGRIMLER, *Unheilslast und Erbschuld der Menschheit*, Luzern-München 1969, 115 ff., hier 123; M. SCHMAUS, *Der Glaube der Kirche. Handbuch katholischer Dogmatik II*, München 1970, 760 ff.; J. B. LOTZ, *Tod als Vollendung*, Frankfurt/M. 1976, 91 ff.

Angesichts eines naturwissenschaftlichen Denkens, das die Lehre vom Tod als Folge der Sünde kaum akzeptieren kann, aber auch aus innertheologischen Gründen unterscheidet Rahner den „verhüllten" Tod, wie er seit Adams Übertretung unser tragisches Los ist (den „Dieb in der Nacht", der uns überfällt und unserer Selbstbestimmung beraubt), von der offenen, die konkrete Leiblichkeit mit einbeziehenden und als beglückend erfahrenen Vollendung, wie sie Adam geschenkt worden wäre, hätte er Gottes Gebot nicht verletzt.

a) Adams Freiheit vom Tode

Nach dem Zeugnis der Schrift wurden wir so geschaffen, daß wir — obwohl χοϊκοί (1 Kor 15, 47) — nicht hätten sterben müssen. Aber in der jetzigen Ordnung gilt Ciceros Urteil: „Homini necesse est mori"[4]. *Alle* sind dem Tod unterworfen, weil sie in Adams Abkehr von Gott ihre „Gerechtigkeit" und „Heiligkeit" (DS 1511 f.), die ihr ganzes Wesen durchformende Verbundenheit mit dem Schöpfer, verloren (ThT 32; vgl. Röm 5, 12 ff.)[5]. Nicht um über die theoretische Frage: „was wäre gewesen, wenn ...?" zu spekulieren, sondern um *unseren* Tod besser zu verstehen, fragt Rahner nach dem genaueren Sinn des posse non mori, der Todesfreiheit des Stammvaters.

Wir hätten — dies war schon bei Althaus und Barth zu folgern — nicht *den* Tod sterben sollen, wie er *jetzt* gestorben wird. Damit ist gleichzeitig gesagt: auch ohne Sünde wäre Adam „gestorben"[6] in dem Sinne, daß sein Paradiesesleben nicht endlos fortgedauert hätte, daß seine Freiheit — wegen seiner Bestimmung zur vollen Gemeinschaft mit Gott — nicht ohne einen Abschluß geblieben wäre. Am Ende seines paradiesischen Daseins (mit seinem Entscheidungsgehalt, seinen Prüfungen, seiner Möglichkeit zu Sünde und Gericht)[7] wäre der Mensch in seiner Gesamtwirklichkeit auch ohne Schuld transformiert worden[8]. Aber das „Wie"

---

[4] M. T. CICERO, *De fato* IX, 7.

[5] Der dogmatische Satz von der „Allgemeinheit des Todes" wird *theologisch* begründet: im durch *Sünde* gestörten Verhältnis des Menschen zu Gott. Die Frage, ob der Tod *biologisch* gesehen „notwendig" ist oder nicht, spielt hier keine Rolle; vgl. K. RAHNER, ThT 16.

[6] Diese These widerspricht — nach Rahner — nicht der Synode von Karthago (418), wo an der leiblichen Sterblichkeit Adams aufgrund seiner *Sünde,* nicht aufgrund seiner Menschennatur festgehalten wird (DS 222). Die verbindliche Intention dieser Lehre kann — im Kontext des pelagianischen Gnadenstreits gedeutet — nur die sein, daß gegen den Irrtum einer ungebrochenen Fähigkeit des Menschen zum Guten die Hinfälligkeit des Menschen aufgrund der sich fortzeugenden Sünde betont wird: die Hinfälligkeit gerade im Blick auf das Sterben!

[7] Vgl. H. VOLK, *Tod,* II. Theologisch, in: HThG II, 670 ff., hier 674 ff.: eine andere Auffassung von den sog. dona praeternaturalia „setzt eine utopische, idealistische Urstandslehre voraus".

[8] Vgl. neben K. RAHNER, ThT 33 ff., auch ders., *Über das christliche Sterben,* in: ders., *Schriften VII,* 273—280; sowie L. BOROS, *Mysterium Mortis,* Olten-Freiburg ⁴1964, 126. — Rahners und Boros' These, wonach Adam bei diesem „Tod" seine Leibgestalt beibehalten hätte (entsprechend DS 222), schließt eine *Transformation* dieses Leibes nicht aus, sondern

dieser Verwandlung — dieser Unterschied ist gewiß nicht gering — wäre ganz anders gewesen: kein Parzenschnitt, kein grausam nichtendes Zupacken des Schicksals von außen — vom Menschen beantwortet mit Verzweiflung, mit Tendenz zur Trennung von Gott[9], mit Angst vor dem Rückfall ins Nichts, vor der „Erniedrigung" (Barth), „Entwertung" (Bloch), Zerstörung all dessen, was im Leben geschenkt wurde[10]. Ohne gewaltsamen Bruch, ohne Trennung von dem, was wir lieben, hätten wir unser Leben von innen her ausgezeugt (ThT 33): in jene ganzheitlich-personale Vollendung hinein, die wir *jetzt* als eschatologische Gabe Christi erwarten: als „Auferstehung des Fleisches". „Daß der Tod als bedrohliches, sinnwidriges, schmerzliches Schicksal erfahren wird, ist Folge der Sünde, nicht aber der Tod als faktisches Ende des irdischen und Übergang in das ewige Leben"[11].

b) Das naturale Wesen des Todes

Stirbt der Mensch den schmerzlich-tragischen Tod, wie ihn Adam für alle erwirkt hat, dann stirbt er einen Tod, der nicht sein sollte! Barths Theorie, wonach das Sterben seit Christus „natürlich" geworden sei (KD III/2, 777 ff.), würde Rahner nur bedingt zustimmen: Weil auch unser in Christus erlöstes Sterben „verhüllt" bleibt (es ist *auch* gewaltsamer Zustoß), ist der empirische Tod mit all den negativen Begleitumständen, wie wir sie bei Sterbenden erleben, *nicht* „natürlich" (sondern Folge der Sünde), und der konkrete Mensch kann seinen Tod nie als selbstverständlich oder gar „heiter" erfahren (ThT 35 f.)[12].

---

ein: Der *ganze* (nicht in „Leib" und „Seele" zu trennende) Mensch soll vollendet werden. „Aber im Paradies hätte der paradiesisch sich vollendende Mensch seine Leiblichkeit zwar radikal verwandelt in eine ... der weiterrinnenden Vergänglichkeit enthobene Verklärtheit, aber er hätte diese Leiblichkeit nicht aufgegeben, wie wir es tun müssen, um uns zu vollenden." (K. Rahner, *Schriften VII*, 276)

[9] Vgl. J. B. Metz, *Freiheit*, in: HThG I, 413: Adams Schuld bewirkt unsere „Tendenz, in eine gottferne bzw. widergöttliche Entscheidung zu drängen. Ganz deutlich wird dies an der eigentlichen, d. h. schlechthin unentrinnbaren Situation unseres Lebens, an Leid und Tod: ... sie trägt von sich aus (gerade als Erscheinung der Ursünde Adams) die Tendenz zur Selbstaufgabe, zu Verzweiflung und Protest in unsere Freiheit hinein." — Dies übersieht M. Mezger, *Der unbekannte Tod*, in: H. Nitschke (Hrsg.), *Wir wissen, daß wir sterben müssen*, Gütersloh 1975, 153 ff., wenn er Röm 6, 23 („der Sünde Sold ist der Tod") als „absurde mythologische Sentenz" bezeichnet.

[10] Vgl. oben S. 88 (zu S. de Beauvoir).

[11] O. Semmelroth, *Der Tod — wird er erlitten oder getan?*, Frankfurt/M. 1972, 16 (ähnlich die oben Anm. 3 genannten Autoren). — H. Volk, *Tod*, 674 ff.: Nicht alles, was mit dem menschlichen Sterben zusammenhängt, ist Folge der Sünde; daß „der Pilgerstand befristet ist und in das Gericht und in die Endgültigkeit führt, das alles kommt nicht erst vom Sterben, das ist mit dem Menschsein, mit der gnadenhaften Gottebenbildlichkeit ... direkt gegeben". (675 f.)

[12] Die *diesbezüglichen* Bedenken Cullmanns (O. Cullmann, *Unsterblichkeit der Seele oder Auferstehung der Toten?*, Stuttgart-Berlin 1964, 28 ff., 69 Anm. 14) gegen Barths Rede vom „natürlichen Sterben" wären aus der Sicht Rahners zu teilen. — Vgl. R. Guardini, *Die letzten Dinge*, Würzburg 1940, 13 ff., wo Rilkes Loblied des „vertraulichen"

Freilich: „gegen die reformatorische und jansenistische" Theologie (ThT 34) betont Rahner einen positiven, „naturalen" *Aspekt* des Todes[13], der durch die Interpretation des Sündenfalls in Röm 5, 12 ff. nicht ausgeschlossen werde: Da auch Adam „gestorben" wäre — im oben umschriebenen Sinne —, kann der Tod nicht *nur* die Auswirkung der Sünde sein. Rahner präzisiert diese These so: Als Teil der geschöpflichen Welt steht der Mensch zwischen Freiheit und Notwendigkeit. Einerseits bleibt er „Natur" mit ihrem der freien Entscheidung *vorgegebenen* Seinsbestand, der seine Gesetzmäßigkeit und notwendige Entwicklung hat[14]; zugleich aber ist er *Person*, die über sich selbst frei verfügen und folglich auch sündigen kann. Da der Tod den *ganzen* Menschen betrifft (vgl. unten S. 257 ff.), muß er dieser Einheit von Person und Natur korrespondieren: es muß eine naturale, d. h. ethisch neutrale „Grundlage" des Todes geben, damit eine *Stellungnahme* der Freiheit zum Tode sinnvoll und möglich wird, damit dieser nicht von vornherein Heils- und Unheilsereignis zugleich ist, sondern das eine oder das andere erst *wird* durch die besondere Weise, wie jeder seinen eigenen Tod vollzieht: im sündigen Protest oder in der glaubenden Aneignung des Heilstodes Jesu.

Sollen Sünde und Gnade, Verzweiflung und Trost, Gottes Zorn und des Menschen Rechtfertigung nicht dasselbe sein — so Rahner gegen die dialektische Theologie (ThT 34)[15] —, dann „muß dem Tod ein naturales Wesen eigen sein, das einerseits beides sein kann (sc. Verzweiflung und Trost, Gericht und Gnade) und anderseits zu einem oder dem andern erst durch die Weise wird, in der dieses naturale Wesensstück durch den Menschen als Person bestanden und so erst (da auch dieses Bestehen *inneres* Moment des Todes selbst ist) zu dem wird, das als Ganzes den Namen Tod trägt. Am Tod als konkretem Ereignis am je einzelnen

---

Todes (9. Duineser Elegie) als unchristlich und unwahrhaftig zurückgewiesen wird. — Zum Ineinander von „Unnatur" und geschöpflicher Entsprechung des Todes vgl. H. FRIES, *Tod und Leben*, 45 ff.; J. PIEPER, *Tod und Unsterblichkeit*, München 1968, 67 ff.

[13] So pauschal dürfte diese Frontstellung (gegen die reformatorische Theologie) nicht stimmen: Auch *Barth* unterscheidet den geschöpflichen Tod vom Sündentod. Daß der Tod nicht in *jeder* Hinsicht Folge der Sünde ist, sagen auch Althaus, Brunner und Bultmann (der darauf hinweist, daß nach 1 Kor 15 der Mensch als χοϊκός erschaffen und *deshalb* φθαρτός ist; vgl. oben S. 121). Bei anderen Autoren jedoch — wie W. ELERT a. a. O. oder O. CULLMANN a. a. O. — *fehlt* die Unterscheidung zwischen dem „natürlichen" Tod als Bedingung endgültiger Gemeinschaft mit Gott und der „unnatürlichen" *Weise* des von der Sünde bestimmten Sterbens.

[14] Vgl. K. RAHNER — H. VORGRIMLER, *Tod*, in: *Kleines theologisches Wörterbuch*, 355 ff. — Diese „natürliche" Situation hat mit Sünde noch gar nichts zu tun, es sei denn man identifiziert — wie der frühe Barth und wie Bultmann — die „Sünde" mit den Daseinsstrukturen des Menschen, was aber dem Zeugnis der Schrift widerspricht.

[15] Daß bei Barth eine *Tendenz* vorliegt, Sünde und Gnade, Verzweiflung und Trost usw. als zwei Seiten eines und desselben Geschehens aufzufassen, so daß die konkrete Sünde und das konkrete Gute gerade *dieses* Menschen von der allgemeinen (von Gottes Gnade je schon überholten) Sündigkeit des Menschen überhaupt *neutralisiert* zu werden droht, wurde schon im ersten Abschnitt bemerkt; vgl. dazu H. U. v. BALTHASAR, *Karl Barth*, bes. 169 ff., 257 f.

Menschen, wo er streng Heil oder Unheil ist[16], muß etwas Gemeinsames, gleichsam noch Neutrales sein, ... so daß objektiv dadurch *verhüllt* ist, welchen Tod jeder einzelne in Wahrheit stirbt, den Tod Adams oder den Tod Christi." (ThT 34 f.)[17]

Wenn wir den „unnatürlichen" Tod des Abbruchs von außen sterben und wenn trotzdem diesem Tod ein naturaler Aspekt nicht fehlt, so ist schon gesagt, daß wir nie bloß „reine Natur" sind: Könnte sich das Dasein — nach dem Verlust seiner übernatürlichen Berufung — wieder aus sich alleine verstehen[18], würde der Wegfall der Todüberhobenheit Adams bzw. die „Unnatur" des nachadamitischen Sterbens als eigentlicher Verlust überhaupt nicht empfunden! Der Tod wird aber existentiell erfahren als gegen die innere Dynamik unseres Menschseins gerichtet, und eben dies ist nur möglich, weil wir noch immer — auch nach Adams Fall — die ursprüngliche Gottesbeziehung dokumentieren[19]. Die Berufung zur Teilhabe am göttlichen Leben bleibt übernatürliches Existential der freien Person[20], ihre Verpflichtung und Aufgabe. Derselbe Tod ist beides: dem Wesen des Menschen gemäß, sofern er seiner Sehnsucht nach Erfüllung[21] entspricht, d. h. sofern er unsere Vergänglichkeit aufhebt und die Endgültigkeit des Lebens bei Gott gebiert[22]; zutiefst „unnatürlich", sofern des Menschen Leibhaftigkeit nicht sofort verklärt, sondern — zunächst — „wie wesenlos aufgegeben wird"[23].

c) *Der Tod als Ausdruck persönlicher Schuld*

Seit Adams Sünde, so wurde gesagt, ist es dem Menschen unmöglich geworden, seine Vollendung unmittelbar und greifbar bis in die Leiblichkeit hinein zum Ausdruck zu bringen. Daß sich die endgültige Begegnung des Menschen mit Gott — sei es zum Heil oder Unheil — im Tod als *Leiden* verhüllt, der Mensch also *zu Recht* seinen Tod fürchtet (ThT 50)[24], dies sollte ursprünglich nicht sein. Ist aber dieser „verhüllte" und erlittene Tod bloß eine von außen verhängte Strafe, ein

---

[16] Vgl. unten S. 274 ff.
[17] Hervorhebung von mir.
[18] Vgl. oben S. 205 ff.
[19] Vgl. L. Scheffczyk, *Wirklichkeit und Geheimnis der Sünde*, Augsburg 1970, 75.
[20] E. Brunner, *Das Ewige als Zukunft und Gegenwart*, 118, meint dagegen — ähnlich wie Barth —, die übernatürliche Bestimmung sei „von uns aus" verloren, nicht aber „von Gott aus". Im Sinne Rahners ist es jedoch, wenn Brunner schreibt, „daß wir von Gott aus nicht aufhörten, auf die Ewigkeit hin angelegt zu sein, daß auch unsere Sünde daran nichts ändern, sondern im Gegenteil dies nur, wenn auch indirekt, bezeugen kann. Die misère de l'homme ist die ‚misère d'un roi', wenn auch ‚d'un roi dépossédé' (Pascal). Darauf beruht der Widerspruchscharakter unseres Menschseins: Ewigkeitsbestimmung in der Existenzform des Seins zum Tode."
[21] Vgl. das Augustinus-Wort: „... quia fecisti nos ad te et inquietum est cor nostrum, donec requiescat in te." (*Confessiones* I, 1)
[22] Vgl. unten S. 251 ff.
[23] K. Rahner, *Schriften VII*, 276. — Zum Problem einer „Trennung von Seele und Leib" im Tod vgl. unten S. 262 ff.
[24] Rahner will den Tod nicht verharmlosen! H. Fries, *Tod und Leben*, 65 f., sieht in der stoischen Verachtung des Todes eine Verachtung *Gottes,* der uns diesen Tod zu leiden aufgibt; ähnlich H. Thielicke, *Tod und Leben*, 150 ff., im Anschluß an M. Luther, WA 45, 472 f.

besonderes Eingreifen der göttlichen Rache, wie es z. B. W. Elert insinuiert (vgl. oben S. 132 ff.)? Wird diese Strafe über das Dasein eigens verfügt — zur Wiederherstellung der göttlichen Rechtsordnung —, ohne daß sie einen inneren und wesensmäßigen Zusammenhang mit der Sünde des Menschen hätte?

Daß Rahner eine *innere* Beziehung von Sünde und Tod vertritt (ohne den Gedanken der Strafe, der Sühne und der Gerechtigkeit Gottes, die das Unrecht nicht duldet, auszuschließen)[25], ergibt sich aus seiner Theorie von der Selbsttranszendenz alles Seienden, die den äußeren Eingriff eines deus ex machina prinzipiell nicht benötigt. Wenn der Mensch auf Gottes Liebe als den Grund seines lebendigen Wesens schon immer bezogen ist, muß jedes Autonomiestreben (im Sinne von Gn 3, 5), jede Sonderung („Sünde") des Daseins von Gott, das lebenspendende Gnadenverhältnis Gottes zum Menschen verletzen und — falls sich diese Sonderung in der persönlichen Tod-Sünde vollendet — zerstören: Wenn die paradiesische „Unsterblichkeit" konnaturale Folge des Gnadenbundes Gottes mit Adam war, so muß der Tod, wie *wir* ihn sterben, aus der Sünde selbst erfließen: als deren eigenes Werk (K. Barth), als deren Offenbarung und Frucht[26]. Im Fluch-Tod der jetzigen Ordnung drückt sich eben *jene* Gottferne aus, die der Mensch sich erwirkt hat. Weil das gestörte[27] Verhältnis der conditio humana zur schöpferischen Gnade der Bestimmung des Menschen widerspricht und im erlittenen Tod seine letzte und schmerzlichste Krisis erreicht[28], ist der Tod, wie wir ihn kennen, die „Sichtbarkeit der Schuld" (ThT 45)[29], und insofern auch Strafe.

---

[25] Vgl. J. Pieper, *Tod und Unsterblichkeit*, 75 ff. — Während Bultmann schon bei Paulus ein unausgeglichenes Nebeneinander zweier verschiedener Auffassungen — die juristische Deutung des Todes als (äußere) *Strafe* der Sünde und die Vorstellung vom Tod als ihrer organisch erwachsenen *Frucht* — sieht (vgl. oben S. 120 f.), unterstreicht E. Brunner a. a. O., 120, der Mensch sei Gott seinen Tod „schuldig" im rechtlichen Sinne: Es sei falsch, die ntl. Sprache des Strafrechts und des Opferkultes zu „entmythologisieren"; gerade die Sühnopferriten ahnten die Beziehung von Sünde und Tod. — Vgl. unten S. 228 ff. zum Verständnis des Todes Jesu.

[26] Vgl. H. Küng, *Rechtfertigung*, 156 ff.: In der Sünde kehrt sich der Mensch ab von seinem lebendigen Ursprung und Ziel, indem er dieses Ziel in sich selbst haben will; weil er es aber nicht in sich selbst besitzt, strebt er in sein eigenes Nichts, anstatt in Gott sein Alles zu finden. Der Tod ist die *konnaturale* Folge der Sünde. „Diese fundamentale Aussage der hl. Schrift wurde in der katholischen Tradition nicht übersehen": vgl. DS 1347 f., 1521, 1525, 1688; dazu K. Rahner, Sünde, dogm., in: LThK 9 (²1964) 1177 ff.: Sünde ist Abfall von Gott, dieser Abfall bewirkt die Herrschaft des Todes. — H. Fries a. a. O., 49, schreibt (mit Bultmann): „Sünde bedeutet ein Leben nach dem Vergänglichen und aus dem Vergänglichen. Deshalb führt sie folgerichtig, unausweichlich in die Vergänglichkeit schlechthin, in den Tod." — Vgl. J. Ratzinger, *Einführung in das Christentum*, 250: In sich selbst hat der Mensch keinen Bestand. Sein Versuch, wie Gott zu sein, d. h. in sich selber zu stehen, bedeutet den Tod, „denn er selbst steht nicht einmal nicht".

[27] Selbstverständlich setzt Rahner die katholische Deutung der Erbsünde voraus, die — gegen die Reformatoren — keine *völlige* Verderbnis des natürlichen Menschen kennt (vgl. DS 222 f., 370 ff., 1514; dazu J. Auer, *Erbsünde*, in: LThK 3 [²1959] 965 ff.).

[28] Vgl. P. Althaus, *Die letzten Dinge*, 195: Der Gegensatz zwischen dem heiligen Gott und der menschlichen Sünde tritt im Tod am schärfsten hervor; im Tode (für Althaus zugleich das Gericht) zerbricht Gott den ihm widerstrebenden Willen.

[29] E. Jüngel, *Tod*, 112, der außer von Barths Deutung des Todes auch von der Rahners

Der Tod als Ausdruck und Wirkung der Sünde offenbart das Gesamtschicksal aller in[30] Adam, in Unterscheidung von dieser gemeinsamen Ausgangsposition aller[31] aber auch die persönliche Schuld jedes einzelnen[32], die weder auf die „Erbschuld" als transpersonale Grundsituation[33] noch auf den Einfluß des „Nichtigen" abgewälzt werden kann[34]. Dies droht bei Barth (mehr noch bei Elert u. a.) verdunkelt zu werden: Aus Barths Theorie eines ungeschaffenen, aber wirksamen Bösen ergibt sich, wie deutlich wurde, eine Spannung zwischen dem vom „wirklichen Bösen" (vom Teufel) verschuldeten Unheil und der persönlichen Verantwortung des Menschen. „Weil es uns von Gott gesagt ist", wissen wir, daß wir tatsächliche Sünder sind und folglich den je eigenen Tod verdient haben (KD III/3, 348); mit dieser „positivistischen" Auskunft bricht Barth jede Diskussion

---

„beeindruckt und beeinflußt" ist (8), stimmt dem ausdrücklich zu: der Fluchtod ist nicht in das Belieben einer strafenden Gottheit gestellt, sondern folgt aus dem Wesen der Sünde.

[30] Das ἐφ' ᾧ (Röm 5, 12 d) ist exegetisch umstritten; vgl. dazu G. SCHUNACK, *Das hermeneutische Problem des Todes*, 255.

[31] Vgl. K. RAHNER, *Erbsünde*, in: Sacramentum Mundi I, 1967, 1104—1117; ders., *Die Sünde Adams*, in: ders., *Schriften IX*, 259—275: Neben der persönlichen Schuld gibt es ein vorindividuelles Verhängnis, das die sittliche Ausgangsposition aller einzelnen negativ qualifiziert: eine sich mehrende „Sünde der Welt" (vgl. P. SCHOONENBERG, *Theologie der Sünde*, Einsiedeln 1966). Dieses auf einen konkreten Anfang der Menschheitsgeschichte zurückverweisende und von diesem (sündigen) Anfang als einmaliger Freiheitstat sui generis bedingte Grundverhängnis bestimmt auch die Weise unseres *Todes*. Dies setzt keinen „Monogenismus" voraus, wohl aber schließt es eine rein existentialistische Deutung aus, die in der Sünde Adams *nur* eine Aussage über die Verfaßtheit des Menschen überhaupt sehen will (wie Barth!) und damit dessen Geschichtlichkeit als von *Herkunft* und *Zukunft* qualifizierter Gegenwart nicht gerecht wird (vgl. J. B. METZ, *Konkupiszenz*, in: HThG I, 843—851). — Vgl. zum Ganzen J. WEISMAYER (Hrsg.), *Ist Adam an allem schuld?*, Innsbruck 1971 (dort ausführliche Lit.-Angaben).

[32] Auch die oben Anm. 26 genannten Autoren wollen die Unterscheidung des *allgemeinen* Todes mit seiner *Tendenz* zu Protest und Verweigerung vom *individuell*-sündigen Tod als *vollendeter* Trennung von Gott nicht verwischen.

[33] Daß Barth eine „Erbschuld" in diesem Sinn ablehnt, wurde gesagt (oben S. 73 Anm. 24); vgl. dazu die Kritik von P. LENGSFELD, *Adam und Christus*, Essen 1965, 214: „Daß alle Menschen de facto sündigen, geschieht (sc. bei Barth) ohne jeden Bezug zum ersten Sünder ... Adam wird zum Privatmann und jeder Mensch zu einem Privatadam."

[34] Eine solche — von Rahner kritisierte — Tendenz, die persönlich-konkrete Schuld durch eine transpersonale Grundsituation gleichsam *neutralisiert* sein zu lassen, scheint auch bei *Jüngel* vorzuliegen: Aus Röm 3, 23 (*alle* Menschen haben gesündigt) schließt er einen „alle Menschen *unterschiedslos* negativ qualifizierende(n) und insofern *gleichmachende(n)* Anspruch" (E. JÜNGEL, *Tod*, 157 f.; Hervorhebung von mir). — Vgl. dagegen H. THIELICKE, *Tod und Leben*, 122 ff.: Gegen die exklusive Ableitung des Todes aus der Sünde Adams sei einzuwenden, daß „hier der Mensch in eine schicksalhafte, naturgeschichtlich anmutende Abhängigkeit von einem außerhalb seiner geschehenen Datum gestellt wird". Der Mensch käme so in eine Zwangslage, die ihn jeder Verantwortung enthöbe: „Er wäre nur noch unpersönlicher effectus einer ihn determinierenden causa, die gleichsam ‚durch ihn hindurch' handelte", und seine *konkreten* Verstöße gegen Gott „verlieren dadurch ihr ‚spezifisches' Gewicht", d. h. die aktuelle Sünde wird gleichgültig.

über den Stellenwert kreatürlicher Schuld angesichts der Versuchung des „eigentlich" Bösen ab, ohne die Ernsthaftigkeit personaler Entscheidung weiter begründen zu können[35].

Rahner dagegen stellt mit der Beziehung von Fluchtod und Teufel (Hebr 2, 14; Jo 8, 44; Weish 2, 24 u. a.)[36] die Freiheit des Menschen niemals in Frage, weder direkt (wie *Abaelard* und z. T. die Reformatoren) noch indirekt (wie Barth). Gewiß hat der Tod des einzelnen, soweit er Folge der Sünde ist, mit der Herrschaft des Teufels zu tun: jede Sünde zum Tod, jedes endgültige Nein zur Liebe des Schöpfers hängt „in irgendeiner Weise auch mit einer dämonischen Versuchtheit" zusammen. Der Teufel und sein Weltbezug als „Herrschaft des Todes" (Hebr 2, 14)[37] nimmt aber weder die Freiheit, dieser Gewalt zu widerstehen (obwohl sie wirkliche Macht hat), noch die Möglichkeit, ihr zu erliegen (obwohl sie von Christus besiegt ist, so daß man ihr widerstehen *kann*). Die Versuchung zur selbstherrlich-autonomen Vollendung, zum „zweiten Tod" der Trennung von Gott, wird des Menschen eigenes Werk erst dadurch, daß er dem dämonischen Willen zum Tode frei *zustimmt* (ThT 49). Daß der Satan Gewalt hat und zuletzt im Menschen den Fluchtod bewirken kann, gründet nicht in der (Schein-) Macht eines von der Gnade schon überwundenen „Nichtigen", sondern in der unvertretbaren Freiheit des Individuums[38], das Gottes Anspruch verweigern und so der Versuchung des Bösen erliegen und seiner eigenen Nichtigkeit überführt werden kann.

2. Die Erlösung vom Tode: die Rechtfertigung des Sünders in Christus

Rahners Verständnis vom in der Freiheit zum Heil oder Verderben bestandenen Tod will gewiß nicht den Eindruck erwecken, als könne das Sterben auch *ohne* Christus etwas anderes sein als Verzweiflung, gottloses Dunkel, ewiges Schweigen und schlimmste Enttäuschung der Sehnsucht. Wenn Rahner erklärt, der Tod und des Menschen Verhältnis zu ihm werde erst dann zur erlösenden Begegnung mit

---

[35] Vgl. oben S. 95 ff.
[36] Vgl. K. RAHNER, ThT 47 ff. — Zur neueren Diskussion um die Existenz dämonischer Mächte vgl. O. SEMMELROTH, *Abschied vom Teufel? — Mächte und Gewalten im Glauben der Kirche*, in: K. RAHNER — O. SEMMELROTH (Hrsg.), *Theologische Akademie VIII*, 48—69.
[37] Weil die Engel zur materiellen Welt einen wesentlichen Bezug haben (vgl. K. RAHNER, *Geistliches Abendgespräch über den Schlaf, das Gebet und andere Dinge*, in: ders., *Schriften III*, 263—281, bes. 271 f.), wollen sie die Vollendung der Welt als Manifestation ihrer eigenen Erfüllung. „Da der gefallene Engel die Vollendung seines Wesens in selbstherrlicher Autonomie ohne Gnade will, will er damit auch eo ipso die Vollendung der Welt ohne Gnade." (ThT 49) Der böse Engel will den Tod schlechthin, d. h. die radikale Trennung von der Liebe Gottes, und dieser Wille ist „Herrschaft des Todes" (Hebr 2, 14).
[38] Vgl. K. H. SCHELKLE, *Schuld als Erbteil?*, Einsiedeln 1968: Das Böse ist Entscheidung, freie Wahl und damit Schuld des *Menschen*. — Zum Freiheitsbegriff, auch in bezug auf die Partizipation aller am Ganzen (Tillich), vgl. unten S. 273 ff.

Gott und zur Erfüllung der Liebe, wenn er „im Licht und in der Kraft Jesu Christi, des Gestorbenen und Auferstandenen, gesehen und ertragen wird" (ThT 51), so ist dies keine Beschwichtigung für fromme Gemüter, kein nachträgliches Zugeständnis an das christologische Dogma, sondern die Konsequenz des transzendental-theologischen Ansatzes[39]: Da alle Geschichte vom Heilswillen Gottes aufgelichtet ist, da die Menschwerdung des Logos die Treue Gottes zu seinem schuldig gewordenen Volk (vgl. Os 11) als irreversibel erweist, darf man die endgültige Erlösung des Menschen in Christus als letzten Grund aller Hoffnung verstehen, ohne daß die so vermittelte Rechtfertigung des Sünders als *zeitlich* erst nach dem Tod Jesu geschehen gedacht werden müßte.

Im Sinne Rahners erläutert Vorgrimler diesen Zusammenhang so[40]: Die Sünden-*tat* Adams war natürlich vor der Erlösungs-*tat* Jesu Christi (als räumlich-zeitlichem Ereignis); aber die Grundsituation aller Menschen wird nicht durch die „Erbschuld" allein bestimmt, sondern ebenso — und zwar von Anfang an — durch die rettende Hingabe Christi, die, wie auch Barth stets betont, nicht weniger universal und nicht weniger wirksam sein kann als Adams Verfehlung. Die beiden Sätze „Der Mensch als solcher ist immer schon verwiesen auf Gott" und „Der Mensch ist erlöst und gerechtfertigt aufgrund des Heilstodes Jesu" widersprechen sich also nicht.

Wenn Rahner Erlösung und iustificatio impii nicht ausschließlich „kategorial" von Jesu Tod und Auferstehung her interpretiert, sondern auch — ohne daß beides streng zu trennen wäre — *christozentrisch*[41] von der transzendentalen Offenbarung Gottes in der Geschichte her, so dürfte dies der Rechtfertigungslehre Barths, der die Überwindung des „Nichtigen" durch Jesus Christus von Anbeginn der Schöpfung an vertritt, so ferne nicht stehen[42]. Und auch was die inhaltliche Bestimmung der iustificatio betrifft, finden sich zwischen Rahner und Barth keine gewichtigen Differenzen; den konfessionellen Streit um die Rechtfertigung des Sünders sieht Rahner als im wesentlichen bereinigt an, insbesondere im Blick auf *Barths* Deutung dieses Artikels[43]. Barths Intention, wie sie oben S. 77 ff. be-

---

[39] „Mit dem Satz von einer transzendentalen Auferstehungshoffnung ist nicht bestritten, daß es dem Menschen von der Erfahrung der Auferstehung Jesu her besser gelingt, dieses Selbstverständnis faktisch zu objektivieren. Der Zirkel zwischen transzendentaler und kategorialer Erfahrung ist überall gegeben." (K. RAHNER, *Grundlinien einer systematischen Christologie*, 38 f.)

[40] H. VORGRIMLER, *Die Erbsünde in der katholischen Glaubenslehre*, in: R. SCHMID — E. RUCKSTUHL — H. VORGRIMLER a. a. O., 131.

[41] Vgl. K. RAHNER — H. VORGRIMLER, *Christozentrik*, in: *Kleines theologisches Wörterbuch*, 67: „Christozentrisch ist eine Theologie, insofern und insoweit sie richtig die zentrale (d. h. alles andere bedingende und ordnende) Stellung Christi in der Schöpfungs- und Heilsgeschichte zur Geltung bringt"; ähnlich H. KÜNG, *Christozentrik*, in: LThK 2 (²1958) 1169 ff.

[42] Zu beachten ist aber das verschiedene Geschichtsverständnis beider Theologen, wie es oben S. 212 ff. angedeutet wurde.

[43] Vgl. K. RAHNER, *Fragen der Kontroverstheologie über die Rechtfertigung*, in: ders., *Schriften IV*, 237—271: Rahner verweist auf H. KÜNG, *Rechtfertigung*, Einsiedeln ⁴1957, wo im 1. Teil (S. 21—101) Barths Rechtfertigungslehre dargestellt wird und im 2. Teil

schrieben wird, bejaht in der Sache auch Rahner; was dort ausgeführt wurde, braucht nicht wiederholt werden.

Zusammenfassend und den Geschenkcharakter des „Neuen Lebens" als katholische Lehre verdeutlichend sei soviel gesagt[44]: Die Rechtfertigungsgnade muß zuerst neues Leben vermitteln, bevor sich dieses Leben im Menschen entfalten kann. Das Gnadenleben als von Christus, also *von außen* geschenktes (insofern iustitia „aliena")[45], wird nicht erst dadurch real, daß die kreatürliche Freiheit es annimmt (so sehr diese Annahme notwendig ist)[46]; denn die subjektive Glaubenszustimmung ist selbst nochmals Gnade. Gott hat uns zuvor geliebt (1 Jo 4, 9 f.); die neue Gerechtigkeit Christi, die unseren Tod überwindet und die verlorene Bindung an Gott wiederherstellt, darf also nie als Verdienst des Menschen verstanden werden (im Sinne eines Pelagianismus, der es dem Menschen zutraut, aus eigener Kraft sein Heil zu „verdienen"), sondern ist als reines Geschenk zu verstehen. Die Möglichkeit zur neuen Lebensführung und ihre Verwirklichung, das Können und das Tun, das Wort Gottes und die Antwort des Menschen — *alles* ist Gnade[47]. Die mögliche Ablehnung des Heils dagegen ist Ausdruck der Freiheit, die auch verderbliche Freiheit zum Tode sein kann[48].

Noch ein weiterer Punkt muß betont werden: „Rechtfertigung" meint nach Rahner — auch dies ist ein zentrales Anliegen Barths — kein fiktives „Als ob", sondern die reale Veränderung im *Sein* des Menschen selbst: Die Existenz des Glaubenden ist nicht mehr zum Tode hin (wenn unter „Tod" die Trennung von Gott verstanden wird), sondern — wie Barth sagt — „vom Tode her"; unsere eigene (und verschuldete) Gottferne hat Jesus selbst bis zur Neige durchlitten, und alle, die glauben und diesen Glauben in der Ordnung der Liebe vollziehen, haben den Fluchtod nun „hinter" sich! Und „immanent" kann dieses in der Rechtfertigung zugesprochene Leben Christi auch in Rahners Verständnis nur insofern sein, als es Erkennen, Wollen und Sein des Menschen neu qualifiziert[49], und nicht etwa in dem Sinne — darauf läuft die reformatorische Kritik am katholischen Verständnis der caritas infusa (DS 1530) meist hinaus —, daß das Vertrauen (fiducia)

(S. 105—276) die katholische Auffassung. Barth selbst stimmt Küngs Ausführungen zu (vgl. oben S. 80 Anm. 57); Rahner beurteilt Küngs Buch — im ganzen — positiv und weist diverse Versuche zurück, die ökumenische Bedeutsamkeit der von Küng erreichten Annäherung „herunterzuspielen".

[44] Vgl. zum folgenden außer K. RAHNER a. a. O. auch H. VORGRIMLER a. a. O. (oben Anm. 40), 136.

[45] Auch H. U. v. BALTHASAR, *Karl Barth*, 379 ff, bestätigt, daß des Menschen Gerechtigkeit „von Anfang bis Ende eine ihm geschenkte, von oben und außen ihm zukommende und somit auch als ihm zu eigen geschenkte nicht ‚seine eigene' ist".

[46] Vgl. unten S. 242 ff.

[47] Vgl. Bultmanns Interpretation (oben S. 123 ff.).

[48] Vgl. unten S. 275 f.

[49] Vgl. H. U. v. BALTHASAR, *Mysterium Paschale*, in: *Mysterium Salutis III/2*, 210: Als „uns zugeeignete, uns geltende und von uns ergreifbare" ist die Rechtfertigung des Menschen „iustitia *propria*" (unbeschadet des oben Anm. 45 Gesagten); weil wir in Gott „bei uns selbst sind" (K. BARTH, KD IV/1, 612), ist die Gerechtigkeit „iustitia propria Dei in uns" (v. BALTHASAR a. a. O.).

auf Gottes Vergebung durch eine verfügbare, vom konkreten Glauben unabhängige Zuständlichkeit ersetzt würde[50]. Von einer habituellen Gerechtigkeit, die aktuell nicht immer neu — in geschenkter Vergebung und tätigem Glauben — eingeholt werden muß[51], kann bei Rahner keine Rede sein.

III. Der Tod Jesu als „Einstiftung" eines neuen Existentials in den Seinsgrund

Vorbemerkung

Christus hat den Fluchtod besiegt und der glaubend-hoffenden Liebe neue „Gerechtigkeit" zugeeignet. Aber *was heißt das*, wenn Adam, wie gesagt wurde, a) auch ohne Schuld „gestorben" wäre; b) auch nach seinem Fall sich voll-endet hat: im „verhüllten" und tragisch *erlittenen* Tod, der zwar Ausdruck der Sünde ist, Gottes Gnade aber nicht außer kraft setzt; c) auch post Christi mortem seinen Tod noch zu fürchten hat, sofern dieser auch jetzt nicht „natürlich" (Barth) ist, sondern Zustoß von außen bleibt? *Was* hat sich seit Karfreitag und Ostern[1] tatsächlich geändert? *Wie* sind wir erlöst, wenn der „letzte Feind" (1 Kor 15, 26) immer noch anwest: mitten im Leben als Krankheit zum Tode, als leibliche Folter, als zermürbende Angst, als schmerzlicher Abschied, als Enttäuschung, Einsamkeit, gebrochene Treue, verlorene Liebe und zuletzt — für unser konkretes Erleben — als grausam überforderndes Ende allen Lebenssinnes und aller hoffenden Sehnsucht?

Theologisch sind diese Fragen nur zu beantworten, wenn die Bedeutung des Todes *Jesu* genauer bedacht wird. Bei der traditionellen Versöhnungslehre (Anselm v. Canterbury) einsetzend, sollen die — z. T. differierenden — Stellungnahmen zu dieser Lehre durch Rahner und v. Balthasar erläutert und mit den Aussagen Barths verglichen werden. Von der Versöhnungslehre aus ist zu fragen, was sich wirklich *geändert* hat seit Jesu Abstieg ins Totenreich.

---

[50] Vgl. O. H. PESCH, *Die Theologie der Rechtfertigung bei Martin Luther und Thomas von Aquin*, Mainz 1967, wo Pesch den Nachweis versucht, daß der lutherische Ansatz des Fiduzialglaubens den thomasischen Ansatz der immanenten (inhärierenden) Gnade nicht ausschließt. — Bei K. RAHNER — H. VORGRIMLER, *Fiduzialglaube*, in: *Kleines theologisches Wörterbuch*, 109 f., heißt es: „Der Unterschied gegenüber einer richtig verstandenen katholischen Rechtfertigungslehre ist fast nur terminologisch, falls von beiden Seiten heute gesehen werden kann, daß Gnade und Freiheit nicht im umgekehrten, sondern im gleichen Verhältnis wachsende Größen sind."

[51] J. RATZINGER, *Einführung in das Christentum*, 183 f., beschreibt „Sein" und „Akt" als unlösbar zusammengehörig; ähnlich deutet H. U. v. BALTHASAR, *Karl Barth*, 373 f., die Korrelation ontischer Kategorien zum Ereignishaften des Gnadengeschehens.

[1] Ob der Gekreuzigte oder erst der Auferstandene den Tod des Sünders erlöst hat, kann außer Betracht bleiben, da diese Alternative den Zusammenhang von Tod und Auferstehung zu wenig beachtet: „Tod und Auferstehung Christi sind ein einziger, innerlich

1. Der Sühnopfergedanke: die Versöhnung des Menschen mit Gott
   (v. Balthasar)

Jesu Blut wurde „zur Vergebung der Sünden" vergossen; so deutet Matthäus (Mt 26, 28) den Tod Jesu Christi. Und Paulus: Christus ist „für uns ein Verfluchter geworden", um uns „loszukaufen aus dem Fluch des Gesetzes" (Gal 3, 13). „Gott sandte seinen Sohn in der Gestalt des sündigen Fleisches und hat in seinem Fleisch die Sünde verurteilt, damit die Forderung des Gesetzes erfüllt würde." (Röm 8, 3 f.)

Dieser Gedanke des Paulus und der Abendmahlstexte der Evangelien (besonders Mt, der jüdischem Denken am nächsten steht)[1] — Erlösung des Menschen durch Blut: im vollkommenen Sühnetod Jesu — wurde bei Anselm von Canterbury, in der „Satisfaktionstheorie", theologisch weiterentwickelt. Das Verständnis des Todes Jesu als *Opfer*, als *Loskauf* oder *Genugtuung* bestimmte dann fast ausschließlich das kirchliche Denken des Abendlandes[2].

Kurz zusammengefaßt sagt Anselm dies: Die Größe einer Entehrung mißt sich am Rang des Beleidigten, der Wert einer Genugtuung dagegen am Rang des Genugtuenden. Da Gottes Würde unendlich groß ist, muß jede geschöpfliche Sünde eine unendliche Beleidigung der majestätischen Gottheit sein, die kein schwaches Geschöpf wiedergutmachen kann. Versöhnung kann nur Gott selbst in seinem Sohne wirken, der dem Vater ebenbürtig ist und dessen sittliche Leistungen folglich unendlich hohen Wert besitzen. Eben dies ist am Kreuze geschehen: Ihn, den Gott-Menschen, „der von keiner Sünde wußte", hat Gott „zur Sünde gemacht", damit wir gerecht würden in Gott (2 Kor 5, 21).

Diese Deutung des Opfers Jesu als dem Vater geleistete Sühne spielt auch in der heutigen Diskussion, etwa zwischen Bultmann und Barth, aber auch zwischen Rahner und v. Balthasar, eine gewichtige Rolle. Wie Rahner und Barth lehnt zwar auch v. Balthasar[3] jenen „Extrinsezismus" ab, der sich formal auf Gottes Verfügung beruft und die Versöhnung — rein äußerlich — als Wiederherstellung des ursprünglichen Rechtszustandes durch eine absolut sittliche Tat begreift, ohne daß

---

in seinen Phasen unlöslich zusammenhängender Vorgang." (K. Rahner, *Auferstehung Christi*, in: *Kleines theologisches Wörterbuch*, 38 f.) Ähnlich K. Rahner, *Grundlinien einer systematischen Christologie*, 36 („Die Einheit von Tod und Auferstehung Jesu").

[1] Was Jesus *selbst* gesagt hat, wissen wir kaum; vgl. E. Schweizer, *Abendmahl*, in: RGG 1 (³1957) 16 f.; dazu H. Kessler, *Erlösung als Befreiung*, Düsseldorf 1972, 30 ff.

[2] Zum Ganzen vgl. J. Ratzinger, *Einführung in das Christentum*, 186 ff.; H. Kessler, *Die theologische Bedeutung des Todes Jesu. Eine traditionsgeschichtliche Untersuchung*, Düsseldorf ²1971; J. Kremer, *... denn sie werden leben*, Stuttgart 1972, 17—26; H. Küng, *Christ sein*, München ²1974, 409—426; E. Schillebeeckx, *Jesus. Die Geschichte von einem Lebenden*, Freiburg ³1975, 242—282; W. Kasper, *Jesus der Christus*, Mainz ⁴1975, 132—144. 254 ff.; H. U. v. Balthasar, *Gekreuzigt für uns*, in: *Diskussion über Hans Küngs „Christ sein"*, Mainz 1976, 83—94.

[3] Zum folgenden vgl. H. U. v. Balthasar, *Mysterium Paschale*, in: *Mysterium Salutis* III/2, 133—326, hier 208 ff. („Das Kreuz als Gericht"); dieser Beitrag ist sep. erschienen unter dem Titel *Theologie der drei Tage*, Einsiedeln 1969.

die innere Notwendigkeit gerade des *Todes* Jesu (und nicht einer beliebigen anderen Leistung)[4] aus dem inneren Zusammenhang von Sünde und Tod heraus einsichtig würde. Mit Anselm und Barth[5] und z. T. *gegen Rahner*[6], der Texte wie Röm 8, 3; 2 Kor 5, 21; Gal 3, 13 u. a. „minimalistisch" interpretiere, setzt v. Balthasar freilich Akzente, die — weil sie ein Anliegen Barths aufgreifen — bedacht werden müssen.

v. Balthasar versteht Jesu Tod primär als erlittenes Opfer; *Gott* (der Vater) ist der ursprünglich Handelnde[7], und die δικαιοσύνη θεοῦ motiviert Jesu Gehorsam[8]. Der Herr liebt das Recht (Ps 11, 7) und um seiner eigenen Treue und Wahrhaftigkeit willen muß er den Rechtsbund (wie ihn das AT beschreibt) bewahren und den Ungehorsam des Menschen bestrafen; denn das Böse „ist Graus und Greuel vor Gott". Soll der Mensch Gnade finden beim Herrn, muß das begangene Unrecht „schlicht und unbedingt weg". Da kein sündiger Mensch durch eigene Leistung Gottes Recht wiederaufrichten kann, muß der Herr selbst die Sünde vertilgen, „wie trockenes Holz vom Feuer" verzehrt wird (Barth)[9]. Christus, der auf die Seite des Menschen tritt, um Gottes Sache für ihn auszufechten, wird „Subjekt und Objekt" des Gerichtes in einer Person[10]: Der Kelch, den Jesus leeren soll bis zur Neige (Jo 18, 11 par), ist der atl. *Zorneskelch Gottes*, den der Frevler zu trinken hat[11]: Jesu Taufe entspricht dem Versinken in den zugrunde richtenden Fluten[12], und das blutige Sterben am Kreuz offenbart das letzte Gericht, das „unendliche Rechthaben Gottes", an dem das Unrecht zer-

---

[4] „... als hätten ein bloßes ‚Dekret' Gottes, oder die bloße Inkarnation oder ‚ein einziger Blutstropfen' Christi auch schon genügt." (H. U. v. Balthasar a. a. O., 223) — Vgl. K. Rahner, *Tod Jesu*, in: LThK 10 (²1965) 231 f.: Jesus „hat nicht nur irgendeine Genugtuung für die Sünde geleistet, sondern er hat eben gerade den Tod, der die Erscheinung, der Ausdruck und die Sichtbarwerdung der Sünde in der Welt ist, getan und erlitten."

[5] Vgl. K. Barth, KD IV/1, 589—634 („Gottes Gericht"): Die *Gerechtigkeit* Gottes, die freilich auch im Zorn verborgene *Liebe* bleibt, ist Barths zentrales Thema! Vgl. oben S. 73 ff und S. 87 ff.

[6] H. U. v. Balthasar a. a. O., 223 Anm. 1, kritisiert die Grundintention in Rahners *Theologie des Todes* und in Boros' *Mysterium Mortis*; vgl. ders., *Cordula oder der Ernstfall*, Einsiedeln 1966, 92 f.

[7] „Das Ganze stammt von Gott her, der uns durch (διά) Christus mit sich versöhnt hat und uns (Aposteln) den Dienst der Versöhnung anvertraut hat. Denn Gott war es ja, der die Welt in Christus mit sich aussöhnte" (2 Kor 5, 18 f.); zit. nach H. U. v. Balthasar a. a. O., 223.

[8] E. Käsemann, *Exegetische Versuche und Besinnungen I*, Göttingen ⁴1965, 77, betont das „merkwürdige Faktum", daß in Phil 2, 8 nicht gesagt wird, *wem* Christus gehorsam (ὑπήκοος) war; H. U. v. Balthasar a. a. O., 186 Anm. 8, erinnert dagegen an die johanneischen „mandatum-Texte" (Jo 10, 18; 12, 49 f.; 14, 31), die der Dogmatiker neben Phil 2, 8 stellen müsse, so daß ihm Jesu Blick auf den *Vater* „selbstverständlich" würde. — Zu Käsemanns Deutung des Todes Jesu vgl. unten Anm. 22.

[9] Alle Zitate aus K. Barth, KD IV/1, 602; zit. nach H. U. v. Balthasar a. a. O., 209.
[10] H. U. v. Balthasar a. a. O., 210.
[11] v. Balthasar verweist auf Is 51, 17. 22; Jr 25, 15; Ez 23, 31 ff.; Ps 75, 9.
[12] v. Balthasar zitiert Is 43, 2; Ps 42, 8; 69, 2 f.

schellt¹³. „Weder ist das mythisch¹⁴, sondern die zentrale biblische Botschaft, noch ist es, was das Kreuz Christi angeht, zu verharmlosen"¹⁵.

Aus dieser Sicht wendet sich Balthasar gegen Rahners Tendenz, die Gottmenschlichkeit Jesu bloß — wobei Rahner dieses „bloß" natürlich zurückweist — als „Höchstfall" transzendentaler Anthropologie zu verstehen bzw. den Kreuzestod Jesu als zwar einmalig in bezug auf die absolute Freiheit seines Gehorsams, im übrigen aber als analog zum *allgemeinen* Phänomen des personalen Sterbens anzusehen. Das „Darüberhinaus im Totsein des Gottessohnes", das völlig einmalige Sühnopfer für die Sünde des Menschengeschlechts (die gesamte ἁμαρτία der Welt wird auf die Schultern des Einen gelegt), werde bei Rahner zumindest verkürzt¹⁶. Urs v. Balthasar, der die Haltung Barths zur analogia entis so scharf kritisiert, scheint — in diesem Fall — von Barths Religionskritik beeinflußt zu sein, wenn er „alle religiösen Symbole" nicht nur überholt, sondern endgültig „abgeschafft" sein läßt durch das *„schlechthin* Einmalige", *„absolut* Einzige" und „zunächst *Analogielose"* der Leidens- und Todeserfahrung Jesu¹⁷. Barths Anathem gegen Bultmann scheint — mutatis mutandis — eine Entsprechung zu finden, wenn v. Balthasar dem „anthropozentrischen Transzendentalismus" Rahners vorwirft, er könne „den trinitarischen Hintergrund des Kreuzes nie offenhalten"¹⁸, weil es ihm zuletzt um das Selbstverständnis des Menschen gehe.

Wenn Rahner den Tod Jesu Christi als Nacht beschreibt, „in der das ewige Leben bis in das Unterste der Welt sterbend eindrang, um die Welt lebendig zu

---

¹³ H. U. v. BALTHASAR a. a. O., 212.

¹⁴ v. Balthasar kritisiert die Johannes-Deutungen Bultmanns und Käsemanns, die freilich nur eine bestimmte *Auslegung* des Stellvertretungsgedankens für mythisch erklären; vgl. unten Anm. 22.

¹⁵ H. U. v. BALTHASAR a. a. O., 210; ähnlich E. BRUNNER (vgl. oben S. 223 Anm. 25).

¹⁶ H. U. v. BALTHASAR a. a. O., 223 f., 243 ff.

¹⁷ Ebd., 224 (Hervorhebung von mir). — In seiner Antwort an L. BOROS (in: Orientierung 34 [1970] 38 f.) präzisiert v. Balthasar seine Position so: „die Solidarisierung des *Gottes*sohnes mit den Sündig-Toten ist etwas absolut *Einmaliges,* daher von keiner Philosophie des Sterbens und Totseins her zu Erhellendes." Das „Mehr" der trinitarischen Hingabe des Sohnes an den Vater wird „im Erlösungsvorgang zum Ort und Träger der sündigen Gottverlassenheit aller Menschenbrüder, so daß der Erlöser in diesem ‚Mehr' nicht bloß die Verlorenheit der konkreten Brüder als solcher, sondern den ‚substantiellen' Grund ihrer Verlorenheit, eben die ‚Sünde an sich', erfährt". — v. Balthasars Ausführungen sind — wie er selbst zugibt (in den Fußnoten mit Quellenangaben) und wie L. BOROS (in: Orientierung 33 [1969] 246 ff., hier 248 Anm. 26) kritisch anmerkt — weitgehend mit W. Künneths Verständnis von Tod und Auferstehung Jesu verwandt; vgl. z. B. W. KÜNNETH, *Theologie der Auferstehung,* München ⁵1968, 78 f.: „Darum muß der Tod Jesu aus aller Analogie zu allem Sterben anderer Menschen heraustreten" (zit. nach H. U. v. BALTHASAR a. a. O., 261 Anm. 23).

¹⁸ H. U. v. BALTHASAR a. a. O., 226 (ähnlich A. STOCK a. a. O., 60 f.). — An Boros' und Rahners Adresse gerichtet schreibt Balthasar (in: Orientierung 34 [1970] 38 f.): Die Selbstübergabe des Sohnes „mündet in die Erfahrung des bloßen ... *Genommen*werdens ... Anders würde der Sohn in seiner Selbstentscheidung alles allein leisten, das Werk wäre gar nicht mehr trinitarisch; es wäre schließlich nicht mehr der ‚große Gerichtstag des *Herrn'* (des Vaters), der auch am Kreuz ... der letztlich-aktiv Handelnde bleibt." — Vgl. oben S. 98 f. die Kritik E. *Jüngels* an Rahner und Boros.

machen" (ThT 51), und wenn er den Abstieg ins Totenreich dementsprechend als Einstiftung eines neuen Existentials in den Urgrund des Seins versteht (vgl. unten), so ist dies für Balthasar „weder biblisch begründbar noch theologisch hinreichend", weil Jesu analogieloses Tragen des „zweiten Todes"[19] zu wenig zur Geltung komme[20]. — Doch wie sieht *Rahner* die traditionelle Versöhnungslehre? Reduziert er die Theologie auf anthropologische Daten? Paßt er sich einer „vaterlosen Gesellschaft" an, die mit der Idee einer strafenden Vater-Instanz ohnehin nichts mehr anfangen kann? Rahner selbst meint es nicht so: Die trinitarisch verstandene Versöhnungslehre bejaht er in dem, was sie positiv sagt: über Jesu Gehorsam, seine Liebe, seine freiwillige Übernahme des Todes (ThT 55)[21]; darüber hinaus müsse aber gefragt werden, ob sie den eigentlichen Sinn des Todes Jesu in seiner ganzen *Tiefe* erreicht.

Eben dies wird von Rahner — auch von Ratzinger und Barth — bestritten[22]: Die Satisfaktionstheorie[23] könne letztlich nicht sagen, warum uns gerade der *Tod*

---

[19] Nach H. U. v. BALTHASAR a. a. O., 186 (vgl. ebd., 243 ff.), stirbt Jesus nicht bloß den Fluchtod des einen Adam, sondern darüber hinaus den „zweiten Tod" der Gottverlassenheit, indem er die *Gesamt*schuld aller Menschen auf sich nimmt; vgl. oben Anm. 17.

[20] H. U. v. BALTHASAR a. a. O., 224 Anm. 1; ebd., 250, jedoch wird die Deutung des Todes Jesu durch Rahner eher zustimmend zitiert, wie BOROS (a. a. O.) bemerkt.

[21] Daß Jesus seinen Tod direkt *gewollt* habe, muß diese Freiwilligkeit nicht besagen. — Vgl. H. KESSLER, *Die theologische Bedeutung des Todes Jesu*, 233 f.

[22] Auch nach Barth geht es im NT nicht um *Gottes* Versöhnung mit uns, sondern um *unsere* Versöhnung mit Gott: Des Schöpfers Liebe hört niemals auf, und die Last seines Zornes hat er ja „nicht auf uns geworfen, so daß wir nun erst von ihr befreit werden müßten, sondern hat sie, indem er seinen Sohn leiden und sterben ließ, auf sich selbst genommen" (K. BARTH, KER 56). — Deutlicher distanziert sich J. RATZINGER, *Einführung in das Christentum*, 186 ff., 236 ff., von Anselms Theorie: diese sei zwar nicht „falsch", aber doch *einseitig* und in ihrer vergröberten Form ein „grausamer Mechanismus", der „unvollziehbar" erscheine (187). Daß Christus unendlich geliebt und *so* unsere Schuld — die Gottesferne — überwunden hat, *darin* bestehe sein stellvertretendes Tun „pro nobis". — Vgl. dazu Käsemanns Antwort an die sog. Bekenntnisbewegung „Kein anderes Evangelium" (E. KÄSEMANN, *Der Ruf der Freiheit*, ⁴1968, 151 f.): Der *Stellvertretungsgedanke*, sofern er besagt, daß Jesus den Riß zwischen Schöpfer und Schöpfung geheilt hat, indem er als einziger sich durch keine Gewalt von Gott trennen ließ, dieser Gedanke sei in der Tat des Evangeliums Mitte. Fraglich sei nur, ob der Tod Jesu ein Sühnopfer in *dem* Sinne ist, daß ein auf Rache sinnender Gott durch grausam vergossenes Blut versöhnt werden mußte. Hier gelte es vielleicht, eine biblisch-kirchliche Überlieferung zu relativieren; hier müsse sich, so Käsemann, der Autor des Hebräerbriefes „Sachkritik" gefallen lassen: vom Zentrum der Christologie her. (Zum exegetischen Befund vgl. O. Kuss, *Der Brief an die Hebräer*, Regensburg ²1966, 121—124: dem Hebräerbrief liegt tatsächlich der „urreligiöse" Gedanke nahe, man könne Gott durch blutige Opfer erreichen, auch im Neuen Bund, jetzt freilich durch das alle atl. Kultopfer überbietende Blut Jesu Christi.) — Solche „Sachkritik" leistet z. B. H. KESSLER, *Erlösung als Befreiung*, bes. 11—60.

[23] Zur Problematik der Deutung des Todes Jesu als dem Vater geleistetes „Sühnopfer" vgl. auch K. RAHNER, *Grundlinien einer systematischen Christologie*, 47 ff.; H. KÜNG, *Christ sein*, München ²1974, 414—417 („Opfer?"); E. SCHILLEBEECKX a. a. O., 258 ff.; W. KASPER a. a. O., 140 ff.; bei J. KREMER, *... denn sie werden leben*, 25, heißt es: „Versöhnung", „Erlösung", „Sühne" und „Opfer" seien zwar ntl. Begriffe; doch „wurde

Jesu erlöst[24]. Das Erlösungswerk des Herrn werde weniger im Tod selbst (als einer die Grundsituation des Menschen verändernden *Tat*) als vielmehr im bloßen Auf-sich-nehmen des Todes-*leidens* gesehen[25]; schließlich werde von vornherein unterstellt, Jesu Sterben sei ein vom Tode aller übrigen Menschen *schlechthin* verschiedenes Widerfahrnis. Daß Jesus in einem wesentlichen Sinn *unseren* Tod gestorben ist — wie es auf evangelischer Seite besonders Bonhoeffer und Thielicke vertreten[26] —, werde verdunkelt, „wenn damit natürlich auch nicht gesagt ist, daß sein Tod schlechthin und in jeder Hinsicht unserem gleich sei"[27] (wie es D. Sölle behauptet)[28]. Aber wenn der Herr uns in allem gleich geworden ist außer der Sünde (Hebr 4, 15), müssen die allgemeinen Aussagen über das menschliche Sterben *auch für Jesus gelten*[29], mit dem Unterschied freilich, daß er mit der Gnade gestorben ist, „die ihm auf Grund seiner göttlichen Person von Rechts wegen zukommt, während die Gnade, mit der wir unseren Tod bestehen, *seine* Gnade ist, was aber eine innere Gleichheit im Bestehen des Todes nicht aufhebt, da auch sein Tod Gehorsam und Liebe ist." (ThT 57) Nur wenn Jesus *unseren* (nicht einen analogielos-verschiedenen) Tod getan und erlitten hat, können wir sinnvoll weiterfragen, was sich seitdem geändert hat an *unserem* Sterben und seinen vorausgeworfenen Schatten: seiner ständigen Gegenwart inmitten des Lebens.

2. Jesu Abstieg ins Totenreich als bleibende Bestimmung der Welt (Rahner)

Gelten die allgemeinen Sätze über den personal verstandenen Tod[30] — Tod

---

und wird oft vergessen, daß es sich dabei um sprachliche Formulierungen handelt, die aus dem irdischen Leben von Menschen stammen und letztlich niemals adäquat das ausdrücken können, was dieses übersteigt."

[24] Rahner will gewiß nicht sagen, daß *nur* der Tod Jesu (dagegen wendet sich H. KESSLER a. a. O.) und nicht auch seine Predigt und sein ganzes Leben erlösende Kraft habe; daß die Erlösung in Jesu Tod *kulminiert*, daran hält Rahner allerdings — anders als H. KESSLER a. a. O., 54 ff. — fest.

[25] L. BOROS, in: Orientierung 33 (1969) 246 ff., der v. Balthasars *Theologie der drei Tage* im ganzen positiv würdigt, sieht *hier* — im Verständnis des Totseins als reiner Passivität (vgl. oben Anm. 18) — „eine fast unpassierbare Kluft" zwischen v. Balthasars und seiner eigenen Deutung des Todes, „welche genau den Augenblick des Übergangs (im Tode) als den Moment höchstmöglicher Aktivitäten aufzuweisen sucht". — In seiner Antwort auf Boros — Orientierung 34 (1970) — räumt v. Balthasar allerdings ein, daß sich sein und Boros' (bzw. Rahners) Verständnis des Todes nicht *ausschließen* müßten; vgl. unten S. 285 f.

[26] Vgl. oben S. 156 f. — Nach H. THIELICKE, *Tod und Leben*, 197, war Jesu Sterben „vielmehr eine ‚Tat' als ein ‚Erleiden'": „Das ist die höchste Überwindung des Todes, ... daß er (sc. Christus) unseren Tod zu seinem und seinen Tod zu unserem Tod macht."

[27] K. RAHNER, ThT 53.

[28] Vgl. D. SÖLLE, *Leiden*, 100 ff. („Gethsemane"), wo die Einzigartigkeit des Sterbens Jesu als „dogmatisches Mißverständnis" (103) bezeichnet wird: „Es ist unmöglich, Jesu Leiden von dem anderer Menschen zu unterscheiden" (108).

[29] K. RAHNER, *Tod Jesu*, in: LThK 10 (²1965) 231 f.: „*Theologisch* gilt für den Tod Jesu als eines wahren Menschen grundsätzlich das, was vom Tod überhaupt zu sagen ist." — Zum Ganzen vgl. oben S. 205 ff. die allgemeinen Ausführungen zu Rahners transzendental-anthropologischer Christologie.

[30] Rahner bespricht diese im 1. Teil seiner *Theologie des Todes* (15—30), um *dann*

als Tat und Erleiden, als Verlust der konkreten Leibgestalt und als Öffnung eines neuen Bezuges zur Welt³¹, als Ende der zeitlichen Geschichte und als Vollendung des Lebens von innen — auch für Jesus, dann bleibt, wie im folgenden zu erläutern sein wird, die geistige Wirklichkeit des Gekreuzigten eingestiftet in das Ganze der Welt: In Jesu Auferstehung hat sich, so gesehen, nicht nur „proleptisch" (Pannenberg) erfüllt, was für die übrige Welt noch rein ausständige Zukunft wäre; vielmehr wurde er, da das Gefäß seines Leibes im Tode zerbrach, auch als Mensch zu dem, „was er seiner Würde nach immer schon war, das Herz der Welt, die innerste Mitte aller geschaffenen Wirklichkeit." (ThT 61)³² Damit ist aber die Grundsituation des Menschen als Raum seiner personalen Entscheidungen eine andere geworden, als sie es wäre ohne den Tod Jesu Christi. Nichts Bedeutsameres gibt es in der Geschichte als diesen Tod: Mit diesem Ereignis verglichen wird alles andere „vorläufig und letztlich unwichtig, oder gültig, weil es eben eingeht in diese Geschichte des Todes Christi"³³.

Doch wie kommt Rahner zu dieser kosmisch-universalen Deutung des Kreuzes? Zunächst ist zu bekräftigen, was in anderem Zusammenhang schon gesagt wurde: Weder die Schrift noch die Kirche bieten „letzte Gewißheiten" in *dem* Sinne, daß dem unvertretbar-einzelnen die Last und die Aufgabe erspart würden, im Wagnis der *Entscheidung* die Wahrheit zu ergreifen³⁴. Ein von Gottes Gnade getragenes „Urvertrauen" in die Sinnhaftigkeit des Daseins bleibt für die Annahme des Dogmas von Jesu Sieg über den Tod die erste Bedingung; verbindet sich dieses Vertrauen mit dem Gedanken einer wurzelhaften Einheit der Welt, in der alle Dinge miteinander kommunizieren³⁵, dann liegt eine „Umwandlung und Entsühnung der irdischen Gesamtwelt" (ThT 56) durch Jesu Tod nicht mehr fern.

Die biblisch-kirchliche Bestätigung und Vertiefung dieser Theorie sieht Rahner in der Lehre vom „descensus ad infer(n)a, ad infer(n)os"³⁶ impliziert, die im NT

---

die Bedeutung des Todes Jesu zu klären. Daß hier — dem äußeren Aufbau des Abschnitts über Barth (oben S. 45—102) entsprechend — umgekehrt verfahren wird, ist möglich, da Tod und Auferweckung Jesu nach Rahner wiederum das transzendentale Vorverständnis des Todes (die allgemeinen ontologischen Sätze über den Tod) neu auflichten; vgl. oben S. 211 Anm. 43 und S. 226 Anm. 39.

³¹ Dazu unten S. 265 ff.
³² Ebenso K. RAHNER, *Tod Jesu*, in: LThK 10 (²1965) 231 f.
³³ K. RAHNER, *Über das christliche Sterben*, in: ders., *Schriften VII*, 279 f.
³⁴ Vgl. K. RAHNER, *Bietet die Kirche letzte Gewißheiten?*, in: *Theologische Akademie IX*, 111 f.
³⁵ In der Gegenwartstheologie vertreten diesen Gedanken besonders Tillich (oben S. 142 f.), aber auch Moltmann und Pannenberg, wenn sie das Heil des einzelnen als abhängig von der Zukunft des Weltganzen begreifen (oben S. 174 f. und 186); daß auch Barth (in gewisser Weise auch Bultmann) eine universale Verflechtung des Seienden voraussetzen, wurde oben S. 142 Anm. 15 gesagt. — Selbstverständlich wäre in diesem Zusammenhang auf TEILHARD DE CHARDIN zu verweisen.
³⁶ Im Jahre 359 von der Synode von Sirmium, auf Antrag des Syrers Markus von Arethusa, ins Glaubensbekenntnis eingefügt (vgl. J. MOLTMANN, *Niedergefahren zur Hölle*, in: G. REIN, Hrsg., *Das Glaubensbekenntnis*, 32—35). — Das Wort „Hölle" entspricht dem hebräischen „Scheol" und wird heute meist allgemein als „Totenreich" übersetzt (so auch

als inneres Moment am Tode Jesu verstanden werde, wie überhaupt der Hadesabstieg in der jüdischen Vorstellungswelt als Wesensstück des Todes aller gegolten habe[37]. Gewiß meint der 5. Artikel des Apostolikums zunächst die „Hölle" als den Ausdruck der Gottverlassenheit (vgl. Mt 27, 46; Ps 22, 2), als den absoluten Tiefpunkt des Leidens Christi: Im vollen Bewußtsein der Nähe Gottes (keiner hat diese Nähe *so* gekannt wie Jesus von Nazareth) dennoch von Gott verlassen zu sein, ist nach Luther und der altkirchlichen Theologie die Hölle![38] Jesus wird solidarisch mit dem passiven Totsein, dem Sich-selbst-genommen-sein, der schweigenden Weltferne der Toten[39]; er übernimmt diejenige Einsamkeit, die „die wahre Situation des Menschen ist", und die zugleich den tiefsten Widerspruch darstellt „zum Wesen des Menschen, der nicht allein sein kann, sondern das Mitsein braucht"[40]. Das Durchschreiten unserer eigenen Einsamkeit durch den, der die Bindung an Gott nie verlor (vgl. Lk 23, 46; Ps 31, 6), *überwindet* jedoch die trostlose Unterwelt, und gerade dies meint die spätere (lateinisch-westkirchliche) Interpretation der Höllenfahrt Jesu als *Triumphzug* des Erlösers durch das Reich der Verstorbenen[41]: Auch den Toten wurde das Evangelium verkündet (1 Petr 4, 6); der tot war und lebt, der die Schlüssel des Todes und der Hölle besitzt (Apk 1, 18), „hat den Geistern im Gefängnis (den Schatten im Hades) gepredigt, die vor Zeiten — in den Tagen des Noah — ungehorsam waren" (1 Petr 3, 19 f.).

Diese (in den orphischen Mysterien vorgebildeten)[42] Stellen umschreiben, so Rahner, nicht nur Jesu Heilswirken für die Toten der vorchristlichen Zeit und

---

Rahner); W. PANNENBERG, *Das Glaubensbekenntnis*, 6, besteht dagegen auf der alten Übersetzung („Hölle"), weil diese „mehr und Tieferes" aussage.

[37] Vgl. K. RAHNER, *Abgestiegen ins Totenreich*, in: ders., *Schriften VII*, 145 ff. (zu Röm 10, 7; Eph 4, 9 f.; Mt 12, 40). — Vgl. J. JEREMIAS, ᾅδης, in: ThWNT 1, 146—150: Im AT wird mit Scheol das unter dem Ozean gelegene Totenreich bezeichnet, „das unterschiedslos alle (Ps 89, 49) zu einem schattengleichen Dasein (Js 14, 9) auf ewig (Hi 7, 9; 16, 22; Qoh 12, 5) hinter seinen Pforten (Js 38, 10; Hi 38, 17) verschließt". (146) — Zum biblischen und altkirchlichen Verständnis der Scheol vgl. H. U. v. BALTHASAR, *Mysterium Paschale*, in: a. a. O., 227 ff. („Der Gang zu den Toten").

[38] Vgl. W. PANNENBERG a. a. O., 98 ff.; J. MOLTMANN a. a. O., 33 f. — In *dieser* Verlassenheit sieht Moltmann (vgl. ders., *Der gekreuzigte Gott*, 55 ff.) das einmalig-Besondere des Todes Jesu; dagegen D. SÖLLE, *Leiden*, 104: „es liegt nicht im Interesse Jesu, ‚am meisten' gelitten zu haben."

[39] Diesen Aspekt betont besonders H. U. v. BALTHASAR a. a. O., wenn er das Gestorbensein Jesu als „Hintersichlassen allen spontanen Handelns" deutet; K. RAHNER, *Schriften VII*, 145 ff., akzentuiert diesen Gesichtspunkt der *Passivität* Jesu im Tode deutlicher als in der *Theologie des Todes*.

[40] J. RATZINGER, *Einführung in das Christentum*, 245 f.

[41] Daß sich diese beiden Interpretationen des Descensus — Tiefpunkt des Leidens und Höhepunkt des Triumphs — nicht ausschließen (im Sinne des Widerspruchs von „theologia crucis" und „theologia gloriae"), sondern gegenseitig *bedingen*, betonen — in gewissem Gegensatz zu ThH 181 ff. (vgl. oben S. 210 Anm. 39) — auch Moltmann und Pannenberg: *Durch* sein Sterben „überwand Jesus die Gottverlassenheit des Todes für alle Menschen, die ihm verbunden sind". (W. PANNENBERG a. a. O., 101; ähnlich J. MOLTMANN, *Jesus und die Kirche*, 56). — Zum Ganzen vgl. W. KASPER, *Jesus der Christus*, Mainz ⁴1975, 266 f.; dort (Anm. 63) weitere Lit.

[42] Vgl. A. DIETERICH, *Nekyia*, Leipzig 1893, 128 f.

für die Lebenden, die der Wahrheit des Evangeliums ohne Schuld nicht begegnen (so versteht *Pannenberg* die universale Bedeutung des 5. Glaubensartikels), sondern — darüber hinaus[43] — die anfanghafte, aber doch schon entscheidende Verwandlung des *kosmischen* Seins. *Diesen* Schritt gehen Moltmann und Pannenberg nicht ganz mit, wenn sie (besonders Moltmann) den Tod nur *negativ* sehen[44] und wenn sie die Hoffnung gegen den Tod in der Antizipation der Zukunft der Welt und des einzelnen in Jesu Auferstehung begründen — ohne klar hinzuzufügen, daß schon die jetzige Welt eine real-*ontologische Veränderung* (nicht nur eine neue Bestimmung) erfahren hat[45], und eben deshalb Tod und Auferstehung des Menschen in gewisser Weise ineins fallen können (womit ein reales Noch-nicht der eschatologischen Vollendung des Individuums wie des Kosmos nicht bestritten wird)[46]. Wenn man bedenkt, „daß das Vorstellungsschema der ‚Tiefe', des ‚Unteren', das der Hadesvorstellung zugrunde liegt, doch wohl auch den Sinn des ‚Inneren', des ‚Hintergründigen', ‚Wesenhafteren' und ‚wurzelhaft Einen' miteinschließt" (ThT 59), so darf mit der Hadesvorstellung der Gedanke verbunden werden, daß der Mensch, der in die Unterwelt geht, in die wahre Tiefenschicht unserer Wirklichkeit eindringt, dort das zwischen Geburt und Tod gewordene Ergebnis seines Lebens „als seinen Beitrag" zur geistigen Gesamtwirklichkeit „gewissermaßen hinterlegt" (ThT 58) und gerade dadurch das mit all seinen Teilen kommunizierende Weltganze mit beeinflußt, aus dem heraus unsere personalen Entscheidungen bedingt werden[47]. Da nun Jesus nicht *irgendein* Mensch war, sondern Gottes heilsmächtiges Wort, muß *sein* Tod — als *sein* Beitrag zur universal gesehenen conditio humana — die von Adams Schuld qualifizierte Grundsituation des Menschen[48] *radikal* verändern: Für das Handeln (zum Heil wie zum Unheil) aller anderen Menschen sind neue Möglichkeiten eröffnet, die ohne den Tod des Herrn *so* nicht gegeben wären[49].

---

[43] Daß es einen geheimnisvollen Bezug aller auf Jesus gibt (W. PANNENBERG a. a. O., 102 f.), sieht Rahner in der transzendentalen Verwiesenheit des Daseins auf Gott impliziert, ohne daß es des Verweises auf den descensus ad inferos bedürfte.

[44] Daß dem Tod *als solchem* eine *positive* Bedeutung zukomme, dieser Gedanke Rahners (auch Bultmanns, E. Fuchs' und in gewisser Weise auch Barths; vgl. oben S. 126 Anm. 109) wird bei Moltmann — mit Verweis auf 1 Kor 15, 26 — praktisch abgelehnt.

[45] Es wurde schon ausgeführt (oben S. 174 f. und 185 f.), daß Moltmann und Pannenberg den Gegenwartsaspekt des Kommenden nicht leugnen, aber doch wohl — gerade im Blick auf den Tod — verkürzen.

[46] Daß jeder für jeden etwas bedeutet, die *kosmische* Vollendung die Vollendung des einzelnen also mit-konstituiert, bringt Rahner häufig zum Ausdruck; vgl. unten S. 265 ff.

[47] Individuelle Entscheidungen werden stets, wie die Soziologie bestätigt, im Kontext ökonomischer, politischer und soziokultureller Verhältnisse getroffen; dieses „Ensemble" der Verhältnisse wiederum wird von der (Geschichte gewordenen) Vergangenheit sämtlicher Generationen mit bestimmt!

[48] Vgl. oben S. 224 Anm. 31.

[49] M. SCHMAUS, *Der Glaube der Kirche*, München 1970, 762, stimmt Rahner ausdrücklich zu: Durch Jesu Tod wird der Welt als ganzer ein neues „Heilsprinzip" eingestiftet. — Vgl. A. LÄPPLE, *Vom Geheimnis des Todes,* Donauwörth 1963, 56 f.: „Für die Bedeutung des Sterbens Jesu Christi ergeben sich da Gesichtspunkte, die bisher kaum durchdacht

Natürlich kann man — ironisch oder bekümmert — sagen: Es ist alles beim alten geblieben; die vom Menschen selbst angefeuerten Höllen (von Auschwitz, Hiroshima, Vietnam usw.) brennen mörderischer denn je und optimistische Zukunftsprognosen widerlegen sich ständig von selbst. Aber wenn wir die Totalität der Wirklichkeit nicht gleichsetzen mit den oberflächlichen Daten, „die uns unsere sinnliche Alltagserfahrung von dieser Welt meldet, wenn wir besser realisieren würden, wie tief, geheimnisvoll und von geistiger Wirklichkeit[50] erfüllt die Welt ist", könnten wir „leichter begreifen, daß wir, ob wir wollen oder nicht, ob wir ja oder nein sagen, in unserem geistig-personalen Leben immer auch mit dieser letzten Tiefe der Welt zu tun haben, die Christus eingenommen hat, da er hinabstieg im Tod in das Unterste der Welt." (ThT 60 f.)

In seinen Herz-Jesu-Meditationen[51] hat Rahner diesen Gedanken vertieft. Wir brauchen und dürfen die Augen nicht verschließen vor der Brutalität dieses Lebens: vor der blinden und dumpfen Materie, vor den Schmerzen der Sklaven, der gequälten und geschändeten Kinder, vor der beschmutzten Liebe und verratenen Treue. Wir brauchen keine Heroen sein, die sich nie überfordert fühlen, denen die Last des Schicksals nicht manchmal zu schwer wird. Die Härte des Daseinskampfes und die Meere des Leidens sollen wir nicht übersehen; aber darauf sollen wir vertrauen, daß Christus, da er den Tod *gefürchtet*[52] und die Verbindung mit Gott — dennoch — nicht verloren hat[53], in seinem Tode sich selbst, sein eigenes „Herz", in die tödliche Leere der gefallenen Schöpfung hinein entäußert hat: Seit er hinabgestiegen ist in die Tiefe, gibt es keine Abgründe mehr, in denen nicht das ewige Leben zu finden wäre[54]. „Wenn wir diese Wahrheit aushalten bis zum

---

worden sind: Durch seinen Tod hat Christus eine neue, umfassende Beziehung zur Welt aufgenommen ..." Aus der irdischen Raum-Zeit-Gebundenheit befreit, wird „Christus offen und fähig für die ‚Einverleibung' der ganzen Schöpfung, für die Einsenkung in alle Bereiche des Kosmos".

[50] Zu Rahners Begriff des „Geistigen" vgl. unten S. 245.
[51] Vgl. z. B. K. RAHNER, *Schriften III*, 379—415; ders., *Schriften VII*, 481—508.
[52] Vgl. D. SÖLLE, *Leiden*, 100 ff. („Gethsemane"), bes. 102: Jesu Würde liegt „gerade in seiner Todesangst. Ein Mensch ohne Angst ist ein verstümmeltes Wesen ..."
[53] Vgl. J. KREMER a. a. O.: „Das einzige Licht in diesem Dunkel war sein Glaube an Gott ... Den Tod selbst beschreibt Johannes als eine freie, bewußte *Handlung* des Gekreuzigten: ‚Und er neigte sein Haupt und übergab den Geist'." (S. 19 und 22; Hervorhebung von mir)
[54] K. RAHNER, *Verborgener Sieg*, in: ders., *Schriften VII*, 150 ff., hier 152; vgl. J. MOLTMANN, *Jesus und die Kirche*, 56: „Durch den Gekreuzigten kommt Gott in das ganze und tiefste Elend der Menschen. Es gibt kein inneres und äußeres Elend mehr, das von diesem gekreuzigten Gott trennt." — L. BOROS, *Mysterium Mortis*, 159, preist deshalb den „kosmischen Frühling", der mit Jesu Höllenfahrt begonnen habe. H. U. v. BALTHASAR a. a. O., 223 f. Anm. 1, kommentiert zwar ironisch: „So kann vielleicht Teilhard de Chardin sprechen, aber schwerlich das Wort Gottes", zitiert aber (a. a. O., 242 f.) zustimmend einen Athanasius-Text, der — wie BOROS (Orientierung 33 [1969] 248 Anm. 26) bemerkt — im Grunde dasselbe meint: „Alle Teile der Schöpfung hat der Herr berührt, ... damit jeder überall den Logos fände, auch der in die Dämonenwelt Verirrte" (ATHANASIUS V. ALEXANDRIEN, *De incarnatione Verbi*, 45).

Tod, aushalten in aller Enttäuschung, festhalten auch im Fallen in den Abgrund des Todes, der Durchbohrtheit und Ausgeronnenheit des eigenen Herzens, dann werden wir selig"[55].

Bei aller Verhülltheit ist der Tod zwar ein Fallen, aber doch in die Hand des ewigen Gottes. Nicht im Sinne einer unvermittelten Dialektik von menschlicher Nichtigkeit und göttlicher Absolutheit (wie Barth), sondern im Sinne des Zirkels von transzendentaler und kategorialer Erfahrung[56] präzisiert Rahner: Von sich allein her wäre der Tod die radikalste Frage, die alles in Frage stellt (alles „erniedrigt", sagt Barth)[57]; im Sterben Jesu aber ist glaubwürdig geworden, welche Verheißung und welches Geheimnis der absurde Tod in sich birgt, da Gott selbst ihn erlöst hat[58]. In der Sicht Rahners hat Barth also — trotz des anderen Ansatzes — *im Ergebnis* recht, wenn er den Tod als neuen Anfang des geheiligten, zu Gott hin „gerichteten" Menschen versteht (vgl. oben S. 89), wenn er die Verwandlung des Glaubenden in Gottes Leben hinein — deutlicher als Moltmann und Pannenberg — als unmittelbar im Tode *selbst* geschehend bejaht (KD III/2, 524 ff., 714 ff.), und dennoch — anders (zumindest deutlicher) als Bultmann — von einer noch ausständigen Vollendung spricht, solange sich die Zukunft der Welt nicht erfüllt hat (vgl. oben S. 99 ff.).

Was hat sich geändert an unserem Sterben, seit Jesus hinabstieg in den Urgrund der Welt? Die herkömmliche dogmatische Auskunft, der Tod des Gerechtfertigten sei nicht mehr „Strafe" (poena), sondern nur noch „Folge" (poenalitas) der Sünde[59], führt — als begriffliche Unterscheidung — kaum weiter und bleibt inhaltlich „dunkel" (ThT 62). Denn nach wie vor müssen wir den *unnatürlichen* Tod der grausam Ungetrösteten, Geängstigten[60] und leiblich Geschundenen sterben[61]. Und nach wie vor bleiben Leiden und Tod die „absurde Urkontradiktion" unseres Daseins[62], das bittere, unbegreifliche Geheimnis unseres Lebens[63]: „Ich schreie zu dir, doch du erhörst mich nicht; ich stehe vor dir, und du achtest nicht mein", hat Hiob geklagt (Job 30, 20), und klagen wir heute. „Wie soll ich es machen, das Sterben? ... Ich kann nicht mehr ... niemals werde ich sterben lernen", heißt es in den Sterbeakten der Therese von Lisieux[64]. Und: „In jeglicher Stunde meines Lebens habe ich über den Tod fromme Betrachtungen angestellt,

---

[55] K. Rahner, *Einheit-Liebe-Geheimnis*, in: ders., *Schriften VII*, 491 ff., hier 499.
[56] Vgl. oben S. 226 Anm. 39.
[57] Vgl. oben S. 88.
[58] K. Rahner, *Das Ärgernis des Todes*, in: ders., *Schriften VII*, 141 ff., hier 144.
[59] Vgl. z. B. H. Volk, *Tod*, 676.
[60] Vgl. E. Kübler-Ross, *Interviews mit Sterbenden*, Stuttgart-Berlin ⁵1972, 10: Schon immer hat der Mensch den Tod gefürchtet „und das wird sich vermutlich auch nie ändern".
[61] K. Rahner, *Schriften VII*, 143: Man „scheint verschluckt zu sein von dem dumpfen Schmerz des Leibes allein, bis eben auch das aus ist."
[62] K. Rahner, *Schriften X*, 192.
[63] Vgl. D. Sölle, *Leiden*, Stuttgart 1973.
[64] Zit. nach G. K. Frank, *Zeitgenosse Tod*, Stuttgart 1971, 63.

aber das alles nützt mir jetzt gar nichts!", stöhnt die sterbende Priorin in Bernanos' *Die begnadete Angst*[65].

Die *begnadete* Angst — das ist schon eine Antwort des Glaubens: Christus hat den Tod am Kreuze nicht abgeschafft[66], aber er hat ihm den „Stachel" genommen (1 Kor 15, 55), den Stachel der Auflehnung, des Widerspruchs, des Protests[67]. „Christus hat uns nicht *vom* Tod, aber *im* Tod erlöst" (Fries)[68], d. h. die Verzweiflung *selbst* ist getröstet in der neuen Heilssituation, in der die unbegreifliche Angst vor dem Tod die —reflex bewußt oder implizit („anonym") vollzogene — *Teilnahme* (configuratio) *an der Todesangst Jesu* sein *kann*[69]. Dieser bei Rahner zentrale Satz ist weiter zu bedenken.

IV. Die neue Möglichkeit: Der Tod als Mit-sterben mit Christus

Vorbemerkung

Die Daseinsstrukturen des Menschen werden im Christus-Kerygma neu qualifiziert, heißt es bei Bultmann. Ähnlich[1] sagt Rahner: der Entscheidungscharakter des Daseins, die Möglichkeit, dem Ruf des Gewissens zu folgen oder sich diesem Ruf zu verschließen, ist eine transzendentale Bestimmung des Menschseins. Das wirklich *Neue* aber seit Ostern, seit Jesu Tod, seinem descensus ad infera, seiner Auferweckung zum Leben, ist dies, daß wir — lebend und sterbend — *gleich*

---

[65] G. BERNANOS, *Die begnadete Angst,* Berlin-Darmstadt-Wien 1961, 54; vgl. G. K. FRANK a. a. O.

[66] Vgl. H. KÜNG, *Gott und das Leid*, Einsiedeln ⁴1971, bes. 38 ff. (auf dieses Buch wird verwiesen, weil es der Rechtfertigungslehre Barths sehr nahe steht): Worauf kommt es — auch heute noch — an nach der Hiobsgeschichte? Darauf, daß wir nicht versuchen, Gott hinter die Karten zu blicken, das Leid, das Böse, den Tod vernünftig „erklären" zu wollen! Stattdessen sollen wir lernen, auf Gott zu *vertrauen*, „mit vollkommen leeren Händen dazustehen und von ihm alles zu erwarten ... Im vertrauenden Glauben läßt sich das Leid nicht ‚erklären', wohl aber — und darauf kommt es an — bestehen!" (41 f.) — Vgl. ders., *Christ sein,* München ²1974, 418—426 („Gott und das Leid").

[67] Vgl. D. SÖLLE a. a. O., 104. 109: Jesus habe den Schmerzens-Becher „ausgetrunken" und so — durch seine „Einwilligung" — alle Angst „überwunden". Freilich bleibt die Frage nach dem *Sinn* dieser Einwilligung, wenn der Tod — nach Sölle — das letzte Wort hat (vgl. oben S. 192 f.).

[68] H. FRIES, *Tod und Leben,* 55; vgl. ders., *Von der Partnerschaft Gottes,* Freiburg 1975, bes. 32—39.

[69] K. RAHNER, *Schriften VII,* 144.

[1] Mit dem Unterschied aber, daß Bultmann eine Selbsttranszendenz des Seienden (vgl. oben S. 212 ff.) ablehnt, weil er die Daseinsstrukturen mit der *Sündigkeit* des Menschen praktisch identifiziert, das ontisch Neue (die in Christus gekommene *Liebe*) folglich als das *ganz* andere, als das „Ärgernis des Glaubens" (als „mythologischen Rest", wie seine Gegner behaupten) verstehen muß (vgl. oben S. 107 ff.).

werden können dem „Bild" Jesu Christi (Röm 8, 29): in der neuen Lebensführung (vgl. Röm 6), in der „Ordnung der Liebe" (Barth)².

Um diese Aussage in ihrer Tragweite nicht zu verkürzen, gilt es, den Tod als *Grundbestimmung des Daseins,* die ständige *Gegenwart des Todes inmitten des Lebens*³, bewußt zu machen. Von daher kann die neue Möglichkeit des Mitsterbens mit Christus genauer bestimmt werden: als stellvertretende Hingabe des Christen im Dienst für die Brüder (1 Jo 3, 14).

1. Die Gegenwart des Todes in der Mitte des Lebens

„Vom Tod umfangen" (Luther)[1] sind wir nicht deshalb, weil wir heute noch sterben könnten (das natürlich auch)[2], sondern — vor allem — deshalb, weil der Tod zum Leben gehört: als bestimmendes Existential unseres Daseins, als geheime Essenz auch der machbar gewordenen Welt³. Ständig sind wir dem Tode preisgegeben (2 Kor 4, 11), denn Leben und Tod sind nicht nur getrennt aufeinanderfolgende Zustände[4]; was zum Sterben gehört (Hingabe, Verzicht, Angst, Verwandlung, Geheimnis), kommt im Leben immer schon vor und wird im Tod nur besiegelt[5]. Die Kunst des Lebens und die Kunst des Sterbens setzen, wie E. Jüngel betont, einander voraus[6], und Epikurs berühmtes Sophisma[7] — der Tod gehe uns nichts an, denn solange wir sind, ist der Tod nicht; und wenn er da ist, sind wir nicht da — kann schon deshalb nicht stimmen. Im Gegenteil: die Reaktionen

---

² Vgl. K. Barth, KER 64 ff.
³ Zum *phänomenologischen* Aufweis des Lebens als „Sein zum Tode" vgl. M. Heidegger, *Sein und Zeit,* 235—267; M. Scheler, *Tod und Fortleben,* in: ders., *Schriften aus dem Nachlaß Bd. 1,* Bern ²1957, 9—64; L. Boros, *Mysterium Mortis,* 20 ff.

[1] M. Luther, WA 40 III, 572 (*Enarratio Psalmi XC*): Für den Christen werde der Tod zum „praesens mors"; dazu H. Thielicke, *Tod und Leben,* 150 ff.
[2] Vgl. A. Toynbee, *Leben und Tod,* in: ders. (Hrsg.), *Vor der Linie,* Frankfurt 1970, 369 ff.
[3] Vgl. K. Rahner, *Der Mensch von heute und die Religion,* in: ders., *Schriften VI,* 13—33, hier 28 f. — Zum Ganzen vgl. F. Ulrich, *Leben in der Einheit von Leben und Tod,* Frankfurt 1973.
[4] H. Fries, *Tod und Leben,* 37, verweist auf ein Wortspiel in Augustinus' *Bekenntnissen* (I, 6): Ist das sterbliche Leben (vita mortalis) nicht, besser gesagt, ein lebendiges Sterben (mors vitalis)?
[5] M. Schmaus, *Der Glaube der Kirche,* 763, wendet sich zwar gegen den „falschen Todesmystizismus", der das Leben als einen einzigen Sterbeprozeß verstehe. „Auf der anderen Seite würde es jedoch eine Mechanisierung der Todesvorstellung bedeuten, wenn man den Tod nur als das punktuelle Aufhören des Lebens auslegen wollte. Der Tod ist vielmehr immerfort im Leben des Menschen gegenwärtig."
[6] Vgl. E. Jüngel, *Tod,* 161 f.: Jüngel bezeichnet es — wegen dieser *Zusammengehörigkeit* von Sterben-können und Leben-können — als heidnischen „Skandal", sein „ganzes Leben als Einübung in das Sterben hinzubringen" (vgl. oben Anm. 5): „Der Glaubende ist kein Sterbenskünstler ... Nein: sterben können, ohne leben zu können, das geht nicht."
[7] Vgl. J. Pieper, *Tod und Unsterblichkeit,* 41, der Epikurs Leugnung des Todes bei Ernst Bloch u. a. fortwirken sieht (vgl. oben S. 170 Anm. 48).

des Menschen auf bestimmte Situationen des Lebens — schmerzlicher Abschied[8], Zerstörung einer Illusion, eines lieb gewordenen Plans, Scheitern im Beruf, in Freundschaft und Liebe, Scheitern vor der eigenen Lebensaufgabe[9], der Tod des nächststehenden Menschen[10], aber auch die mittlere Gewöhnlichkeit eines dumpfgrauen Alltags[11] — weisen ähnliche Züge auf wie die Angst[12] vor dem Tod. Weil die Fülle menschlichen Glücks vom möglichen, nein sicheren, Verlust nur um so grausamer „relativiert und beschattet" wird (Barth)[13], weil aufgezwungene Trennungen unser Leben verdüstern, kann das Problem unseres Menschseins geradezu „von der Trennung her gestellt werden: Trennung von der Geborgenheit, Trennung vom Liebesobjekt, Trennung von sich selbst, Trennung vom Leben."[14]

Eine *unmittelbare* Erfahrung des Todes gibt es für die Lebenden nicht (darin hat Epikur recht)[15], wohl aber eine in den alltäglichen Entscheidungen, in den vielen Verzichten (in denen „partiell" schon gestorben wird)[16] antizipierte *Todes-Struktur* des irdischen Daseins[17]. Das Dasein als ganzes ist *endlich* und jeder einzelne seiner Akte trägt den Tod schon in sich. Jede ergriffene Möglichkeit — be-

---

[8] In jedem Abschied erleiden wir den endgültigen Abschied voraus (H. FRIES a. a. O., 40)!

[9] Scheiternd „erfahren wir das Ende an allen Enden" (H. FRIES a. a. O., 40); denn das Scheitern „gehört wesenhaft in unsere Existenz", „ist geradezu die Definition ehrlich gelebter menschlicher Existenz", die je schon über sich hinaus ist, sich ins Größere „hineinträumt" und sich gerade so in die Situation des Scheiterns begibt (L. BOROS, *Menschliches Scheitern als christliches Gebet*, in: Orientierung 36 [1972] 253 ff.).

[10] Vgl. dazu F. WIPLINGER, *Der personal verstandene Tod*, Freiburg-München 1970: im Tod des geliebten Menschen erfahren wir das *eigene* Sterben schon jetzt; vgl. unten Anm. 15.

[11] Diesen Alltag nennt Rahner die Situation des Karsamstags, der stillen Zeit, die keine Feste hat. „Es ist Karsamstag ein ganzes Leben lang" (K. RAHNER, *Schriften VII*, 153).

[12] Zur Angst als Grundbefindlichkeit des zum Tode gehenden Menschen vgl. S. KIERKEGAARD, *Der Begriff Angst. Werke I* (hrsg. v. E. GRASSI), Reinbek ⁴1965.

[13] Vgl. oben S. 87 f., dazu das Zitat aus dem Tagebuch Simone de Beauvoires.

[14] J. HOFMEIER, *Vom gewußten zum gelebten Tod*, in: Stimmen der Zeit 186 (1970) 338 ff., hier 347 f. (im Anschluß an I. CARUSO, *Die Trennung der Liebenden. Eine Phänomenologie des Todes*, Bern-Stuttgart 1968). — „In jeder großen Trennung liegt ein Keim des Wahnsinns", schreibt I. F. GÖRRES, *Die „kleine" Therese*, Freiburg 1964, 51, im Anschluß an Goethe.

[15] Vgl. K. JASPERS, *Philosophie II*, 222, sowie J. PIEPER a. a. O., 23 f. — Anders F. WIPLINGER a. a. O.: gegen die existentialistische „Einengung und Festlegung der Todeserfahrung" auf den eigenen Tod (ebd., 30) behauptet er eine *unmittelbare* Erfahrung des Sterbens im Tod des Geliebten. Die Unterscheidung zwischen der vorläufigen *Antizipation* des Todes in den Verweigerungen des Lebens (die Wiplinger — einseitig — auf den Tod des Geliebten reduziert) und dem unmittelbaren Erleben des Todes *selbst* im Augenblick des je eigenen Sterbens wird dabei überspielt; vgl. unten Anm. 17.

[16] R. BLEISTEIN, *Der Tod als Thema*, in: Stimmen der Zeit 191 (1973) 710 ff., hier 713. — Vgl. I. CARUSO a. a. O., 14: „Die Liebestrennung zu untersuchen heißt, die Gegenwart des Todes in unserem Leben zu untersuchen."

[17] Vgl. E. JÜNGEL, *Tod*, 17 ff.: *Gegen* L. WITTGENSTEIN, *Tractatus logico-philosophicus*, Frankfurt 1960, 81 („Der Tod ist kein Ereignis des Lebens. Den Tod erlebt man nicht.") und *mit* M. SCHELER, *Tod und Fortleben*, 30 („Der Tod gehört zur Form und zur Struktur,

sonders die großen Entscheidungen: Wahl des Berufes, des Partners usw. — nimmt den Tod schon vorweg, sofern sie auf andere (vielleicht bessere) Möglichkeiten verzichtet, die nie mehr zurückkehren[18]. Solch auswählender, unsere Möglichkeiten *einengender* Entscheidung — „bis wir das Leben in die Enge des Todes getrieben und verbraucht haben" (ThT 76) — kann keiner entgehen; denn wer alles zugleich haben möchte, „läuft allen Hasen nach und fängt doch keinen wirklich"[19].

Von den vielen an sich denkbaren Varianten des Lebens können wir nur wenige ergreifen; aber auch das (wenige) geglückt Realisierte droht schon jetzt zu verrinnen: „Ist es nicht manchmal, als lege sich zwischen uns und die Dinge eine unendliche Ferne, schweigend und trennend[20]? Werden wir nicht langsam die Abgeschiedenen? ... Verwandelt sich nicht immer mehr das Vertraute in das fast gereizt Fremde und Abweisende? ... Dieser Abstieg in die Armut unseres eigenen Wesens hat immer schon begonnen, seitdem wir Menschen sind, wenn auch unscheinbar und verborgen auf dem Grund unseres Daseins"[21].

Wir müssen sagen: Wie in der *Krebsstation* (Solschenizyn) sind wir vom Tode gezeichnet (biologisch und existentiell): zunächst kaum sichtbar, dann immer bestimmter; wie in Kafkas Erzählungen sind wir zum Tode bestimmt „und warten, bis wir drankommen. Bis dahin kann man Karten spielen, eine Henkersmahlzeit gut finden und für den Augenblick vergessen, daß die Kerkertüre bald aufgeht"[22].

2. Einübung in den Tod in der Annahme des Kreuzes

Gegen solche Vergessenheit, gegen solche Verdrängung des Todes, mahnt der Psalmist uns zu beten: „Herr, lehre uns den Tod bedenken, auf daß wir weise werden!" (Ps 90, 12) Nicht daß wir ständig an den Tod denken und ihn — als unmittelbar bevorstehend — erwarten sollten (da würde man verrückt)[23]. Aber angesichts der vielen Enttäuschungen als der Alltagsgestalt des Todes hängt von der

---

in der uns allein jegliches Leben gegeben ist"), hält Jüngel fest: „Das *Ereignis des Todes* selber ist unbefragbar ... Die Frage ist vielmehr, ob unser Leben selber über den Tod etwas zu sagen weiß ... Diese Frage darf mit einem behutsamen ‚Ja' beantwortet werden."

[18] Vgl. K. RAHNER, *Selbstverwirklichung und Annahme des Kreuzes*, in: ders., *Schriften VIII*, 322—326.

[19] K. RAHNER, *Strukturwandel der Kirche als Chance und Aufgabe*, Freiburg 1972, 52.

[20] Daß diese Trennung zugleich auch *Verheißung* ist, zeigt Boros' Interpretation der Dichtung Rilkes und Hölderlins: „Mit einer Geste des Abschieds läßt die Dichtung die Dinge frei ... wir verzichten auf das Fassen und Ergreifen ... Die Welt kann uns ihr Tiefstes nicht im Nahetreten und in der Umarmung, sondern erst im Zurückweichen und im Abschied schenken." (L. BOROS, *Mysterium Mortis*, 73 ff.)

[21] K. RAHNER, *Schriften VII*, 149. — Vgl. ders., ThT 76 f.: Weil „wir dauernd lassen, dauernd Abschied nehmen, ... darum sterben wir durch das ganze Leben hindurch und ist das, was wir Tod nennen, eigentlich das Ende des Todes, der Tod des Todes".

[22] K. RAHNER, *Schriften VII*, 141.

[23] Vgl. A. TOYNBEE, *Leben und Tod*, in: ders. (Hrsg.), *Vor der Linie*, Frankfurt 1970, 369 ff, hier 370.

Annahme des Sterbens bzw. deren „Einübung" im Leben[24] (in der Sprache des NT: sich selbst verleugnen und sein Kreuz auf sich nehmen) alles ab: Ob wir dieses Sterben annehmen oder nicht, ob wir uns *los-lassen* oder nicht, „das ist *die* Frage"[25]. Was Rahner hier sagen will, ist — bis zu einem gewissen Grad — auch *psychologisch* verständlich zu machen[26]: Mit dem alltäglichen Sterben sich zu arrangieren, gibt es verschiedene Möglichkeiten: echten Verzicht oder unbewußte (und um so trügerischere) List. Freud z. B. nennt „Abwehr-Mechanismen" des ich-schwachen Menschen[27], der die Realitäten des Lebens nicht sehen will, der seine Konflikte immer nur scheinbar bewältigt, indem er sie ins Unbewußte „verdrängt", durch irgendwelche Ausflüchte „kompensiert", auf andere „projiziert", ins Körperliche „verschiebt" usw. Das Prinzip bleibt jeweils dasselbe: Die Lebensgier, das triebhafte „Es" des Menschen wird durch die Härte des Daseins frustriert, und dem „Kranken" fehlt die Kraft, solche Verweigerungen zu akzeptieren: in bewußter „Aufarbeitung" diverser Konflikte. Wirksame Heilung kann folglich — in der Sicht der Psychoanalyse — nicht darin bestehen, die Symptome dieser „Krankheit zum Tode" zu verwischen (durch Analgetica), sondern allein darin, die affektive Lebenseinstellung des Kranken zu *verändern*: Der Patient muß es lernen, die Wahrheit über sich selbst — diese Wahrheit ist letztlich das Scheitern, die Bestimmung zum Tod — zu ertragen und mit dieser Wahrheit versöhnt zu werden: durch ein bewußtes Ja zu uneingestandenen Wünschen oder aber, falls die Realität dies nicht zuläßt, durch freien *Verzicht,* wie ihn die alttestamentliche Weisheit empfiehlt: „Und ich begann, mein Herz zu lösen von all meinem Besitz, für den ich gearbeitet habe unter der Sonne" (Prd 2, 20)[28].

Sinnvoll und menschlich erträglich ist solches Verzichten, solches sich Los-lassen, freilich nur dann, wenn die Frustrationsangst — die Angst, im Leben zu kurz zu kommen, zu wenig ergreifen zu können, aufs „falsche Pferd" gesetzt zu haben — grundsätzlich zu überwinden ist[29], wenn der Mensch auch im Scheitern noch eine Zukunft hat, wenn Gott — als des Menschen „absolute Zukunft" (Rahner) —

---

[24] Wird im folgenden von der „ars moriendi" gehandelt, so versteht sich das *nicht als Gegensatz* zur Kunst des Lebens, sondern als *Bewährung* dieser Kunst (vgl. oben Anm. 6 und unten Anm. 33).
[25] K. RAHNER, *Passion des Menschensohnes,* 194; vgl. R. LEUENBERGER, *Der Tod. Schicksal und Aufgabe,* Zürich ²1973, bes. 110 f.; H. FRIES, *Von der Partnerschaft Gottes,* Freiburg 1975, 86 ff. „Der Tod als Aufgabe".
[26] RAHNER selbst, z. B. *Schriften VIII,* 322 ff., stützt sich auf psychologische Daten, um das Wesen der Nachfolge, der imitatio Christi, auf diese Art zu vermitteln.
[27] Zum folgenden vgl. A. FREUD, *Das Ich und die Abwehrmechanismen,* München 7. Auflage o. J. (Geist und Psyche 2001).
[28] Vgl. N. LOHFINK, *Technik und Tod nach Kohelet,* in: *Strukturen christlicher Existenz* (hrsg. v. H. SCHLIER u. a.), Würzburg 1968, 27—35: Wie Lohfink betont, geht es Kohelet um die „Losschälung von der Verbissenheit innerweltlicher Eschatologie" angesichts der Grenze des *Todes*; die machbare Zukunft wird von ihren Grenzen her relativiert und gerade so wird eine neue Freiheit gewonnen (Prd 3, 9 ff.).
[29] Vgl. J. SPLETT, *Gebet um Vergebung,* in: Orientierung 37 (1973) 52 ff., hier 55: „ohne (Hoffnungs-) Garantie erfüllten Sinnes" ist echte Menschlichkeit „wohl kaum" zu denken.

die Fülle und das Ganze gewährt (worüber die Psychologie nichts sagen kann!), wenn „das Lassen des einzelnen nicht eigentlich verliert, sondern alles gewinnt"[30].

Daß solche Zukunft, die frei macht zur Freude, dem Menschen *tatsächlich* bevorsteht, sagt die Offenbarung, nicht die Psychologie. Mit der (rein psychologischen) Einsicht, daß das Verzichten- und Verlierenkönnen zur Selbst-verwirklichung des Menschen gehört: als conditio sine qua non[31], wird aber schon das tangiert, was Barth als „Heiligung" in der Ordnung der Liebe bezeichnet[32], was Bonhoeffer den „inneren", frei vollzogenen Tod des täglichen Mit-sterbens mit Christus[33], und was Bultmann die *Aneignung des Todes Jesu* nennt: in der „Weltlosigkeit" im Dienste des Herrn (2 Kor 5, 14 f.), im Bezug des Christen zur irdischen Wirklichkeit „im Abstand des ὡς μή" (1 Kor 7, 29—31)[34]. Was diese Theologen — ebenso wie Rahner — allerdings voraussetzen, ist dies: Der Verzicht auf bestimmte Wünsche (schon im Leben auf vieles, im Tode auf alles), die lassende Hingabe für die Brüder (die das *wahre* Leben ist, das den Tod „hinter" sich hat) wird möglich und sinnvoll, da Jesu Kreuz den Tod *überwunden* hat, da sein Abstieg ins Totenreich die trostlose Leere unseres Seins mit wahrem Sinn und neuem Leben erfüllt hat (Rahner).

Doch was heißt Bultmanns Forderung: „Haben als hätte man nicht" ganz konkret? Wie kann man sich hineinnehmen lassen in Jesu Gesinnung, in seine Armut und letzte Verlassenheit? Wie wird der Tod heute eingeübt und das Kreuz übernommen? Wie können wir Menschen sein, die nicht mehr „zum Tode hin", sondern „vom Tode her" (Barth) sind[35]? In *welchem* Verzicht wird der „Ewigkeitskeim" im Menschen „hervorgeläutert" (Hengstenberg)[36] und das Dasein „fähig" zum Tode? Wie wird der „negative Tod" (Ulrich)[37] überwunden: der Tod des in sich selbst gefangenen Menschen, der nicht bereit ist zum Opfer, der selbstzufrieden ist und den „Appetit" auf eine größere Zukunft verliert? Wie sterben wir den „positiven Tod" des Aufbruchs „ins Mehr-werden als man fak-

---

[30] K. Rahner, *Schriften VIII*, 323. — Vgl. ders., *Worte ins Schweigen*, in: K. Rahner — H. Rahner, *Worte ins Schweigen — Gebete der Einkehr*, Freiburg 1973, 11—76, hier 22: In Gott „kann man sein Herz an jedes einzelne verschwenden und findet so alles".

[31] K. Rahner, *Schriften VII*, 278, fordert „Verzicht im voraus, weil doch auf alles verzichtet werden muß ... Oder das sterbende Leben ist das angstvoll gewaltsame Festhalten dessen, was uns entgleiten will, der ... Protest gegen das Sterben im Leben, die Verzweiflung der Lebensgier."

[32] Vgl. z. B. K. Barth, KER 64 ff.

[33] Vgl. oben S. 159. — D. Bonhoeffer, WE 168, scheint den Glauben an Jesu Auferstehung *gegen* die Einübung des Sterbens zu stellen: „Die Überwindung des Sterbens ist im Bereich menschlicher Möglichkeiten, die Überwindung des Todes heißt Auferstehung. Nicht von der ars moriendi, sondern von der Auferstehung Christi her ..." Gemeint ist aber die *eigenmächtige* Überwindung des Sterbens: durch Heroismus ohne Gnade, ohne Annahme des Kreuzes, ohne Mit-Leiden mit der Todesangst Jesu.

[34] Vgl. oben S. 123 ff.; dazu S. 173 ff. zu Moltmann.

[35] Vgl. oben S. 87 f.

[36] Vgl. H. E. Hengstenberg, *Der Leib und die letzten Dinge*, Regensburg 1955; zit. nach A. Läpple, *Vom Geheimnis des Todes*, 63.

[37] Zum folgenden F. Ulrich a. a. O., 29 f.

tisch war und ist", den Tod des Vertrauens auf Gott, der unser Leben versammelt — um uns *alles* zu schenken?

Der angenommene Tod hat nach Rahner *viele* Gestalten: geduldig ertragene Krankheit zum Beispiel[38]; auch der oft zermürbende Alltag, der nüchtern macht, „vielleicht müde und enttäuscht, bescheiden und still. Aber das ist es ja gerade, was wir werden sollen, was zu lernen schwer ist und doch gelernt werden muß, was uns erst bereit machen kann, dem eigentlichen Fest des ewigen Lebens entgegenzugehen, das Gottes Gnade und nicht unsere eigene Kraft uns zurüstet."[39] „Tod bedeutet dann vielleicht nur die phrasenlose Geduld, mit der ein grauer, staubiger Alltag bestanden wird, ... bedeutet vielleicht die Geduld, mit der ein anderer ertragen, angehört, gelten gelassen wird, bedeutet die unbelohnte Treue der Liebe ..."[40]

Am radikalsten zeigt sich die Annahme des Todes dort, wo man immer noch liebt, obwohl sich — rein menschlich gesehen — diese Liebe nicht mehr „rentiert"; wo man trotz aller Vergeblichkeit gut ist, ohne daß diese Güte „nochmals als heroische Selbstlosigkeit sich selbst zu genießen sucht"[41].

Diese Haltung nennt Rahner die *Erfahrung des Geistigen*, die im Sinn und im Glück dieser Welt nie aufgeht: „Haben wir schon einmal geschwiegen, obwohl wir uns verteidigen wollten, obwohl wir ungerecht behandelt wurden? Haben wir schon einmal verziehen, obwohl wir keinen Lohn dafür erhielten ...? Haben wir schon einmal gehorcht, nicht weil wir mußten ..., sondern bloß wegen jenes Geheimnisvollen, ... das wir Gott und seinen Willen nennen?"[42] Wenn Rahner schließlich verlangt, Gott dort zu lieben, wo es keine gefühlvolle Begeisterung mehr erleichtert, „wo man sich und seinen Lebensdrang nicht mehr mit Gott verwechseln kann", wo diese Liebe „erscheint wie der Tod und die absolute Vernei-

---

[38] Vgl. z. B. K. RAHNER, *Bewährung in der Zeit der Krankheit*, in: ders., *Schriften VII*, 265—272, bes. 268 ff. (über die Geduld).
[39] K. RAHNER, *Alltägliche Dinge*, Einsiedeln ⁸1969, 9. — Vgl. ders., *Passion des Menschensohnes*, 197 f.: „Vielleicht haben wir auch schon das ‚Ärgste' in unserem Leben hinter uns ... Das kann ganz gut sein ... Aber dieses Wohnen in der Gewöhnlichkeit des Mittleren muß sich eben doch verstehen als Übergang ... vom Karfreitag zu Ostern." Der Christ „muß den unendlichen Anspruch aufrechterhalten. Er darf die Erträglichkeit des Schmerzes nicht zum Ersatz der ewigen grenzenlosen Freude machen".
[40] K. RAHNER, *„Gedenke, Mensch, daß du Staub bist ..."*, in: ders., *Gnade als Freiheit*, Freiburg 1968, 187 ff., hier 189.
[41] K. RAHNER, *Schriften VIII*, 326. — Vgl. H. U. v. BALTHASAR, *Das Weizenkorn*, 52: „Vor allem nicht an seinem Leiden festhalten wollen ... Nicht mehr leiden kann ein schönes, vielleicht das letzte Opfer sein." — In diesem Zusammenhang lehrreich P. SCHÜTZ, *Gesammelte Werke III*, 290: „In einem Text, der 1951 im ‚Esprit' veröffentlicht wurde, redet George Bernanos Luther an. Er warnt ihn, sich vor Gott seiner Leiden zu rühmen ... Es gibt einen religiösen Typus, der sich aus den Leiden nährt. Es gibt so etwas wie eine Vergöttlichung des Leidens, ... die ihre christliche Form in der Theologia crucis findet. Pascal und Kierkegaard gehören zu ihr. — Den Einwand Bernanos' hatte sich freilich Kierkegaards überheller, witternder Geist schon selbst gemacht ... Kierkegaard weiß sehr wohl um diese ‚Leidenschaft des Patienten'."
[42] K. RAHNER, *Alltägliche Dinge*, 27 f.

nung", wo sie aussieht wie ein Sprung ins scheinbare Nichts[43], trifft er sich mit dem Anliegen Barths (und v. Balthasars): Gegen Schleiermachers (und Bultmanns und Tillichs) „Vermittlungstheologie" geht es Barth um Gottes Gottheit, um die gloria Dei, die des Menschen ständige Suche nach sich selbst, vielleicht sogar sein Verlangen nach Heil und Erfüllung, als besondere Form des Unglaubens, als „sublimste Verzierung des Egoismus" (K. Hemmerle)[44] entlarven könnte.

Dieser letzte Gedanke schließt aber die „Zweideutigkeit" (Rahner) aller Objektivationen der Grundentscheidung des Menschen mit ein: das greifbare Verhalten kann nie *eindeutig* — weder vom außenstehenden Betrachter noch von der Subjektivität des Menschen selbst (sonst könnte man über sich und andere „richten") — als Zeichen der Sünde (des verlorenen Todes) oder als Zeichen der Liebe (des erlösten Todes) erkannt werden. Die innere Qualität des Sterbens bleibt in der äußeren Gewöhnlichkeit dieses Sterbens verhüllt: „Was als neurotische, ja schuldhafte Frustrationsangst erscheint, kann gerade jenes Sterben sein, in dem das Kreuz des Lebens in einer verborgenen Annahme ausgelitten wird. Was sich als ‚Gesundheit' und wohlgelungene ‚Maske' gibt, kann Trieb einer Frustrationsangst sein, die gerade auf diesem Weg sich der Annahme des Kreuzes entziehen will."[45]

Die Mitte zwischen sündhafter Verzweiflung und billiger Illusion, die den Tod verleugnet, „ist schwer zu finden. Man könnte hier ein Wort Jesu variieren und sagen: Bei den Menschen ist es unmöglich, aber von Gott her ist es möglich, diese Mitte zu finden, in der der Mensch sich ... glaubend, liebend in Hoffnung dem unbegreiflichen Geheimnis überläßt, das im Tode aufgeht und wirkt. Wir nennen es den Gott der Hoffnung (Röm 15, 13)"[46].

3. Der Stellvertretungscharakter des Todes

Seit Jesus *unseren* Tod: den Tod der Verlassenheit, des Abbruchs von außen, auf sich genommen und die Welt in ihrem Grunde entsühnt hat, hat sich die Grundsituation jedes Menschen — der Freiheitsraum seiner Entscheidungen —

---

[43] K. Rahner a. a. O., 28.
[44] Vgl. K. Hemmerle, *Der Begriff des Heils*, in: Communio 1 (1972) 210—230, hier 219: „Ist der Mensch nicht erst dann wahrhaft Mensch, wenn es ihm nicht mehr um sich ... geht, sondern wenn er sich öffnet über alles hinaus, was nur Kontext seiner sich selbst bestätigenden Menschlichkeit und somit Vollstreckung seines ‚gewußten' Wesens ist? Nur im Ausstand über alle Selbstbefaßtheit hinaus, nur in Freiheit auch von allen Humanismen, ja von der vielbemühten Sinnfrage und auch von der Frage nach etwas wie Heil, kommt er heraus aus dem Zirkel in sich verfangenen Sich-Suchens und Sich-Wollens. Heil könnte so als die sublimste Verzierung des Egoismus erscheinen, in dem der Mensch je nur zu sich unterwegs und so sich selbst schon je entlaufen ist."
[45] K. Rahner, *Schriften VIII*, 326. — Das „erlöste Aussehen" (Nietzsche) sagt über das Christ-*sein* also noch nichts.
[46] K. Rahner, *Schriften X*, 197.

geändert: Im alltäglichen (und „sakramental sichtbar" gewordenen)⁴⁷ Mit-sterben mit Christus wird der Tod — ursprünglich Erscheinung der Sünde — zur Erscheinung der Gnade (ThT 64), derjenigen Gnade allerdings, die nicht — wie der Deus ex machina — alle Probleme mit einem Schlag löst⁴⁸, die uns aber herausreißt aus unserer tödlichen Verzweiflung und grausamen Vereinzelung (Röm 7, 24 f.).

Gewiß stirbt jeder seinen „eigenen" Tod (da jeder sein eigenes Leben gelebt hat, da uns die Last des Selbstseins niemand abnehmen kann); aber Jesus ist schon vor uns gestorben, hat die Einsamkeit unseres Todes zu seiner eigenen gemacht und sie so überwunden (oben S. 233 ff.). Sofern wir Jesu Tod, der Übergabe an Gott ist („Vater, in deine Hände empfehle ich meinen Geist"), uns freiwillig an-eignen — „an unserem Leibe herumtragen" (2 Kor 4, 10) —, sofern wir dies tun (ausdrücklich oder „anonym")⁴⁹, ist derjenige Tod, den Adams Nein in die Welt gebracht hat: der „Fluchtod" der Trennung von Gott, die kalte Einsamkeit des ins eigene Nichts zurückgefallenen Frevlers, uns erlassen! Sofern wir „zusammenwachsen" mit dem gestorbenen und lebendigen Christus (vgl. Röm 6, 5), sterben wir nicht mehr „allein vor Gott" (wie Pascal meinte)⁵⁰, sondern der Herr ist bei uns, auch im Sterben⁵¹.

Da Jesus, wie es Is 52, 13 — 53, 12 über den Gottesknecht heißt⁵², *unsere* Krankheiten getragen und *unsere* Schmerzen auf sich geladen hat, da er ob

---

⁴⁷ Zur „sakramentalen Sichtbarkeit" dieser „configuratio" Christi vgl. K. RAHNER, ThT 66 ff.: Das Mit-sterben mit Christus „ist nicht nur in den Sakramenten gegeben", aber es „kann eine amtliche, soziale Sichtbarkeit, eine Leiblichkeit in der Kirche gewinnen in sichtbaren Zeichen und Riten", in Taufe, Eucharistie und Krankensalbung. Zur *biblischen* Begründung dieser Möglichkeit vgl. z. B. H. VOLK, *Der Tod in der Sicht des christlichen Glaubens*, 74—80 („Erlösung als Verähnlichung mit Christus").

⁴⁸ Vgl. z. B. K. RAHNER, *Strukturwandel der Kirche*, 75: Gott bleibt der *Unbegreifliche*, der uns unsere Ratlosigkeiten nicht ersparen will. „Letztlich zwingt uns sogar die Berufung auf Gott in eine letzte Ratlosigkeit hinein. Denn er ist das unbegreifliche Geheimnis, das uns verbietet, irgendeine eigene Helligkeit in unserem Dasein als das ewige Licht zu betrachten." Niemals hat Gott uns eine Garantie gegeben, „daß, so man sich nur gut mit ihm stellt, alle Rechnungen unseres Lebens glatt aufgehen".

⁴⁹ Vgl. K. RAHNER, *Schriften* X, 197: „Warum sollte es nicht so sein, daß manche Sterbende mit dem sterbenden Jesus nur laut schreien können: Mein Gott, warum hast du mich verlassen, und sich nur schweigend in ihnen mitten in dieser Verlassenheit dennoch das andere Wort begibt: Vater, in deine Hände empfehle ich meinen Geist?"

⁵⁰ Vgl. W. PANNENBERG, *Das Glaubensbekenntnis*, 97: Die stellvertretende Kraft des Todes Jesu bedeutet, „daß fortan niemand mehr *allein* sterben muß, sondern gerade im Tode *Gemeinschaft* mit dem Tode Jesu haben kann ... Dadurch, daß Jesus unser Sterben in das seine aufnimmt, verändert sich der Charakter unseres Sterbens." (Hervorhebung von mir)

⁵¹ Vgl. F. MUSSNER, *Tod und Auferstehung*, Regensburg 1967, 46 ff. (zu Röm 6), hier 52.

⁵² Nach H. KESSLER a. a. O., 28 ff., war dieses Lied im Bewußtsein Jesu und der frühesten Christen überhaupt nicht präsent. Wie immer sich das verhalten möge, es genügt die Tatsache, daß die neutestamentliche Gemeinde diesen Text zum besseren Verständnis des Todes *Jesu* herangezogen hat: „Neutestamentliche Zeugen nahmen die kleine

unserer Missetaten durchbohrt wurde und schließlich *für uns* gestorben ist, ist der Tod „vertretbar" geworden (E. Fuchs)[53]. Wenn wir aber *gleich* werden sollen der „Bildgestalt" Jesu[54] und wenn die Stellvertretungsstruktur, wie Tillich betont (oben S. 142 f.), eine Grundbestimmung des Menschen (als des am Geschick aller partizipierenden Daseins) ist, dann wäre zu fragen, ob die stellvertretende Kraft der Hingabe Jesu — wie sie Barth mit der Tradition vertritt[55] — auch in *unser* Sterben mit eingeht. Deutlicher als bei Barth, der den Stellvertretungscharakter des Todes auf Jesus *allein* reduziert[56] (obwohl er die Lebensführung der Christen als *Hingabe* im Dienst der Brüder beschreibt), wird diese Frage bei Rahner *bejaht*, da nach dessen Auffassung — seinem transzendental-christologischen Ansatz entsprechend — für den Tod Jesu (als des Menschen schlechthin) grundsätzlich *das* gilt[57], was vom Tod überhaupt zu sagen ist. Die Not des eigenen Lebens kann man, so Rahner, als Übernahme des (fremden) Kreuzes[58] verstehen, als seinen persönlichen Beitrag zum Schicksal der Vielen, durch den man die Last dieser Vielen erträglicher macht: „Wir tragen immer mit an der Last aller, und von jedem sollten wir wissen, daß wir selbst auch *seine* Last sind in tausend Weisen, die wir gar nicht kennen"[59].

„An meinem eigenen Fleisch will ich ergänzen, was an den Leiden Jesu noch fehlt für seinen Leib, die Kirche." (Kol 1, 24) So verstanden können wir ein *Mit-tragen* der Last (Gal 6, 2) und der Schuld[60] und darin des Todes (Röm 6, 23)

Zahl der als Verheißung verstandenen Texte vom Tod wie Psalm 22 und Jesaja 53 auf, um kraft ihrer Typik die Bedeutung des Todes Jesu schärfer zu erfassen." (H. W. Wolff, *Menschliches*, München 1971, 78).

[53] E. Fuchs, *Gesammelte Schriften II*, 422; vgl. oben S. 126 Anm. 109.

[54] Zur paulinischen εἰκών-Christologie vgl. O. Michel, *Der Brief an die Römer*, Göttingen ⁴1966, 212: Als „Bild Gottes" (2 Kor 4, 4; Kol 1, 15) ist Christus „das Ziel und die Gestalt, auf die die Menschen ausgerichtet werden sollen (σύμμορφος)". Die Wendung ἐν πολλοῖς ἀδελφοῖς (Röm 8, 29) „zeigt an, daß diese Verwandlung Gleichstellung mit Christus bedeutet".

[55] Vgl. oben S. 87 f. — Nach J. Ratzinger, *Stellvertretung*, in: HThG II, 566 ff., hier 573, scheint gerade durch *Barth* die Stellvertretungslehre heute zu neuer Geltung zu kommen.

[56] Es wurde schon gesagt (oben S. 98 f.), daß Christus — nach Barth — den Menschen „verdrängt", „absetzt" usw., wo es ums Heil geht.

[57] Mit der Einschränkung, wie sie oben S. 233 beschrieben wurde.

[58] Um so unverständlicher A. Stock a. a. O., 60: „Mit E. Simons und H. U. v. Balthasar wird man sagen müssen, daß es eine wirkliche Kreuzestheologie im System Rahners nicht gibt." — H. U. v. Balthasar, *Cordula oder der Ernstfall*, Einsiedeln 1966, 93, konzediert wenigstens dies (wie A. Stock a. a. O. anmerkt), daß es in Rahners *spirituellen* Schriften (auf die sich dieses Kapitel bezieht) eine theologia crucis gebe.

[59] K. Rahner, *Passion des Menschensohnes*, 191.

[60] Vgl. W. Pannenberg, *Das Glaubensbekenntnis*, 95 f.: Der stellvertretende Sinn des Todes Jesu setzt voraus, „daß es so etwas wie Stellvertretung zwischen Menschen überhaupt geben kann und daß insbesondere auch im Bereich menschlicher Schuld Stellvertretung möglich ist". Gegen den individualistischen Schuldbegriff der Kritiker der biblisch-kirchlichen Stellvertretungslehre (D. F. Strauß u. a.) unterstreicht Pannenberg den sozialen Charakter des Daseins: Jeder handelt in Verantwortungen, „die sich mehr oder weniger

auch im zwischenmenschlichen Bereich wohl voraussetzen: nicht im Sinne der Apokatastasislehre — wie sie im Grunde auch Tillich vertritt[61] —, wohl aber im Sinne der *Verantwortung* aller für alle, die zu verweigern „Schuld bedeutet gegenüber dem Heilswillen Gottes" (Ratzinger)[62]. Dieser Gedanke, daß *durch* einen Menschen im Dienste Gottes auch andere gerettet werden, daß Leiden und Sterben für *andere* zu bestehen sind, ist kein spezifisch „katholisches Paradox" (wie v. Balthasar meint)[63], sondern eine Konsequenz des Glaubens, wie sie z. B. auch Luther betont hat[64]. Wir finden diese Konsequenz — expressis verbis — vielleicht nicht so deutlich bei Barth (hier mag v. Balthasar recht haben), wohl aber bei Tillich und Bultmann (oben S. 126), bei Bonhoeffer (S. 159) und Moltmann (S. 173 f.), bei Pannenberg (oben Anm. 60) und — wenn auch in ganz anderer Richtung — bei Sölle (S. 191 f.).

Nach Tillich wie nach Moltmann, nach v. Balthasar wie nach Rahner schließt die Solidarität in der Schuld eine (im Leiden verhüllte) Solidarität in der Erlösung[65] mit ein. Hier sind wir dem Geheimnis des Christlichen nahe: dem mysterium crucis, dem Geheimnis des Opfers, der *Hingabe* für die anderen. Schon im vorpersonalen Bereich der Kreatur (Röm 8, 18 ff.) müssen die einen zerfleischt werden, um den anderen zur Nahrung zu dienen, um „einverleibt" zu werden in einen neuen Organismus[66]. Das Weizenkorn muß in die Erde fallen und sterben (Jo 12, 24 f.), damit das Neue leben kann; und überhaupt wächst jedes Neue aus

---

auf andere erstrecken. Jeder ist mit seinem Tun in der Gemeinschaft, in der er lebt, verflochten und am Tun der anderen beteiligt. So ist im sozialen Leben Stellvertretung geradezu ein allgemeines Phänomen ... Daß auch das Ergehen im Guten und Bösen von einzelnen oder von Teilgruppen stellvertretend für eine Gesamtheit getragen werden kann, erfährt man gerade in außergewöhnlichen Zeiten." — Vgl. ders., *Grundzüge der Christologie,* Gütersloh ²1966, 265—281 (III. „Der Tod Jesu als Stellvertretung").

[61] Vgl. oben S. 145 ff.
[62] J. RATZINGER, *Stellvertretung,* 575.
[63] H. U. v. BALTHASAR, *Karl Barth,* 384.
[64] M. LUTHER, WA 7, 37, 32: „Siehe, also müssen Gottes Güter fließen aus einem in den anderen ... Aus Christo fließen sie in uns ... *Aus uns sollen sie fließen in die, so ihrer bedürfen,* auch so gar, daß ich muß auch meinen Glauben und Gerechtigkeit für meinen Nächsten setzen vor Gott, *seine Sünde zu decken, auf mich nehmen* und nicht anders tun, denn als wären sie mein eigen, eben wie Christus uns allen getan hat. Sieh, das ist die Natur der Liebe, wo sie wahrhaftig ist." (Zit. nach P. ALTHAUS, *Die Theologie Martin Luthers,* Gütersloh ³1963, 124; Hervorhebung von mir.) Liebe ist „grenzenlose Stellvertretung" (P. ALTHAUS a. a. O.)!
[65] „Gott, der uns ohne uns erschaffen hat, will uns nicht ohne uns erlösen" (Augustinus); zit. nach H. FRIES, *Tod und Leben,* 60 f. — Vgl. E. SCHWEIZER, *Die Leiblichkeit des Menschen,* in: Evg. Theologie 29 (1969) 40—55, hier 49 f.: Die Erfahrung eigenen Leids kann Quelle des Trostes für andere sein (2 Kor 1, 4 ff.), kann eine engere Gemeinschaft der Fürbitte und des Dankes begründen. Indem wir Jesu Sterben an unserem Leibe tragen, dürfen wir gewiß sein, daß das Leben Jesu in den Gemeinden erblüht (2 Kor 4, 10 ff.).
[66] Vgl. E. CARDENAL, *Das Buch von der Liebe,* Hamburg 1972, bes. 101 ff.: Auch das, was uns als unbegreiflichstes Übel erscheint: das Gesetz des Aufgefressenwerdens in der Natur, ist umgriffen vom Geheimnis der Liebe. „Die Natur kommuniziert ständig mit sich selbst. Und Kommunion heißt Essen und sich zum Gegessenwerden hingeben." (101).

einem vergangenen Alten und jedes Leben aus dem Tod eines anderen[67]. Im Bereich des *Menschen* aber kann dieses Gesetz des Sterbens und Werdens, dieses grausame, aber mit (noch verhülltem) Sinn erfüllte, Gesetz überformt werden: zum bewußten Opfer, zum *stellvertretenden* Sterben für die anderen.

Freilich gilt: der einzelne wird niemals „*unterscheiden* können, was er um der eigenen und was er um fremder Sünden willen zu leiden und zu tragen erhält."[68] Das *auferlegte* Kreuz und die *eigene* Schuld sind ganz verschiedene Dinge, und doch — subjektiv — nie eindeutig zu unterscheiden. Dies sollte vor jeder Selbstgerechtigkeit im Leiden bewahren: „Die schuldlose Qual, die uns trifft, und die qualvolle Schuld, die wir uns selbst zufügen, lassen sich nicht trennen und verrechnen. Wir erfahren immer den einen Schmerz, in dem uns *auch* unsere Schuld anruft: die der unerlösten Gier nach Lust und die der rebellischen Verzweiflung. Und darum klagen wir auch immer uns an, wenn wir klagen."[69] Wird diese Mehrschichtigkeit des Leidens nicht übersehen, darf der Christ sein Sterben als Zeugnis für die Liebe Gottes und insofern *auch* (nicht nur) als ein Sterben für andere deuten. Die Frage des oft so sinnlos scheinenden Todes darf er dann mit G. Bernanos so beantworten: „Wir sterben nicht, jeder für uns, sondern die einen für die anderen oder, wer weiß, der eine an Stelle des anderen."[70]

V. Die Vollendung des Menschen im Tod

Vorbemerkung

Mit dem Stellvertretungscharakter des Todes wird die „Jemeinigkeit" (Heidegger) des Sterbens gewiß nicht bestritten, zumal das Mit-sein mit anderen unser persönliches Selbst-sein überhaupt erst begründet[1]. Die Hinordnung auf des anderen Du auch im Tode schließt mit ein, daß jeder *seinen* Tod stirbt[2] und so die Vollendung eben *seines* Lebens erreicht. Diese Vollendung des Menschen im Tode ist im folgenden zu besprechen.

---

[67] Mit großer Darstellungskraft wird dieser Gedanke bei J. BERNHART, *Erinnerungen*, Köln 1972, 119—131, verdichtet; ohne alles „erklären" zu wollen, gibt Bernhart doch eine Antwort auf die Frage des Todes: „So hat jedes Ding den Beruf zu dienen; es muß sich für das andere opfern. Ist es mit dem Menschen anders?" (128 f.) — Zum Tod in der unvernünftigen Kreatur vgl. K. RAHNER, *Biblische Predigten*, Freiburg 1965, 108 ff.: Die Schöpfung ist so entworfen, daß sie zu uns sündigen, auf Erlösung des Leibes harrenden Menschen paßt.

[68] H. U. v. BALTHASAR, *Karl Barth*, 384 (Hervorhebung von mir).

[69] K. RAHNER, „*Gedenke, Mensch, daß du Staub bist . . .*", 188.

[70] Zit. nach G. K. FRANK, *Zeitgenosse Tod*, 64.

[1] Vgl. die Wiederentdeckung des Dialogischen als Voraussetzung des menschlichen Selbst-seins bei E. Rosenstock-Huessy, F. Rosenzweig, M. Buber, F. Ebner, R. Guardini, G. Marcel u. a.

[2] Vgl. M. HEIDEGGER, *Sein und Zeit*, 240.

Besprochen wurde die Relation unseres Sterbens zur Sünde (oben S. 218 ff.), zum schuldlosen Tod Jesu (S. 228 ff.), zur in Jesu Tod eröffneten Möglichkeit des Mit-sterbens mit Christus im Alltag (S. 239 ff.). Im weiteren ist das Wesen des Todes *selbst*, so wie Rahner ihn versteht, zu bedenken, wobei das schon Gesagte und das noch zu Erörternde in engem Zusammenhang stehen: auch die oben besprochenen Aspekte sind innere Momente des Todes selbst und auch die unten zu besprechenden Gesichtspunkte haben mit Schuld, Rechtfertigung, Erlösung und Nachfolge Jesu zu tun. Dem Aufbau des Abschnitts über Barths Deutung des Todes in etwa entsprechend[3], werden Rahners Verständnis der Endlichkeit des Menschen, der Leib-Seele-Einheit der Person, der Entscheidungsstruktur des Todes (mit ihrem Ineinander von höchster „Aktivität" und letzter „Passivität"), sowie des Schicksals der Verstorbenen bis zur Wiederkunft Christi, mit der Antwort Barths konfrontiert: nicht um eine katholische „Gegenposition" zu beziehen, sondern um Barths Interpretation des Todes von einer anderen Seite zu beleuchten, sie besser zu verstehen und schließlich weiterzuführen.

1. Der Tod als Ende des „Pilgerstandes"

Unsere Zeit ist „als solche begrenzt"[1], ist zwischen Geburt und biologischem Ende *befristet*, sagt Barth: Der Tod beschreibe diejenige Grenze des Lebens, über die hinaus es keine Fortsetzung mehr geben kann; die Ewigkeit sei nicht die nach vorne und hinten ins Unendliche verlängerte Zeit (KD II/1, 686)[2], sondern die *aus* der Zeit gewordene Bergung des Menschen in Gott, der uns *als die, die wir jetzt in unserer Zeit sind*, bei sich wohl bewahrt (KD III/4, 653)[3]: Errettung aus dem Tode durch Gottes Eintreten für uns meine die *Verewigung* des diesseitigen Lebens „in seiner Einheit und Ganzheit"[4].

Diese Kernthese Barths (aber auch Bultmanns, Moltmanns, Pannenbergs u. a.)[5], die zunächst[6] nichts anderes meint als die herkömmliche Lehre vom Ende des „Pilgerstandes" (status viae) im Tod[7], finden wir bei Rahner nicht weniger ra-

---

[3] Vgl. oben S. 86 ff.
[1] K. BARTH, *Die Auferstehung der Toten*, 60.
[2] Vgl. oben S. 54.
[3] Zum Ganzen vgl. oben S. 90 ff.
[4] K. BARTH, *Unsterblichkeit*, 133.
[5] Vgl. oben S. 194 f. „Übereinstimmung mit Barth in der Deutung des Todes".
[6] Von der Frage einer „Weiterentwicklung" des Menschen nach dem Tode (etwa im „Fegfeuer") — unbeschadet der irreversibel gewordenen „option fondamentale" —, wie sie Elert strikt ablehnt (oben S. 137) und Tillich bejaht (oben S. 146 f.), wird hier abgesehen; vgl. unten S. 276 ff.
[7] Vgl. z. B. H. VOLK, *Tod*, 677 f.: Die im Leben eingenommene Stellung zu Gott wird endgültig im Tode. Das Leben wird „nicht wiederholt"; eine zeitliche Verlängerung über den Tod hinaus käme aber einer Wiederholung gleich, da alle einmal getroffenen Entscheidungen revidiert bzw. annulliert werden könnten, insgesamt also gleich-gültig würden. Vgl. DS 839, 1304 ff.

dikal als bei Barth vertreten: Der Tod ist das *Ende* unserer Zeitlichkeit, das Ende unserer *unabgeschlossenen*, sich fortzeugenden Geschichte, und „hinter" dem Tod passiert *zeitlich* nichts Neues. Mit der irdischen Existenz ist es „aus"[8]! Kein Übergang von der einen Existenzform zur andern (sofern diese mit der bisherigen das Wesentliche gemeinsam hätte: die unabgeschlossene Zeitlichkeit) ist der Tod[9], keine harmlose Pause, als ob nur die Pferde gewechselt würden und es dann im selben Galopp wieder weiterginge[10]. Nein: „Der tiefste Wille der Freiheit geht auf den Tod[11], weil er das Ende des bloß sich Weiterzeitigenden wollen muß, um Vollendung zu werden ... wir würden uns im selben Augenblick wie Verdammte vorkommen, wenn man uns sagte, es ginge so wie bisher ewig weiter, wenn aus unseren vergänglichen Augenblicken *ihre eigentliche Würde getilgt würde*, die darin besteht, daß sie die einmalige Möglichkeit der Entscheidung sind, die nicht wiederkehrt, weil diese Tat der Freiheit das Bleibende gebiert."[12]

Damit wendet sich Rahner — ebenso wie Barth (wenn man von der hier implizierten These von der „Aktivität" des Menschen im Tode absieht)[13] — gegen zwei verschiedene, in ihrer Sinnlosigkeit jedoch übereinkommende Begriffe von „schlechter" Unendlichkeit (ThT 28): gegen die Vorstellung eines grausamen und unerlösten Immer-so-weiter-gehens[14] wie gegen eine apersonale Lebensphilosophie der zyklischen Wiederkehr, der seelenwanderischen Wiederholung immer desselben. Die Utopie eines todlosen Daseins, wie sie alte und neue Spekulationen, den Tod in letzter Sekunde überlisten zu können, beseelt — an Mister Bedford mag man

---

[8] Vgl. F. Ulrich, *Leben in der Einheit von Leben und Tod*, Frankfurt/M. 1973, 36.
[9] Vgl. K. Rahner, ThT 26 ff.
[10] Eine ironische Bemerkung L. Feuerbachs; dazu K. Rahner, *Das Leben der Toten*, in: ders., *Schriften IV*, 429: Die lineare Fortsetzung der empirischen Zeit nach dem Tod ist „ein an sich harmloses ... und fast unvermeidliches Vorstellungsschema", das uns heute aber mehr Schwierigkeiten als Hilfe bringt. — Ähnlich K. Rahner, *Zu einer Theologie des Todes*, in: ders., *Schriften X*, 181 ff., bes. 197 ff.
[11] Daß der Tod, *wie* wir ihn sterben (als Folge der Sünde), nicht positiv *gewollt* werden darf, wurde schon gesagt (oben S. 218 ff.). Der Tod als *Gericht* und als *Buße* für menschliche Schuld wird gewiß nicht verachtet (oben S. 222 Anm. 24); dieser auf evangelischer Seite besonders betonte Charakter ist jedoch — im Verständnis Rahners — nur *ein* (wenn auch wesentlicher) Aspekt des Todes, der den anderen Aspekt — Erlösung aus der Vorläufigkeit unserer Zeit — nicht verdecken kann.
[12] K. Rahner, *Schriften VII*, 275 (Hervorhebung von mir); ähnlich R. Guardini, *Die letzten Dinge*, 19 f.; M. Schmaus, *Der Glaube der Kirche*, 766 f.; G. Ebeling, *Ewiges Leben*, 67 ff.: „Geradezu absurd und grauenhaft wäre die Vorstellung, es gelänge, das menschliche Leben in der Zeit praktisch unbegrenzt zu verlängern." — Alle diese Autoren dürften Heideggers Analyse des Daseins als eines Seins „zum Tode" voraussetzen; Heidegger selbst läßt die Frage, ob das im Tod gefundene Ende als Voll-endung im Sinne der zur Reife gekommenen Frucht zu verstehen ist, freilich offen: dies sei Erkenntnis (oder auch Irrtum) des *Glaubens*, der nie zu erzwingen ist (vgl. oben S. 111 Anm. 22). — Zum Ganzen vgl. auch G. Marcel, *Sein und Haben*, Paderborn 1954, 101: Der Tod ist „das Sprungbrett einer absoluten Hoffnung. In einer Welt, in der es keinen Tod gäbe, würde die Hoffnung nur im Larvenzustand existieren." (Zit. nach K. H. Bloching, *Tod*, Mainz 1973, 65)
[13] Vgl. unten S. 279 ff.
[14] Vgl. z. B. K. Barth, *Die Auferstehung der Toten*, 60.

denken, der sich einfrieren ließ (auf —198° C), um auf unentdeckte Wundermedikamente zu warten[15] —, diese Utopie weist Rahner zurück: Von den Imperativen ärztlicher Ethik her, so erklärte er zur Eröffnung eines Ärztekongresses, müsse der Mediziner das Leben erhalten; den Tod könne er — aus dieser Sicht — nur als Niederlage empfinden, die er nie wünschen darf; als *Mensch* jedoch müsse er gleichzeitig sehen, daß das sterbende Leben vor ihm sich vollenden will. Insofern sei auch der Arzt „der Verbündete des Willens zum Ende, ... des Willens, der Nein sagt zur Verdammnis des Ahasver, der nicht sterben darf."[16] Niemand habe zwar das Recht, sein Ende selbst zu bestimmen (weil wir das Leben *annehmen* sollen: auf ein Ziel hin, über das wir selbst nicht verfügen)[17]; niemand brauche aber den Willen zum Ende der sich immer so weiterspinnenden Zeit zu verleugnen, den Willen zum Tod, ohne den unser Leben „schrecklicher" wäre „als eine Hölle"[18].

Ebenso trostlos wäre der Kreislauf immer neuer Geburten, die — z. B. vom frühen Bloch vertretene — Seelenwanderung (von der *erlöst* zu werden schon Zweck der alten Mysterien war)[19]. Auch diese Vorstellung verharmlost, so Rahner, den Tod, da sie ihn nicht als Ende der Zeit, sondern als Beginn einer *erneuerten* Zeit versteht: Der „status viae" reicht — nach dieser Auffassung — über den Tod hinaus[20]; das Individuum taucht ein ins All-Eine des stets sich verjüngenden Kosmos, in die Ewigkeit der Materie (F. Engels)[21], die das je schon Gewesene erneut und erneuert aus ihrem Schoße entläßt.

---

[15] J. ILLIES, *Wissenschaft als Heilserwartung*, Hamburg 1969, 9 ff. („Warten auf Bedford"), 31 ff. („Tod und endloses Leben"), zeigt die Unhaltbarkeit — biologisch wie menschlich gesehen — solcher Illusionen.
[16] K. RAHNER, *Theologische Erwägungen über den Eintritt des Todes*, in: ders., *Schriften IX*, 323—335, hier 334. — Was die mit dieser Sicht verbundenen *moral*theologischen Fragen betrifft (auf die hier nicht einzugehen ist), sei auf P. SPORKEN, *Menschlich sterben*, Düsseldorf 1972, bes. 32 ff. („Recht auf Sterben und Sterbenshilfe"), 75 ff. („Euthanasie: Sterbenshilfe oder Ohnmacht?"), verwiesen.
[17] Den Selbstmord zu verteidigen scheint dagegen K. LOEWITH, *Die Freiheit zum Tode*, in: J. SCHLEMMER (Hrsg.), *Was ist der Tod?*, 176 ff.: „Beides, der Selbstmord und der stoische Gleichmut gegenüber dem Tod, wurde von christlichen Denkern seit jeher ... verworfen. Es ist das Verdienst von D. Hume, daß er beide wieder zu Ehren brachte, in den posthum veröffentlichten ‚Essays on Suicide and the Immortality of the Soul'."
[18] K. RAHNER, *Schriften IV*, 429 f.
[19] Zur Seelenwanderungslehre im Hellenismus vgl. A. DIETERICH, *Nekyia*, 88 ff. — Zur Seelenwanderungslehre des jungen Bloch vgl. E. BLOCH, *Geist der Utopie*, Frankfurt/M. 1964; dazu H. SONNEMANS, *Hoffnung ohne Gott?*, Freiburg-Basel-Wien 1973, 111 ff.
[20] Vgl. E. BLOCH, *Geist der Utopie*, 330: Der Tod ist nur Schauspiel und Trug; die fünf törichten Jungfrauen können auch *nach* Mitternacht noch Öl bekommen (zit. nach H. SONNEMANS a. a. O., 113). — Dieselbe Auffassung: Reinkarnation als „wiederholte Verkörperung einer Persönlichkeit in je anderen Leib-Seele-Verbänden" vertritt neuerdings — wenn auch nur als „Frage an die Theologie" formuliert — L. RINSER, *Leiden — Sterben — Auferstehen*, Würzburg 1975, 71 ff.; *dagegen* wiederum J. B. LOTZ, *Tod als Vollendung*, Frankfurt 1976, 97 f.
[21] Vgl. oben S. 169 Anm. 45.

Diese Auffassung weist Rahner zurück: als dem Dogma des Glaubens und der Würde des Menschen widersprechend. Zur „Figur der Sinnlosigkeit" (Moltmann) müßte solcher Zyklus entarten[22], weil er den „Kern" des Menschen dem Tode entzieht (sei es im Sinne der griechischen Mysterien, Platons oder E. Blochs)[23], weil er — wegen dieser Umgehung des Todes — *keine Ewigkeit aus sich heraus zu geben vermag.* Denn gültig Bleibendes kann es — für Moltmann wie für Rahner und Barth — nur so geben, daß innerhalb der *befristeten* Zeit etwas unwiderruflich geschaffen wird.

Die Notwendigkeit einer Begrenzung illustriert *Thielicke* (der Intention Rahners — in diesem Punkt — entsprechend) in einem Rekurs zum *Faust*-Drama Goethes[24]: Gerade die Schlußszene werfe, so Thielicke, „die Frage auf, wer die tiefere Ahnung von der Ewigkeit habe: Faust, der sie in der zyklischen Unsterblichkeit seines Überpersönlichen zu sehen meint, oder Mephistopheles, der zum mindesten den Schatten einer Ewigkeit erkennt, wenn er den Zeiger fallen sieht und wenn er die Nichtigkeit des Endlichen sieht, das kreiselhaft stets in sich selber zurückkehrt (auch wenn er Teufel genug ist, um ... auch hier — im Augenblick seiner höchsten Wahrheit — im Geiste des Verneinens, der ‚bloßen Negation' verharren zu müssen)."[25]

Ewigkeit — im Sinne Thielickes wie Rahners und Barths — ist nicht verlängerte Zeit, sondern *aus* der Zeit gewordene „Frucht", die alles bewahrt, was wir im Diesseits waren und wurden[26] — freilich „verwandelt" vor Gottes Augen; denn *keine Versteinerung* unserer „bisherigen Banalität und Fragwürdigkeit" bedeutet der Tod[27].

---

[22] Vgl. ebd. — An den Sisyphos mag man denken, der sein absurdes Tun nie beendigen darf.

[23] G. SCHUNACK, *Das hermeneutische Problem des Todes*, 275 ff., verdächtigt auch Rahner der „kultischen Verleugnung" des Todes, *zu Unrecht,* wie aus K. RAHNER, ThT 42 f. u. a. Stellen klar hervorgeht: Der Mensch *selbst* wird vom Tode getroffen; jede den Tod *verleugnende* Deutung des Lebens nennt Rahner „sündig": Diese Leugnung „geschieht entweder durch Verzweiflung: die Verhülltheit des Todes, die das ganze Wesen des Menschen in Frage stellt, wird als eine absolute aufgefaßt, weil der Mensch von sich aus keine mögliche Enthüllung des verhüllten Todes sieht ... Oder: der Mensch leugnet die verhüllende Fraglichkeit des Todes, indem er *von sich aus* positiv in einem existentiellen Verstehen seines Wesens den endgültigen Sinn seines Todes zu deuten versucht." Eine Interpretation, die den Tod als Gelegenheit begreift, „an der die geistige Person ihre Intangibilität bewährt", ohne vom Tode betroffen zu sein, lehnt Rahner ebenso ab (vgl. unten S. 264 f.) wie die naturale Interpretation des Todes als „Eingang in das All-Leben der Natur", als Einklang mit dem ewigen Kreislauf des Bios (ThT 43).

[24] Zum folgenden H. THIELICKE, *Tod und Leben,* 52—62.

[25] H. THIELICKE a. a. O., 58.

[26] K. RAHNER, *Trost der Zeit,* in: ders., *Schriften III,* 169 ff., hier 188; ebenso J. B. METZ, in: G. SZCZESNY (Hrsg.), *Die Antwort der Religionen,* Reinbek 1971, 95 f.; ähnlich G. LOHFINK, *Was kommt nach dem Tod?,* in: G. GRESHAKE — G. LOHFINK, *Naherwartung — Auferstehung — Unsterblichkeit,* Freiburg 1975, 133—148.

[27] K. RAHNER, *Schriften X,* 187. — Vgl. F. ULRICH a. a. O., 39: „Nur das Ausgelöschtwerden im Tode rettet die Frucht des Lebens im Leben ‚nach' dem Tod, das der-

Unserer bildhaften *Vorstellungskraft* ist dieses Leben „nach" dem Tode entzogen, zumal auch die Physik immer deutlicher macht, wie *vorsichtig* wir unseren Zeitbegriff — mit seinem Hintereinander von „vorher" und „nachher" — auf die Wirklichkeit anwenden müssen[28]. Daß die empirische Zeit der Ewigkeit *inkommensurabel* wäre, wie es der frühe Barth insinuiert hatte[29], will Rahner allerdings nicht behaupten. Was im Tod als dem Ende der *physikalischen* Zeit neu geboren wird, ist nicht die bloße Negation von Zeit, kein konturlos Allgemeines, das sich gleich-gültig verhielte zur Geschichte des Menschen[30]. Was im Tode geschieht, ist dies: Die spezifisch *menschliche* Zeit, das „Gedächtnis" (Augustinus)[31] in seiner die Vergangenheit integrierenden[32] und die Zukunft antizipierenden Funktion[33], diese „menschliche" Zeit (der Augenblick der Liebe, der Sehnsucht, der Erfüllung, des in Vergebung geheilten Versagens) löst sich von ihrem physikalisch-chronologischen Kontext (vom Belanglosen, Zufälligen, Sündhaften) und erhält *dadurch* den Charakter der End-gültigkeit[34].

Daraus folgt: Des Menschen irdische Geschichte und seine eschatologische Zukunft stehen sich nicht beziehungslos gegenüber[35]; vielmehr ist die Ewigkeit die *Essenz* der irdischen Zeit (ohne daß damit — wie in den heidnischen Mysterien-

---

jenige schon ‚vor' dem Tod lebt, der die Armut, das Opfer der Liebe wagt." Vgl. oben S. 242 ff.

[28] Vgl. K. RAHNER, *Theologische Bemerkungen zum Zeitbegriff*, in: ders., *Schriften IX*, 302—322. — Mit dieser mangelnden *Vorstellbarkeit*, mit dieser „bildlos" gewordenen Sprache, ist aber ein pädagogisches Problem verbunden, das nicht zu unterschätzen ist: „Was wir die Krise der Hoffnung nennen, ist auch und vielleicht sogar vorwiegend — bei vielen Menschen jedenfalls — eine Krise der konventionellen Vorstellungen." (G. K. FRANK, *Himmel und Hölle*, Stuttgart 1970, 19) — Vgl. unten S. 348 ff.

[29] Vgl. oben S. 53 ff.

[30] Vgl. G. EBELING, *Ewiges Leben*, 67 ff.

[31] Vgl. die Reflexionen über „Erinnerung", „Zeit" und „Ewigkeit" bei A. AUGUSTINUS, *Bekenntnisse*, X u. XI (in der Ewigkeit sei „das Ganze gegenwärtig, was auf die Zeit nicht zutrifft", heißt es ebd., XI, 11). — Im Hintergrund dieser augustinischen Anschauung steht natürlich die Anamnesis-Lehre Platons (bes. im *Phaidros* und in der *Republik*).

[32] Daß auch die ins „Unbewußte" zurückgefallene Erinnerung präsent ist und wirkt, haben C. G. JUNG u. a., *Der Mensch und seine Symbole*, Olten 1968, bes. 20—103, deutlich gezeigt. — K. RAHNER, *Schriften III*, 177, bringt die *theologische* Relevanz dieser Einsicht zur Sprache: „... *es sammelt sich alles*, was du tatest und erlittest, in deinem Wesen an. Du magst es vergessen haben, es ist doch da. Es mag dir selbst wie ein blasser Traum vorkommen, wenn du dich erinnerst, was du einmal warst, tatest, dachtest. Du bist all das immer noch. All das ist vielleicht (ja hoffentlich!) verwandelt, eingefügt in einen besseren, umfassenderen Zusammenhang, *integriert mehr und mehr* in eine, in die große Liebe und stille Treue zu deinem Gott ... nichts ist einfach vergangen, alles, was geschah, ist noch — solange wir die Pilger der zeitigenden Freiheit sind —, einhol- und verwandelbar in die eine Tat des Herzens, die du heute tust ... So brauchst du dich um dein vergangenes Leben nicht zu ängstigen" (Hervorhebungen von mir).

[33] Vgl. oben S. 116 das über den „gefüllten Augenblick" im Verständnis Bultmanns Gesagte.

[34] Vgl. J. RATZINGER, *Jenseits des Todes*, in: Communio 1 (1972) 231 ff., hier 237.

[35] Vgl. oben S. 212 ff.

lehren — über „Heil" oder „Unheil" etwas gesagt wäre)[36]: „Nicht die Jenseitigkeit" unseres gelebten Daseins ist die Ewigkeit, „sondern die radikale und zu sich selbst befreite *Inseitigkeit* unserer Freiheitsgeschichte, die wir jetzt leben, und die, im Tode ganz geboren, sich nicht mehr verlieren kann", d. h. nur noch in Gottes Liebe hinein sich verliert und eben dadurch sich findet[37]. Mit Barths Worten: *dieser* Mensch mit all seinen Bezügen soll verherrlicht, erlöst und „verwandelt" (1 Kor 15, 51) werden (KD III/4, 653). Oder wie es v. Balthasar formuliert hat: kein „bloßes Diesseits" ist unsere Gegenwart, dem das Jenseits „wie ein zweites Dasein nachfolgte, vielmehr sind beide eins, ... die Zeit verhüllte Ewigkeit, die Ewigkeit enthüllte Zeit. Die verklärte, paradiesische Welt ist keine andere als die, in der wir gegenwärtig leben, sie wird nur mit anderen Augen betrachtet"[38].

Unsere Pilger-Zeit, unser *vorläufiges* Leben mit seinen Entscheidungen, Korrekturen und Revisionen geht im Tode zu Ende[39]; aber nicht ohne Hoffnung ist dieses Ende, nicht ohne *Perspektive* auf einen neuen Beginn[40]: Denn dies ist der „Trost unserer Zeit" (Rahner), daß sie „von Gott nicht vergessen" (Barth) wird[41], daß sie nicht untergeht in den Flüssen der Lethe (von denen Platon, Plutarch und schon Pindar berichten)[42], daß sie — im Gegenteil — in ihrem end-gültig gewordenen *Ertrag* im Tode „geerntet" wird[43].

[36] Die griechischen Kultgenossen sahen im „Vergessen", in der „Bewußtlosigkeit", die Jenseitsstrafe der Bösen (der Nicht-Geweihten); der Hades wird aufgeteilt in solche Tote, „die der μνήμη pflegen, und solche, die der λήθη anheimgefallen sind ... Von Pythagoras wird es als etwas ganz besonderes angegeben, daß er im Leben und im Tode Erinnerung (μνήμην) gehabt habe an das, was er erlebt (*Laert. Diog.* VII 4)." (A. DIETERICH a. a. O., 90 f.; Hervorhebung von mir)

[37] K. RAHNER, *Schriften X*, 187 (Hervorhebung von mir); ähnlich G. LOHFINK, in: G. GRESHAKE — G. LOHFINK a. a. O., 133 ff.

[38] H. U. v. BALTHASAR, *Das Weizenkorn*, 111; ähnlich ders., *Der Tod im heutigen Denken*, in: Anima 11 (1956) 292 ff., hier 299. — Vgl. G. EBELING a. a. O., „Ewigkeit und Zeit fallen nicht disparat auseinander, lösen auch nicht einander ab, sondern sind gleichsam in der Tiefendimension aufeinander bezogen. Zeit ist die Äußerung der Ewigkeit, Ewigkeit ist das Geheimnis der Zeit." Zuzustimmen wäre dem (ebenso wie dem obigen Balthasar-Zitat) — von Rahner her — freilich *nur dann*, wenn der Aspekt des zukünftig Ausständigen, des überraschend Neuen der Ewigkeit nicht eliminiert wird; vgl. oben S. 213 f.

[39] Vgl. H. U. v. BALTHASAR, *Der Tod im heutigen Denken*, 298: „Alles will in *dieser* Spanne Zeit getan sein, denn es gibt ... keine jenseitigen Nachhilfestunden."

[40] Vgl. O. SEMMELROTH, *Der Tod — wird er erlitten oder getan?*, 19: „Wer auf einen Tod ohne Perspektive hin lebt, muß sein ständiges Über-sich-Hinausgreifen als sinnwidrig erfahren ... Menschliches Hoffen lebt aus der Erfahrung des nie ganz Erfülltseins, aber ebenso aus dem Ausgreifen ins Absolute."

[41] Vgl. R. LEUENBERGER, *Der Tod. Schicksal und Aufgabe,* 138: Gott allein vergißt nicht, sein Schöpferwort nimmt die Toten in sich auf und „hineinverwandelt in das Reden Gottes, leben sie fort in Ewigkeit".

[42] A. DIETERICH a. a. O., 93; vgl. die *Aeneis* Vergils, der die Seelen ohne μνήμη ins irdische Leben zurückschickt: Nur wenige dürfen im Elysium bleiben, ohne erneut von der Lethe trinken zu müssen. — Vgl. A. DIETERICH a. a. O., 156; vgl. oben Anm. 36.

[43] Vgl. M. SECKLER, *Hoffnungsversuche*, Freiburg 1972, 66: Nichts, was ich auf Erden tat und erlitt, wird abgetan und verloren sein. — Zum Ganzen vgl. R. GUARDINI, *Landschaft der Ewigkeit*, München 1958, bes. 21 f.

Was bleibt, sind wir selbst, so wie Gott uns immer gesehen hat: nicht die Armseligen, deren Vergangenheit zu verrinnen droht, deren Persönlichkeit durch biologische Abbauprozesse hindurch immer mehr und schließlich völlig zerstört wird. Was bleibt, sind wir selbst als die, die der Schöpfer bejaht, aber auch — in der Totalität ihrer Möglichkeiten — gefordert hat[44]. In diesem Sinne: im Blick auf unser von Gott verewigtes Diesseits, schreibt Rahner: „Wir verlieren nicht, sondern gewinnen beständig ... Das Leben versammelt sich immer mehr, je mehr scheinbar Vergangenheit hinter uns liegt ... Und wenn wir ankommen, finden wir unser ganzes Leben und alle seine eigentlichen Möglichkeiten, ... die uns gegeben waren. Es gibt nicht nur eine Auferstehung des Fleisches, sondern eine Auferstehung der Zeit in Ewigkeit. Diese ist nicht das Bleiben eines abstrakten Subjektes, dem es fürderhin gut geht, weil es sich früher einmal ... ordentlich aufgeführt hat, sondern ist die verwandelte und verklärte Zeit. Wir sind dort und dann zwar nicht Bauer und Papst, Armer oder Reicher[45], aber man ist das alles auch nicht bloß ‚gewesen', um nun einfach etwas anderes zu sein[46]. Man hat sich selbst nun ganz, und ist nicht nur der Rentenbezieher für frühere Verdienste, der nun einer anderen Beschäftigung nachgeht"[47].

Damit aber sagt Rahner — in der Sache — nichts anderes als Barth, Bultmann, Tillich u. a., wenn sie von der „verwandelten" Kontinuität des irdischen Menschen und des Auferstehungssubjektes[48] sprechen.

2. Der Tod als Ereignis, das den ganzen Menschen betrifft

Die Ewigkeit, so wurde gesagt, ist keine Verlängerung des Diesseits ins Jenseits hinüber: in dieser Hinsicht setzt der Tod der *ganzen,* nicht nur der körperlichen Existenz des Menschen ihre Grenze. Mit einer Enge (die „tausendmal enger ist als das Loch, das ein Laserstrahl bohren kann") hat Rahner den Tod verglichen, mit einer Enge, durch die wir hindurch müssen, ohne daß wir wüßten, was da wirklich hindurch kann von uns[49]. In seiner *Gesamtwirklichkeit* wird der Mensch

---

[44] Vgl. unten S. 276 ff.
[45] E. JÜNGEL, *Tod,* 156 ff., erinnert an den *gleichmachenden* Zug der mittelalterlichen Totentänze: „Papst, Kaiser, Krüppel, Jude, *jedermann* wird vom Tode gleichermaßen getroffen, und eben dadurch wird jeder jedem gleich." (157)
[46] Der Tod macht nicht *schlechterdings* gleich! Wenn „dieses gelebte" Leben erlöst wird, wenn alle „so, wie sie waren", in Gott geborgen werden (E. JÜNGEL a. a. O. mit Barth), dann kann — wie gegen E. JÜNGEL a. a. O. zu bemerken ist — die (gerettete) „Person" von ihren irdischen „Rollen" und „Funktionen" (Jüngel) nicht gänzlich gelöst werden.
[47] K. RAHNER, *Schriften III,* 187. — Unverständlich N. SMART, *Kritische Anmerkungen zum neueren christlichen Denken über den Tod,* in: A. TOYNBEE, *Vor der Linie,* 183 ff., hier 187: Rahner weise — mit der „Verwirklichbarkeit des ewigen Lebens hier und jetzt" — „essentiell die Vorstellung von einem Leben über das Grab hinaus ab".
[48] Vgl. oben S. 194 f. „Übereinstimmung mit Barth in der Deutung des Todes"; vgl. auch unten S. 348 ff.
[49] K. RAHNER, *Strukturwandel der Kirche,* 90.

vom Tode getroffen — nicht so freilich, daß er ins Nichts zurückfiele, sondern so, daß die „Selbstauszeugung" des Daseins als ganzen (nicht nur der „Seele") zum Ziele gelangt. Ohne seine Herkunft von der neuscholastischen Leib-Seele-Metaphysik zu verleugnen[50], sucht Rahner einer anthropologischen Einsicht gerecht zu werden, wie sie von Barth[51] und den protestantischen Zeitgenossen mit Nachdruck (mit unterschiedlichen Konsequenzen aber, als deren Exponenten wir Bultmann und Elert betrachten)[52] vertreten wird: der Untrennbarkeit des Menschen in „Seele" und „Leib".

Bedacht werden soll die *Leiblichkeit* als Grundbestimmung des Menschen, die von Rahner als „höchst unzureichend" bezeichnete Auffassung des Todes als „Trennung" von Seele und Leib, sowie Rahners eigene — auf protestantischer Seite am ehesten noch mit Gedanken *Tillichs* vergleichbare — Theorie von der bleibenden „Materiemächtigkeit" der Seele im Tod.

a) Die Leiblichkeit als Grundbestimmung des Mit-seins

„Das Ende der Wege Gottes ist die Leiblichkeit", hat Barth mit F. C. Oetinger erklärt (vgl. oben S. 94). Hier, im Verständnis der Leiblichkeit als Grundbestimmung des Menschen, dürfte der Schlüssel für eine bei Barth nicht beantwortete Frage liegen: der Frage, wieso die Verstorbenen einerseits „mit Christus" sein können (also schon gerettet *sind*), ihnen andererseits aber etwas Entscheidendes *fehlt*: die letzte Vollendung, die uneingeschränkte Kommunikation mit den Brüdern[53]. Lehrt Barth — trotz gegenteiliger Versicherung — etwas ähnliches wie die Fortexistenz einer leiblosen „Seele", die Fortexistenz eines Personkerns, der seine ihm wesensgemäße Leiblichkeit im Tode vermißt: bis sie ihm erneut wieder geschenkt wird (bei der „zweiten Parusie" Christi)? Oder gibt es verschieden intensive „Grade" des Leibseins, so daß die *Indigenz* des Menschen im Tode (als unaufhebbare Spannung von „schon erfüllt" und „noch nicht vollendet" begriffen) nicht notwendig eine schlechthinnige Preisgabe der Leiblichkeit wäre? Dieser Frage geht Rahner tiefer als Barth auf den Grund: nicht aus Neugierde, die über Einzelheiten des Jenseits Bescheid wissen möchte[54], sondern um den Tod als *Geheimnis* besser zu verstehen.

---

[50] Vgl. K. LEHMANN, *Karl Rahner*, 150 f.; K. RAHNER, *Bekenntnis zu Thomas von Aquin*, in: ders., *Schriften X*, 11—20.

[51] Vgl. oben S. 84.

[52] Während Tod und Auferstehung für Bultmann *identisch* sind (weil er σῶμα als „Selbigkeit des Personganzen" versteht, ohne — wie Moltmann — die noch ausständige Vollendung der *Welt* als konstitutives Moment dieser Selbigkeit zu denken), fallen für *Elert* beide, Tod und Auferstehung, radikal auseinander (weil die „Seele" ohne den vernichteten Leib nicht existieren kann): bis zur Wiederherstellung des ganzen Menschen am Ende der Zeit; vgl. oben S. 122 f. Anm. 92 und S. 134 ff.

[53] Vgl. oben S. 99 ff.

[54] Es sei an K. RAHNER, *Schriften IV*, 408, erinnert: Das Ende „ist nicht nur hinsichtlich des Zeitpunktes seines Eintritts ‚noch nicht ganz genau' geoffenbart. Der Vollendung kommt vielmehr hinsichtlich *aller* ihrer Eigentümlichkeiten ein wesentlicher und ihr *als solcher* eigentümlicher Verborgenheitscharakter für uns zu."

Um Rahners Ausführungen zu verdeutlichen, ist der Begriff „Leiblichkeit" in aller Kürze zu umschreiben[55]: Das Wort σῶμα ist bei Homer als Bezeichnung des Leichnams oder Tierkadavers belegt, als „entseelte" vorfindliche Sache, über die man gewissermaßen stolpern kann. Die Pythagoreer und der (Neu-) Platonismus[56] sahen im Leib das Gefängnis der Seele (σῶμα-σῆμα), die dort eingesperrt sei bis zur Befreiung im Tode. Die Seele wurde auf diese Weise gerettet, „aber unter Preisgabe des Leibes"[57].

Spätestens seit Euripides begegnet dann σῶμα als Wort für die *ganze* Person. Diese Deutung des Leibes hat Aristoteles übernommen: im „Hylemorphismus" gilt die Seele als geformte Ganzheit des Körpers, als „Entelechie" des Leibes, die von diesem nie getrennt werden kann[58].

Vom ontischen Dualismus der Prinzipien „Form" und „Materie" konnte sich aber auch Aristoteles (dessen Leib-Seele-Metaphysik im übrigen zu kompliziert war, als daß sie sich im christlichen Denken *faktisch*, im Bewußtsein des „Normal-Christen", *so* hätte durchsetzen können wie der platonische Dualismus)[59] nicht gänzlich befreien[60], im Unterschied zum *hebräischen* Denken[61], das für σῶμα („Leib" in Ergänzung zur „Seele") kein eigenes Wort besitzt[62]: Dichotomistische oder trichotomistische Abstraktionen sind dem AT völlig fremd; der Mensch „hat" keine Seele, sondern „ist" lebendige Seele (Gn 2, 7) „und zwar gerade in Fleisch und Blut"[63]. So sehr wird der Mensch als Einheit begriffen, daß das Wortpaar „Seele und Leib" im AT überhaupt nie begegnet[64]. Auch das neutestamentliche

---

[55] Genaueres bei E. SCHWEIZER, σῶμα, in: ThWNT 7 (1964) 1024 ff., bes. 1026 ff.; dort die Belege für hier zusammengefaßte Aussagen. — Zum folgenden vgl. auch G. GRESHAKE — G. LOHFINK, *Naherwartung — Auferstehung — Unsterblichkeit*, Freiburg 1975, bes. 82—120.

[56] Vgl. A. DIETERICH a. a. O., 84 ff. — Zur — differenzierteren — Auffassung Platons selbst vgl. J. PIEPER, *Tod und Unsterblichkeit*, München 1968.

[57] H. U. v. BALTHASAR, *Der Tod im heutigen Denken*, 294.

[58] So E. SCHWEIZER, *Die Leiblichkeit des Menschen*, 40 ff.; ebenso J. B. METZ, *Leiblichkeit*, in: HThG II, 30 ff.

[59] Vgl. H. R. SCHLETTE, *Leib und Seele in der Philosophie*, in: H. J. SCHULTZ (Hrsg.), *Was weiß man von der Seele?*, 160 ff., hier 162 ff.: Die im Mittelalter dominierende Anschauung über Seele und Leib ist „im Ansatz platonisch", d. h. der Leib gilt als asketisch zu überwindender Entfremdungszustand der Seele. — Ähnlich J. KREMER, *... denn sie werden leben*, 108.

[60] Vgl. J. B. METZ, *Leib*, in: LThK 6 (²1961) 902 ff.: Die aristotelische νοῦς — Lehre „ist wenigstens latent trichotomistisch".

[61] Vgl. W. EICHRODT, *Theologie des Alten Testamentes 2/3*, Stuttgart ⁵1964, 87 ff.

[62] E. SCHWEIZER, σῶμα, 1043; ebenso J. SCHMID, *Leib, In der Schrift*, in: LThK 6 (²1961) 899—902.

[63] E. SCHWEIZER, *Die Leiblichkeit des Menschen*, 44. — Der Mensch „hat" also auch keinen Leib, sondern „ist" selber Leib; vgl. dazu F. WIPLINGER, *Der personal verstandene Tod*, 65 ff.; ferner F. P. FIORENZA — J. B. METZ, *Der Mensch als Einheit von Leib und Seele*, in: *Mysterium Salutis II*, Einsiedeln 1967, 584—632.

[64] Vgl. C. WESTERMANN, *Leib und Seele in der Bibel*, in: H. J. SCHULTZ (Hrsg.), *Was weiß man von der Seele?*, 170 ff., hier 173 u. 178.

Begriffspaar σῶμα (bzw. σάρξ)⁶⁵ — ψυχή darf mit dem platonischen Leib-Seele-Schema nicht verwechselt werden⁶⁶: „Fleisch und Geist meinen bei Paulus nicht zwei Bestandteile im Menschen, sondern je ein verschiedenes Bestimmtsein des ganzen Menschen"⁶⁷. Von einer Verachtung des Leibes kann auch hier keine Rede sein, im Gegenteil: Im „Leibe", in der ganzheitlichen Hingabe, sagen wir Gott unseren Dank (vgl. Hebr 10, 5); deshalb gilt Paulus der Leib als „Tempel" des Geistes, in dem wir Gott loben (1 Kor 6, 19 ff.), sei es durch Leben oder durch Sterben (Phil 1, 20).

Die Sprache Jesu, das Aramäische, hat, wie *Schweizer* betont, ein Äquivalent für das griechische σῶμα, das die ganze Person, das Selbst, das Ich bezeichnet (vgl. Mk 14, 22 par „Dies ist mein Leib"), freilich nicht — wie es dem hellenistischen Ideal entspräche — das abgeschlossene, in sich gerundete, bei sich bleibende Ich, sondern „den Menschen in seiner *Offenheit zu Gott und den Mitmenschen hin*, in seiner Kommunikationsmöglichkeit"⁶⁸. So verstanden heißt leibliches Dasein: letzte Erschlossenheit für das Du, für das Mit-sein mit Gott und den Menschen⁶⁹.

Im Leib und *nur* so begegnet, wie *Metz* formuliert, die gesammelte Erscheinung des Partners; solche Begegnung ist personaler Austausch, „ist nicht bloß ‚Mittel' der Verständigung, sondern in einem gewissen Sinne die Verständigung selbst"⁷⁰. Der Leib ist „die ‚Anwesenheit' (F. J. J. Buytendijk), die ‚Urhandlung' (G. Siewerth), das ‚Wort' (H. E. Hengstenberg), das ‚Symbol' (K. Rahner), das ‚Wesensmedium' (B. Welte), die ‚Exkarnation' (H. Conrad-Martius), die ‚offenwerdende Innerlichkeit' (R. Guardini) des Menschen"⁷¹, durch die er aus sich selbst *heraustritt*, um sich im Du Gottes und der Menschen zu finden: ganz freilich erst dann, wenn alle „*ein Leib*" sind im „Pleroma" (Teilhard de Chardin) des Leibes Christi (vgl. 1 Kor 12, 12 ff., sowie den Kolosserbrief).

Denn die Kommunikation mit Gott und den Menschen wird durch unseren *jetzigen* — gebrechlichen und dem Tode verfallenen — Leib in Frage gestellt:

---

⁶⁵ Vgl. J. Schmid a. a. O., 900: σῶμα und σάρξ werden bei Paulus weithin synonym gebraucht (vgl. 2 Kor 12, 17 und Gal 6, 17; 2 Kor 4, 10 f.; 1 Kor 6, 16 u. a.); σῶμα ist — wegen seiner Nähe zu σάρξ im *harmatologischen* Sinn — „der schwierigste Terminus der paulinischen Anthropologie", „ein Schlüsselwort in seiner Lehre von der Sünde, der Auferstehung und der Kirche". — Genaueres zur paulinischen Anthropologie bei K. A. Bauer, *Leiblichkeit, das Ende aller Werke Gottes. Die Bedeutung der Leiblichkeit des Menschen bei Paulus,* Gütersloh 1971.

⁶⁶ Zum Ganzen vgl. J. Schmid, *Der Begriff der Seele im Neuen Testament*, in: J. Ratzinger (Hrsg.), *Einsicht und Glaube* (Festschrift für G. Söhngen), Freiburg-Basel-Wien 1962, 112—131.

⁶⁷ C. Westermann a. a. O., 179.

⁶⁸ E. Schweizer a. a. O., 48.

⁶⁹ Vgl. A. Grabner-Haider, *Auferstehung und Verherrlichung*, in: Concilium 5 (1969) 29 ff., hier 33; P. Schoonenberg, *Und das Leben der zukünftigen Welt*, Köln 1972, 91.

⁷⁰ J. B. Metz, *Leiblichkeit*, 35.

⁷¹ Ebd.; vgl. K. Rahner, *Zur Theologie des Symbols*, in: ders., *Schriften IV*, 275 ff., hier 304 ff. (III. Der Leib als Symbol des Menschen); ders., *Der Leib in der Heilsordnung*, in: ders., *Schriften XII*, 407—427, bes. 426 f.

Umschreibt man „Leiblichkeit" als Verwiesenheit auf personale Begegnung[72] und — darüber hinaus — als Kommunikation des Menschen mit der ihn umgebenden „Welt"[73], dann zeigt sich — da die Welt ihre Vollgestalt als „Leib Christi" noch nicht erreicht hat — eine befremdliche *Ambivalenz* des leibverfaßten menschlichen Seins, die B. Welte so formuliert[74]: Des Menschen Kommunikation mit dem Ganzen der Wirklichkeit, und damit die Identität des Menschen mit sich selbst, wird durch seine leibliche Einzelgestalt *ermöglicht und behindert zugleich*: „Leiblichkeit entzieht zugleich, was sie eröffnet: die wirkliche Gegenwart des Daseins"[75].

Was über die Zeichen des Abschieds, des Scheiterns, des Todes inmitten des Lebens gesagt wurde (oben S. 240 ff.), wird nochmals bestätigt: Auch und gerade im Glück dieser Welt erfahren wir uns selbst als begrenzt und bedroht, als „erniedrigt, relativiert und beschattet" (Barth); zugleich aber verdichtet sich die Ahnung, daß nur eine *leibhaftige* (die Leiblichkeit Adams überbietende) Zukunft das „wirklich Rettende" sein kann, wie Rahner — übereinstimmend mit Barth — betont[76]. Unsere als ambivalent erfahrene Leiblichkeit weist auf eine größere Verheißung hin[77]: auf die Erlösung des Leibes (Röm 8, 23), auf den *Tod*, sofern er die Leiblichkeit *neu qualifiziert* und *darin* des Menschen „wahrer und bester Freund" (Mozart)[78] ist; sie verweist auf den „Materialismus" des Credo[79], auf

---

[72] R. BULTMANN, *Theologie des NT*, 193—203; die Existenz wird hier weitgehend auf die Ich-Du-Relation reduziert, die sachhafte Umwelt (das „Es") dagegen als für das Selbstverständnis des Menschen kaum relevant angesehen.

[73] Vgl. oben S. 174 f. (zu Moltmann) u. S. 186 (zu Pannenberg); vgl. E. KÄSEMANN, *Leib und Leib Christi*, Tübingen 1933.

[74] B. WELTE, *Leiblichkeit als Hinweis auf das Heil in Christus*, in: ders., *Auf der Spur des Ewigen*, Freiburg-Basel-Wien 1965, 83 ff., hier 87 f.

[75] Welte expliziert dies in der Dialektik von Begrenztheit und unendlichem Glücksverlangen des Menschen: Menschliche Daseinsvollzüge sind immer leiblich vermittelt; der Ent-grenzung des Ich zum partnerschaftlichen Du durch den Leib steht aber die Be-grenzung des Ich durch eben denselben Leib gegenüber: „Man kann es zuerst daran sehen, daß die Leibhaftigkeit das Leben unser selbst ständig begrenzt, fixiert und vereinzelt, das Leben unser selbst, das doch wesentlich, wenn es erfüllt sein soll, ein grenzenlos Umfassendes in alle Dimensionen der Weite, der Höhe, der Tiefe sein sollte. Weil wir leiblich sind, sind wir nur an diesem Orte, und nur in dieser Zeit, aber unsere Gedanken und Wünsche möchten an allen Orten sein können und sich die Gestalten aller Zeiten gegenwärtig halten können." (B. WELTE a. a. O.; Hervorhebung von mir)

[76] K. RAHNER, *Schriften V*, 217; vgl. K. BARTH, AdT 118: „Gottes sein wollen *ohne* den Leib, ist Auflehnung gegen das, was Gott will, ist heimliche Gottesleugnung, ... wir warten auf unseres *Leibes* Erlösung."

[77] Dies wäre, nebenbei gesagt, ein möglicher Ansatz zum Verständnis des *Abendmahls* als reale Antizipation („wirksames Zeichen") der noch ausständigen (in Jesu *Tod*, in seinem *descensus ad infera* schon vorweggenommenen) leiblichen communio („leiblich" im von Welte angedeuteten Vollsinn) der Menschen mit Christus und untereinander.

[78] Vgl. oben S. 74 Anm. 28. — An Mozart zu erinnern, ist angebracht, da gerade Barth ihn so geliebt hat: in seinem Wissen um Gott und die Welt, um Sehnsucht und Verheißung, um Trauer und Glück, um Liebe und Tod.

[79] H. GOLLWITZER, *Krummes Holz — aufrechter Gang*, 291, bezeichnet diesen Materialismus als „glücklichen" Materialismus.

die Auferstehung des („pneumatischen") Fleisches[80], die das Heil des Weltganzen mit einschließt und an die nicht zu glauben eine „Auflösungserscheinung der Hoffnung" wäre, wie Moltmann gesagt hat[81].

b) Die Problematik einer Trennung von Seele und Leib

Wenn der Mensch keinen Leib „hat" (als ihm äußeres Instrument), sondern als geistige Person selber Leib „ist", dann muß der Tod mit der Leibgestalt auch die „Seele" des Menschen betreffen, das geistige Bewußtsein, die dialogische Verwiesenheit des Menschen auf Gott. Die streng thomistische Anthropologie, zu der Rahner sich im wesentlichen bekennt, denkt die psychische Information des Leibes auch keineswegs dualistisch (wie Platon)[82]: als ob sich Leib und Seele wie zwei äußerlich verbundene Seiende verhielten, die je für sich zu erfahren wären. Die Verleiblichung der Seele wird — thomistisch — als „substantieller" Akt angesehen, als von der Seele nicht „real", sondern nur „gedanklich" verschiedene Wirklichkeit[83]. Ohne Leib ist die Seele — nach Thomas[84] — kein Mensch (anima separata ... non est persona), und das orphisch-platonische Aufstiegsschema[85], wonach der Tod den Leib zwar vernichtet, die Seele aber so gut wie unberührt forteilen läßt[86], ihrem höheren Ziele entgegen, diese im christlichen (Durchschnitts-) Bewußtsein so geläufige Vorstellung entspricht weder der heutigen Anthropologie[87] noch dem biblisch-metaphysischen Verständnis der Leiblichkeit als Grundbestimmung des Menschen[88].

Von der herkömmlichen und im katholischen Bereich (aber nicht nur dort) „fast klassisch" (Rahner)[89] gewordenen Beschreibung des Todes als *Trennung von*

---

[80] Vgl. A. GRABNER-HAIDER, *Auferstehung und Verherrlichung*, 32: „Überall, wo im NT Auferstehung und Verherrlichung bekannt werden, ist es eine *leibliche* Auferstehung und Verherrlichung." (Hervorhebung von mir)

[81] J. MOLTMANN, *Ostern*, in: ders., UZ 71 ff., hier 72.

[82] Vgl. aber den oben (Anm. 60) angedeuteten Vorbehalt gegen Aristoteles' Hylemorphismus.

[83] Vgl. z. B. K. RAHNER, ThT 17—26; ders., *Schriften IV*, 422 ff.

[84] Vgl. z. B. THOMAS V. AQUIN, *Quaestio disputata de pot. Dei*, 9, 2 ad 14; ders., STh I 29, 1 ad 5; 75, 4 ad 2.

[85] Vgl. A. DIETERICH a. a. O., 104: Die orphische Theogonie (Uranos und Ge als Eltern alles Lebendigen) steckt hinter der Auffassung, daß zur Erde und zum Himmel zurückkehre, was aus ihnen entsprungen sei: „Damit ist der später so geläufige Glaube ausgesprochen, daß nach dem Tode der Leib zur Erde, die Seele aber zum Himmel ... gehe."

[86] Vgl. PLATON, *Phaidon*, München 1962, 156: Im Tod stirbt nur der Körper, die Seele aber „zieht wohlbehalten ab, dem Tode aus dem Wege".

[87] Vgl. u. a. die Sammelbände J. SCHLEMMER (Hrsg.), *Was ist der Tod?*, München 1969; H. J. SCHULTZ (Hrsg.), *Was weiß man von der Seele?*, Gütersloh 1972.

[88] Kritisch äußert sich deshalb J. FINKENZELLER, *Die Auferstehung Christi und unsere Hoffnung*, in: A. PAUS (Hrsg.), *Die Frage nach Jesus*, Graz-Wien-Köln 1973, 181 ff., hier 236 ff., zur Wirkungsgeschichte des platonischen Leib-Seele-Dualismus im christlichen Denken; vgl. oben Anm. 59.

[89] K. RAHNER, ThT 19.

Seele und Leib — bei den frühesten Kirchenvätern[90] bis hin zum Credo Papst Paul VI.[91], nicht mehr im *Holländischen Katechismus*[92] —, von dieser Beschreibung, die mindestens an einer Stelle auch Barth (trotz gewisser Kritik) noch voraussetzt[93], sagt Rahner, sie sei zwar nicht „falsch" (die gewachsene kirchliche Sprachregelung behandelt Rahner auch hier wieder mit großem Respekt), ziele aber am eigentlichen Wesen des Todes vorbei und lasse Raum „für sehr bedeutsam differenzierende Aussagen" (ThT 19).

Die — wenn auch eingeschränkte — *Berechtigung* dieser traditionellen Beschreibung[94] sieht Rahner darin gegeben, daß in der Tat die „Seele", das geistige Lebensprinzip im Menschen, im Tod ein — wie auch Barth sagt — „anderes Verhältnis" annimmt „zu dem, was wir den Leib zu nennen pflegen"[95] (ThT 18). Leib und Seele werden insofern „getrennt", als die Leibverfaßtheit des Menschen zwar im Tode noch „irgendwie bleibt"[96], nicht aber in *der* Weise bleibt, daß das Individuum seine leibliche Einzelgestalt gegen die übrige Welt hin so eindeutig „abgrenzen und zusammenhalten" könnte, wie das *vor* dem Tode der Fall ist. Die (bisher bekannte) Kommunikation mit der Welt wird im Tode zerstört: der Körper, in dem wir uns lebendig erfuhren und anderen mitteilten, ist nicht mehr

---

[90] Nach J. A. FISCHER, *Studium zum Todesgedanken in der Alten Kirche,* München 1954, 145—315, wurde der Glaube an ein Fortleben der Seele nach ihrer Trennung vom Leib (anima separata) nur von Außenseitern bestritten: Tatian der Syrer nahm einen „Ganztod" an und eine Auferstehung des neu geschaffenen Menschen am Jüngsten Tag (wie heute W. Elert; vgl. oben S. 134 ff.); schon von Tertullian (ca. 150—225) wurde diese Lehre heftig bekämpft.

[91] Im 21. Artikel seines *Credo des Gottesvolkes* sagt Paul VI., daß die Seelen der in Christus Verschiedenen „vom Leibe getrennt werden" — sei es zur Läuterung im Reinigungsfeuer oder zur sofortigen Aufnahme ins Paradies —, und daß sie am Tage der Auferstehung „mit ihren Leibern wieder vereinigt werden" (zit. nach R. BLEISTEIN, *Kurzformel des Glaubens,* 103 ff., hier 112).

[92] Dieser Katechismus (vgl. bes. S. 520 ff. der deutschen Ausgabe) kennt keine Aufteilung des Menschen in Seele und Leib; die orthodoxen Beschwerdeführer sahen hier einen bedenklichen Mangel (dazu R. PESCH, *Zweierlei Glaube oder: Holland und Rom,* Stuttgart 1970, 38—43).

[93] Vgl. oben S. 84: einerseits spricht Barth von der *Trennung* von Seele und Leib (KD III/2, 444), andererseits betont er die *ganzheitliche* Betroffenheit des Menschen im Tod.

[94] Nach Rahner ist sie eine Deskription und *keine Definition.* — P. SCHOONENBERG, *Ich glaube an das ewige Leben,* 41, bezweifelt, daß diese Beschreibung (vgl. DS 1000: „etiam ante resumptionem suorum corporum") zur verbindlichen Glaubenslehre gehört; er sieht hier — mit deutlicheren Worten als Rahner — eine überholte Anthropologie am Wirken; vgl. unten Anm. 133.

[95] Vgl. K. BARTH, *Die Auferstehung der Toten,* 114: Der Mensch ist „Leib im Verhältnis zu einem Nicht-Leiblichen ... Eben der *Wechsel im Verhältnis* des Leibes zu diesem Nicht-Leiblichen ist die Auferstehung. Also nicht etwa der Übergang des Menschen zu einem bloß nicht-leiblichen Dasein." (Hervorhebung von mir)

[96] K. RAHNER, ThT 21; ebd.: da sich die Seele mit innerer Notwendigkeit leibhaftig zum Ausdruck bringt, könnte dieser Akt „nur aufhören mit dem Aufhören der Seele selbst".

lebendig „und in diesem Sinne können und müssen wir sagen: die Seele trennt sich vom Leib." (ThT 18)

Auf den Terminus „Seele" ganz zu verzichten (wie der *Holländische Katechismus*)[97] will Rahner vermeiden, weil dieser Begriff seine Geschichte hat, weil er — wegen seiner starken affektiven Besetzung — schwer zu ersetzen ist und weil er auch für den heutigen Menschen noch sinnvoll interpretiert werden kann (wie auch *Schlette* einräumen muß)[98]. Die Deskription des Todes als einer *Trennung* von Seele und Leib hält Rahner aber für „mindestens unzureichend", weil diese Beschreibung sich ausschweigt über den Tod, sofern er gerade den Menschen betrifft in seiner Personalität und unaufhebbaren *Ganzheit*. Der eine und ganze Mensch leidet im Tod eine Vernichtung (des biologischen Lebens), und der eine und ganze Mensch bringt sich selbst zur Vollendung, ohne daß diese beiden Momente — Abbruch von außen (die Folge der Sünde!) und Vollendung von innen[99] — aufteilbar wären in Seele und Leib[100]. Rahner wird also richtig interpretiert, wenn Boros — mit Bezug auf diesen — erklärt: *Auch die Seele* des Menschen werde „der Nichtung ausgeliefert"; der Tod sei „der ganzheitliche Untergang[101] des einen Seienden, infolgedessen ein inneres Moment auch der Seele selbst. Es ist unmöglich, den Leib von der Seele zu trennen, ohne dadurch die Seele dem Untergang auszuliefern"[102].

So wie Barth „Unsterblichkeit" definiert: „vom Tode nicht einmal berührt, geschweige denn ihm unterworfen"[103], sind wir auch nach Rahner und Boros *nicht unsterblich*[104]. Im eben erläuterten Sinn könnte und müßte Rahner dem zustimmen,

---

[97] Das Wort „Seele" kommt im Register nicht vor; die Hoffnung auf Auferstehung wird ausschließlich in Gottes Handeln an Jesus begründet. Auch im neuen *Missale Romanum* (1970), in den Gebeten für Verstorbene, fehlt das Wort „anima" (während es im alten Missale sehr häufig vorkam); dieselbe Zurückhaltung zeigt das „Arbeitsbuch zur Glaubensunterweisung": *glauben-leben-handeln*, Freiburg 1969. — Während J. KREMER, *... denn sie werden leben*, 112, diese Entwicklung begrüßt, fordert J. RATZINGER, *Jenseits des Todes*, 231 ff., eine „Rehabilitierung" des Wortes „Seele" durch die Theologie.

[98] H. R. SCHLETTE, *Leib und Seele in der Philosophie*, 160 ff., geht mit Aristoteles und seinem Leib-Seele-Schema härter ins Gericht als Rahner, gibt aber immerhin zu bedenken: „Die Rede von Leib und Seele vermag die Einzigartigkeit des Menschen hervorzuheben"; sie ist „Ausdruck der Unendlichkeit des menschlichen Glücksverlangens und in eins damit der religiösen Erfahrung von Ursprung und Ziel des Menschen. So kann der Satz: ‚Der Mensch besteht aus Leib und Seele' heißen: Das, was die Bestimmung jedes einzelnen Menschen ausmacht, erschöpft sich nicht in dem, was von ihm während dieser wenigen Jahre empirisch feststellbar ist; der einzelne ist nicht verrechenbar und verfügbar wie das sonst Seiende . . ." (168).

[99] Vgl. unten S. 279 ff.

[100] Vgl. z. B. K. RAHNER, *Tod*, in: *Kleines Theologisches Wörterbuch*, 355 ff.

[101] „Untergang" hat freilich bei *Boros* — ähnlich wie bei Rahner — eine Nebenbedeutung (oder auch Hauptbedeutung), wie sie im Vulgärgebrauch des Wortes nicht üblich ist: „Eintauchen" ins „Innere", ins „Herz" der Welt.

[102] L. BOROS, *Mysterium Mortis*, 83 ff. — P. SCHOONENBERG, *Und das Leben der zukünftigen Welt*, 65, meint sogar, daß die Seele „am meisten stirbt".

[103] K. BARTH, *Unsterblichkeit*, 131.

[104] Der Tod wird hier nicht verleugnet, der „Kern" des Menschen nicht dem Tode ent-

wenn Barth die biblische Sicht des Todes so darstellt: Die Bibel hat den einen Menschen vor Augen, und in dieser Einheit und Ganzheit sieht sie ihn sterben (was manche — platonischen Denkmodellen verbundene — Autoren wie J. Pieper nur zögernd einräumen)[105], „d. h. *zum Ziel seines zeitlichen Daseins kommen* ... Nicht eine leiblos werdende Seele trennt sich da von einem seelenlos werdenden Leibe, sondern der eine ganze Mensch ... steht an der Grenze"[106]. Oder wie es F. Ulrich formuliert: Der Mensch stirbt als „ganzer", weil nicht nur eine Dimension seines Daseins, sondern *er selbst* begrenzt wird: vom „absolut Neuen" der Zukunft Gottes (die freilich — in Glaube, Hoffnung und Liebe — schon begonnen hat)[107].

c) Der im Tod frei werdende „allkosmische" Daseinsbezug

Daß der Tod den ganzen Menschen betrifft und ihn doch nicht vernichtet[108], diese Aporie[109] kann nach Rahner nur so gelöst (oder besser: erhellt) werden, daß eine *bleibende Materiebezogenheit* der Seele auch nach dem Tod[110] postuliert wird. Der von protestantischen Theologen anvisierten Alternative: entweder Über-

---

zogen, wie es Moltmann, Schunack u. a. den Unsterblichkeitstheorien Platons, Leibniz', Blochs u. a. vorwerfen; vgl. oben Anm. 23.

[105] F. WIPLINGER, *Der personal verstandene Tod*, 113 f. Anm. 51, verweist auf einen Widerspruch bei J. PIEPER, *Tod und Unsterblichkeit*, München 1968: Während Pieper zunächst versichert, der ganze Mensch werde vom Tode betroffen (51 f.), bleibt es dann doch bei der Trennung von Seele und Leib, gegen die „kein Wort gesagt" sein soll, und die „vernünftigerweise nicht in Zweifel zu ziehen" sei (120). Es bleibt beim Platonismus eines „vom Leibe unabhängigen" Seins der Seele, das „durch den Zerfall des Leibes hindurch" Bestand habe (185).

[106] K. BARTH, *Unsterblichkeit*, 133 (Hervorhebung von mir). — Die hier ausgelassenen Passagen enthalten jene Dialektik des Menschen „an sich" und des Menschen „vor Gott", die Rahner nicht akzeptieren würde (vgl. oben S. 205 ff.).

[107] Vgl. F. ULRICH, *Leben in der Einheit von Leben und Tod*, 34—36, 63 ff.; ebenso G. LOHFINK, *Was kommt nach dem Tod?*, in: G. GRESHAKE — G. LOHFINK, *Naherwartung — Auferstehung — Unsterblichkeit*, Freiburg 1975, 133—148, hier 140 f.

[108] Vgl. H. U. v. BALTHASAR, *Der Tod im heutigen Denken*, 299: Der Tod „affiziert ... Leib und Seele, auch wenn die Seele nicht zu ‚Nichts' wird". — Dies letztere übersieht G. HOMMEL, *Und dieser Gott soll Liebe sein?*, 27 f., wenn sie Rahner, Barth u. a. vorwirft, ihrer Theorie (von der „ganzheitlichen Betroffenheit" des Menschen durch den Tod) zufolge sei mit dem Tod „alles aus".

[109] K. LOEWITH, *Die Freiheit zum Tode*, 167 ff., löst diese Aporie auf: zugunsten eines Endes ohne Hoffnung! Mit der psychosomatischen Einheit des Menschen ist nach Loewith dem Glauben an ein persönliches Fortleben der Boden entzogen: „Der letzte Grund aber, weshalb wir uns nicht mehr um die Toten kümmern ... ist, daß wir nicht mehr glauben, eine ‚Seele' zu haben, die den Zerfall des Leibes überlebt. Wir denken psychosomatisch die Seele mit dem Leib zusammen, so daß das leibhaftige Ende auch Seele und Geist mitverenden läßt ... Wer aber ... die Endlichkeit auf den ganzen Menschen bezieht, der wird ... behaupten müssen, daß der Mensch ein Recht auf Selbstvernichtung hat." — Dieses Zitat dürfte nochmals Rahner recht geben, wenn er eine Trennung von Seele und Leib nicht *gänzlich* verwirft, sondern als „ungenügend" bezeichnet und deshalb neu interpretiert.

[110] Vgl. aber die Vorbehalte gegen eine Zeit „nach" dem Tode (oben S. 251 ff.).

nahme des griechischen Dualismus durch das Christentum oder Annahme eines „Ganztodes" mit nachfolgender „creatio ex nihilo", will Rahner entgehen! Etwas vereinfacht könnte man sagen: Anders als Bultmann, der einen „Zwischenzustand" zwischen Tod und leiblicher Auferstehung nicht braucht (weil θάνατος und Parusie Christi für ihn praktisch in eins fallen)[111], anders auch als Moltmann und Pannenberg, die diesen „Zwischenzustand" in die Nähe einer erst am Ende der Zeit mit neuem Leben erfüllten Nichtung rücken[112], hält Rahner an der noch ausständigen Zukunft zwar fest, postuliert aber eine im Tode *durchgehaltene Leiblichkeit*[113], genauer: eine im Tode *selbst* bereits eintretende, *in die Richtung künftiger Auferstehung* — „künftig" mindestens aus der Sicht der Diesseitigen (vgl. unten Anm. 129 u. 132) — weisende Verwandlung des Menschen, die gerade die (bleibende) *Leibverfaßtheit* in einer neuen Weise bestimmt.

Rahner argumentiert so: Wenn sich die Personalität des Menschen notwendig im Leibe verwirklicht, stehen wir in einer bleibenden Beziehung „zu jener Ganzheit, deren Teil der Leib ist, zu jener Ganzheit, die die Einheit der materiellen Welt ist" (ThT 19)[114]. Wenn wir den Leib nicht „an seiner Haut aufhören lassen" — schon zu Lebzeiten sei der Leib keine „fensterlose Monade", sondern ein zur Welt hin geöffnetes Kommunikationssystem (*Schriften XII*, 426 f.) —, können wir einen im Tod *intensivierten* „allkosmischen Weltbezug des Geistes" annehmen (ThT 23)[115]. Weil Rahner an der psychosomatischen Einheit des Menschen festhält und das kirchliche Dogma (DS 1000, 1440), daß der Tod den Menschen nicht gänzlich vernichte, als verbindlich voraussetzt — aufgrund seines „Urvertrauens" in den Sinn von Dasein überhaupt[116] —, kann er nichts anderes sagen als dies: Der Tod bedeute kein schlechthinniges Ausbrechen aus der Materie[117]; die Zerstörung des die jetzige Leibgestalt gegen die Gesamtwelt hin abgrenzenden Leibverhältnis-

---

[111] Vgl. oben S. 122 f. Anm. 92.

[112] Vgl. oben Anm. 52.

[113] Auch J. FINKENZELLER, *Die Auferstehung Christi und unsere Hoffnung*, 253, betont — mit Verweis auf Paulus (1 Kor 15) —, „daß der Mensch, der begraben wird, auch über den Tod hinaus ein *leiblicher* Mensch bleibt, wenn er überhaupt bleibt". — Zum Ganzen vgl. J. B. LOTZ, *Tod als Vollendung*, Frankfurt 1976, 43 ff. („Der offene Weltbezug").

[114] Von der scholastischen Metaphysik der materia prima her versteht Rahner diese Einheit als transempirische Wirklichkeit, die jeder äußeren Einwirkung der Dinge aufeinander *vorgegeben* ist und diese Einwirkung ermöglicht. Nach L. BOROS, *Mysterium Mortis*, 85 ff., stellt die empirische Welt „gleichsam nur eine verlorene Ecke jenes wesenhaften Kosmos dar".

[115] Rahner sieht diese Auffassung schon bei Thomas v. Aquin impliziert (ThT 21). — Auch G. W. LEIBNIZ, *Considérations sur la doctrine d'un esprit universel*, 1702, lehrte eine *Leiblichkeit* der durch den Tod gegangenen Seele: Diese behält nach Leibniz (zit. nach K. BARTH, KD III/1, 449 f.) „einen feinen, auf seine Weise organisierten Körper"; so sei der Tod „nicht nur keine Auslöschung der einzelnen Seele (auch nicht in Form ihres bloßen Fortbestehens in Gott), sondern auch keine Zerstörung des Lebewesens als solchen ... Ein wirkliches Vakuum kann auch durch den Tod nirgends entstehen."

[116] Vgl. K. RAHNER, *Bietet die Kirche letzte Gewißheiten?*, in: *Theologische Akademie IX*, 108 ff.

[117] Schon vom *untermenschlichen* Tod müsse man sagen, daß er kein bloßes Aufhören ist, sondern „ein Aufgeben des entelechialen Einflusses an einer bestimmten Raum-Zeit-

ses ermögliche — im Gegenteil — „ein tieferes und umfassenderes Sichöffnen und Sichdurchsetzen" unseres Weltbezuges, gerade *weil* die körperliche Einzelgestalt nicht mehr festgehalten wird.

Was Rahner hier meint, ist *keine Allgegenwart* der Toten im Kosmos (vgl. ThT 22) und erst recht keine Auflösung der Person ins All-Eine (im Sinne a-personaler Erlösungsideale)[118]; was er meint, ist eine innere *Ausrichtung* auf den künftigen Verklärungsleib (1 Kor 15, 35 ff.), eine ganzheitliche Partizipation der Toten an der Tiefe des Seins[119]. Das Geschenk des Todes sei dies: eine „größere Nähe" des leibhaftigen Personseins zu jenem „schwer faßlichen, aber doch sehr realen" Grunde der Welt, in dem alle Dinge miteinander verknüpft sind: Die Seele „geht wirklich unter im Sinne einer Nichtung, eines gewaltsamen Entzugs ihrer bisherigen Leib-Wirklichkeit; zugleich taucht sie unter bis zu den Wurzeln der Welt und erhält dadurch einen kosmischen Daseinsbezug"[120].

Daß — wie es die traditionelle Frömmigkeit nahelegt — die Nähe zu Gott und die Entfremdung von der Materie im gleichen Verhältnis zunehmen müßten, weist Rahner zurück[121]: nicht a-kosmisch, sondern all-kosmisch werde die Seele im Tod. Dies bedeute zugleich, daß die Gestorbenen das Ganze der Welt, den Hinter-Grund des personalen Lebens der anderen mitbestimmen: in einer kaum definierbaren, aber sehr wirksamen Weise[122] (weshalb auch der Tod Christi als des „exemplarischen" Menschen für alle anderen eine Möglichkeit erschließen konnte, die es ohne diesen Tod nicht gäbe)[123].

Stelle der Welt bei fortdauerndem Eingestiftetbleiben dieser entelechialen Potenzen in der Welt ... Dann aber wird man etwas Analoges auch vermuten dürfen hinsichtlich des Verhältnisses der menschlichen Geistseele zur Welt" (ThT 22). — Rahner dürfte eine Naturphilosophie voraussetzen, wie sie z. B. H. DRIESCH, *Philosophie des Organischen*, ⁴1930, und H. CONRAD-MARTIUS, *Der Selbstaufbau der Natur*, 1944, vertreten haben.

[118] Vgl. K. RAHNER, ThT 26, 43 u. a.
[119] Vgl. oben S. 144 zu Tillich.
[120] L. BOROS, *Mysterium Mortis*, 88 (im Anschluß an Rahner). — BOROS (a. a. O., 187 f. Anm. 35) verweist auf H. CONRAD-MARTIUS, *Bios und Psyche*, 1949; dsb., *Die Geistseele des Menschen*, 1960; W. JOERGENS, *Der Tod als die unwesensgemäße Trennung zwischen Leib und Seele bei Hedwig Conrad-Martius*, 1960. — H. Conrad-Martius vertrat schon vor Rahner und Boros ganz ähnliche Gedanken, postuliert aber — im Unterschied zu Rahners Rede vom allkosmischen Bezug der Seele — einen „ätherischen Erscheinungsleib" als „Zwischenglied" zwischen irdischem Körper und Auferstehungsleib, „der als eigentlichstes und letztes Verwirklichungs- und Offenbarungsmedium der Seele in ganz anderer und wesenhafterer Weise angemessen sein wird als unser derzeitiger Leib" (L. BOROS a. a. O.).
[121] Es wäre nach dem Verhältnis von Geist und Materie überhaupt zu fragen, das Rahner ähnlich wie TEILHARD DE CHARDIN bestimmt: Der Geist ist das „Zusichkommen der leibhaftigen Wirklichkeit selbst" (vgl. K. RAHNER, *Die Einheit von Geist und Materie im christlichen Glaubensverständnis*, in: ders., Schriften VI, 185—214).
[122] Die *Fürbitte zu den Heiligen* (nicht nur den kanonisierten) wäre — nach Rahner — von daher als sinnvoll zu begründen; auch die Frage, ob gewisse Erscheinungen der *Parapsychologie* aus dieser Sicht leichter zu deuten wären, tippt Rahner an (vgl. aber unten S. 289 f.). — Vielleicht könnte man — darüber hinaus — sogar fragen, ob nicht das „kollektive Unbewußte" (C. G. Jung) von den Toten mit-bestimmt wird.
[123] Vgl. oben S. 233 ff. u. S. 239 ff.

Der bleibende Materiebezug[124] und die daraus resultierende Wirkkraft der Toten ist — nach Rahner — der Sinngehalt jenes Dogmas, das Barth so heftig gerügt hat: der leiblichen Aufnahme Mariens in den Himmel (DS 3900—3904)[125]. Es gehe hier nicht, wie Barth meint, um eine „Sonderentrückung": als besonderes Privileg Mariens brauche diese Definition nicht verstanden zu werden[126]. Die gängige Auffassung, bei Maria sei „jetzt schon" geschehen, was für die übrigen Christen noch aussteht, sei — vom Wortlaut des Textes her — zumindest nicht sicher: Da die leibliche Vollendung vom Schicksal des *Körpers* (von der physischen Zusammensetzung des Menschen) nicht abhängig sei[127], sieht Rahner keinen Grund, die „seelische" und die „leibliche" Vollendung auseinanderzuziehen, zumal sich gegen einen Zeitfaktor für das Jenseits des Todes große Skepsis empfiehlt[128]. Da wir unser irdisches Zeitmodell und den Begriff der Ewigkeit in keine Synthese zu bringen vermögen (weil sich im Zeitproblem der Tod als Geheimnis verhüllt), sollten wir bei Maria — wie bei allen anderen in Christus Entschlafenen — daran festhalten: Einerseits ist hier kein Gespenst, keine „Seele", im Heil, und andererseits gibt es doch — zumindest aus unserer Sicht[129] — ein „Warten" auf die Vollendung: weil die noch nicht zu Ende gekommene Geschichte der Welt auch für

---

[124] F. WIPLINGER a. a. O., 114 f. Anm. 52, wirft Rahner vor, aus der Seele als forma corporis werde eine Seele als Form der Materie überhaupt; implizit werde damit die „Leibhaftigkeit zur bloßen Materie nivelliert". — Vgl. dazu Rahners spätere Erläuterung: unten Anm. 132.

[125] Vgl. oben S. 101 Anm. 157. — Ohne Anspruch auf erschöpfende Auslotung dieses Dogmas sei soviel gesagt: Das „corpore et anima ad caelestem gloriam assumptam" (DS 3903) wird von 1 Kor 15 her interpretiert (DS 3901), wo Paulus das „Wie" der neuen Leiblichkeit völlig im Dunkel läßt (immerhin heißt es negativ: „Fleisch und Blut werden das Reich Gottes nicht erben", V. 50). Folglich kann man auch von Maria nur dies sagen: Sie ist „leiblich", d. h. als ganzer Mensch schon erlöst; zumindest in diesem Fall ist der Leib-Seele-Dualismus kirchlicher Aussageformen überwunden. Und wie K. RAHNER, *Maria, Mutter des Herrn*, Freiburg ⁵1965, 25, bemerkt, sagen wir immer „im letzten auch etwas von uns selbst", wenn wir von Maria reden.

[126] Vgl. zum folgenden K. RAHNER, *Mariä Himmelfahrt*, in: ders., *Chancen des Glaubens*, Freiburg 1971, 58 ff.; ders., *Über den „Zwischenzustand"*, in: ders., *Schriften XII*, 455—466, hier 464 f.

[127] Vgl. H. SCHAEFER, in: J. SCHLEMMER (Hrsg.), *Was ist der Tod?*, 182: Naturwissenschaftlich ist es kaum akzeptabel, „daß sich eine bestimmte Zeit nach unserem Tode die Moleküle, aus denen unser Leib aufgebaut ist, wieder zusammenfinden und ... einen neuen Leib bilden". Eine Wiederherstellung des Körpers im Sinne der spätjüdischen Apokalyptik (vgl. Ez 37 oder das 2. Sibyllenbuch) ist heute undenkbar.

[128] Vgl. oben S. 251 ff.; dazu G. LOHFINK, *Was kommt nach dem Tod?*, in: G. GRESHAKE — G. LOHFINK, *Naherwartung — Auferstehung — Unsterblichkeit*, Freiburg 1975, 133—148, hier 145 ff.

[129] Vgl. O. SEMMELROTH, *Der Tod — wird er erlitten oder getan?*, 13: Die Auferweckung der Toten „erscheint, von hier unten aus gesehen, als vom Augenblick des Sterbens weit entfernt und getrennt", während doch der im Tod vollendete Mensch „keinen Zwischenzustand im Nacheinander der Augenblicke, Stunden, Tage und Jahre erfährt. Für seine *Erfahrung* dürfen wir Tod und Auferstehung, wenn auch nicht als sachlich identisch, so doch als faktisch zusammenfallend denken." (Hervorhebung von mir) — Vgl. unten Anm. 132 u. 133.

diejenigen bedeutsam bleibt, die „in einem gewissen Sinn ... in der zeitenthobenen Ewigkeit Gottes" schon endgültig, und dies in ihrer Leibverfaßtheit, gerettet sind[130].

Die Leibverfaßtheit, der all-kosmische Bezug des im Tode verwandelten Ich, ist aber — wie Rahner einräumt — nicht dasselbe wie der Verklärungsleib, mit dem wir „überkleidet" werden am Tag Jesu Christi (1 Kor 15, 35 ff.)[131]. Die neugewonnene Auferstehungsgestalt[132] sei *mehr* als die im Tode erreichte Öffnung zur Welt[133]. Der Auferstehungsleib gebe diese Öffnung aber nicht auf; denn die leibliche Einzelgestalt und die Verschlossenheit gegen andere Räume werden „nicht mehr zusammenfallen" (wie im irdischen Leben). Der Verklärungsleib sei viel-

---

[130] Rahner spricht von einer „Phasenungleichheit" von individueller und kosmischer Vollendung (z. B. *Schriften IV*, 436); vgl. K. RAHNER — H. VORGRIMLER, *Zwischenzustand*, in: *Kleines Theologisches Wörterbuch*, 394: Individuelle und kosmische, geistige und leibhaftige Vollendung können „weder getrennt noch adäquat in eins gesetzt werden".

[131] Nach J. FINKENZELLER, *Die Auferstehung Christi und unsere Hoffnung*, 256, ist „die Ausstattung mit dem Herrlichkeitsleib ein ausgesprochenes Hoffnungsgut der Zukunft"; „abzuweisen" sei die Vorstellung, „daß der Mensch sofort nach dem Tode mit der himmlischen Leiblichkeit überkleidet wird". Ebenso J. B. LOTZ a. a. O., 119 ff. (*gegen* L. BOROS und G. GRESHAKE; vgl. unten Anm. 132 u. 133). — R. GUARDINI, *Landschaft der Ewigkeit*, München 1958, 23, deutet die im Tod erhaltene Leiblichkeit — im Anschluß an Dantes Vision — als „Vorentwurf" des künftigen Auferstehungsleibes.

[132] In Abgrenzung zu Rahner meint L. BOROS, *Erlöstes Dasein*, Mainz ³1965, 44 ff., die Auferstehung ereigne sich im Tode *selbst* (ähnlich G. GRESHAKE, *Auferstehung der Toten*, 384 ff., wo die im Tod erreichte End-gültigkeit der menschlichen Freiheit als „Auferstehung des Leibes" verstanden wird); Boros gibt aber zu, daß der Auferstehungsleib einer verklärten *Welt* als seines Wesensraumes bedürfe. Sachlich liegt damit kaum eine Differenz zu Rahner vor, zumal die These eines praktischen Zusammenfallens von Tod und Auferstehung auch von Rahner anvisiert wird (in den 1975 erschienenen *Schriften XII* deutlicher als früher): „Früher (postulierte ich) einen kosmischen Bezug des endlichen Menschengeistes auf die Materie, d. h. der *einen* Materie der *Welt* ... Doch wird man zugeben, daß sich das ganze Problem wesentlich vereinfacht, wenn man diese bleibende Bezogenheit der Geistseele auf die Materie scholastisch ausgedrückt als bleibende Informiertheit des verklärten Leibes durch die vollendete Geistseele denkt." (*Schriften XII*, 461; vgl. oben Anm. 129)

[133] P. SCHOONENBERG, *Ich glaube an das ewige Leben*, 49, kommentiert: Einfacher wäre es „zu sagen, daß dieses Allkosmisch-Werden vielleicht schon eine Verleiblichung im biblischen Sinne ist, so daß wir in der Zwischenzeit der Auferstehung schon entgegenwachsen". (Im *Holländischen Katechismus*, S. 525, heißt es: „Sie sind dabei, aufwerkt zu werden.") Die „Zwischenzeit" versteht Schoonenberg als Warten auf die *Vollzähligkeit der Mitbrüder* (was an Barth erinnert); die neue Leiblichkeit „wächst" sozusagen in der wachsenden Gemeinschaft mit allen Menschen. — Vgl. K. RAHNER, ThT 28: „Die geschaffene Gesamtwirklichkeit, die Welt, wächst in und durch die leibgeistigen Personen, deren ‚Leib' sie gewissermaßen ist, durch deren Tod langsam in ihre eigene Endgültigkeit hinein", so sehr dennoch das Weltende Eingriff und Gericht Gottes ist. — Wenn nach G. GRESHAKE und G. LOHFINK (vgl. dsb., *Naherwartung — Auferstehung — Unsterblichkeit*, S. 120 Anm. 97 u. S. 145 ff.) im individuellen Tod „die Auferstehung des Fleisches bereits gekommen" ist (146), und der Mensch „im Durchschreiten des Todes nicht nur seine eigene Vollendung, sondern zugleich die Vollendung der Welt" (147) erlebt (vgl. oben Anm. 129 u. 132), so ist SCHOONENBERGS Annahme einer *wachsenden* Vollendung der Welt (so daß es für die Toten ein „Warten" gibt?) dem entgegenzuhalten.

mehr offen „für das freie und ungehinderte In-Beziehung-Bleiben und -Treten mit allem." (ThT 25 f.)[134]

Dies kommende Heil ist in Christus *antizipiert*: für den Leib des Auferstandenen gibt es kein Hindernis mehr (vgl. Lk 24, 36; Jo 20, 19. 26 u. a.). Was die Jünger mit Jesus erlebten, bedeutet aber „eine neue Dimension der Leiblichkeit überhaupt, eine uneingeschränkt erfahrene Kommunikationsfähigkeit"[135], die A. Kassing — im Sinne Rahners — so interpretiert: Die „andere Gestalt", in der Jesus erscheint (Mk 16, 12), „ist eine ungeheuerliche Aussage, die ... eine völlig neue Bewußtseinslage eröffnet, ein völlig neues Angebot erschließt ... Jene Erzählungen besagen nun, daß nach seinem (sc. Jesu) Tod diese Eindeutigkeit und diese Festgelegtheit auf eine einzige Gestalt und einen einzigen Platz seiner Anwesenheit vorüber ist"[136]. Dies ist der Grund unserer Hoffnung: Die *Ambivalenz* der Leibverfaßtheit des Menschen[137] ist in Jesus „proleptisch" (Pannenberg) verwandelt; Christus wird den Leib neu gestalten, damit er teilhabe an der Gestalt seines verherrlichten Leibes: vermöge der Kraft, mit der er sich die Welt unterwirft (Phil 3, 21).

Zusammenfassend wäre zu sagen: nicht als Minderung, sondern als *Intensivierung des Seins* wird der Tod bei Rahner verstanden[138]. Die durch die Hinfälligkeit und Begrenztheit des Menschen bedingte Kommunikations*störung*[139] wird aufgehoben (durch eine wachsende kosmische Verleiblichung) in eine *vor* dem Tod undenkbare Weltpräsenz, in eine „Entgrenzung" des Menschen, die seine jetzige Leibgestalt dramatisch verändert[140].

---

[134] Vgl. P. Schoonenberg, *Und das Leben der zukünftigen Welt*, 92: „Wir sind nicht mehr in dem Stückchen irdischer Wirklichkeit verleiblicht, das als Leiche zurückbleibt." Schoonenberg meint, „daß wir — ohne daß er jemals aufhört, er selbst zu sein — in den anderen verleiblicht sein werden ... ‚Gott alles in allem' (1 Kor 15, 28) wird bewirken, daß jeder für jeden anderen und in jedem anderen durch seine Liebe anwesend sein kann." — Zur exegetischen Diskussion vgl. M. Carrez, *Mit was für einem Leibe stehen die Toten auf?*, in: Concilium 6 (1970) 713 ff.; J. Gnilka, *Die Auferstehung des Leibes in der modernen exegetischen Diskussion*, in: Concilium 6 (1970) 732 ff.

[135] N. Scholl, *Jesus — nur ein Mensch?*, München 1971, 104; vgl. ders., *Tod und Leben. Biblische Perspektiven*, München 1974, 85 ff.

[136] A. Kassing, *Auferstanden für uns*, Mainz 1969, 166 f.; zit. nach N. Scholl, *Jesus — nur ein Mensch?*, 106 f. — Vgl. E. Gutwenger, *Auferstehung und Auferstehungsleib Jesu*, in: ZKTh 91 (1969) 216—220.

[137] Vgl. oben S. 261 Anm. 75.

[138] Ohne einen Materiebezug der Toten im Sinne Rahners zu kennen, vertritt O. Cullmann, *Unsterblichkeit der Seele*, 58, immerhin — Barth darin zustimmend — eine (im Vergleich zu vorher) „größere Christusnähe" der im Glauben Verstorbenen: „Das an unseren irdischen Leib gebundene Fleisch ist für die volle Entfaltung des Geistes ein Hindernis, solange wir leben. Der Tote ist von diesem Hindernis befreit, obwohl sein Zustand also unvollkommen ist, weil ihm der Auferstehungsleib fehlt."

[139] In einem bestimmten Sinn hat Platon doch nicht so unrecht, wenn er den Leib, diesen „alten Madensack", wie ihn Luther genannt hat (den Leib in seiner *jetzigen* Gestalt mit seinen Krankheiten und Plagen), als Kerker der „Seele" (der personalen Ganzheit des Menschen, die sich im „pneumatischen" Leib verwirklichen soll) bezeichnet.

[140] P. Schoonenberg a. a. O., 92; zum Ganzen vgl. R. Guardini, *Landschaft der Ewigkeit*, 101 ff.

Auf der Linie Barths liegt diese Deutung, sofern auch dieser die „Schwachheit" des Menschen in seiner (jetzigen) Leiblichkeit, und die „Herrlichkeit" des Menschen in der (künftigen) „Neuprädikation" dieser Leiblichkeit erblickt[141]; auf der Linie Barths liegt diese Deutung, sofern auch Barth die neutestamentliche Spannung von „schon erfüllt" (der Tod als εἶναι σὺν Χριστῷ) und „noch nicht vollendet" (es fehlt die Vollendung der „Bruderschaft": der Gemeinschaft mit Gott und der Vollzahl der Brüder) zur Geltung bringt.

3. Der Tod als Entscheidung zum Heil oder Unheil: die Endgültigkeit personaler Entscheidungen

Die im Tod als dem Ende des „Pilgerstandes" *irreversibel* gewordene Geschichte des Menschen braucht ein „Wachstum" dieser Geschichte in die Zukunft Gottes hinein nicht auszuschließen; darin gibt es zwischen Rahner und Barth keine sachliche Differenz. Aber eine andere Frage hat sich schon früher gestellt: Wie kann Barth auf der einen Seite vom Menschen behaupten, „eben *dieses* sein Sein in seiner Zeit" werde vor den Augen Gottes offenbar[142] und in seiner konkreten Diesseitigkeit durch Gottes Gnade verewigt; wie kann Barth das sagen, wenn er gleichzeitig — noch im selben Satz — den Eindruck erweckt, die Begegnung des Geschöpfes mit dem unendlichen Gott bedeute die Offenbarung „seiner verdienten Schande" und „seiner unverdienten Ehre"[143] zugleich, bedeute Gericht *und* Erlösung, Verzweiflung *und* seligen Trost? Wird hier nicht, der Tendenz nach, die konkrete Schuld gerade *dieses* Menschen von der *allgemeinen* (vom „Triumph der Gnade" schon überholten) Sündigkeit des Menschen so gründlich verdeckt[144], daß sie die innere Qualität gerade *meines,* vom Sterben jedes anderen verschiedenen, Todes nicht mehr bestimmen kann?[145] Wird, wenn man Barths Ansatz zu Ende denkt, nicht *dieses* Leben (das doch Verweigerung und tod-sündiger Protest sein könnte) verewigt, sondern irgendein anderes, im göttlichen Ideenhimmel je schon existierendes? Ist es eine „billige" Gnade (Bonhoeffer), die Barth hier voraussetzt?

---

[141] Vgl. z. B. K. BARTH, *Die Auferstehung der Toten,* 114 ff.
[142] K. BARTH, KD III/2, 770 f.
[143] K. BARTH, ebd., 771.
[144] Vgl. oben S. 95 ff. — H. THIELICKE, *Tod und Leben,* 122 ff., betont — in ähnlicher Intention wie Rahner — die Unvertretbarkeit des einzelnen gegenüber transsubjektiven Mächten. Gegen die orthodox-protestantische Erbsündenlehre, sinngemäß aber auch gegen *Barths* Lehre vom „Nichtigen" (vgl. oben S. 66 ff.), heißt es bei Thielicke: „Die menschliche Existenz steht unter einem summarisch negierenden Vorzeichen. Das dann konkret eintretende Negative meines Handelns, meine Verstöße gegen Gott, verlieren dadurch ihr ‚spezifisches' Gewicht." Das Erlösungswerk Jesu, das zur Aufhebung dieser allgemeinen Schuld in Anspruch genommen wird, wirke — angesichts der (relativen) Gewichtslosigkeit meiner konkreten Sünden — „als zu großer ‚unnötiger' Aufwand und deshalb unglaubwürdig".
[145] Vgl. oben S. 220 ff.

Deutlicher als Barth (oder Gollwitzer, Moltmann und Tillich)[146] hält Rahner — wie Bultmann und Pannenberg[147] — die *Möglichkeit* des Menschen, Gottes Liebe zurückzuweisen, offen. Die Endlichkeit des Menschen und die Tendenz zur End*gültigkeit* seiner personalen Vollzüge hängen nach Rahner zusammen: *Weil* unser Leben begrenzt ist, hat der vergängliche Augenblick seine Würde und letzte Gefahr![148] In ihrer Vergänglichkeit wird die Zeit zum καιρός: „In der Welt der Todlosigkeit *müßte* keine Liebe sich *jetzt* ereignen" als freie Antwort auf die Frage des anderen: „es wäre genug, wenn man überhaupt einmal und irgendwie die Liebe nachholen würde; alles Versagen wäre reparierbar, jede Entscheidung aufschiebbar, jede Begegnung nachholbar ... d. h. der ‚Augenblick' selbst als Grundkategorie des Menschlichen (und mit ihm dieses selbst) wäre aufgehoben"[149].

Man könnte einwenden, daß es eine „Wiederholung" (Kierkegaard) der Chance, zu lieben, doch gibt[150]: daß in der Reue, in Umkehr und Vergebung das Ganze des Lebens verwandelbar bleibt; daß ein neuer Anfang, eine neue Zukunft geschenkt werden kann; daß die Versöhnung unsere Schuld zur „glücklichen" macht und so noch überbietet, was (durch Schuld) an konkreten Möglichkeiten versäumt worden ist. Unumkehrbar, so mag man einwenden, könne der καιρός schon deshalb nicht sein, weil das Dasein nur selten oder nie vor dem Tode (dies ist *Boros*' These)[151] gänzlich „versammelt" ist in einem einzigen — „schweren" — Augenblick der Entscheidung; weil es vielmehr zersplittert ist in die vielen — meist „leichten", stets korrigierbaren — Augenblicke des Alltags[152], und weil diese „Diffusion" unseres Daseins eine innere *Neuorientierung* des Lebens als ganzen tatsächlich ermöglicht[153].

Was wir gestern verehrten, können wir heute verachten; was wir heute anbeten, können wir morgen verbrennen[154]. Dies alles ist richtig. Es kann aber nicht ver-

---

[146] Vgl. oben S. 146 f. u. S. 176 f. Anm. 79.
[147] Vgl. oben S. 130 f. u. S. 185 Anm. 126.
[148] Vgl. dazu M. HEIDEGGER, *Sein und Zeit*, bes. 250 ff.; im Anschluß an Heidegger vgl. M. MÜLLER, *Die Existenzphilosophie im geistigen Leben der Gegenwart*, Heidelberg ³1964, 186 ff.
[149] M. MÜLLER a. a. O., 187. — Nach S. KIERKEGAARD, *Philosophische Brocken*, Reinbek 1964, 15, „muß der Augenblick in der Zeit entscheidende Bedeutung haben, so daß ich ihn keinen Augenblick, weder in Zeit noch Ewigkeit, werde vergessen können".
[150] Vgl. S. KIERKEGAARD, *Die Wiederholung*, Reinbek 1961: „Wiederholung" ist eine „religiöse Kategorie", die neu entdeckt werden muß. „Wiederholung" ist die vorwegnehmende Er-innerung künftiger Versöhnung und Liebe; die „Ewigkeit ist die wahre Wiederholung" (144)!
[151] Vgl. L. BOROS, *Mysterium Mortis* (zur Hypothese von der „Endentscheidung" im Tode). — Bestätigt wird diese Skepsis gegen die Letzt-Endgültigkeit irdischer Entscheidungen (auch der „option fondamentale") durch L. MONDEN, *Sünde, Freiheit und Gewissen*, Salzburg 1968, 30 ff.: Die harmonisch integrierte Persönlichkeit sei ein seltener Grenzfall; *freiheitseinschränkende* Faktoren gebe es so viele, daß „nicht nur der psychisch gestörte, sondern auch der bei sich selbst und bei den anderen als normal geltende Mensch ... nicht so frei (ist), als er dies wohl wünschte" (38).
[152] Vgl. K. RAHNER, *Alltagstugenden*, in: ders., *Chancen des Glaubens*, 125 ff.
[153] Vgl. J. B. METZ, *Freiheit*, theol., in: HThG I, 403 ff., hier 413.
[154] F. SCHOLZ, *Schuld — Sünde — Fehlhaltung*, Augsburg 1971, 51.

decken, daß der Tod schon dem gegenwärtigen und vor-läufigen (auf den Tod vorlaufenden) Augenblick eine innere *Tendenz* verleiht, endgültig und unwiderruflich zu sein. Die Grenze zwischen Sternstunden der Freiheit und (scheinbar) belanglosem Alltag, zwischen der „Zerstreutheit" des Lebens in viele Momente und der eigentlichen Grundentscheidung, in die hinein wir unser Wesen „versammeln", ist nie eindeutig zu fassen: „alltägliche" und bedeutungslos erscheinende Gewohnheiten können der Ausdruck von letzten Entscheidungen sein, „die über eine Ewigkeit verfügen"[155]. Nicht jeder Augenblick hat denselben Rang und dasselbe Gewicht; es gibt aber sittliche Haltungen, die „stark" sind wie der Tod (Hl 8, 6) — etwa: der freie, aus der Mitte des „Herzens" kommende Entschluß, einen anderen zu lieben, ihm die Treue zu halten —, in denen das Subjekt, weil es sich ganzheitlich entwirft, mehr als verrinnende Zeit ist. Wenn solche Grund-Entscheidungen rein genug vollzogen sind — sei es in „Liebe" oder im „Haß" (Gogarten)[156] —, „behalten sie für das künftige Leben ihre Bedeutung" (Bonhoeffer)[157], „geschieht ein Ewiges und wird der Mensch seiner Gültigkeit ... unmittelbar inne"[158] (ohne daß dies immer bewußt sein müßte)[159].

Solch „starke", für die Ewigkeit relevante Entscheidungen haben *alle* Menschen zu treffen, nicht bloß bevorzugte „Exemplare" der Schöpfung[160]. Denn: könnte das Dasein in die Leere des Vergangenen (des *bloß* Vergangenen) flüchten, würde es der Gegenwart Gottes entlaufen können — und dies wäre „die Festung der absoluten Willkür gegen Gott". In der freien Entscheidung aber wird bejaht, daß es diese Willkür nicht gibt[161].

Denn „Freiheit" — im Verständnis Rahners[162] — meint die Fähigkeit, zu werden, was man *ist* vor jenem Geheimnis, das den Menschen umgreift und das wir „Gott" nennen. Nicht das Vermögen, immer wieder anders zu können, ist mit „Freiheit" gemeint, nicht die Willkür, stets von vorne beginnen, die gewordene

---

[155] K. Rahner, *Alltagstugenden,* 134; vgl. bes. ebd., 131 ff.: „Man darf das menschliche Leben ... sich nicht vorstellen als eine bloße Serie zeitlich hintereinandergereihter Akte, von denen jeder in sich selbst steht." Das personale Leben ist eine wirkliche Einheit: „Jeder Akt, der ‚jetzt' getan wird, ist, wenn auch in verschiedener Intensität und Gewichtigkeit, der Ausdruck und das Resultat des ganzen bisherigen Lebens." Die Vergangenheit bleibt *präsent* (vgl. oben S. 255 Anm. 32) „und wird nicht bloß von einem moralischen Beurteiler, zum Beispiel von Gott, ‚angerechnet'." (131)

[156] Vgl. oben S. 111 f.

[157] D. Bonhoeffer, *Widerstand und Ergebung,* 82.

[158] K. Rahner, *Schriften IV,* 433; vgl. ders., *Schriften X,* 199: „Wo wahrhaft in Treue geliebt wird, und wo die unbedingte Wahrheit, die uns richtet, angenommen wird, ereignet sich schon jene Endgültigkeit, die ... im Tode endgültig befreit wird und zu sich selber kommt."

[159] Vgl. z. B. K. Rahner, *Alltagstugenden,* 132.

[160] Der Mensch ist seinem *Wesen* nach auf das Absolute verwiesen, und die Bibel „kennt kein (personales) Leben, das nicht wert wäre, endgültig zu werden, sie kennt keine Allzuvielen". (K. Rahner, *Schriften IV,* 434)

[161] K. Rahner, *Schriften IV,* 433.

[162] Zum folgenden vgl. K. Rahner, *Theologie der Freiheit,* in: ders., *Schriften VI,* 215 ff.; ähnlich J. B. Metz, *Freiheit,* theol., in: HThG I, 403 ff.

„Biographie" (M. Frisch)¹⁶³ wieder abstreifen, vertauschen und „in die Gleichgültigkeit eines rein naturhaften Werdens nivellieren" zu können¹⁶⁴. Im Gegenteil: Freiheit ist das Vermögen, „sich selbst ein für alle Mal zu tun"¹⁶⁵: Dadurch stiftet das Dasein seine bleibende Gültigkeit, daß es sich selbst in seine geschichtlichen Entscheidungen *hineinbindet*; Freiheit ist, kurz gesagt, „das Vermögen zur Verendgültigung des Menschen im Horizont unendlicher Möglichkeiten. In ihr gibt der Mensch sich Stand und Halt, Antlitz und Profil, in ihr ... *stiftet (er) seine ,Ewigkeit'*."¹⁶⁶

In der so verstandenen Freiheit verfügt der Mensch über sich selbst; in aller Vorläufigkeit seiner Akte im einzelnen schafft er sich hinein — in der vor-laufenden Entscheidung auf künftige Vollendung hin — in seine eigene Endgültigkeit und Unwiderruflichkeit. Und der *Tod* bringt jene Vollendung, die die Gott, der Welt und sich selbst gegenüber vollzogene Grundentscheidung zur *irreversiblen* erhebt (vgl. DS 839, 1304 ff.)¹⁶⁷.

Für die Rede von „Heil" und „Unheil" wäre zu folgern: Daß der Mensch Gott gegenüber „keine unwiderruflichen Fakten" schaffe (Barth)¹⁶⁸, daß die Gnade „unwiderstehlich" wirke¹⁶⁹, ist aus der Sicht Rahners problematisch und falsch¹⁷⁰. Wenn Rahner die echte und unüberholbare (nicht, wie Barth sagt, „unmögliche")¹⁷¹ *Möglichkeit* radikaler Selbst-verfehlung im Tode nicht ausschließt, so nicht, weil es Dogma der Kirche wäre, daß viele, einige oder auch nur ein einziger verlorengehen *müssen*¹⁷², sondern weil es dem Ernst irdischer Erfahrungen, der Offenheit

---

¹⁶³ Der Versuch des Menschen, seine Vergangenheit (und damit sich selbst) zu verleugnen, zugleich aber die Unmöglichkeit dieses Versuchs, ist ein Thema Max Frisch's: In dem Bühnenstück *Biografie* z. B. kann der Held seine Biographie (seine Identität) nicht verändern, weil es in seiner Vergangenheit (mindestens) einen Punkt gibt, hinter den er nicht mehr zurück kann: die Begegnung mit einem Menschen, für den er sich damals entschieden hat.

¹⁶⁴ J. B. METZ a. a. O., 412.

¹⁶⁵ K. RAHNER, *Schriften VI*, 221.

¹⁶⁶ J. B. METZ a. a. O., 411 f. (Hervorhebung von mir).

¹⁶⁷ K. RAHNER, ThT 26, verweist auf Jo 9, 4; Lk 16, 26; 2 Kor 5, 10.

¹⁶⁸ Vgl. oben S. 95 ff.

¹⁶⁹ K. BARTH, KD III/3, 147. — Vgl. H. U. v. BALTHASAR, *Karl Barth*, 248, wo Barths Freiheitsbegriff als „extrem augustinisch" bezeichnet wird: „Freiheit" sehe Barth nur in jener Gnade gegeben, die den Willen des Menschen in die Spontaneität Gottes erhebt, die ihn teilhaben läßt an der Freiheit Gottes selber.

¹⁷⁰ Vgl. H. U. v. BALTHASAR a. a. O., 256 (zu Barths Gnadenverständnis): „Aber redet die Bibel denn so? Sind wir hier nicht *hinter* den Spiegel geraten, in den wir schauen sollten? Wird hier nicht dem lieben Gott in die Karten geblickt? ... Ist dieser ‚barmherzige' Gott, der nur sich selber straft, um den Menschen zu schonen und zu begnaden, nicht plötzlich dem harmlosen Vatergott Harnacks bedenklich verwandt?"

¹⁷¹ Ob die mögliche Selbstverfehlung Ausdruck der „Freiheit" ist oder nicht (daß der Sünder einen „liberum arbitrium" habe, *bestreitet* Barth: z. B. KD III/2, 43; vgl. oben Anm. 169), mag *auch* (nicht nur) eine Frage der Sprachregelung sein; wichtiger ist die Anerkennung der *Realität* solcher Möglichkeit, und eben diese Realität scheint bei Barth nicht so sicher.

¹⁷² Vgl. J. LOOSEN, *Apokatastasis*, in: LThK 1 (²1957) 709 ff.; K. RAHNER, *Schriften IV*, 421: „Weder die Lehre der Kirche ... noch die Lehre der Schrift zwingen sicher verbind-

und Unübersehbarkeit der personalen Freiheitsgeschichte widerspräche, wollte man eine „Selbstentfremdung" (Hegel), eine endgültige Selbstverschließung und damit Gott-losigkeit des Daseins[173] von vorneherein als unmöglich bezeichnen[174]. Die Rettung des Menschen durch Gottes Erbarmen bleibt Sache der Hoffnung; aber wer glaubt, er könne nicht mehr verlieren, „muß bedenken, daß er so alles verlieren kann und daß die Radikalität der Verdammnis der der Seligkeit gleichkommt, gerade weil das ganze Leben sich aufbewahrt"[175].

Daß wir *alles* verlieren können, widerspricht der Auffassung Tillichs, wonach kein einziger „nach dem göttlichen Urteil unzweideutig auf der einen oder anderen Seite" stehe[176]. Erlösung und Verwerfung werden bei Rahner nicht — wie bei Tillich — relativiert[177]: „Es gibt eine Sünde zum Tod" (1 Jo 5, 16)[178], die Schoonenberg[179] als totale Ablehnung von Gottes Erbarmen durch die Freiheit des Menschen versteht. Was Jesus dem Sünder androht, ist — nach Rahner — zwar kein von außen treffender Fluch[180], wohl aber die Möglichkeit einer Verhärtung des Geschöpfs gegen den Schöpfer, deren Konsequenz die selbst-gewollte Einsamkeit ist, in die kein Wort der Liebe dringt[181]; die verzweifelte Apathie, die nicht

---

lich zu der bestimmten Aussage, daß wenigstens einige Menschen wirklich verdammt sind". Für den einzelnen gelte: „ich *kann* verlorengehen, und ich *hoffe*, daß ich gerettet werde."
[173] Vgl. L. SCHEFFCZYK, *Wirklichkeit und Geheimnis der Sünde*, Augsburg 1970, 75 ff.
[174] Vgl. J. RATZINGER, *Hölle*, in: LThK 5 (²1960) 448: Der Mensch soll leben „im Angesicht der *realen* Möglichkeit ewigen Scheiterns".
[175] K. RAHNER, *Schriften III*, 178.
[176] Vgl. oben S. 140 ff. — In ähnliche Richtung geht G. SCHERER, *Der Tod als Frage an die Freiheit*, Essen 1971, 197 ff.: Scherer hält „alle Spekulationen über Gericht und Hölle" für „überflüssig", da „alle miteinander sein werden in einer Interpersonalität, die keinen ausschließt und in der Solidarität aller die wahre Gemeinschaft der Heiligen ist". (203) Dies sei ein Thema „zwar nicht der spekulativen Gewißheit, wohl aber der Hoffnung" (11).
[177] Dies schließt nicht aus, daß es eine „Stellvertretung" aller bis hinein in die *Schuld* gibt (vgl. oben S. 246 ff.).
[178] Noch deutlicher wird dies bei den Synoptikern: in ihrer Rede vom Wurm, der nie stirbt; vom Feuer, das nie erlischt (Mk 9, 48; vgl. Is 66, 24); vom Gericht in der Hölle (z. B. Mt 23, 33); vom Heulen und Zähneknirschen (Mt 8, 12 u. a.; Lk 13, 28). — Vgl. F. LANG, πῦρ, in: ThWNT 6 (1959) 942 ff.: πῦρ als ewiges Höllenfeuer ist in den Worten Jesu belegt, in Jud 7 u. 23, in Apk 19, 20; 20, 10. 14; 21, 8: aus der Scheol wurde ein Ort der feurigen Qual; vgl. ferner J. JEREMIAS, γέεννα, in: ThWNT 1, 655 f.: das NT unterscheidet zwischen ᾅδης und γέεννα; in der Geenna leiden die Gottlosen „ewige Pein (Mk 9, 43 par; 9, 48)".
[179] Vgl. P. SCHOONENBERG, *Theologie der Sünde*, Einsiedeln 1966, 37 ff.
[180] Kein zusätzlicher Eingriff einer äußeren Strafinstanz ist die „Hölle", sondern innere Folge der im Tode vollzogenen Abkehr des Menschen von Gott. Eine Richtungsänderung nach dem Tod wird *nicht von außen* verhindert, das Ergebnis des Lebens nicht künstlich versteinert; sonst wäre der endgültige Zustand des Menschen „ein mechanischer, personfremder ... Oberbau". (L. BOROS, *Mysterium Mortis*, 100) — Vgl. R. GUARDINI, *Landschaft der Ewigkeit*, München 1958, 120: Gottes Gericht ist „nicht äußere Verfügung", sondern Enthüllung des „innersten Wesenssinnes" des Menschen.
[181] Vgl. J. RATZINGER, *Einführung in das Christentum*, 247.

mehr zu lieben vermag¹⁸²; der Ausschluß von Gott und der eigenen Bestimmung¹⁸³, der „in sich das Streben nach ... Hingabe und nach dem Einswerden ertötet hat"¹⁸⁴; die Spaltung des Verstockten, der sich hassen muß, weil es ihn nach Gottes Zuwendung verlangt¹⁸⁵; die Zerrissenheit zwischen sündigem In-sich-selbst-sein-wollen und der Bestimmung zum Mit-sein mit Christus¹⁸⁶.

Die (in der jüdischen Apokalyptik z. T. vertretene)¹⁸⁷ Theorie einer bloßen Vernichtung des Sünders wäre damit ausgeschlossen¹⁸⁸: Johannes spricht von der *Auferstehung* der Bösen zum Gericht (Jo 5, 29)¹⁸⁹ und Paulus vom Tage des Zornes, wo jedem vergolten wird „gemäß seinem Tun" (Röm 2, 6; 2 Kor 5, 10; vgl. Ps 62, 13)¹⁹⁰.

Wie die Ewigkeit *total* als „Heil" oder „Unheil" erscheinen soll, bleibt zu fragen: angesichts der Mittelmäßigkeit, die doch allen — mehr oder weniger — zukommt. Tillich setzt eine „Reinigung" des Menschen von den entstellenden Zügen seines Daseins voraus, da jeder Mensch hinter seinem Ziel, der Vereinigung mit dem Seinsgrund, zurückbleibe¹⁹¹, diese Vereinigung aber — mehr oder minder geglückt — in *jedem* Fall stattfinde (um der Seligkeit Gottes willen)¹⁹². Während sich Barth über eine „Weiterentwicklung" oder Läuterung nach dem Tode nicht

---

¹⁸² J. Pieper, *Über die Liebe*, München 1972, 116 f., zitiert aus Dostojewskis *Die Brüder Karamasow*: „Ihr Väter und Lehrer, was ist die Hölle? Ich denke, sie ist der Schmerz darüber, daß man nicht mehr zu lieben vermag."
¹⁸³ Vgl. W. Pannenberg, *Das Glaubensbekenntnis*, 124 ff.
¹⁸⁴ L. Scheffczyk, *Wirklichkeit und Geheimnis der Sünde*, 77.
¹⁸⁵ L. Boros, *Erlöstes Dasein*, 100 ff. — Daß Gott den Verstockten nicht mehr liebe, sei damit nicht gesagt: „Der Herr stößt niemand zurück ... In dem Augenblick also, da der Verdammte seine Tat der Selbstverdammung bereuen würde, wäre er im Himmel. Aber gerade das will er nicht tun. Und darin besteht seine Hölle." (Ebd., 101 f.)
¹⁸⁶ Vgl. H. Küng, *Rechtfertigung*, 168 f.
¹⁸⁷ Vgl. P. Volz, *Die Eschatologie der jüdischen Gemeinde*, Tübingen ²1934, 309 ff.: In der Apokalyptik sind *beide* Vorstellungen — Vernichtung und ewige Verdammnis der Bösen — vertreten; als Bedingung künftigen Heiles „genügt es, daß die Gottlosen einfach beseitigt werden, und man hat sich zuweilen damit zufrieden gegeben": zu „nichts" werden der *Satan* (z. B. Ass Mos 10, 1; Sib III, 73 u. a.), die *bösen Geister* (in den Testamenten der Patriarchen) und *heidnische Herrscher* (z. B. Ps Sal 17, 22). „Nicht selten weiß aber der Fromme von einem Strafzustand der Verdammnis, in den die Gottlosen versetzt werden." (309)
¹⁸⁸ Vgl. P. Althaus, *Ewiges Leben*, dogm., in: RGG 2 (³1958) 805 ff. (gegen C. Stange u. a.): Die von der Seligkeit Ausgeschlossenen hätten als Personen Bestand! — Ebenso W. Pannenberg a. a. O.; anders N. Scholl, *Tod und Leben*, München 1974, 100: „Ewige Strafe" sei das „Bleiben im Tod ohne Hoffnung auf Erweckung", das „Fallen ins Nichts ohne Möglichkeit der Wiederkehr ins Sein".
¹⁸⁹ Vgl. A. Oepke, ἀπώλεια, in: ThWNT 1, 396: Auch Apk 17, 8.11 (εἰς ἀπώλειαν ὑπάγειν) meine kein einfaches Aufhören der physischen Existenz, „sondern ein(en) nicht endende(n) qualvolle(n) Todeszustand".
¹⁹⁰ Vgl. — auch zum folgenden — J. Finkenzeller, *Was kommt nach dem Tod?*, München 1976, 97 ff., 162 ff.; G. Greshake, *Stärker als der Tod*, Mainz 1976, 79 ff.
¹⁹¹ Vgl. oben S. 145 ff.
¹⁹² Vgl. oben S. 139.

äußert (sie also nicht unbedingt ablehnt?)¹⁹³, kommt ihr bei Rahner — ähnlich wie bei Tillich — große Bedeutung zu. Im Blick auf die amtliche Lehre¹⁹⁴ hält er fest: Die Grundentscheidung für oder gegen Gott werde *vor* dem Tode getroffen, so daß *diese* Entscheidung nicht mehr korrigiert werden kann¹⁹⁵ „nach" dem Tode; aber die vielschichtige Struktur des menschlichen Wesens, die „Diffusion" der option fondamentale in die vielen Augenblicke „kleiner" und „großer" Entscheidungen (vgl. oben S. 272 f.), ermögliche eine „Phasenungleichheit" des personalen Werde-Seins¹⁹⁶ und damit eine „nachträgliche" *Ausreifung* des Lebens, eine „Weiterentwicklung", in der sich die Grundentscheidung „auf die ganze Breite ihrer Wirklichkeit" durchsetzen muß¹⁹⁷.

Eine (postmortale) „Hervorläuterung" des Wesens des Menschen schließt Rahner aus den Bedingungen des Personseins vor Gott¹⁹⁸: Die inneren Möglichkeiten des Menschen seien — von vornherein — größer oder geringer, und nach dieser Verschiedenheit bemesse sich das größere oder geringere Maß an künftiger Seligkeit¹⁹⁹; eine Differenz zwischen den ursprünglichen Möglichkeiten und dem erreichten Grad der *Annäherung* an das Vollmaß dieser Potenzen werde es, dies ist Rahners (von Tillich abweichende) These, zuletzt nicht geben: was einer erreichen *kann*, erreiche er entweder ganz oder gar nicht. Selig seien wir, wenn wir — kraft göttlicher Gnade²⁰⁰ — unsere Möglichkeiten²⁰¹ ausgeschöpft haben, „und wenn wir vollendet sind, haben wir sie eingeholt, ganz, nicht bloß stückweise". Daß der, der ich bin, in Ewigkeit den grüßen wird, der ich hätte werden können (Ch. F. Hebbel), will Rahner nicht glauben: Das Gesetz, wonach wir angetreten, sei am Ende, „wenn es überhaupt erfüllt ist, auch ganz erfüllt. Dasein und Idee kommen zur Deckung"²⁰².

---

[193] Da Barth die „Zeit" zwischen individuellem Tod und Parusie Christi allgemein als Sein „bei Christus" bezeichnet (vgl. oben S. 99 ff.), könnte dies eine schmerzhaft-freudige Läuterung implizieren.
[194] Vgl. DS 838, 856, 1304 ff., 1580, 1820, 1867.
[195] Vgl. W. ELERT, *Der christliche Glaube*, 649.
[196] Vgl. K. RAHNER — H. VORGRIMLER, *Fegfeuer*, in: *Kleines Theologisches Wörterbuch*, 108 f.: „Der Mensch wird nur in Phasen durch alle Schichten seines Wesens hindurch der, der er durch die zentrale Grundentscheidung der Person ... schon ‚ist' und durch den Tod endgültig und unwiderruflich bleibt."
[197] K. RAHNER, *Schriften IV*, 436 f.
[198] Vgl. oben S. 205 ff. — Daß das NT eine „Reinigung" nach dem Tode zumindest nicht ausschließt, wird man kaum bestreiten können; nach E. STAUFFER, *Die Theologie des Neuen Testamentes*, § 57 (zit. nach J. LOOSEN, *Apokatastasis*, in: LThK 1 [²1957] 711), gibt es sogar — den Jesuslogien zufolge — eine Bekehrungsmöglichkeit zwischen Tod und Endgericht (was Rahner *nicht* sagt).
[199] Vgl. K. RAHNER, *Trost der Zeit*, in: ders., *Schriften III*, 169—188.
[200] Vgl. oben S. 225 ff.
[201] Mit diesen „Möglichkeiten" oder „Talenten" (vgl. Mt 25, 14 ff.) sind weder praktische Tüchtigkeit noch intellektuelle Versiertheit gemeint; es geht um die *Liebe* zu Gott und den Menschen. — Vgl. bes. K. RAHNER, *Das „Gebot" der Liebe unter den anderen Geboten*, in: ders., *Schriften V*, 494—517.
[202] K. RAHNER, *Schriften III*, 179 f.

Natürlich werden bestimmte (theoretische) Möglichkeiten des Lebens nicht ergriffen[203], weil die Realisierung des einen den Verzicht auf das andere bedingt (vgl. oben S. 242). Dies hat mit Schuld nichts zu tun, wohl aber die verpaßten Chancen zur Liebe: Daß wir zurückbleiben hinter dem, was unsere Chance und Aufgabe wäre, ist eine menschliche Erfahrung[204], und je „geistlicher" ein Mensch ist, um so schmerzlicher wird er das erfahren. Eben das ist — nach Rahner — mit dem „Fegfeuer" gemeint: die (nachträgliche) Integration *aller* Dimensionen des irdischen Lebens in die eine, noch vor dem Tode getroffene, Grundentscheidung des Daseins[205].

Als Schmerz und Strafe[206] würde dies insofern erfahren, als die Begegnung Gottes mit dem sündigen Menschen eben weh tut (was auch Barth betont)[207]: Die Nähe zum Urgrund der Welt, wie sie der Tod in neuer Weise vermittelt (vgl. oben S. 265 ff.), läßt unsere „verdiente Schande" (Barth), unsere Disharmonie mit der objektiven Struktur des Ganzen der Welt, viel „unverhüllter und schärfer" hervortreten als während des zeitlichen Lebens[208]. Die „Läuterung" *nur* als Leid zu begreifen, wäre aber einseitig: es ist Gottes *Liebe,* die uns im Tode durchdringt, und in dieser Durchdringung läuternder Umsturz, Erfüllung und Freude zugleich ist[209]. In zeitlicher Erstreckung braucht (und kann) dieser Vorgang nicht gedacht

---

[203] K. Rahner, *Schriften III,* 180. — Zur Frage nach dem Schicksal derer, die nur wenige oder keine Möglichkeiten hatten, etwa der früh (vielleicht schon im embryonalen Zustand) Verstorbenen, vgl. ebd., 181 ff. — Vgl. die Antwort *Tillichs* auf dasselbe Problem (oben S. 142 f.): Tillich bringt das Moment der *Stellvertretung* ins Spiel, das Rahner insofern berücksichtigt, als er — wie Tillich — vom Wert der *Fürbitte* für die Verstorbenen spricht.

[204] Nach Teilhard de Chardin ist „Sünde" ein „Zurückbleiben" hinter den von Gott geschenkten „Potenzen": „Sobald Sie geben, was Sie vermögen, sind Sie auf's innigste mit dem Schöpfer vereint..." (P. Teilhard de Chardin, *Briefe an L. Zanta,* Freiburg 1967, 64).

[205] Vgl. K. Rahner, *Schriften III,* 183.

[206] Dieser Gesichtspunkt — „Genugtuungsleiden" (satispassio) für während des Lebens nicht abgebüßte Sündenstrafen — scheint in kirchlichen Lehraussagen (oben Anm. 194) vorherrschend zu sein.

[207] Vgl. oben S. 93: zwischen dem „alten" (sündigen) Menschen und dem „neuen" (begnadeten) Menschen gibt es „keine Kontinuität, keine Harmonie, keinen Frieden". (K. Barth, KD IV/2, 448) — Vgl. O. Semmelroth, *Der Tod — wird er erlitten oder getan?,* 23: „Wer hätte nicht auch in diesem Leben schon die eigene Unzulänglichkeit in schmerzlicher Weise erfahren, wenn er einem guten, edlen Menschen begegnet ist. Im Tode ... muß auch der geringste Rest von Sündigkeit ... schmerzlich erfahren werden."

[208] K. Rahner — H. Vorgrimler, *Tod,* in: *Kleines Theologisches Wörterbuch,* 357. — Vgl. P. Schoonenberg, *Und das Leben der zukünftigen Welt,* 100 f.

[209] Vgl. L. Boros, *Erlöstes Dasein,* 98. — Ähnlich R. Troisfontaines, *Ich werde leben,* Luzern 1966, 203: „Der Irrtum besteht darin, daß man das Fegfeuer als eine ‚zeitliche' Hölle betrachtet." Die Läuterung bewirke im Gegenteil *Freude,* so wie die Sehnsucht nach einem lieben Menschen Leid und Freude zugleich mit sich bringt. — Daß die Reinigung durch *bloßes Leiden* erfolge (wogegen sich P. Tillich, *Systematische Theologie III,* 471, wendet), braucht also nicht als katholische Lehre angesehen zu werden.

werden; nach *Boros* wäre er als „Augenblick" vorzustellen, der den Widerstand des Menschen gegen die Durchsetzung seiner Grundentscheidung zerbricht[210].

Fassen wir zusammen, was — mit Barth und über diesen hinaus — über den Tod als Entscheidung[211] gesagt wurde: Gott ist ein „verzehrendes Feuer" (Dt 4, 24), und als solches ist *Er* unser Jenseits (Barth); die *Weise* aber, wie Gott im Tode begegnet, ist unser Gericht: „Gott ist das ‚Letzte Ding' des Geschöpfes. Er ist als Gewonnener Himmel, als Verlorener Hölle, als Prüfender Gericht, als Reinigender Fegfeuer. Er ist Der, woran das Endliche stirbt und wodurch es zu Ihm, in Ihm aufersteht."[212]

4. Der Tod — wird er „getan" oder „erlitten"?

Was über den Tod als Folge der Sünde, als Mit-sterben mit Christus, als Ende des Pilgerstandes, als Verwandlung des Leibes, als Entscheidung der Freiheit, ausgeführt wurde, setzt eine Annahme voraus: daß der Tod nicht bloß passives Widerfahrnis ist, dem der Mensch als Betroffener gegenübersteht; daß der Tod vielmehr *tätige*, von innen her „ausgearbeitete" (Rilke)[213] Vollendung des Menschen ist: ein aktives, das Ganze des Lebens integrierendes „Sich-in-Besitz-Nehmen" der Person[214]. Diese zur Auffassung Barths (und Moltmanns)[215] in Spannung stehende These[216] soll auf die von Rahner gemeinte „Sache" hin näher befragt werden, damit die inhaltliche Differenz zu Barth in ihrem Ausmaß und Wesen besser zu deuten ist.

Die Fragestellung: wird der Tod „getan" oder „erlitten"?[217], kommt bei Barth so ausdrücklich nicht vor. Weil Barth den Triumph der Gnade aber als (glücklichen) Gegensatz zur menschlichen — je schon zur Sünde tendierenden — Aktivität versteht[218], glaubten wir ein Anliegen Barths durch *E. Jüngel* (der Barth auch

---

[210] Vgl. L. Boros, Hat das Leben einen Sinn?, in: Concilium 6 (1970) 674 ff.: Die Liebe zu Gott würde im Tode „die Schichten und Ablagerungen unserer Selbstsucht durchbrechen ... So würde aus dem Unterschied der im Fegfeuer verbrachten Zeit ein Unterschied der Intensität der Reinigung."

[211] Zur Theorie einer „Endentscheidung" im Tode (wie sie vor allem Boros, Schoonenberg u. a. vertreten), auf die hier nicht eingegangen wird, vgl. die kritischen Ausführungen bei G. Greshake, *Bemühungen um eine Theologie des Sterbens*, in: Concilium 10 (1974) 270—278, bes. 271 f.; ders., *Bemerkungen zur Endentscheidungshypothese*, in: ders. — G. Lohfink, *Naherwartung — Auferstehung — Unsterblichkeit*, Freiburg 1975, 121—130.

[212] H. U. v. Balthasar, *Eschatologie*, in: J. Feiner — J. Trütsch — F. Böckle (Hrsg.), *Fragen der Theologie heute*, Einsiedeln ³1960, 403 ff., hier 407 f.; vgl. L. Boros, *Mysterium Mortis*, 145; ähnlich G. Lohfink, *Was kommt nach dem Tod?*, in: G. Greshake — G. Lohfink a. a. O., 133—148, hier 136 ff.

[213] Vgl. oben S. 158 f. Anm. 49.

[214] K. Rahner, ThT 30 u. a. Stellen.

[215] Vgl. oben S. 177 Anm. 81.

[216] Vgl. oben S. 98 f.

[217] Zum Ganzen O. Semmelroth, *Der Tod — wird er erlitten oder getan?*, in: Theologische Akademie IX, 9—26.

[218] Vgl. oben S. 95 ff.

sonst nahesteht) vertreten zu sehen, wenn dieser die These Boros' vom Tod als letzter Entscheidung, aber auch Rahners Deutung des Todes als einer das Leben vollendenden Tat, strikt zurückweist: als „biblisch unhaltbar"[219]. Jüngels Begründung ist die: Der Tod sei das Ende, das *Gott* macht, nicht das Ende, das *wir* machen. Das Ende, das wir anderen (oder uns selber) bereiten, „gehört in die Kategorie des Fluchtodes, und zwar auch dann, wenn der zu sterben Gezwungene diesen Tod zu akzeptieren vermag". Der Tod des Sich-selber-*genommen*-werdens durch Gott werde nicht „getan", sondern erlitten, und dies „in einer Passivität, die durch die Aktivität des Schöpfers bedingt ist. Eine solche Passivität kann kein Übel sein ... Es gibt eine Passivität, ohne die der Mensch nicht menschlich wäre. Dazu gehört, daß man geboren wird. Dazu gehört, daß man geliebt wird. Dazu gehört, daß man stirbt ... Menschliche Aktivität schließt den Schöpfer nicht aus. Doch die göttliche Aktivität des *Beendens* schließt menschliche Beteiligung aus", da diese „ein illegitimer Vorgriff wäre" auf die Tat Gottes, der gerade dort für uns eintritt, wo wir nichts mehr machen können. Denn nicht wir, sondern Gott allein „führt es herrlich hinaus"[220].

Doch was meint Rahner, wenn er den Tod — anders als Jüngel — als aktive Selbst-auszeugung des Menschen bezeichnet? Zunächst wäre zu sagen, daß Rahner das Sterben immer *auch* als Passion begreift, in doppelter Hinsicht: als Folge der *Sünde* und als Folge der *Geschöpflichkeit* des Daseins. Wie ein Dieb in der Nacht überfällt uns der Tod (ThT 31 ff.); wir werden nicht gefragt, ob wir sterben wollen und ob wir es *jetzt* wollen. Wir wollen es nicht, sondern beben — in die Enge getrieben — geängstigt zurück, empfinden — trotz aller Hoffnung — ein Grauen vor dem Abgrund des Nichts, der da drohend bevorsteht. Wo sich die Kreatur dieser hoffenden Angst und dieser angstvollen Hoffnung entziehen wollte: durch Verzweiflung oder durch Verachtung des Todes, da würde sie den Tod erst recht zu dem machen, was ihren „uneingestandenen Schrecken erregt, zum Anbruch des ewigen Todes" der Trennung von Gott (ThT 50 f.)[221]. Als Abbruch von außen, der nicht sein sollte, wird dieser Tod erfahren, als Getrennt-werden von der (bisherigen) Leibgestalt, als Zerstörung der (bisher bekannten) Kommunikation mit der Welt, als Sich-selber-entrissen-werden durch einen Eingriff Gottes, der der Unbegreifliche ist. Daß also Gott der Handelnde und der Mensch —primär — der Leidende (was den schmerzlichen Aspekt des Todes betrifft) bzw. der Beschenkte ist (was die beglückende Verwandlung im Tode betrifft), wird bei Rahner nie bestritten, sondern mit Nachdruck betont.

---

[219] Zum folgenden vgl. E. Jüngel, *Tod*, 115 ff.
[220] E. Jüngel a. a. O., 171. — G. Greshake, *Bemühungen um eine Theologie des Sterbens*, 271, stimmt Jüngel zu: Wer „vermag zu sagen, ob nicht das Sterben uns in eine ähnliche exklusive Passivität versetzt wie die Geburt?"
[221] Vgl. K. Rahner, *Schriften X*, 197: Die Mitte zwischen der Verzweiflung, die nicht getröstet sein will, und der Illusion, die den Tod nicht wahrhaben will, sei schwer zu finden (vgl. oben S. 246): möglich sei sie allein in der *Hoffnung* auf den, der sagen kann: „Ich mache alles neu" (Apk 21, 5).

Es *wird* gestorben in einer Passivität, in der dem Menschen etwas geschieht[222]: noch „vor" seiner Freiheit, noch „vor" seiner Entscheidung (nicht zeitlich, aber logisch „zuvor": sofern sich die Freiheit zum Tode — diesen im Leben antizipierend — *verhält*). Als Erlösung, die vom Dasein selbst nicht zu „leisten" ist, als Befreiung aus der Vorläufigkeit dieses Lebens und als Verwandlung in das endgültige Leben bei Gott ist der Tod des Geschöpfs die *Tat seines Schöpfers;* als grausamer Parzenschnitt ist er Folge der Schuld und so ein *Erleiden.*

Damit ist aber nicht alles über das Sterben gesagt: Weil er zum lebendigen Menschsein gehört, sind die Dimensionen des Todes so vielfältig wie die Dimensionen des Menschen selbst[223]. Die Übernahme des Sterbens enthält passive und aktive Momente zugleich[224]: alle Macht über uns selbst wird im Tode gebrochen — denn die „Kraft" wird in der „Schwachheit" vollendet (2 Kor 12, 9) —, und doch „passiert" uns der Tod nicht einfach, „so wie es etwa einem kostbaren Gefäß wider sein Wesen und seine Bestimmung zustößt, daß es zertrümmert wird."[225] Gerade jetzt, wo der Mensch sich genommen wird — schon immer im Leben und endgültig im Tod[226] —, besteht die *Tat* seiner Freiheit darin, in einer während des Lebens gereiften Entscheidung (die über dieses ganze Leben verfügt) sein Sterben anzunehmen, es sich zu eigen zu machen[227], und es so aus der „Fremde" und „Gegensätzlichkeit" eines *nur* erlittenen Ereignisses zu befreien[228]. Weil Christus *für* uns gestorben ist und die Welt in ihrem Grunde entsühnt hat[229], kann unser Tod etwas anderes sein als bloßes Erleiden: kann er Mit-sterben mit Christus

---

[222] Vgl. O. SEMMELROTH a. a. O., 14; ebenso P. SCHOONENBERG, *Und das Leben der zukünftigen Welt,* 96 f.
[223] K. RAHNER, *Tod und Unsterblichkeit,* 192; vgl. dagegen G. GRESHAKE a. a. O., 271.
[224] Vgl. J. PIEPER, *Tod und Unsterblichkeit,* 120 ff.
[225] K. RAHNER, *Schriften VII,* 274.
[226] Vgl. oben S. 240 ff.
[227] Vgl. Heideggers Bedenken des Todes als der „eigensten" Möglichkeit des Daseins (oben S. 111 Anm. 22). — Einen „moralischen Vorentscheid" sieht K. LOEWITH, *Die Freiheit zum Tode,* 175, mit dieser Auffassung impliziert: Heidegger setze „dem Phänomen eine Moral voraus, die Moral des ‚Sich-selbst-Übernehmens' und damit der Verantwortung für das Faktum des eigenen Daseins, an dem ich nicht schuld bin". Wer dieses „erkenntnisleitende Vorurteil" zurückweist — wie Loewith —, muß sagen: Die Existentialanalyse wolle es nicht sehen, „daß der Tod *keine* eigenste Möglichkeit ist, sondern ein uns allen gemeinsames Schicksal, in dem wir mit jedermann übereinkommen. Der Tod gleicht und macht einander gleich ... Geburt und Tod, Beginn und Ende jeder Existenz, sind *existential nicht faßbar,* weil sie nicht auf einem selbstbewußten und eigenwilligen Verhalten beruhen." (K. LOEWITH a. a. O.; Hervorhebung von mir) — Rahner würde dem widersprechen: Wäre der Tod (der nicht auf die Agonie, auf den letzten Augenblick des Lebens, reduziert werden darf) ein alle und alles nivellierendes Schicksal, zu dem sich der Mensch nicht bewußt *verhalten* kann, hätten wir vor dem subpersonalen Sein nichts voraus. — Zur Frage einer „gleichmachenden" Funktion des Todes (wie sie auch E. JÜNGEL, *Tod,* 155 ff., in etwa vertritt) vgl. oben S. 257 Anm. 45 u. 46.
[228] Vgl. O. SEMMELROTH a. a. O., 17. — In *diesem* Sinn stimmt auch G. GRESHAKE a. a. O., 272. 275, dem von Rahner, Boros, Schoonenberg u. a. behaupteten Entscheidungscharakter des Todes zu.
[229] Vgl. oben S. 233 ff.

sein[230], dessen Sterben Tat („Vater, in deine Hände empfehle ich meinen Geist") und Erleiden („Mein Gott, warum hast du mich verlassen?") zugleich war[231].

Vor den Tod gestellt, kann und muß der Mensch sich entscheiden, „ob er alles gibt oder ob ihm alles geraubt wird, ob er der radikalen Verohnmächtigung mit einem glaubenden und hoffenden Ja ... begegnet, ... oder ob er sich auch da noch selbst behalten will"[232]. H. Fries erinnert an Bonhoeffers letztes Wort im Gefängnis: „Das ist das Ende, für mich der Beginn des Lebens"[233]; wer so stirbt, macht den Tod zur Tat seines Lebens, in der er sich dem Herrn übergibt[234]. Freilich, daß wir im Augenblick dieser größten Freiheit — zu Gott und zu uns selbst ja oder nein sagen zu können —, im Augenblick dieser höchsten Selbstverfügung zugleich die äußerste Ohnmacht, die gewaltsamste und schmerzlichste Fremdverfügtheit erleiden, diese „verhüllte und zweideutige" (Rahner) Todessituation entspringt unserer Herkunft von Adam[235]. Aber noch in anderer Hinsicht wird der Tod passiv *und* aktiv übernommen: Das neue Leben, das im Tode geboren wird, ist reines Geschenk — wie das Dasein als ganzes (vgl. 1 Kor 4, 7: „Was hast du, das du nicht hättest empfangen?"); Gott aber zwingt uns seine Gnade nicht auf, wir müssen sie annehmen und wollen. „Wie sehr aber dieses Auftun und Empfangen den ganzen Menschen erfassen, binden, in Anspruch nehmen kann, mag aus dem Wort Rilkes hervorgehen: ‚Dein Empfangen sei dein höchstes Tun'."[236]

Nach katholischer wie protestantischer Auffassung gibt es eine — freilich verschieden interpretierte[237] — *Analogie* in der Teilhabe des Menschen am Heilswirken Gottes, und die *unterste Stufe* dieses Mitwirkens, „ein fast völlig passives Sich-erlösen-lassen", wurde von den Reformatoren „zur Norm gemacht", wie v. Balthasar kritisiert[238]. Von Barths *Rechtfertigungslehre* her (deren Stellenwert im Gesamt der Barth'schen Theologie aber nicht leicht zu bestimmen ist)[239] wäre

---

[230] Vgl. oben S. 242 ff.
[231] P. TEILHARD DE CHARDIN sah in der *Ergebung* des Menschen, im „Tod in Gott", die „Verwirklichung jener höchsten Passivität, die höchste Aktivität ist" (zit. nach H. DE LUBAC, *Der Glaube des Teilhard de Chardin*, Wien 1968, 119).
[232] K. RAHNER, *Schriften VII*, 277.
[233] Zum Ganzen vgl. oben S. 148 ff.
[234] H. FRIES — E. EMRICH, *Über Gott und die Welt*, München 1970, 68; vgl. H. FRIES, *Von der Partnerschaft Gottes*, Freiburg 1975, 86 ff.
[235] Vgl. oben S. 224 Anm. 31.
[236] H. FRIES, *Tod und Leben*, 64.
[237] Vgl. H. R. SCHLETTE, *Teilhabe*, II. Problemgeschichtlich und systematisch, in: HThG II, 634—641 (bes. zum Verständnis der Analogie bei Thomas v. Aquin und Luther).
[238] H. U. v. BALTHASAR, *Das Weizenkorn*, 106.
[239] Es sei aber auf die Bemerkung Rahners verwiesen: „Gewiß hat Barths Theologie ein bestimmtes ‚Gefälle' ... Gewiß muß mancher Satz bei Barth wohlwollend ausgelegt werden — bei welchem Theologen oder Kirchenvater ist dies übrigens nicht der Fall? — und vom Ganzen seiner Lehre her interpretiert werden, um katholisch gedeutet werden zu können. Gewiß kann man fragen, ob man ... seine Rechtfertigungslehre nicht nochmals anders verstehen müßte ..., wenn man sie in strenger Folgerichtigkeit von bestimmten anderen Positionen Barths (etwa seiner Prädestinationslehre her) durchdenken und ein-

allerdings zu fragen, ob das eschatologische Handeln Gottes „für" uns wirklich „ohne" uns geschieht, wie es Barth behauptet[240]: wenn, wie Barth zugibt, das neue Leben in der „Ordnung der Liebe", in der „Heiligung" (Röm 6)[241], vom *Geist* Gottes zwar ursprünglich gewirkt wird, dann aber „echt und recht" *mit* den Menschen geschieht „und so ihr *eigenes*, in ihre Herzen ausgegossenes Lieben" ist[242]? Wenn die Gerechtigkeit Christi (als iustitia aliena) unser Leben durchformt und durchdringt und *in* dieser Durchdringung (in einem abgeleiteten Sinne) zur iustitia „propria" wird, warum soll dann der Tod, der — als „innerer" Tod (Bonhoeffer) — je schon an-west und unser Leben bestimmt, nicht *auch* und erst recht das Werk unserer „eigenen" Liebe — in demselben abgeleiteten Sinne — sein[243]?

Weiter wäre zu fragen, ob Barths „Wende zur Analogie" (zur analogia *fidei*)[244] nicht doch — in der Sache — eine analogia *entis* mit einschließt: so daß zwar Gott es ist, der das Wollen und darüber hinaus das Vollbringen bewirkt (Phil 2, 13), dies aber nicht durch ständige Eingriffe von außen, sondern, wie Rahner sagt, „transzendental vermittelt". Die transzendental gedeutete Verwiesenheit der Welt auf ihren sie bergend umfangenden Grund[245] würde es dann verbieten, Gott als Teilursache (als „Lückenbüßer") innerhalb der Kausalkette anderer (kategorialer) Ursachen der Erfahrungswelt gleichsam hinzuzufügen[246]: als den unendlich Überlegenen zwar, aber doch als Einzelursache, die es — neben und außer der Welt — auch noch gibt. Vielmehr wäre anzunehmen, daß die Welt, gerade *weil* Gott sie als von ihm verschiedene Wirklichkeit geschaffen hat, eine (freilich relative) Eigen-ständigkeit besitzt, die sie Gottes Verfügung zwar niemals entzieht[247], diese „letzte" (Bonhoeffer) Verfügtheit aber nicht anders denken

---

deutig von da aus entwerfen würde. (*Aber man könnte ja die Frage ebensogut umgekehrt stellen und von der Rechtfertigungslehre her andere Positionen Barths korrigieren*; in einer Theologie, die von vielen Aussagen der Schrift herkommt und alle diese Worte ernst nehmen will, gibt es ja — zu unserem Glück — keinen Systemansatz, der eindeutig als erster und einziger alles übrige nur als abhängige Funktion gelten lassen könnte.)" (K. RAHNER, *Schriften IV*, 242; Hervorhebung von mir).

[240] Vgl. z. B. K. BARTH, KD IV/1, 275.
[241] Vgl. oben S. 77 ff.
[242] K. BARTH, KER 105; vgl. oben S. 80.
[243] Vgl. P. SCHOONENBERG, *Und das Leben der zukünftigen Welt*, 96: Wenn Gott „den Menschen über den Tod hinaus verwirklicht, bedeutet das, daß er weiterhin schaffend dem Menschen die Möglichkeit verleiht, sich selbst zu verwirklichen".
[244] Vgl. oben S. 62 f.
[245] Vgl. oben S. 212 ff.
[246] Vgl. P. SCHOONENBERG a. a. O., 66 u. 96.
[247] Vgl. J. B. METZ, *Freiheit*, in: HThG I, 403 ff., hier 406: Als Selbstverfügung ist die Freiheit „Gottverfügtheit"; Gott „erscheint dabei nicht als ein konkurrierender Ursprung *neben* der menschlichen Freiheit, sondern als die konkret ermöglichende ... Freiheit der menschlichen Freiheit. Diese müßte sich ihrerseits ohne diese Befreiung ... selbst verfehlen." (406) Eben dies werde in den postulatorischen Atheismen (sofern sie Gott um der menschlichen Freiheit willen verneinen wie Feuerbach, Sartre u. a.), aber auch im zeitgenössischen *Gnadenstreit* übersehen: „Zu sehr wird unterstellt, daß der anthropologische (Freiheit als

läßt als so: Von Anfang an hat Gott die Kreatur in die Möglichkeit des Selbstvollzuges gesetzt; daß er dann trotzdem „durch einen besonderen Eingriff erwirkt, was er durch das immanente Werden der Kreatur erreichen kann", wäre also „grundsätzlich nicht anzunehmen" (was nicht heißt, daß es solche Eingriffe a priori nicht geben *kann*)[248].

Weil Gott nicht nur das Jenseits der Welt, ihr „Äußerstes", sie absolut Transzendierende, ist, sondern ebenso — da er die Welt als ganze umfängt — ihr „Innerstes"[249], die eigentliche Dynamik unseres Handelns selbst (Augustinus: Deus intimior est intimo meo), werden wir Gottes Wirken nicht neben uns, nicht an uns vorbei und nicht ohne uns zu denken haben[250]. Wir haben es vielmehr zu denken als die innere „Kraft" (Moltmann)[251] unseres Tuns, die den Menschen aber nie *zwingt*, sich in sein Ziel, in Gottes Liebe hinein, zu vollenden.

Wir entscheiden uns zum Heil oder Verderben, und beide Entscheidungen enthalten passive und aktive Momente. Tat und Erleiden — im Leben und Sterben — sind komplementär zu verstehen; „biblisch unhaltbar" (Jüngel) wäre diese Auffassung nur dann, wenn Gott — wie bei Sölle[252] — vom Menschen „vertreten" und verdrängt würde, wenn Gott in seiner alles verfügenden Wirklichkeit nicht erkannt und anerkannt würde. Wird aber die „Natur" als von der Gnade geformte gedacht: so daß Gott des Menschen Natur — als das „Vorletzte" (Bonhoeffer) — nicht „absetzt"[253], sondern als Feld seines Wirkens *voraussetzt* (vgl. Phil 2, 12: „*Wirkt* euer Heil in Furcht und Zittern"), dann sind die geschöpflichen Daseinsstrukturen — die „Natur" — von der *Sünde*, vom gott-losen Autonomiestreben des Menschen, wohl zu unterscheiden. Der von Gottes Kraft getragene Selbstvollzug des Geschöpfes kann dann nicht — wie es Bultmann intendiert — als „Werk" im harmatologischen Sinn, als Selbstbefreiung ohne Gnade, als menschliches „Gemächte", als „Verleugnung des Todes" usw., verdächtigt werden[254].

Wenn E. Jüngel das Sterben als ein dem Menschsein *gemäßes* Erleiden begreift, kommt ein Anliegen zur Geltung, das, wie nicht zu bestreiten ist, der Mitte des Glaubens und der Hoffnung entspringt: Gott bleibt der Größere, der den Men-

---

Selbstverfügung) und der theologische Aspekt (Freiheit als Gottverfügtheit) zunächst nebeneinander stehen und deshalb miteinander konkurrieren" (406).

[248] L. BOROS, *Mysterium Mortis*, 188 f. Anm. 36; vgl. K. RAHNER, *Die Hominisation als theologische Frage*, in: P. OVERHAGE — K. RAHNER, *Das Problem der Hominisation*, Freiburg 1961, 13—90, bes. 43 ff.

[249] Eine so verstandene „Immanenz" Gottes in der Welt wird auch von Barth nicht bestritten; vgl. etwa K. BARTH, KD IV/1, 236.

[250] Deshalb wendet sich F. ULRICH a. a. O., 61, gegen eine „ ‚Autorität', die unser Dasein nicht um ein Unendliches zu vermehren ... vermag; die der Ohnmacht des Knechtes bedarf, um ihre Herrschaft überall durchzusetzen; die es sich nicht leisten kann, ‚Freiheit' neben und durch sich aufblühen zu lassen."

[251] Vgl. oben S. 176.

[252] Vgl. oben S. 186 ff.

[253] Vgl. z. B. K. BARTH, KD IV/1, 256.

[254] Vgl. oben S. 109 Anm. 14.

schen über sich selbst hinaus führen will: in einen Bereich, der seinem Zugriff entzogen ist. Zu diesem Gott kann man sich aber bekennen, ohne die von Rahner gemeinte Aktivität des Menschen im Tode — besser: die „paradoxe Einheit" des Kreativen und des in letzter Passivität im Tode Erlittenen[255] — negieren zu müssen. Die Antwort *v. Balthasars* auf *Boros'* Kritik an seinem — zu einseitig (wie Boros meint) das Erleiden betonenden — Verständnis des Todes mag dies bestätigen: „Dafür, daß der Akt des Sterbens ein zusammenfassender Höhepunkt der menschlichen Aktivität sei, kann vieles sprechen, und der Gedanke — auf den ich in der ‚Theologie der Drei Tage'[256] nicht eingegangen bin — ließe sich mit dem dort Gesagten durchaus *in Einklang bringen*. Aber dieser Akt mag so intensiv sein, wie man will, er ist, auch als Entscheidung, nur als Akt der Übergabe in die Hände des richtend-begnadenden Gottes zu denken ... Wer sich zu Gott entschließt, der nimmt (‚aktiv') alle Konsequenzen in Kauf, die *Gott* aus diesem Entschluß ziehen wird und die viel weitergehen können — ja *müssen!* — als der Sich-anheimstellende voraussehen kann."[257]

Die These, daß Gott das Ende macht (Jüngel) und daß er den Menschen in die — freilich durch diesen anzunehmende — Passivität des Über-sich-hinaus-geführt-*werdens* versetzt (v. Balthasar), muß der Intention Rahners und Boros' nicht widersprechen[258]: Auch wenn der Tod des Menschen (im Unterschied zum Verenden des Tieres) als „tätige" Vollendung der Lebensgeschichte begriffen wird, gelangt der Mensch, so Rahner, „an ein radikales Ende, über das er auf jeden Fall nicht in eigener Macht hinübergreifen kann"[259]. So sehr wird die Freiheit im Tod überwältigt, daß man den Tod weder denkend umfassen noch handelnd in seine Gewalt bringen kann; jedes Vermögen, *jetzt* noch zu handeln, kommt „wirklich an ein Ende", so daß wir „schlechterdings keine Möglichkeit mehr in uns selber finden, eine höhere Synthese zwischen radikaler Ohnmacht und höchster Tat der Freiheit im Tode zu vollbringen"[260].

---

[255] Vgl. K. RAHNER, *Schriften X*, 190. — Man könnte den Eindruck gewinnen, daß Rahner in seiner 1958 erschienenen *Theologie des Todes* primär den Aspekt der actio, in seinem 1972 veröffentlichten Aufsatz *Zu einer Theologie des Todes* (*Schriften X*, 181 ff.) dagegen den Aspekt der passio betont; von einer sachlichen Gewichtsverschiebung wird man indessen nicht sprechen können, da die innere *Zusammengehörigkeit* beider Momente in allen einschlägigen Veröffentlichungen Rahners zur Sprache kommt.
[256] H. U. v. BALTHASAR, *Theologie der Drei Tage*, bzw. ders., *Mysterium Paschale*, in: *Mysterium Salutis III/2*, 133—326.
[257] H. U. v. BALTHASAR *antwortet Boros*, in: Orientierung 6 (1970) 38 f. (erste Hervorhebung von mir).
[258] Auch G. GRESHAKE, *Bemühungen um eine Theologie des Sterbens*, in: Concilium 10 (1974) 270 ff., kommt — vom Ansatz Jüngels aus — zu ähnlichen Ergebnissen wie Rahner u. a.
[259] K. RAHNER, *Schriften X*, 192; zum Ganzen vgl. L. BOROS, *Wir sind Zukunft*, Mainz 1969, bes. 26 ff.
[260] K. RAHNER, ebd. 193 f.; weiter heißt es dort: „Die wirkliche christliche Hoffnung angesichts des Todes erhofft ja gerade in der radikalen Anerkennung der Ohnmacht des Menschen in Denken und Wollen ... eine Versöhnung des Widersprüchlichen, einen Sinn

Wenn Rahner diesen Tod dann *auch* als Tat der Freiheit versteht, die das ganze Leben versammelt, wird man hier keinen Verstoß gegen die Logik sehen, wenn man den Tod als Akt des *Sterbens* nicht verwechselt mit dem Tot-*sein*: mit jenem Punkt völliger Leere (die der Karsamstagsruhe entspricht)[261], die nicht wir selbst, sondern Gottes (ungeschuldetes) Eintreten für uns zur absoluten Fülle verwandelt. Nicht diese Verwandlung ist unsere Tat (das zu behaupten wäre „biblisch unhaltbar")[262], wohl aber die Weise, wie wir uns zur Leere des Totseins *beziehen*. Dieser Bezug aber wird zum inneren Moment des Todes selbst — weil der Tod zum Leben gehört und nicht bloß (rein äußerlich) zum Leben hinzukommt[263] — und so zur Tat unseres Lebens, die allerdings von Gott — in Christus — getragen bleibt. Denn fern von Christus vermögen wir nichts (Jo 15, 5).

5. Das Leben der Toten: nicht in unserer, sondern in Gottes Welt

Das Sterben wurde vom Tot-sein unterschieden. Damit stellt sich eine Frage, die — in anderem Zusammenhang — schon berührt wurde[264]: Ist das Wesen des Totseins, des εἶναι σὺν Χριστῷ (Phil 1, 23), genauer zu beschreiben? Oder entzieht sich das, solange wir die irdisch Lebendigen sind, dem menschlichen Verständnis und damit der Theologie, die sich — glaubend — um ein *Verstehen* des Glaubens bemüht[265]? Haben wir uns mit dem „Daß" der Existenz der Verstorbenen zu begnügen, und entspringt die Frage nach dem „Wie" dieser Existenz einer ungehörigen Neugier? In einem Vortrag (1970)[266] meinte Rahner, auch zum Leben „nach" dem Tod müsse die Theologie etwas sagen. Da sich aber der Zustand der Toten unserer Anschauung entzieht, malt Rahner diesen Zustand nie aus, und im Detail äußert er sich so zurückhaltend wie Barth oder Bultmann[267].

Immerhin, Rahner setzt einen bleibenden Weltbezug der Verstorbenen voraus: Unserem Erfahrungsbereich (wenn wir „Erfahrung" nicht willkürlich einengen: auf Verifikation und Falsifikation im physikalischen Experiment) seien die Toten nicht schlechterdings und in jeder Hinsicht entrückt[268], im Gegenteil: im Ganzen

---

des Daseins ... so daß alles dieses Erhoffte *erhofft* ist, d. h. eben weder in der Verfügung des selbstmächtigen Denkens noch in der Verfügung der eigenen Macht steht." (194)

[261] Vgl. oben S. 235 Anm. 39.

[262] So gesehen hat *Bultmann* natürlich recht, wenn er — gegen Heidegger — betont, daß die „Eigentlichkeit" (als *Gnade* verstanden, als Neues Leben aus dem Tode) keine dem Dasein „von sich aus" mögliche Existenzweise sei; vgl. oben S. 110.

[263] Deshalb sollte man die „Theologie des *Sterbens*" von der „Theologie des *Todes*" nicht so streng unterscheiden wie G. GRESHAKE a. a. O., 270.

[264] Vgl. oben S. 265 ff.

[265] Vgl. H. FRIES, *Theologie,* in: HThG II, 641 ff., bes. 645 ff.

[266] K. RAHNER, *Schriften X,* 181 ff.

[267] Vgl. oben S. 127 ff. — In einem Interview mit dem Magazin NEWSWEEK (K. RAHNER, *Tod und Unsterblichkeit,* 186) „widerstrebt" es Rahner, die Zukunft nach dem Tode in Details zu schildern, etwa ein buntes Gemälde zu malen, das menschlichen Wunschträumen entspricht.

[268] Vgl. z. B. K. RAHNER, *Schriften II,* 220. — Vielleicht meint O. CULLMANN, *Unsterblichkeit der Seele,* 54 u. 62, dieses Verbleiben innerhalb des Ganzen der geschöpflichen Welt, wenn er die Toten — mißverständlich — „in der Zeit" beläßt.

der Welt seien sie in tieferer und hintergründigerer Weise präsent (vgl. oben S. 265 ff.). Die Frage nach dem *Wesen* dieses Weltbezuges, nach dem Seinsmodus der Toten, ist folglich — aus der Sicht Rahners — als legitim und sinnvoll zu betrachten[269].

Wo sind unsere Toten? In der Scheol[270], heißt es im AT, im gefräßigen Rachen des Hades (vgl. Is 5, 14 f.), im Reich der finsteren Schatten. Wie Barth[271] weist Rahner auf die älteren Schichten des Alten Testamentes, die auch dem christlichen Prediger eine Warnung sein sollten, „das ‚non omnis moriar' allzu triumphalistisch zu verkünden"[272]. Dem alttestamentlichen Schriftbefund zufolge (von der hellenistisch und parsistisch beeinflußten Apokalyptik einmal abgesehen)[273] werden die Toten zwar nicht völlig vernichtet, wohl aber mangelt es ihnen, wie Barth sagt[274], an jeder „sinnvollen Handlungs- und Bewegungsfreiheit": Gar jämmerlich ist das Jenseits, und wie Wasser sind die vergänglichen Menschen, das auf die Erde geschüttet wird und das keiner mehr sammeln kann (2 Sam 14, 14). Wer ins Totenreich stieg, kommt nicht mehr herauf, und das Haus, in dem er gewohnt hat, wird ihn nicht mehr erkennen (Job 7, 9 f.). Weder Arbeit noch Planen, nicht Einsicht noch Weisheit gibt es in der Scheol (Prd 9, 10); traurige Gestalten sind diese Toten, weil sie von der Hilfe Jahwes, wie sie den Lebenden zuteil wird, für immer getrennt sind (Ps 88, 6). Und — für biblisches Denken das Schlimmste — die Abgeschiedenen preisen den Herrn nicht, „keiner von allen, die hinabgefahren zur Stille" (Ps 115, 17; ähnlich Ps 88, 11 f; Is 38, 18 f.). Als gefühllose Schatten brüten sie dahin, am Geschick ihrer Hinterbliebenen können sie keinen Anteil mehr nehmen: Sind geehrt seine Kinder, der Gestorbene weiß nichts davon; sind die Kinder in Schande, es kümmert ihn nicht, denn nur um sich selbst, um sein eigenes Elend grämt sich sein Geist (Job 14, 21 f.).

Wie also sieht der alttestamentliche Fromme das „Leben" der Toten? Mit H. W. Wolff muß gesagt werden: als „gnadenlose Gottesferne"[275]; und mit

---

[269] K. Rahner, *Schriften X*, 190, will es sich nicht verbieten lassen, über Geheimnisvolles zu sprechen, „da ja auch die noch davon reden, die solche Rede verdammen oder hartnäckig darauf beharren, daß solche Rede keinen Sinn haben könne".

[270] J. Gnilka, *Die biblische Jenseitserwartung*, in: Bibel und Leben 5 (1964) 103—116, unterscheidet zwei alttestamentliche Traditionsreihen, die ziemlich unausgeglichen nebeneinander liegen, in ihrer Trostlosigkeit jedoch übereinkommen: a) die „altjahwistische" Vorstellung vom *Vätergrab*, in welchem die Toten versammelt sind (z. B. 1 Kg 22, 20); b) die Vorstellung von der *Scheol* im Inneren der Erde bzw. unter dem Ozean (Job 26, 5).

[271] Vgl. K. Barth, KD III/2, 716 f.

[272] K. Rahner, *Schriften X*, 183.

[273] Zum alttestamentlichen Schriftbefund vgl. u. a. H. D. Preuss, *Jahweglauben und Zukunftserwartung*, Stuttgart-Berlin-Köln-Mainz 1968; A. Grabner-Haider, *Auferstehung und Verherrlichung. Biblische Beobachtungen*, in: Concilium 5 (1969) 29 ff.; A. M. Dubarle, *Die Erwartung einer Unsterblichkeit im Alten Testament und im Judentum*, in: Concilium 6 (1970) 685 ff.; E. Jüngel, *Tod*, 78—103; H. W. Wolff, *Menschliches*, 55—78. — Zum Ganzen vgl. unten S. 316 ff.

[274] K. Barth a. a. O. (oben Anm. 271).

[275] H. W. Wolff a. a. O., 65.

E. Jüngel: als „Verhältnislosigkeit"[276], da Jahwe sich nicht mehr „verhält" zu den Toten: *Geschichte* gibt es im AT „weder zwischen den Toten und Gott, noch zwischen den Toten untereinander, noch zwischen den Toten und den Lebendigen" (Barth)[277]. Freilich: diese Auffassung darf — nach Barth wie nach Rahner — nicht zur Norm des *christlichen* Glaubens gemacht werden (wie D. Sölle es tut)[278]: Da Christus den Fluchtod der Trennung von Gott[279] für uns und an unserer Stelle gestorben ist, dürfen wir den Zustand nach dem Tode nicht — wie das AT — als trostlose Leere, als völliges Dunkel, betrachten, sondern als Durchgang zum Leben[280]. Beides ist nach Rahner ernst zu nehmen: daß Christus durch seinen Hinabstieg ins „Unterste" der Welt[281] die Gesamtwirklichkeit entsühnt und dadurch den Lebenden *und* den Gestorbenen einen neuen „Wirkraum" geöffnet hat; aber auch daß der Tod — als „letzter Feind" Gottes und des Menschen — noch Macht hat, solange die Schöpfung „seufzt und in Wehen liegt" (Röm 8, 22).

Dieser Spannung entsprechend weisen Rahners Ausführungen über das Leben der Toten[282] ein Ineinander von — sub specie hominis — schwer zu vereinbarenden Merkmalen auf. Im Vergleich zum Leben der Irdischen scheint die Existenzform der Toten — nach Rahner — sowohl eine „Steigerung" als auch eine „Minderung" zu sein, je nach welchen Aspekten man dieses Leben betrachtet: Einerseits öffnet sich dem Gestorbenen die Einheit der Welt, das „Herz" des Universums, tiefgründiger als je zuvor; andererseits sind die Toten die Abgeschiedenen, die Schweigenden, Fernen. Dem innersten Kern aller Wirklichkeit ist der Tote zwar „näher" als der Lebendige; die konkrete Leiblichkeit, die er zur Vollendung benötigt, scheint ihm aber zu fehlen, denn „keine lichte und deutliche Leibhaftigkeit" ist ihm sterbend geblieben[283]. Ähnlich übrigens wie Bonhoeffer[284] umschreibt Rahner die aporetische Eigenart dieses Zustandes so: Alles ist da, „aber dieses Ganze und Nicht-mehr-Trügerische ist doch wie das Entzogene da, ist doch wieder wie durch eine unsichtbare Wand getrennt, stumm, so daß der Tote alles daran

---

[276] E. JÜNGEL a. a. O., 138.
[277] K. BARTH a. a. O., 717. — Nach P. HOFFMANN, *Unsterblichkeit*, II. Biblisch, in: HThG II, 733 ff., hier 733, gibt es deshalb — im AT — wohl eine Weiter*existenz*, aber kein Weiter*leben* der Toten: „Die reine Existenz ist für den Lebensbegriff nicht konstitutiv. Leben ist nur Leben, wenn es in Glück, Gesundheit und vor Jahwe erfüllt wird."
[278] Vgl. oben S. 192.
[279] Vgl. oben S. 218 ff.
[280] Vgl. H. FRIES, *Über Gott und die Welt*, 67.
[281] Vgl. oben S. 233 ff.
[282] Zum folgenden vgl. bes. K. RAHNER, *Schriften VII*, 147—152.
[283] Ebd., 148; vgl. aber K. RAHNER, *Schriften XII*, 455 ff., wo eine leibliche Auferweckung unmittelbar im Tode vertreten wird. — Zum Ganzen vgl. oben S. 262 ff.; vgl. auch Dantes Idee eines „Beinahe-Leibes" der Verstorbenen (R. GUARDINI, *Landschaft der Ewigkeit*, 111).
[284] Vgl. D. BONHOEFFER, *Ges. Schriften IV*, 160: Der Tote „ist wohl Mensch dieser Erde wie nie zuvor ... und er ist so fern dieser Erde und von einer anderen Welt gezeichnet, wie nie im Leben".

erleidet, aber ausgeschlossen ist von der tatvollen Möglichkeit, es an sich zu nehmen und in ihm sich selbst leibhaftig auszudrücken."[285]

Das Totsein zwischen Tod und Auferstehung begreift Rahner — in einigen Formulierungen — als „Mangelzustand" (um so mehr, je „sündiger" der einzelne stirbt?)[286]: Alles sei unwirklicher geworden, fremder und verlassener; „wie die bei sich seiende Verwehtheit", wie die „antlitzlos gewordene Ferne" sei der Entschlafene da[287]. Doch sei dies nicht alles, was von den Toten gesagt werden muß. Jesu Tod habe noch andere Dimensionen erschlossen: auf dem Grund aller Abstürze sei das Leben Christi zu finden! „Der hinabstieg, ist es auch, der über alle Himmel hinaufstieg, um das All zu erfüllen" (Eph 4, 10). Im Lichte dieses Wortes beschreibt Rahner das Totsein als Befreiung und Seligkeit, bejaht er eine Leiblichkeit und damit eine *Kommunikation* der Gestorbenen (vgl. oben S. 260 f.) mit der uns bekannten Erfahrungswelt[288], eine Kommunikation allerdings, die mit Tischrücken und sonstigem Spuk nichts zu tun hat[289].

Mehr läßt sich nicht sagen. Totsein im Frieden Gottes ist anhebende Erlösung[290]; jeder Versuch, dies zu umschreiben, muß — da das „Wie" eines „Zwischenzustandes"[291] nicht geoffenbart ist — unklar und vage erscheinen. Von spiritistischen „Mitteilungen" und ähnlichem Verkehr mit den Toten hält Rahner so wenig wie z. B. *Elert*[292]: nicht weil die Toten getrennt wären von uns — sie sind es nicht, da der göttliche Bereich, in dem sie wohnen, und diese unsere Welt keine

---

[285] K. Rahner, *Schriften VII*, 151.
[286] Vgl. oben S. 277 ff.
[287] K. Rahner, *Schriften VII*, 148 u. 151.
[288] Ähnlich P. Schoonenberg, *Ich glaube an das ewige Leben*, 48: Nicht nur im Gedenken der Angehörigen seien die Toten lebendig, nicht nur im Einfluß, den sie während ihres Lebens gestiftet haben (in der „Unsterblichkeit" ihrer Werke). Mit der Verheißung des ewigen Lebens werde vielmehr gesagt, „daß dieser Einfluß ... fortwährend auch weiterhin von der *Person* ausgeht". (Hervorhebung von mir)
[289] Daß *parapsychologische* Phänomene in die Richtung der hier genannten Kommunikation weisen, schließt K. Rahner, ThT 22, nicht aus.
[290] Dies meint — nach P. Schoonenberg a. a. O., 49 — der *Holländische Katechismus* (S. 525 der deutschen Ausgabe: „Sie sind dabei, auferweckt zu werden"): ein Hineinwachsen in die Vollgestalt des Leibes Christi, also keinen „Todesschlaf" im Sinne eines Vakuums, wie J. Ratzinger, *Einführung in das Christentum*, 294, unterstellt.
[291] Daß Jesus einen „Zwischenzustand" gelehrt hat (den zeitgenössischen Vorstellungen entsprechend), ist „ziemlich klar" (F. Mussner, *Jesu Lehre über das kommende Leben nach den Synoptikern*, in: Concilium 6 [1970] 693). — Zur Ablehnung eines „Zwischenzustandes" durch P. Althaus, E. Brunner, H. Ott u. a. vgl. A. Ahlbrecht, *Tod und Unsterblichkeit in der evangelischen Theologie der Gegenwart*, 105 ff. (wobei aber — trotz Ahlbrecht — zu beachten ist, daß der *Sache* nach die genannten Autoren — ebenso wie Barth — ein lebendiges „Zwischen", das die „Zeit" zwischen Tod und Auferstehung *erfüllt*, durchaus voraussetzen; vgl. oben S. 135 f.). — K. Rahner, *Schriften XII*, 455 ff., sieht in der Lehre vom „Zwischenzustand" nicht mehr als ein (zwar naheliegendes, aber dogmatisch nicht verbindliches) „Vorstellungsmodell".
[292] Vgl. W. Elert, *Der christliche Glaube*, 624 f.: Der Tod kann „auch durch Tischrücken und Geistererscheinungen nicht entkräftet werden"; ebd., 650: Vorstellungen von der Seele, die im Grab keine Ruhe findet „und womöglich noch zu Spuk, Gespensterein und anderen schlechten Streichen aufgelegt ist", sind dem christlichen Denken fremd.

getrennten Wirklichkeiten sind[293] —, sondern weil *wir* die noch *Zeitlichen* sind. Wollten sich die Verstorbenen in die diesseitige Konkretheit hinein übersetzen (wie es der Okkultismus behauptet)[294], würden sie „doch nur wieder so erscheinen wie *wir*, nicht wie *sie* sind. Tatsächlich zeigt sich bei den spiritistischen Sitzungen ja der Geist der Irdischen mit ihren krausen Vorstellungen und Süchten, nicht die Stille der von Gott erfüllten Ewigkeit. Und immer muß man damit rechnen (darüber werden die Akten vielleicht erst geöffnet), daß in einem solchen Kontaktsuchen (wo nicht bloß die eigenen Träume objektiviert werden) in einer seltsamen Verschiebung der Gleichzeitigkeiten wir nicht *den* Toten, wie sie *jetzt* vor Gott und im endgültigen Kern ihres Wesens sind, begegnen, sondern ihrer noch unerlösten und begrenzten, wirren und dunklen Vergangenheit, die — vielleicht auch noch nicht ganz aufgearbeitet — dann nochmals übersetzt wird in die Kategorialität unserer eigenen Welt"[295].

Des Orpheus Versuch, Eurydike in *seine* Welt zurückzuholen, muß scheitern, weil die Rückkehr eines Gestorbenen ins Reich der (irdisch) Lebendigen — wie es z. B. von Lazarus oder vom Jüngling von Naim berichtet wird[296] — nicht vorgesehen ist von den Göttern: Dies ist des Orpheus Dilemma, daß die ihm gestellte Bedingung für die Rückkehr der Geliebten nicht erfüllt werden *kann*[297]. Denn Gemeinschaft mit den Toten ist etwas anderes als die Wiederaufnahme der irdischen Beziehungen: in der Welt *Gottes*, dort und nirgendwo anders, haben wir die Toten zu suchen. Nicht die Verstorbenen kommen zu uns, sondern wir

---

[293] Vgl. z. B. I. LEPP, *Der Tod und seine Geheimnisse*, Würzburg 1967, 220; L. BOROS, *Wir sind Zukunft*, Mainz 1969, 68 ff.

[294] Stellvertretend für ähnliche Literatur sei S. E. WHITE, *Das uneingeschränkte Weltall* (mit einem Vorwort von C. G. Jung), Zürich 1963, genannt: Der Tod wird als „bloße Fortdauer" (58) des irdischen Lebens verstanden; man braucht nur eine bestimmte Technik zu beherrschen, um seine Toten zitieren zu können (S. 123: „Wenn ihr mich herbeiruft, kann ich sofort erscheinen"). Allein, die „Mitteilungen" dieser Verstorbenen sind so irdisch und z. T. albern, daß sie nur der Subjektivität des Verfassers entstammen können.

[295] K. RAHNER, *Schriften IV*, 437. — Man vergleiche dazu die okkulten Geschichten, wie sie etwa W. BERGENGRUEN, *Zorn, Zeit und Ewigkeit*, Zürich 1959, erzählt. Analog den Einwänden Rahners gibt D. BONHOEFFER, *Ges. Schriften IV*, 161, zu bedenken: „Wenn Menschen meinen, Geister Verstorbener beschwören zu können, so mag da zwar allerlei zwischen Himmel und Erde sein, was wir nicht wissen und begreifen — aber eines ist gewiß, unsere Toten sind das nicht, die hier erscheinen, sie sind uns entnommen, sie sind in Gottes Hand ... Okkulte Welten sind immer noch menschliche Welten, erreichbare, durch allerlei Zauber zugängliche Welten." — Vgl. dazu I. LEPP a. a. O., 228 ff.

[296] Vgl. die kritischen Ausführungen (zu Lk 7 und Jo 11) bei W. PANNENBERG, *Das Glaubensbekenntnis*, 108.

[297] Vor Erreichen der Oberwelt darf sich Orpheus nach Eurydike nicht umschauen und ihr nichts sagen von diesem Verbot; Eurydike muß an Orpheus' Liebe zweifeln, so daß dieser nicht anders kann, als sich — gegen das Verbot — umzusehen und dadurch die Geliebte den Toten zurückzugeben. Das Happy-End in Glucks Oper, wo Amor die (zweimal!) gestorbene Eurydike zum irdischen Leben erweckt, wurde deshalb — zu Recht — getadelt: als „Verbeugung vor der barocken Tradition", die Gluck „nicht ohne Reserve" geleistet hat (vgl. G. R. KOCH, *Rauschgoldengel im Nebel*, in: „Frankfurter Allgemeine Zeitung" Nr. 152 vom 6. Juli 1972).

kommen zu ihnen[298] (weshalb der *christliche* Sänger von Beatrice, der lieben Verstorbenen, in *ihre* Welt, in die Welt *Gottes,* sich führen läßt). Wer von den Gestorbenen etwas wissen will, muß „den Weg zu Gott wagen und ihn fragen — er wird antworten"[299]. Den Toten, „die leben, begegnen wir, auch wenn es die von uns Geliebten sind, in Glaube, Hoffnung und Liebe, d. h. wenn wir unser Herz der schweigenden Stille Gottes selbst öffnen, in der sie leben; nicht dadurch, daß wir sie zurückrufen dahin, wo wir sind, sondern indem wir in die schweigende Ewigkeit unseres eigenen Herzens hinabsteigen und in der Zeit durch den Glauben an den Auferstandenen die Ewigkeit werden lassen, die sie schon für immer ausgezeugt haben"[300].

VI. Das Fazit der bisherigen Untersuchungen

Es wurde versucht, Barths Ausführungen zu Tod und Vollendung aus der Sicht katholischer Theologie, insbesondere der Theologie Rahners, zu hinterfragen, zu erhellen und weiterzuführen. Da Rahners (und Boros', v. Balthasars, Ratzingers, Schoonenbergs u. a.) Deutung des Todes, wie deutlich wurde, mit derjenigen Barths viel Gemeinsames aufweist, soll zunächst diese Übereinstimmung zusammengefaßt und gewürdigt werden.

1. Übereinstimmung mit Barth in der Deutung des Todes angesichts außerchristlicher Resignation vor dem Leben

Die gemeinsamen Grundlagen einer Theologie des Todes bei Barth und seinen protestantischen Kritikern wurden oben S. 194 f. in acht Thesen zusammengefaßt. Nach den Ergebnissen dieses Abschnitts können die dort formulierten Thesen als Voraussetzung auch jeder katholischen Deutung des Todes bestätigt werden: Das Sterben des Menschen ist, wenn auch nicht in jeder Hinsicht, Folge der *Schuld,* die — grundsätzlich — in der Passion Jesu Christi besiegt ist: für alle, die glauben (These 1 und 2). Freilich: auch post Christi mortem bleibt der Tod die Grenze des *zeitlichen* Lebens, das aber in seiner je einmaligen Konkretheit, in seiner *Leiblichkeit* (als Kommunikationsfähigkeit verstanden)[1], von Gott — der das Leben *ist* — bewahrt und verewigt wird (These 3—5): „Der eine, *ungeteilte* Mensch und

---

[298] Matthias Claudius tröstet die Trauernden so: „Sie kommen nicht wieder zu uns, aber wir kommen zu ihnen" (M. CLAUDIUS, *Botengänge. Briefe an Freunde,* 1965; zit. nach W. NIGG, *Der verborgene Glanz,* Olten-Freiburg 1969, 209); vgl. M. SINNIGER, ... *aber die Liebe bleibt. Zeugnis einer Ehe,* Freiburg 1975, bes. 75 f.
[299] D. BONHOEFFER a. a. O., 162.
[300] K. RAHNER, *Schriften IV,* 437.
[1] Der Redaktionsartikel *Der Treffer aus dem Absoluten. Informationen zu einer Theologie des Todes,* in: Evangelische Kommentare 2 (1969) 623 ff., stellt als überein-

seine Geschichte werden geborgen, bleiben endgültig bewahrt"². Diese den Tod „im Licht und in der Kraft Jesu" (Küng)³ überwindende Hoffnung befreit schon jetzt zur „neuen Lebensführung" (Bultmann), zur Existenz in der „Ordnung der Liebe" (Barth), die das künftige Leben antizipiert und zugleich das „noch nicht" der Vollendung bekräftigt und somit zur (theoretischen und praktischen) Hoffnung auf das (unverfügbare) Kommen des Gottesreiches wird (These 6 und 7). In *diesen* Punkten — wie sie in etwa auch das Vaticanum II formuliert⁴ — sehen wir zwischen Barth und fast allen evangelischen Theologen der Gegenwart, aber auch zwischen Barth und der katholischen Theologie, keine sachliche Differenz.

Dieser Konsens besagt kein Geringes und verdient entsprechend gewürdigt zu werden: Es wurde deutlich, daß das „Durcheinander" und die „Verwirrung des Glaubens" durch die „moderne Theologie" so schlimm und so heil-los nicht ist wie manche behaupten⁵: sei es in ängstlicher Verhaftung an schultheologische termini technici („unsterbliche Seele", „Trennung von Leib und Seele" usw.), die in ihrer geschichtlichen Bedingtheit, ihrer Verflechtung mit zeitgebundenen Vorstellungen⁶, ihrer mangelnden Adäquatheit (als ob dieselbe „Sache" nicht noch besser gesagt werden könnte) nicht erkannt oder doch unterschätzt werden⁷; sei es — wie bei

---

stimmendes Ergebnis heutiger (protestantischer) systematischer Entwürfe zum Todesproblem u. a. dies heraus: „Der Mensch wird als leib-seelische Ganzheit gesehen — auch gegenüber dem Tod. Und ‚leibliche' Auferstehung bezeichnet die *Kommunikationsfähigkeit* des Lebens, das aus der Auferweckung hervorgeht. Es ist Leben, das sich zu sich selbst und zu anderen verhalten kann und nicht als fensterlose Monade existiert." (630; Hervorhebung von mir)

² J. Feiner — L. Vischer (Hrsg.), *Neues Glaubensbuch. Der gemeinsame christliche Glaube,* Freiburg-Basel-Wien-Zürich ¹⁰1974, 541.

³ Vgl. Küngs „Kurzformel" des christlichen Glaubens: „Im Licht und in der Kraft Jesu können wir in der Welt von heute wahrhaft menschlich leben, handeln, leiden und *sterben*: weil durch und durch gehalten von Gott bis zum Letzten engagiert für den Menschen." (Zit. nach R. Bleistein, *Kurzformel des Glaubens. Texte,* 102; Hervorhebung von mir)

⁴ Vgl. die Pastoralkonstitution *Gaudium et spes* Nr. 18 (K. Rahner — H. Vorgrimler, *Kleines Konzilskompendium,* Freiburg-Basel-Wien 1966, 463 f.).

⁵ Z. B. G. Hommel, *Und dieser Gott soll Liebe sein?,* Stuttgart 1972, 25 ff. (gegen Rahner, Barth, Jüngel und die „moderne Theologie" einschließlich H. Volk!); gemäßigter N. Smart, *Kritische Anmerkungen zum neueren christlichen Denken über den Tod,* in: A. Toynbee (Hrsg.), *Vor der Linie,* 183 ff.; ders., *Der Tod und der Rückgang des Glaubens in der westlichen Gesellschaft,* in: A. Toynbee a. a. O., 191 ff.; K. Dirschauer, *Der totgeschwiegene Tod,* Bremen 1973, 86 ff. (gegen E. Brunner u. W. Pannenberg), 125 ff. (gegen E. Jüngel): Bei den genannten Theologen, aber auch bei Althaus, Thielicke, Sauter u. a. (nicht nur bei D. Sölle und in der „Gott-ist-tot-Theologie") sieht Dirschauer „Verkürzungen" des Gottesgedankens am Werk, die ein weitgehendes *Versagen* der „modernen Theologie" angesichts des Todesproblems begründeten.

⁶ Vgl. K. Rahner, *Was ist eine dogmatische Aussage?,* in: ders., *Schriften* V, 54—81; ders., *Irrtumslosigkeit,* in: *Herders Theologisches Taschenlexikon* 3 (1972) 372 f.; J. Finkenzeller, *Glaube ohne Dogma? Dogma, Dogmenentwicklung und kirchliches Lehramt,* Düsseldorf 1972.

⁷ Als Beispiel für diese Haltung sei Qu. Huonder, *Das Unsterblichkeitsproblem in der abendländischen Philosophie,* Stuttgart 1970, 145 ff., genannt: Schon deshalb, weil Barth,

Augstein[8] — mit Freude über die „spaßigen Theologen": über die Seiltänze und Wechselsprünge der „sympathischen" Lügner (Rahner), „unerschrockenen" Kämpfer (Küng), „wahrhaftigen" Zertrümmerer (Bultmann), „spinnenden" Sucher (Käsemann), „neuerungssüchtigen" Modernisten (Bornkamm) usw.[9].

Die „Gottesgelehrten" verschiedenster Provenienz gegeneinander auszuspielen und dann „alle Bult-, Conzel-, Käse- und Moltmänner über einen Bornkamm zu scheren" (wie Schalom Ben-Chorin ironisch bemerkt)[10], bereitet Augstein Vergnügen. Aber vielleicht hat er recht, wenn er diese ungleichen Autoren nicht so verschieden beurteilt; vielleicht könnte dieser Angriff von nicht-theologischer Seite den Blick für das Gemeinsame christlicher Grundpositionen schärfen; vielleicht könnten Pamphlete wie das Jesus-Buch Augsteins die Einsicht fördern, daß unterschiedliche Interpretationen in Einzelfragen an Gewicht und Bedeutung verlieren: angesichts einer verbreiteten *Resignation* vor der (so empfundenen) Sinnlosigkeit des Daseins[11] und der damit gegebenen *Herausforderung* von Kirche und Theologie, sich auf ihre eigentliche Aufgabe zu besinnen: Rechenschaft zu geben über den Grund ihrer Hoffnung (1 Petr 3, 15)[12].

Im Blick auf diese Herausforderung, im Blick auf *außer*christliche Einstellungen zum Tod (die unser gesellschaftliches Bewußtsein wesentlich mitbestimmen)[13], ist die Übereinstimmung fast aller bekannteren Theologen in der Deutung des Todes bedeutsam: die Übereinstimmung im Glauben an ewiges Leben — nicht als „Projektion" eines menschlichen Egoismus, sondern als erhoffte Gemeinschaft mit Gott und den Brüdern —, im Glauben an die Realität einer Ewigkeit, die zur irdischen Existenz nicht wie ein Zweites hinzukommt, sondern diese Existenz verewigt und als wichtig vor Gott bestimmt.

Der Glaube an das *persönliche* ewige Leben — nicht als Flucht vor den Aufgaben des Diesseits, sondern als Kraft, diese Erde zu lieben, für mehr Gerechtigkeit in der Welt zu kämpfen (nicht humorlos-verbissen, sondern „erlöst" in der

---

Thielicke und Pannenberg den Begriff „unsterbliche Seele" nicht positiv würdigen, glaubt Huonder folgern zu müssen, diese Theologen seien „Materialisten" und leugneten das ewige Leben. Solche am Wort (hier: „unsterbliche Seele") klebende Kritik trägt zur Klärung der Sachfragen nichts bei, im Gegenteil: durch das allzu flinke Alarmschlagen — nach Art orthodoxer „Bekenntnisbewegungen" — wird die „Verwirrung der Gläubigen" zum Teil erst zustandegebracht, für die man pauschal die „moderne Theologie" (eine Differenzierung in deren verschiedene Richtungen fehlt bei Huonder bezeichnenderweise) verantwortlich macht.

[8] R. AUGSTEIN, *Jesus Menschensohn*, Gütersloh 1972.
[9] Zit. nach R. PESCH, *Dokument der Verwirrung*, in: R. PESCH — G. STACHEL (Hrsg.), *Augsteins Jesus. Eine Dokumentation*, Zürich-Einsiedeln-Köln 1972, 9-22, hier 18 f.
[10] SCHALOM BEN-CHORIN, *Augstein wider die ganze Theologie*, in: R. PESCH — G. STACHEL a. a. O., 28—35, hier 28.
[11] Vgl. R. BLEISTEIN, *Der Tod als Thema*, in: Stimmen der Zeit 191 (1973) 710 ff., wo die Hoffnungslosigkeit an zwei Beispielen der neueren Literatur demonstriert wird: S. DE BEAUVOIR, *Ein sanfter Tod*, Hamburg 1965; P. HANDKE, *Wunschloses Unglück*, Salzburg 1972.
[12] Vgl. H. FRIES, *Herausgeforderter Glaube*, München 1968, 11.
[13] Vgl. oben S. 36 ff.

Zusage Gottes)[14], den Tod und seine Herrschaft in der Zeit zu „verspotten" (Jüngel)[15] — wird zum Zeugnis der Hoffnung, die zu resignieren sich weigert, die den Mut hat, unbescheiden zu sein (im Vertrauen auf einen Sinn dieses Lebens), die sich nicht abfinden läßt mit Analysen der Resignation und Verzweiflung, wie sie etwa G. Bally beschrieben hat:

Was ist der tiefste Wunschgedanke des heutigen Menschen?, fragt Bally und formuliert die Antwort: „Es ist der der *Auflösung*, des *Eingehens ins Nichts* ... Darum wird das naive Gebet in Gestalt des Dialogs ... von vielen aufgegeben. Statt dessen wird Meditation geübt, ein Stillwerden im Sinne eines Sein-Lassens meiner selbst wie auch der Welt ... So wird eine Überwindung der personalen Gestalt versucht. Nicht zugunsten einer personalen Idealität im Jenseits, sondern zugunsten der *Auflösung alles Personalen*." Um das endgültige und *hoffnungsfreie* Sterben zu üben, nimmt das Interesse an fernöstlichen Religionen so zu, schreibt Bally in seiner Diagnose des Zerfalls aller Hoffnung[16].

Darin hat Bally recht: Der Glaube an die Ewigkeit ist kaum mehr en vogue[17], und J. Améry spricht sicher für viele[18], wenn er im Blick auf das Sterben allen Trost zur Täuschung erklärt und die Religion als „größte und betörendste" aller Illusionen bezeichnet[19]. Westliche Resignation vor dem Leben und fernöstliche Erlösungsideale scheinen übereinzukommen[20] in ihrer Sehnsucht nach „Entwerdung", nach Befreiung und „Erlösung" des Menschen: nicht nur von Ich-verfallenheit, sondern vom Ich überhaupt[21], vom mich beanspruchenden Du, von der Gegenstandswelt, die mich herausfordert und engagiert.

---

[14] Vgl. oben S. 176 Anm. 77.

[15] Vgl. E. Jüngel, *Tod*, 167 ff.: Christen sollen den Tod „verspotten", indem sie eintreten für die Rechte des Lebens.

[16] G. Bally, *Todeserwartung, Sterben und Trauer heute*, in: H. J. Schultz (Hrsg.), *Was weiß man von der Seele?*, 96 ff., hier 108 (Hervorhebung von mir). — Natürlich muß gefragt werden, ob das Interesse an Meditation nicht auch (oder vorwiegend) andere — positive — Gründe hat als Bally anführt; hier geht es aber nur darum: es gibt eine Resignation vor dem Leben, und die Theologie darf nicht schweigen angesichts dieser Situation.

[17] K. Hemmerle, *Der Begriff des Heils*, in: Communio 1 (1972) 210 ff., hier 210.

[18] Zahlenmaterial bei G. Schmidtchen (Hrsg.), *Zwischen Kirche und Gesellschaft. Forschungsbericht über die Umfragen zur Gemeinsamen Synode der Bistümer in der Bundesrepublik Deutschland*, Freiburg 1972; R. Bleistein, *Die Kirche von gestern und die Jugend von heute*, Würzburg 1972.

[19] J. Améry, *Über das Altern*, Stuttgart 1968, 28. — Dazu J. Hofmeier, *Vom gewußten zum gelebten Tod*, in: Stimmen der Zeit 186 (1970) 338 ff., hier 347: Daß Religion — für manche — eine Flucht aus der Wirklichkeit ins Reich der Illusionen sein *kann*, sei Améry zuzugeben; *alles* über den Tod und die Hoffnung angesichts des Todes habe er aber nicht gesehen.

[20] Der Schriftsteller A. Rosenberg (zit. nach KNA-Bericht vom 2. 3. 1973, Bayerischer Dienst Nr. 40, S. 4) wendet sich gegen die Übernahme östlicher Meditationsformen, insbesondere des Zen, durch christliche Kreise: „Widerstandslos, fast süchtig ergeben sich Kleriker und Laien den östlichen, auf ihre Weise sehr wirksamen Meditationsmethoden, die, weil sie aus einem anderen religiösen Wurzelgrund erwachsen sind, auch zu einem anderen geistigen Ziele führen als der christliche Glaube", nämlich zum Ziele der Ent-persönlichung. — Vgl. oben S. 37 Anm. 24.

[21] Vgl. E. Wiesenhütter, *Blick nach drüben. Selbsterfahrungen im Sterben*, Hamburg

Zu *diesem* Verzicht auf die Hoffnung ein Nein zu sagen, hat die christliche Theologie — in beachtlicher Übereinstimmung — den Mut: im Ja zur Erlösung des Leibes (Röm 8, 23), d. h. des Menschen in seiner Personhaftigkeit vor Gott, in seiner Verwiesenheit auf das Du Gottes und der Menschen.

Das übereinstimmende Bekenntnis zum Ewigkeitswert des einzelnen entspricht jenen „Kurzformeln" des Glaubens nach Rahner, Kasper, Küng u. a.[22], die zwar nicht die (explizite) Fülle des Christlichen artikulieren[23], aber — im Bemühen um neue Verständlichkeit des Evangeliums — die Mitte, das Wesentliche[24] und insofern das Ganze des Glaubens an Gottes Selbstmitteilung zum Ausdruck bringen.

Solche Theologien, die die Frohbotschaft Christi bezeugen, die Gegenwart bejahen und sich auf die Zukunft hin öffnen, werden sich in den Kirchen „mehr gleichen und einander näher stehen als die traditionellen Theologien, die unmittelbar von den Kontroversfragen der Vergangenheit bestimmt sind"[25].

2. Fragen und Einwände zu Barths Deutung von Tod und Vollendung

Pannenberg, aber auch Bonhoeffer und Tillich verstehen die anthropologische „Vermittlung" des Glaubens als Korrektur des Barth'schen „Offenbarungspositivismus" (vgl. oben S. 195, These 8). Von hier aus, vom Verständnis der Offenbarung als „transzendentaler" Selbstmitteilung Gottes ergaben sich die *Einwände* gegen Barth (bzw., da dessen Aussagen nicht immer eindeutig sind, die Fragen an Barth) aus der Sicht Rahners:

a) Zum Offenbarungsbegriff (oben S. 204 ff.): Soll Jesu Sieg über Sünde und Tod kein „erratischer Block" sein, muß die Vernünftigkeit des Vertrauens auf Gott, der die Toten lebendig macht (Röm 4, 17), im Selbst-verständnis des Menschen *begründet* werden. Könnten wir — noch vor der „kategorialen" Offenbarung (im Wort der Propheten, im Kreuz Jesu Christi) — von der Leben spendenden Zusage Gottes *nichts* wissen (wie es Barth unterstellt), könnten wir auch *Jesu* Wort nicht verstehen[26]. Soll das Wort Gottes verstanden werden (um ange-

---

1974: Der Tod wird — nach Auskünften vom (klinischen) Tode Erretteter — als *Glückserlebnis* beschrieben, zugleich aber — apersonal — als *Auflösung* des (negativ gesehenen) Individuellen im Kosmos verstanden (bes. S. 50—55). — Zum — mehrdeutigen! — Begriff des „Individuellen" vgl. unten S. 346 Anm. 129.

[22] Vgl. R. BLEISTEIN, *Kurzformel des Glaubens*, 86—102.
[23] Vgl. K. RAHNER, *Reflexionen zur Problematik einer Kurzformel des Glaubens*, in: ders., *Schriften IX*, 242—256; dazu kritisch A. STOCK, *Kurzformeln des Glaubens*, Einsiedeln 1971.
[24] Vgl. die Aussagen des Vaticanum II über die „hierarchia veritatum" (Ökumenismus-Dekret Nr. 11).
[25] K. RAHNER, *Einige Probleme des Ökumenismus heute*, in: ders., *Schriften X*, 493 ff., hier 501 f.
[26] Vgl. oben S. 178 ff. zu Pannenberg.

nommen oder abgelehnt werden zu können), ist die Abstraktion eines Menschen „an sich", eines bloß „natürlichen" Menschen, nicht zu halten. Diesseits und Jenseits, Menschliches und Göttliches in unvermittelter Dialektik zu konfrontieren, wird dann unmöglich; das Angesprochensein des Menschen durch Gott ist stattdessen als („transzendentale") Grundbestimmung seines Wesens zu deuten: Die „Natur" des Menschen ist die wesentlich offene, für einen möglichen und ersehnten *Sinn* ihres Daseins aufgeschlossene; das biblische Zeugnis der Auferstehung kann folglich jenes Selbst-verständnis des Menschen zu *deutlicherem Vollzuge* rufen, das Rahner überall gegeben sieht, wo Menschen an das Leben der Toten in irgendeiner Form glauben.

Anders als Barth postuliert Rahner eine Selbst-transzendenz des Daseins, ein Über-sich-hinaus-sein des Menschen aufgrund einer Dynamik, die Gott in seine Schöpfung hineingelegt hat. Gottes Heilswirken wird nicht als „supranaturale" Macht „über" oder „jenseits" der Geschichte verstanden (so daß die Weltzeit nur die Enthüllung des sub specie aeternitatis schon „Fertigen" wäre und die Aktionen des Menschen „entmündigt" würden)[27], sondern als Kraft *in* der Geschichte, als Wirken Gottes *mit* dem Menschen, dessen Freiheit, sich lieben zu lassen (oder nicht lieben zu lassen), bestehen bleibt. In der Selbstüberschreitung der Freiheit geschieht ein Bleibendes, eine End-gültigkeit des „Werkes" des Menschen, die ihm seine Würde und letzte Gefährdung verleiht. *Die Geschichte selbst baut ihre Ewigkeit;* erst von daher wird Barths wohl behauptete, im Wesen des *Menschen* aber nicht begründete These verständlich, daß die Existenz des Geschöpfes nicht „vergessen oder ausgelöscht zurückbleiben und dann gewissermaßen ersetzt sein" wird durch ein zweites, jenseitiges Sein, sondern daß „dieses sein Sein in seiner Zeit" vor Gott offenbar und verewigt sein wird[28].

In der Explikation dieser Selbst-transzendenz des Seienden wurden weitere Einwände gegen (bzw. Fragen an) Barth entwickelt:

b) Zum Sündenbegriff (S. 218—225): Sollen Schuld und Gnade, Gottes Zorn und Gottes Erbarmen, nicht dasselbe sein, und soll die Vergebung dem Gericht nicht *notwendig* folgen, darf die konkrete Sünde gerade *dieses* Menschen nicht verdeckt werden durch die Sündigkeit des Menschen überhaupt und durch die allgemeine Begnadung aller Geschöpfe — unabhängig davon, *wie* der einzelne sein Leben und Sterben besteht: im tod-sündigen Protest oder in der Übernahme des Kreuzes. Wohl offenbart — auch nach Rahner — der Tod als Wirkung der Sünde das Gesamtschicksal aller in Adam (vgl. Röm 5, 12); aber von dieser gemeinsamen Ausgangsposition ist die *persönliche,* individuelle Schuld jedes einzelnen mit größerer Deutlichkeit zu unterscheiden, als dies bei Barth geschieht[29]. Die von Barth betonte *Versuchung* des Daseins zur gnadenlosen (weil autonomen)

---

[27] Vgl. oben S. 154 ff. zu Bonhoeffer.
[28] K. BARTH, KD III/2, 771 f.
[29] Vgl. oben S. 224 Anm. 34 und S. 271 Anm. 144 zur Kritik Thielickes am Sündenbegriff des orthodoxen Protestantismus.

Vollendung wird des Menschen (tödliches) *Werk* erst dadurch, daß er dem dämonischen Willen frei zustimmt: dem Willen zum „zweiten Tod" (Apk 20, 14) der Trennung vom Schöpfer, vom lebendigen Grunde des Seins.

c) Zum Verständnis des Todes Jesu (oben S. 228—239): Wenn wir festhalten an der geschöpflichen Freiheit, stellt sich die Frage nach der Bedeutung des Todes *Jesu,* der — nach dem Zeugnis des NT — die Trennung von Gott überwunden hat. Die Deutung dieses Todes als dem Vater geleistete Sühne mehr ergänzend als kritisierend, bezieht Rahner die allgemeinen Sätze über das menschliche Sterben — Tod als Ende der Zeit und als Vollendung des Lebens von innen, als Verlust der konkreten Leibgestalt und als Öffnung eines neuen Bezuges zur Welt, als Tat und Erleiden — auch auf Jesus. Daraus folgt für ihn, daß die Wirklichkeit des Herrn im Ganzen der Welt gegenwärtig bleibt: In ihrem „Herzen" ist die Welt eine andere geworden; in Jesu Abstieg ins Dunkelste, zugleich Hintergründige, Wesenhafte, wird der Ur-raum des Lebens neu qualifiziert, aus dessen Tiefe heraus die personalen Entscheidungen aller einzelnen mit bestimmt werden. Die Grundsituation des Menschen ist dadurch entsühnt und — „realontologisch" — verwandelt: für unser Handeln sind Möglichkeiten eröffnet, die ohne den Tod Jesu Christi *so* nicht gegeben wären. Seit der Herr sich ent-äußert hat: in die tödliche Leere der gefallenen Schöpfung hinein, ist auf dem Grund aller Abstürze, auch und gerade im Tod, das Leben Christi zu finden.

d) Zum neuen Verhalten in der imitatio Christi (oben S. 239—250): Was hat sich *geändert* seit Jesu Sterben? Daß wir gleich werden können dem Bild Jesu Christi (Röm 8, 29), daß wir leben können für Gott und die Brüder (vgl. Röm 6, 11): in der „Ordnung der Liebe" (Barth). Das Mitsterben mit Christus sollen wir — einander dienend — vorwegnehmen in der Mitte des Lebens. Dies würde Barth nicht anders sagen als Rahner; schwieriger aber wird es, wenn Rahner den *Stellvertretungscharakter* des Todes Jesu auf das Sterben der Christen überträgt: da „Stellvertretung" — nach Rahner (wie nach Tillich und Pannenberg)[30] — zur Grundstruktur des Menschlichen überhaupt gehört, kann die stellvertretende Kraft der Hingabe Jesu unser eigenes Sterben unter einem neuen Licht erscheinen lassen: Wie Jesus für *andere* gelebt und gelitten hat, so sollen auch wir — da wir von Christus nicht „abgesetzt" und „verdrängt" werden — die Last anderer mit-tragen.

e) Zur Vollendung des Menschen im Tod (oben S. 250—291): Was geschieht aber im Tod? Worin unterscheiden sich hier die Aussagen Rahners von denjenigen Barths? In der Hauptsache fanden wir folgende Punkte:

1. Das „Leib-Seele-Problem" (oben S. 257 ff.): Rahner stimmt mit Barth überein, daß der Tod den *ganzen* Menschen betrifft (auch seine „Seele", seine dialogische Verwiesenheit auf den Schöpfer), und ihn doch nicht vernichtet: Gott „verhält" sich auch noch im Tode zum Menschen, und eben diese „Beziehung" be-

---

[30] Vgl. oben S. 142 f. zu Tillich und S. 247 Anm. 50 zu Pannenberg.

gründet das Lebendigsein des Geschöpfes. Während aber die Aporie — einerseits sind die Toten „mit Christus" (Phil 1, 23), andererseits fehlt ihnen die Leiblichkeit bzw. die „Vollendung" der Leiblichkeit als Kommunikation mit den Brüdern — bei Barth stehen bleibt und nicht weiter reflektiert wird, versucht Rahner eine Antwort auf die Frage: Wie ist es möglich, daß der Leib im Tode zerstört wird, obwohl er untrennbar zum Menschen gehört? Rahner stellt sich diesem Problem mit einer Unterscheidung, die Barth — möglicherweise — supponiert, die er aber kaum zum Ausdruck bringt: Die leibliche Einzelgestalt, die im Tode zerstört wird, unterscheidet Rahner von einer allgemeineren Leib-*verfaßtheit* des Menschen, von einer „Materiemächtigkeit" des Geistes, die der Tod nicht aufhebt, sondern verwandelt: im Sinn eines tieferen und umfassenderen Sichöffnens der Person in das Ganze der geschaffenen Wirklichkeit hinein, deren Teil der irdische Leib ist. Die Toten partizipieren an der Tiefe des Seins[31], und darin ist der Tod des Menschen „Freund", daß er seine Leiblichkeit in eine neue Qualität versetzt (ohne daß *diese* Transformation mit der *Auferstehungs*leiblichkeit schon identisch wäre). Da der Gestorbene dem Weltganzen „näher" ist als je im Leben, weist die im Tod eingenommene Leiblichkeit in die Richtung des künftigen („pneumatischen") Leibes, der — den biblischen Auferstehungsberichten entsprechend — der raum-zeitlichen Fixiertheit enthoben und deshalb uneingeschränkt zur Kommunikation mit Gott und den Brüdern befähigt sein wird.

2. Der Freiheitsbegriff (oben S. 271 ff.): Während nach Barth das Geschöpf nur in derjenigen Gnade „frei" ist, in der sein Eigen-wille in das Wollen Gottes hineingenommen wird, ist nach Rahner das Dasein auch dort noch „frei", wo es Gottes Erbarmen zurückweist. Während Barth diese Möglichkeit als die „unmögliche" apostrophiert, die Gottes Gnade gegenüber keine definitiven Fakten zu setzen vermag (obwohl — auch nach Barth — dieser *bestimmte* Mensch mit *seiner* Geschichte vor Gott kommt), betont Rahner — entsprechend den kirchlichen Lehrentscheidungen[32] — die echte Möglichkeit der Freiheit, sich selbst zu verfehlen, Gottes Anspruch zu verwerfen, sich ihrer eigenen Nichtigkeit zu überführen[33]. Denn „Freiheit" meint die Fähigkeit der Person, sich selbst in ihre Entscheidungen hineinzubinden, ihre Ewigkeit zu stiften, über sich zu verfügen in der Totalität ihres Wesens.

3. Die Läuterung nach dem Tode (oben S. 276 ff.): Während Barth die Frage einer „Läuterung" des Menschen im Tode nicht ausdrücklich stellt, hält Rahner fest: Die Grundentscheidung für oder gegen Gott kann zwar nicht korrigiert werden nach dem Tode; weil der Mensch aber — aufgrund der vielschichtigen Struktur seines Wesens — nicht auf einmal, sondern *in Phasen* der wird, der er — in seiner Grundentscheidung — schon ist, sieht Rahner eine postmortale Ausreifung des Menschen auf die Breite seiner vor dem Tod nur bruchstückhaft realisierten

---

[31] Vgl. oben S. 142 f. zu Tillich.
[32] Vgl. DS 1515, 1525, bes. 1554 ff.
[33] Vgl. oben S. 130 f. zu Bultmann und S. 185 Anm. 126 zu Pannenberg.

Möglichkeiten als plausibel[34] und dem NT zumindest nicht widersprechend an. Das „Fegfeuer" meint nichts anderes als die schmerzliche (und zugleich freudige) Integration aller Dimensionen des Daseins in die eine Entscheidung für Gott.

4. Die Aktivität des Menschen im Tode (oben S. 279 ff.): Den „Triumph der Gnade" begreift Barth als (rettende) *Aufhebung* des menschlichen Tuns und den Tod folglich als äußerste Ohnmacht des Daseins, das seiner Selbst-verfügung genommen wird: durch Gott, der das Nicht-seiende ins Sein ruft und die Toten lebendig macht (Röm 4, 17). Rahner faßt diese (nicht bestrittene) Passivität des Menschen zugleich als — im Leiden verhüllte — *Tat* der geschöpflichen Freiheit auf[35]: Von Gottes Liebe getragen muß sich das Dasein entschließen, ob es alles gibt, oder ob ihm alles geraubt wird.

Zieht man ein Fazit aus diesen Überlegungen, so wäre zu sagen: Die Interpretationen des Todes bei Rahner und Barth weisen dieselben *gemeinsamen Strukturen* auf, wie sie oben S. 194 f. für die zeitgenössische evangelische Theologie skizziert wurden. Diejenigen Punkte, in denen sich Rahner von Barth *unterscheidet*, folgen aus dem Ansatz eines transzendentalen Rückstiegs in das Wesen des Menschen, der auf Gottes Anrede je schon bezogen ist. Im einzelnen sind von Barth abweichende Aussagen Rahners aber auch bei evangelischen Theologen — etwa bei Thielicke oder Bultmann, bei Bonhoeffer oder Tillich, bei Pannenberg oder Moltmann — zu finden. Schaut man die Thesen dieser Autoren zusammen, so ergibt sich nichts anderes als Rahners Theologie des Todes in ihren wichtigsten Aspekten.

---

[34] Vgl. oben S. 146 f. zu Tillich.
[35] Vgl. oben S. 154 ff. zu Bonhoeffer.

Vierter Abschnitt

Hoffnung angesichts des Todes.
Resümierende und ergänzende Überlegungen

Zur Methode

Fragen, die schon berührt, aber nicht genügend ausgeführt wurden, soll dieser Abschnitt thematisieren. Es sind dies folgende Fragenkomplexe: 1. die Möglichkeit einer *Begründung* der Hoffnung über den Tod hinaus aus der Grundbefindlichkeit des menschlichen Daseins (I. Die Hoffnung wider den Tod: als Existential unseres Menschseins und als Inhalt des Glaubens); 2. die Problematik einer „Unsterblichkeit der Seele" (vgl. DS 1440) angesichts der biblischen Rede von der „Auferstehung der Toten" und der ganzheitlichen Sicht des Menschen in der neuzeitlichen Anthropologie (II. Unsterblichkeit der Seele oder Auferstehung der Toten?); 3. die nähere Bestimmung jener *Liebe*, von der die Theologen — seit Paulus — behaupten, daß sie stärker sei als der Tod (III. Der Sieg über den Tod: Liebe als die den Tod überwindende Kraft).

Dem Ansatz einer transzendentalen Theologie entsprechend[1] gehen wir von anthropologischen Daten aus, die auf die Christologie hin zu vermitteln sind. Die Auseinandersetzung mit der Eschatologie K. Barths (der solche „Vermittlung" ablehnt: im Geist der Hegelkritik Kierkegaards, wonach der „unendliche qualitative Unterschied" von Göttlichem und Menschlichem — sub specie hominis — unüberbrückbar sei, die „Absurdität" der Menschwerdung Gottes zu *glauben* und nicht durch menschliche Einsicht zu „vermitteln" sei)[2] steht dabei — wie in den vorigen Abschnitten — mit im Hintergrund, auch dort, wo Barth nicht eigens zitiert wird.

I. Die Hoffnung wider den Tod:
als Existential unseres Menschseins und als Inhalt des Glaubens

Vorbemerkung

Bei aller Verschiedenheit im Terminologischen, in der Akzentuierung diverser Gesichtspunkte, im Temperament der Sprache, in der Herkunft und Eigenart vorausgesetzter Denkhorizonte usw., gibt es doch — was Tod und Vollendung betrifft — einen Konsens in der christlichen Theologie der Gegenwart[1]: Im Tode werden wir nicht „nichts", sondern begegnen der Schöpferkraft des persönlichen Gottes, der kein Gott der Toten, sondern ein Gott der Lebendigen ist (Mt 22, 32).

Dieser Satz ist ein Bekenntnis der Christen: zur Hoffnung für jeden einzelnen (der nicht bloß verschwindet in die Anonymität eines ihn verschlingenden Absoluten: „Gesellschaft", „Nirwana" oder auch „Gott" genannt), zur Hoffnung auf einen geschenkten Sinn unseres Daseins, zur Hoffnung, die „nein" sagt: zur ver-

---

[1] Vgl. oben S. 205 ff.
[2] Vgl. S. Kierkegaard, *Philosophische Brocken*, Reinbek 1964, bes. 36 ff. „Das absolute Paradox".

[1] Vgl. oben S. 291 ff.

zweifelten Resignation des *Nihilismus* wie zur Vermessenheit eines „Über-Menschen", der sich selber erlösen will, der den Sinn seines Lebens eigen-mächtig erstellen will, der den Tod überlisten will, indem er sich hinüberrettet ans „andere Ufer", ans Ufer der *Illusionen:* daß ein „Stück" seines Menschseins vom Tod nicht berührt werde (die egoistische „Seele", die „bei sich" bleiben will)², daß es „nach" dem Tod immer so weiter gehe (im Sinn einer „schlechten" Unendlichkeit, die Jaspers als „Qual des Nichtsterbenkönnens" bezeichnet)³, daß im naturalistisch verstandenen „Stirb und werde" die allgemeinen Lebenspotenzen erhalten blieben usw. Gegen solche Illusionen glaubt der Christ das ewige Leben, das uns — in unserer einmaligen Geschichte, in unserer persönlichen Verantwortung — vor Gott stellt, zugleich aber verwandelt in eine neue Schöpfung (2 Kor 5, 17)⁴: in ein Sein, das selbstlos ist in der Liebe, und gerade so sich selber gewinnt (vgl. Mt 10, 39)⁵.

Solche Hoffnung auf neues Leben gründet — für Barth wie für Bultmann, für Tillich wie für Rahner u. a. — in der Offenbarung Gottes in Christus, wie sie in den Schriften des NT bezeugt wird. Gegen eine *unvermittelte* („offenbarungspositivistische") Dialektik von radikaler Todverfallenheit (aufgrund der Sünde) und — contra spem — geschenkter Auferstehung (aufgrund des Christus-Geschehens) fordern aber — um der Verstehbarkeit des Evangeliums willen — Rahner, Pannenberg u. a. eine anthropologische „Vermittlung" des Glaubens. Die Hoffnung angesichts des Todes soll *begründet* werden (was nicht heißt: „bewiesen", so daß nichts mehr zu glauben wäre) in den Strukturen des Menschseins: Denn die Inhalte des Glaubens sollen der erfahrenen Wirklichkeit, den Ängsten und Hoffnungen des suchenden und fragenden Menschen, nicht künstlich „aufgepfropft" werden: wie das *ganz* Andere, wie eine Ideologie ohne Bezug zur Erfahrungswelt.

Die „Vermittlung", Begründung und Erläuterung der Hoffnung (vgl. 1 Petr 3, 15) auf ein Leben, das den Tod überwindet, soll im folgenden — ausgehend von der *Endlichkeit* des Menschen — eingehender versucht werden, als dies bisher⁶ geschehen konnte. Versucht wird eine Vermittlung des Glaubens in der *Frage-*Struktur unseres Daseins, das sich, wie zu zeigen sein wird, in der Spannung von (faktischer) Endlichkeit und (ersehnter) Unendlichkeit bewegt und in dieser Frage- und Suchbewegung über sich hinaus auf ein Absolutes hin zustrebt, das diese Bewegung selber bewirkt und zum Ziel bringt⁷.

---

² Vgl. F. ULRICH, *Leben in der Einheit von Leben und Tod*, Frankfurt/M. 1973, bes. 35 ff.: Ulrich warnt vor den *Gefahren* der Rede von der „unsterblichen Seele", vor dem Egoismus, der „bei sich" bleiben will, der das Seine sucht, der sich „rein" bewahrt gegen den Anspruch des Du und der Welt, der das Opfer der Liebe nicht bringt, der die Transzendenz als „Habe" gebraucht, als festen Besitz, der über die Last und die Aufgabe des Alltags hinwegtröstet, statt diese Last zu übernehmen.
³ K. JASPERS, *Philosophie II*, ³1956, 227; vgl. oben S. 251 ff.
⁴ Vgl. oben S. 254.
⁵ Vgl. unten S. 336 ff.
⁶ Vgl. oben S. 137 ff. zu Tillich, S. 177 ff. zu Pannenberg und S. 204 ff. zu Rahner.
⁷ Vgl. B. WELTE, *Im Spielfeld von Endlichkeit und Unendlichkeit*, Frankfurt/M. 1967: Wie Barth geht Welte von der Endlichkeit („Faktizität") des Menschen aus: „Der Mensch

1. Der Mensch im Widerspruch zwischen (faktischer) Endlichkeit und (ersehnter) Unendlichkeit

Um ein Mißverständnis gleich auszuschließen: Daß die Endlichkeit und Begrenztheit des Menschen, daß der Ansatz bei den „Leerstellen" des Existierens der beste oder gar einzige Zugang zur Erfahrung der Transzendenz sei (als ob nur das *Fehlen* von Sinn eine über sich hinausweisende Erfahrung wäre, und nicht auch die *Anwesenheit* von Sinn in Liebe und Treue), wird nicht behauptet. In der Mitte des Lebens, auch und gerade im Glück, in der Freude, können und sollen wir Gottes Nähe erspüren, gewiß. Trotz Bonhoeffer[1] meinen wir aber, den Transzendenzbezug des Daseins an der Realität des Negativen, der „Grenzen", am *einsichtigsten* demonstrieren zu können:

Auch in der besten Gesellschaftsordnung[2], bei allem technischen Fortschritt, gerade angesichts der *Folgen* dieses Fortschritts (unsere selbst produzierte Umwelt droht sich der Kontrolle zu entziehen und zur tödlichen Gefahr zu entwickeln)[3] erfährt sich das Dasein als endlich: nicht bloß im Sinn von hinausschiebbaren und — vielleicht — eines Tages zu überwindenden „Grenzen des Wachstums", sondern im Sinn einer grundsätzlich nicht aufhebbaren Begrenzung. Eingeschränkt in ein bestimmtes So-sein, fixiert in einer bestimmten geschichtlichen Situation, finden unsere Entfaltungsmöglichkeiten sehr rasch ihre Grenzen: am Anspruch des Anderen (des Nicht-Ich in all seinen Dimensionen) ihre sachliche, im Tod ihre zeitliche Grenze. Das Ereignis, in dem sich unsere Endlichkeit am deutlichsten manifestiert, ist ohne Zweifel der Tod: Alles wird genichtet, nichts können wir retten, keine Kunst, keine Kultur[4], nicht Macht und Besitz, keine Erkenntnis und Erinnerung, keinen Augenblick der Liebe, des erfahrenen Glücks, der erfüllten Hoffnung, der erlittenen Trauer, der Sehnsucht des Herzens. Alles, was wir sind, was wir waren und wurden, was wir erstrebt und was wir gefürchtet, dies alles — so will uns scheinen — wird gleich-gültig, „relativiert und beschattet" (Barth), „weggenommen und verschlungen" (Welte)[5] vom Tod, der schon jetzt ein böses Erwachen (aus unserer Wunschwelt) bereitet: „Ich denke nach und finde mich, wie ich zuvor war, allein, mit allen Schmerzen der Sterblichkeit, und meines muß sterben, und er muß ganz sterben." (28) Statt aber — unvermittelt — gleich von der rettenden Unendlichkeit Gottes zu sprechen (wie Barth), versucht Welte — in seinem Sinn-Postulat — die Unerträglichkeit *absoluter* Verneinung ins Bewußtsein zu rücken: im phänomenologischen Aufweis einer im Dasein selbst wirkenden Dynamik, die „von sich her über die Begegnung mit der Grenze hinauszielt und in solchem Zielen diese bestreitet" (32).

[1] Vgl. oben S. 149 ff.
[2] Vgl. J. MOLTMANN, *Der gekreuzigte Gott*, München ²1973, 311.
[3] Vgl. den — als Mahnung zum Handeln gedachten — *Bericht des Club of Rome zur Lage der Menschheit*: D. MEADOWS (Hrsg.), *Die Grenzen des Wachstums*, Stuttgart 1972.
[4] Vgl. oben S. 88 zu Simone de Beauvoir.
[5] Zum folgenden B. WELTE, *Im Spielfeld von Endlichkeit und Unendlichkeit*, Frankfurt/M. 1967.

Herzens Asyl, die ewig einige Welt, ist hin; die Natur verschließt die Arme, und ich stehe wie ein Fremdling vor ihr, und verstehe sie nicht." (Hölderlin)[6]

Dieser Erfahrung der Nichtigkeit unseres Lebens kommt aber eine „fundamentale Zweideutigkeit" zu[7]: Der Tod ist „nicht das Nahe und nicht das Fremde, nicht Feind und nicht Freund. *Er ist beides* in der Bewegung durch die sich widersprechenden Gestalten"[8]. Wie soll man das verstehen? Mit Welte[9] wäre zu sagen: Das uns bedrohende Nichts kann als *reine* Negativität, als *bloßes* Nichtsein begriffen werden (worauf dann — wie bei Sartre, Camus oder Marcuse — mit Resignation und Protest, mit Gleichgültigkeit oder Verzweiflung reagiert wird)[10]: die Sinnhaftigkeit des Daseins wird schlechthin bestritten; die Größe des Leids wird *unendlich* und mit keinem billigen Trost läßt sich diese Trauer vertrösten (worin Welte nochmals eine „Redlichkeit und Wahrheit inmitten der Nacht der Verzweiflung" erblickt)[11].

Dieselbe Bedrohung, derselbe Stachel der Endlichkeit, kann aber auch — in einer hoffenden Ahnung — als Verborgenheit des unendlichen Seins, als Vorstufe des *Heils*[12], angesehen werden, das unser Leben (mit dem wir nie ganz zufrieden sind) befreit, überbietet und „ganz" werden läßt. Auf *diese* (positive)

---

[6] F. HÖLDERLIN, *Hyperion*, in: ders., *Sämtliche Werke*, Berlin-Darmstadt-Wien 1967, 419 ff., hier 427.

[7] Vgl. B. WELTE, *Versuch zur Frage nach Gott*, in: J. RATZINGER (Hrsg.), *Die Frage nach Gott* (Quaestiones Disputatae 56), Freiburg-Basel-Wien ³1973, 11—26, bes. 17 ff.

[8] K. JASPERS, *Philosophie II*, 223. — Zur „anderen" Sicht des Sterbens — Sterben als *Glücks*-erlebnis — vgl. E. WIESENHÜTTER, *Blick nach drüben. Selbsterfahrungen im Sterben*, Hamburg 1974; J. C. HAMPE, *Sterben ist doch ganz anders. Erfahrungen mit dem eigenen Tod*, Stuttgart ²1975: Beide Werke stützen sich auf *Erfahrungsberichte* aus dem Koma zurückgeholter Patienten.

[9] Vgl. oben S. 303 f. Anm. 7.

[10] Zu Marcuse vgl. unten Anm. 13; vgl. J. P. SARTRE, *Die Wörter*, Darmstadt 1967, 74: „Ich fühlte mich überzählig, also galt es zu verschwinden ... Trotzdem wehrte ich mich aus Leibeskräften gegen den Tod; nicht etwa, weil mir meine Existenz teuer gewesen wäre, sondern im Gegenteil, weil mir an ihr nichts lag: je absurder ein Leben, um so weniger erträglich der Tod." Der Tod wird — wie bei S. de Beauvoir u. a. (dazu H. FRIES - R. STÄHLIN, *Gott ist tot?*, München 1968, 44 ff.) — als „Quelle des Unsinns" (vgl. G. K. FRANK, *Zeitgenosse Tod*, Stuttgart 1971, 27 ff.) empfunden. Zugleich entsteht die Frage nach dem Selbstmord: „Die Anstrengung, welche *Kant* macht, um den Selbstmord als eine unmoralische, wider den Sinn des Menschseins gehende Handlung zu erweisen, steht und fällt mit dem im Hintergrund stehenden Glauben, daß uns das Leben von Gott geschenkt ist." (K. LOEWITH, *Die Freiheit zum Tode*, 170) — Zum Ganzen vgl. K. H. BLOCHING, *Das Sterben im Spiegel heutiger Literatur*, in: Concilium 10 (1974) 240 ff.

[11] B. WELTE, *Im Spielfeld von Endlichkeit und Unendlichkeit*, 99 ff.: In der Negativität der Verzweiflung lebt eine richtige Prämisse und eine falsche Konsequenz: „Als Prämisse lebt der Gedanke darin, daß Dasein keinen Sinn habe ..., wenn es nicht unendlichen und totalen Sinn habe. Diese Prämisse ist wahr." „Unwahr" aber ist die *Konsequenz* dieser Prämisse: „Mein Dasein hat überhaupt keinen Sinn, wenn es ihn nicht *jetzt* und als jetzt *durch mich vollbringbaren* hat."

[12] Zum folgenden vgl. bes. B. CASPER, *Heilserwartung und Sinnverlust in der heutigen Gesellschaft* (Vortrag bei einer Tagung der Katholischen Akademie Augsburg, autorisiertes Skriptum), Augsburg 1972.

Deutung der Wirklichkeit kann — in der Praxis — wieder verschieden geantwortet werden: im Vertrauen auf die (potentielle) Unendlichkeit des *eigenen* Ich, auf das eigene Vermögen, die geheilte und heilende Zukunft konstruieren zu können: in der revolutionären Veränderung der Verhältnisse, in der Arbeit an einer neuen Gesellschaft (wie sie der orthodoxe Marxismus als Ziel der Geschichte schon zu kennen behauptet)[13], im Bestreben, die Natur in ihren Zusammenhängen zu durchschauen, perfekt zu verplanen, in die totale Machbarkeit zu erheben (was aber Marcuse — resigniert — als „technologischen Fetischismus" bezeichnet)[14]; im Bestreben schließlich, alle Unsicherheiten des Lebens „in den Griff" zu bekommen (so daß „Zukunft" den Charakter einer „gelaufenen" Sache erhält)[15] und den Tod — in der Theorie einer „Nichtbegegnung" von Dasein und Tod — zu *verleugnen* (was nach J. Splett eine „Kapitulation" vor dem Tode ist)[16].

Oder es wird — in einer Art „Sehnsucht nach dem ganz Anderen", die der Allmacht des Menschen mißtraut — auf eine das Dasein transzendierende Macht gehofft[17], auf eine „ganz andere" Macht, die uns die Ganzheit und Gültigkeit unseres Wesens vielleicht einmal *schenkt:* in einer neuen „Heimat"[18], die unser

---

[13] Zum absoluten Wahrheitsanspruch des Marxismus und zur Kritik dieses Anspruchs vgl. u. a. H. ROLFES, *Der Sinn des Lebens im marxistischen Denken*, Düsseldorf 1971, 25—137; F. MORDSTEIN, *Ist der Marxismus ein Humanismus?*, Stuttgart-Berlin-Köln-Mainz 1969. — H. MARCUSE, *Der eindimensionale Mensch*, Neuwied-Berlin 1970, bes. 236 ff. u. 258 ff., postuliert gleichfalls einen „Ewigen Frieden", eine „Gute Gesellschaft", die vom Menschen „gemacht" werden kann (241), allerdings nicht vom *jetzigen* Menschen: Das „neue Subjekt" als *Ziel* der revolutionären Befreiung müßte zugleich *Träger* dieser Befreiung sein (261 ff.), eine Aporie, die Marcuse (er selbst spricht von einem „circulus vitiosus") nicht lösen kann. Die kritische Theorie „kann kein Heilmittel bieten. Sie kann nicht positiv sein." (263) Marcuse kann sich nur noch der „Großen Weigerung" verschreiben, „nur den völligen Zerfall des Alten fordern und die (irreale) Hoffnung hegen, daß daraus das von Grund auf Neue entsteht". (B. CASPER a. a. O., 16 f.) — Zum Ganzen vgl. G. GIRARDI, *Der Marxismus zum Problem des Todes*, in: Concilium 10 (1974) 297 ff.

[14] H. MARCUSE a. a. O., 246: „Ein solcher Fetischismus ist jüngst besonders unter marxistischen Kritikern der gegenwärtigen Industriegesellschaft an den Tag gelegt worden": mit ihrer Idee von der künftigen Allmacht des technologischen Menschen. Marcuse selbst resigniert (vgl. oben); „prinzipiell trostlos" (im Blick auf Krankheit und *Tod*) auch — neuerdings — J. HABERMAS, *Legitimationsprobleme im Spätkapitalismus*, Frankfurt 1973.

[15] Vgl. B. CASPER a. a. O., 7. — Die *Rache* dieser vom Menschen selbst sich angemaßten Unendlichkeit ist — nach Casper — das Gefühl des Elends und der Langeweile, die „Unfähigkeit zu trauern" (A. Mitscherlich).

[16] Vgl. oben S. 170 Anm. 48 (zu Blochs These einer „Exterritorialität" des Menschen zum Tode); dazu J. SPLETT, *Docta Spes. Zu Ernst Blochs Ontologie des Noch-Nicht-Seins*, in: Theologie und Philosophie 44 (1969) 383 ff., hier 392: „Hoffnung kapituliert vor dem Tod, indem sie ihn, mit einem Sophisma, umgeht." (Zit. nach H. SONNEMANS, *Hoffnung ohne Gott?*, Freiburg-Basel-Wien 1973, 125)

[17] Vgl. M. HORKHEIMER, *Die Sehnsucht nach dem ganz Anderen. Ein Interview mit Kommentar von Helmut Gumnior*, Hamburg 1970: „Sehnsucht" wird für Horkheimer zum Namen für den „ganz anderen" Gott; wer sich mit dem Irdischen begnügt, verliert diese Sehnsucht und damit das dauernde Ungestilltsein, das der wirklichen Liebe entspricht.

[18] Vgl. M. HORKHEIMER a. a. O., 45.

Jetzt unendlich übersteigt, die die (vom Menschen nicht aufhebbare) Differenz zwischen Idee und Wirklichkeit überwinden läßt[19].

Wie wir uns angesichts dieser Mehrdeutigkeit unserer Grundsituation, der Widersprüchlichkeit unseres Menschseins, theoretisch und praktisch (was sich nicht immer entsprechen muß)[20] verhalten: ob wir mit der Möglichkeit eines Sinnes von Sein überhaupt rechnen, oder ob wir schon die Sehnsucht nach Sinn — die Sehnsucht, „dieses irdische Dasein möge nicht absolut, nicht das Letzte sein"[21] — für nichtig erklären[22], dies wird entschieden *durch uns selbst,* die wir die Wahl haben: entweder egoistisch „bei uns" zu bleiben[23] oder uns aufzuschließen dem *Ganzen* der Wirklichkeit; es wird entschieden durch uns selbst, die wir uns — selbst dann, wenn wir jeglichen Sinn zu negieren geneigt sind[24] — gegen die Vorstellung einer *absoluten* Nichtigkeit unseres Daseins zur Wehr setzen[25]: „... ich habe keinen Gedanken für das Vergehen, wo unser Herz ... mit allen seinen Schmerzen um Bestand fleht ... ich begreife den Tod nicht in seiner Welt" (Hölderlin)[26]. „Ich sah meinen Leichnam" und ich müßte es „fertigbringen, zu denken, daß ich gar nichts mehr sehen werde, gar nichts mehr hören werde, und

---

[19] Vgl. J. B. METZ, *Gott vor uns,* in: S. UNSELD (Hrsg.), *Ernst Bloch zu ehren,* Frankfurt/M. 1965, 227 ff., hier 235 ff.; Metz fragt Bloch: „Scheitert nicht jede Zukunftsvision der autonom vollendeten Humanität am Menschen selbst? ... Erfahren wir etwa nicht deutlich, daß die von uns veranstaltete Hominisierung der Welt ... noch keineswegs eindeutig ihre zunehmende Humanisierung schafft ...? ... Ist die Zukunftsfrage ... nicht mehr als ‚militanter Optimismus' (Bloch), alle Möglichkeiten endlich in Geborgenheiten zu verwandeln und die in diesen Möglichkeiten latente Transzendenz zu verbrauchen für eine selbsterstellte ‚Heimat'?" Und weiter fragt Metz: „Was ist es, das uns nicht untergehen läßt in dem Abgrund, der zwischen Idee und Existenz sich auftut ...?" Entdecken wir — angesichts dieser Differenzerfahrung — „nicht die Spuren eines Vertrauens auf eine Zukunft, die größer ist als wir, mächtiger, von uns nicht entworfen? ... Läßt nicht jeder unserer großen Zukunftsentwürfe ein neues größeres Futurum absconditum auftauchen?"

[20] Vgl. *Rahners* Überlegungen zur möglichen Diskrepanz von reflexer Theorie und praktischem Verhalten.

[21] M. HORKHEIMER a. a. O., 67.

[22] H. R. SCHLETTE, *Geheimnis als Ärgernis,* in: Orientierung 37 (1973) 15 ff., hier 17: „Am Ende hängt alles davon ab, ob man für die *Sehnsucht nach Sinn* Würde und Legitimität in Anspruch nimmt (‚postuliert'), weil sonst der Nihilismus unausweichlich ist, oder ob man verzweifelnd auch die Sehnsucht nach Sinn für nichtig hält."

[23] S. KIERKEGAARD, *Die Wiederholung,* Reinbek 1961, 52, läßt den narzißtisch-esoterischen Selbstbeobachter bekennen: „Ich kann mich selbst umsegeln, aber ich kann nicht über mich selbst hinauskommen, den archimedischen Punkt kann ich nicht entdecken ... Eine religiöse Bewegung kann ich nicht machen, das ist gegen meine Natur." Freilich fügt er sofort hinzu: „Deshalb leugne ich doch nicht deren Realität."

[24] Vgl. oben Anm. 10 zu Sartre.

[25] Vgl. E. KÜBLER-ROSS, *Interviews mit Sterbenden,* Stuttgart-Berlin ⁵1972, 10: Im tiefsten Grunde unseres Herzens sind wir alle überzeugt, „daß wir selbst unmöglich vom Tode betroffen werden können".

[26] Hölderlin an Neuffer (8. Mai 1795); zit. nach H. THIELICKE, *Tod und Leben,* 39. — Vgl. H. U. v. BALTHASAR, *Der Tod im heutigen Denken,* in: Anima 11 (1956) 292 ff., hier 298: „Der moderne Todesgedanke steht demjenigen des Alten Bundes sehr nahe ..., weil er beim Gegebenen stehen bleibt und dieses in seiner schmerzlichen Unbegreiflichkeit zu denken versucht."

daß die Welt für die anderen weiterbestehen wird. So was zu denken, dafür ist man nicht gemacht"[27].

Wir finden uns nicht ab mit dem Leid und dem Tod. Denn die qualvoll empfundene Abwesenheit von Freude und Sinn, von Erfüllung und Leben, jene Abwesenheit, gegen die wir uns wehren, läßt uns die *Realität* dieses Fernen nochmals erahnen: Wenn ich z. B. unter der Abwesenheit eines Freundes leide, stehe ich doch unter dem Sog seines Fernseins, unter einem Einfluß also, der mich die Wirklichkeit dieses Menschen um so stärker erfahren läßt![28] So sind uns Freude und Leben dann doch wieder nah: sofern wir uns *öffnen* der Stimme der Sehnsucht, die uns über uns selbst hinauswachsen läßt. Denn der Schmerz der Einsamkeit, aber auch der Stachel des Todes, könnte als Schmerz gar nicht erlebt werden, wenn nicht ein anderes in uns lebendig wäre, das dem Ende widerstrebt, über das Ende hinaussieht und es in diesem Über-sehen bestreitet[29]: als das nicht Sinnvolle, nicht Sein-sollende[30]. Wir könnten uns nicht als eingeengt und dem Tod überliefert erfahren, wenn wir — etwa in der Treue zu einem anderen Menschen[31] — von Sinn, Glück und *unendlicher* Bedeutung unseres Daseins überhaupt keine Ahnung hätten, wenn wir die (vorläufige) Nichtigkeit unseres Existierens nicht auf einem Hintergrund zu sehen vermöchten, der, wie Welte sagt, „weiter und größer ist als alles Ende"[32], der selber unendlich ist, und der eben so erst zur *Voraussetzung* unserer Endlichkeitserfahrung wird[33].

Wenigstens die *Frage* nach dem (vielleicht noch verborgenen) Sinn unseres Lebens, nach der Ganzwerdung unseres Daseins, die auf Erden versagt bleibt[34],

---

[27] J. P. SARTRE, *Die Mauer*, 28; zit. nach G. HOMMEL, *Und dieser Gott soll Liebe sein?*, Stuttgart 1972, 24. — Vgl. G. SCHERER, *Der Tod als Frage an die Freiheit*, Essen 1971, bes. 58 ff. „Die Leiche als totale Verdinglichung des Menschen".

[28] Vgl. G. SCHERER a. a. O., 99 f.

[29] Vgl. P. L. BERGER, *Auf den Spuren der Engel*, Frankfurt/M. 1970, 92 ff.: Der Mensch ist das Wesen, „das Nein zum Tode sagt". Alles, was wir sind, ruft nach einer Hoffnung, die den Tod widerlegt. Das „Nein" zum Tode ist „sowohl psychisch (als Unfähigkeit, sich den eigenen Tod vorzustellen) als auch moralisch (als leidenschaftliche Abwehr des Todes anderer) tief im innersten Wesen des Menschen eingewurzelt".

[30] Vgl. B. WELTE, *Im Spielfeld von Endlichkeit und Unendlichkeit*, 29 ff.; vgl. oben S. 222 Anm. 20 zu E. Brunners These vom Menschen „im Widerspruch" zwischen (durch Sünde bedingter) Endlichkeit und (ursprünglicher) Unendlichkeit, die — als schmerzhafte Sehnsucht, als *Bestimmung* des Menschen — auch nach Adams Sünde noch bleibt.

[31] H. U. v. BALTHASAR, *Das Weizenkorn*, Einsiedeln ²1953, 78, sagt, daß die Bindung der Treue jenen „Knoten der Liebe" enthält, „der jenseits der Zeitlichkeit geschürzt wird" und so über den Tod hinausweist. — A. SOLSCHENIZYN, *Krebsstation II*, Reinbek 1971, 51, beschreibt es als Erfahrung der Treue, „daß ein Mensch, der einem sehr nahegestanden hat, nie vollkommen sterben kann." — Vgl. unten S. 343 ff.

[32] B. WELTE a. a. O., 29 f.

[33] Vgl. z. B. M. HORKHEIMER a. a. O., 41: „Ohne Gedanken an ein unausdenkbar unendliches Glück gibt es nicht einmal das Bewußtsein des irdischen vergänglichen Glücks, das im Blick auf seine unaufhebbare Vergänglichkeit niemals ohne Trauer sein kann." (Kommentar von Gumnior).

[34] Vgl. etwa K. JASPERS, *Philosophie II*, 224: Menschen, die sich mit der Vernichtung ihrer selbst abfinden, „scheinen zwar dem Tod ins Auge zu blicken, bewirken aber nur

ist unabweisbar[35] und wird es bleiben, allem medizinischen, technischen und sozialen Fortschritt zum Trotz[36]. Denn das Dasein ist endlich und setzt dennoch — fragend — einen Sinn seiner selbst schon voraus: in der Frage nach dem Ziel unseres Lebens (welche Frage schon ein „Vor-wissen" um die Möglichkeit von Sinn überhaupt impliziert)[37], in jeder Handlung des Aufbauens, in jedem Streben nach Erfolg, Sicherheit, Fortschritt, in jeder Hingabe an das Du eines anderen, an die Welt, die uns braucht und beansprucht[38]. So haben wir angefangen, als wir noch Kind waren: „*vertrauend* zu leben und also *Sinn voraussetzend*, so wie wenn es keinen Tod ... gäbe, so sorglos[39]. Diese Stimme des Vertrauens hört nie vollständig auf (es sei denn in der Verzweiflung, die jeglichem Sinn widerstreitet und zum Selbstmord tendiert)[40]: Wir sind, also dürfen wir sein, also hat es einen Sinn zu sein; so ermutigt die — freilich nicht zwingende — Stimme des Daseins, die „Transzendenz des Seins in seiner Verborgenheit" (Welte)[41].

---

eine um so tiefere Vergeßlichkeit im Wesentlichen. Es wird beiseitegeschoben, daß ich noch zu Ende zu bringen habe, daß ich nicht fertig bin, daß ich noch wiedergutzumachen habe ...", daß durch die Vorstellung des *absoluten* Endes alles „sinnlos wird".

[35] Vgl. H. SONNEMANS a. a. O., 110: „Wie immer das Blatt gewendet wird, das Problem ist da. Es wird auch nicht aus der Welt geschafft, indem man seine Nichtexistenz oder seinen religiösen (= ideologischen) und deshalb falschen Ursprung behauptet, auch nicht seinen Ursprung im Egoismus des Menschen (d. h. wohl, seine Existenzberechtigung abstreiten) ... sucht, wie Bloch für viele Bilder des Fortlebens meint feststellen zu können." (Sonnemans weist auf E. BLOCH, *Das Prinzip Hoffnung*, 1301). — Zum Ganzen vgl. B. GROM — J. SCHMIDT, *Auf der Suche nach dem Sinn des Lebens*, Freiburg 1975.

[36] Vgl. H. v. CAMPENHAUSEN — H. SCHAEFER, *Der Auferstehungsglaube und die moderne Naturwissenschaft*, in: J. SCHLEMMER (Hrsg.), *Was ist der Tod?*, München 1969, 183.

[37] Vgl. E. CORETH, *Metaphysik*, Innsbruck-Wien-München ²1964, 96 ff.: Jede Frage setzt ein „*wissendes* Nichtwissen" voraus: „Fragen kann ich nur, wenn ich das, wonach ich frage, noch nicht weiß; sonst ist die Frage durch das Wissen überholt ... Aber fragen kann ich doch nur, wenn ich das, wonach ich frage, schon weiß; sonst hat die Frage noch keine Richtung, die Frage ist noch nicht fragbar, also noch nicht möglich." — Vgl. auch Bultmanns Begriff des „Vorverständnisses".

[38] Vgl. G. GRESHAKE, *Bemühungen um eine Theologie des Sterbens*, in: Concilium 10 (1974) 270 ff., hier 276, zur Bedeutung der „kleinen" und „vorletzten" Hoffnungen des Sterbenden als *Vorentwurf* seiner „großen" und „letzten" Hoffnung (zur Terminologie vgl. K. BARTH, KD IV/1, 131 f.) auf ewiges Leben.

[39] B. WELTE a. a. O., 106. — Vgl. E. KÜBLER-ROSS a. a. O., 10: „Kinder halten oft den Tod für einen vorübergehenden Zustand, der ihnen ... immer noch die Hoffnung läßt, den verlorenen Vater oder die Mutter doch wiederzusehen." — So heißt es bei F. HÖLDERLIN, *Hyperion*, in: ders., *Sämtliche Werke*, Berlin-Darmstadt-Wien 1967, 419 ff., hier 427 f.: „ein göttlich Wesen ist das Kind ... In ihm ist Frieden ... es kennt sein Herz, die Dürftigkeit des Lebens nicht. Es ist unsterblich, denn es weiß vom Tode nichts."

[40] Vgl. oben Anm. 10 (zu Loewith); dazu Camus' berühmtes Wort: „Es gibt nur *ein* ernstes philosophisches Problem, und das ist der Selbstmord." (Vgl. I. LEPP, *Der Tod und seine Geheimnisse*, Würzburg 1967, 97 ff.) — Vgl. aber oben S. 246: nicht immer muß solche Verzweiflung der eindeutige Ausdruck von *Schuld* sein.

[41] B. WELTE a. a. O., 99 ff.

2. Die Antwort des Glaubens auf die (Todes-) Frage des Daseins

Es gibt verschiedene, teils sich ausschließende, teils miteinander konkurrierende, Reaktionen des Menschen auf die eine Grundsituation, in der man sich vorfindet, und die in sich selber nicht eindeutig ist. Wir können protestieren, verzweifeln, resignieren oder hoffen. Die Hoffnung wiederum kann sich auf die Eigen-mächtigkeit unseres Ich beziehen oder auf eine Macht, die dieses „Ich" bzw. „Wir" — in der gesellschaftlichen Dimension — *transzendiert*, die uns den Sinn und die Ganzheit des Lebens zu schenken vermag. Dieses transzendente Verständnis der Hoffnung kann ebenfalls in (mindestens) zwei Varianten erscheinen: als „philosophischer Glaube" (Jaspers)[42] und als „religiöse Bewegung" (Kierkegaard)[43].

Die kritische *Philosophie* (im Sinne Jaspers' u. a.) hofft auf ein schlechthin Transzendentes, das — um seiner Transzendenz willen — nie anzusprechen, nie sichtbar und nie greifbar ist; sie hofft aufs „ganz Andere", das keinen Namen hat, über das man im Grund nicht reden kann[44]. Exemplarisch für diese Position einer in unbestimmter Schwebe gehaltenen Hoffnung sei auf Th. W. Adorno verwiesen[45], der die Spannung zwischen der *Idee* einer heilen Welt (ohne die unser Menschsein nicht auskomme) und der Unmöglichkeit einer praktischen *Verwirklichung* dieser Idee durch den Menschen so formuliert: „Philosophie, wie sie im Angesicht der Verzweiflung einzig noch zu verantworten ist, wäre der Versuch, alle Dinge so zu betrachten, wie sie vom Standpunkt der Erlösung aus sich darstellen."[46] Da man sich aber — als endlicher Mensch — auf den Standpunkt des Absoluten nicht stellen kann, ist Erlösung — in Adornos „negativer Dialektik"[47] (die an manche Aussagen des frühen Barth erinnert) — „das ganz Unmögliche", weil die Hoffnung auf Heil „einen Standort voraussetzt, der dem Bannkreis des Daseins ... entrückt ist, während doch jede mögliche Erkenntnis ... selber auch mit der gleichen Entstelltheit und Bedürftigkeit geschlagen ist, der sie zu entrinnen vorhat"[48].

---

[42] Vgl. K. Jaspers, *Der philosophische Glaube*, München 1948; ders., *Der philosophische Glaube angesichts der Offenbarung*, München 1962; dazu H. Fries, *Ärgernis und Widerspruch*, Würzburg 1965, 41—99.

[43] Vgl. oben Anm. 23.

[44] Vgl. M. Horkheimer — Th. W. Adorno, *Dialektik der Aufklärung*, Frankfurt/M. 1969, 30: Das Absolute muß man unberührt lassen und den Namen Gottes kann man nicht aussprechen; ähnlich M. Horkheimer, *Die Sehnsucht nach dem ganz Anderen*, 57.

[45] Zum folgenden vgl. B. Casper a. a. O., 18—20.

[46] Th. W. Adorno, *Minima moralia*, Frankfurt 1964, 333; zit. nach B. Casper a. a. O.

[47] Vgl. Th. W. Adorno, *Negative Dialektik*, Frankfurt 1966.

[48] Th. W. Adorno, *Minima moralia*, 333 f.; zit. nach B. Casper a. a. O. — In ähnlichem Sinne beschreibt es W. Weischedel (H. Gollwitzer — W. Weischedel, *Denken und Glauben. Ein Streitgespräch*, Stuttgart ²1965, 169) als *philosophische* Erfahrung, „daß nichts standhält, daß alles bodenlos ist, daß selbst das, was als das Sicherste erscheint, das Element der Unsicherheit in sich enthält, daß wir uns auf nichts absolut verlassen, auf nichts absolut vertrauen können, daß alle Gewißheit, sobald man sie genauer betrachtet, sich in Ungewißheit auflöst".

So also finden wir keine Kraft, weder zum Leben noch zum Sterben. Denn in einen „Teufelskreis"[49] sind wir geraten: wir brauchen die „Idee" der Erlösung, um Mensch sein zu können; aber das Absolute (das allein zu erlösen vermag) schließt sich nicht auf, es spricht nicht zu uns; und die eigene Erkenntnis ist unfähig, sich dem Absoluten zu nähern, da sie gefangen ist in ihrer (tödlichen) Endlichkeit: Die Hoffnung — als philosophische Theorie — wirft uns zurück auf Protest und Verzweiflung!

Durchbrochen wäre dieser Teufelskreis allerdings dann, wenn das Heilige, das „mysterium tremendum" (Otto)[50], zum rettenden Novum würde, wenn es — bei aller Größe und allem Geheimnis, das zum Wesen des Göttlichen gehört — nicht stumm bliebe, wenn es sich „offenbarte", wenn es uns herausrisse aus dem „Leib des Todes" (vgl. Röm 7, 14—25): aus dem „Gesetz" (dem Gesetzten, dem Faktischen) der Selbstisolation (der „Sünde", der Trennung vom Lebensgrund)[51], in die der Mensch sich verstrickt, wenn er kein Wort der Liebe vernimmt. Gelöst wäre das Verhängnis des Todes nur dann, wenn die Sehnsucht nach dem „ganz Anderen", nach dem Unerreichbaren, eine *Antwort* erhielte, wenn die Transzendenz *gegenwärtig* wäre „in allen Vorgängen und Verhältnissen des Lebens"[52], wenn sie uns *hineinnähme* in ihre unendliche Fülle.

Dies aber, „die Gegenwart und Einwohnung Gottes" in der Schöpfung[53], ist die Botschaft des Glaubens an den lebendigen, sich mit-teilenden Gott, an den Gott Abrahams, Isaaks und Jakobs. Der „religiöse"[54] Glaube als Akt des *Vertrauens*, das sich überantwortet dem sprechenden und — im willigen Hören — vernehmbaren Gott, das sich gründet — mit ganzem Herzen und mit allen Kräften (Dt 6, 5) — auf das Du eines persönlichen Gottes (in der Form: „Ich glaube an *Dich* — ich glaube *Dir*")[55], *dieser* Glaube weigert sich, die Transzendenz als das „ganz" Andere zu verstehen (d. h. *nicht* zu verstehen!) und schweigend zu verehren. Dieser Glaube wagt es, Gott anzusprechen, ihn — wie Salomo — um ein „hörendes Herz" zu bitten (1 Kg 3, 9 ff.); denn der wirkliche und wirkende Gott ist, wie M. Buber sagt, „der anredbare, weil anredende, Gott"[56]. Die Existenz eines unbedingten Sinnes von Sein wird hier, im religiösen Bereich, nicht — wie

---

[49] Vgl. J. MOLTMANN, *Der gekreuzigte Gott*, 306 ff. „Teufelskreise des Todes".
[50] Vgl. R. OTTO, *Das Heilige*, München 1963, 13 ff.
[51] Vgl. oben S. 118 ff.
[52] Vgl. J. MOLTMANN, *Der gekreuzigte Gott*, 308 ff., hier 312.
[53] J. MOLTMANN a. a. O.; die Fragen der „Negativen Dialektik" Adornos und der „Kritischen Theorie" Horkheimers greift Moltmann auf (vgl. J. MOLTMANN a. a. O., 11), um die *Inkarnation* (nicht nur die „Antizipation", wie sie in ThH im Vordergrund steht) der Zukunft in der Leidensgeschichte der Welt zu betonen.
[54] Auf die Diskussion um den Religionsbegriff wird hier nicht eingegangen; „Religion" meint in diesem Zusammenhang die Bindung des Menschen an Gott, der sich *zuvor* dem Menschen zugewandt hat.
[55] Vgl. H. FRIES, *Der christliche Glaube*, in: ders., *Herausgeforderter Glaube*, München 1968, 13 ff.
[56] M. BUBER, *Werke III*, München-Heidelberg 1963, 743; zit. nach L. WACHINGER, *Der Glaubensbegriff Martin Bubers*, München 1970, 236 Anm. 45.

bei Horkheimer, Adorno u. a. — nur hypothetisch vorausgesetzt: als das Unnahbare, Unsagbare, majestätisch „bei sich" Bleibende; sondern es wird bekannt als erfahrbare Wirklichkeit[57], als erfahrbar im Leben und Sterben: „Nicht unfaßbar und unerreichbar" ist das Wort des Herrn; es ist „nicht im Himmel" und „nicht jenseits des Meeres" — so daß wir sagen könnten: wer steigt für uns in den Himmel hinauf oder fährt über das Meer, um es zu holen, damit wir danach handeln —, nein, *ganz nah* ist uns das Wort in unserem Mund und in unserem Herzen, so daß wir es befolgen können in unserem Tun" (Dt 30, 11—14).

Über die allgemeine Gottoffenheit des Seins hinaus und im Gegensatz etwa zu Buber[58] bekennt der *christliche* Glaube, daß das lebendige, lebenspendende, den Tod überwindende Wort (vgl. Jo 5, 24) geschichtlich erschienen ist: in einem Menschen, der Gottes Heilswort nicht nur verkündet (wie die Propheten), der vielmehr selbst, im Anspruch seiner Person, der Inhalt dieses Wortes ist[59]: Christus, das Licht aus der Höhe, das allen leuchtet, die „in Finsternis sitzen und im Schatten des Todes" (Lk 1, 78 f.; vgl. Is 9, 1; 42, 7). So endgültig (vgl. Hebr 1, 1 ff.) und so konkret ist dieses Heilswort — in christlicher Sicht — in Jesus erschienen, daß Johannes bekunden muß: „Was wir gehört haben, was wir gesehen haben mit unseren eigenen Augen, was unsere Hände gefaßt haben: dieses Wort des Lebens verkünden wir euch." (1 Jo 1, 1)

Dies ist die Antwort des Glaubens. Es wäre aber zu fragen, wie sich diese Antwort zum philosophischen *Zweifel* verhält, zu jener Skepsis, die sich auf Erfahrung beruft: auf die Differenz zwischen glaubend erhofftem Heil und der Faktizität einer im Argen liegenden Welt sowie des eigenen Herzens, das immer Anlaß findet, zu klagen, und das zu denken versucht ist: „Es gibt keinen Gott" (vgl. Ps 14, 1). Hat vielleicht *Weischedel* (gegen Gollwitzer)[60] recht, wenn er das Spezifikum des Denkens — im Unterschied zum Glauben — darin sieht, daß die Philosophie die „totale Fraglichkeit" des Menschen ernst nehme, während die Theologie dieses Fragens im Grunde enthoben sei: durch die Antwort-Instanz des sich mitteilenden Gottes? Müssen wir Weischedel zustimmen, wenn er christliches Vertrauen auf göttliche Offenbarung für „unvereinbar" hält mit philosophischem Denken und mit denkendem Fragen?

Eines ist richtig: Die christliche Hoffnung, der christlich verstandene „Mut" zum Dasein (Tillich), gründet auf einer Voraussetzung, die nicht selbst wieder vom Glaubenden abhängt: auf der Voraussetzung, daß es jemanden *gibt* (kein anonymes „Etwas", sondern eine konkrete Person), der unser Vertrauen ver-

---

[57] Vgl. H. ZAHRNT, *Überlegungen zur Gotteserfahrung heute. Entwurf einer zeitgenössischen Erfahrungstheologie*, in: *Christliche Existenz und kirchliche Praxis heute*, Freiburg 1975, 9—24; sowie die Ausführungen zur *Realitäts*bezogenheit des Gottesglaubens bei H. KÜNG, *Christ sein*, München 1974, 64—71.

[58] Vgl. L. WACHINGER a. a. O., 240 ff. (zum ungeschichtlichen Offenbarungsbegriff Bubers).

[59] Vgl. das absolut gemeinte (absolut „in einem ebenso exklusiven wie universalen Sinn": H. FRIES a. a. O., 20) „Ich bin es" bei Jo 8, 24; 13, 19.

[60] Vgl. H. GOLLWITZER — W. WEISCHEDEL a. a. O., 19 f. u. 33.

dient, der dieses Vertrauen zuvor schon (noch bevor wir glauben können) bewirkt[61] und immer wieder bestätigt. Aber die Hoffnung auf den, der Macht hat, uns Leben zu schenken, der sich selbst als den Weg, die Wahrheit und das Leben bezeichnet (Jo 14, 6), geht an der Fraglichkeit des Menschen nicht einfach vorbei[62], „überspielt" nicht die Anfechtung („von Hiob bis Auschwitz")[63] auch dessen, der bereit ist zu glauben: nicht gegen *jede* Erfahrung, wohl aber gegen so manche Realität dieses Lebens: gegen das „Umsonst" unserer Anstrengungen, den „Sinn" all des Negativen (der Welt und unserer eigenen Existenz) selbst erkennen und deuten zu wollen[64]; gegen die Vergeblichkeit vieler Pläne und Hoffnungen, gegen die Gebrechlichkeit unseres Leibes, gegen die Gräber unserer Toten, gegen all die Widerstände, die den „Keim des Todes in sich tragen", und gegen die der Hoffende „anglauben" muß[65].

Auch der Glaubende muß *jener* Gegenwart Gottes vertrauen, die „verborgen" ist in der (scheinbaren) Gottverlassenheit und Sinnlosigkeit unseres Daseins, „im Kreuz" des verlassenen Christus[66]. „Ich glaube, darum rede ich; ich werde aber sehr geplagt." Dieses Psalmwort (Ps 116, 10), zu dem sich Kierkegaard bekannt hat[67], dürfte zutreffend die Befindlichkeit dessen beschreiben, der auf seinen

---

[61] Vgl. P. Tillich, *Der Mut zum Sein*, Stuttgart 1954, 131: Der *Grund* für jeden „Mut zum Sein" ist das Angenommensein des Menschen durch Gott: „Wir bejahen bewußt, daß wir bejaht *sind*."

[62] Vgl. H. D. Bastian, *Theologie der Frage*, München 1969, 260: Was beide — Philosophen *und* Theologen — „heute nicht können, ist das Stigma der Gegenwart, die Fraglichkeit des Menschen und der Menschheit, übersehen und aussparen. Was beide tun müßten, wäre die Abstraktion der Fraglichkeit an konkreten Lebensfragen transparent zu machen."

[63] H. Gollwitzer in: H. Gollwitzer — W. Weischedel a. a. O., 170.

[64] H. D. Bastian a. a. O., 330 ff., verweist auf G. Mainbergers — wegen des mehrdeutigen Gebrauchs des Wortes „umsonst" umstrittene — Karfreitagspredigt über 1 Kor 1, 17—20 (G. Mainberger, *Das unterscheidend Christliche*, Luzern 1968, 84 ff.): Durch sein Kreuz hat Jesus „die Sinnfrage ultimativ herausgefordert. Aber ebenso gründlich hat er sich ihrer Beantwortung ... versagt. Sonst wäre er nicht *Mensch* gewesen. Denn Mensch sein heißt: der Antwortlosigkeit, dem Un-Sinn preisgegeben zu sein." Jesus starb „umsonst", d. h. er hat sich ausgeliefert dem Willen des Vaters. Mit Jesu „Umsonst" leben „heißt, jede mögliche Erklärung, die wir für Dinge haben, die uns betreffen, dahingestellt sein lassen ... um des einen Gottes willen, dem wir Platz machen müssen". Der Satz: Jesus starb umsonst „nimmt uns jeden möglichen Trost ... umgekehrt aber, wenn dieser Satz uns nun von allem dem ausräumt, was nicht Gottes ist, dann kommt uns die Möglichkeit wahren Trostes entgegen. Dann kann Gott ankommen. Dann kann Erlösung erlösen." — Vgl. auch G. Mainberger, *Jesus starb — umsonst*, Freiburg 1970, 79 ff.: Jesus ist in die totale Leere hineingestorben. Aber gerade dies heißt Gott einen Raum geben: „Wenn sich der Mensch ... dem Nichts und der Leere übergibt, dann öffnet er sich gleichzeitig so, daß Gott ihm entgegenkommen kann." Eben so sind wir „dem Tod gegenüber frei" (88).

[65] G. Ebeling, *Ewiges Leben*, in: G. Rein (Hrsg.), *Das Glaubensbekenntnis*, Stuttgart ²1968, 67 ff.

[66] J. Moltmann, *Der gekreuzigte Gott*, 312.

[67] S. Kierkegaard, *Die Krise*, in: ders., *Werke II*, Reinbek 1961, 85 ff., hier 133; weiter heißt es dort: „Ich bin als Mensch persönlich ein armer Kerl ... dessen dann Gott wieder sich angenommen hat."

Herrn vertraut, obwohl dieses Vertrauen durch den Augenschein der Realitäten (die Gottes Nähe nicht selten verdunkeln) nicht immer gedeckt[68] und „verifiziert" wird.

Auch der Glaubende hat die Erfahrung des Zweifels zu machen, wie sie der Prophet Jeremia — klagend, am Rande des Scheiterns, und doch wieder vertrauend — ins Wort faßt: „Um deiner (Jahwes) Hand willen sitze ich einsam da, denn mit Fluch hast du mich bedeckt. Warum dauert mein Schmerz denn ewig und warum ist meine Wunde unheilbar, da sie sich weigert, zu heilen?" (Jr 15, 17 f.)[69]. Diese Klage erhellt: Frage, Nichtverstehenkönnen, Sehnsucht nach Trost und (zeitweilige) Verweigerung dieses Trostes, dies alles ist auch für den Glaubenden eine bekannte Erfahrung; aber im Aushalten dieser Erfahrung, in der erneuten *Bekehrung* zu Gott[70], erweist sich der Glaube als „getroste Verzweiflung" (Barth)[71], als „getröstetes Fragen" (Gollwitzer)[72], als „‚Mut zum Sein' trotz des Nichts und aller vernichtenden Erfahrungen" (Moltmann)[73], als „feste Zuversicht auf ein Erhofftes, als Überzeugtsein von Dingen, die man nicht sieht" (Hebr 11,1).

Glaube und Zweifel, Antwort der Offenbarung und (bleibende) Fraglichkeit des Daseins, schließen sich keineswegs aus. Eine „hypothetische" *Ausgangs*lage nicht nur des philosophischen Denkens, sondern auch des Glaubens an die Überwindung des Todes in Christus scheint damit gerechtfertigt. Doch wie sieht solcher —mit Fragen und Zweifel verbundener — Glaube aus und worin ist er „christlich"? Ein Beispiel aus der Literatur könnte diese Frage beantworten: Inwiefern ein „hypothetischer" — darin allerdings *praktischer* — Charakter des Glaubens an Auferstehung legitim sein kann, hat Dostojewski, in den *Brüdern Karamasoff*,

---

[68] Vgl. R. PESCH, *Zur Theologie des Todes,* in: Bibel und Leben 10 (1969) 9 ff., hier 11: „nur im Blick auf Christus", *gegen* den Augenschein der Erfahrung, betrachtet Paulus (vgl. Phil 1, 19 ff.) das Sterben nicht als Verlust, sondern als „Gewinn".

[69] Vgl. R. KILIAN, *Ich bringe Leben in euch. Propheten sprechen uns an,* Stuttgart 1975, 47 ff. („Ein Gott zum Verzweifeln?"): Gott ist — in Jeremias Erfahrung — nicht nur der Nahe, Vertraute, sondern auch der Ferne, Fremde, der „Eisen zerbricht" (Jr 15, 12). So übermächtig drängen die Realitäten auf den Propheten ein, daß seine gläubige Existenz in Frage gestellt wird: „Weh' mir, meine Mutter, daß du mich geboren hast, einen Mann des Streites und des Zankes für alle Welt." (Jr 15, 10) Scheiternd wird Jeremia seines Prophetenamtes müde, und seine Klage wird zur Anklage gegen Gott.

[70] Jahwes Antwort an Jeremia: „*Wenn du umkehrst,* dann *lasse ich* dich umkehren, und vor meinem Antlitz darfst du stehen. Wenn du Edles hervorbringst und kein Geschwätz, darfst du wie mein Mund sein." (15, 19) Am eigenen Leib muß Jeremia die Umkehr vollziehen, die er den Leuten gepredigt hat, und Jahwes Zusage „Ich bin mit dir" bietet keinen Anlaß zu kindischem Optimismus, sie schließt menschliche Not mit sich ein, sogar (subjektiv so empfundene) Gottverlassenheit. — Vgl. R. KILIAN a. a. O.

[71] K. BARTH, KD IV/1, 693; vgl. oben S. 238 f.

[72] H. GOLLWITZER — W. WEISCHEDEL a. a. O., 165; ähnlich H. KÜNG, *Christ sein,* 68 f.

[73] J. MOLTMANN a. a. O., 312; vgl. P. TILLICH, *Der Mut zum Sein,* Stuttgart 1954 (worauf sich Moltmann bezieht).

so geschildert[74]: Eine Frau klagt dem Starez Sosima, sie könne ans ewige Leben nicht glauben: „Ich habe immer gefürchtet, ich werde sterben, und plötzlich ist da gar nichts ... Das ist furchtbar! Wodurch, wodurch kann ich nur den Glauben wiedererlangen?" Der Mönch aber fordert sie auf, die Brüder und Schwestern zu *lieben*, „als ob" sie für die Ewigkeit bestimmt seien: als künftige Partner der Glückseligkeit[75]. Er entläßt die Frau mit der Versicherung, das Vertrauen auf die *Realität* dieser Ewigkeit werde sich von selber einstellen, sofern sie in der Liebe verharre: „In dem Maße, als Sie Fortschritte machen in der Liebe, werden Sie sich auch überzeugen: sowohl vom Dasein Gottes wie von der Unsterblichkeit Ihrer Seele ... Das ist erprobt!"[76]

Dostojewski will sagen: von einem Standpunkt *außerhalb* des Glaubens-vollzuges läßt sich keine Gewißheit des ewigen Lebens gewinnen. Nur wer die Brüder liebt, wer sich einläßt auf Jesu Gebot, ist hinübergeschritten vom Tode ins Leben (1 Jo 3, 14). Aus dieser Sicht wäre J. Ratzinger zuzustimmen, wenn er — in sachlicher Entsprechung zur eben zitierten Dostojewski-Stelle — ein hypothetisches „Als ob" als möglichen Beginn eines praktischen Glaubens bejaht[77]: Wenn Bonhoeffer — aus einem, wie Ratzinger zugibt, berechtigten Anliegen heraus[78] — meint, auch der Glaubende müsse leben, quasi Deus *non daretur*, schlägt Ratzinger das Umgekehrte vor: auch der Skeptiker sollte leben, quasi Deus *daretur*! Wer seinem Mitmenschen als Bruder begegnet: als sei er nicht irgendein Zufall, sondern ein besonderer Gedanke des Schöpfers, von dem er gekannt und geliebt wird, der steht schon — ohne dies reflektieren zu müssen — beim „Kern dessen, was der Glaube an ‚Unsterblichkeit der Seele' meint. Auch wenn er vielleicht niemals das ‚Als-ob' überwinden kann, sondern darüber zeitlebens ein Fragender bleibt, hat er das aufgenommen, worum es hier in Wirklichkeit geht, weit mehr als derjenige, der Unsterblichkeit als Formel bejaht, aber so lebt, als ob es nur ihn selber gäbe."[79]

Wenn es stimmt, fährt Ratzinger fort, daß wir von diesem „Als ob" die wahren Vollzugsmöglichkeiten des Lebens empfangen, ist über den *Realitätscharakter* dieser Hypothese das Entscheidende schon gesagt: „Wer sich geduldig diesem Als-ob anvertraut, es fortwährend zur Maxime seines Lebens nimmt, der kann auch sehen, daß er nicht von einer Fiktion her lebt. Daß in dem, was er zunächst als Hypothese übernimmt, Wahrheit wohnt: die eigentliche Wahrheit des Menschen und der Wirklichkeit als solcher."[80]

---

[74] Zum folgenden F. M. DOSTOJEWSKI, *Die Brüder Karamasoff*, München o. J. (Goldmann Nr. 478/81), 68 ff.; vgl. oben S. 174 Anm. 64.
[75] Als „socii in participatione beatitudinis" (THOMAS V. AQUIN, *Quaestio disputata de caritate* 7; zit. nach J. PIEPER, *Über die Liebe*, München 1972, 180).
[76] Vgl. unten S. 343 ff.
[77] Zum folgenden vgl. J. RATZINGER, *Jenseits des Todes*, in: Communio 1 (1972) 231 ff., hier 242 ff.
[78] Vgl. oben S. 148 ff.
[79] J. RATZINGER a. a. O., 243. — Vgl. *Rahners* Theorie vom „anonymen Christentum".
[80] J. RATZINGER a. a. O., 243 f.; vgl. H. KÜNG a. a. O., 69.

II. Unsterblichkeit der Seele oder Auferstehung der Toten?

Vorbemerkung

In der „Orthopraxie", in der tätigen Liebe, sieht Ratzinger — wie Rahner — den (nicht reflektierten) Glauben an die Unsterblichkeit der Seele mit eingeschlossen. Dieser „Unsterblichkeit" wird aber von Barth[1] und vielen anderen Vertretern der protestantischen Theologie widersprochen: zugunsten der „Auferstehung der Toten" als der (endzeitlichen) Tat Gottes. In Ergänzung und Weiterführung von früher schon Gesagtem[2] soll diese Frage: Unsterblichkeit der Seele oder Auferstehung der Toten?, im folgenden erörtert werden[3].

1. Der Stand der theologischen Diskussion

Seine Ablehnung einer unsterblichen Seele hat H. Thielicke auf eine präzise Formel gebracht: „Auferstehung: das ist das gesprengte Grab (aber eben das vorher auch benutzte Grab); Unsterblichkeit: das ist das verleugnete Grab."[1] Die Überlebenstheorien Platons, Kants, Hegels, Schopenhauers und Goethes[2], alle werden von Thielicke in dieses Schema gefaßt: So verschiedenartig die griechische Klassik und die europäische Aufklärung ihre Theorien auch begründeten, immer werde das Ich des Menschen gespalten: in einen wesentlichen Part, der den Tod überdauert (da er ihn als bloße „Erscheinung" durchschaut)[3], und in einen unwesentlichen Part, der sich im Tode verläuft, ohne daß das „eigentliche" Ich (das in die vor-individuelle „Weltseele" eintaucht) davon berührt würde[4]. Bezeichnend für die so verstandene Unsterblichkeit sei, so Thielicke, die Tendenz, gerade *den* „Teil" des Menschen im Tode vergehen zu lassen, der — zu Lebzeiten — die personale Einmaligkeit und Unverwechselbarkeit des Individuums

---

[1] Vgl. oben S. 82 ff.
[2] Vgl. bes. oben S. 131 ff. zu Elert, S. 257 ff. zu Rahner.
[3] Zum Ganzen vgl. G. Greshake, *Das Verhältnis „Unsterblichkeit der Seele" und „Auferstehung des Leibes" in problemgeschichtlicher Sicht*, in: ders. — G. Lohfink, *Naherwartung — Auferstehung — Unsterblichkeit*, Freiburg 1975, 82—120, bes. 98 ff.

[1] H. Thielicke, *Tod und Leben*, Tübingen ²1946, 100.
[2] Vgl. H. Thielicke a. a. O., 28 ff. u. 52 ff. — Zur Unsterblichkeit aus philosophischer Sicht vgl. J. Choron, *Der Tod im abendländischen Denken*, Stuttgart 1967; M. Brod, *Von der Unsterblichkeit der Seele*, Stuttgart 1969; E. Fink, *Metaphysik und Tod*, Stuttgart 1969.
[3] Vgl. z. B. J. G. Fichte, *Über den Unterschied des Geistes und des Buchstabens in der Philosophie*, 1794: „Der Tod ist eine Erscheinung wie alle anderen Erscheinungen: keine Erscheinung aber trifft das Ich." (Zit. nach J. Moltmann, *Theologie der Hoffnung*, 328 Anm. 46)
[4] Vgl. oben S. 170 f. zur Kritik Moltmanns an Blochs Theorie einer „Exterritorialität" des Menschen zum Tode.

konstituiert hat; durch diesen Kunstgriff wolle die Existenz ihrem Schöpfer entfliehen und seinen Gerichten entkommen[5].

Fast alle evangelischen Theologen der Gegenwart halten die Unsterblichkeitslehre Platons[6] für unvereinbar mit der Auferstehungshoffnung der Bibel, mit dem *Ernst* des Todes als der wirklichen Grenze des Menschen[7], mit der *Sündigkeit* des Menschen seit Adam[8], für unvereinbar mit den Ergebnissen der heutigen *Anthropologie,* die die Person als Einheit von Leib und Seele begreift[9]. Nicht Unsterblichkeit der Seele, sondern Auferstehung der Toten! Diese oft sehr scharf pointierte Antithetik findet man bei Barth wie bei Bultmann[10], bei Brunner[11] wie bei Cullmann[12] und Althaus[13], bei Jüngel[14] wie bei Moltmann[15] und Pannenberg[16].

Auch verschiedene katholische Theologen sehen es heute für ratsam an, den Ausdruck „unsterbliche Seele" zu meiden (eine Tendenz, die sogar das *Missale Romanum* bestimmt)[17]: Schoonenberg hält die Auffassung, der Mensch sei nicht schon kraft seines Menschseins unsterblich, für zumindest vertretbar[18]; und Schillebeeckx formuliert so: „Von einer wesensgemäßen Unsterblichkeit der Seele finden wir in der alt- und neutestamentlichen Offenbarung keine Spur"; wohl aber finden wir (dies ist — nach Schillebeeckx — etwas ganz anderes) die „Bundesgemeinschaft mit Gott, dem Lebendigen, der treu ist", und der Zukunft ge-

---

[5] H. THIELICKE a. a. O., 98. — Vgl. oben S. 135 Anm. 23.
[6] Vgl. aber A. AHLBRECHT, *Tod und Unsterblichkeit in der evangelischen Theologie der Gegenwart,* 17 f.: Meist ist es der Unsterblichkeitsglaube der *Aufklärung,* den protestantische Theologen meinen, wenn sie gegen die „Überfremdung" des Christentums durch die „platonische" Philosophie polemisieren.
[7] Vgl. oben S. 251 ff.
[8] Vgl. oben S. 218 ff.
[9] Vgl. oben S. 262 ff.; neben der dort genannten Literatur vgl. G. v. d. LEEUW, *Unsterblichkeit und Auferstehung,* München 1956.
[10] Vgl. oben S. 121 ff.
[11] E. BRUNNER, *Das Ewige als Zukunft und Gegenwart,* München-Hamburg 1965, 111 f.: „Man glaubt *entweder* an die Unsterblichkeit der Seele ... *oder* aber man glaubt an den Gott der Offenbarung."
[12] Vgl. O. CULLMANN, *Unsterblichkeit der Seele oder Auferstehung der Toten?,* Stuttgart-Berlin 1964.
[13] Vgl. oben S. 136 Anm. 26.
[14] Vgl. E. JÜNGEL, *Tod,* 57 ff.
[15] J. MOLTMANN, *Umkehr zur Zukunft,* München 1970, 92 ff., akzentuiert die Auferstehungshoffnung besonders stark: als Hoffnung *gegen* den Tod und seine Erscheinungen in der Welt (Ungerechtigkeit, Hunger, Krieg usw.); der Unsterblichkeitsgedanke dagegen finde sich mit dem Unrecht ab, statt es zu bekämpfen.
[16] W. PANNENBERG, *Was ist der Mensch?,* Göttingen ²1964, 34 ff., will den Leib-Seele-Dualismus vermeiden (wobei er aber dem Interesse der Griechen an etwas Bleibendem einen „wahren Kern" zubilligt) und die *Zukünftigkeit* des Lebens nach dem Tode betonen; deshalb bevorzugt er das Symbol „künftige Auferweckung" vor dem Symbol „Unsterblichkeit".
[17] Vgl. oben S. 264 Anm. 97 (auch zum *Holländischen Katechismus*).
[18] P. SCHOONENBERG, *Ich glaube an das ewige Leben,* in: Concilium 5 (1969) 43 ff.; vgl. ders., *Und das Leben der zukünftigen Welt,* Köln 1972, 66.

währt: auch denen, die gestorben sind. Denn das „Reich Jahwes läßt sich mit dem Totsein nicht vereinbaren"[19].

Aber es gibt — auf katholischer wie evangelischer Seite — auch andere Stimmen: solche, die die Rede von der „Unsterblichkeit" als zulässig verteidigen[20], bzw. „Auferstehung" und „Unsterblichkeit" wohl in ihrer Differenz erkennen, aber nicht gegeneinander ausspielen. Ratzinger z. B. verlangt — aus genannten Gründen[21] — eine „Rehabilitierung" des Begriffs „Seele" in der Theologie; Metz gebraucht das Wort „Unsterblichkeit" — wie Rahner — synonym mit der in der menschlichen Freiheitsgeschichte gewordenen Endgültigkeit unseres Daseins[22]; Tillich läßt Auferstehung *und* Unsterblichkeit als gleichberechtigte Symbole gelten[23], und der reformierte Hagiograph W. Nigg kann in der Unterscheidung von (griechischer) Unsterblichkeit und (christlicher) Auferstehung nur eine „Verwirrung" des einfachen Volkes erblicken, die, so Nigg, „noch den letzten Glaubensrest untergräbt"[24]. W. Trillhaas vertritt — gegen Althaus' Theorie einer Auferstehung aller am Ende der Zeit — einen „recht verstandenen" Unsterblichkeitsglauben[25]: Natürlich sei dieser Gedanke, wie Trillhaas einschränkt, mit zeitbedingten Vorstellungen verbunden, die wir heute nicht übernehmen könnten[26]; die Lehre von der „Unsterblichkeit" enthalte aber eine verbindliche Wahrheit: den Fortbestand der *Person* an der Schwelle des Todes. Dieser Fortbestand entspreche dem berechtigten Interesse des Glaubens, dem Interesse an der Identität des Menschen im irdischen Sein und im künftigen Gericht[27]. „Auferstehung" sei folglich keine *völlig* neue Schöpfung, da sonst „die Kontinuität mit dem Personsein des auf Erden lebenden Menschen" verloren gehe. Allerdings: sofern der Sterbende „in *Gottes* Welt und in *Gottes* Leben"[28] versetzt wird, sei das Leben der Auferstehung doch eine „Neuschöpfung" (vgl. 2 Kor 5, 17)!

Man sieht: der Stand der Diskussion ist ziemlich komplex und eher verwirrend: Denn auch Barth und die übrigen hier genannten Kritiker des Unsterblichkeitsge-

---

[19] E. SCHILLEBEECKX, *Einige hermeneutische Überlegungen zur Eschatologie*, in: Concilium 5 (1969) 18 ff.

[20] Vgl. bes. J. PIEPER, *Tod und Unsterblichkeit*, München 1968.

[21] Vgl. oben S. 264.

[22] J. B. METZ, in: G. SZCZESNY (Hrsg.), *Die Antwort der Religionen*, Reinbek 1971, 95 f.: „Unsterblichkeit oder Ewigkeit des Menschen bezeichnet ... die in geschichtlicher ... Freiheit des Menschen reifende End-gültigkeit der Zeit, gewissermaßen ihren ‚existentiellen Extrakt'." — Vgl. oben S. 251 ff.

[23] Vgl. oben S. 143 ff.

[24] W. NIGG, *Der verborgene Glanz*, Olten-Freiburg 1971, 209; ähnlich G. HOMMEL, *Und dieser Gott soll Liebe sein?*, Stuttgart 1972, 28; vgl. W. NIGG a. a. O.: „Wenn die schlichte Frau aus dem Volke von der Unsterblichkeit der Seele spricht, so meint sie nichts anderes, als was Paulus von der Auferstehung sagt: ‚Es wird gesät verweslich und wird auferstehen unverweslich'."

[25] Zum folgenden W. TRILLHAAS, *Dogmatik*, Berlin ²1967, 497 ff.

[26] Vgl. unten S. 324.

[27] W. TRILLHAAS a. a. O.: Ohne diese Identität wäre „alles, was die christliche Hoffnung dem Glauben bereithält, gegenstandslos".

[28] W. TRILLHAAS a. a. O.; Hervorhebung von mir.

dankens bejahen eine (durch „Verwandlung" gegangene) „Kontinuität" des menschlichen Subjektes diesseits und jenseits des Todes; ja gerade um dieser *Kontinuität* willen, um der personalen Verantwortung des Individuums vor Gott willen, meint Thielicke, eine „unsterbliche Seele" negieren zu müssen. Dieser Konsens im *Anliegen* ist, wie gesagt, in seiner Bedeutung nicht zu unterschätzen[29]. Andererseits ist nicht zu übersehen: Der Streit um künftige Auferweckung (womöglich „ex nihilo") oder „natürliche" Unsterblichkeit (als „Eigenschaft" der Person) enthält — außer Fragen der Terminologie (die von der Herkunft des jeweiligen Autors bestimmt ist) — auch *sachliche* Implikationen, was das Verständnis des Todes betrifft. Aus diesem Grund ist es angebracht, auf die Frage: Unsterblichkeit oder Auferstehung? — vom Schriftbefund des Alten und Neuen Testamentes her — eigens einzugehen.

2. Der Schriftbefund (Überblick)

Fragt man die Bibel nach „Auferstehung" oder „Unsterblichkeit", so kommt man — bei Ausklammerung einzelexegetischer Details — zu folgenden Ergebnissen:

Die älteren Schichten des AT kennen *keine* Zukunftserwartung für den einzelnen, lediglich eine stark verminderte, trostlose Schatten-Existenz im Rachen der Unterwelt[30]. Zwar gab es gewisse *Ansätze* zur Überwindung des Todesloses, eine Art „Vorahnung"[31] dessen, daß die Erfüllung des Jahwe-Bundes im Tod nicht einfach begrenzt werden könne (vgl. Os 13, 14; Pss 16, 49 u. 73; evtl. Ez 37, 1—14)[32]; Allgemeingut des jüdischen Volkes war diese Sicht aber nicht, „nur ganz wenige konnten sich über die pessimistische Schau des Sterbens erheben"[33]. Erst allmählich, in der nachexilischen Zeit[34] (unter persischem Einfluß vermut-

---

[29] Vgl. oben S. 291 ff.

[30] Vgl. oben S. 287.

[31] Vgl. A. M. Dubarle, *Die Erwartung einer Unsterblichkeit im Alten Testament und im Judentum,* in: Concilium 6 (1970) 685 ff.

[32] Nach G. J. Botterweck, *Auferstehung des Fleisches,* II. Altes Testament, in: LThK 1 (²1957) 1042 ff., besagt Os 13, 14 „die Zuversicht, daß Jahwe das Volk (nicht den einzelnen; Einschub von mir) retten und wiederherstellen wird, die Frage 14 b bekräftigt den Glauben an die Tod und Unterwelt überwindende (= totale) Macht Jahwes." — A. M. Dubarle a. a. O. verweist bes. auf die Psalmen 16, 49 u. 73, in denen sich die Hoffnung auf ein ewiges Wohnen in der Nähe Jahwes ausdrücke: „Wenn manche Psalmisten wirklich mit der Unsterblichkeit in Gottes Nähe gerechnet haben (die Meinungen der Exegeten gehen hier auseinander, Dubarle läßt die Frage offen; Einschub von mir), so haben sie damit ein Vorspiel zu dem gegeben, was im Buch der Weisheit eine feststehende Lehre sein wird, alle Gerechten betreffend." — Zur unsicheren Bedeutung der Vision von der Wiederbelebung der Totengebeine (Ez 37, 1—14) vgl. G. J. Botterweck a. a. O.

[33] J. Gnilka, *Die biblische Jenseitserwartung,* in: Bibel und Leben 5 (1964) 103 ff. — Daß Gott *einzelne* Männer von der Erde „entrückt" (Gn 5, 21—24; 2 Kg 2, 9 f.; Is 53, 8), diese Vorstellung ist dem AT ja geläufig.

[34] Einzelheiten bei K. Schubert, *Die Entwicklung der Auferstehungslehre von der nachexilischen bis zur frührabbinischen Zeit,* in: Biblische Zeitschrift 6 (1962) 177—214.

lich)³⁵, setzte sich — als *Folge* der erfahrenen Nähe zu Gott — die Einsicht durch, daß Jahwe seinen Bund mit den Menschen „umfassend und *vollendet*" verwirklichen wird³⁶, daß er Herr auch der Toten ist³⁷, daß er nicht nur Israel — als *Kollektiv* — eine Zukunft gewährt (wie es Is 25, 8 u. Is 26, 19 intendieren)³⁸, daß es nicht nur ein *unpersönliches* Fortleben gibt: in den Nachkommen (z. B. Gn 15; Sir 30, 4—6) bzw. im Ruhm der späteren Generationen (z. B. Ps 112, 6; Spr 10, 7; Sir 37, 26; Weish 4, 1)³⁹, daß vielmehr der einzelne — als leiblich-ganzer⁴⁰ — „auferstehen" wird in der Endzeit (vgl. bes. Dn 12, 1—3; 2 Makk 7, 9 und nichtkanonische jüdische Schriften zu Beginn des 1. Jh. n. Chr.)⁴¹; freilich bleibt es umstritten, ob nur die Gerechten (bzw. Märtyrer: 2 Makk 7, 9) oder auch die Ungerechten (vgl. Dn 12) an der Auferstehung teilhaben werden⁴².

Diese im späteren AT bezeugte Auferstehung hat — was die anthropologischen Voraussetzungen betrifft — mit der hellenistischen Vorstellung einer „unsterblichen Seele" nichts zu tun (abgesehen vom Buch der Weisheit, das verschieden interpretiert wird)⁴³: Die dichotomistische Theorie, daß der Tod nur den (stofflich „zusammengesetzten") Körper betreffe, während er das „unteilbare" (weil geistige) Lebensprinzip des Weisen⁴⁴ in die höhere Existenzform entlasse, diese Denkweise kommt im AT nicht vor⁴⁵ und auch in den neutestamentlichen Büchern ist sie nicht anzutreffen.

Jesus setzt — „in der Tradition einer langen Lehrentwicklung"⁴⁶ — die ganzheitliche Anthropologie und die eschatologischen Anschauungen des Spätjudentums voraus (vgl. das Streitgespräch mit den Sadduzäern: Mk 12, 18 ff. par)⁴⁷,

---

[35] Vgl. u. a. F. KÖNIG, *Zarathustras Jenseitsvorstellungen und das AT*, Wien 1964.

[36] U. WILCKENS, *Auferstehung*, Stuttgart 1970, 115.

[37] Nach E. SCHILLEBEECKX a. a. O., ist dies ein *Fortschritt* der Offenbarung, der uns lehrt, „daß man nicht *wegen* des Jenseits religiös lebt". Vielmehr bildet — umgekehrt — die Bundesgemeinschaft Jahwes mit seinem Volk den hermeneutischen Verstehenshorizont für den Glauben an eine Zukunft jenseits des Todes: für das Volk und jeden einzelnen. — Ähnlich U. WILCKENS a. a. O., bes. 114 ff.

[38] Vgl. A. GRABNER-HAIDER, *Auferstehung und Verherrlichung*, in: Concilium 5 (1969) 29 ff.

[39] Weitere Stellen bei A. M. DUBARLE a. a. O.

[40] In 2 Makk 7, 9 hofft der dritte Sohn, von Gott sogar seine Glieder wieder zu erhalten.

[41] Genaueres bei G. J. BOTTERWECK a. a. O.

[42] Vgl. J. GNILKA a. a. O., 107; genaueres bei U. WILCKENS a. a. O., 122 ff.

[43] Vgl. A. M. DUBARLE a. a. O., 689: Daß Weish die *leibliche Auferstehung* nie ausdrücklich erwähnt, wird von den Exegeten unterschiedlich beurteilt: entweder, daß Weish (bes. 3, 2 ff.) die *griechische Unsterblichkeitslehre* voraussetze, oder daß Weish an der leiblichen Auferstehung *inklusiv* festhalte (wegen der semitischen Anthropologie, die auch in Weish noch vorliege).

[44] Vgl. bes. Platons Schrift *Phaidon*; dazu C. HUBER, *Anamnesis bei Plato* (Pullacher Philos. Forschungen VI), München 1964, 69—255.

[45] Vgl. oben S. 259.

[46] J. FINKENZELLER, *Die Auferstehung Christi und unsere Hoffnung*, in: A. PAUS (Hrsg.), *Die Frage nach Jesus*, Graz-Wien-Köln 1973, 181—270, hier 244.

[47] Vgl. F. MUSSNER, *Jesu Lehre über das kommende Leben nach den Synoptikern*, in: Concilium 6 (1970) 692 ff.

mit dem Unterschied freilich, daß er die Auferstehung der Toten universal versteht (nicht auf die Gerechten oder auf Israel beschränkt)[48] und daß er — bzw. die urchristliche Gemeinde — die eschatologischen Verheißungen des AT (bes. des Deutero-Jesaia) als *in seiner Verkündigung erfüllt* ansieht (Mk 1, 14 f.; vgl. Is 52, 7; Lk 4, 17 ff.; vgl. Is 61, 1 f.; Mt 11, 5; vgl. Is 35, 5 f.; Lk 10, 23 f. u. a.). Mit Jesus hat die Endzeit begonnen, obwohl — andererseits — die „Voll-endung" in Herrlichkeit noch aussteht[49]: in bedrängender *Nähe* allerdings (Mk 1, 15 par; Lk 10, 9. 11 u. a.). Angesichts dieser „Naherwartung" ist nicht anzunehmen, daß sich Jesus das künftige Leben als durch eine „Zwischenzeit" (bis zum „Jüngsten Tag") vom individuellen Tode getrennt gedacht habe. Mit anderen Worten: Wenn Jesus den Menschen nicht aufteilt in Seele und Leib, so folgt daraus nicht, daß zwischen Tod und Auferstehung ein *Vakuum* liegen müsse (wie es die jüdische Apokalyptik teilweise annahm)[50]. Genaue Einzelheiten lassen sich aber nicht herausfinden aus den Texten: Ob und in welchem Sinn Jesus überhaupt einen „Zwischenzustand" gelehrt hat, ist nicht so sicher[51]; in diesem Zusammenhang gern zitierte Stellen wie Lk 16, 19—31 (das Gleichnis vom reichen Prasser und armen Lazarus) und Lk 23, 43 (Jesu Wort an den reuigen Schächer) wollen, so die meisten Exegeten[52], keine detaillierte Auskunft vermitteln, weder über die *Art* der Existenz nach dem Tode noch über den *Zeitpunkt* der individuellen Vollendung[53].

Dasselbe gilt für Paulus und Johannes: Paulus lehrt zwar die *künftige* Auferstehung des Leibes (d. h. des ganzen Menschen), vielleicht gegen hellenistisch beeinflußte Vorstellungen, etwa der Gemeinde von Korinth (vgl. 1 Kor 15)[54]; denn die Zukunft des Heils steht noch aus (1 Thess 2, 19; 1 Kor 1, 7; 2 Kor 1, 14; Phil 3, 20 f. u. a.), und das Leben Christi, „im Christen wohnend, kommt erst bei der Auferweckung ans Ziel (Röm 8, 9 ff.)"[55]. Aber neben der futurischen Aussagereihe gibt es eine „präsentische" Eschatologie bei Paulus: Jetzt ist der Augenblick der Entscheidung, jetzt ist der Tag des Heiles (2 Kor 6, 2)! Diese Tendenz, den Tag des Heiles nicht (nur) in ferner Zukunft zu sehen, wird später noch deutlicher: Der vom Tod bedrohte Apostel erwartet nicht mehr die Parusie des Herrn zu erleben. In dieser Lage hat Paulus für die individuelle Eschatologie die Formel

---

[48] Vgl. J. GNILKA a. a. O.
[49] Vgl. R. SCHNACKENBURG, *Eschatologie*, III. im NT, in: LThK 3 (²1959) 1088 ff.; H. CONZELMANN, *Auferstehung*, V. Im NT, in: RGG 1 (³1957) 695 f.
[50] Auch in der spätjüdischen Literatur — z. B. in 2 Makk 7 — ist es nicht immer klar zu entscheiden, ob das Leben bei Gott sofort nach dem Tode beginnt oder erst nach einem (wie immer zu deutenden) „Zwischenzustand"; vgl. A. M. DUBARLE a. a. O.
[51] Vgl. oben S. 289 Anm. 291.
[52] Vgl. J. GNILKA a. a. O., 110.
[53] J. JEREMIAS, παράδεισος, in: ThWNT 5 (1954) 763—771, bes. 768 f., deutet das „noch heute" (Lk 23, 43) im eschatologischen Sinn, d. h. der jetzt gewährte Vergebungszuspruch garantiert die künftige Vollendung; J. GNILKA a. a. O. stimmt dem zu.
[54] Vgl. E. KÄSEMANN, *Der Ruf der Freiheit*, Tübingen ⁴1968, 82 ff.; J. FINKENZELLER a. a. O., 253 ff.
[55] R. SCHNACKENBURG a. a. O., 1091.

„beim Herrn sein" geprägt (2 Kor 5, 8; Phil 1, 23)[56]. Falls gegenüber 1 Thess 4, 14 ff. (wo von den Toten ἐν Χριστῷ die Rede ist) eine sachliche *Weiterentwicklung*[57] vorliegt, bestünde diese „darin, daß die für den Tag der Parusie gemachte Verheißung, dann für immer σὺν κυρίῳ zu sein, jetzt auf den Zustand nach dem Tod übertragen erscheint"[58]. Freilich: mit der platonischen Unsterblichkeitslehre ist auch diese (spätere) Auffassung des Paulus nicht zu verwechseln[59]: Paulus verzichtet auf jede dichotomistische Beschreibung des Zustandes zwischen Tod und Auferstehung[60]; ohne anthropologische Reflexionen[61] ist er davon überzeugt, daß die Verbindung des Glaubenden mit Christus auch im Tode nicht aufhört — so sehr der Tod „letzter Feind" (1 Kor 15, 26) bleibt bis zum Tage des Herrn.

Bei Johannes steht die „präsentische Eschatologie" noch stärker im Vordergrund; das Hauptgewicht liegt auf der *Gegenwart* des Lebens im Glauben an Jesus (Jo 3, 36 u. a.), so daß die künftige Vollendung — im Vergleich zu Paulus — etwas zurücktritt[62]. Andererseits bleibt der Ausblick auf futurische „Auferweckung der Toten" dennoch gewahrt (Jo 5, 28 f.; 6, 39 f.; 12, 48; 1 Jo 2, 28 u. a.), und zwar, wie Schnackenburg betont, nicht nur „anhangweise, sondern aus der inneren Konsequenz" der heilsgeschichtlich orientierten Theologie des Johannes[63]. Aber auch für Johannes gilt: das Wichtigste ist, dorthin zu kommen, wo Christus ist (Jo 17, 24), „und die Gewißheit des *Daß* drängt (wie schon bei Paulus) die Frage nach dem *Wann* und *Wie* zurück"[64].

3. Zur Auseinandersetzung um den Begriff der „Unsterblichkeit"

Fassen wir das Ergebnis des Schriftbefundes zusammen, so ist zu sagen: Weder das Alte noch das Neue Testament bieten eine durchreflektierte „Lehre vom Zwischenzustand"; eine genaue Bestimmung des künftigen Lebens bezüglich des Wann und des Wie ist nicht möglich[65]. Dies allerdings steht fest: die Unsterb-

---

[56] Zum Ursprung dieser Formel vgl. W. GRUNDMANN, σύν, in: ThWNT 7 (1964) 766 ff.

[57] Zur (umstrittenen) Frage einer „Entwicklung" der paulinischen Eschatologie vgl. bes. P. HOFFMANN, *Die Toten in Christus*, Münster 1966; ferner C. H. HUNZINGER, *Die Hoffnung angesichts des Todes im Wandel der paulinischen Aussagen*, in: Leben angesichts des Todes (Thielicke-Festschrift), Tübingen 1968, 69—88.

[58] J. GNILKA a. a. O., 113 ff.

[59] Vgl. P. HOFFMANN a. a. O., 335: Auch in Phil 1, 23 und 2 Kor 5, 6—8 liegen jüdische Vorstellungen zugrunde; „ohne Reflexion der Unterschiede und systematische Bedenken für die eschatologische Vollendung und für den Tod" erwartet Paulus ein σὺν Χριστῷ εἶναι.

[60] Vgl. J. FINKENZELLER a. a. O., 256.

[61] Vgl. P. HOFFMANN, *Unsterblichkeit*, II. Biblisch, in: HThG II, 733 ff., hier 739.

[62] Vgl. J. FINKENZELLER a. a. O., 247.

[63] R. SCHNACKENBURG a. a. O., 1091.

[64] R. SCHNACKENBURG a. a. O. (Hervorhebung von mir); ebenso J. GNILKA a. a. O., 115 f.

[65] Vgl. P. HOFFMANN, *Unsterblichkeit*, 738.

lichkeitsidee, sofern sie den Leib als Gefängnis der Seele betrachtet, die — als anima separata — im Tode befreit wird, ist — von der Schrift her — unhaltbar[66]. Unbiblisch ist eine solche Deutung des Todes, weil es in der Schrift gerade die *Leiblichkeit* ist, die des Menschen Identität mit sich selber (als Bedingung der Möglichkeit personaler Vollendung) verbürgt[67]. „Ewiges Leben" im Sinne der Bibel meint den ganzen Menschen und nicht bloß das Schicksal der „besseren" Hälfte (der „Seele") des Menschen. An der kritischen Feststellung wird man nicht vorbeikommen: Der frühchristliche Gedanke einer Wiederverkörperung der vom Leibe getrennten Seele (bei der Parusie Christi) ist die — von der Schrift her keineswegs naheliegende — Kombination verschiedener Einzelelemente aus zwei verschiedenen Vorstellungskreisen — des jüdischen (Auferstehung des Fleisches) und des hellenistischen (Unsterblichkeit der Seele) —, die sich ursprünglich nicht komplementär verhielten, sondern selbständige Gesamt-Anschauungen der jenseitigen Zukunft des Menschen waren[68].

Nun spielt aber die „Seele" im Zusammenhang mit ihrer „Unsterblichkeit" in der kirchlichen *Sprachregelung* — seit der Patristik — eine bedeutende Rolle. Dieser Terminus wurde durch das V. Lateran-Konzil dogmatisch fixiert bzw. — richtiger — als sprachliches Ausdrucksmittel einer dogmatischen Definition (des Fortbestands der Person, der Verwiesenheit des Menschen auf Gott, auch jenseits des Todes: als visio beata)[69] übernommen. Aus Rücksicht auf diese Sprachregelung (die historisch gewachsen und ohne zwingenden Grund nicht aufzugeben ist) ist es richtiger, die Rede von der „Unsterblichkeit" nicht einfach preiszugeben (wie es Barth u. a. tun), sondern in einer biblisch und anthropologisch zu verantwortenden Sprache zu *übersetzen*, was „Unsterblichkeit" meint, bzw. klarzustellen, was „Unsterblichkeit" nicht meinen kann.

Zuerst eine Vorüberlegung: Die Auseinandersetzung um den Begriff „Unsterblichkeit" würde schon durch die Überlegung entschärft, daß auch die biblische Rede von der „Auferstehung" ihre Problematik hat. Wie die nach-kanonische Lehrentwicklung im Raum der Kirche bedient sich schon das NT — um seinen

---

[66] Vgl. J. RATZINGER, *Auferstehung des Fleisches,* VI. Dogmengeschichte, in: LThK 1 (²1957) 1048 f.: Die biblische Lehre von der Auferstehung des Fleisches „trat dem vom pythagoreisch-platonischen σῶμα-σῆμα-Schema beherrschten griechischen Denken als etwas *völlig Fremdartiges* gegenüber ..." (Hervorhebung von mir). — H. U. v. BALTHASAR, *Der Tod im heutigen Denken,* in: Anima 11 (1956) 292 ff., hier 295, bedauert deshalb, daß für die ersten 1500 Jahre des Christentums, unter dem Einfluß des Platonismus, „die Auferstehung des Leibes beinahe nur noch als ein ‚Akzessorium' erscheint, das fast ebensogut auch wegbleiben könnte".

[67] Vgl. oben S. 259 f.

[68] So J. RATZINGER, *Auferstehung,* in: *Sacramentum Mundi I,* Freiburg 1967, 397 ff.; ders., *Einführung in das Christentum,* München 1968, 289 ff.; vgl. ders., *Dogma und Verkündigung,* München-Freiburg 1973, 311 ff.

[69] Gegen die These Johannes XXII. (gestützt auf namhafte Kirchenväter wie Hilarius, Ambrosius, Chrysostomus, Augustinus), daß die Gottesschau der Seligen erst *nach* der allgemeinen Auferstehung erfolge, definierte Benedikt XII. das sofortige Eintreten der visio beata nach dem Tod (DS 1000); zur Problematik dieser Entscheidung vgl. J. RATZINGER, *Auferstehung des Fleisches,* in: LThK 1 (²1957) 1049.

Adressaten die Botschaft zu *veranschaulichen* — geläufiger Vorstellungsschemata, in denen die jeweiligen Adressaten zu Hause sind. Nicht nur dem griechischen und dem (mit der jüdischen Anthropologie kombinierten) frühchristlichen Modell der Jenseitshoffnung liegt eine — zeitbedingte — gedankliche „Vorstellung" zugrunde, sondern auch dem heute (besonders auf evangelischer Seite) bevorzugten Modell einer Auferweckung der Toten am Ende der Zeit[70]. „Auferstehung" ist ein von außen ins Judentum eingedrungenes (der israelitischen Überlieferungsgeschichte allerdings entgegenkommendes, ihr innerlich entsprechendes)[71] und in der spätjüdischen Apokalyptik ausgemaltes[72] „Interpretament"[73], eine bildhafte Aussage-*form* also, deren sachlicher (dogmatisch verbindlicher) Kern — wie bei der „Unsterblichkeit" — die Hoffnung auf Gott ist, der auch im Tode noch treu ist.

Mit dieser (unumgänglichen und selbstverständlichen) Unterscheidung von gemeinter „Sache" und interpretierendem „Bild"[74] soll die Rede von der „Auferstehung" nicht für „schlechter" erklärt werden als die Rede von der „unsterblichen Seele"; denn das „biblisch-theologische Stichwort der hier gemeinten anthropologischen Frage ist nicht Unsterblichkeit, sondern Auferstehung des Fleisches"[75]. Was behauptet wird, ist lediglich dies, daß es sich — in *beiden* Fällen — um Hilfsbegriffe handelt, und daß die gemeinten Inhalte wichtiger sind als die (notwendig inadäquaten) Vorstellungsschemata, in denen sie ihren begrifflichen Ausdruck finden. Ob man „Unsterblichkeit" sagt oder „Auferstehung", so oder so muß näher bestimmt werden, worum es geht.

---

[70] Zur vorstellungsmäßigen Bedingtheit auch der „Auferstehung des Fleisches" vgl. K. RAHNER, *Auferstehung des Fleisches*, in: ders., *Schriften II*, 211—225, bes. 216 ff.

[71] Vgl. W. PANNENBERG, *Was ist der Mensch?*, Göttingen ²1964, 39.

[72] Vgl. etwa Ez 37 (wo eine reale Auferstehung allerdings nicht unbedingt vorausgesetzt wird) und außerkanonische Schriften wie das Henoch-Buch, die Psalmen Salomos, die Testamente der Patriarchen, das Jubiläen-Buch u. a.

[73] Vgl. W. MARXSEN, *Die Auferstehung Jesu von Nazareth*, Gütersloh 1968, bes. 133 ff. u. 177 ff.: Schon innerhalb des NT gibt es recht verschiedene Vorstellungskreise, die in den verschiedenen (monistischen, dichotomistischen oder trichotomistischen) Anthropologien wurzeln, und die der heute glaubende Christ nicht übernehmen muß: denn nicht über bestimmte *Bilder* („Interpretamente") will das NT belehren, sondern es will zum Glauben an Christus und das mit ihm gekommene Heil führen. — Zur exegetischen Auseinandersetzung mit Marxsen — besonders was dessen Verständnis der „Auferstehung" Jesu betrifft — vgl. J. KREMER, *Das älteste Zeugnis von der Auferstehung Christi*, Stuttgart ²1967; F. MUSSNER, *Die Auferstehung Jesu*, München 1969; U. WILCKENS, *Auferstehung*, Stuttgart 1970, 156 ff.

[74] Natürlich können sachliche Aussagen von ihrer *Bildhaftigkeit* nie gänzlich abstrahiert werden; die Unterscheidung von Aussage*inhalt* und Aussage*form* — so richtig und unumgänglich sie ist (vgl. P. HOFFMANN, *Unsterblichkeit*, in: HThG II, 733 ff., hier 736) — bleibt in der konkreten Exegese (sei es biblischer oder lehramtlicher Texte) immer schwierig; denn der Übergang von vorstellungsbedingter Form zu verbindlichem Inhalt ist fließend und nicht in jedem Fall gibt es eindeutige Kriterien zur Grenzziehung. „In vielen theologischen Fällen wird es gar nicht möglich sein zu sagen, wo die gemeinte Sache *genau* aufhört und das ‚bloße' Bild anfängt." (K. RAHNER, *Schriften II*, 217)

[75] J. SPLETT, *Unsterblichkeit*, in: *Herders Theologisches Taschenlexikon* 7 (1973) 397 ff., hier 398.

In kurzen Thesen[76] soll diese Bestimmung versucht werden. Um der „Sache" der Schrift und heutigen anthropologischen Einsichten gerecht zu werden, müßten mit „Unsterblichkeit" folgende Inhalte zur Sprache kommen:

Erstens: Die in der Schöpfung begründete und in der Predigt Jesu immer vorausgesetzte Verwiesenheit des Menschen auf Gott qualifiziert das *personale* Leben als „unsterblich" in dem Sinne, daß die je einmalige Personhaftigkeit vor Gott auch im Tode nicht aufhört. Wer, wie *Barth*, schon die Schöpfung im Blick auf Christus versteht[77], sollte also keine Schwierigkeit sehen, auch die „natürliche Unsterblichkeit" christologisch zu deuten[78]: das (im Menschsein implizierte) Angesprochensein durch Gottes Wort bewirkt Dauer[79], auch und gerade im Tod.

Zweitens: „Unsterblichkeit" im christlichen Sinn meint keine Inanspruchnahme göttlicher Eigenschaft. Unvergänglich aus sich selbst ist nur Gott (1 Tim 6, 16), das Geschöpf immer nur, sofern es von Gott gekannt, angesprochen, geliebt wird[80]. Die Hinwendung Gottes verleiht aber *wirkliche* Unvergänglichkeit, die den Menschen *seinshaft* konstituiert[81] und ihm nicht „äußerlich" bleibt: bis zum paradoxen Eingreifen des deus ex machina am Jüngsten Tag[82]. Weil die *exklusiv* christologisch verstandene (in keiner Weise im Menschen selbst begründete) Fort-

---

[76] Die folgenden Thesen scheinen mir — im wesentlichen — bestätigt durch die Ausführungen bei G. Greshake — G. Lohfink, *Naherwartung — Auferstehung — Unsterblichkeit*, Freiburg 1975, 107—113.

[77] Vgl. oben S. 61 ff.

[78] Vgl. J. Ratzinger, *Einführung in das Christentum*, 297: die Unterscheidung von „natürlich" und „übernatürlich" wird dadurch relativiert.

[79] H. Thielicke, *Tod und Leben*, 220, spricht von der „nicht aufzulösende(n) Kommunikation mit Christus". Gerade dies ist aber gemeint, wenn wir den Menschen „unsterblich" nennen.

[80] Insofern wäre H. Thielicke a. a. O., 220, zuzustimmen: Der Ton liegt „nicht auf ,meinen' den Tod überdauernden Eigenschaften, sondern auf der Eigenschaft meines Herrn, mich nicht zu lassen". — Vgl. J. Splett a. a. O., 399: Die Grundsituation des Menschen ist dialogisch; Unsterblichkeit ist folglich nicht sein „Vermögen", sondern muß „zugleich und in einem als Aufgabe erhofft werden".

[81] Dies wird auf evangelischer Seite oft zu wenig beachtet. Wenn — zum Beispiel — E. Schweizer, *Die Leiblichkeit des Menschen*, in: Evg. Theologie 29 (1969) 40 ff., hier 45, die Hoffnung angesichts des Todes einzig auf die Treue des lebendigen Gottes, „niemals aber auf irgend etwas im Menschen selbst Liegendes" gegründet sein läßt, so wird zu wenig gesehen, daß die dialogische Verwiesenheit des Menschen auf Gott ihn überhaupt erst — im Vollsinn — zum Menschen macht. — Vgl. J. Ratzinger, *Dogma und Verkündigung*, 299: „Der Ewige gedenkt des Menschen, der Mensch lebt im Gedenken Gottes und so wahrhaft als *er selber*, weil Gottes Gedanke ist ... Wirklichkeit." (Hervorhebung von mir; vgl. oben S. 85 f. zu K. Barth!)

[82] Die Theorie einer Wiederherstellung des Menschen am Jüngsten Tag — nach totaler Vernichtung im Tode (vgl. oben S. 134 ff. zu Elert) — ist aus theologischen und anthropologischen Gründen unhaltbar. Daß Gott denselben Menschen zweimal erschaffen soll, ist ein kaum vollziehbarer Gedanke. Einmal geschaffenes personales Leben wird Gott nicht wieder auslöschen. Was gegen diese Theorie spricht, ist das ihr zugrundeliegende *mythologische* Gottesbild: Gott wird — einseitig — als von außen eingreifende Ursache begriffen, als Ursache neben anderen Kausalitäten in der Welt, statt als transzendentaler Grund aller Wirklichkeit (vgl. oben S. 205 ff.).

existenz ins Mirakelhafte abgleiten müßte[83], widerspricht das Festhalten an der „natürlichen" Unsterblichkeit des Menschen dem biblischen Ansatz nicht. Es gilt analog dasselbe, was im Zusammenhang mit der *Rechtfertigung* über das rechte Verständnis der „iustitia aliena" gesagt wurde[84].

Drittens: Daß wir im Tode nicht „begrenzt" würden, heißt „Unsterblichkeit" nicht: Die während des irdischen Lebens immer vorläufige Freiheitsgeschichte des Menschen findet im Tode ihr *Ende*, über das hinaus es keine „Zeit" mehr gibt[85], d. h. keine Fortsetzung dieser Freiheitsgeschichte im Sinne eines „Immer-so-weitergehens"[86]. Der Tod stellt vielmehr das Ganze[87] der irdischen Existenz — in dem, was sie end-gültig geworden ist — vor Gottes Urteil[88]. *Gott* aber „verwandelt" uns in ein neues Sein des Lebens mit ihm. Darin liegt die Berechtigung, „Auferstehung der Toten" als „Neuschöpfung" (aber nicht „ex nihilo")[89] zu bezeichnen.

Viertens: Ein Haupteinwand gegen die Unsterblichkeitslehre ist die Betonung der Sündigkeit des Menschen. Die Sünde als Abkehr von Gott — „in" Adam (Röm 5, 12) und in der persönlichen Schuld — kann jedoch den Schöpferwillen

---

[83] J. RATZINGER, *Einführung in das Christentum*, 292 ff.

[84] Vgl. oben S. 77 ff.

[85] Trotz O. CULLMANN, *Unsterblichkeit der Seele oder Auferstehung der Toten?*, 54, der die Toten „in der Zeit" beläßt — als Schlafende, Träumende — und somit (gegen seine erklärte Absicht) über die traditionelle Unsterblichkeitslehre (sofern sie die Toten „in der Zeit" beläßt, d. h. ihre Geschichte „so weiter" gehen läßt) nicht hinauskommt.

[86] Vgl. oben S. 251 ff.

[87] Zu recht heißt es deshalb bei H. THIELICKE a. a. O.: „Das, was bei Christus ist, ist nicht meine ‚Seele' oder irgend etwas ‚von' mir, sondern das bin ‚ich'." — Als (bleibenden) „Teil" des Menschen könnten wir die „Seele" höchstens insofern begreifen, als wir das im Leben Wesentliche, Eigentliche von vielen Zufälligen, Nebensächlichen, Belanglosen und — spätestens — im Tode Aufhörenden zu unterscheiden haben. Diese Unterscheidung des bloßen Daseins von der eigentlichen „Existenz" (vgl. K. JASPERS, *Philosophie II*, 220 ff.) ist übrigens auch Barth nicht fremd, wenn er — um ein Beispiel zu nennen — das „Heiraten und Geheiratetwerden" (Mk 12, 18—27 par) unter das Viele rechnet, das auch sonst noch im Leben vorgekommen ist, und einmal vergessen sein wird; wenn er aber — andererseits — die dialogische Existenz des Menschen — als Mann und Frau — für eschatologisch gültig und über den Tod hinaus *bleibend* ansieht (K. BARTH, KD III/2, 354 ff.)

[88] Vgl. K. BARTH, KD III/2, 770 f.: Nicht dem sieht der Mensch entgegen, „daß dieses sein Sein in seiner Zeit irgendeinmal vergessen oder ausgelöscht zurückbleiben und dann gewissermaßen ersetzt sein werde durch ein ihm folgendes jenseitiges, unendliches, unsterbliches Sein nach dieser Zeit, sondern *positiv*: daß *eben dieses sein Sein in seiner Zeit* und also mit seinem Anfang und Ende vor den Augen des gnädigen Gottes und so auch vor seinen eigenen und vor aller Anderen Augen ... offenbar werde und so von Gott her und in Gott ewiges Leben sein möchte."

[89] So auch B. KLAPPERT (Hrsg.), *Diskussion um Kreuz und Auferstehung*, Wuppertal 1967, 14: „Die Auferstehung ist Neuschöpfung an den Toten, nicht Schöpfung aus dem Nichts." Dazu J. KREMER, ... *denn sie werden leben*, Stuttgart 1972, 97: Nicht um völlige Vernichtung geht es bei Paulus (Phil 3, 21; 1 Kor 15, 51. 53; Röm 8, 29), aber auch nicht um die Wiederherstellung eines Leichnams, sondern um die Erlösung des Leibes (Röm 8, 23), um die Erlösung des ganzen Menschen.

Gottes nicht aufheben[90]. Auch der sündige, das Angebot Jesu (die Aufhebung des „Fluchtodes") verweigernde Mensch fällt nicht einfach zurück ins bloße Nicht-sein, sondern wählt die Verlorenheit des Nicht-mehr-lieben-Könnens, was schlimmer ist als bloßes Nicht-sein.

Fünftens: Von der „Unsterblichkeit" (als bleibender Personhaftigkeit vor Gott, sei es in Heil oder Unheil) nochmals zu unterscheiden ist das „ewige Leben", das der, der sich — glaubend und liebend — in Jesu Nachfolge rufen läßt, schon hat (Jo 5, 24), und das doch noch aussteht: als volle und nie mehr verlierbare Gemeinschaft mit Gott und den Brüdern, die erst jenseits des Todes erlangt wird.

Sechstens: Die Gemeinschaft mit Gott verlängert (projiziert) nicht unsere selbstsüchtigen Wünsche, sondern durchkreuzt, reinigt und bekehrt unseren (sündigen) Willen. Anders ausgedrückt: Gott ist der geheimnisvolle Grund unseres „bekehrten" Willens und darin die Erfüllung unserer wahren und eigensten Wünsche: das Leben stiftende „Ja" (vgl. 2 Kor 1, 19 f.) zu unserer je größeren Sehnsucht, deren Inhalt Gott selber ist[91].

Dies also ist mit „Unsterblichkeit" gemeint. Die biblische Rede von der „Auferstehung der Toten" ist nicht dagegen ins Feld zu führen. Beide Begriffe sind Glaubenssymbole, die mit zeitbedingten Vorstellungen durchsetzt sind, im übrigen aber — im Kern — *dasselbe* meinen: Der Mensch als *Person* lebt weiter, im Tod beginnt ein neues Leben in der Gemeinschaft mit Gott[92]. Die damit verbundene Verwandlung des Menschen (1 Kor 15, 51) kann man „das Fortleben der unsterblichen Seele nennen, um auszudrücken, daß der Mensch und seine Geschichte mehr ist ... als ein bloß raum-zeitlich biologisches Vorkommnis, das sich ... in der Anonymität des bloß Physikalischen verliert. Man kann dasselbe ... ‚Auferstehung des Fleisches' nennen, um auszudrücken, daß der eine ganze Mensch vor Gott gerät ... *So oder so formuliert, immer ist gemeint, daß der Tod den Menschen vor Gott bringt,* ... *der die vollendete Geschichte des Menschen nicht ins Nichts fallen läßt*"[93].

Wenn man bedenkt, daß *keine* theologische Aussage — auch nicht die Schrift und kirchliche Lehrdefinitionen — ihren Gegenstand adäquat einholt: im Sinne eines „non plus ultra"[94]; wenn man ferner bedenkt, daß *jede* theologische Aussage einer bestimmten Denkstruktur verpflichtet ist, daß *jede* Lehrformel „amalgamiert" (Rahner) ist mit menschlichen Vorstellungen, die nicht mit dem Dogma

---

[90] So W. TRILLHAAS, *Dogmatik*, 497 ff. (in sachlicher Übereinstimmung mit Barth).
[91] Vgl. unten S. 349 ff.
[92] Vgl. H. FRIES — E. EMRICH, *Über Gott und die Welt*, München 1970, 67.
[93] K. RAHNER, *Schriften IX*, 333 (Hervorhebung von mir); vgl. ders., *Schriften XII*, 455 ff. — Eine ähnliche Position nimmt der *Evangelische Erwachsenenkatechismus. Kursbuch des Glaubens*, Gütersloh 1975, 534 f., ein: „Auferstehung" und „Unsterblichkeit" (bzw. „Unzerstörbarkeit der Person") sind keine Gegensätze; diese Begriffe interpretieren sich gegenseitig.
[94] Vgl. H. FRIES, *Das mißverständliche Wort*, in: K. RAHNER (Hrsg.), *Zum Problem Unfehlbarkeit. Antworten auf die Anfrage von H. Küng*, Freiburg-Basel-Wien 1971, 216 bis 232.

selbst zu verwechseln sind[95], dann kann man sagen: Auch die Lehre des V. Laterankonzils von der „unsterblichen Seele" (DS 1440) ist in ihrer geschichtlichen Bedingtheit zu verstehen. Trotz der anderen Begrifflichkeit meint das Konzil — in der Sache — nichts anderes als die Überwindung des Todes in der Liebe Gottes zum Menschen: die zum ewigen Leben bestimmende Gott-offenheit unseres Daseins[96], wie sie auch Luther in seinem Genesis-Kommentar beteuert: „Wo er (Gott) oder mit wem Gott redet, es sei im Zorn oder in der Gnade, derselbe ist gewißlich unsterblich. Die Person Gottes, der da redet, und das Wort zeigen an, daß wir solche Kreaturen sind, mit denen Gott bis in Ewigkeit und unsterblicherweise reden wolle"[97].

III. Der Sieg über den Tod: Liebe als die den Tod überwindende Kraft

Vorbemerkung

Bei der Darstellung des Todesproblems in der Barth'schen Dogmatik (oben S. 45—102), beim Vergleich der Aussagen Barths mit zeitgenössischen Vertretern der Theologie (103—299), bei den Überlegungen zur (faktischen) Endlichkeit und (intendierten) Unendlichkeit des Menschen (302—315), bei der Frage nach Unsterblichkeit der Seele oder Auferstehung der Toten (316—328) — immer wieder war dieser Gedanke „im Spiel": es ist die *Liebe*, die den Tod überwindet. Barth[1] wie Gogarten und Bultmann[2] sehen die Hoffnung der Christen in der Liebe begründet, die nach Paulus nie aufhört (1 Kor 13, 8). Tillich[3] schließt die

---

[95] Vgl. oben Anm. 74. — Vgl. K. RAHNER, *Was ist eine dogmatische Aussage?*, in: ders., *Schriften V*, 54—81, bes. 74 ff.; sowie ders., *Der Pluralismus in der Theologie und die Einheit des Bekenntnisses in der Kirche*, in: ders., *Schriften IX*, 11—33.

[96] Vgl. J. SPLETT a. a. O., 399: Wie „die hylemorphistischen Definitionen des Leib-Seele-Verhältnisses durch das Lehramt keine Dogmatisierung des aristotelischen Philosophems bedeuten, so sind die lehramtlichen Äußerungen über die Eschatologie (D 530) und gegen den Averroismus (D 738) nicht die Erhebung eines bestimmten philosophischen Unsterblichkeitsverständnisses zur Glaubenslehre, sondern ... die naheliegende Weise der Selbstartikulation des Glaubens in einer bereitstehenden philosophischen Terminologie."

[97] M. LUTHER, WA 43, 481, 32 ff. — Zur Haltung Luthers zur Unsterblichkeit der Seele vgl. die Kontroverse zwischen Carl Stange und seinem Schüler Paul Althaus: C. STANGE, *Zur Auslegung der Aussagen Luthers über die Unsterblichkeit der Seele. Luther und das fünfte Laterankonzil*, in: ZSTh 6 (1928) 339—444; P. ALTHAUS, *Unsterblichkeit und ewiges Leben bei Luther. Zur Auseinandersetzung mit Carl Stange*, Gütersloh 1930; C. STANGE, *Das Ende aller Dinge*, Gütersloh 1930; dazu A. AHLBRECHT a. a. O., 25—44. — Vgl. auch P. ALTHAUS, *Die Theologie Martin Luthers*, Gütersloh ³1963, 339—349 (zu Luthers Theologie der Letzten Dinge).

[1] Z. B. K. BARTH, KD III/2, 332 f.; vgl. oben S. 90 Anm. 106.

[2] Zu Gogarten und Bultmann vgl. oben S. 110 ff.

[3] Vgl. oben S. 145.

personale Selbigkeit des diesseitigen und des jenseitigen Subjekts aus Gottes schöpferischer Liebe, die den Menschen erhält und erneuert; und Bonhoeffer[4] deutet den „inneren" Tod, die von Gott geschenkte Voll-endung des Lebens, als Frucht unserer Liebe: als Hingabe an die Welt und die Brüder.

Gottes Liebe zu uns, aber auch *unsere* Liebe zu Gott und den Menschen hat die Negation des Todes im Blick: Moltmann[5] weiß vom „Schmerz der Liebe", die „das Tote festhalten" will, in der sich die Hoffnung auf den Sieg des Lebens manifestiert; nach Pannenberg (wie nach Gollwitzer)[6] nehmen wir den Sinn (den Ewigkeitswert) unseres Daseins in den Situationen des Alltags, besonders in der *Liebe* vorweg; D. Sölle[7] bestreitet zwar, daß die Liebe den Himmel sich wünsche, betont aber trotzdem, daß die Liebe es sei, die die Toten „unersetzlich" macht. Für Rahner schließlich, der — wie Boros[8], Schoonenberg[9], Ratzinger[10] u. a. — Liebe und Tod in innerer Einheit bedenkt[11], kommt die Ahnung der Ewigkeit (nicht nur der „Unersetzlichkeit", sondern der *Existenz* unserer Toten) aus jener „Wahrheit der Liebenden", die einem „Unerschöpflichen" auf den Grund blickt[12].

Nach Auffassung all dieser Autoren wie nach dem Zeugnis der Literatur aller Zeiten und Völker[13] gehören Liebe und Tod untrennbar zusammen. Man kann von der Liebe nicht reden, ohne den Tod zu bedenken und umgekehrt: man hat vom Tod nichts verstanden, wenn man von der Liebe nichts weiß. Wann immer wir vom Tode sprachen, das eigentliche und größere Thema war die Hoffnung der Christen: nicht der Tod hat das letzte Wort, sondern die Liebe.

Nun müssen wir freilich beachten: So allgemein formuliert ist diese Hoffnung in der heutigen Theologie (von der „Gott-ist-tot-Theologie" abgesehen) nicht umstritten. Sieht man aber genauer hin, so wird klar, daß — zum Beispiel — Ernst Fuchs (im Anschluß an Bultmann) die *göttliche* Liebe bzw. die „nicht mehr erotische, völlig selbstvergessene" Liebe des Glaubenden gegen die „ethische" Liebe als „innerweltliches Phänomen" (Bultmann)[14] in einer Weise abgrenzt, wie es

---

[4] Vgl. oben S. 159.
[5] J. MOLTMANN, *Perspektiven der Theologie*, München-Mainz 1968, 54; vgl. oben S. 173 f.
[6] Vgl. oben S. 181.
[7] Vgl. oben S. 192 f.
[8] Vgl. etwa L. BOROS, *Der anwesende Gott*, Olten-Freiburg 1964, 19 ff.
[9] Vgl. P. SCHOONENBERG, *Und das Leben der zukünftigen Welt*, Köln 1972, 92.
[10] Vgl. J. RATZINGER, *Einführung in das Christentum*, München 1968, 249 ff.
[11] J. SUDBRACK, *Probleme, Prognosen einer kommenden Spiritualität*, Würzburg 1969, 30 ff., sieht die Größe K. Rahners „nicht zuletzt" darin, daß er über die vom Todeswissen gestellte Sinnfrage *und* über die mitmenschliche Liebe (in der Gott zu uns spricht) „Entscheidendes zu sagen hat".
[12] Vgl. oben S. 211 f.
[13] Vgl. z. B. H. E. HOLTHUSEN, in: H. BENDER (Hrsg.), *Mein Gedicht ist mein Messer*, München 1961, 48: „Liebe und Tod gehören zusammen, eines ist immer der Doppelgänger des anderen." — Beispiele aus der Weltliteratur für diese Deutung von Liebe und Tod bei I. LEPP, *Der Tod und seine Geheimnisse*, Würzburg 1967, 139 ff.
[14] Vgl. oben S. 112 Anm. 25.

Guardini, v. Balthasar, Rahner, Boros oder Pieper (die — in der Tradition des Aquinaten stehend[15] — „Eros" und „Agape" immer zusammenschauen) nie in den Sinn käme. Nicht die „erklärliche", nicht die „verständliche Liebe, die einer zu einem guten Freund hat"[16], überwindet K. Barth zufolge den Tod, sondern Gottes je größere Liebe, die das Begreifen übersteigt. Weit radikaler noch als von Fuchs (der der romantischen Liebesliteratur einen Erkenntniswert immerhin einräumt)[17] oder Barth (der auch der „humanen" Liebe ihre Ewigkeit zubilligen will: sofern sie an der göttlichen „teilnimmt")[18] wird diese Antithetik durch A. Nygren[19] vertreten, in Polemik gegen die „wesentlich auf das Erosmotiv aufgebaute katholische Liebesanschauung"[20]: Vom menschlichen ἔρος zur christlichen ἀγάπη (deren Subjekt, wie Nygren belehrt, „nicht der Mensch, sondern Gott" sei)[21] führe kein Weg, auch nicht der der Sublimierung[22].

Da diese Trennung von ἔρος und ἀγάπη — im Blick auf das Todesproblem — sehr frag-würdig ist, soll im folgenden auf diese zwei Fragen eine Antwort versucht werden: Erstens: wie verhält sich die von Gott gewirkte Agape (die „nicht das Ihre sucht", wie es 1 Kor 13, 5 heißt) zum erotischen Glücksverlangen des Menschen? Von *welcher* Liebe sagt Paulus, daß sie Bestand hat auf ewig? Zweitens: warum dürfen wir hoffen, daß die Liebe den *Tod* (des Liebenden wie des Geliebten) überwindet und nicht nur — diesseitig verstanden — den Egoismus des selbstbezogenen Strebens des Menschen?

1. Eros und Agape — die Gestalten der Liebe

Schon die mittelalterliche „Minne" bezeichnete, wie J. Pieper — Grimms Deutschem Wörterbuch entsprechend — bemerkt[1], ganz verschiedene Dinge: die religiöse Liebe des Menschen zum Schöpfer, die Fürsorge der Besitzenden für die Armen, aber auch die (wiederum sehr verschieden sein könnende) Liebesbegegnung von Mann und Frau. Während etwa das Lateinische mit amor und caritas, mit pietas, dilectio, affectio und studium die einzelnen Bedeutungsvarianten von „Liebe"

---

[15] Vgl. THOMAS V. AQUIN, *Quaestio disputata de caritate;* dazu J. PIEPER, *Über die Liebe,* München 1972.
[16] K. BARTH, *Kurze Erklärung des Römerbriefes,* Hamburg ²1972, 59.
[17] Vgl. E. FUCHS, *Hermeneutik,* Bad Cannstatt ³1963, 108, wo der Tod als „die Spiegelseite der Liebe" bezeichnet wird (vgl. oben S. 113 Anm. 32): „Gewiß geraten wir so in große Nähe zur Romantik. Aber wer meint, unser Verstehen bedürfe der romantischen Elemente nicht mehr, könnte sich schon im Blick auf die Erfordernisse der Massenpsychologie eines Besseren belehren lassen."
[18] Vgl. oben S. 90 Anm. 106.
[19] Vgl. A. NYGREN, *Eros und Agape I/II,* Gütersloh 1930/1937.
[20] A. NYGREN a. a. O. I, 40; dieses und die folgenden Nygren-Zitate sind J. PIEPER, *Über die Liebe,* 96 ff., entnommen.
[21] A. NYGREN a. a. O. II, 557; der Mensch sei nur „das Rohr, der Kanal, der Gottes Liebe leitet" (ebd.).
[22] A. NYGREN a. a. O. I, 35.
[1] J. PIEPER, *Über die Liebe,* 19 (zit. nach Grimms Deutschem Wörterbuch Bd. 6, 2239 f.).

auseinanderhält², kann das deutsche Wort „Liebe" all dieses bedeuten: eifriges Bemühen um Kunst oder Wissenschaft, Sympathie für besondere Landschaften, Farben und Formen, leidenschaftliches Entflammtsein durch einen anderen Menschen, sexuelles Begehren, mütterliche Hingabe für das schutzbedürftige Kind, selbstlose Treue der Gatten und Freunde, barmherzige Zuwendung zu Kranken und Notleidenden, und — schließlich — die (mystische) Frömmigkeit der Erhebung zu Gott.

Diese Vieldeutigkeit der „Liebe" kann man verschieden bewerten: Man könnte — wie der Altphilologe v. Wilamowitz-Moellendorff — eine spezifische „Armut" der deutschen Sprache erblicken, weil diese — im Gegensatz zum Lateinischen, Griechischen und modernen romanischen Sprachen — nur ein einziges Wort gebraucht für Bedeutungsfelder, die „nichts miteinander zu schaffen" haben³. Man könnte aber auch fragen, ob sich hinter dieser „Armut" eine tiefere Wahrheit verbirgt, ob den verschiedenen Inhalten von „Liebe" ein Gemeinsames, die diversen Bedeutungen Verbindendes, zugrunde liegt.

Dies letztere scheint zuzutreffen. Im Anschluß an christlich-thomistische Denktraditionen haben Pieper⁴ u. a. gezeigt, daß alle Gestalten der Liebe in diesem Punkt übereinstimmen: es ist die Intention aller Liebenden, das Objekt ihrer Neigung *gutzuheißen*⁵, es in seinem Sein zu bejahen und anzunehmen. „Wie gut, daß du da bist, wie gut, daß es dich gibt", sagt der Liebende zum Geliebten⁶: Gleichsam ein *Miteinstimmen des Geschöpfs in die Gutheißung des Schöpfers* („und Gott sah, daß es gut war") ist diese Billigung des Geliebten in der Bewegung der Liebe — bei aller Verschiedenheit der *Intensität* der Bejahung und des *Objekts* der Bejahung. Auch dann noch ehrt der Liebende seinen Schöpfer, wenn Schuld mit im Spiel ist: „Besser verkehrte Liebe als gar keine: das Weib wird der Verzeihung gewürdigt, der Pharisäer nicht, nur weil er ‚nichts' getan"⁷.

Mit der Deutung der Liebe in *all* ihren Gestalten als — mehr oder weniger bewußte — Zustimmung des Menschen zum Schöpferwerk Gottes wird einer *Entgegensetzung* von ἔρος und ἀγάπη widersprochen. Dieser Vorbehalt gegen die (theologische) Abwertung des Eros soll — im Blick auf das Todesproblem — erläutert werden, indem das Wesen der Liebe in ihren anthropologischen und theologischen Dimensionen (wobei Theologie und Anthropologie nie ganz zu trennen sind)⁸ beschrieben wird.

---

² J. PIEPER a. a. O., 23 ff.; vgl. ebd. die Ausführungen zum griechischen, englischen, französischen und russischen Vokabular der Liebessprache.

³ A. NYGREN a. a. O. I, 43, verwendet dieses Wilamowitz-Zitat als Motto seiner eigenen Theorie.

⁴ J. PIEPER a. a. O., 38 ff.; ähnlich B. WELTE, *Dialektik der Liebe*, Frankfurt/M. 1973, 14.

⁵ Vgl. — außer Pieper — auch C. MEVES — J. ILLIES, *Lieben — was ist das?*, Freiburg ⁵1973, 21 f.; G. SCHERER, *Der Tod als Frage an die Freiheit*, Essen 1971, 101 ff.

⁶ Vgl. G. SCHERER a. a. O., 101; ebenso J. PIEPER a. a. O.

⁷ H. U. v. BALTHASAR, *Das Weizenkorn*, Einsiedeln ²1953, 75.

⁸ Da der Mensch als solcher auf Gottes Selbst-mitteilung „transzendental" verwiesen ist (vgl. oben S. 205 ff.), muß die Anthropologie in *theologische* Aussagen über die Be-

Wir gehen aus von der Liebesbeziehung zwischen Ich und Du, zwischen Mann und Frau (ohne speziell von der Ehe zu sprechen), weil diese Beziehung — nach Pieper — die paradigmatische Gestalt von Liebe überhaupt ist[9] und weil sie — nach Barth — die „wahrhaft atemberaubende Dialektik von Verschiedenheit und Beziehung, von echter Zweiheit und ebenso echter Einheit, von völligem Bei-sich-Sein und völligem Außer-sich- und Beim-Andern-Sein, von Schöpfung und Erlösung, von Diesseits und Jenseits"[10], von Eros und Agape (wie man hinzufügen kann), am deutlichsten aufscheinen läßt.

a) Anthropologisch-phänomenologische Bestimmungen der Liebe

Wenn wir unter Eros — in einer vorläufigen (und später zu korrigierenden) Begriffsbestimmung — die begehrende, bedürfende Liebe („Need-love") im Unterschied zur selbstlos sich schenkenden Liebe („Gift-love")[11] verstehen, so ist zunächst einmal festzuhalten: Erotische Liebe entzündet sich, das wurde oft schon gesagt[12], an der sinnlichen Schönheit des anderen, am Reiz seiner Gestalt, am Klang seiner Stimme, am Charme seines Lächelns, am Glanz seiner Augen, an der Anmut seiner Bewegungen usw. Ist er einmal „verliebt", schließt der Betrachter von den äußeren Eindrücken auf bestimmte (gute) Eigenschaften des anderen: auf seine menschliche Wärme, seine innere Großmut, sein besonderes Geheimnis. Auf diese Weise „bezaubert", ist er dem Werktag und seinem Gleichmaß entrückt; die ganze Welt taucht in ein neues und schöneres Licht, das seinem Leben neuen Aufschwung verleiht, sein Herz „mit neuer Regung füllt"[13], ihm alles verwandelt und verklärt: die Sonne, die Landschaft, die Bäume, sich selber[14].

Solches Entzücken ist aber vergänglich, ist — bestenfalls — nur der Anfang der Liebe[15], ein Angebot der Natur, eine Chance zur bleibenden Zuneigung, die —

---

stimmung des Menschen einmünden; und umgekehrt: da Gott in Christus Mensch geworden ist, müssen diese Aussagen „anthropologisch gewendet" sein.

[9] J. Pieper a. a. O., 139 ff.; ähnlich B. Welte a. a. O., 16 f. (Piepers und Weltes Bücher über die Liebe sind kurz nacheinander erschienen und stimmen in ihrer Grund-aussage überein).

[10] K. Barth, *Mann und Frau,* München-Hamburg ²1967 (= ders., KD III/4, 127—269), 12.

[11] Zu dieser Unterscheidung, die schon C. S. Lewis, *The four loves,* London 1960, 10 f., in Frage stellt, vgl. J. Pieper a. a. O., 95 ff. (wo Lewis' Skepsis bezüglich der Wirklichkeitsnähe dieser Unterscheidung bestätigt wird).

[12] Vgl. z. B. Ph. Lersch, *Aufbau der Person,* München ⁹1964, 262 ff.; L. Boros, *Der anwesende Gott,* 17 ff. (ebd., 222 Anm. 6, weitere Literatur); C. Meves — J. Illies, *Lieben — was ist das? Ein Grenzgespräch zwischen Biologie und Psychologie,* Freiburg ⁵1973; J. Pieper a. a. O., 144 ff. (mit zahlreichen Literaturhinweisen); B. Welte a. a. O., 30 f.

[13] Aus Mozarts *Zauberflöte* (Arie des Tamino, 1. Aufzug, 4. Auftritt).

[14] Vgl. etwa J. W. v. Goethe, *Wilhelm Meisters Lehrjahre,* I. Buch, 3. Kapitel, wo über W. Meisters erwachende Liebe gesagt wird: „Als er ... auf sein Leben und seine Verhältnisse zurückblickte, erschien ihm alles neu, ... seine Kenntnisse deutlicher, seine Talente kräftiger, seine Vorsätze entschiedener." (Zit. nach Ph. Lersch a. a. O., 268; dort ähnliche Beispiele aus Hölderlin, Stendhal und Hesse).

[15] Vgl. B. Welte a. a. O., 31.

wenn sie nicht genutzt wird — sich als Täuschung erweist: Es könnte z. B. sein, daß ein Mann eine Frau zu lieben vermeint, in Wirklichkeit aber nur die Projektion der eigenen — unbewußten — „anima" liebt[16], so daß es zur Ent-täuschung kommt, sobald sich die Frau als sie selbst und nicht als „anima" verhält.

Dies ist der Unterschied von vergänglicher Verliebtheit und unvergänglicher Liebe: Der Verliebte ist von äußeren Reizen gefangen, von Merkmalen wie Schönheit, Bildung, Humor usw.; zugleich aber ist er blind für die Mängel des anderen. In seinem der nüchternen Betrachtungsweise wie der willentlichen Steuerung entratenen Wunschdenken fällt er einem „Trick der Natur" (Schopenhauer)[17], einem „unwirklichen Blendwerk" (Pieper)[18], einer „dämonischen Macht" (Illies)[19] zum Opfer: einer illusionären Gewalt, in der *Stendhal*, den Unterschied von Verliebtheit und Liebe mißachtend, das Wesen der Liebe zu durchschauen behauptet[20]. — Der wahrhaft Liebende dagegen liebt das *Sein*, die tatsächliche Gutheit des anderen, und nicht nur das „Bild", das er sich — verzaubert — von diesem gemacht hat. Er liebt nicht — besser: nicht *nur* und nicht in der Hauptsache — vergängliche „Eigenschaften" des anderen, sondern diesen selbst in seiner Einmaligkeit und Unwiederholbarkeit. Er liebt gerade *diesen* Menschen, obwohl andere nicht weniger interessant, ja vielleicht noch schöner, geistreicher und tüchtiger sind. Denn die Formel für die Liebe heißt — nach Brunner — nicht: „Ich liebe dich, weil du *so* bist" und erst recht nicht: „*solange* du so bist"[21], sondern sie müßte — in Anlehnung an eine Formulierung L. Boros' — heißen: „Ich liebe dich, weil du *du* bist!"[22]

Mit anderen Worten: Wohl entzündet sich die Liebe am konkreten Sosein des Partners; wenn sie echt ist, muß sie dann aber vordringen zum Größeren, das Sosein (die Eigenschaften) des anderen Transzendierenden: „zum Kern der Person, die hinter diesen Eigenschaften steht und sie trägt, zu dem innersten Selbst des Geliebten, welches *bleibt,* auch wenn die liebenswerten Eigenschaften längst verschwunden sein sollten"[23].

---

[16] Vgl. C. G. Jung, *Die Beziehungen zwischen dem Ich und dem Unbewußten,* in: ders., *Gesammelte Werke XII,* Zürich-Stuttgart 1964, 131 ff., hier 207—232 („Anima und Animus"); dazu C. Meves — J. Illies a. a. O., 69 ff. — Vgl. unten Anm. 20.

[17] A. Schopenhauer, *Sämtliche Werke II* (Insel-Ausgabe, Leipzig o. J.), 1328 f.; zit. nach J. Pieper a. a. O., 82.

[18] J. Pieper a. a. O., 82.

[19] C. Meves — J. Illies a. a. O., 22.

[20] Vgl. Stendhal, *De l'amour,* Leipzig 1925; dazu Ph. Lersch a. a. O., 264 f.: Nach Stendhal „sind die Wertgehalte, die der Liebende an dem geliebten Wesen zu sehen glaubt, etwas, das er in einer Art von Selbstverblendung erzeugt, und zwar nach Maßgabe des Bildes, das er gerne haben möchte — also ganz im Sinne des Satzes, Liebe macht blind ... Eine *Kritik* Stendhals wird zwar zugeben, daß in der Tat zuweilen eine solche illusorische Verklärung der Wirklichkeit des geliebten Menschen stattfindet. Aber diese Verklärung hat mit dem Wesen der Liebe nichts zu tun", sondern ist (vorübergehende) Verliebtheit.

[21] Vgl. E. Brunner, *Eros und Liebe,* Berlin 1937, 26; zit. nach J. Pieper a. a. O., 90.

[22] Vgl. L. Boros, *Der anwesende Gott,* 19; ähnlich B. Welte a. a. O., 27 f.: „deine Funktionen sind vielleicht ersetzbar, aber dieses, daß du du bist, nicht."

[23] J. Pieper a. a. O., 91. — Vgl. L. Boros a. a. O., 18: „... Er wird ihn auch lieben,

Solche Liebe, die sich in der täglichen Treue bewährt, stellt Stendhals Theorie auf den Kopf[24]: Nicht der Liebende ist blind, sondern der, der nicht zu lieben vermag[25] und deshalb an der konkreten Vorfindlichkeit, an den Fehlern des anderen — früher oder später — irre wird. Denn dies ist das Wesen der Liebe, die diesen Namen verdient: sie ahnt um die *Tiefe* des Geliebten und „auch dann, wenn sie zufällig etwas ‚nicht weiß' ", ist sie doch „nicht blind, sondern gerade sehend, und sehend übersieht sie und schafft dadurch die Schuld aus der Welt"[26].

Gewiß wird der andere als er selber geliebt: so wie er *ist* (nicht wie er als „anima" oder „Idee" projiziert wird)[27]; aber die wahrhaftige Liebe, die „sieht", sieht über die (jetzige) Faktizität des Geliebten, über die (jetzige) Tatsächlichkeit seiner Erscheinung, ja, wie noch erläutert wird, über seine *Sterblichkeit,* hinaus. Sie erkennt ihn in seiner „unendlichen Bestimmung, die in keiner schon vorhandenen Lebensgestalt aufgeht"[28]; denn mit jener Geduld, die dem anderen Zeit läßt, die mit seinen Möglichkeiten rechnet — einschließlich der Möglichkeiten *Gottes* an ihm, die jetzt noch verborgen sind[29] —, sieht der „antizipierende Blick" (Pieper) des Liebenden die künftige, schon jetzt ihn verklärende „Herrlichkeit" des Geliebten. Er spürt, „was mit dem anderen ‚gemeint' ist und worauf es von Natur mit ihm hinaus will"[30].

Und der mit solcher Liebe Beschenkte, wie wird er selbst reagieren? Falls er diese „sehende", ihn gleichsam durchdringende, über seine jetzige Gestalt hinaus-

---

selbst wenn ein Unfall seine Schönheit zerstört ... Er wird ihn lieben, selbst wenn er schlecht wird und Verbrechen begeht." — Ähnlich G. SCHERER a. a. O., 101.

[24] So Ph. LERSCH a. a. O., 266.

[25] „Man sieht nur mit dem Herzen gut. Das Wesentliche ist für die Augen unsichtbar." (A. de SAINT-EXUPÉRY, *Der Kleine Prinz,* Düsseldorf 1973, 52) Erst die Liebe öffnet die Augen, sagt Exupérys Märchen, und im selben Sinn heißt es bei Goethe: „Man lernt nichts kennen, als was man liebt, und je tiefer und vollständiger die Kenntnis werden soll, desto stärker ... muß Liebe, ja Leidenschaft sein." (An F. H. Jacobi, 10. 5. 1812; Artemis-Ausgabe Bd. 19, 661 f.; zit. nach Ph. LERSCH a. a. O., 266 f.).

[26] H. U. v. BALTHASAR, *Das Weizenkorn,* 87.

[27] Daß die *Grenze* zwischen echter Liebe und projizierter Idee nicht immer leicht zu bestimmen ist, ist allerdings zuzugeben. S. KIERKEGAARD, *Die Wiederholung,* Reinbek 1961, hat diese Schwierigkeit der Grenzziehung beschrieben: Das Mädchen war bloß der *Anlaß,* welcher „ihn zum Dichter machte" (13). Sie als *Person* war „keine Wirklichkeit, sondern ein Reflex der Bewegungen in ihm und Anregung für diese. Das Mädchen hat eine ungeheure Bedeutung, ... aber das, wodurch sie Bedeutung hat, ist nicht sie selbst, sondern sie in ihrem Verhältnis zu ihm." (52) Dann aber räumt Kierkegaard ein: „vielleicht verstehe ich ihn nicht ganz, vielleicht verbirgt er etwas, vielleicht liebt er doch in Wahrheit." (53)

[28] W. PANNENBERG, *Was ist der Mensch?,* Göttingen ²1964, 60. — Vgl. ebd.: der Grundakt der Liebe ist jene „Achtung, die den andern nicht nur nach dem beurteilt, was man vor Augen sieht". — Vgl. L. BOROS a. a. O., 22: Der Geliebte ist dem Liebenden *mehr* als er jetzt scheint; „sein gegenwärtiges Wesen besteht darin, ein *Vorläufer* zu sein; in seinem endlich-unvollendeten Sein öffnet sich ein transzendentes Mehr." (Hervorhebung von mir)

[29] Vgl. J. MOLTMANN, *Mensch,* Stuttgart 1971, 169: Liebe heißt: mit den *ungeweckten Möglichkeiten* des andern rechnen, einschließlich der Möglichkeiten *Gottes* an ihm.

[30] J. PIEPER a. a. O., 61; ähnlich B. WELTE a. a. O., 35 f.

rufende Liebe nicht — erschrocken und geängstigt — zurückweist[31], fühlt er sich keineswegs mißverstanden, vielmehr weiß er sich „in eminentem Sinn erkannt — und zugleich gedrungen, zu sein, wie jener (sc. der Liebende) ihn sieht"[32]. In diesem „ermunternden Ruf"[33] nämlich, in diesem Appell an die „Eigentlichkeit" des Geliebten, wird die Liebe des Menschen *schöpferisch*[34]. In Analogie (nicht in Gleichheit!)[35] zur göttlichen Liebe wird der kreatorische Akt der Daseinssetzung nachvollzogen und bestätigt[36]: der andere weiß sich unendlich bejaht und schöpft daraus „Mut zum (eigenen und eigentlichen) Sein" (Tillich)[37].

„Nur die Liebe kann das: einen neuen Menschen schaffen aus seinen vergessenen und verdrängten Möglichkeiten"[38]. Freilich — diese Liebe wird die *Grenzen* des anderen (der hinter seinen Möglichkeiten zurückbleibt, der den Appell an sein „besseres Ich" als Angriff auf sein jetziges Wesen empfindet)[39] um so schmerzlicher erfahren: Ich kann nicht lieben, ohne zugleich an dieser Liebe zu *leiden*[40] (so wie der andere an mir leiden wird — falls er mich liebt). Aber wenn sie dem

---

[31] Echte Liebe hat etwas Bloßstellendes an sich (B. WELTE a. a. O., 44 f.), sie beschämt den anderen (J. PIEPER a. a. O., 57 ff.), der seine Fehler und Schwächen ja kennt, das Geliebtsein also gar nicht „verdient" (vgl. L. BOROS a. a. O., 20). „In dieser Scham liegt schon das Rechte, nur darf sie kein geheimes Besserwissenwollen enthalten, daß nämlich der andere ‚zuviel in einem sehe' oder ‚nicht alles wisse'. Beides wäre Mißtrauen gegenüber seiner Liebe ... Hier muß ein demütig-liebendes Vertrauen weiterhelfen auf die aller Gerechtigkeit spottende Richtigkeit jeder Liebe ..." (H. U. v. BALTHASAR a. a. O., 87; Hervorhebung von mir).
[32] N. HARTMANN, *Ethik*, Berlin ³1949, 538; zit. nach J. PIEPER a. a. O., 61.
[33] F. v. BAADER, *Sätze aus der erotischen Philosophie*, neu hrsg. v. G. K. KALTENBRUNNER, Frankfurt/M. 1966, 109; zit. nach J. PIEPER a. a. O., 61.
[34] Vgl. J. W. v. GOETHE, *Wilhelm Meisters Lehrjahre*, VIII. Buch (Artemis-Ausgabe Bd. 7, 570): „Wenn wir die Menschen nur nehmen, wie sie sind, so machen wir sie schlechter; wenn wir sie behandeln, als wären sie, was sie sein sollten, so bringen wir sie dahin, wohin sie zu bringen sind."
[35] Vgl. unten S. 340 f.
[36] J. PIEPER a. a. O., 52 f., geht noch weiter, indem er von einer „Fortsetzung und Vollendung" dieses göttlichen Aktes durch die menschliche Liebe spricht. So werde es begreiflich, „daß einer, der bewußt Liebe erfährt, sagen kann: ‚Ich brauche dich, um ich selber zu sein ... Indem du mich liebst, gibst du mich mir selbst: Du lässest mich sein' " (Pieper zitiert R. O. JOHANN, *Building the Human*, New York 1968, 161). — Diese Sicht ist — nach Pieper (a. a. O., 47 ff.) — aber nur dann richtig, wenn der Schöpfungsakt Gottes als aller menschlichen Liebe „voraus und zuvor", als alle menschliche Liebe *begründend*, verstanden wird.
[37] Zit. nach J. PIEPER a. a. O., 76 f., und B. WELTE a. a. O., 40.
[38] B. WELTE a. a. O., 41.
[39] Vgl. L. RINSER, *Abenteuer der Tugend*, Frankfurt/M. 1969, 22: „Ich würde ... Ansprüche stellen an seinen Geist und seinen Mut. Er aber weicht jeder Forderung aus. Er würde meinen Anspruch an sein besseres Ich als Angriff auf sein Wesen empfinden."
[40] L. BOROS a. a. O., 223 Anm. 9, zitiert E. WAUGH, *Wiedersehen mit Brideshead*, Hamburg 1955, 285: „Vielleicht ist unsere Liebe immer nur Andeutung und Symbol; ... vielleicht sind wir, du und ich, Vor-bilder, und diese *Traurigkeit,* die mitunter zwischen uns tritt, entspringt einer Enttäuschung während unserer Suche ..." (Hervorhebung von mir).

Partner seine Grenzen *verzeiht*[41], wenn sie sich nicht entmutigen läßt, wenn sie Enttäuschungen aushält und das Böse nicht anrechnet, vielmehr alles erträgt, alles glaubt, alles hofft und alles erduldet (vgl. 1 Kor 13, 5.7), dann erweist sich diese Liebe als echt und von der Zusicherung des Apostels getragen: daß sie Bestand hat auf ewig (vgl. 1 Kor 13, 8), daß sie stärker ist als der Tod.

b) Eros und Agape in ihrer gegenseitigen Durchdringung

Auf die Frage, *welche* Liebe nicht aufhört, wurde eine erste Antwort versucht: die *sehende* ἀγάπη, die den anderen erkennt, wie er vom Schöpfer „gemeint" ist; die *kritische* ἀγάπη, die den Geliebten hinausruft aus seiner (jetzigen) Vorfindlichkeit in seine (künftige) „Eigentlichkeit"; die *schöpferische* ἀγάπη, die den anderen bejaht, ihm hilft, sich selber anzunehmen und so erst — im Vollsinn — zu *sein*; die verstehende und *vergebende* ἀγάπη, die den anderen in seiner Schuld noch zu tragen vermag.

Im Blick auf das Agape-Verständnis, wie es etwa Leuenbergers (Jüngel und Barth nahestehendes) Buch *Der Tod. Schicksal und Aufgabe* zugrundeliegt[42], wird eine weitere Klärung erforderlich: Es wäre verfehlt, die Liebe, die „nicht das Ihre sucht" (1 Kor 13, 5), sondern das Glück des anderen, als „selbst-los" im strengen Sinn zu bezeichnen, ihre eigene Bedürftigkeit, ihr Streben nach Selbst-erfüllung und eigenem Glück, zu bestreiten bzw. als Rückfall in den Egoismus zu verdächtigen. Denn die „erotische", den Partner „begehrende" Liebe (Need-love) wird durch die neutestamentliche ἀγάπη (Gift-love) zwar verwandelt und gereinigt, nicht aber aufgehoben. In jene Liebe, die den Tod überwindet, ist also der *Eros* miteinzubeziehen. Dies aber gilt es — da wir (zunächst) in Gegensatz zu Bultmann und Fuchs, zum Teil auch zu Barth und manchen Formen mystischer Frömmigkeit[43] geraten — zu begründen: im Aufweis des Ineinander von Eros und Agape als einer nie aufzulösenden Einheit.

---

[41] Vgl. K. Rahner, *Vom Gottgeheimnis der Ehe*, in: ders., *Glaube, der die Erde liebt*, Freiburg ³1967, 125 ff.

[42] Vgl. R. Leuenberger, *Der Tod. Schicksal und Aufgabe*, Zürich ²1973, 110: „Alle Liebe fordert, daß wir uns selber unwichtig sind." Aus dieser Prämisse leitet Leuenberger die These ab, daß Jesus seine „persönliche Existenz" am Kreuz endgültig aufgegeben habe, daß er „als das Individuum, das er gewesen ist, enden mußte" (wobei unklar bleibt, ob er *überhaupt* als Individuum enden mußte), daß er „sich selbst preisgegeben" habe, weil er selbst „nichts sein" wollte, da „Gott ihm alles war". (105 f.)

[43] Die christliche Diffamierung des Eros, die Barth gelegentlich unterstützt (z. B. K. Barth, KD IV/2, 832 ff.), an anderer Stelle aber als „uralten Unfug" bezeichnet (K. Barth, *Mann und Frau*, 22), geht kaum auf die Reformatoren zurück (wie es Pieper nahelegt), sondern dürfte ein in die Frühgeschichte des Christentums (auch andere Religionen) zurückreichendes Mißverständnis der Liebe sein. Auch die *katholische* Tradition rückte den Eros „immer wieder in engste Nähe zur Konkupiszenz. Von daher billigt man zwar dem Eros einen gewissen Spielraum zu (soweit er etwa für das unauflösliche Band der Ehe notwendig ist), hält ihn aber für ein höheres geistliches Leben, für die höheren Grade der Gottesliebe für hinderlich, schädlich, ja ausgesprochen verderblich." (F. Wulf, *Liebe und Tod*, in: Geist und Leben 45 [1972] 1 ff., hier 6, mit besonderem Verweis auf Richard von St. Viktor).

Wer einen anderen liebt, sich fest an ihn bindet, verschenkt sein „Herz", das Eigenste seiner Person. Wer liebt, nimmt Abschied vom „Ich", vom bisherigen, sich selbst gehörigen und sich selbst genügenden Ich; er will sich selber „vergessen", ist bereit, auf Gewohnheiten und Ansprüche zu verzichten, um dem andern „gerecht" zu werden. Er möchte „herausgehen" aus sich selbst: um sich — aus seiner Einsamkeit, aus seiner Selbst-„verstrickung" befreit — *im andern* zu finden. Sich „aufgebend" und „verlierend"[44] in das Du dieses anderen hinein, „außer sich" in der liebenden Hingabe, wünscht er, sich mit dem anderen zu verbünden, „ja sich mit ihm zu identifizieren"[45] und so erst — in einem ganz neuen Sinn — „bei sich" zu sein, er selber zu werden. Denn das liebende Ich bejaht sich selber, „es liebt sich selbst und seine Liebe, indem es den anderen liebt"[46].

Das Eins-sein mit dem Geliebten, das Außer-sich- und Beim-andern-sein ist — um mit Barth zu reden[47] — der eine *Pol* jener Dialektik, deren anderer Pol die bleibende Verschiedenheit der Partner, ihr Bei-sich-sein (besser: Zu-sich-kommen) in der Bewegung der Liebe ist. Wer die Zuwendung eines Menschen erfährt und diese Zuwendung liebend erwidert, will selbst vom andern *gebraucht* sein, will Beschenkter und Schenkender zugleich sein (die „Gift-love" des andern *soll*, so will es der Geliebte, „Need-love" zugleich und in einem sein). Denn: der Geliebte möchte, um selbst lieben zu können, daß der andere sein (je schon auf *Ergänzung* verwiesenes[48], „bedürfendes") Selbst, seine Freiheit, „sein Gesicht", nicht verliert, daß er — bei aller Hingabe — dennoch er selbst bleibt: „wenn ich aus Liebe zu M. ... mich meiner entäußern[49] könnte, so würde ich, derart meiner Eigenart beraubt, M. nicht mehr gefallen, denn er liebt mich gerade so wie ich bin"[50].

Aus all dem erhellt: Die Hingabe des Liebenden verlangt nach der *Gegenseitigkeit* dieser Hingabe — auch dann, wenn der andere um seiner selbst willen bejaht wird (worin Barth das Wesen der ἀγάπη erblickt)[51]; auch dann, wenn der Partner nicht als „Besitz" betrachtet wird, sondern als „Aufgabe", die täglich von neuem gestellt ist; auch dann, wenn es der Liebende — im Appell an die größeren Möglichkeiten des andern — riskiert, ihn zu verlieren[52]; auch dann, wenn er sich dem andern — vorübergehend (vielleicht bis zum Tode) — entzieht: in einem Verzicht, den nur die Liebe versteht[53]. Auch solche Liebe, die zum Opfer bereit

---

[44] Vgl. F. ULRICH, *Leben in der Einheit von Leben und Tod*, Frankfurt/M. 1973, 33 ff.
[45] J. PIEPER a. a. O., 80.
[46] B. WELTE a. a. O., 19. — Vgl. S. KIERKEGAARD, *Philosophische Brocken*, Reinbek 1964, 37: „Selbstliebe liegt aller Liebe zugrunde"! Kierkegaard spricht vom „Paradox der Selbstliebe als Liebe zu einem anderen, einem Entbehrten" (ebd.).
[47] K. BARTH, *Mann und Frau*, 12.
[48] Vgl. C. MEVES — J. ILLIES a. a. O., 64 f.
[49] „Entäußern" hier im Sinn eines völligen Sich-verlierens gemeint; auch Christus hat sich in diesem Sinn *nicht* entäußert (in die Welt), wie — gegen D. Sölle — schon ausgeführt wurde (vgl. oben S. 188).
[50] L. RINSER, *Abenteuer der Tugend*, 24.
[51] Vgl. K. BARTH, KD IV/2, 832 ff.
[52] Vgl. oben Anm. 31.
[53] Vgl. z. B. Claudels Drama *Der seidene Schuh* (Salzburg 1939, 255): Aus religiösen Gründen leistet Doña Proëza auf Rodrigo Verzicht, aber nicht um auf diese Liebe für

ist, schließt mit ein, daß in der *Gegenliebe* (die nie zu erzwingen ist) die *Rückbejahung des eigenen Seins*[54] gewollt und gesucht (was nicht heißt: zur *Bedingung* der eigenen Liebe gemacht) wird: unter Umständen — falls die Gegenliebe verweigert wird — in jener Treue, die an der Zurückweisung „nicht irre wird, die alle Mängel ... erträgt und aller Enttäuschung zum Trotz nicht mehr losläßt, was einmal das Herz als liebenswürdig erkannt hat, sondern nach Dantes tiefem und erschreckendem Wort ‚dem Geliebten das Wieder-Lieben nicht erläßt'!"[55]

Wenn *Brecht* Herrn Keuner behaupten läßt, Liebe sei „der Wunsch etwas zu geben, nicht zu erhalten", und „der übermäßige Wunsch, geliebt zu werden, (habe) wenig mit echter Liebe zu tun"[56], so ist das nur die halbe Wahrheit. Daß es Situationen der Bewährung gibt, in denen der Liebende alles verschenkt, ohne einen „Lohn" zu erwarten, ist natürlich richtig. Aber *absolut* gemeint fußt die Kritik am Geliebt-werden-wollen bzw. die Forderung einer „nicht mehr erotischen" (Fuchs), alles eigene Bedürfen mißachtenden, „nichts-empfangen-wollenden, ‚souveränen' Agape-Liebe ... auf einer unzutreffenden Einschätzung des wirklichen Menschen ..., *nicht so sehr*, wohl zu bedenken, *auf einer Verkennung seiner empirischen Unvollkommenheit als vielmehr auf der Ignorierung der conditio humana* als der eines geschaffenen Wesens"[57]. Wer die „Angst vor dem Liebesverlust" (Freud), wer den Wunsch des Liebenden, selbst geliebt zu werden, *grundsätzlich* diffamiert, muß sich fragen lassen, ob seine Haltung nicht — wie bei Nietzsche, der den Wunsch, geliebt zu werden, „die größte der Anmaßungen"[58] genannt hat — eine Maske des geschöpflichen Anspruchs, Gott *gleich* zu sein, ist[59]. Denn *Gott* müßte man sein, um immer nur selber zu lieben, „ohne aufs Geliebtwerden angewiesen zu sein"[60].

---

immer zu verzichten, sondern — im Gegenteil — um den Geliebten in Wahrheit zu gewinnen: „Gib alles hin, um alles zu bekommen! Wenn wir zur Freude wallen, was verschlägt's, wenn unser irdischer Weg entgegengesetzt zur leiblichen Nähe verläuft? ... Dort (sc. jenseits des Todes), wo am meisten Freude ist, wie kannst du glauben, daß ich dort nicht sei?" (Proëza zu Rodrigo, unmittelbar vor ihrem Tode).

[54] Vgl. L. Boros, *Mysterium Mortis,* Olten-Freiburg ⁴1964, 80.
[55] I. F. Görres, *Die „Kleine" Therese,* Freiburg-Basel-Wien 1964, 145 f.
[56] B. Brecht, *Geschichten vom Herrn Keuner,* in: ders., *Gesammelte Werke XII,* Frankfurt 1967, 375 ff., hier 407; zit. nach J. Pieper a. a. O., 62.
[57] J. Pieper a. a. O., 111, mit Berufung auf Thomas von Aquin (Hervorhebung von mir). — Voraussetzung für die hier vertretene Position ist, daß die conditio humana, die Geschöpflichkeit des Menschen, nicht schon *als solche* in die Nähe der Sünde gerückt wird, wie es Bultmann und der frühe Barth intendieren, und wie es Nygren unterstellt, wenn er — ganz anders als der spätere Barth — „jede Verbindung zwischen Schöpfung und Erlösung" bestreitet (A. Nygren, *Eros und Agape II*, 110, unter Berufung auf den Gnostiker Marcion; zit. nach J. Pieper a. a. O., 106).
[58] F. Nietzsche, *Menschliches, Allzumenschliches I,* München 1960, Nr. 523; zit. nach J. Pieper a. a. O., 62.
[59] J. Pieper a. a. O., 63.
[60] Ebd. — Um dieser Konsequenz zu entgehen, postuliert Nygren — folgerichtig — Gott *selbst* als das Subjekt der Agape (vgl. oben S. 330 Anm. 21). Daß der Mensch dann in seinem Personsein entwertet wird, scheint Nygren in Kauf zu nehmen.

Die „selbstlose", das Glück des andern suchende ἀγάπη schließt, sofern sie *kreatürliche* Liebe ist, die Merkmale des ἔρος mit ein: Das Liebesgebot Jesu setzt die Selbstliebe ohne Tadel voraus (Mk 12, 31; vgl. Lv 19, 18) und der „Lohn" aller Selbst-aufgabe ist der Selbst-gewinn (Mt 10, 39)![61] Denn wenn ἔρος das Verlangen nach Glück ist und wenn das Glück derjenigen, die wir fördern und lieben, den Inhalt unseres eigenen Glückes bestimmt[62] (so daß es „nahezu unmöglich werden kann, zu sagen, wo das eigene Glücksverlangen aufhört und die selbstlose Freude am Glück des anderen beginnt")[63], findet die begehrende Liebe in der sich schenkenden ihr Ziel und nicht ihre Verneinung. Dies aber bedeutet, daß der ἔρος — sofern er sich der ἀγάπη ein- und unterordnet[64] — immer schon *mit* gemeint ist, wenn die Liebe — nach Paulus — nie aufhört (1 Kor 13, 8) und wenn die Liebenden — nach Johannes — vom Tode ins Leben gelangen (1 Jo 3, 14).

c) *Eros-Agape in ihrer Offenheit zu Gott und den Menschen*

Von der Liebe des *Menschen* war bisher die Rede. Ob diese Liebe — sei sie ἔρος oder ἀγάπη oder beides zugleich — überhaupt mit „im Spiel" sein kann, wenn vom Sieg über den Tod (der immer *Gottes* Sieg ist) gesprochen wird, gerade dies ist aber die Frage und bedarf der Klärung. Ist es keine „tod-sichere" Alltagserfahrung, wenn Barth die „humane" Liebe als „keineswegs feuerfest" und also „sehr wohl" vergänglich bezeichnet?[65] Barth selbst gibt die Antwort: Indem und solange die kreatürliche Liebe an der göttlichen *teilhat*, „kann und wird auch sie nimmer aufhören"[66].

Aber *wie* nimmt unsere Liebe an der göttlichen teil? Bleiben wir bei der Aussage Barths, die Pieper — nicht ganz zu Recht[67] — in die Nähe der Eros-feindlichkeit Nygrens gerückt hat. Menschlichkeit versteht Barth als Mit-menschlich-

---

[61] B. Welte a. a. O., 20.
[62] Vgl. Clärchens Lied: „... Glücklich allein ist die Seele, die liebt" (J. W. v. Goethe, *Egmont*, III. Akt, Artemis-Ausgabe Bd. 6, 54).
[63] J. Pieper a. a. O., 134.
[64] Vgl. H. U. v. Balthasar, *Das Weizenkorn*, 88: „Eros und Agape sind weder identisch noch entgegengesetzt. Denn Eros ist fähig, den Sinn der Agape zu begreifen und sich ihr ein- und unterzuordnen, durch einen Tod und eine Auferstehung."
[65] Vgl. oben S. 90 Anm. 106.
[66] K. Barth, KD III/2, 333.
[67] Vgl. J. Pieper a. a. O., 100 ff. — Wohl trifft es zu, daß K. Barth, KD IV/2, 832 ff., den Eros, der seinen eigenen Besitz erstrebt, von der Agape, die sich weg-schenkt ohne Bedingung, nicht nur unterscheidet, sondern im Eros „das genaue Gegenteil der christlichen Liebe" erblickt, Eros und Agape also „nicht *vermischt*, nicht synthetisch zu einem höheren Dritten verbunden" sein läßt. Die Differenz der Position Piepers zu Barth hat aber — zum Teil — terminologische Gründe: Barth bestreitet nicht, daß der christlich Liebende *jenes* Ziel erreicht, das der erotisch Liebende erreichen *möchte*; und daß Gott dem erotisch Liebenden „nichts wegnimmt", ihn vielmehr „versteht, auf- und annimmt": „Er *darf* sein Leben retten, er *darf* sich selbst finden und bei sich selbst sein. Eben das wird ihm geschenkt, eben das widerfährt ihm, indem er sein Leben verliert", daß er „sich selbst schon gefunden hat".

keit[68], als Verwiesenheit auf das Zusammensein von Ich und Du, von Mann und Frau[69]. Begründet wird das — den obigen Ausführungen entsprechend — in der *Geschöpflichkeit* des Menschen (die mit der „Erlösungsordnung" — im Gegensatz zu Nygrens Theorie — viel zu tun habe)[70]: Es entspreche dem Willen des Schöpfers, daß unser Sein sich „in der Begegnung" erfüllt; Gott rufe den Menschen auf, „sich *selbst* zu erfahren, indem er den *anderen* bejaht, sich *selbst* zu erfreuen, indem er den *anderen* erquickt"[71]. In solcher Liebe gehe es mit „rechten" Dingen zu, denn auch (und vor allem) in der Liebe bleiben wir Gottes Geschöpfe. In ihrer Kreatürlichkeit liege die Würde, aber auch die Grenze aller menschlichen Liebe: ihre *Würde*, weil Gott „selber in Beziehung, in sich selbst nicht einsam ist", der Mensch sich also — in der Begegnung von Ich und Du — als Ebenbild Gottes erweist[72] und insofern „teilhat" an der göttlichen Liebe, die den Tod überwindet; ihre *Grenze*, weil der Mensch in seiner Liebe Gott zwar „ähnlich", nicht aber gleich wird. Wo diese Schranke nicht bleibt, wo menschliche Liebe sich als „grenzenlos" und „unendlich" versteht (unendlich „in sich" statt in der „analogia fidei"), wo sie göttliche Eigenschaften beansprucht, sieht Barth den „Übergriff" des sündigen Menschen am Werk.

Aus diesem Grund wendet er sich gegen die „Vergottung" menschlicher Liebe, wie er sie in Schleiermachers Romantik (die die Geschlechterliebe als „menschlich *und* göttlich" bezeichnet[73], die einen Menschen mit „Du Unendlicher"[74] zu betiteln den Mut hat) entdeckt oder — noch deutlicher — in Schubarts „Zusammenschau" des Göttlichen und des Menschlichen: Zuletzt treibe die Geschlechterliebe „den Menschen der Gottheit in die Arme" und lösche „den Trennungsstrich zwischen Ich und Du, Ich und Welt, Welt und Gottheit", liest Barth — mit Empörung — bei Schubart[75].

Solche Identifizierung von Gottheit und Menschheit[76], die die Analogie zur Gleichheit verfälsche[77], weist Barth ironisch zurück — um der Souveränität Gottes, aber auch um der *Menschlichkeit des Menschen* willen: „Wir hörten ja: ‚Was sich mit der zeitlichen Person des Liebenden berührt, fällt von ihm ab ins

---

[68] Zum folgenden K. BARTH, *Mann und Frau*, 7 ff.

[69] Die *Unterschiedenheit* von Mann und Frau und damit die *Beziehung* von Mann und Frau ist dem Menschen „wesentlich", wird also auch in der Ewigkeit ihre Bedeutung behalten, wie Barth gegen A. OEPKE betont (vgl. oben S. 93 f.).

[70] Vgl. oben S. 62 f.

[71] K. BARTH, *Mann und Frau*, 7.

[72] Ebd., 8.

[73] F. D. SCHLEIERMACHER, *Vertraute Briefe über Friedrich Schlegels „Lucinde"*, in: ders., *Werke zur Philosophie*, Band 1, Frankfurt/M. 1964, 483.

[74] Ebd., 487.

[75] W. SCHUBART, *Religion und Eros*, 84; zit. nach K. BARTH a. a. O.

[76] Die Frage, ob alle von Barth gerügten Autoren (zu denen auch J. M. SCHEEBEN als Vertreter katholischer Ehelehre gehört) Göttliches und Menschliches *tatsächlich* „identifizieren", muß außer Betracht bleiben.

[77] K. BARTH, *Mann und Frau*, 21.

Wesenlose'[78]. Kein guter Vorgang! Versteht man die Menschen und den Eros nun wirklich besser, echter, realistischer, wenn man diesen und damit sie selbst zu den Göttern erhebt?"[79] „ ,Mann und Weib und Weib und Mann reichen an die Gottheit an'. Eben das gerade *nicht!* Man lasse sie auf der Erde unter dem Himmel, im Lichte der Analogie von Eph 5, 32, aber ohne diese Analogie offen oder versteckt zur Gleichung zu erheben"[80].

Dies ist die Position Barths, wie sie sich aus dessen Ja zur analogia fidei bei gleichzeitigem Nein zur analogia *entis* ergibt[81]. Unser *Vorbehalt* gegen diese Bestreitung der „Unsterblichkeit" menschlicher Liebe als solcher folgt aus den früheren Überlegungen zu Natur und Offenbarung, zur „Selbsttranszendenz" des geschaffenen Seins[82], die die Grenzen zwischen Schöpfer und Geschöpf nicht verwischt, jedoch — andererseits — Gottes Liebe zum Menschen als diesem nicht „äußerlich" bleibend versteht, sondern als dessen „innerste" Dynamik (die deshalb nicht aufhört, *Gottes* Dynamik zu sein) voraussetzt: als Dynamik, die den Menschen über sich selbst hinauswachsen läßt: in jener „Bewegung der Unendlichkeit" (Kierkegaard)[83], die zum *Wesen* des Menschen gehört und diesem nicht — nachträglich — „aufgesetzt" wird: als seine „fremde" Bestimmung (als iustificatio „imputativa")[84].

Das heißt in diesem Zusammenhang: Die Liebesbewegung des Menschen „von unten" wird von der Liebesbewegung des Schöpfers „von oben" getragen und in der „Richtung" gehalten (sofern sie sich gegen Gottes Willen nicht sträubt und damit sich selber verfehlt)[85]. Wenn ein Mensch — in Freiheit[86] — sich selbst, sein „Herz", einem andern verspricht, so *ist* dieses Wagnis — nach Rahner —, was es dem Liebenden erscheint: ein Wunder, das aus sich selbst nicht erklärbar ist, das „an Gott grenzt". Denn wenn Menschen sich lieben, „ist immer ein Unbedingtes mitgesetzt, das über die Zufälligkeit der Liebenden selbst hinausweist": in einer „Bewegung, die keinen Zielpunkt im angebbaren Endlichen mehr hat"[87].

Die Liebe führt den Menschen „weiter und weiter"[88]. Und wenn, was Barth

---

[78] W. Schubart a. a. O., 230. — Vgl. dagegen oben S. 90 ff. u. S. 251 ff.: sowohl nach Barth wie nach Rahner wird *dieser* Mensch mit seiner konkreten Geschichte zwischen Geburt und Tod in der Ewigkeit Gottes geborgen.

[79] K. Barth, *Mann und Frau*, 24.

[80] Ebd., 27 f.

[81] Vgl. oben S. 62 f.

[82] Vgl. oben S. 204 ff.

[83] Vgl. S. Kierkegaard, *Die Wiederholung*, Reinbek 1961, bes. 71 ff.

[84] Vgl. oben S. 77 ff. — Es wurde schon gesagt (oben S. 81), daß von der Rechtfertigung her, wie Barth sie versteht, der Schritt von der analogia fidei zur analogia entis nur konsequent wäre.

[85] Vgl. oben S. 273 ff.

[86] Vgl. oben S. 273 f.

[87] K. Rahner, *Vom Gottgeheimnis der Ehe*, in: ders., *Glaube, der die Erde liebt*, Freiburg-Basel-Wien ³1967, 125 ff., hier 125 f.; ähnlich G. Scherer a. a. O., 107 ff.

[88] S. Kierkegaard a. a. O., 51.

gerne betont, der Eros verspricht, was er selbst nicht zu geben vermag[89], das geliebte Du also „das Versprechen ist, das nicht gehalten werden kann" (Claudel)[90], so besteht gerade darin die „Gnade" des Schöpfers[91], daß er — in ungeschuldeter Liebe — das gibt, was Menschen einander schuldig bleiben.

Denn *Gott* ist der Garant aller Liebe; „er ist die Erfüllung der unendlichen Verheißung, die der Liebe innewohnt, die sie aber nicht erfüllen könnte, müßte sie aus sich selbst solche letzte Erfüllung geben; er ist die unauslotbare Tiefe (in Gnade) des andern Menschen, ohne die doch am Ende jeder Mensch für den andern schal und leer werden müßte; ... er steht als die wirkliche Vergebung für beide hinter und über jeder Vergebung, ohne die keine Liebe auf die Dauer leben kann"[92]. Im Glauben an *diesen* Gott wird die Treue ermöglicht: das „Bleiben" in der Liebe (vgl. Jo 15) über allen Wechsel und alles Schwanken hinweg[93].

Unsere Liebe meint immer mehr, als sie jetzt — in „dürftiger Zeit" — verwirklichen kann[94]. Bei der konkreten Gestalt seiner Liebe bleibt der Liebende nicht stehen; denn sein Ziel ist ein Absolutes: Gott selbst[95]. Freilich: aufgrund seines (transzendentalen) Bezuges auf Gott kommt dem *endlichen* Objekt unserer Liebe selbst „eine gewisse Absolutheit" zu: sofern es „im Licht der Liebe Gottes gesehen und gleichsam im Nachvollzug der Liebe Gottes selbst geliebt wird"[96]. Wir dürfen also den anderen um seiner *selbst* willen, in seiner eigenen Personhaftigkeit (nicht als „Köder", den Gott für seine Zwecke benutzt), bejahen und lieben.

Dieser eine, nicht zu verwechselnde Mensch wird geliebt. Und doch: wenn sie „im Stande der Gnade" (Schubart)[97] verbleibt, bedeutet diese Zuneigung keine

---

[89] So C. S. Lewis, *The four Loves*, London 1960, 131; zit. nach J. Pieper a. a. O., 146. — Vgl. B. Welte, *Dialektik der Liebe*, 52 ff.

[90] P. Claudel, *Die Stadt*, Schluß des 3. Aktes; zit. nach J. Pieper a. a. O., 146.

[91] P. Claudel a. a. O.

[92] K. Rahner, *Vom Gottgeheimnis der Ehe*, 126.

[93] B. Welte a. a. O., 59.

[94] Vgl. L. Boros, *Der anwesende Gott*, 21.

[95] Vgl. J. Bernhart, *Erinnerungen*, Köln 1972, 304: „... unser menschlicher Eros ist im Grunde selbst so beschaffen, daß er über sich hinausdrängt. Was anders sonst will er mit den Seufzern seiner Sprache als die Ewigkeit? Was anders denn wäre der Grund gewesen, den bräutlichen Eros des Hohenliedes als Gleichnis des menschlichen Gottesverhältnisses zu begreifen, wäre nicht Liebe überhaupt und an sich schon Überschwang der Wesen über sich hinaus." — Dasselbe meint K. Rahner, *Schriften VI*, 225 ff.: „Der Akt der Nächstenliebe ist der einzige kategoriale und ursprüngliche Akt, in dem der Mensch die kategorial gegebene ganze Wirklichkeit erreicht und darin die transzendentale und gnadenhafte ... Erfahrung Gottes macht."

[96] E. Coreth, *Metaphysik*, Innsbruck-Wien-München ²1964, 471 f. — Zum Ganzen vgl. K. Rahner, *Über die Einheit von Nächsten- und Gottesliebe*, in: ders., *Schriften VI*, 277 ff. — R. Guardini, *Landschaft der Ewigkeit*, München 1958, 87 ff., würdigt diese Einheit von Gottesliebe und menschlicher Zuneigung in der Dichtung Dantes: Die Liebe zu Christus und Beatrice (die nicht als *Allegorie* für die Agape überhaupt — dies wäre platonisch gedacht —, sondern als konkreter Einzelmensch gemeint sei) bedeute gerade in ihrer *Einheit* das „Neue Leben".

[97] Vgl. W. Schubart, *Religion und Eros*, 231: „Im Gnadenstand hat die Geschlechterliebe den Drang, sich auch anderen als der Geliebten mitzuteilen. Sie weitet sich zur Nächstenliebe, zur All- und Gottesliebe." (Zit. nach K. Barth, *Mann und Frau*, 23)

Verengung des Lebenskreises (die dem Gesetz des Todes verfallen wäre[98]; denn wer die Brüder — Plural! — nicht liebt, bleibt im Tode: 1 Jo 3, 14). Im Gegenteil: gerade *weil* ich diesen Einen bejahe und von ihm mich bejaht weiß, bin ich zur größeren Liebe befreit, die keinen ausschließt. Konkrete Liebe ist immer auch universal[99]: Denn die Zuwendung zu einem bestimmten Du versetzt, so Pieper, auf einen Standort, von dem her „die Gutheit und Liebenswürdigkeit *aller* Menschen, ja, aller Wesen überhaupt, zum ersten Mal vor den Blick kommt und unmittelbar einleuchtet"[100]. So wird jene Liebe ermöglicht, die den besonderen Partner — nach wie vor — als etwas „Unvergleichliches, als etwas gerade uns persönlich eigens Zugedachtes erscheinen" läßt, ihn aber zugleich als *„ein(en) Lichtpunkt in einem unendlichen Gewebe von Licht"* offenbart[101]. So wird des Paulus Wort, daß die Liebe nie aufhört, im expansiven Sinn, in der Dimension der Weite[102], bestätigt.

2. Stärker als der Tod ist die Liebe

Wenn Menschen sich lieben, sagten wir, kann der Tod diese Liebe nicht töten[103]. Hier, in diesem Satz, begegnen sich göttliche Offenbarung und menschliche Erfahrung[104] am dichtesten. Gott selbst ist die Liebe (1 Jo 4, 8) und wer liebt (und geliebt wird), ist hinübergeschritten vom Tode ins Leben (1 Jo 3, 14 ff.). Diese Zusage des Evangeliums kann der Liebende verstehen; denn in seiner Liebe — im *Vollzug* dieser Liebe, nicht im objektivierenden Wissen über Liebe und Tod[105] — ahnt er schon, daß seine Hingabe Bestand hat, daß der Adressat seiner Liebe sich nicht verlieren wird im spurlosen Nichts. Wer geliebt wird, weiß sich im Dasein bejaht („amor, ergo sum"), und wer liebt, will, daß der andere *ist,* daß er, der Unersetzliche[106], das Leben hat und es in Fülle hat[107].

Jene absolute „Parteinahme" (Pfänder)[108] für die Existenz des Geliebten, jene Seinszusage, wie sie dem spontanen Wunsch, ja der „prophetischen Gewißheit"

---

[98] Vgl. C. Meves — J. Illies a. a. O., 82 f.: Die Ausschließlichkeit und Verabsolutierung der Zweier-Beziehung beraubt sie „aller Zukünftigkeit" und führt — in der Konsequenz — zum gemeinsamen Liebestod (Tristan — Isolde!).

[99] B. Welte a. a. O., 22.

[100] J. Pieper a. a. O., 84.

[101] J. Pieper a. a. O., 176. — Zum Ganzen vgl. R. Guardini a. a. O.; sowie M. Sinniger, *... aber die Liebe bleibt. Zeugnis einer Ehe,* Freiburg 1975, 84 f.

[102] Expliziert wird dieser — „politische" — Aspekt z. B. bei B. Welte a. a. O., 103 ff.

[103] Vgl. M. Sinniger a. a. O., 108: „Zusammen werden wir sein, wie wir gewesen sind. Der Tod tötet die Liebe nicht."

[104] Vgl. oben S. 204 ff.

[105] Vgl. H. Thielicke, *Wer darf leben?,* München 1970, 96.

[106] Vgl. oben Anm. 22.

[107] *Dieser* Schritt wird von D. Sölle, die von der Unersetzbarkeit der geliebten Person ebenfalls weiß (vgl. oben S. 191 f.), nicht konsequent genug mitvollzogen, wenn sie die „postmortale Existenz" des Geliebten bestreitet.

[108] A. Pfänder, *Zur Psychologie der Gesinnungen* (Jahrbuch für Philosophie und phänomenologische Forschung 1913), 368; zit. nach J. Pieper, *Über die Liebe,* 44.

(G. Marcel)¹⁰⁹ unserer Liebe entspringt¹¹⁰, hat G. Marcel so beschrieben: Einen anderen lieben, heißt ihm sagen: „Du wirst nicht sterben"¹¹¹. Denn als Liebende sind wir, „soweit es an uns liegt" und „in der Intention", „immerfort dabei, dem Geliebten Dasein zu geben" (Ortega y Gasset)¹¹².

Doch wie ist es möglich, solches zu sagen? Warum ist es gerade der *Tod,* das Nicht-sein des Geliebten, das von der Liebe bestritten wird?

Vielleicht kann das Beispiel großer Liebender — deren Ausnahmecharakter „alles weit deutlicher" zeigt¹¹³ — in dieser Frage weiterführen, noch bevor wir auf *den* Liebenden, Jesus Christus, zu sprechen kommen. Dante und Beatrice, Rodrigo und Proëza¹¹⁴, Orpheus und Eurydike¹¹⁵, sie alle sehen ihre Liebe durch den Tod — bzw. die leibliche Ferne — des Partners nicht entscheidend bedroht. Nicht als Niederlage, nicht als Zerstörung der Liebe, nicht als Auflösung der Person wird der Tod hier empfunden (wenn man vom Tristan-Motiv absieht, wo die Nacht des Todes als „ewiges Vergessen", als Rückkehr des Individuums ins Vor-Personale der unbewußten Natur interpretiert wird)¹¹⁶. Im Gegenteil, für diese Liebenden *dient* der Tod noch „der Sache der Liebe, räumt er ihr doch alle Hindernisse aus dem Weg, verewigt, was ohne ihn vergänglich wäre."¹¹⁷

---

¹⁰⁹ G. Marcel, *Geheimnis des Seins,* Wien 1952, 472; zit. nach G. Scherer, *Der Tod als Frage an die Freiheit,* 105.

¹¹⁰ Vgl. P. L. Berger, *Auf den Spuren der Engel,* Frankfurt/M. 1970, 92: Unser „Nein" zum Tode (vgl. oben S. 307 ff.) bestätigt sich „im Angesichte des Todes anderer, besonders wenn wir sie lieben, am lautesten".

¹¹¹ G. Marcel a. a. O., 472. — Marcel postuliert die „Unsterblichkeit" aus der Perspektive des Todes des *anderen,* den wir lieben: „Weil ich nicht lieben kann, ohne die Unsterblichkeit dessen zu wollen, den ich liebe ... kann ich den Tod nicht annehmen." Jedes Sichabfinden mit der Zerstörung des anderen wäre „Verrat" an der *Treue* (G. Marcel a. a. O., 302; zit. nach K. H. Bloching, *Tod,* Mainz 1973, 65). — Dieser Ansatz — Negation des Todes des Geliebten — wird entfaltet bei G. Scherer a. a. O., 96 ff. (im Anschluß an G. Marcel).

¹¹² J. Ortega y Gasset, *Betrachtungen über die Liebe,* Stuttgart 1956, 295; zit. nach J. Pieper a. a. O., 44. — Pieper verweist ebd. — halb zustimmend, halb „mit ratloser Betroffenheit" — auf A. Pfänder a. a. O., 370: Liebe ist „ein stetiges bejahendes Halten des Geliebten im Dasein"; sowie auf W. Solowjew, *Über den Sinn der Geschlechterliebe,* München 1953, 235: die Liebe schließt den Tod aus, und das Sterben ist „mit der wahren Liebe unvereinbar".

¹¹³ S. Kierkegaard, *Die Wiederholung,* 80: Die Ausnahme erklärt „das Allgemeine und sich selbst, und wenn man das Allgemeine recht studieren will, muß man sich bloß nach einer berechtigten Ausnahme umsehen; diese zeigt alles weit deutlicher als das Allgemeine selbst".

¹¹⁴ P. Claudel, *Der seidene Schuh,* Salzburg 1939.

¹¹⁵ Vgl. oben S. 290.

¹¹⁶ Vgl. aber I. Lepp a. a. O., 143: Mit dieser „Schopenhauerschen Version" von Tristan und Isolde habe sich Richard Wagner nicht begnügt. „So läßt er sein sterbendes Liebespaar am Ende nicht das Verlöschen des Selbstgefühls ersehnen, sondern die Erfüllung der Liebe in einer tieferen Verschmelzung der Herzen, deren Vereinigung nun durch nichts mehr bedroht werden kann."

¹¹⁷ I. Lepp a. a. O., 142.

Mozarts (und Barths) Einstellung zum Tod[118] findet in der *Zauberflöte* ihren künstlerischen Ausdruck: Der Tod wird — als *Erfüllung* der Liebe — ersehnt („so wird Ruh' im Tode sein"), und zugleich — *durch* die Liebe — überwunden („wir wandeln durch des Tones Macht froh durch des Todes düstre Nacht"). Als Dasein „zum Tode" (Heidegger)[119] erweist sich — in solcher Liebe — das Leben, aber „in einer Entschleierung der Erscheinung" öffnet sich der Tod, der eigene wie der des Geliebten, nicht „als Grenze, sondern als Vollendung" (Jaspers)[120]. Der Tod wird bestritten, sofern er das *Sein* des anderen bedroht; zugleich wird er bejaht[121], sofern er die Pforten des Jenseits erschließt: des Ortes der wahren Verwirklichung aller Liebe und Sehnsucht. Der Tod als Vernichtung und (endgültige) Trennung vom Partner müßte den Sinn jeder Liebe negieren[122] und wird von der Liebe bestritten; aber der Tod als „Verwandlung" wird je schon bejaht, weil er die Erfüllung gewährt, die die irdische Liebe versagt hat: wegen äußerer Umstände[123] und aus inneren Gründen[124].

Nicht daß — selbstsüchtig und an der Vorläufigkeit der irdischen Liebe verzweifelnd — der Tod *gesucht* oder herbeigeführt werden sollte (wie in der romantischen Dichtung)[125]. Die Liebe steht *gegen* den Tod und der Mensch „soll um der Güte und Liebe willen dem Tod keine Herrschaft einräumen über seine Gedanken"[126]. Denn ein Leben ohne *ausgetragene* Sehnsucht gebiert keine Ewig-

---

[118] Vgl. oben S. 74.
[119] Vgl. oben S. 111 Anm. 22.
[120] K. JASPERS, *Philosophie II*, 229.
[121] Die Dialektik des Todes als des „Feindes" und „Freundes" Gottes und der Menschen findet sich ähnlich bei K. Barth (vgl. oben S. 74).
[122] Vgl. dazu I. CARUSO, *Die Trennung der Liebenden*, Stuttgart 1968: Der amerikanische Psychologe wendet sich gegen die — in der Psychoanalyse verbreitete — Diskriminierung des Trennungsschmerzes, gegen die Meinung vieler Analytiker, der Schmerz der Liebestrennung sei „etwas ‚Unreifes' und daher letztlich von der Analyse zu Behebendes". (17) Gegen die stoische Tradition, die „die ‚übertriebene' Trauer nach dem physischen Tod zu oft als psychotisch oder zumindest als neurotisch betrachtet" (17), postuliert Caruso — als Vorbedingung für die Überwindung des Trennungsschmerzes — „nichts Geringeres als die *Aufhebung des Todes*; denn die Entfremdung des Menschen wird solange nicht zur Gänze aufhören, als die ... Natur doch stärker ist als seine Liebe und seine Schöpfungskraft" (309; Hervorhebung v. mir).
[123] I. CARUSO a. a. O., macht es sich aber zu leicht (vgl. J. HOFMEIER, *Vom gewußten zum gelebten Tod*, in: Stimmen der Zeit 186 [1970] 338 ff., hier 347 ff.), wenn er dieses Versagen auf die „objektiven Umstände" der „Über-Ich-Systeme" einer repressiven Gesellschaft reduziert.
[124] Vgl. B. WELTE a. a. O., 49 ff.
[125] Vor solcher Haltung warnt I. LEPP a. a. O., 167 f.: „So wie die Kinder ein Spielzeug lieber zerstören, als es an ein anderes Kind abzugeben, sieht der romantische Liebende die geliebte Person lieber tot, als daß er sich der Gefahr aussetzen möchte, sie könnte als Lebende einmal aufhören, ihn zu lieben, oder auch aufhören, Gegenstand seiner Liebesbegeisterung zu sein ... Eines ist die Liebe, die den Tod besiegt, die fähig ist, die schmerzhafte Trennung, die er schafft, zu überdauern, und ein anderes die Liebe, die den Tod will und ihn herausfordert."
[126] Th. MANN, *Der Zauberberg*, Berlin-Darmstadt-Wien 1967, 513 (das Thema „Liebe und Tod" wird hier eingehend behandelt).

keit. Hinzu kommt, daß die Art unseres Sterbens — seit Adam — mit Sünde zu tun hat und immer auch den Charakter der Strafe besitzt[127]. Nicht darum also kann es gehen, das Ende als solches zu wollen, vielmehr darum, es zu überwinden in der Kraft der Liebe.

Wie wir den Tod überwinden, zeigt das Beispiel der Liebenden: Wir haben den Tod „hinter" uns — um die Formulierung Barths zu gebrauchen[128] —, wenn wir uns nicht mehr als „Individuen"[129]: als von den anderen Getrennte verstehen, wenn wir auf die Seite des Du treten, über uns hinauswachsen und uns „verlieren" im anderen[130]. Nur der kann leben, der Sein hat *im anderen,* der „aufgehoben" ist in der Liebe dessen, der noch steht, wenn er selbst schon gefallen ist[131]. Dieses „Weiterleben" im Leben des andern hat L. Binswanger — in Auseinandersetzung mit Heideggers Theorie der radikalen Einsamkeit des Menschen im Tode — so formuliert: „Sterbe ich vor Dir, so darf ich mein Leben zurücklegen in Deine Hände[132], dann weiß ich, daß ich auch im Tod in Dir fortlebe, wie ich schon bei jedem Abschied in Dir fortgelebt habe; sterbe ich nach Dir, und hast Du Dein Leben in meine Hände zurückgelegt, so weiß ich sterbend, daß ich auch im Tode ‚mit Dir vereinigt bin'."[133]

Nach Auskunft vieler, die solche Liebe gelebt haben, wurde ihre Gemeinschaft mit dem anderen nach dessen Tode noch inniger[134]. Aber kommt nicht im Anspruch des Eros, in seinem Verlangen nach Dauer[135], die Problematik geschöpflicher Liebe erst richtig zur Geltung? Kann man wirklich behaupten, der Liebesbezug zweier Menschen — als *reale* Gemeinschaft verstanden — höre im Tode nicht auf? Können wir einen Sterbenden aufnehmen ins eigene Dasein, wo unsere Liebe doch immer begrenzt, egoistisch[136] und selber vom Tode bedroht ist? Denn

---

[127] Vgl. oben S. 218 ff., bes. S. 222 Anm. 24.

[128] Vgl. oben S. 88.

[129] Vgl. F. ULRICH, *Leben in der Einheit von Leben und Tod,* 41 („Individuum" hier im Wortsinn von „in-divisus in se" verstanden: „ungeteilt in sich selbst", „nur mit sich selbst beschäftigt"); sowie P. SCHOONENBERG, *Und das Leben der zukünftigen Welt,* 91; N. SCHOLL, *Tod und Leben,* 94.

[130] F. ULRICH a. a. O., 40; vgl. G. SCHERER a. a. O., 96 ff.

[131] So J. RATZINGER, *Einführung in das Christentum,* 249 ff.; ders., *Dogma und Verkündigung,* München-Freiburg 1973, 297 ff.

[132] Zu beachten ist die Bemerkung Toynbees (A. TOYNBEE, *Leben und Tod,* in: ders. [Hrsg.], *Vor der Linie,* Frankfurt 1970, 369 ff., hier 386), daß „der Stachel des Todes für den Sterbenden weniger scharf ist als für den Zurückbleibenden". Den Wunsch, *vor dem* Geliebten zu sterben, nennt Toynbee „egoistisch", weil der lebende Partner „die Last trägt".

[133] L. BINSWANGER, *Grundformen und Erkenntnis menschlichen Daseins,* München ³1962, 189 f.; zit. nach J. SUDBRACK, *Probleme, Prognosen einer kommenden Spiritualität,* Würzburg 1969, 86 ff.

[134] Vgl. z. B. M. SINNIGER, *... aber die Liebe bleibt. Zeugnis einer Ehe,* Freiburg 1975.

[135] Vgl. L. BOROS, *Der anwesende Gott,* 22: „Ich liebe dich grenzenlos und deshalb mußt du grenzenlos werden."

[136] Vgl. L. BOROS, *Mysterium Mortis,* 55: Selbst die Heiligen klagen sich an: „man fängt an, sich selbstlos zu geben, ... liebend für einen andern zu leben, und plötzlich entdeckt man, daß in all dem eine ... hohle Selbsttäuschung vorlag; man hat vielleicht in all dem, zwar auf eine sehr sublime Weise, aber doch nur sich selbst gesucht."

ursprünglich ist es — nach dem Zeugnis der Offenbarung — nicht *unsere* Liebeskraft, die den anderen „im Dasein hält" (Pfänder), sondern die größere Liebe Gottes, mit der er uns „zuvor" — vor jedem menschlichen Wirken — geliebt hat (1 Jo 4, 10. 19).

Im Anschluß an Ratzinger[137] ist deshalb zuzugeben: Der Mensch ist — zunächst — ein Wesen, das *nicht* ewig lebt, weil seine eigene, alleingelassene Liebe nicht ausreicht, um den Tod eines anderen zu tragen und „aufzufangen". Wenn wir dennoch — mit G. Marcel[138], L. Boros, J. Pieper u. a. — sagen, daß die Liebe zum menschlichen Du dessen Unsterblichkeit mitbejahe[139] und je schon voraussetze, so kann das nur im *christologischen* Horizont seine Richtigkeit haben[140]: Da Christus selber das Leben *ist* (Jo 14, 6), kann *seine* — in der Auferweckung vom Vater bestätigte — Liebe im anderen das Dasein bewirken, kann *er* sie ins Eigene aufnehmen und sie teilhaben lassen an *seiner* Unsterblichkeit[141]. Da Christus „für alle" (an deren Stelle und ihnen zugute) geliebt und sich „hin-gegeben" hat, haben wir in *ihm* unsern Bestand: Indem wir uns von Gottes Liebe in Christus selber empfangen, *sind* wir wir selbst (Gogarten)[142], und hat unsere gerechtfertigte Liebe[143] die — in Christus gegründete — Kraft, den andern im Dasein zu halten. Unsere Liebe ist dann „stark wie der Tod" (Hl 8, 6), ja stärker als dieser[144], da wir — unser eigenes Leben zurückstellend und mit-sterbend mit Christus[145] — andere zu „tragen" vermögen: im Leben und auch noch im Tod[146].

Als *Andeutung* jenes Sieges über den Tod, den die Offenbarung als das Werk Jesu Christi bezeugt, hat Binswangers These dann ihre Berechtigung[147]. Denn der Tod und die Auferweckung des Herrn sind die große Verheißung für alles, was in der Welt aus Liebe getan wird[148].

---

[137] J. RATZINGER, *Einführung in das Christentum*, 249 ff.
[138] Vgl. bes. G. MARCEL, *Gegenwart und Unsterblichkeit*, Frankfurt/M. 1961, 285 ff.
[139] Vgl. oben S. 315.
[140] Daß diese Auffassung nicht im *Widerspruch* stehen muß zu einem transzendental-anthropologischen Aufweis der Unendlichkeitsstruktur des Daseins, wurde oben S. 205 ff. u. S. 304 ff. gezeigt.
[141] J. RATZINGER a. a. O.
[142] F. GOGARTEN, *Die Verkündigung Jesu Christi*, Heidelberg 1948, 481.
[143] Vgl. oben S. 225 ff.
[144] Vgl. J. RATZINGER a. a. O., 252 f.: „Wir können jetzt sagen, daß die Liebe immer irgendeine Art von Unsterblichkeit gründet, selbst schon in ihren vormenschlichen Vorstufen weist sie als Erhaltung der Art in diese Richtung ... Dieser Satz ist umkehrbar und besagt dann, daß Unsterblichkeit *immer* aus Liebe herkommt, nie aus der Autarkie dessen, der sich selbst genügt."
[145] Vgl. oben S. 242 ff.
[146] Vgl. oben S. 246 ff.
[147] Vgl. J. SUDBRACK a. a. O., 86 ff.
[148] Vgl. W. KASPER, *Jesus und der Glaube*, in: W. KASPER — J. MOLTMANN, *Jesus ja — Kirche nein?*, Zürich-Einsiedeln-Köln 1973, 9—35, hier 33.

Ausblick

„Ewiges Leben" — Was heißt das?

Abschließend soll jener Begriff überdacht werden, der das Ziel unserer Ausführungen war: „Ewiges Leben". Im Unterschied zur bloßen „Fortexistenz" meint dieses Leben die bleibende *Glückseligkeit* („Himmel") des — in Christus — mit Gott verbundenen Menschen[1]. Aber worin besteht dieses Glück? Welche Aussagen sind möglich über die Art dieses Lebens, das den Tod hinter sich hat?

Nicht nur Bultmann, auch Barth, Tillich, Rahner und alle übrigen hier zu Wort gekommenen Theologen betonen, daß das Jenseits nicht *ausgemalt* werden kann — wie bei Dante und in der Sakralkunst des Mittelalters. Die „letzten Dinge" sind unanschaulich geworden[2], und der Wissensoptimismus früherer Zeiten mit seinen präzisen Vorstellungen von der Auferstehung des Fleisches ist heute vorbei[3]. Alles, was über den Tod hinaus gesagt werden kann, ist *analog* („in tanta similitudine maior dissimilitudo"), und wird für den Menschen — für sein empirisches Denken — immer schwieriger[4]. „Darum muß die eschatologische Theologie der Gegenwart nüchterner sein als die frühere (was nicht besagt, daß sie weniger entschieden unsere Hoffnung ausdrückt"[5].

H. Zahrnt läßt deshalb — mit E. Jüngel[6] — als *einzige* Auskunft über die Ewigkeit das Vertrauen gelten, daß Gott, der Lebendige, sich auch zum toten Menschen „verhält"[7]. Wem das zu wenig ist, rät Zahrnt, sich zu prüfen, ob er *Gott* meint mit seinem Verlangen oder die Projektion seiner eigenen Wünsche: die von jeder „Mühsal befreite, materiell gesteigerte, metaphysisch überhöhte Fortsetzung seiner irdisch-menschlichen Existenz"[8].

---

[1] Zum folgenden vgl. H. Fries, *Und das ewige Leben*, in: W. Sandfuchs (Hrsg.), *Ich glaube. Vierzehn Betrachtungen zum Apostolischen Glaubensbekenntnis*, Würzburg 1975, 167—179.

[2] Vgl. J. Ratzinger, *Himmel* (III. System.), in: LThK 5 (²1960) 355 ff.; P. Althaus, *Ewiges Leben* (IV. Dogm.), in: RGG 2 (³1958) 805 ff.: „Ewiges Leben bedeutet nicht dasselbe wie Lebendigkeit jenseits des Todes überhaupt, also ‚Fortdauer' der Person durch Gottes Auferwecken ... Fortdauer ist ein formal-ontologischer, Ewiges Leben ein Heils-Begriff." Der eigentliche Gegensatz zum Ewigen Leben ist folglich nicht das irdische Leben, sondern die „ewige Strafe" (Mt 25, 46; vgl. oben S. 275 f.).

[3] Vgl. M. Seckler, *Hoffnungsversuche*, Freiburg 1972, 62 ff.

[4] Vgl. R. Leuenberger, *Der Tod. Schicksal und Aufgabe*, Zürich ²1973, bes. 10 ff. — H. Ott, in: F. Buri — J. Lochman — H. Ott, *Dogmatik im Dialog*. Bd. 1: *Die Kirche und die Letzten Dinge*, Gütersloh 1973, 273, spricht von einem „notwendigen Minimalismus" der Rede von jenseitigen Dingen.

[5] P. Schoonenberg, *Und das Leben der zukünftigen Welt*, Köln 1972, 90. — Vgl. J. Feiner — L. Vischer (Hrsg.), *Neues Glaubensbuch. Der gemeinsame christliche Glaube*, Freiburg-Zürich ¹⁰1974, 540 ff.

[6] Vgl. E. Jüngel, *Tod*, bes. 145 ff. „Der Tod des Todes — Der Tod als Verewigung gelebten Lebens".

[7] H. Zahrnt, *Gott kann nicht sterben*, München 1970, 313 ff.

[8] H. Zahrnt a. a. O., 316.

Mit dem Stichwort „Projektion" berühren wir die eigentliche Problematik des Jenseitsgedankens: Sind die zahlreichen Entbehrungen, das Mißverhältnis unserer Erwartung zur realen Erfüllung in dieser Welt, nicht eine Erklärung für den Traum vom ewigen Leben? Entsprechen die Jenseits-Bilder amerikanischer Negersklaven, arabischer Wüstenbewohner oder indianischer Jäger und Viehzüchter[9] nicht so genau ihren frustrierten irdischen Bedürfnissen, daß sich Feuerbachs Theorie von der Ewigkeit als einem Produkt der menschlichen Psyche geradezu aufdrängt?

Vom Standpunkt des Glaubens, in einer ökumenisch offenen, intellektuell verantworteten Theologie, gibt es allerdings (mindestens) zwei entscheidende Einwände gegen diese Auffassung:

Erstens: *Gott* ist unser Jenseits (Barth)[10]. Gott aber ist ein „verzehrendes Feuer" (Dt 4, 24). Für egoistische Süchte und Vorstellungen bedeutet der Tod und das aus ihm geborene Leben nicht die Bestätigung, sondern das Ende und das Gericht. Denn nicht der Ersatz und nicht die — ungebrochene — Fortsetzung des irdischen Lebens ist die Ewigkeit, sondern die geläuterte „Essenz" (Tillich)[11] dieses Lebens, seine „Erfüllung durch den Tod hindurch" (Ebeling)[12]. Vollendung durch die Pforte des Todes aber schließt Verwandlung mit ein: und zwar *schmerzliche* Verwandlung als „Abschied von dem, was — gerade um der Bewahrung der Identität im Wandel willen[13] — überwunden und preisgegeben werden muß"[14].

Zweitens: Die Begegnung mit Gott bedeutet zwar Gericht für den *Sünder*, nicht aber „Entfremdung" des Menschen als Gottes *Geschöpf*. Weil der Gottesgedanke dem Wesen des Menschen im tiefsten entspricht[15], hält die Ewigkeit — bei aller Verwandlung des Menschen — die Erfüllung seiner „letzten" (Bonhoeffer) und *eigensten* Sehnsucht bereit. Evangelische wie katholische Theologen setzen die „Kontinuität" des Daseins vor und nach seinem Tode voraus[16]; wie wir mit Barth, Rahner, v. Balthasar u. a. sagten, ist die Ewigkeit kein schlechthin *anderes* Leben als das jetzige, sondern dessen Tiefe, die „die ganze Fülle der Geschichtlich-

---

[9] Vgl. I. LEPP, *Der Tod und seine Geheimnisse*, Würzburg 1967, 234 ff. „Die grünen Weiden"; H. ZAHRNT a. a. O., 316.
[10] Vgl. oben S. 90 ff.; vgl. H. KÜNG, *Christ sein*, München 1974, 77: Gottes Wort ist „nicht einfach Antwort auf unsere menschlichen Fragen, sondern verändert schon unser menschliches, oft allzu menschliches Fragen ... Insofern ist es Kritik, Reinigung und *Vertiefung* der menschlichen Bedürfnisse." (Hervorhebung von mir)
[11] Vgl. oben S. 140 ff.
[12] G. EBELING, *Ewiges Leben*, in: G. REIN (Hrsg.), *Das Glaubensbekenntnis*, Stuttgart ²1968, 67 ff. — Zum Fragenkomplex „Zeit und Ewigkeit" vgl. oben S. 251 ff.
[13] Vgl. P. SCHOONENBERG a. a. O., 93: Das sich Ändernde bleibt „ganz es selbst in einer *ganzheitlichen* Verwandlung. Besonders der in seinen Krisen sich ändernde Mensch ... vollzieht seine Identität in einem Anderswerden, das *nichts unberührt läßt.*" (Hervorhebung von mir)
[14] J. PIEPER, *Über die Liebe*, München 1972, 181; vgl. R. LEUENBERGER a. a. O., bes. 110 f.; sowie G. LOHFINK, *Was kommt nach dem Tod?*, in: G. GRESHAKE — G. LOHFINK, *Naherwartung — Auferstehung — Unsterblichkeit*, Freiburg 1975, 133—148, hier 137 f.
[15] Vgl. oben S. 205 ff. zu Rahner und S. 178 ff. zu Pannenberg.
[16] Vgl. oben S. 194 f. und S. 255 ff.

keit des Menschen (die je konkret dieses sein endliches Leben ist)" trägt und heilt und erlöst[17]. Damit ist schon gesagt, daß die Hoffnung auf „Ganzwerdung"[18], d. h. auf jenseitige Erfüllung des auf Erden Versagten, dem christlichen Glauben nicht widerspricht[19]. Im Gegenteil: biblische Bilder wie die vom Freudenmahl, von der Hochzeit, von der Sabbatruhe usw. fordern zu solcher Hoffnung — wenn man will, zu solchen „Projektionen" — geradezu auf[20]. Es ist also „unumgänglich" und „legitim" (Althaus), wenn wir das künftige Leben mit solchen Bildern (die natürlich *Gleichnisse* sind) bezeichnen[21].

Mit I. Lepp und gegen Feuerbachs Kritik ist festzuhalten: die *Sehnsucht* des Menschen nach Ewigkeit ist kein Beweis gegen die *Existenz* der Ewigkeit. Aber umgekehrt: wenn unsere Wünsche so grenzenlos sind, daß keine irdische Erfüllung ihren Durst zu stillen vermag, „so kann man doch mit gutem Grund annehmen, daß es gerade deshalb so ist, weil die Menschennatur ihre Erfüllung nur jenseits von Zeit und Raum finden kann[22] ... Es gibt keinen Trieb, dem nicht ein Objekt korrespondiert. Wäre demnach der Gedanke so ‚anti-wissenschaftlich‘, daß auch für jede Sehnsucht, zumindest für die so fundamentale Sehnsucht nach Glück, die Möglichkeit einer angemessenen Befriedigung besteht? Das einzig Anfechtbare ist nur die *Dürftigkeit* der Wünsche, deren Erfüllung die meisten Menschen ins Jenseits projizieren"[23].

Etwas „ungeschützt" formuliert: Je größer und *menschlicher* unsere Wünsche sind, um so weniger werden sie im Tode negiert. Dann aber ist die obige These von der „Unanschaulichkeit" des künftigen Lebens zu modifizieren: Wenn *dieses* Sterb-

---

[17] H. U. v. BALTHASAR, *Der Tod im heutigen Denken,* in: Anima 11 (1956) 292 ff., hier 299; ähnlich K. RAHNER, *Schriften X,* 187. — Eine Alternative, wie sie M. NOEL, *Erfahrungen mit Gott,* Mainz 1973, 57 f., zum Ausdruck bringt: „Das ewige Leben? Ja ... Aber die personale Unsterblichkeit? ... alle Fähigkeiten — Gedächtnis, Phantasie, Denken, Vernunft — sind (nach dem Tod) verschwunden ... (Die Seligkeit) ereignet sich nicht ohne augenblickliche Vernichtung der Person", ist — falls die *Kontinuität* von zeitlichem und ewigem Leben negiert würde — *nicht anzunehmen:* weil unvereinbar mit der Erfahrung menschlicher (d. h. auf Dauer angelegter) *Liebe* und dem Glauben an die *Annahme* der Welt und des Menschen durch den Mensch gewordenen Gott.

[18] Vgl. oben S. 180 f. zu Pannenberg.

[19] Vgl. B. WELTE, *Dialektik der Liebe,* Frankfurt/M. 1973, 58: Weil seine Liebe endlich und begrenzt ist (vgl. oben S. 346 f.), muß der Christ „glauben, daß der Sinn seiner Liebe und die Ganzheit seiner Liebe irgendwo aufgehoben und gespart sind für ihn an einem Ort jenseits aller Endlichkeit". — Derselbe Gedanke liegt S. KIERKEGAARD, *Die Wiederholung,* Reinbek 1961, bes. 71 f., zugrunde: Die Ewigkeit ist die „wahre Wiederholung": das im Glauben Geopferte erhalten wir auf höhere Weise zurück.

[20] I. LEPP a. a. O., 239.

[21] P. ALTHAUS a. a. O., 805 ff. — M. MEZGER, *Der unbekannte Tod,* in: H. NITSCHKE (Hrsg.), *Wir wissen, daß wir sterben müssen,* Gütersloh 1975, 153 ff., ist deshalb *nicht* zuzustimmen, wenn er solche Bilder für belanglos erklärt. — Vgl. O. H. PESCH, *Kleines katholisches Glaubensbuch,* Mainz 1974, 123—127 („Was kommt nach dem Tod?").

[22] Vgl. P. ALTHAUS a. a. O.: Freude, Glück usw. bleiben „Worte der Sehnsucht, ... weil sie hier nie ganz verwirklicht werden."

[23] I. LEPP a. a. O., 241 f. (Hervorhebung von mir); vgl. auch M. SINNIGER, *... aber die Liebe bleibt,* Freiburg 1975, 80 f., 86 ff.

liche unsterblich werden soll (1 Kor 15, 53), wenn *dieses* unser *gelebtes* Leben verewigt wird (Jüngel mit Barth)²⁴, wenn also das ewige Leben „dasselbe" ist „wie das Leben, das wir jetzt auf Erden führen" (freilich so, „wie *Gott* es sieht")²⁵, dann ist — immerhin — impliziert, daß sich das Jenseits nicht *jeder* — natürlich provisorischen — Vorstellung des Menschen entzieht (sonst wäre es müßig, über die Existenz eines Jenseits zu reden)²⁶. Über das Jenseits können wir nur in Gleichnissen reden, niemand „weiß, wie es wirklich sein wird. Und doch läßt sich das gleichnishafte und vorläufige Reden davon nicht vermeiden, weil es zum Wesen des Menschen gehört, über den Tod hinaus zu hoffen. Wenn er dieser Hoffnung keinen *Ausdruck* mehr zu geben weiß, dann verdunkelt sich das eigentlich Menschliche, der wagende Drang ins Offene"²⁷.

Bei aller Vorsicht, Nüchternheit und Kargheit der möglichen Aussagen²⁸ sind über das „Wie" des künftigen Lebens doch einige Einsichten zu gewinnen: von der Betrachtung des *jetzigen* Lebens her (was auch Bultmann konzediert)²⁹: Wenn die Ewigkeit die Tiefe der geborgenen und geretteten Zeit ist, sind jene „gefüllten" Stunden, in denen wir unser Menschsein am dichtesten realisieren³⁰ — die Stunden der Wahrheit, des Glaubens, der Begegnung, der Liebe, des Leids, der aus Leid geborenen Hoffnung —, der „Hinweis" und das „Gleichnis" (Barth)³¹, das „veranschaulichende Bild" und die „vorweisende Demonstration" (Gollwitzer)³² für die Ewigkeit.

---

²⁴ E. JÜNGEL a. a. O., 145 ff. (vgl. oben S. 90 ff. u. S. 251 ff.); weniger deutlich wird die Verewigung *dieses* Lebens bei R. LEUENBERGER a. a. O., wenn er die Auferstehung des *Leibes* (als des Prinzips der *Identität* des diesseitigen Lebens und des Auferstehungssubjekts) kaum erwähnt und immer nur — zwar richtig, aber einseitig — den „Verzicht" und die „Preisgabe" dieses (individuellen) Lebens verlangt: „Alle Liebe fordert, daß wir uns selber unwichtig sind." (Ebd., 110) — Vgl. dagegen oben S. 336 ff.
²⁵ W. PANNENBERG, *Was ist der Mensch?* Göttingen ²1964, 57.
²⁶ Vgl. H. H. PRICE, *Wie sieht das Jenseits aus?*, in: A. TOYNBEE (Hrsg.), *Vor der Linie*, Frankfurt 1970, 358 ff., hier 358: „Wollen wir die Frage des Weiterlebens vernünftig betrachten, müssen wir versuchen, eine *Vorstellung* seiner mutmaßlichen Beschaffenheit zu gewinnen. Scheitern wir an dieser Idee, wie grob und provisorisch sie auch sei, so ist es sinnlos, Fakten für und wider die ‚Weiterlebenshypothese' abzuwägen." (Hervorhebung von mir)
²⁷ W. PANNENBERG a. a. O., 38; Hervorhebung von mir.
²⁸ Vgl. W. PANNENBERG a. a. O., 57: Weil Gott uns verwandelt, ist die Ewigkeit „auch wieder ganz anders" als das jetzige Leben.
²⁹ R. BULTMANN, *Das Evangelium des Johannes*, Göttingen ¹⁷1962, 308 (vgl. oben S. 129). — Vgl. P. SCHOONENBERG, *Ich glaube an das ewige Leben*, in: Concilium 5 (1969) 43 ff.: Da wir über die Ewigkeit keine unmittelbare Information besitzen, müssen wir vom irdischen Dasein ausgehen und dieses in seiner *Fülle* beschreiben; ähnlich O. H. PESCH a. a. O., 125 f. — Auch H. OTT a. a. O. (oben Anm. 4) verweist „auf die Konkretheit des irdischen Lebens", das „im Tod zu seiner Vollendung (seiner ‚Ganzheit') kommt". — Vgl. dazu U. HORST, *Auferstehung der Toten*, in: W. SANDFUCHS (Hrsg.), *Ich glaube*, Würzburg 1975, 155 ff., hier 162; H. FRIES, *Und das ewige Leben*, in: W. SANDFUCHS (Hrsg.) a. a. O., 167—179.
³⁰ Vgl. oben S. 255 zur Unterscheidung von „menschlicher" und physikalischer Zeit.
³¹ Vgl. etwa K. BARTH, *Die Auferstehung der Toten*, Zollikon-Zürich ⁴1953, 117.
³² H. GOLLWITZER, *Krummes Holz — aufrechter Gang*, München ³1971, 293 (vgl. oben

Was ist das für ein Leben, das vom jetzigen getrennt ist — durch den Tod — und das „andererseits doch mit diesem Dasein identisch" (Barth)[33] ist? Die „totale Integration" (Rahner) unseres Lebens[34], der Augenblick, in dem wir am „menschlichsten" sind, ist die — in Gnade geschenkte (1 Jo 4, 10. 19) — *Liebe zu Gott* als dem personalen Grund unseres Daseins. Diese Liebe ist der gefüllteste Inhalt der Zeit „und so der Inhalt der daraus geborenen Ewigkeit bei Gott"[35]. Denn in sein eigenstes Leben will Gott uns hineinnehmen, an seiner eigenen Seinsfülle (die aber durch Christus vermittelt bleibt)[36] will er uns teilhaben lassen — „nicht in einer Überwältigung des Menschen, sondern in freier dialogischer Partnerschaft"[37].

Die ursprüngliche *Beziehung* zu Gott aber ist die Nächstenliebe (vgl. 1 Jo 4, 11 ff.)[38] und bei der „Gottesschau" — wir werden Gott schauen „von Angesicht zu Angesicht" (1 Kor 13, 12) — darf die Relation zum *Mitmenschen* nicht übersehen werden[39]: Nach Mk 12, 25 par wird im Himmel zwar nicht mehr geheiratet werden, die Ehe als Institution wird mit dem Tode zu Ende sein, aber „die persönliche Liebe und die leibliche Verwirklichung dieser Liebe[40] wird es bestimmt geben"[41]. Das personale Gegenüber von Ich und Du (nach Barth, wie nach Augustinus, auch die Differenzierung von Mann und Frau)[42] ist für den

---

S. 181 Anm. 104). — S. Kierkegaard, *Philosophische Brocken*, Reinbek 1964, 20, nennt solche Augenblicke die „Fülle der Zeit", weil sie „erfüllt (sind) vom Ewigen".

[33] K. Barth a. a. O., 110. — Nach G. Lohfink, *Was kommt nach dem Tod?*, 143, wird „der ganze Mensch ... mit seiner ganzen Vergangenheit, mit seinem ersten Kuß ..., mit all den Worten, die er gesprochen und mit all den Taten, die er getan hat", vollendet werden.

[34] Vgl. oben S. 271 ff.

[35] K. Rahner, *Schriften IV*, 226.

[36] Vgl. F. Mussner, *Jesu Lehre über das kommende Leben nach den Synoptikern*, in: Concilium 6 (1970) 692 ff., hier 694: „Die ‚Unmittelbarkeit' zu Gott bleibt auch im ewigen Leben eine von Christus vermittelte."

[37] H. Vorgrimler, *Die Erbsünde in der katholischen Glaubenslehre*, Luzern-München 1969, 115 ff.; ebenso P. Althaus a. a. O. — Von einer „Vergöttlichung" des Menschen — wie sie L. Boros (z. B.: *Denken in der Begegnung*, Olten 1973, 42 ff.) insinuiert — sollte man besser nicht sprechen, da die bleibende Differenz von Schöpfer und Schöpfung verdunkelt würde (was Boros natürlich nicht will).

[38] K. Rahner a. a. O., 226.

[39] Zum folgenden vgl. L. Boros, *Wir sind Zukunft*, Mainz 1969, bes. 13—38; sowie P. Schoonenberg, *Ich glaube an das ewige Leben*, in: Concilium 5 (1969) 43 ff.; in gewisser Spannung zu DS 1000 (wo von einer *unmittelbaren* Gottesschau der Seligen die Rede ist) betonen Schoonenberg und Boros die Gottesbegegnung *in* der Schöpfung: Die visio Dei *bleibe an den Umgang mit der Welt und den Mitmenschen gebunden.* — Vgl. P. Hoffmann, *Unsterblichkeit*, II. Biblisch, in: HThG II, 733 ff., hier 739: Da die (himmlische) Gemeinschaft mit Christus „Gemeinschaft mit dem eschatologischen Heilsbringer ist, bleibt sie immer auf die *Gemeinde der Erlösten* hingeordnet (vgl. z. B. 2 Kor 4, 14)". (Hervorhebung von mir)

[40] Vgl. oben S. 258 ff.: Personsein setzt eine — wie immer geartete — *Verleiblichung* voraus; vgl. O. H. Pesch a. a. O., 123; L. Scheffczyk, *Auferstehung. Prinzip des christlichen Glaubens*, Einsiedeln 1976, bes. 289 ff.

[41] P. Schoonenberg a. a. O.

[42] K. Barth, *Mann und Frau*; ders., KD III/2, 354 ff. (vgl. oben S. 93 f.).

Menschen *konstitutiv,* und so erscheint „die vielverhandelte Frage, ob es nach dem Tod eine Gemeinschaft der Menschen untereinander geben kann, als gelöst"[43].

Die im Himmel[44] Vollendeten sind, so dürfen wir hoffen, als Personen aufs höchste entfaltet und mit dem Personsein anderer aufs engste verbunden. Wir werden unsere Toten wiederfinden — wenn auch in verwandelter Gestalt — und mit ihnen vereinigt sein[45]; unser irdisches Miteinander wird zu seinem vollen Wesen gebracht, von seinen irdischen Hemmungen — von der Distanz in Raum und Zeit[46], von Sünde und Selbstsucht — befreit[47].

Dieser Gedanke des Wiedersehens ist „sehr wichtig" (Bonhoeffer)[48] und er findet sich — ausdrücklich oder dem Sinne nach — bei Barth, Bultmann, Tillich, Bonhoeffer, Moltmann, Pannenberg, Rahner[49], v. Balthasar[50], Boros[51], Schoonenberg[52], Metz[53], Ratzinger[54], Teilhard de Chardin[55] und vielen weiteren Vertretern der heutigen Theologie, der manche vorwerfen, sie sei fixiert aufs politische Engagement und ignoriere das Todesproblem, habe kein Wort für die Toten

---

[43] J. Ratzinger, *Einführung in das Christentum,* 293. — Zum Ganzen vgl. R. Guardini, *Landschaft der Ewigkeit,* München 1958, bes. 101 ff. (zu Dantes Vision der Begegnung mit Beatrice im Paradies).

[44] Zur Frage des „Ortes" des Himmels vgl. K. Rahner, *Schriften II,* 223 ff. — Mit G. Marcel, *Geheimnis des Seins,* Wien 1952, 477, wäre „anzunehmen, was wir unangemessen das Jenseits nennen, bestehe in einem Gefüge unbekannter Dimensionen oder Perspektiven in einem Universum, von dem wir bloß den unserer organisch-physischen Struktur gewährten Aspekt wahrnehmen". (Zit. nach K. H. Bloching, *Tod,* Mainz 1973, 65)

[45] Vgl. J. Feiner — L. Vischer (Hrsg.), *Neues Glaubensbuch. Der gemeinsame christliche Glaube,* 542: „Wenn der *ganze* Mensch endgültiges Leben empfangen soll, dann muß auch das Sein unter Mitmenschen in die ewige Zukunft hinein geborgen werden." — Ähnlich der *Evangelische Erwachsenenkatechismus. Kursbuch des Glaubens,* Gütersloh 1975, 534 f. — Nach R. Guardini a. a. O., 79 ff., wird der Liebende „Gott finden und Beatrice behalten". Eben dies ist — nach Guardini — die Antwort auf *Dantes* größte und eigentlichste Frage (die sein Werk, die „Göttliche Komödie", vorantreibt): Wie kann „Gott alles in allem sein und Beatrice sie selbst bleiben?"

[46] Vgl. oben S. 261 Anm. 75. — Nach R. Guardini a. a. O., 76 f., gibt es für die Erlösten „keine Unterschiede, die mit Raum und Zeit zusammenhängen — wie auch alle jene Unterschiede aufhören, die aus der Wechsel-Ausschließung der irdischen Individuen stammen".

[47] P. Althaus a. a. O.

[48] D. Bonhoeffer, *Widerstand und Ergebung,* München [13]1966, 124 ff.

[49] Vgl. oben S. 93 f., 99 ff., 129, 142 f., 153, 172 ff., 185, 255 ff.

[50] H. U. v. Balthasar, *Das Weizenkorn,* Einsiedeln [2]1953, 81: Die Liebe freut sich über „die Aussicht, mit dem Geliebten ewig vereinigt zu werden"; vgl. oben S. 344 ff.

[51] Vgl. bes. L. Boros, *Erlöstes Dasein,* Mainz [3]1965, 109 ff.

[52] P. Schoonenberg a. a. O.; ders., *Und das Leben der zukünftigen Welt,* Köln 1972, 90 ff.

[53] Vgl. J. B. Metz, *Ostern als Erfahrung,* in: F. Kamphaus — J. B. Metz — E. Zenger, *Gott der Lebenden und der Toten,* Mainz 1976, 19—28, hier 25 f.

[54] J. Ratzinger a. a. O. (oben Anm. 43); vgl. ders., *Dogma und Verkündigung,* München-Freiburg 1973, 312 f.

[55] Vgl. etwa P. Teilhard de Chardin, *Briefe an L. Zanta,* Freiburg-Basel-Wien 1967, 65; dazu H. de Lubac, *Der Glaube des Teilhard de Chardin,* Wien 1968, 118 ff.

und gebe den Trauernden Steine statt Brot[56]. Solche Polemik setzt „falsche Alternativen" (Zahrnt) voraus — Hoffnung für die Welt *oder* für den einzelnen — und ist in der Sache verfehlt. Denn die große Mehrzahl der „modernen Theologen" (einschließlich der Vertreter einer „politischen Theologie") *widerspricht* einer Existenz, die die Ewigkeit leugnet.

Nochmals: was heißt „ewiges Leben"? Die Antwort kann nur lauten: Gott ist treu und seine Treue hört im Tode nicht auf: Der Gott Jesu Christi ist ein Gott der Lebendigen (Mk 12, 27) und was er vorhat mit uns, kann nie langweilig werden. Nicht die ewige „Ruhe", sondern das ewige „Leben" hat Gott uns versprochen[57]; Leben aber ist kein statischer Zustand, sondern dynamisches Wachstum in immer reichere Vollendung hinein[58]. Auch in der Ewigkeit bleibt ja die „Hoffnung" (vgl. 1 Kor 13, 13)[59], die Hoffnung auf grenzenlose Bewegung in immer vollkommenere Erkenntnis und Liebe. Wer auf diesem Gebiet — Erkenntnis und Liebe — einmal eine Erfahrung gemacht hat, weiß, daß die Gefahr einer Übersättigung hier nicht besteht[60].

Der *Grad* der Seligkeit dürfte verschieden sein, je nach dem Maß der Liebe, das einer auf Erden — in Gnade — verwirklicht hat. Nach den Evangelien gibt es eine Art Rangordnung im Himmel: „Will einer groß sein unter euch, so sei er euer Diener!" (Mk 10, 43 par) Die Verschiedenheit der himmlischen Wohnungen kann aber keinen Mangel an Glück bedeuten; denn ihrem je eigenen Maße entsprechend werden *alle* Erlösten voll-endet sein. Nach I. Lepp sind sie mit Gefäßen zu vergleichen, die verschieden groß, aber alle gefüllt sind; sie alle sind dehnbar, jedes wächst nach seinem eigenen Rhythmus, ohne je leerer zu werden[61].

Daraus folgt der Ernst und die Würde des *irdischen* Lebens[62]. Was wir auf Erden waren und wurden, ob und wie wir den Aufgaben, die Gott uns gestellt hat, gerecht wurden, bleibt für die Ewigkeit — als der Verewigung *dieses* Lebens — entscheidend, ist „in das Licht letzten Ernstes" und „letzter Hoffnung gerückt" (Barth)[63].

---

[56] So z. B. G. HOMMEL, *Und dieser Gott soll Liebe sein?*, Stuttgart 1972, 25 ff., in unsachlicher (auf aus ihrem Zusammenhang gerissene Rahner- und Jüngel-Zitate bezogener) Polemik gegen die „moderne Theologie".

[57] Vgl. I. LEPP a. a. O., 242 ff.

[58] L. BOROS, *Hat das Leben einen Sinn?*, in: Concilium 6 (1970) 674 ff; ähnlich ders., *Denken in der Begegnung*, Olten-Freiburg 1973, 46 ff.: „Die Pädagogik der Gotteserkenntnis, dieses ,Immer-mehr-Offenbaren' Gottes, wird niemals aufhören, nicht einmal im Himmel." — Vgl. P. TILLICH, *Systematische Theologie III*, Stuttgart 1966, 472; G. EBELING, *Ewiges Leben*, 67 ff.; H. SONNEMANS, *Hoffnung ohne Gott?*, Freiburg-Basel-Wien 1973, 204 ff.; G. LOHFINK, *Was kommt nach dem Tod?*, in: G. GRESHAKE — G. LOHFINK a. a. O., 137.

[59] Vgl. K. RAHNER, *Schriften VIII*, 569 ff.; vgl. oben S. 129 f. zu Bultmann.

[60] I. LEPP a. a. O., 244.

[61] I. LEPP a. a. O., 245.

[62] Vgl. oben S. 216 f.

[63] K. BARTH, *Die Auferstehung der Toten*, 57.

„Stirb nicht im Warteraum der Zukunft!" Mit dieser Mahnung ruft H. Cox[64] den Christen zurück in die Gegenwart, in die Gegenwart mit ihren Aufgaben und Chancen: Nicht *obwohl* er Gottes Zukunft erhofft, die alle Geschichte transzendiert und unser Leben verewigt, sondern *weil* er von dieser Hoffnung erfüllt ist[65], nimmt der Christ diese Welt ernst, findet er sich mit konkretem Unrecht nicht ab, „vertröstet" er nicht auf eine Zukunft in weiter Ferne. Denn gerade die eschatologische Hoffnung auf Gottes Reich, das im *Kommen* ist und unserem Leben Sinn und Zukunft verleiht, gibt uns die Freiheit zur Liebe: die Kraft, so zu handeln, daß daraus Hoffnung entsteht für das *gegenwärtige* Leben[66].

---

[64] H. Cox, *Stirb nicht im Warteraum der Zukunft*, Stuttgart—Berlin 1968.
[65] Vgl. H. R. Schlette, *Jenseits und Zukunft — Enttäuschungen und Korrekturen*, in: Orientierung 39 (1975) 41—46: „Um des Kampfes für eine humane geschichtliche Zukunft willen ist die Preisgabe des Jenseits nicht erforderlich"; vielmehr ist der Jenseitsgedanke — angesichts des *Todes* und der *Dimensionen des Bösen* — Grund und *Voraussetzung* „vollkommener Befreiung". Eben dies ist auch die These der vorliegenden Arbeit.
[66] Vgl. J. Feiner — L. Vischer (Hrsg.), *Neues Glaubensbuch. Der gemeinsame christliche Glaube*, 543 f.

Personenregister

Abaelard, P. 75, 225
Adler, G. 192
Adorno, Th. W. 310 ff.
Ahlbrecht, A. 42, 53, 69, 85 f., 115 f., 136, 289, 317, 328
Althaus, P. 42, 62, 72—75, 85, 95, 98, 131 ff., 135 f., 144, 164, 172, 183, 195, 205, 219, 221, 223, 249, 276, 289, 292, 317 f., 328, 348, 350, 352 f.
Ambrosius 77, 323
Améry, J. 294
Anselm v. Canterbury 60 f., 78, 89, 134, 228 ff., 232
Ansohn, A. 40
Aristoteles 82, 144, 259, 262, 264, 328
Athanasius v. Alexandrien 237
Averroes 328
Auer, J. 223
Augstein, R. 293
Augustinus 67, 79, 93 f., 140 f., 161, 187, 222, 240, 249, 255, 274, 284, 323, 352

Baader, F. v. 335
Bally, G. 37, 294
Balthasar, H. U. v. 50, 52, 57 f., 60—63, 65, 76, 79 ff., 95 ff., 203, 206 f., 209, 211, 221, 227—233, 235, 237, 245 f., 248 ff., 256, 259, 265, 274, 279, 282, 285, 291, 307 f., 323, 330 f., 334 f., 339, 349 f., 353
Bartsch, H. W. 99, 106
Bastian, H. D. 172, 178, 313
Bauer, K. A. 260
Beatrice 291, 342, 344, 353
Beauvoir, S. de 88 f., 192, 220, 241, 293, 304 f.
Becher, E. 82
Bender, H. 329
Benedikt XII. 323
Benz, E. 38, 210
Bergengruen, W. 290
Berger, P. L. 34, 308, 344
Bergson, H. 82
Berlinger, R. 40
Bernanos, G. 239, 245, 250
Bernhart, J. 250, 342
Bethge, E. 34, 148—151, 154
Beutler, E. 38, 113
Binswanger, L. 346 f.
Bitter, W. 73
Bleistein, R. 203, 241, 263, 292—295

Bloch, E. 33, 37, 88, 105, 162 ff., 166, 169—172, 184 f., 190, 198, 220, 240, 253 f., 265, 306 f., 309, 316
Bloching, K. H. 34, 39 f., 252, 305, 344, 353
Blumhardt, Ch. 49, 169
Böckle, F. 279
Bolli, H. 48
Bolzano, B. 82
Bonhoeffer, D. 34, 42, 60, 98, 104 f., 131, 148—161, 167, 171 ff., 177, 179, 189—192, 195, 197 ff., 205, 208 f., 215 ff., 233, 244, 249, 271, 273, 282 ff., 288, 290 f., 295 f., 299, 304, 315, 329, 349, 353
Bornkamm, G. 118, 127, 136, 145, 195, 293
Boros, L. 36, 99, 143 f., 203, 219, 230—233, 237, 240 ff., 264, 266 f., 269, 272, 275 f., 278—281, 284 f., 290 f., 329 f., 332—335, 338, 342, 346 f., 352 ff.
Botterweck, G. J. 319 f.
Bouillard, H. 46, 57, 64
Bowers, M. K. 40
Brecht, B. 164, 338
Brod, M. 316
Brosseder, J. 42
Browarzik, H. 205
Brunner, E. 46, 55, 60, 62, 72 f., 75, 80, 107, 109 f., 114 f., 117, 124, 134, 144, 205, 221 ff., 231, 289, 292, 308, 317, 333
Buber, M. 250, 311 f.
Bultmann, R. 39, 41 f., 46 f., 49 f., 54 f., 58, 60, 62 f., 86, 104—136, 138, 142 f., 145, 147 f., 154, 156 f., 159, 164 f., 173 ff, 177—180, 182, 184, 186, 192, 194—198, 202, 205 f., 208 ff., 213, 221, 223, 227, 229, 231, 234, 236, 238 f., 244, 246, 249, 251, 255, 257 f., 261, 266, 272, 284, 286, 292 f., 298 f., 303, 309, 317, 328 f., 336, 338, 348, 351, 353 f.
Buri, F. 112, 348
Busch, E. 48
Buytendijk, F. J. J. 175, 260

Calixtus I. 139
Calvin, J. 49, 58, 71, 79, 140
Campenhausen, H. v. 136 f., 309
Camus, A. 87, 174, 305, 309
Cardenal, E. 249
Carrez, M. 270
Caruso, I. 241, 345
Casper, B. 305 f., 310

Choron, J. 82, 316
Chrysostomus, J. 323
Cicero, M. T. 35 f., 219
Claudel, P. 337, 342, 344
Claudius, M. 291
Conrad-Martius, H. 260, 267
Conzelmann, H. 126, 186, 321
Coreth, E. 309, 342
Cornu, D. 70
Cox, H. 355
Crouzel, H. 139
Cullmann, O. 54 f., 64, 71, 77, 90, 100 f., 131, 135 f., 146, 195, 220 f., 270, 286, 317, 326
Cyprian 77

Daecke, S. 165, 188, 190, 208, 217
Dante Alighieri 269, 288, 338, 342, 344, 348, 353
Darlapp, A. 211
Demske, J. M. 111
Descartes, R. 82
Dieterich, A. 51, 235, 253, 256, 259, 262
Dirschauer, K. 39 f., 161, 172, 186, 292
Dostojewski, F. M. 174, 276, 314 f.
Driesch, H. 82, 267
Dubarle, A. M. 287, 319 ff.
Dudzus, O. 153, 156
Dvorácek, J. A. 117, 128

Ebeling, G. 128 f., 153, 192, 195, 252, 255 f., 313, 349, 354
Ebner, F. 250
Eckermann, J. P. 38
Eichmann, A. 176
Eichrodt, W. 259
Elert, W. 42, 85, 104, 131—139, 141, 144 ff., 154, 158, 172 f., 183, 195 ff., 221, 223 f., 251, 258, 263, 277, 289, 316, 325
Emrich, E. 282, 327
Engels, F. 169, 253
Epikur 170, 240 f.
Euripides 259

Faller, A. 40
Fechner, G. Th. 82
Feil, E. 150
Feiner, J. 39, 42, 279, 292, 348, 353, 355
Ferber Ch. v. 40
Feuerbach, L. 47, 252, 283, 349 f.
Fichte, J. G. 82 f., 136, 170, 316
Fink, E. 40, 316
Finkenzeller, J. 262, 266, 269, 276, 292, 320 ff.

Fiorenza, F. P. 259
Fischer, J. A. 263
Fischer, K. P. 204
Frank, G. K. 238 f., 250, 255, 305
Franz v. Assisi 187
Freud, A., 243
Freud, S. 243, 338
Fries, H. 36, 39, 42, 50, 106, 109, 121, 124, 165, 170, 176, 192, 203, 208, 218, 221 ff., 239 ff., 243, 249, 282, 286, 288, 293, 305, 310 ff., 327, 348, 351
Frisch, M. 36, 274
Fuchs, E. 106, 113, 115, 118, 126, 133, 164 f., 174, 195, 236, 248, 329 f., 336, 338
Fuchs, W. 40
Fürst, W. 48

Garaudy, R. 37
Gebsattel, V. E. v. 41
Geense, A. 53
Gerhardt, P. 83
Girardi, G. 306
Gluck, Ch. W. v. 290
Gnilka, J. 100 f., 270, 287, 319—322
Görres, I. F. 241, 338
Goethe, J. W. v. 38, 113 f., 241, 254, 316, 332, 334 f., 339
Gogarten, F. 46, 60, 107, 110 ff., 142, 273, 328, 347
Gollwitzer, H. 34, 36, 38, 49, 52, 60, 70, 77, 87, 89, 91, 96, 115, 141, 148, 150, 163, 169, 176 f., 180 ff., 185, 187, 195, 207, 261, 272, 310, 312 ff., 329, 351
Grabner-Haider, A. 260, 262, 287, 320
Grässer, E. 99
Grassi, E. 36, 241
Gregor v. Nyssa 130
Greshake, G. 50, 52 f., 58, 62, 64 f, 86, 94, 101, 117 f., 123, 175 f., 203, 254, 256, 259, 265, 268 f., 276, 279 ff., 285 f., 309, 316, 325, 349, 354
Grillmeier, A. 209
Grisebach, E. 106, 118
Grom, B. 309
Grünewald, M. 46
Grundmann, W. 322
Grunow, R. 156, 158
Guardini, R. 203, 218, 220, 250, 252, 256, 260, 269 f., 275, 288, 330, 342 f., 353
Gucht, R. V. 63, 204
Gumnior, H. 36, 306, 308
Gutwenger, E. 270

Haag, H. 85
Habermas, J. 202, 306
Hahn, A. 40
Hahn, F. 48
Hamilton, W. 208
Hampe, J. Ch. 305
Handke, P. 293
Harenberg, W. 117
Harnack, A. v. 46, 48, 161, 190 f., 274
Hartmann, N. 355
Hasenhüttl, G. 106, 116 ff., 124, 127, 129 f.
Haug, H. 112, 138
Hebbel, Ch. F. 277
Hedinger, U. 95 f., 115, 165
Hegel, G. W. F. 47, 49—52, 139, 187 f., 198 f., 275, 302, 316
Heidegger, M. 40, 105—111, 114 f., 118, 126, 130, 138, 142, 159, 181, 240, 250, 252, 272, 281, 286, 345 f.
Heijden B. v. d. 204, 213
Heim, K. 136
Hemingway, E. 33 f.
Hemmerle, K. 246, 294
Hengstenberg, H. E. 244, 260
Herder, J. G. 82
Herrmann, W. 48, 124
Hesse, H. 332
Hilarius 323
Hirsch, E. 161
Hitler, A. 157, 176
Hölderlin, F. 242, 305, 307, 309, 332
Hoffmann, P. 100, 288, 322, 324, 352
Hofmeier, J. 40 f., 241, 294, 345
Holthusen, H. E. 329
Homer 259
Hommel, G. 41, 265, 292, 308, 318, 354
Horkheimer, M. 36, 306 ff., 310 ff.
Horst, U. 351
Huber, C. 320
Hübner, F. 132
Hume, D. 253
Hunzinger, C. H. 322
Huonder, Qu. 82, 84 f., 131, 185, 292 f.

Iersel, B. v. 189
Illies, J. 253, 331 ff., 337, 343
Irenäus v. Lyon 77, 130, 172

Jackson, E. N. 40
Jacobi, F. H. 334
James, W. 82
Jaspers, K. 40, 141 f., 144, 147 f., 241, 303, 305, 308, 310, 326, 345

Jaspert, B. 105 ff., 128
Jeremias, J. 235, 275, 321
Joergens, W. 267
Johann, R. O. 335
Johannes XXIII. 323
Johnson, L. B. 176
Jüngel, E. 40, 64, 74 f., 81—84, 87—90, 92 f., 98 f., 126, 134, 157, 167, 171, 177, 195, 214, 224, 231, 240 ff., 257, 279 ff., 284 f., 287 f., 292, 294, 317, 336, 348, 351, 354
Jung, C. G. 179, 255, 267, 290, 333
Justinus 77

Käsemann, E. 152, 162, 164, 173, 175, 195, 230 ff., 261, 293, 321
Kafka, F. 242
Kaltenbrunner, G. K. 355
Kamphaus, F. 36, 353
Kant, I. 49 f., 82, 170, 305, 316
Kasper, W. 150, 164, 171, 203, 211, 214, 229, 232, 235, 295, 347
Kassing, A. 270
Kern, W. 67 f.
Kerstiens, F. 114 f., 124, 130
Kessler, H. 229, 232 f., 247
Kierkegaard, S. 36, 47, 49 f., 107, 116, 163, 192, 241, 245, 272, 302, 307, 310, 313, 334, 337, 341, 344, 350, 352
Kilian, R. 314
Klappert, B. 326
Knight, J. A. 40
Koch, G. R. 290
Köberle, A. 73, 134
König, F. 320
Körner, J. 115
Kolakowski, L. 169
Kremer, J. 189, 229, 232, 237, 259, 264, 324, 326
Kübler-Ross, E. 40, 238, 307, 309
Küng, H. 61, 76 f., 80, 202 f., 210, 223, 226 f., 229, 232, 239, 276, 292 f., 295, 312, 314 f., 327, 349
Künneth, W. 167, 176, 231
Kuhlmann, G. 106—110, 118, 206
Kupisch, K. 48, 61, 83, 92, 179, 187 f.
Kuß, O. 232

Lactantius 68, 77
Läpple, A. 236, 244
Lang, F. 275
Leeuw, G. v. d. 183, 317
Lefèbvre, H. 169
Lehmann, K. 204, 206, 258

Leibniz, G. W. 67 f., 82 f., 265 f.
Lengsfeld, P. 63, 76, 224
Lepp, I. 290, 309, 329, 344 f., 349 f., 354
Lersch, Ph. 332 ff.
Leshan, L. 40
Lessing, G. E. 170
Leuenberger, R. 41, 92, 186, 243, 256, 336, 348 f., 351
Lewis, C. S. 332, 342
Lietzmann, H. 64
Lilje, H. 132
Lochman, J. 348
Löhrer, M. 39
Loewith, K. 253, 265, 281, 305, 309
Lohff, W. 91, 136
Lohfink, G. 254, 256, 259, 265, 268 f., 279, 316, 325, 349, 352, 354
Lohfink, N. 243
Loosen, J. 72, 274, 277
Lotz, J. B. 218, 253, 266, 269
Lubac, H. de 282, 353
Luiten, N. M. 142
Luther, M. 49, 70, 77—80, 119, 132 f., 135, 158, 187, 222, 228, 235, 240, 245, 249, 270, 282, 328

Machovec, M. 162, 169, 182
Mainberger, G. 313
Mann, Th. 345
Marcel, G. 82, 174 f., 250, 252, 344, 347, 353
Marcion 338
Marcuse, H. 151, 163, 305 f.
Markus v. Arethusa 234
Marlé, R. 149, 156 ff.
Marsch, W. D. 164, 170 f., 176
Marx, K. 169
Marxsen, W. 33, 123, 189, 192, 195, 324
Meadows, D. 304
Mehl, R. 134
Melanchthon, Ph. 79
Metz, J. B. 36, 140, 144, 169 f., 206, 208, 215, 217, 220, 224, 254, 259 f., 272 ff., 283, 307, 318, 353
Metzger, A. 40
Meves, Ch. 331 ff., 337, 343
Mezger, M. 192, 203, 220, 350
Michel, O. 79, 101, 120, 248
Mitscherlich, A. 306
Moltmann, J. 41 f., 46, 50, 54, 64, 104 f., 114 f., 126, 134, 144, 147, 161—178, 182—190, 192 f., 195, 198 f., 210—214, 217, 234—238, 244, 249, 251, 254, 258,
261 f., 265 f., 272, 279, 284, 299, 304, 311, 313 f., 316 f., 329, 334, 347, 353
Monden, L. 272
Mordstein, F. 306
Mozart, W. A. 61, 67, 74, 154, 198, 261, 332, 345
Mühlen, H. 63, 109
Müller, M. 272
Müller-Fahlbusch, H. 40
Mulders, J. 135
Mußner, F. 247, 289, 320, 324, 352

Nebukadnezar 94
Neuffer, Ch. L. 307
Niebuhr, R. 136
Nietzsche, F. 47, 161, 246, 338
Nigg, W. 291, 318
Nikolaus v. Cues 82
Nitschke, H. 83, 180, 192, 220, 350
Noël, M. 350
Noller, G. 106
Nygren, A. 330 f., 338 ff.

Oepke, A. 93, 276, 340
Oetinger, F. C. 94, 258
Origenes 72, 130, 140, 143, 147
Ormea, F. 168
Ortega y Gasset, J. 344
Ott, H. 123, 136, 161, 195, 289, 348, 351
Otto, R. 311
Overhage, P. 284

Pannenberg, W. 36, 39, 42, 46, 84 f., 104 f., 114, 144, 162, 166, 172, 176—191, 195, 198 f., 205 ff., 209, 211, 213 f., 234 ff., 238, 247 ff., 251, 261, 266, 270, 272, 276, 290, 292 f., 295, 297 ff., 303, 317, 324, 329, 334, 349 ff., 353
Pascal, B. 222, 245, 247
Paul VI. 263
Paus, A. 35, 262, 320
Pelagius 219, 227
Peperzak, A. Th. 181
Pesch, O. H. 228, 350 ff.
Pesch, R. 41, 263, 293, 314
Philipp, W., 69
Pfänder, A. 343 f., 347
Pieper, J. 36, 38, 170, 221, 223, 240 f., 259, 265, 276, 281, 315, 318, 330—339, 342 ff., 347, 349
Pindar 256
Pius XII. 101

Platon 35 f., 38, 49 ff., 71, 82, 101, 109, 117, 134, 140, 142, 171, 190, 254 ff., 259 f., 262, 265, 270, 316 f., 320, 322 f., 342
Plessner, H. 175
Plotin 82, 142, 145
Plutarch 256
Portmann, A. 142
Prenter, R. 153, 155
Preuß, H. D. 287
Price, H. H. 351
Przywara, E. 63
Pythagoras 256, 323

Rad, G. v. 74
Rahner, H. 244
Rahner, K. 34 f., 39—43, 55, 69, 80, 99, 102, 137, 144, 159, 168, 183, 195, 201—293, 295—299, 303, 307, 315 f., 318, 324, 327—330, 336, 341 f., 348 ff., 352 ff.
Ranke, L. v. 163
Rast, J. 38
Ratzinger, J. 88, 144, 180, 203, 209, 216, 223, 228 f., 232, 235, 248 f., 255, 260, 264, 275, 289, 291, 305, 315 f., 318, 323, 325 f., 329, 346 ff., 353
Reidinger, O. 187 f., 190
Rein, G. 128, 136, 234, 313, 349
Richard v. St. Viktor 336
Ried, G. 33 f.
Rilke, R. M. 158 ff., 220, 242, 279, 282
Rinser, L. 253, 335, 337
Rolfes, H. 169 f., 306
Rosenberg, A. 294
Rosenstock-Huessy, E. 250
Rosenzweig, F. 250
Ruckstuhl, E. 218, 226

Saint-Exupéry, A. de 334
Sandfuchs, W. 348, 351
Sartre, J. P. 40, 88, 283, 305, 307 f.
Sauter, G. 55, 114, 161, 172, 292
Schaefer, H. 136, 268, 309
Schaff, A. 169
Schalom Ben-Chorin 293
Scheeben, M. J. 76, 340
Scheffczyk, L. 73, 168, 222, 275 f., 352
Scheler, M. 37, 82, 240 f.
Schelkle, K. H. 225
Scherer, G. 37, 169 f., 275, 308, 331, 334, 341, 344, 346
Schillebeekx, E. 168, 213, 229, 232, 317 f., 320

Schlegel, F. 340
Schleiermacher, F. D. E. 47—50, 107, 147 f., 190, 197, 246, 340
Schlemmer, J. 36, 38, 40, 137, 210, 253, 262, 268, 309
Schlette, H. R. 37, 80, 259, 264, 282, 307, 355
Schlier, H. 243
Schlink, E. 137
Schmaus, M. 218, 236, 240, 252
Schmid, J. 259 f.
Schmid, R. 218, 226
Schmidt, J. 309
Schmidtchen, G. 33, 294
Schmithals, W. 106, 114, 116, 127, 164
Schnackenburg, R. 321 f.
Schneider, R. 38, 162, 207
Scholl, N. 270, 276, 346
Scholz, F. 272
Schoonenberg, P. 38, 144, 177, 195, 203, 217, 224, 260, 263 f., 269 f., 275, 278 f., 281, 283, 289, 291, 317, 329, 346, 348 f., 351 ff.
Schopenhauer, A. 316, 333, 344
Schubart, W. 340 ff.
Schubert, K. 319
Schütz, P. 170, 181, 245
Schultz, H. J. 37 f., 41, 156, 259, 262, 294,
Schumann, F. K. 127
Schunack, G. 85 f., 99, 118, 120, 178, 224, 254, 265
Schweitzer, A. 48
Schweizer, E. 229, 249, 259 f., 325
Seckler, M. 256, 348
Seigfried, A. 140
Semmelroth, O. 203, 210, 220, 225, 256, 268, 278 f., 281
Seneca 82
Siewerth, G. 260
Simons, E. 42, 205 f., 248
Sinniger, M. 291, 343, 346, 350
Smart, N. 257, 292
Söhngen, G. 63, 260
Sölle, D. 42, 98 f., 104, 150, 166, 184, 186—194, 199, 202 f., 205, 214 f., 233, 235, 237 ff., 249, 284, 288, 292, 329, 337, 343
Sokrates 38, 54, 155, 171, 196
Solowjew, W. 36, 344
Solschenizyn, A. 37, 242, 308
Sonnemans, H. 37, 168, 170 f., 253, 306, 309, 354
Speck, J. 204

Spinoza, B. 82
Splett, J. 243, 306, 324 f., 328
Sporken, P. 40, 253
Stachel, G. 293
Stadtland, T. 50, 53, 65
Stählin, R. 305
Stalin, J. 176
Stange, C. 42, 276, 328
Stauffer, E. 277
Stendhal 332 ff.
Sternberger, D. 171
Stock, A. 206, 210, 212, 231, 248, 295
Strauß, D. F. 248
Sudbrack, J. 329, 346 f.
Szczesny, G. 92, 254, 318

Tatian der Syrer 263
Teilhard de Chardin, P. 176, 215, 234, 237, 260, 267, 278, 282, 353
Tertullian 77, 263
Therese v. Lisieux 238, 241, 338
Thielicke, H. 40, 42, 75, 80 f., 84 f., 90, 131, 134 ff., 144, 152, 160, 172, 185, 195, 222, 224, 233, 240, 254, 271, 292 f., 296, 299, 307, 316 f., 319, 322, 325 f., 343
Thomas v. Aquin 49, 206, 209, 228, 258, 262, 266, 282, 315, 330, 338
Thüsing, W. 205
Thurneysen, E. 46 f., 92
Tillich, P. 41 f., 54, 59, 61, 85, 104 f., 126, 131, 137—149, 157 ff., 167, 170 f., 177, 183, 185, 189 f., 195, 197, 205, 214 f., 217, 225, 234, 246, 248 f., 251, 257 f., 267., 272, 275—278, 295, 297 ff., 303, 312 ff., 318, 328, 335, 348 f., 353 f.
Tödt, H. E. 176
Topitsch, E. 164
Toynbee, A. 40, 240, 242, 257, 292, 346, 351
Traub, H. 41, 61
Trillhaas, W. 318, 327
Troeltsch, E. 176

Troisfontaines, R. 278
Trütsch, J. 279

Ulrich, F. 240, 244, 252, 254, 265, 284, 303, 337, 346
Unseld, S. 164, 307

Vergil 256
Vischer, L. 39, 42, 292, 348, 353, 355
Volk, H. 137, 218 ff., 238, 247, 251, 292
Volz, P. 276
Vorgrimler, H. 63, 204, 206, 218, 221, 226 ff., 269, 277 f., 292, 352

Wachinger, L. 311 f.
Wagner, R. 344
Waugh, E. 335
Weber, O. 66, 72, 78
Weischedel, W. 181, 310, 312 ff.
Weismayer, J. 224
Weiß, J. 48
Welte, B. 181, 203, 207, 260 f., 303 ff., 308 f., 331—335, 337, 339, 342 f., 345, 350
Werfel, F. 116
Westermann, C. 172, 259 f.
White, S. E. 290
Wiederkehr, D. 35, 218
Wiesenhütter, E. 294, 305
Wilamowitz-Moellendorff, U. v. 331
Wilckens, U. 320, 324
Wiplinger, F. 241, 259, 265, 268
Wittgenstein, L. 241
Wolf, E. 47, 63, 92, 97, 151, 156, 158
Wolff, H. W. 248, 287
Wulf, F. 336
Wurm, Th. 105

Zahrnt, H. 41 f., 47, 50, 60 ff., 65, 70, 72, 96, 106, 110, 126 f., 143, 150 f., 184, 195, 312, 348 f., 354
Zanta, L. 278, 353
Zarathustra 51, 320
Zenger, E. 36, 353